北京京工服装集团有限公司志

BEIJING JINGGONG FUZHUANG JITUAN YOUXIANGONGSI ZHI

《北京京工服装集团有限公司志》编纂委员会　编

方志出版社
Publishing House of Local Records

图书在版编目（CIP）数据

北京京工服装集团有限公司志 /《北京京工服装集团有限公司志》编纂委员会．--北京：方志出版社，2021.11

ISBN 978-7-5144-5027-9

Ⅰ.①北… Ⅱ.①北… Ⅲ.①服装工业—企业集团—概况—北京 Ⅳ.① F426.86

中国版本图书馆 CIP 数据核字（2022）第 053414 号

北京京工服装集团有限公司志

编　　者：《北京京工服装集团有限公司志》编纂委员会
责任编辑：李晓晓

出 版 者：方志出版社
地址　北京市朝阳区潘家园东里 9 号（国家方志馆 4 层）
邮编　100021
网址　http://www.zgfzcb.cn
发　　行：方志出版社图书营销中心
电话　（010）67110500
经　　销：各地新华书店
排　　版：北京欣成信印刷科技有限公司
印　　刷：北京欣成信印刷科技有限公司

开　　本：787mm × 1092mm　1/16
印　　张：36.5
字　　数：705 千字
版　　次：2021 年 11 月第 1 版　2021 年 11 月第 1 次印刷

ISBN 978-7-5144-5027-9　定价：300.00 元

《北京京工服装集团有限公司志》编纂委员会

主　　任　李耀东　朱华诚

副 主 任　顾　巍

委　　员　李　涛　岳玉林　金　娜　侯永利　屠　昕　崔佳辉

《北京京工服装集团有限公司志》编辑部

主　　编　顾　巍

副 主 编　夏利群

编　　辑　马丽君　王　希　王　炜　王　辉　白　璐　李　雪　任　毅　刘梦雅　许可欣　来静仪　张天阳　张雨馨　桂诗源　夏晓帅

《北京京工服装集团有限公司志》资料提供人员

马国红	王木恩	王丽华	王凯国	王哲云
许建平	任珠花	任爱贤	刘继栋	刘淑敏
孙国平	李同兴	汪　丹	张汝和	张惠轩
张福山	陈芳森	陈经武	陈富美	尚兴志
客振家	桂文生	栾世芬	郭万发	黄　珊
康秀玲	董　晶	楼瑞康	熊希贤	潘勇业
穆恭娴	魏　丽			

序

岁月如歌，往事悠悠；风雨磨砺，有志为鉴。在京工集团创建60周年之际，《北京京工服装集团有限公司志》付梓，这是京工集团发展史上的一件大事，也是企业文化建设中的一项重要成果。

志书有别史书，记述而不论述，具有存史、育人、资政的功能，能够为企业创新发展提供完整的历史资料，保存完整的成长轨迹，具有很重要的意义。为此，京工集团举全司之力编修集团志，动员集团各部室广泛收集档案资料，并向已退休的老领导、老同志征集历史文献和缺失的相关资料。全体编纂人员辛勤笔耕，数易其稿，终成此书，付出了大量心血。在此，我谨代表京工集团向所有参与、关心和支持本书编撰出版的同志们、朋友们表示衷心的感谢！

日月沧桑，转眼一个甲子。当我们挥笔撰写志书时，心潮起伏，感慨万千。60年，对烟波浩渺的历史长河仅是短暂的一瞬，然而一代又一代京工人，经历了不同时期经济环境的淘练，他们艰苦创业、不懈奋斗、纵横四海的精神面貌在志书中得到了充分的体现，这60年饱含着他们激情创业的艰辛，孕育着跨越发展的辉煌，抒发着不舍离别的情怀，沉淀着深化改革的精华，奏响着时尚转型的篇章。

在计划经济体制下，我们通过理顺生产关系、开展技术革新和设备改造，逐步打造了一批骨干企业，并在工作中涌现了众多劳动模范，为解决首都人民穿衣问题和增加国家出口创汇做出了应有的贡献。改革开放后，计划经济向市场经济转轨，在市委、市政府的领导下，我们经历了大规模的改革调整，广大干部职工为企业摆脱发展困境做出了巨大的努力和牺牲。

在此，我谨代表京工集团向所有为集团公司60年发展做出过贡献和在企业改革调整中做出过牺牲的前辈们、领导们、同志们致以崇高的敬意！

以志为鉴，开创未来。进入新时代，京工集团以习近平新时代中国特色社会主义思想为指导，在市委、市政府、市国资委、时尚控股公司的领导下，紧紧围绕新版北京市城市规划和首都城市功能定位，以改革驱动创新，以创新驱动发展，逐步打造以时尚服装品牌运营为核心的主业发展新格局，具有京工特色的时尚企业集团正在扬帆启程。

征途漫漫，惟有奋斗！我们曾为生存而战，为发展而谋，更为责任而行。站在“两个一百年”奋斗目标的历史交汇点上，我们比任何时候都更为清醒，不变则罔，不进则退。只有让京工精神薪火传承，我们才能把企业发展的命脉掌握在自己的手中，我们要用无愧于先驱者、无愧于时代、无愧于使命的新业绩，铸就京工集团更加美好的明天！

北京京工服装集团有限公司党委书记、董事长：李耀东

2021 年 8 月 18 日

凡 例

一、《北京京工服装集团有限公司志》以马克思列宁主义、毛泽东思想、邓小平理论、“三个代表”重要思想、科学发展观、习近平新时代中国特色社会主义思想为指导，坚持辩证唯物主义和历史唯物主义的立场、观点和方法，存真求实，力求全面、客观、系统地记述北京京工服装集团有限公司60年的发展历史与现状。

二、《北京京工服装集团有限公司志》记述时间断限，上限起自1961年4月，下限断至2020年12月。为保证对某些事物记述的完整性，相关内容适当上溯或者下延。

三、《北京京工服装集团有限公司志》综合运用述、记、志、图、表、录等各种体裁。概述统领全书；大事记提纲挈领，简记要事；志体为主，末设附录，图、表插于文中，彩照置于志前。文体为现代语体文、记述体，大事记用编年体，辅以纪事本末体，志按章、节编排。

四、《北京京工服装集团有限公司志》遵循地方志行文规范，以事分类，横排竖写，据事直书，述而不论，力求结构严谨，文约事丰，文风朴实，特色突出。

五、《北京京工服装集团有限公司志》为记述方便，原则上各类机构在正文中第一次出现时用全称，以后用规范简称。但为了避免名称混淆，必要时使用全称。

六、公司在各个发展阶段拥有不同的名称，按出现顺序分别为北京市服装鞋帽工业公司、北京市服装工业公司（简称工业公司）、北京市服装工业联合公司（简称联合公司）、北京市京工服装工业集团公司（简称集团公司）、北京京工服装集团有限公司（简称京工集团）。本志中，在记述各历史时期事件时，使用该时期公司名称的简称，必要时也可使用全称。

七、各项数据、表格一般采用集团总部和各子公司统计数据。

八、数字用法、标点符号用法遵循国家标准《出版物上数字用法》（GB/T 15835—2011）、《标点符号用法》（GB/T 15834—2011）。

九、《北京京工服装集团有限公司志》“××年代”，凡未加世纪者，均指20世纪。

2020 年 11 月 25 日，“京工 1961” 通州朗清园店开业　　　　京工集团党委宣传部（新闻中心） 提供

2021 年 7 月 8 日，“雷蒙” 品牌代言签约仪式在京工创新园举行　京工集团党委宣传部（新闻中心） 提供

1956 年迁京后的雷蒙西服店　　宁波服装服饰博物馆　提供

1988 年 5 月 5 日，中日尼国际登山队身穿“伊里兰”羽绒服登上珠穆朗玛峰

北京京工伊里兰服装服饰有限公司　提供

2001 年 11 月 28 日，北京京工服装集团有限公司成立暨揭牌大会召开　　京工集团办公室　提供

2002 年 5 月 13—14 日，北京京工服装集团有限公司第一次党代会召开　　京工集团办公室　提供

北京京工服装集团有限公司制作的国庆 60 周年巨幅国旗　　2009 年 10 月 1 日 新华社　提供

北京京工服装集团有限公司制作的国庆 60 周年“同一个世界方阵”服装　　2009 年 10 月 1 日 新华社　提供

2017 年 9 月 23 日，北京时装周以“重耀　雷蒙 · 1940”为主题的高级定制发布会

京工集团办公室　提供

2020 年 9 月 19 日，北京时装周以“润”为主题的“雷蒙 80 秀”发布会

京工集团党委宣传部（新闻中心）提供

北京京工服装集团有限公司本部 7 层高级定制中心　　京工集团办公室　提供

京工时尚创新园　　京工集团党委宣传部（新闻中心）提供

目录

总　述

一

1961年4月，北京市手工业管理局为了适应人民穿衣和发展出口的需要，报经北京市政府批准，正式成立北京市服装鞋帽工业公司。同年接管地方国营企业、公私合营企业、合作工厂等15家直属厂，党政分管，党组织关系由所在区委管理。公司接管企业后，工作重点为改组企业，进行专业化调整。通过一系列调整，初步理顺生产关系，基本形成专业化生产的布局。在改组企业进行专业化调整后，公司重点开展技术革新和设备改造工作，广大职工发扬自力更生、艰苦奋斗的精神，开展技术革新和增产节约活动，进行设备改造，大大提高生产效率，减轻体力劳动，在工作中涌现出一批市级劳动模范。在加强服装行业管理工作的基础上，公司成立北京市服装研究所，研究编制并统一全市服装规格号型和样板，制定产品标准、工艺规程，增加花色品种，提高产品质量，推动服装行业走上稳步发展的道路。

公司按照上级下达的生产计划指标进行服装的生产加工。产品的销售主要以批发为主，即按照上级计划要求，以统购统销的方式，批发给各商业公司或百货商场。同时，企业承担重要的服装出口任务，为国家出口创汇及偿还债务做出贡献。

二

1970年12月，为了解决工商矛盾，经北京市政府决定，将北京市服装鞋帽工业公司移交给北京市第一商业局（简称北京市一商局）管理。1971年11月，服装与鞋帽两个行业分开，成立了北京市服装工业公司和北京市鞋帽工业公司，至此，北京市服装鞋帽工业公司正式变更为北京市服装工业公司。

北京市服装工业公司划归北京市一商局管理后，成为北京市唯一的一家专业化的行政管理公司，主要负责管理市属服装工业企业，企业工作的重点也从以服装出口为龙头的工业生产逐步向主抓商业服务业方向转移。企业变更后，遇到了诸如由于管理体制发生变化，造成商业部门管工业上下不对口；偏重内销服装的生产，使服装出口竞争力削弱，导致出口创汇下降；全市服装管理体制条块分割，机构重叠等诸多问题。加之当时受“文化大革命”影响，全市人民的服饰单一，企业发展整体受到较大的影响。

1978 年 12 月，中共十一届三中全会后，改革开放将工作重点转移到社会主义现代化建设上来，国民经济得到迅速发展，服装消费也向高档化、多样化发展，对服装行业发展提出更高的要求。1979 年 4 月，经北京市政府批准，北京市服装工业公司及所属企业回归北京市第二轻工业局（简称北京市二轻局）领导，进入服装发展的鼎盛时期，主要生产产品品类包括衬衫、毛呢服装、童装、风衣和夹克、羽绒服、装饰品等。企业各项工作按照工业化的标准生产、经营、销售。公司坚持内外销服从经济效益，灵活经营的方针，产品远销 20 多个国家，经济效益大幅度提高。

三

进入 20 世纪 80 年代，党的改革开放政策推动服装行业的转轨变型，不断为企业增强活力。1986 年 4 月，根据北京市经委、北京市二轻局《关于北京市服装工业公司机构改革方案报告的批复》的文件精神，北京市服装工业公司改革，更名为北京市服装工业联合公司。为进一步使工业生产实现一条龙，实现大纺织发展，1987 年 6 月北京市服装工业联合公司划归北京市纺织工业局（简称北京市纺织局）管理。截至 1988 年，企业拥有 18 个企事业单位（17 个企业和 1 个事业单位），职工 13175 人。基本上实现裁剪设备自动化，缝纫设备专业化、自动化，整烫设备的汽烫化，部分企业的服装设计、裁剪、缝纫、绣花等工序电脑化。逐步发展成为品种齐全、花色繁多、品质优良、技术先进，年产 3000 万件服装，具有先进水平的社会主义企业集团，并成为北京大纺织一体化的重要组成部分。北京服装工业在全国同行业中具有一定的优势。

1992 年 2 月，根据北京市关于工业联合公司深化改革的意见及北京市纺织工业总公司（简称北京市纺织总公司）关于组建企业集团的试行意见，北京市服装工业联合公司各成员企业，经过充分酝酿，一致同意组建北京市京工服装工业集团公司（简称集团公司）。其性质为具有法人地位的独立核算、自负盈亏的国集合营的经济实体。由北京雷蒙西服公司、北京市童装二厂、北京市童装三厂、北京市服装研究所与北京市服装工业联合公司本部组成集团公司的紧密型经济实体；由北京衬衫厂、北京长城风雨衣公司、北京大华衬衫厂等 14 个单位组成半紧密层；由各归口厂组成松散层，实行分类指导、统一管理。

随着国家一系列的政策调整，经济体制改革进入了崭新的阶段，市场经济冲击着一切固有的思想和体制，计划经济体制下的企业不断遭到市场经济大潮的强烈撞击，市场经济全新的概念，使企业面对国际、国内形势的快速发展难以适应，加之出口受到了不再分配生产配额的影响，企业合同减少、生产任务不足，内外债务急剧加大，企业出现严重亏损，部分企业资不抵债，职工队伍不稳定，陷入严重危机。为抵抗市场经济风险，政府出台救企政策，企业改革向纵深发展，集团公司也加大企业整合力度。

四

经过企业重组与调整，企业资产规模、产品结构、人员结构发生巨大变化。为了从根本上解决企业发展面临的困境，贯彻落实党中央提出“用三年左右时间，通过改革改组，加强管理，使大多数国有大中型亏损企业摆脱困境，大多数国有大中型骨干企业初步建立起现代企业制度”的企业改革目标，根据北京市政府和北京纺织控股有限责任公司（原北京市纺织局，简称纺织控股）的要求，结合集团公司企业的具体情况，2000 年 10 月，北京市京工服装工业集团公司研究制订企业改制方案，并报请纺织控股批准。2001 年 11 月 28 日，北京京工服装集团有限公司（简称京工集团）正式揭牌。京工集团成立后，首先按照现代企业管理制度，对企业进行资产重组，清理不良债务和资产，分流富余人员，利用有效的资源和合力抗击风险。坚持“从实际出发、因地制宜、分类指导、量力而行、循序渐进”的总发展思路，把调整经济结构作为经济增长方式的重要途径，把增强自主创新能力作为转变经济增长方式的工作方针，以盘活资产、调整品牌战略来总揽全局，采取各种措施抓住各种机遇，加快企业的提升与发展。通过体制改革，清理行业中的历史包袱，对多年的不良资产进行剥离，盘活有效资产。京工集团经过资产重组，完全靠自己的力量和自有资金共安置、分流职工 1700 人，接收离退休职工

2800 人，接收内退内养职工 1800 人。

2000 年，随着外贸体制改革的深入，国家外贸政策向自营进出口企业倾斜，为集团公司扩大进出口业务提供了良好机遇。集团公司牢牢抓住发展机遇，利用各种渠道和机会，狠抓出口成交，并取得显著成效。2000 年公司成为国家纺织工业局、北京市对外经济贸易委员会（简称北京市外经贸委）的出口大户，是国家经贸委 120 个重点联系单位之一。从 2008 年起，受全球金融危机影响，出口订单大幅减少，加之人民币连续升值，出口环境持续低迷，面对外贸出口形势严峻、国内服装加工成本居高不下等不利因素，京工集团积极推动贸易转型，不再盲目追求出口规模，转变为以经济效益为中心兼顾出口规模，坚持多种经营，探索内外贸并存发展的经营模式。特别是“十三五”以来，京工集团在保持出口贸易一定规模的基础上，积极调整贸易结构，推动多元化贸易业务发展。通过与战略伙伴的深度合作，积累了内销市场的运营经验和资源优势。2016 年，京工集团贸易部正式成立，通过引进专业人才，发展资源优势，进一步拓展业务渠道，积极参与受国家政策支持的环保类业务和项目。同时，利用常年以来积累的资源优势和贸易实践经验，积极尝试向贸易供应链管理服务方向转型，力争将贸易服务与技术服务、管理服务等资源整合，打造集商流、资金流、信息流为一体的一站式供应链服务模式。

自京工集团成立后，进一步围绕品牌服装发展主业。2005 年 8 月，全新重组的北京京工伊里兰服装服饰有限公司成立，运营“伊里兰”品牌。“雷蒙”品牌重新进入西单商场等一线商场，标志着深受北京市民喜爱的“雷蒙”“伊里兰”品牌再次回到消费市场。特别是“十二五”以来，京工集团以提升品牌服装产品力和营销力为根本，坚持“时尚”与“文化”相融合的发展理念，以品牌运营为核心，以服务增值、模式创新为切入点，逐步形成时尚形象有提升、服务增值显效果、业态创新有突破的品牌服装发展新局面。

五

中共十八大以来，京工集团围绕新版北京市城市规划和首都城市功能定位，对品牌营销渠道进行重新布局与优化，针对不同的消费群体提供不同的产品和服务，逐步形成高级定制、市场成衣、社区服务的针对性布局，取得较好的效果。随着北京市产业结构调整、疏解整治促提升工作的开展，京工集团积极推动模式创新带动品牌发展，打造

“服务＋零售＋互联网”的老字号品牌进社区服务新模式，在为百姓提供品牌成衣的同时，提供修衣改衣、定制等服务，受到百姓的欢迎，在《北京晚报》2019 年 8 月 2 日第 6 版《家门口的裁缝铺有啥不一样？》的报道中，“京工 1961”社区店的“裁缝铺”得到了中共北京市委书记蔡奇的批示和肯定。截止到 2020 年 12 月，已开设“京工 1961”社区店 20 家。近年来，京工集团利用各种宣传平台为品牌发展赋能，从 2016 年起，连续 5 次参加北京时装周，向外界展示老品牌的全新时尚形象。2019 年、2020 年连续两年获北京时装周“紫禁城品牌”大奖，2018 年“雷蒙”品牌获“北京老字号”称号。

文化创意产业是北京市的重要支柱性产业。大力发展文化创意产业，是新形势下加快落实首都城市战略定位、推进非首都功能疏解、构建“高精尖”经济结构、建设国际一流和谐宜居之都的内在要求和重要抓手。从 2016 年起，京工集团按照北京时尚控股有限责任公司（原纺织控股，简称时尚控股）的战略要求，积极推动老旧厂房改造为时尚产业园区，布局文化创意产业。2019 年 7 月，由企业老旧仓库改造的京工时尚创新园正式开园。园区专注于时尚创意产业并具有孵化功能，以“创意设计”为核心，以培育新锐设计师、版权交易、主题商业体验为特色，以艺术文化展示为辅导，京工时尚创新园融合品牌孵化、设计研发、种样板房、国际教育培训、艺术创意中心、版权交易、配套公共服务、时尚买手八大功能于一体，立志于打造北京南城城市中心的形象标杆。

同时，公司自 1961 年成立以来，始终坚持党的领导，加强党的建设。紧密围绕企业的中心任务，充分发挥党委的保障作用，不断加强党风廉政建设，不断增强领导干部廉洁自律的意识，充分发挥党的领导核心和政治核心作用，坚持把方向、管大局、保落实，聚焦首都城市功能战略定位，融入时尚转型大局，进一步明确打造时尚企业集团的发展目标和路径。

六十年风雨历程，铸就企业深厚的发展底蕴，在传承中创新发展，在变革中孕育新生，实现企业新的辉煌。征途漫漫，唯有奋斗！面对百年未有之大变局，京工集团将继续遵循首都城市功能定位，以首都经济发展方向及产业规划为导向，以深耕社区服务、打造社区生态为主线；以提升产业核心竞争力和可持续发展能力为驱动；以创新机制体制，激发企业发展活力为路径；以加强人才队伍建设为保障，加速推进时尚转型步伐，努力打造具有京工特色的时尚企业集团，努力为首都时尚产业发展做出更大的贡献，书写京工集团高质量发展新篇章。

大事记

1961年

4月

5日，北京服装防护制品厂由原宣武服装制品厂和北京服装防护制品厂合并后正式成立。

是月，北京市服装鞋帽工业公司成立。

5月

是月，经北京市政府批准，北京市服装鞋帽工业公司正式接管地方国营企业北京市被服厂、北京友联服装厂、北京友谊时装厂、北京新联服装厂，公私合营企业北京大华衬衫厂、北京服装防护制品厂，合作工厂北京宣武呢服厂、北京西城呢服厂、北京西城第一缝纫厂、北京崇文服装一厂、北京衬衫厂、北京二十缝纫社、北京油布制棉厂、北京丰台服装厂等15个工厂为直属厂。

是年，从北京市被服厂分出装具车间，成立北京市装具厂（后划归北京市汽车工业公司）。

1962年

是年，从北京市被服厂分出童装车间，成立北京市童装厂。

1963年

3月

11—16日，北京市服装鞋帽工业公司对各厂产品质量进行为期6天的实物评比鉴定，参加评比鉴定的产品共16个大类品种250件（顶）产品，评出优质产品36种、一类产品6种、二类产品1种、三类产品2种。

4月

11—19日，北京市服装鞋帽工业公司有关科室会同各厂电工对28个直属厂社的房屋、电器设备、安全消防等进行为期9天的检查。

是年，北京友联服装厂与北京新联服装厂合并，仍为北京友联服装厂，“文化大革命”开始后更名为北京人民服装厂。

1964年

2月

是月，塑料行业调整，由西城塑料厂珠光车间和宣武塑料厂三车间组成的北京市塑料钮扣厂成立。该厂1980年4月归口到北京市服装工业公司。

1965年

9月

是月，从北京市服装三厂（原北京服装防护制品厂）分出胶布雨衣车间，成立北京市胶布雨衣厂。

1966年

7月

是月，北京市童装三厂由原“童装社”变更为现名，1966年以前党政方面属西城区领导，业务、生产方面属服装公司领导，1966 年后党政方面也属服装公司领导。

1967 年

是年初，位于王府井八面槽 31 号的雷蒙西服店关门停业，全部职工并入北京人民服装厂。

是年，北京第二童装生产合作社改名为北京立新童装厂（其为北京市童装二厂前身，1970 年定名为北京市童装二厂）。

1968 年

是年，北京市二轻局将北京市服装鞋帽工业公司与北京市皮革公司合并，改为北京市服装鞋帽总厂。

1969 年

是年，北京市二轻局将北京市服装鞋帽总厂改为北京市服装鞋帽工业公司。

是年，北京市服装研究所停办。

1970 年

12 月

是月，为了解决工业与商业的矛盾，北京市决定将北京市服装鞋帽工业公司移交给北京市一商局管理。

是年，公司所属北京市被服厂、北京呢绒服装厂、北京丰台服装厂等下属企业共 2700 名职工转产电子产品，服装年产量减少 200 多万件。高档服装生产大幅减少，每年出口值减少达 4000 多万元，造成全市外贸高档服装供应紧张。

1971年

11月

是月，服装与鞋帽两个行业分开，分别成立北京市服装工业公司和北京市鞋帽工业公司。

是月，北京市服装工业公司设立办公室、劳动科、财务科、技术科、检验科、基建科、供销科、计划科、生产科等部门。

1972年

2月

是月，经上级批准，于“文化大革命”中停办的原北京市服装研究所正式恢复，名称为北京市服装工业公司研究所。

12月

20—22日，北京市服装工业公司召开党的第一次代表大会。大会代表共185名，实际出席代表184名。

1973年

2月

是月，北京市服装工业公司创建北京市服装技工学校［该校于1986年11月划归北京市第二轻工业总公司（简称北京市二轻总公司），更名为北京市第二轻工业技工学校］。

6月

23日，经北京市一商局批准，北京市服装工业公司设立一室十二科：办公室、组织科、宣传科、保卫科、供销业务科、零活加工管理科、生产计划科、财务科、技术科、基建设备科、检验科、劳动科、总务科。

8月

1日，经报请上级党委批准，北京市服装工业公司机关党总支委员会成立。

10月

是月，经上级单位批准，从北京市被服厂分出一个服装车间，成立北京市服装八厂。

12月

21日，为了加强对服装市场及物价管理，经北京市一商局批准，北京市服装工业公司建立市场科、物价科，同时撤销供销业务科、零活加工管理科。自1974年1月1日起执行。

1974年

2月

7—20日，北京市服装工业公司派人参加由轻工业部组成的服装、针织、玩具参观小组，赴法国进行参观。先后参加巴黎的男装、童装、针织、玩具4个博览会、3个中高级百货商场及服装厂、针织厂等单位，收获较大。

9月

12日，北京市服装工业公司所属胶布雨衣厂根据生产的需要，经上级批准，更名为北京市服装六厂。

1975年

6月

27日，北京市服装工业公司向各区服装管理处、各直属厂、归口厂下发《关于改变服装样板供应的通知》，将原采用的由服装研究所制定一套样板，所有生产服装的单位都到该所打制的办法，改为用晒图供应图纸的方式。

11月

28—29日，北京市服装工业公司召开服装系统提高产品质量、加强企业管理会议，出席会议的有各直属厂书记，主管生产的主任，负责技术质量工作的员工及各区服装管理处、远郊县工业局、商业局及各县属服装厂的领导，共 120 余人。会上交流经验找差距，分析出现次品的原因，对如何提高产品质量提出指导意见。

12 月

11—13 日，北京市服装工业公司在西郊二里沟财贸干校召开服装生产计划会议，公司领导及相关部室负责人、所属各厂主管生产的领导及相关人员参加会议。

29 日，北京市服装工业公司向各区服装管理处、服装科、各直属厂及归口厂，下发《关于下达一九七六年及一季度生产计划的通知》，下达生产计划。每年例行下达生产计划。

1976 年

1 月

16 日，北京市服装工业公司下发《关于修改本市男短裤规格样板的通知》，将原 15 个号型增加到 50 个号型，新短裤样板编号为 1-138 号，旧 1-68 号样板同时作废。

2 月

15 日起，根据北京市一商局《关于调整服装零活加工费和成品服装价格的通知》规定，对棉布、棉涤纶、丝绸料等男女单服、单便服的价格做统一调整。

11 月

2 日，北京市服装工业公司召开党的第二次代表大会，大会应出席代表 266 名，实际出席代表 266 名。

1977 年

7 月

是月下旬，北京市服装工业公司所属北京衬衫厂和北京大华衬衫厂参加京津沪衬衫行业竞赛，并签订联赛协议书。参加竞赛的共有 3 市 6 个衬衫厂。

1978 年

3 月

15 日，为了贯彻轻工业部、商业部关于男、女单服装部颁标准，北京市服装工业公司召开贯彻男、女单服装部颁标准和技术要求的会议，所属单位技术负责人参加会议。

1979 年

1 月

8 日，北京市服装工业公司召开北京市服装行业计划会议，公司及所属各单位相关领导参加会议。会议总结上一年服装行业所取得的成绩和主要工作，提出之后工作意见。

4 月

是月，经市政府批准，北京服装工业公司及直属企业回归北京市二轻局领导。

1980 年

6 月

25 日，北京市服装工业公司召开所属各厂厂长办公会议，总结上半年工作，布置下半年工作。

7 月

17 日，根据上级的指示，北京市服装工业公司机关决定设立质量管理科、企业管理科和卫生技术安全科。

12 月

15—17 日，北京市服装工业公司召开由公司领导及所属各单位领导参加的服装行业会议，总结本年度的工作，布置下一年工作。每年年底或第二年年初均召开年度服装行业会议。

1981 年

1 月

2 日，北京市服装工业公司所属北京市服装研究所与轻工业出版社签订合作协议，联合出版《现代服装》（季刊），双方共同组成编辑部，北京市服装研究所主要负责组稿、编辑、编排和定稿工作，协议期为两年。

10 月

6 日，北京市服装工业公司所属北京市服装八厂，根据北京市政府相关指示精神，恢复开设雷蒙西服店，位于王府井大街 249 号。

1982 年

4 月

1 日起，根据工作需要，经北京市服装工业公司研究决定：北京市服装工业公司研究所自 4 月 1 日起正式恢复使用“北京市服装研究所”的名称，原有的隶属关系和业务关系一律不变。

9 月

是月，公司成立北京市服装工业干部学校。

10 月

5—7 日，北京市服装工业公司召开党的第三次代表大会。大会应出席代表 209 名，实际出席代表 198 名。

1983 年

7 月

20—23 日，北京市服装工业公司在黄土岗公社新发地服装干部学校召开服装生产供销专业会议，直属厂主管生产的厂长、生产科长、供销科长及归口厂厂长共 130 人参加会议。

是月，北京市服装工业公司创办北京市服装工业职工中等专业学校（该校于 1985 年 8 月由北京市二轻总公司接管）。

1984 年

10 月

26—29 日，北京市服装工业公司受日本东京重机工业株式会社、东工物产株式会社邀请，派出 1 名公司领导和直属厂的 3 名技术人员参加在日本名古屋举办的日本国际缝纫设备展览会，了解国际缝纫设备发展的新趋势，为引进先进设备和技术奠定基础。

12 月

12—25 日，北京市服装工业公司受美国（生产服装缝制专用设备的厂家）邀请，派 1 名公司领导和 1 名技术人员参加在中国香港生产力促进中心举办的 '84 年制衣技术展览会，并考察制衣工厂和设备使用情况。

1985 年

1 月

是月，北京市服装工业公司机构做较大调整，调整后公司设有办公室、生产经营指导部、人才技术开发部、财务科、基建行政科、审计科、政治工作部、纪委、工会、团委、机关总支、时装贸易中心及服装技术管理协会。

4 月

1 日起，经北京市二轻总公司批准，北京市第三皮鞋厂全建制划归北京市服装工业公司。

5 月

5 日，北京市服装三厂更名为北京长城风雨衣公司。

8 月

1 日起，北京市第三皮鞋厂并入北京市服装二厂，撤销原北京市第三皮鞋厂建制。

1986 年

3 月

是月，根据市第二轻工业总公司转发的北京市经委《关于北京市服装工业公司机构改革方案报告的批复》文件精神，北京市服装工业公司组建为北京市服装工业联合公司（简称联合公司）。

5月

29日，联合公司进行机构调整，调整后的各部门为办公室、生产计划科、技术科、服装监测站、质量管理科、财务科、审计科、企业管理办公室、劳动技安科、供销科、教育科、基建科、行政科、劳动服务公司、联社办公室、组织部、宣传部、保卫科、纪委、工会、团委、整党办公室及机关总支。

是月，根据北京市二轻总公司《关于北京市红旗厂改名为“北京市红旗室内装饰品公司”的批复》，原北京市红旗厂更名为北京市红旗室内装饰品工业公司。企业性质为全民所有制，主要经营和生产室内装饰用品及各种旗帜。

1987年

2月

16日，联合公司下发关于使用行业标志的通知，要求各直属厂、归口厂等单位在今后的生产、经营活动中，在宣传、广告、包装物以及名片、厂门、信封、信纸等方面，凡能够放置标志的地方均要使用行业标志；要求各单位在接到通知之日起均应立即使用行业标志；凡是使用本企业标志的单位，同时一律使用行业标志。

7月

是月，联合公司及其所属企业正式划归北京市纺织总公司领导。

9月

9月20日至10月20日，联合公司组成北京服装分团，参加由纺织部、中国服装总公司主办，在北京农业展览馆举行的全国服装鞋帽时新产品展销会。

1988年

3月

22—28日，联合公司主办北京市服装工业联合公司龙年首届名优特新服装展示订货会，地点在北京民族文化宫。

是月，联合公司内部机构调整，设置政治工作部、保卫安全部、劳动人事财会部、生产技术部、公共关系部、经营部、第三产业部、办公室、企业管理办公室。

6月

是月，联合公司组建北京市服装工业集团公司。由北京衬衫厂、北京大华衬衫厂、北京长城风雨衣公司、北京华丽衬衫厂、北京羽绒制品厂、北京友谊时装厂、北京市服装一厂、北京市服装二厂、北京市服装四厂、北京市服装五厂、北京市服装六厂、北京市童装厂、北京市童装三厂，北京市红旗室内装饰品工业公司、北京凤凰时装装饰品公司、北京雷蒙西服公司、北京市童装二厂、北京市服装研究所和北京市服装工业联合公司本部组成为集团企业。经过数年准备与过渡，定名为北京市京工服装工业集团公司（简称集团公司），于 1992 年 2 月 27 日办理工商注册领取营业执照。

11月

14—20 日，联合公司与中国服装研究设计中心、中国服装杂志社联合主办 1989 年春夏服装流行趋势发布暨验证试销会，地点在中国人民革命军事博物馆。

12月

15 日，北京市服装研究所在北京市工商行政管理局（简称北京市工商局）宣武分局注册为全民所有制企业，注册资金为100万元，经营范围为服装的技术开发、技术咨询、技术服务、技术培训、销售纺织品、百货、工艺美术品。

是月，北京市服装工业干部学校更名为北京市服装技术学校。

1989 年

3月

15—31 日，联合公司和北京市百货大楼联合举办中国 89/90 秋冬服装流行趋势发布展示会暨验证试销会，地点在北京市百货大楼三楼。

11月

3—16 日，联合公司在北京长城风雨衣公司办公大楼举办北京 '89 年秋冬服装试销会暨 '90 年春夏服装流行趋势发布活动，公司所属 17 个直属企业以及北京市服装研究所、公司供销经理部等 20 个单位参加。

1990 年

3 月

26 日，北京佐田雷蒙服装有限公司成立，由北京雷蒙西服公司与日本佐田株式会社、日本英木株式会社、日本京连兴业株式会社合资兴办，为中日合资企业。1999 年 8 月，经北京市外经贸委批准，中方合营者名称由北京雷蒙西服公司变更为北京市京工服装工业集团公司。

6 月

9 日，联合公司供销经理部领取独立法人营业执照。

7 月

16 日，联合公司召开关于 90 年代发展规划专题研讨会，北京市纺织总公司有关领导及处室、公司相关领导、部室负责人及部分直属厂领导参加，就优化原料结构、调整产品结构、扩大出口创汇等进行研讨。

10 月

29 日，北京市纺织总公司党委任命康秀玲为联合公司党委书记，增补为党委常委；任命陈吉庆为联合公司经理，免去党委书记职务。

1991 年

1 月

1 月 31 日至 2 月 2 日，召开联合公司 1991 年工作会议。以后每年年底或第二年年初召开工作会。

4 月

18 日，联合公司内部机构调整，政工部门设组织部、宣传部、纪委、办公室、工会、团委、老干部科、机关总支。

是月，联合公司对本部各职能科室进行调整，建立以下 24 个管理科室：办公室（党政合一）、企管科、人事科、劳动科、财务科、审计科、教育科、安全保卫科、监察科、外经科、生产计划科、技术质量科、供销科、基建行政科、三产办公室、供销经理部、服装技校、组织部、宣传部、纪委、老干部科、工会、团委、本部党总支。

5月

19—24日，联合公司所属企业参加由中国服装工业总公司主办，北京市服装工业联合公司和北京市百货大楼协办的首届中国服装“万紫千红”奖童装评比、展销活动，公司所属北京市童装厂、北京市童装二厂、北京市童装三厂获得“优秀销售奖”。

25日，召开联合公司全体离退休老干部大会，党委书记康秀玲到会并讲话。老干部科自此开始正式工作。每年例行组织活动。

是月，根据北京市编制委员会办公室《关于核定北京纺织工业总公司所属事业单位机构编制的通知》，北京市服装研究所确定为自收自支的事业单位。

6月

4—12日，联合公司组织离退休老干部到大连船舶公司疗养院休养。以后每年例行组织离退休老干部疗养。

7月

7月30日至8月1日，召开联合公司上半年工作会议。以后每年例行召开半年工作会。

12月

27—29日，联合公司召开1992年技术管理工作研讨会，公司主管副经理，办公室、技术质量科有关人员，公司直属企业技术厂长、技术科长等参加会议。

是月，北京市服装六厂并入北京大华衬衫厂，取消法人地位，更名为北京大华衬衫厂一分厂。

1992年

3月

10—11日联合公司召开国家标准GB 1335—91（强制性）服装号型宣贯会，出席宣贯会的有来自企业、事业单位、学校的厂长、科长及教师等，共40余人。

6月

6月29日至7月4日，在北京羽绒制品厂举办联合公司与日本东京重机株式会社

92年缝纫设备讲习班，收到较好效果。讲习班的学员来自公司直属及归口厂的21个企业，共计32人。

9月

21日，经北京市劳动局批准，在北京市服装技术学校基础上建立北京市服装高级技工学校。

10月

是月，北京市京工服装工业集团公司进出口部成立。

是年，经中华人民共和国对外经济贸易部1992年《关于同意北京市京工服装工业集团公司经营进出口业务的批复》，集团公司被批准为自营出口企业。

1993年

2月

22日，集团公司召开主题为“加强与改进党的建设，开创思想政治工作新局面”的政治工作会议。全系统80余名政工干部出席会议。

3月

25—26日，集团公司召开以“转换经营机制，提高经济效益”为主题，研讨集团公司经营工作的会议。来自所属各单位主抓经营工作的厂长、销售科长参加会议。

6月

24日，集团公司在北京劳动人民文化宫召开庆祝中国共产党诞生72周年大会，来自16个单位的党政工团领导和先进党支部、优秀共产党员代表参加会议。公司每年例行举办庆祝及表彰活动。

10月

3日，北京高久雷蒙时装有限公司正式开业。

12月

10日，由集团公司所属北京市红旗室内装饰品工业公司和英国投资人黄显年共同投资组建的北京天通印刷有限公司成立。

1994 年

3 月

1 日起，经集团公司领导研究决定，撤销“北京市服装工业联合公司供销经理部”的建制。

4 月

是月，经北京市纺织总公司《关于北京市服装四厂、北京市服装八厂、北京华丽衬衫厂合并成立北京雷蒙西服公司的批复》，撤销北京市服装四厂、北京市服装八厂、北京市华丽衬衫厂的单位建制，成立北京雷蒙西服公司。在工商登记注册时，企业名称实际登记为北京市京工服装工业集团公司雷蒙西服分公司。

5 月

13 日，在“希望工程”实施 5 周年之际，集团公司号召系统共产党员、共青团员、全体干部参加纺织工业总公司与北京电视台联手发起的向“希望工程”的义捐活动，共募集到义捐款 2.9 万余元。

8 月

4—6 日，集团公司召开党群工作会议，集团公司党委及直属单位党组织相关领导及党群工作者参加会议，会议总结交流经验，明确方向，增强信心。

11 月

2—5 日，集团公司分期举办党、团员培训班，75 名党团员参加培训，占党团员总数的 87%。公司每年例行举办党员、团员培训班及入党积极分子培训班。

17—19 日，集团公司团委举办团干部培训班，系统 12 家单位 35 名基层团干部参加培训。公司每年例行举办团干部培训。

1995 年

1 月

9—11 日，集团公司召开党群工作会，集团公司党政工团领导和所属企业的党工团全体专兼职干部参加会议。公司每年例行召开党群工作会、半年党群工作会。

4月

26日，北京羽绒制品厂更名为北京伊里兰羽绒制品厂。

是日，集团公司团委召开迎五四、基层团干部座谈会，集团公司所属各企业的30余名基层团干部参加座谈会。公司每年例行举办庆祝“五四青年节”活动。

8月

20日起，北京市童装二厂名称变更为北京市京工服装工业集团公司童装二厂。

29日，集团公司劳动人事部、工会联合举办劳动争议培训班，系统各企业工会、劳动部门的干部及集团公司劳动争议调解委员会成员40余人参加培训。

是月，北京市服装二厂撤销建制，并入北京市服装一厂。

10月

23日起，经北京市纺织总公司批准，北京市服装五厂并入北京凤凰时装装饰品公司，撤销北京市服装五厂编制。

11月

1日起，北京凤凰时装装饰品公司改由北京市纺织总公司直接管理。

1996年

4月

18日，北京市京工服装工业集团公司商厦在地安门大街正式开业面市，集团公司及子企业有了自己的销售手段和销售场所，为全公司实施名牌战略、扩大内销创造条件。

5月

21日，仪征化纤（北方）实业公司以承担债务的方式兼并北京市童装三厂。兼并后，北京市童装三厂的全部资产归仪征化纤（北方）实业公司所有，其债权债务和职工（包括离退休职工）全部由兼并方承担和安置。

6月

19—21日，集团公司系统劳模、先进人物赴承德疗养，共40余人参加。集团公司每年举办劳模、先进人物疗养活动。

11月

是月，经上级批准，北京市服装一厂进入集团公司，撤销法人地位，更名为北京市京工服装工业集团公司服装一厂。

12月

20日，集团公司召开党风廉政建设大会，全系统厂处级领导干部及集团公司中层以上干部和承包部门负责人参加大会。

1997年

3月

17日，集团公司工会举办全系统工会干部参加的《中华人民共和国劳动法》知识培训班。

6月

23日，集团公司党委在北京劳动人民文化宫三殿召开迎接香港回归祖国，庆祝中国共产党建党76周年大会和大型文艺演出活动，会上表彰在96年度“争创优先”活动中涌现出来的先进党支部和优秀共产党员。集团公司党政领导和各直属企业的党政主要领导，先进党支部、优秀共产党员和党员代表及演员共计300余人出席庆祝活动。

1998年

1月

是月，北京市京工红旗厂有限公司（其前身为北京市红旗室内装饰品工业公司）加入集团核心层，更名为北京市京工服装工业集团公司红旗厂。

6月

1日起，北京市京工服装工业集团公司商厦并入北京市京工服装工业集团公司友谊时装厂，实行人、财、物一体化管理。原京工集团商厦一切债权债务由京工集团友谊时装厂承担。

22日，北京市京工服装工业集团公司服装辅料厂成立。

是月，北京市京工服装工业集团公司童装二厂撤销建制并入集团公司。

是月，北京市第一中级人民法院知识产权庭经法院审判委员会讨论决定，就服装一厂“枫叶”商标侵权案，判决中国地区开发促进会在判决生效之日起30日内在《北京日报》上，替原下属企业北京同益广告公司向北京市京工服装工业集团服装一厂赔礼道歉、消除影响，并对服装一厂的相应损失进行赔偿。至此，历时约4年的服装一厂“枫叶”商标侵权纠纷结束。

7月

20日，北京市京工服装进出口有限公司成立。

8月

17日，集团公司组织系统心系灾区捐款活动，209名在职职工和25名离退休职工参加捐款，共计12910元。

是月，在“爱心与祖国同在”北京各界大型赈灾义演晚会上，集团公司向灾区捐赠价值324万元的服装。

9月

25日，集团公司12个单位1015名党员参加缴纳特别党费的组织活动，共缴纳特别党费4万余元。

是月，北京市服装高级技工学校更名为北京市纺织服装职业技能培训学校，并被审核确认为具备高级职业技能培训办学资格的社会培训机构。

11月

12日，北京纺织控股（集团）有限责任公司党委任命田成为北京市京工服装工业集团公司总经理、党委副书记，康秀玲兼任北京市京工服装工业集团公司副总经理。

1999年

4月

是月，经北京市民政局登记，北京伊里兰服装有限公司职工持股会正式成立，成为社会团体法人。

5月

是月，北京市童装厂按照北京市经济委员会《北京市划转工作领导小组关于下发划转企业名单的通知》精神，划归东城区管理。

同月，北京友谊时装厂按照《北京市划转工作领导小组关于下发划转企业名单的通知》精神，划归西城区管理。

6月

是月，北京伊里兰服装有限公司正式成立，由北京伊里兰服装有限公司职工持股会和北京伊里兰服装有限公司共同共有资产管理中心，以投资二元化的形式共同组建。

7月

22日，北京市京工服装工业集团公司商厦完成工商注销。

8月

25日，为与西城区办理交接，北京友谊时装厂变更为北京市京工友谊时装厂（企业独立法人）。

9月

23日，集团公司在劳动人民文化宫三殿剧场举办庆祝国庆、迎接澳门回归文艺会演，系统各单位领导、离退休职工、在职职工代表参加演出。

10月

26—27日，集团公司党委举办为期2天的基层党支部书记脱产培训班，30余人参加培训。集团公司每年举办基层党支部书记培训班。

11月

是月，经北京纺织控股（集团）有限责任公司《关于北京服装研究所转制方案的批复》批准，北京市服装研究所注册成为独立核算、自负盈亏的企业法人，仍保持原名称不变。

2000年

4月

27日，集团公司第四届团代会召开。纺织控股相关领导出席并讲话。

6月

5日，北京市京工世纪服装服饰有限公司成立，由北京市京工服装工业集团公司和北京泰丝纶服装服饰有限公司共同出资组建。

7月

是月，北京京工服装工业集团公司办公地点从北京市宣武区珠市口西大街20号迁到北京市朝阳区松榆西里29号楼。

9月

7日，集团公司青年工作委员会召开大学生联谊会。各企业大学生代表及部分团干部代表20余人参会。

是年，集团公司党委书记康秀玲获“北京市劳动模范”称号。

2001年

1月

19日，集团公司青年工作委员会主持召开“大学生座谈会”，就2000年青年工作及青委会与青年知识分子的通信活动进行总结。集团公司副总经理李耀东出席会议。

3月

22日，集团公司本部召开2001年度干部聘任大会。每年年初例行召开年度干部聘任大会。

7月

15日，集团公司党委召开“三讲”学习教育活动动员大会，来自各直属单位的党政工主要领导，集团公司中层干部、职工代表、离退休老干部代表等参加动员大会。

26—27日，集团公司“三讲”办公室分别组织召开由企业党政工部分领导，公司部室中层干部、职工代表和离退休老干部参加的座谈会。

9月

3日，集团公司党委召开直属企业领导班子及成员“三讲”学习教育活动动员会。

18日，北京市京工红旗厂有限公司成立。

10月

11日，集团公司召开企业领导班子及成员“三讲”学习教育活动总结大会。各直属企业领导班子成员和组织部部长参会。集团公司党委副书记、总经理王木恩代表集团党委作总结报告。

11月

2日，京工集团完成工商注册正式成立。

28日，举行京工集团成立暨揭牌大会，北京市有关领导和北京纺织控股有限责任公司主要领导出席并讲话。

2002 年

1 月

1 日，经京工集团董事会研究决定，聘任王木恩为京工集团总经理，任期 3 年。

5 月

13—14 日，京工集团召开第一次党员代表大会。大会代表共 80 名，实际出席代表 80 名。

6 月

是月，根据北京纺织控股有限责任公司《关于服装企业结构调整的通知》精神，北京衬衫厂和北京大华衬衫厂划归纺织控股直接管理。

10 月

8 日，雷蒙西服分公司整体并入服装一厂，办理工商变更。北京市京工服装工业集团公司服装一厂（与北京市京工服装工业集团公司雷蒙西服分公司资产合并），名称变更为北京雷蒙服装有限公司。

12 月

12 日，共青团京工集团第一次代表大会召开。

30 日，北京市京工服装工业集团公司雷蒙西服分公司在北京市工商局完成工商注销。

2003 年

1 月

14 日，京工集团工会召开第一次代表大会，北京纺织控股有限责任公司相关领导出席并讲话。

4 月

18 日，京工集团召开预防和控制“非典”紧急会议。集团领导班子及各子公司、分公司、集团本部各部室及房屋承租方出席会议。

5 月

是月，北京市京工服装工业集团公司服装辅料厂更名为京工集团服装辅料分公司。

9月

15日，北京京工枫叶服装服饰有限公司成立，领取营业执照。

12月

9日，北京市服装研究所于北京市工商局西城区分局完成工商注销。

是年，北京市服装研究所整体并入京工集团。

2004年

3月

是月，北京市纺织服装职业技能培训学校的主办单位由北京京工集团有限公司变更为北京纺织控股有限责任公司，但管理方式不变，京工集团仍全面负责学校的人、财、物等各项事务。

4月

28日，京工集团召开安全工作会暨《中华人民共和国道路交通安全法》专题讲座。京工集团各子、分公司、所属单位及集团本部各部室相关人员出席会议。

10月

18日，京工集团物业管理中心在右安门宿舍区召开“安全消防、居家防火及紧急救援、安全疏散”讲座及演练活动。每年均开展类似活动。

11月

29日，京工集团作为转让方与北京龙世杰印刷有限公司（受让方）签订《北京天通印刷有限公司股权转让协议》，双方按协议办理相关手续。

12月

8日，北京市京工世纪服装服饰有限公司办理工商手续，正式变更为北京市京工雷蒙服装服饰有限公司。

30日，京工集团召开第二届董事会第一次会议，选举康秀玲为京工集团第二届董事会董事长，聘任王木恩为京工集团总经理。

2005 年

1 月

10 日，北京伊里兰服装有限公司共同共有资产管理中心、北京伊里兰服装有限公司职工持股会与北京市煤炭总公司二厂、北京彤翔投资管理有限公司签订股权转让合同书，进行并购。

3 月

16 日，北京高久雷蒙时装有限公司完成工商注销。

5 月

10 日，京工集团党委举办主题为“进一步推进基层党组织建设，为即将开展的‘保持共产党员先进性’教育活动作好思想及组织准备工作”的会议。全系统基层党支部书记及委员出席会议。

8 月

12 日，北京京工伊里兰服装服饰有限公司成立，领取营业执照。9 月 16 日，北京京工伊里兰服装服饰有限公司在京工集团五楼会议室举行成立暨揭牌仪式。

10 月

25 日，北京长城风雨衣公司正式变更为北京长城汉唐国际贸易有限公司。

2006 年

6 月

21—22 日，京工集团召开第二次党员代表大会。大会代表共 80 名，实际出席代表 78 名。纺织控股相关领导、基层党组织代表出席会议。

7 月

21 日，京工集团召开工会第二次代表大会。纺织控股有关领导出席并讲话。

8 月

10—11 日，京工集团召开第二次团员大会暨青年工作会。纺织控股有关领导出席并讲话。

2007年

9月

6—7日，京工集团董事会召开派出董事、监事工作会议。京工集团派出董事、监事，全体中层干部出席会议。

2008年

1月

31日，京工集团召开第三届董事会第一次会议，选举李耀东为京工集团第三届董事会董事长，聘任王木恩为京工集团总经理。

5月

19日，京工集团党委全体党员开展“心系地震灾区，缴纳特殊党费”活动。

6月

12日，纺织控股党委任命李耀东为京工集团党委书记。

9月

9月至12月，京工集团聘请北京大陆航星质量认证中心对京工集团及京工雷蒙公司、京工伊里兰公司、京工枫叶公司进行环境、质量、职业健康三项体系进行认证，经过3个月的培训及工作，京工集团于2008年12月取得认证资格合格证书。以后每年均开展此项工作。

12月

29日，京工集团召开第三届董事会第三次会议，聘任李耀东为京工集团总经理。

2009年

7月

24日，京工集团召开第一届职工代表大会。以后根据工作需要召开。

10月

28日，京工集团于西单商场开设“雷蒙”品牌第一家销售专柜，面积约为60平方米。

30日，纺织控股党委任命客振家为京工集团党委书记。

12月

1日，京工集团撤销离退休管理部，离休干部工作划归办公室（组织部）管理，退休职工划归劳动人事部管理。

2010年

3月

28—31日，京工集团参加于中国国际展览中心新馆（北京市顺义区）举办的中国国际服装服饰博览会。以后每年参加，直到2014年。

30日，京工集团召开集团全行业网络信息员大会。各子公司、分公司、所属企业、京工集团部室信息员、网站管理员参会。以后每年例行召开。

2011年

6月

27日，京工集团党政联合发布《庆祝北京京工服装集团有限公司成立十周年“十大京工人”表彰决定》，表彰京工集团改制成立10年来为京工集团发展做出突出贡献的“十大京工人”（按姓氏笔画排序）：王木恩、王哲云、尹玉茹、白志跃、李万全、李耀东、张汝和、武保宗、桂文生、康秀玲。京工集团党委号召全体干部职工向“十大京工人”学习。

8月

25日，纺织控股党委任命魏丽为京工集团党委书记。

10月

13日，京工集团成立经济技术管理部。

2012 年

5 月

7 日，京工集团第四届董事会第一次会议选举李耀东为京工集团第四届董事会董事长，聘任李耀东为京工集团总经理。

8 月

15 日，京工集团召开第三次党员代表大会。纺织控股党委书记、董事长吴立出席并讲话。

9 月

4 日，京工集团召开工会第三次代表大会。纺织控股相关领导出席并讲话。

5 日，根据纺织控股党委批复，魏丽任京工集团党委书记。

6 日，京工集团召开第三次团员大会暨青年工作会。纺织控股有关领导出席并讲话。

12 月

12 日，京工集团召开派出董事、监事工作会。京工集团派出董事、监事，全体中层干部参会。

2013 年

1 月

15 日，京工集团召开第二届职工代表大会。以后根据工作需要召开。

21—22 日，京工集团召开经济工作会。各子公司、分公司、所属单位、各部室主要领导、中层干部和职工代表，以及纺织控股派出董事、监事出席。自该次会议开始，京工集团职工代表均参加京工集团每年召开的年初经济工作会和半年工作会。

8 月

1 日，京工集团电子商务部成立。

12 日，京工集团召开党的群众路线教育实践活动动员大会。纺织控股第一督导组全体成员、京工集团领导班子、各子公司、分公司、所属单位主要负责人、集团本部中层干部、部分职工代表出席会议。

11月

28—29日，京工集团于北京市平谷区举办第二届职工代表大会职工代表培训。

2014年

1月

3日，京工集团与北京服装学院正式签署产学研战略合作框架协议。

7日，京工集团受邀参加2014年亚太经合组织（APEC）会议领导人服装设计工作。

17日，北京京工科贸有限公司成立。

2月

12日，京工集团召开党的群众路线教育实践活动总结会。纺织控股第一督导组全体成员、集团领导班子及各子公司、分公司、所属单位主要负责人、集团本部中层干部和部分职工代表出席会议。

3月

18日，京工集团“枫叶”品牌男装在淘宝平台正式上线销售。这是京工集团产品第一次上线销售。

24日，京工集团原劳动人事部更名为人力资源部。

3—10月，电子商务部克服时间紧、专业人员匮乏等不利因素，先后开立4家淘宝店（C店），即Haoxuesheng、灿烂时光童装店、枫叶和伊里兰。

4月

24日，京工集团于北京服装学院举办首届“京工”杯创业方案大赛。

7月

17—18日，京工集团举办职工代表培训暨领导班子与职工代表联席会。以后根据工作需要例行召开。

11月

是月，京工集团获“中国纺织老字号品牌文化传承奖”。

2015年

2月

12日，京工集团内刊《京工风尚》正式创刊（双月刊）。

3月

12日，京工集团举办第一期新员工入职培训班。以后每年举办。

25日，京工集团召开2015年干部聘任大会，聘任期限为两年。自此，干部聘任由每年1次改为每两年一聘。

是月，北京京工枫叶服装服饰有限公司完成工商注销。

7月

20—21日，京工集团召开“十三五”规划编制研讨会。京工集团领导班子及各子公司及集团本部各部室相关人员出席会议。

2016年

1月

14日，京工集团召开第三届第一次职工代表大会。以后根据工作需要例行召开。

20—22日，京工集团召开经济工作会及职工代表联席会。京工集团领导班子及各子公司、分公司、所属单位主要领导、集团本部中层干部和职工代表出席会议。

2月

18日，京工集团成立贸易部。

5月

18日，京工集团党委召开“两学一做”学习教育动员部署大会。

6月

是月，京工集团董事长、总经理李耀东获“全国纺织工业劳动模范”称号。

8月

4—5日，京工集团召开落实“十三五”规划大会。各子公司、分公司、所属单位领导班子成员及集团本部中层干部及职工代表出席会议。

9月

26—27日，京工集团参加首届北京时装周，于莱锦文化创意园举行以“恒”为主题的“雷蒙”品牌发布会和以“惠·兰”为主题的“伊里兰”品牌发布会。以后每年均参加北京时装周活动。

29日，京工集团获中国纺织工业联合会、中国纺织职工思想政治工作研究会颁发的“2016全国纺织劳动关系和谐企业”称号。

10月

26—27日，京工集团召开第四次党员代表大会。时尚控股党委书记、董事长吴立出席并讲话。

11月

24日，时尚控股党委任命李耀东为京工集团党委书记。

2017年

3月

24日，京工集团财务管理部更名为财务管理中心，电子商务部更名为电子商务中心。

4月

18日，京工集团与贝壳菁汇（北京）生态创新科技有限公司联合举办京工时尚创新园签约仪式。丰台区副区长张婕、时尚控股相关领导出席并致辞。

24—25日，京工集团工会于北京海淀区召开第四次代表大会。时尚控股相关领导出席并讲话。

27日，京工集团成立社区事业部。

6月

2日，北京贝壳京工时尚创新科技有限公司成立。由京工集团与贝壳菁汇（北京）生态创新科技有限公司共同出资组建，作为京工时尚创新园的运营公司。

7月

10—11日，京工集团召开第四次团员大会暨青年工作会。时尚控股相关领导出席并讲话。

8月

3日，京工集团纪委举办支部纪检委员培训。以后每年举办。

28日，京工集团第一家“京工1961”社区店——草桥社区店正式开业。以后京工集团陆续开办多家社区店。

12月

19日，京工集团与北京联合大学商务学院举行战略合作签约仪式。

26日，京工集团首家服装高级定制体验店“雷蒙·1940宫葚服装高级定制体验店”正式开业。

28日，京工集团举办青年沙龙启动仪式。

2018年

2月

12日，京工集团取得“食品经营许可证”（有效期5年），这是京工集团历史上首次获得食品经营许可。

13日，京工集团召开2018年迎新春联欢会暨2017年度（第一年评选）“优秀员工”表彰会。以后每年进行“优秀员工”的评选及表彰。

4月

23日，京工集团第五届董事会第一次会议选举李耀东为京工集团第五届董事会董事长，聘任李耀东为京工集团总经理。

24日，京工集团旗下高级定制品牌“雷蒙·1940”“宫葚”产品参加在阿根廷举办的“中华文化世界行·感知北京”文化活动。

6月

11—13日、19—21日，京工集团到河南安阳红旗渠文化培训中心分2批举办党员轮训班。

7月

9—10日，由京工集团党委主办，董事会办公室承办，在北京海淀区举办“京工集团派出董事、监事培训会”，京工集团董事、监事及派出董事、监事与集团本部中层以上干部参加培训。

是月，经北京时尚控股有限责任公司批准，京工集团拟转让的京工红旗厂59.98%股权在北京产权交易所公开挂牌交易。

10月

11日，京工集团被评为“全国纺织行业党建工作先进企业”；京工集团董事长、总经理李耀东被授予“全国纺织企业诚信文化建设带头人”称号。

11月

5—7日，京工集团党委书记、董事长李耀东等相关领导及业务人员跟随时尚控股团队，出席在上海举办的第一届中国国际进口博览会。

12月

25日，京工集团“雷蒙”品牌获北京老字号协会颁发的“北京老字号”称号。

2019年

2月

1日，京工集团就转让京工红旗厂59.98%股权，与受让方签订产权交易合同。

26日，京工集团取得北京产权交易所出具的关于京工集团转让京工红旗厂59.98%股权的“企业国有资产交易凭证”。至此，京工集团正式退出京工红旗厂。

4月

12日，京工集团对部分部室名称及职责进行调整并成立新部门。物业管理中心更名为物业安保中心，仓库交由物业安保中心管理。撤销行政安保部，其原有的行政、安保职能并入物业安保中心；其原有的网络、信息化职能并入经济技术管理部；电子商务中心恢复原名称电子商务部；成立品牌运营中心；成立高定事业部；成立监察室。

5月

29日，京工集团召开《北京京工服装集团有限公司志》编纂动员暨培训大会。京工集团领导班子成员、各子分公司主要负责人、集团本部各部室负责人及《北京京工服装集团有限公司志》相关工作人员出席大会。会议邀请方志专家进行授课培训和指导。

6月

26日，在第十六届“世界品牌大会”上，经第三方独立机构世界品牌实验室公布的2019《中国500最具价值品牌》中，“雷蒙”品牌以126.36亿元的品牌价值荣列“2019年中国500最具价值品牌”的第381位。

7月

1日，京工集团在北京市丰台区潘家庙56号京工时尚创新园内举行“京工时尚创新园”开园仪式，京工时尚创新园正式投入运营。

2日，京工集团于怀柔“长城馆”开展“不忘初心、牢记使命”主题教育党日活动。

10日，京工集团纪委召开纪检监察干部半年工作会。

19日，京工集团举办“不忘初心、牢记使命”主题教育专题党课。时尚控股主题教育指导组相关人员参加。

8月

20日，京工集团工会举办创意设计、时尚构图实用课程培训班。以后每年举办类似活动。

10月

10日，时尚控股党委书记、董事长吴立，党委副书记、总经理李学彬一行9人到京工时尚创新园考察调研，京工集团党委书记、董事长李耀东等陪同参观接待。

17日，京工集团第五届董事会第五次会议聘任朱华诚为京工集团总经理。

11月

26—27日，京工集团于北京市房山区召开党员大会。时尚控股党委书记、董事长吴立出席并讲话。

12月

1日，京工时尚创新园举办“京工时尚之星”儿童模特时尚秀。

12日，在北京金百博路商贸有限公司总部举行京工集团与金百博路商贸公司联营协议签约仪式。京工集团党委副书记、总经理朱华诚，副总经理侯永利等相关领导出席签约仪式。

27日，京工集团撤销监察室。

30日，京工集团“京工1961”四惠社区店、新源里社区店、常营社区联营店、富力城社区联营店4店联开，时尚控股党委书记、董事长吴立，京工集团党委书记、董事长李耀东等出席四惠社区店的揭牌仪式。

是月，京工集团“京工1961”社区服务项目获北京市企业管理现代化创新成果评审委员会颁发的“北京市第三十四届企业管理现代化创新成果一等奖”。

2020年

1月

3日，为落实《北京时尚控股公司党委关于落实纪检监察体制改革有关要求的通知》要求，京工集团成立纪委办公室。

26日，京工集团成立新冠肺炎疫情防控工作领导小组。由京工集团党委书记、董事长李耀东和党委副书记、总经理朱华诚任组长。31日，京工集团成立疫情防控工作专班。

2月

3日，按照上级复工复产相关要求，“京工1961”4家社区店率先恢复营业。

4月

22日，京工集团召开“战疫情、促发展、当好主人翁”系列劳动竞赛活动动员会。京工集团各单位、各部室负责人，工会委员会委员及全体工会组长参加此次动员会。京工集团党委书记、董事长李耀东出席会议并就劳动竞赛活动提出要求。

6月

24日，京工集团召开2020年度劳动竞赛总结会。因疫情原因，总结会采用现场会议和视频会议相结合的方式。京工集团领导班子成员、各子公司、所属单位负责人及工会干部和部分获奖代表参加现场会议，共有90名职工参加视频会议。京工集团领导分别为获得销售先锋团队代表和“京工1961”社区店优秀团队代表颁发荣誉证书。

7月

8日，京工集团邀请北京大学回龙观临床医院副主任医师为京工集团职工上心理辅导课。按照有关疫情防控工作规定，课程采用线上会议模式，此次课程共有160余人参与。

14日，京工集团纪委组织召开半年工作会，会议由京工集团纪委书记金娜主持，京工集团纪委委员、各党支部纪检委员参加。

8 月

5 日，在第十七届“世界品牌大会”上，经第三方独立机构世界品牌实验室公布的2020《中国 500 最具价值品牌》中，“雷蒙”品牌以 146.19 亿元的品牌价值荣列“2020中国 500 最具价值品牌”的第 379 位。

27 日，京工集团在京工时尚创新园举行京工集团“服装技艺传承拜师仪式”，京工集团中层以上干部及职工代表及各子分公司、所属单位主要领导出席。京工集团党委书记、董事长李耀东，党委副书记、总经理朱华诚共同为 4 位师傅颁发聘书。

9 月

10 日，“京工 1961”通州北苑店开业，这是京工集团在北京通州城市副中心开设的第一家“京工 1961”社区店。

16 日，为提高青年职工环保意识，宣传垃圾分类知识，京工集团团委开展青年沙龙垃圾分类系列活动。

19 日，京工集团“雷蒙”品牌以“润·雷蒙 80 秀”在北京时装周上演 80 周年盛典时装大秀。

22 日，京工集团承接延庆区服务冬奥世园大培训转化平台项目签约仪式正式举行，京工集团党委副书记、总经理朱华诚，延庆区人力资源和社会保障局冬奥世园培训办公室主任杨娟，冬奥世园培训办公室副主任戴国梁及相关工作人员、技能达人、培训学员等出席签约仪式。

是日，京工集团垃圾分类工作专班召开垃圾分类专题会议，京工集团各部室、子分公司、所属单位主要负责人出席会议。

11 月

10 日，京工集团党委书记、董事长李耀东，党委副书记、总经理朱华诚等领导班子一行到李宁中心，与李宁集团首席执行官钱炜、品牌项目管理中心总经理张向都、渠道管理部总经理王丰等会面，双方就探索创新合作模式进行深入交流，并与李宁（中国）体育用品有限公司正式签署战略合作框架协议。

19 日，时尚控股副总经理胡亚辉带队，在京工时尚创新园开展 2020 年文创园区管理培训现场教学活动，京工集团副总经理、工会主席顾巍等陪同接待。

25 日，“京工 1961”通州朗清园店开业，这是截止到 2020 年底京工集团已开业的面积最大的“京工 1961”社区店。

12 月

4 日，京工集团与北京新合作瑞通商贸有限公司签订战略合作框架协议，双方就代售、内购会、直播、渠道拓展等方面进行合作。

28 日，“雷蒙”品牌获北京时装周组委会颁发的“北京时装周 5 周年非遗时尚传承奖”。

是月，京工集团“深耕社区经济，开创服装企业转型新模式”被中国纺织工业联合会评为第九届全国服装企业“管理创新成果二等奖”。

第一章　组织架构

1961 年 4 月，北京市手工业管理局为适应广大人民群众穿衣和发展出口的需要，报经市政府批准，正式成立北京市服装鞋帽工业公司。北京服装鞋帽工业公司认真贯彻落实中央关于“调整、巩固、充实、提高”的八字方针，改变服装工业落后的生产面貌，从产业结构、产品结构、职工队伍素质、企业管理等方面初步形成独立的工业体系。1968 年，北京市二轻局将北京市服装鞋帽工业公司与北京市皮革公司合并，改为北京市服装鞋帽总厂，1969 年又将总厂改为公司。1970 年 12 月北京市决定将服装鞋帽工业公司移交给北京市一商局管理。1971 年 11 月，服装与鞋帽两个行业分开，成立了市服装工业公司和市鞋帽工业公司。1979 年 4 月，经北京市政府的批准，北京服装工业公司及直属企业归回北京市二轻局领导。进入 20 世纪 80 年代，党的改革开放政策推动服装行业的转轨变型，不断为企业增强活力。1986 年，为适应改革开放、搞活经济的形势要求，北京市服装工业公司改革成立了北京市服装工业联合公司。1987 年 7 月北京市服装工业联合公司及其所属企业正式划归北京市纺织总公司领导。1992 年北京市京工服装工业集团公司正式成立时，已发展成为品种齐全、技术先进、年产 3000 万件服装的企业集团，成为北京大纺织一体化的重要组成部分。2000 年，根据中央和北京市关于企业调整改制的部署，在北京市京工服装工业集团公司的基础上，按照现代企业制度的要求，改制成立北京京工服装集团有限公司。按照法人治理结构的要求，设立股东会、董事会和监事会。下设相关职能部室，按照部室职责完成经理层下达的工作目标，形成董事会决策、监事会监督、经理层执行的法人治理结构运行机制。截至 2020 年年底，京工集团共设置 16 个部室，2 个分公司；拥有全资子公司 4 家，所属单位 1 家。

第一节 北京市服装鞋帽工业公司

1961年4月，北京市手工业管理局为了适应人民穿衣和发展出口的需要，报经北京市政府批准，成立北京市服装鞋帽工业公司。接管一批地方国营企业、公私合营企业以及合作工厂，并进行专业化调整，初步理顺了生产关系，基本形成专业化生产的布局。

一、成立过程

1961年，中共中央相继颁布了国民经济“调整、巩固、充实、提高”的八字方针和《关于城乡手工业若干政策问题的规定》（即“手工业三十五条”），对手工业的发展和提高指明了方向。1961年4月，北京市服装鞋帽工业公司成立，并于当年末由北京市手工业管理局大楼（西单皮库胡同）迁到西珠市口大街办公。从1961年7月1日起，正式启用北京市服装鞋帽工业公司新公章。

二、接管企业

1961年5月，经北京市政府批准，北京市服装鞋帽工业公司正式接管地方国营企业北京市被服厂、北京友联时装厂、北京友谊服装厂、北京新联服装厂，公私合营企业北京大华衬衫厂、北京服装防护制品厂，合作工厂北京宣武呢服厂、北京西城呢服厂、北京西城第一缝纫厂、北京崇文服装一厂、北京衬衫厂、北京二十缝纫社、北京油布制棉厂、北京丰台服装厂等15个工厂为直属厂，职工共8345人；另有归口厂13个，职工1846人。但工厂党组织关系仍由所在区委领导，形成党政分管的局面。

三、内部调整

北京市服装鞋帽工业公司接管企业后，着手改组企业，进行专业化调整。1961年从北京被服厂分出装具车间，成立北京市装具厂（后划归市汽车工业公司领导）。1962年从市被服厂分出童装车间，成立北京市童装厂；1965年从北京市服装三厂（原北京服装防护制品厂）分出胶布雨衣车间，成立市胶布雨衣厂，1971年改产衬衣时，改名为北京服装六厂，北京服装三厂专业生产棉服，成为全国第一家定点专业棉服厂。为适应全行业技术改造的需要，1961 年 12 月从北京帽厂分出机修车间，成立北京服装鞋帽机械修配厂，专业生产电剪刀等产品，后改为北京向阳机械修造厂（后划归北京市一商局领导）。1965 年接收北京东城区步云鞋厂，改为北京市童装二厂。通过上述调整，初步理顺了生产关系，基本形成了专业化生产的布局。

1968 年，北京市二轻局将北京市服装鞋帽工业公司与北京市皮革公司合并，改为北京市服装鞋帽总厂，1969 年又将总厂改为公司。1970 年，北京市被服厂、北京呢绒服装厂、北京丰台服装厂等共有 2700 名职工转产电子产品，服装年产量减少 200 多万件。高档服装生产大幅减少，每年出口值减少达 4000 多万元，也造成全市外贸高档服装供应紧张。

1970 年 12 月，为了解决工商矛盾，北京市决定将服装鞋帽工业公司移交给北京市一商局管理。1971 年 11 月，服装与鞋帽两个行业分开，成立了市服装工业公司和市鞋帽工业公司。

四、历任领导

1961 年 5 月，北京市服装鞋帽工业公司接管地方国营企业时，工厂党组织关系仍由所在区委领导，形成党政分管的局面。1969 年各区将直属厂党组织关系移交公司统一领导后，充实调整各级领导班子，加强思想政治工作。

（一）党组织

中共北京市服装鞋帽工业公司分党组

书　记　史庆祥（1963.12—1966.7）

副书记　睢寒玉（1963.12—1966.7）

1966 年 7 月至 1968 年 1 月，党政领导机构瘫痪。

（二）行政领导

1961 年 6—7 月，因北京市服装鞋帽工业公司刚成立起来，机构不健全，也没有明确的职务，只在内部作了分工。

经　理　史庆祥（1961.8—1966.7）

副经理　原　野（1961.8—1966.7）

　　　　崔国强（1964.6—1966.7）

刘　萍（1962.12—1963.12）

许洪儒（1966.4—1966.7）

五、内设机构

北京市服装鞋帽工业公司负责公司本部及所属各厂的生产经营日常管理的全面工作，设有办公室、劳动科、财务科、技术科、检验科、基建科、供销科、计划科、生产科等。

第二节　北京市服装工业公司

1970 年 12 月，北京市服装鞋帽工业公司移交给北京市一商局管理。1971 年 11 月，服装与鞋帽两个行业分开，成立北京市服装工业公司和北京市鞋帽工业公司。1979 年 4 月，经北京市政府的批准，北京服装工业公司及其直属企业归回北京市二轻局领导。1985 年 1 月，为适应经济体制改革的要求，促进公司由行政性职能向管理服务型和经济实体转轨变型，根据实际工作需要，公司机构做较大调整，使之更适应生产的发展。

一、成立过程

1970 年 12 月，为了解决工商矛盾，北京市决定将北京市服装鞋帽工业公司移交给北京市一商局管理。

1971 年 11 月，服装与鞋帽两个行业分开，成立北京市服装工业公司和北京市鞋帽工业公司。

二、隶属关系

中共十一届三中全会以后，党和国家的工作重点转移到社会主义建设上来，国民经济得到迅速发展，随着人民生活水平的提高，人们对服装提出更高的要求，服装消费向着时装化、高档化、多样化发展。同时随着经济改革的深入发展，企业和市场的竞争日益激烈。1979 年 4 月，经北京市政府批准，北京服装工业公司及直属企业归回北京市二轻局领导。其中北京市服装七厂（原百货大楼加工厂，现华表时装公司）、北京人民服装厂（原北京友联服装厂，现红都时装公司）仍由北京市一商局领导，并成立北京市商业服装公司，移交给服装工业系统的只有17个企业，包括北京市服装一厂、北京市服装二厂、北京市服装三厂、北京市服装四厂、北京市服装五厂、北京市服装六厂、北京市服装八厂、北京市童装厂、北京市童装二厂、北京市童装三厂、北京衬衫厂、北京大华衬衫厂、北京华丽衬衫厂、北京友谊时装厂、北京市红旗室内装饰品工业公司、北京凤凰时装装饰品公司、北京羽绒制品厂。

三、历任领导

（一）党组织

党委书记　李国山（1972.12—1975.9）
　　　　　李尚文（1975.9—1979.4）
　　　　　许洪儒（1979.4—1984.4）
　　　　　张树梁（1984.4—1986.8）
　　　　　陈吉庆（1986.8—1986.9）

党委副书记　许洪儒（1972.12—1979.4）
　　　　　刘　萍（1972.12—1976.5）
　　　　　张旭生（1973.11—1979.3）
　　　　　陈吉庆（1976.11—1985.2）
　　　　　于宗尧（1979.10—1982.10）
　　　　　赵邦贵（1984.4—1986.9）

纪委书记　陈吉庆（1979.9—1985.2）
　　　　　赵邦贵（1985.2—1985.7）

（二）行政领导

经　理　于宗尧（1979.9—1982.10）
　　　　　陈芳森（1983.11—1985.7）

副经理　许洪儒（1979.3—1979.9）
　　　　　陈吉庆（1979.3—1985.7）
　　　　　赵凤阁（1979.9—1984.4）
　　　　　曹振昌（1980.10—1984.4）
　　　　　陈芳森（1979.5—1983.11）
　　　　　胡长海（1979.8—1984.4）

杜立勋（1979.3—1980.7）

李振兰（1979.3—1983.5）

刘　萍（1979.3—1979.4）

季绍福（1979.3—1979.4）

李　颖（1979.3—1979.12，1984.4—1985.7）

王富节（1983.6—1985.7）

四、内设机构

1973 年 6 月，工业公司设以下科室：办公室、组织科、宣传科、保卫科、供销业务科、零活加工管理科、生产计划科、财务科、技术科、基建设备科、检验科、劳动科、总务科。

1974 年 1 月 1 日起，为了加强对服装市场及物价管理，经工业公司研究并报请上级批准，公司建立市场科、物价科，同时撤销供销业务科、零活加工管理科。

1980 年 7 月，根据上级的指示，工业公司设立质量管理科、企业管理科和卫生技术安全科。

1985 年 1 月，经公司党委常委会研究决定，根据工作实际需要，工业公司机构作了较大调整，设有以下科室：办公室、生产经营指导部、人才技术开发部、财务科、基建行政科、审计科、政治工作部、纪委、工会、团委、机关总支、时装贸易中心、服装技术管理协会。

第三节　北京市服装工业联合公司

根据上级指示精神及生产经营的需要，1986 年北京市服装工业公司组建为北京市服装工业联合公司。为了扩大北京市服装工业联合公司联合体的影响，宣传联合体整体及各成员企业的雄厚实力和技术优势，联合公司确定公司的行业标志，并要求各直属厂、归口厂等单位在之后的生产、经营活动中，在宣传、广告、包装物以及名片、厂门、信封、信纸等方面，凡能够放置标志的地方均要使用行业标志。1987 年，根据北京市委工业工作部、北京市经委文件精神，联合公司及其所属企业成建制地由北京市二轻总公司移交给北京市纺织总公司领导和管理。为了加强服装行业的管理，适应新形势要求，联合公司不断调整、完善公司本部各部门的设置，以达到高效精干地开展工作。截至 1992 年，联合公司本部共设立 24 个职能科室。

一、成立过程

为了适应改革开放、搞活经济、壮大企业的形势要求，根据市第二轻工业总公司 1985 年 12 月 10 日转发的北京市经委《关于北京市服装工业公司机构改革方案报告的批复》文件精神，1986 年 3 月，北京市服装工业公司组建为北京市服装工业联合公司。

为了扩大北京市服装工业联合公司联合体的影响，宣传联合体整体及各成员企业的雄厚实力和技术优势，公司经过征稿、选择、研究后确定了公司行业标志。标志中“J”为“京”字汉语拼音首字母，“F”为“服”字汉语拼音首字母，“G”为“工”字汉语拼音首字母，代表北京市服装工业联合公司。标志的整体含义有二，其一，象征光大北京服装工业；其二，象征北京服装工业日新月异。

北京市服装工业联合公司标志设计含义　　京工集团办公室　提供

北京市服装工业联合公司标志设计稿　　京工集团办公室　提供

北京市服装工业联合公司标志定稿　　京工集团办公室　提供

1987年2月16日，联合公司下发关于使用行业标志的通知，要求各直属厂、归口厂等单位在之后的生产、经营活动中，在宣传、广告、包装物以及名片、厂门、信封、信纸等方面，凡能够放置标志的地方均要使用行业标志；要求各单位在接到通知之日起均应立即使用行业标志；凡是使用本企业标志的单位，同时一律使用行业标志。

二、隶属关系

根据北京市委工业工作部、北京市经委1987年4月18日《关于服装行业划归市纺织部门实行行业管理的通知》，北京市服装工业联合公司及其所属企事业单位、北京市鞋帽工业联合公司及其所属企事业单位（隶属关系以国务院办公厅发文日——1986年11月29日在册在编为准）成建制地由北京市二轻总公司移交给北京市纺织总公司领导和管理。全市服装行业（含布鞋、布帽）由北京市纺织总公司实行归口统一管理。

1987年7月，北京市服装工业联合公司所属企事业单位，包括北京衬衫厂、北京大华衬衫厂、北京市服装一厂、北京市服装二厂、北京长城风雨衣公司、北京市服装四厂、北京市服装五厂、北京市服装六厂、北京雷蒙西服公司、北京市童装厂、北京市童装二厂、北京市童装三厂、北京华丽衬衫厂、北京友谊时装厂、北京市红旗室内装饰品工业公司、北京凤凰时装装饰品公司、北京羽绒制品厂及北京市服装研究所，正式划归北京市纺织总公司领导和管理。

三、历任领导

1990年10月29日，北京市纺织总公司党委《关于康秀玲等任免职的通知》任命康秀玲为北京市服装工业联合公司党委书记，增补为党委常委；任命陈吉庆为北京市服装工业联合公司经理，免去党委书记职务。

（一）党组织

党 委 书 记　陈吉庆（1985.7—1990.10）

　　　　　　康秀玲（1990.10—1992.2）

党委副书记　赵邦贵（1985.7—1990.10）

　　　　　　王雅琴（1990.10—1992.2）

纪 委 书 记　赵邦贵（1985.7—1990.10）

　　　　　　王雅琴（1990.10—1992.2）

（二）行政领导

经　　　理　盛才庆（1985.7—1990.10）

陈吉庆（1990.10—1992.2）

副　经　理　薄熙宁（1985.2—1988.1）

陈吉庆（1985.7—1990.10）

王富节（1985.7—1992.2）

付义山（1985.7—1992.2）

四、内设机构

1986 年 5 月 29 日，联合公司对机构进行调整，调整后设置：办公室、生产计划科、技术科、服装监测站、质量管理科、财务科、审计科、企业管理办公室、劳动技安科、供销科、教育科、基建科、行政科、劳动服务公司、联社办公室、组织部、宣传部、保卫科、纪委、工会、团委、整党办公室、机关总支等。

1988 年 3 月，为适应公司发展的需要，联合公司对内部机构进行调整，设置政治工作部、保卫安全部、劳动人事财会部、生产技术部、公共关系部、经营部、第三产业部、办公室、企业管理办公室。

1991 年 4 月，为了加强服装行业的管理，适应新形势要求，经联合公司党政领导研究决定，对公司本部各职能科室进行调整，建立以下 24 个管理科室：办公室、企管科、人事科、劳动科、财务科、审计科、教育科、安全保卫科、监察科、外经科、生产计划科、技术质量科、供销科、基建行政科、三产办公室、供销经理部、服装技校、组织部、宣传部、纪委、老干部科、工会、团委、本部党总支。

第四节　北京市京工服装工业集团公司

根据北京市关于工业联合公司深化改革的意见及北京市纺织总公司关于组建企业集团的试行意见，北京市服装工业联合公司各成员企业，经过充分酝酿，一致同意组建北京市京工服装工业集团公司，其性质为具有法人地位的独立核算、自负盈亏的国集合营的经济实体。由北京雷蒙西服公司、北京市童装二厂、北京市童装三厂、北京市服装研究所与北京市服装工业联合公司本部组成集团公司的紧密型经济实体；由北京衬衫厂、北京长城风雨衣公司、北京大华衬衫厂等 14 个单位组成半紧密层；由各归口厂组成松散层，实行分类指导、统一管理。随着形势的发展，根据上级指示精神，结合企业实际情况，集团公司对所属企业（工厂）进行一系列调整，列表如下。

1991—1999 年北京市京工服装工业集团公司所属企业变更、合并、成立、调整一览表

表 1-1

时　间	调整方式	调整情况
1991 年 12 月	并入	北京市服装六厂并入北京大华衬衫厂
1994 年 1 月	合并	北京华丽衬衫厂、北京市服装四厂与北京市服装八厂合并成立北京市京工服装工业集团公司雷蒙西服分公司
1995 年 10 月	并入	北京市服装五厂并入北京凤凰时装装饰品公司
1995 年 11 月	并入	北京凤凰时装装饰品公司划归北京纺织工业总公司管理
1995 年 8 月	合并	北京市服装二厂与北京市服装一厂合并成立北京市京工服装工业集团公司服装一厂
1996 年 5 月	兼并	北京市童装三厂由仪征化纤北方公司兼并
1998 年 6 月	并入	北京市童装二厂并入北京市京工服装工业集团公司
1998 年 7 月	成立	成立北京市京工服装进出口有限公司
1998 年 6 月	成立	成立北京市京工服装工业集团公司辅料厂
1999 年 11 月	转制	北京市服装研究所（由事业单位转制为企业）

一、成立过程

1988 年，北京市服装工业联合公司根据《北京市关于工业联合公司深化改革的意见及总公司关于组建企业集团的试行意见》的要求，北京市服装工业联合公司各成员企业，经过充分酝酿，一致同意组建北京市京工服装工业集团公司，其性质为具有法人地位的独立核算、自负盈亏的国集合营的经济实体。

结合北京市关于工业联合公司深化改革的意见及北京市纺织总公司关于组建企业集团的试行意见，按照 1988 年北京市纺织总公司《关于组建北京市服装工业集团公司请示的批复》，北京市服装工业联合公司进行全面的部署和落实，即由北京雷蒙西服公司、北京市童装二厂、北京市童装三厂、北京市服装研究所与北京市服装工业联合公司本部组成集团公司的紧密型经济实体，统一核算，统负盈亏。紧密型经济实体为全民与集体所有制企业合并，为国合合营性质。按有关合营企业的政策规定，对全民和集体企业的原有资金实行分账管理，并分别统计上报，按全民和集体两部分资金比例及有关规定分别纳税；还贷方法与财政、税务部门协商解决。以紧密型经济实体为单位实行工资

与经济效益挂钩方法，核定工资总额，根据全民、集体两部分人数和各自实发的工资总额，分别按全民和集体的管理办法统计上报，不另增加全民所有制劳动工资计划指标；退休养老统筹基金按原全民和集体所有制职工人数分别采取全民与集体企业的不同缴纳方法并进行管理。由北京衬衫厂、北京长城风雨衣公司、北京大华衬衫厂、北京华丽衬衫厂、北京羽绒制品厂、北京市友谊时装厂、北京市服装一厂、北京市服装二厂、北京市服装四厂、北京市服装五厂、北京市服装六厂、北京市红旗室内装饰品工业公司、北京凤凰时装装饰品公司、北京市童装厂等 14 个单位组成集团公司的半紧密层，统一发展规划和技术改造，统一外贸出口。各企业具有法人资格，独立核算，自负盈亏。集团公司松散层的归口厂，即区县和社队企业共计 68 个，主要是生产加工关系。在此基础上，集团公司要对其实行统一发展外贸出口，统一技术、工艺、质量标准，并加强业务指导，实行有偿服务。

1992 年 2 月，北京市京工服装工业集团公司（简称集团公司）取得工商营业执照，正式成立。

二、历任领导

（一）党组织

党 委 书 记　康秀玲（1992.2—2000.10）

党委副书记　王雅琴（1992.2—1994.10）

　　　　　　马国红（1994.10—2000.10）

纪 委 书 记　王雅琴（1992.2—1994.10）

　　　　　　马国红（1994.10—2000.10）

（二）行政领导

1998 年 11 月 12 日，集团公司党委转发北京纺织控股（集团）有限责任公司《关于田成等任免职的通知》，任命田成为集团公司总经理、党委副书记；康秀玲兼任集团公司副总经理；陈吉庆不再担任集团公司总经理职务，办理退休手续。

总　经　理　陈吉庆（1992.2—1998.11）

　　　　　　田　成（1998.11—2000.10）

副 总 经 理　刘继栋（1992.2—1994.10）

　　　　　　张汝和（1994.10—2000.10）

　　　　　　王雅琴（1994.10—1998.6）

李耀东（1994.10—2000.10）

田　成（1998.3—1998.11）

康秀玲（1998.11—2000.10）（兼）

三、内设机构

遵照北京市委工业工作部、北京市经委、北京市计委及北京市纺织总公司等文件批复精神，原“北京市服装工业联合公司”已改革组建为“北京市京工服装工业集团公司”。为了适应深化改革、转换经营机制、搞活企业的新形势，经公司党委常委会议研究决定对公司经营管理机构进行调整，调整后设有生产经营部、劳动人事部、财务部、综合管理部、办公室、进出口部、劳动服务公司、培训中心（服装高级技术学校、集团公司党校）。

四、所属企业

（一）北京衬衫厂

北京衬衫厂始建于1955年底，前身是由第一、第四、第五3个缝纫社联合组成的北京第一衬衣生产合作社，1958年10月更名为北京衬衫厂。1970年10月由集体所有制转为全民所有制。企业位于北京市朝阳区东直门外太阳宫，占地32989平方米，建筑面积64396平方米，是生产高中档男女衬衫的专业化厂家，为北京百家重点企业之一。2002年6月，根据北京纺织控股有限责任公司（简称纺织控股）《关于服装企业结构调整的通知》精神，北京衬衫厂划归纺织控股（现北京时尚控股有限责任公司，简称时尚控股）管理。历任党委书记张辉、高廷立、谢春华。历任厂长江纪光、高廷立、王振忠、王岐桐、田成。

（二）北京大华衬衫厂

北京大华衬衫厂始建于1954年，由17家私营企业合并而成，属全民所有制性质。企业位于北京市海淀区海淀路乙39号，占地面积25825平方米，建筑面积25360平方米，是生产衬衫的专业化工厂，为北京市百家重点企业之一。2002年6月，根据纺织控股《关于服装企业结构调整的通知》精神，北京大华衬衫厂划归纺织控股（现时尚控股）管理。历任党委书记尤宝成、王忠兴、王育青、关在山、刘秀云、田义忠。历任厂长吴惠祥、关在山、王岐桐、盛才庆、牛希之、何永洙。

（三）北京长城风雨衣公司

北京长城风雨衣公司创建于1952年由7人组成的生产组，曾先后更名为北京市第

33缝纫生产合作社、北京市服装防护制品厂、北京市服装三厂，1985年5月5日定名为北京长城风雨衣公司，属全民所有制性质。企业位于北京市宣武门外大街92号，占地面积6746.28平方米，建筑面积15717.3平方米。党委书记李毓菁。历任厂长（经理）张洁世、王锡贵、宋伯尧、王木恩（兼）、张禄源。

（四）北京友谊时装厂

北京友谊时装厂始建于1958年，其前身为北京被服厂西服车间，属全民所有制性质。企业位于北京市西城区地安门外大街158号，占地面积8599平方米，建筑面积13502平方米，是生产高中档女装的专业厂家。1999年5月，根据北京市经济委员会《北京市划转工作领导小组关于下发划转企业名单的通知》精神，划归西城区管理。为办理交接，1999年8月25日变更为北京市京工友谊时装厂（企业独立法人）。历任党支部书记李淑芝、张宏旭、刘宝来、郭万发。历任厂长徐耀石、刘国兴、邓庆兰、韩旭华、张宏旭、刘宝来、李耀东（兼）、郭万发。

（五）北京市服装一厂

北京市服装一厂建于1950年，其前身是军属被服皮件二厂，1959年改名为北京市服装一厂，是一家中型毛呢服装厂，属集体所有制性质。企业位于丰台区菜户营西街甲339号，占地面积17800平方米，建筑面积14142平方米。1995年5月，经北京市纺织总公司（现时尚控股）批准，北京市服装一厂进入集团公司，撤销北京市服装一厂法人地位，领取非独立核算的营业执照。1996年11月办理工商变更，更名为北京市京工服装工业集团公司服装一厂。历任党支部书记石德、贾兰文、张启、卢思齐、马永胜、张秀英。历任厂长贾兰文、逢大可、张启、薄熙宁（兼）、卢思齐、张秀英。

（六）北京市服装二厂

北京市服装二厂创建于1952年，先后更名为北京第14缝纫生产合作社，北京西城呢绒服装厂，1959年正式更名为北京市服装二厂，属集体所有制性质。企业位于北京市西城区西单北灵境胡同42号，占地面积6315平方米，建筑面积8296平方米，是专门生产高档毛料男装的主要厂家。1995年8月，北京市服装二厂撤销建制，并入北京市服装一厂。历任党支部书记宋岳、李群煦。历任厂长张玉海、牛令其、李同兴、吴运书、卢思齐。

（七）北京市服装四厂

北京市服装四厂创建于1956年。前身是北京第2缝纫生产合作社，后与北京第12

缝纫生产合作社合并，更名为北京崇文服装厂，1966 年更名为北京市服装四厂，属集体所有制性质。企业位于北京市崇文区北岗子 20 号，占地面积 4696 平方米，建筑面积 5129 平方米。1994 年 1 月，北京市服装四厂撤销建制，与北京市服装八厂、北京华丽衬衫厂合并改制成立北京市京工服装工业集团公司雷蒙西服分公司。历任党支部书记刘金香、赫福兴、蔡杰。历任厂长刘金香、赫福兴、李世英、关志强、蔡杰。

（八）北京市服装五厂

北京市服装五厂始建于 1952 年的前门服装缝纫组，后更名为丰台服装社、丰台服装厂，1968 年定名为北京市服装五厂，属集体所有制性质。企业位于北京市广安门内南运巷 11 号，占地面积 6082 平方米，建筑面积 9183 平方米。经北京市纺织总公司批准，从 1995 年 10 月 23 日起，北京市服装五厂并入北京市凤凰服饰品公司，撤销北京市服装五厂建制。历任党支部书记范兴、王久瑜。历任厂长申洪山、张儒双、周锡武、韩旭华、胡长海、刘永祥。

（九）北京市服装六厂

北京市服装六厂创建于 1965 年，从北京市服装三厂分出胶布雨衣车间，成立胶布雨衣厂，属全民所有制性质。企业位于北京市左安门外八里河西里 56 号，占地面积 8243 平方米，建筑面积 8367 平方米，是生产出口、内销男女衬衫的专业工厂。1991 年 12 月，北京市服装六厂并入北京大华衬衫厂，取消法人地位，更名为北京大华衬衫厂一分厂。党支部书记吴学勤。历任厂长李凤岗、熊希贤。

（十）北京市服装八厂

北京市服装八厂成立于 1973 年 10 月，由北京被服厂分出一个服装车间组建而成，属全民所有制性质。企业位于北京市东城区东安门大街 23 号，占地面积约 9916 平方米，建筑面积 7843 平方米，分布在 6 处，拥有 3 个门店、4 个车间，其中包括位于王府井大街 249 号的雷蒙西服店、东单北大街 83 号的雷蒙时装店和东城区东安门大街 23 号的北京雷蒙西服公司，属于前店后厂的市场调节经营型企业。1994 年 1 月，北京市服装八厂撤销建制，与北京市服装四厂、北京华丽衬衫厂合并改制成立北京市京工服装工业集团公司雷蒙西服分公司。历任党支部书记范松曦、张广源、陈光村、刘俊英、刘光来。历任经理石长君、姜言香、刘国玉、陈英、刘光来、陈吉庆（兼）。

（十一）北京市童装厂

北京市童装厂创建于 1956 年 1 月 26 日，由 105 户个体劳动者组成，新建缝纫筹备社，同年更名为北京第37缝纫生产合作社之后又有7个缝纫生产合作社并入。1960年1月改为东城区童装厂，1960年6月并入北京被服厂，更名为北京市被服厂童装一分厂，同年9月，一分厂又独立正式成立北京市童装厂，属集体所有制性质。企业位于北京市东城区雍和宫藏经馆胡同11号，占地面积6451平方米，建筑面积5375平方米，是生产童装的专业化工厂。1999年5月，根据北京市经济委员会《北京市划转工作领导小组关于下发划转企业名单的通知》文件精神，划归东城区管理。历任党支部书记石德、郭玉博、吴玉民、马国红（兼）。历任厂长王志勋、回彦辉、刘竹亭、朱金敏、袁毓峰。

（十二）北京市童装二厂

北京市童装二厂始建于1956年，前身是由61户个体劳动者组建的北京市第13缝纫生产合作社，1965年改为北京第二童装生产合作社，1967年改为北京立新童装厂，1970年定名为北京市童装二厂，属集体所有制性质。企业位于北京市崇文区花市上三条51号，1988年迁至北京市朝阳区松榆西里29号，占地面积16595平方米，建筑面积3804平方米。自1995年8月20日起，企业名称变更为“北京市京工服装工业集团公司童装二厂”。1998年6月撤销建制，并入集团公司。历任党支部书记程文研、张福山。历任厂长王志勋、程文研、沈光辉、张维辛、刘继栋（兼）、张汝和（兼）、孙旗红。

（十三）北京市童装三厂

北京市童装三厂始建于1958年。前身是3个缝纫生产合作社。1966年7月正式更名为北京市童装三厂，属集体所有制性质。企业位于北京市西城区宣武门内大街抄手胡同12号，占地面积2137平方米，建筑面积4566平方米。1996年5月，由仪征化纤北方公司兼并。历任党支部书记刘觉民、赵启、付义山。历任厂长赵启、魏忠强、彭良玺、付义山、张庆标、李耀东（兼）。

（十四）北京华丽衬衫厂

北京华丽衬衫厂创建于1973年4月，其前身是北京第三绣花厂，1979年7月更名为北京华丽衬衫厂。1984年1月划归服装工业公司，属集体所有制性质。企业位于北京市丰台区南三环中路73号，占地面积10765平方米，建筑面积10432平方米。1994年1月，北京华丽衬衫厂与北京市服装四厂、北京市服装八厂合并改制成立北京市京工服装工业集团公司雷蒙西服分公司。北京华丽衬衫厂撤销建制。历任党支部书记李怀顺、孙绍岭。历任厂长方振跃、李兆男、孙绍岭、任重、客振家、刘光来。

（十五）北京伊里兰羽绒制品厂

北京羽绒制品厂创建于1960年，其前身为北京宣武区纸袋厂，1976年划归集团公司领导，属集体所有制性质。企业位于北京市丰台区东铁营南窑村31号，占地面积26641平方米，建筑面积5329平方米。为了适应外贸和满足国内消费者的需求，自20世纪70年代开始研制羽绒新产品，经过近30年的发展，该厂成为中国北方规模较大的羽绒制品专业化厂家。1995年4月26日，北京羽绒制品厂更名为北京伊里兰羽绒制品厂。历任党支部书记赵治国、逄大可、王庆福、张建设、王木恩（兼）。历任厂长王庆福、张树业、孟宪岐、王雅琴、王木恩。

（十六）北京市红旗室内装饰品工业公司

北京市红旗室内装饰品工业公司始建于1956年。前身是由33家私营企业实行公私合营组建的北京锦旗套垫厂，1966年改为北京市红旗厂，1986年更名为北京市红旗室内装饰品工业公司，属全民所有制性质。企业位于北京市朝阳区左安门外饮马井1号，占地面积13153平方米，建筑面积12145平方米。历任党支部书记赵启、刘奎申。历任厂长（经理）郑形元、王有志、赵启、申文斌、刘奎申、张春来。

（十七）北京凤凰时装装饰品公司

北京凤凰时装装饰品公司创建于1964年，前身是北京塑料钮扣厂，后与北京服装配件厂、北京皮鞋三厂合并。1985年，更名为北京凤凰时装装饰品公司，属于全民所有制性质。厂址位于北京市西城区地安门西大街141号，占地面积26205平方米，建筑面积14296平方米。根据北京市纺织总公司文件精神，1995年11月1日起，北京凤凰时装装饰品公司改由北京市纺织总公司直接管理。历任党支部书记李树昌、冯玉书、刘永祥。历任厂长（经理）郭凤仪、尤国才、刘永祥。

第五节　北京京工服装集团有限公司

京工集团是按照北京市经委和北京纺织控股（集团）有限责任公司的要求，在北京市京工服装工业集团公司的基础上，按照投资主体明确、产权清晰，公司章程健全、责权明确，法人治理结构合法、合规等现代企业制度的要求，改制组建而成的。京工集团党委发挥党组织的政治核心作用，落实党委会前置的要求，参与集团决策；董事会作为经营决策机构，对股东负责；监事会作为监督机构，对京工集团重大事项的决策及运行机制等进行监督；总经理对董事会负责，主持京工集团的生产经营管理工作、组织实施董事会决议，并向董事会报告工作。随着业务的发展，京工集团不断建立、完善各项经营管理制度、机制，设立新的部门或对原有部室进行调整。截至 2020 年底，京工集团共设置 16 个部门，设有北京京工服装集团有限公司物业安保中心和北京京工服装集团有限公司技术开发中心 2 个分公司，所属全资子公司 4 家，所属单位 1 家。

一、成立过程

（一）制订改制方案

为了贯彻落实党中央提出“用三年左右时间，通过改革、改组、改造和加强管理，使大多数国有大中型亏损企业摆脱困境，力争到 20 世纪末使大多数国有大中型骨干企业初步建立起现代企业制度”的企业改革目标，根据北京市政府和纺织控股的要求，结合集团公司核心层企业的具体情况，2000 年 10 月，集团公司研究制订了企业改制方案，并报请纺织控股批准。

集团公司分析了公司现状，包括已有的技术优势、产品优势、营销优势，分析了存在的突出矛盾，提出体制改革遵循的原则是坚持实事求是，不贪大，不走形式，本着成熟一个改一个、成熟一批改一批，整体成熟整体改，部分成熟部分改的精神，积极、扎实地推进体制改革。通过改制，要基本做到投资主体明确、产权清晰，公司章程健全、责权明确，法人治理结构合规、合法，完成法人注册登记，使改制的企业真正成为自主经营、自负盈亏、自我约束、自主发展、直接承担民事责任的独立法人。

（二）评估、验资

为建立现代企业制度，做到“产权清晰、权责明确、政企分开、科学管理”，经纺织控股同意，2000 年 9 月，集团公司聘请北京建和信资产评估有限责任公司，开始对集团公司（核心层）整体改制资产展开审计评估工作。

集团公司核心层包括集团公司本部（含服装辅料厂）、北京雷蒙西服分公司（由原北京市服装八厂、北京市服装四厂和北京华丽衬衫厂组成）、集团公司服装一厂（由原北京市服装一厂和北京市服装二厂组成）、集团公司红旗厂。

2001 年 11 月，北京建和信资产评估公司历时 1 年零 2 个月，对集团公司实体资产进行评估，确认集团公司注册资本 5072.11 万元。其中，集体资本 4164.20 万元（即核心层中集体所有制企业的资本），国有资本 907.91 万元（即核心层中全民所有制企业的资本）。

（三）工商注册

2001 年 11 月 2 日，完成工商注册，京工集团正式成立，注册资本 5072.11 万元。其中，京工集团集体资产管理协会出资 4164.20 万元，占股比 82.1%，纺织控股出资 907.91 万元，占股比 17.9%。

（四）成立大会

2001 年 11 月 28 日，举行京工集团成立暨揭牌大会，市里有关领导和纺织控股主要领导参加大会，并做讲话。京工集团的成立，标志着京工集团将按照现代企业制度的要求，以资产为纽带，按新的体制、机制运行，逐步实现集团发展目标。发展以服装为主的多种经营，以求得效益最大化，真正把主业做大做强。

二、章程及标志

（一）章程

2001 年 10 月 24 日，京工集团章程由北京市工商局批准备案。

2018 年 5 月 24 日，经北京市工商局朝阳分局批准章程修正案，第四章第五条原为：北京纺织控股有限责任公司，现改为：北京时尚控股有限责任公司；第二章第三条原为：销售装饰材料、工艺美术品，现改为：销售装饰材料、建筑材料（不从事实体店铺经营）、工艺美术品。8 月 10 日，京工集团第五届第 2 次临时董事会通过《关于修改北京京工服装集团有限公司章程的决议》，同意修改京工集团章程，即在经营范围中增加销售纸张、纸制品、化工产品（不含危险化学品）、化妆品、电子产品。8 月 20 日经北京市工商管理局朝阳分局批准做章程修正案。第二章第三条经营范围原为：服装设计、生产、加工；服装、面料、辅料、服饰用品、缝纫设备和服装加工专用设备的销售；经营所属企业生产的产品的出口业务和所需原辅材料、机械设备、仪器仪表、技术的进口业务；开展“三来一补”业务及经贸部批准的其他商品的进出口贸易业务；与服装工业有关的技术咨询、技术服务；企业管理咨询；货物仓储；各种旗帜的加工、制造、印染服务及销售；家居装饰；销售装饰材料、建筑材料（不从事实体店铺经营）、工艺美术品、家具、五金交电、针纺织品、包装食品、百货；自有房产的物业管理（含出租写字间）；承办生活消费品市场。现修改为：服装设计、生产、加工；服装、面料、辅料、服饰用品、缝纫设备和服装加工专用设备的销售；经营所属企业生产的产品的出口业务和所需原辅材料、机械设备、仪器仪表、技术的进口业务；开展“三来一补”业务及经贸部批准的其他商品的进出口贸易业务；与服装工业有关的技术咨询、技术服务；企业管理咨询；货物仓储；各种旗帜的加工、制造、印染服务及销售；家居装饰；销售装饰材料、建筑材料（不从事实体店铺经营）、纸张、纸制品、化工产品（不含危险化学品）、化妆品、电子产品、工艺美术品、家具、五金交电、针纺织品、包装食品、百货；自有房产的物业管理（含出租写字间）；承办生活消费品市场。

2020 年 9 月，根据京工集团业务发展规划及经营需要，经京工集团董事会研究决定，变更京工集团营业执照的经营范围，同时修改京工集团章程，即在原经营范围的基础上增加：销售箱包、鞋帽、体育运动器材、皮革制品（不含野生动物皮张）、通讯设备、文具用品、计算机、软件及辅助设备、花卉、新鲜水果、新鲜蔬菜、未经加工的坚果。10 月 26 日取得增项后的营业执照。11 月 20 日，根据京工集团业务发展的需要，经营范围又增加 4 项，即销售金属材料、食用农产品、眼镜和家用电器。

2021 年 3 月 9 日，根据京工集团业务发展的需要，经营范围增加 8 项，即棉花、麻类、未经加工的谷物、豆类、薯类、不再分装的包装种子、Ⅰ类、Ⅱ类医疗器械。

（二）集团标志

标志释义：标志由“京工”的汉语拼音首字母“J、G”变形组合而成，简洁、美观均衡，充满动感，易于识记。标志造型形同一个振臂飞翔的人，喻指蓬勃发展的服装行业，人物造型优美，拖动的尾部划出一道光环形成以人物为中心的动感椭圆形，喻指集团公司是纺织行业的龙头企业。红色中心球亦喻指集团公司，围绕其旋转的蓝色飘带，代表下属公司紧密地团结在集团公司的周围，不断地发展壮大。

京工集团标志　　京工集团办公室　提供

2021 年 9 月，京工集团设计发布新的公司标志：标志主结构为汉字“工”，在强调京工集团行业属性的同时，有效提升“京工”品牌的识别度。主结构“工”汲取中国传统布匹与现代缝纫机形态，优美的弧度和线条诠释了京工集团在传承中创新、在创新中发展、与时代相融合的发展理念。标志整体诠释着“灵动的中式对称之美”，体现出京工集团悠久的发展历史、厚重的企业文化、匠心打造卓尔不凡的产品品质，展现出企业强大的生命力。

三、股权结构

京工集团有两个股东，即时尚控股和京工集团集体资产管理协会。其中时尚控股，其前身最早可追溯为北京市纺织局。1958 年成立北京市纺织局，1983 年更名为北京市纺织总公司，1996 年改制为北京纺织控股（集团）有限责任公司，1999 年市政府授权组建纺织控股，2016 年市政府批准更名为北京时尚控股有限责任公司，是北京市政府出资设立、受北京市国资委监管的国有独资企业。注册资本 168702.1 万元人民币，企业地址为北京市东城区东单三条 33 号，法定代表人吴立。业务领域涵盖品牌服装、产业用功能性纺织品、进出口贸易、文化创意、信息科技、房地产等。时尚控股以“凤凰领尚”为企业标识，内涵形象凤凰，浴火重生，与公司更名后创新发展相互呼应，外观形象为浪花、书卷、风帆、旗帜，寓意引领时代潮流。京工集团集体资产管理协会（简称京工集协）是京工集团改制时成立的，经北京市社团登记管理机关注册登记的社会团体法人，注册资金 4164.20 万元，地址为北京市朝阳区松榆西里 29 号楼。该社团宗旨是团结全体会员，遵守宪法、法律、法规和国家政策，践行社会主义核心价值观，弘扬社会道德风尚，充分发挥主人翁的责任感，管好用好集体资产，保证其资产的保值增值，促进协会健康发展。该团体接受业务主管单位北京市经济和信息化局、社会团体登记管理机关北京市民政局和党建领导机关的业务指导和监督管理。

四、机构设置

（一）党委、纪委

京工集团党委在上级党委的领导下，坚决贯彻落实党的各项路线、方针、政策，把方向、管大局、保落实，发挥政治核心作用。

京工集团纪委在上级党委、纪委的领导下，履职尽责，积极发挥监督执纪作用。

京工集团历任党委书记、党委副书记、纪委书记一览表

表 1-2

职务	姓名	民族	任职年限
党委书记	康秀玲	汉	2001 年 11 月至 2008 年 6 月
	李耀东	汉	2008 年 6 月至 2009 年 10 月 2016 年 11 月至 2020 年 12 月
	客振家	汉	2009 年 10 月至 2011 年 8 月
	魏　丽	汉	2011 年 8 月至 2016 年 11 月
专职党委副书记	董　晶	汉	2002 年 9 月至 2007 年 9 月 2009 年 12 月至 2019 年 8 月
	侯永利	汉	2007 年 12 月至 2008 年 6 月
纪委书记	马国红	汉	2001 年 11 月至 2006 年 12 月
	李耀东	汉	2006 年 12 月至 2008 年 6 月
	侯永利	汉	2008 年 6 月至 2009 年 12 月
纪委书记	董　晶	汉	2009 年 12 月至 2016 年 8 月
	朱华诚	汉	2016 年 8 月至 2019 年 7 月
	金　娜	汉	2019 年 7 月至 2020 年 12 月

（二）董事会

京工集团设董事会，由全体董事组成，是京工集团的经营决策机构，对股东会负责，行使法律、法规、规章、公司章程和股东会赋予的职权。

董事会由 5 人组成，其中 3 人由京工集团集体资产管理协会委派；1 人由时尚控股委派；1 人为职工董事，由京工集团职工代表大会选举产生。集团董事会设董事会秘书 1 人，负责董事会办公室日常管理工作。

1. 历届董事长及董事会成员情况

第一届董事会（2001.11—2004.12）

2001 年 11 月，召开第一届第一次会议，选举康秀玲为京工集团第一届董事会董事长。

董事会成员为：康秀玲（董事长）、王木恩、张汝和、李耀东、武小京（纺织控股外派）。

第二届董事会（2004.12—2008.1）

2004 年 12 月 30 日，召开第二届第一次会议，选举康秀玲为京工集团第二届董事会

董事长。

董事会成员为：康秀玲（董事长）、王木恩、张汝和、李耀东、武小京（纺织控股外派）。

第三届董事会（2008.1—2012.5）

2008年1月31日，召开第三届第一次会议，选举李耀东为京工集团第三届董事会董事长。

董事会成员为：李耀东（董事长）、王木恩、张汝和、汪丹、穆爱勤（纺织控股外派）。

2008年12月29日，召开第三届第二次会议，变更为：李耀东（董事长）、侯永利、王哲云、汪丹、穆爱勤（纺织控股外派）。

2010年3月19日，召开第三届第六次会议，变更为：李耀东（董事长）、客振家、侯永利、汪丹、穆爱勤（纺织控股外派）。

2011年4月18日，召开第三届第九次会议，变更为：李耀东（董事长）、客振家、侯永利、穆爱勤（纺织控股外派），因汪丹退休不再担任董事职务，待集体资产管理协会派出新任董事后，解决董事缺位问题。

2011年12月5日，召开第三届第十次会议，变更为：李耀东（董事长）、魏丽、客振家、侯永利、穆爱勤（纺织控股外派）。

第四届董事会（2012.5—2018.4）

2012年5月7日，召开第四届第一次会议，选举李耀东为京工集团第四届董事会董事长。

董事会成员为：李耀东（董事长）、魏丽、客振家、侯永利、穆爱勤（纺织控股外派）。

2013年4月25日股东会决议，变更为：李耀东（董事长）、魏丽、客振家、侯永利、付清云（纺织控股外派）。

第五届董事会（2018.4—2021.12）

2018年4月23日，召开第五届第一次会议，选举李耀东为京工集团第五届董事会董事长。

董事会成员为：李耀东（董事长）、董晶（职工董事）、侯永利、屠昕、付清云（时尚控股外派）。

2019 年 8 月，董晶退休，董事暂时缺位。

2020 年 4 月，根据 2020 年 4 月 1 日股东会决议及京工集团工会 2020 年 2 月 21 日《北京京工服装集团有限公司关于通过“北京京工服装集团有限公司职工董事”的决议》，变更为：李耀东（董事长）、付清云、朱华诚、李涛、顾巍（职工董事）。

2021 年 3 月 29 日，根据《北京时尚控股公司关于北京京工服装集团有限公司董事会董事变更的通知》文件精神，田光担任京工集团董事会董事，付清云已退休故不再担任。

京工集团历届董事长及董事会成员一览表

表 1-3

届次	姓名	政治面貌	就职单位	职务	代表股东	任职年限
第一届	康秀玲	中共党员	京工集团	董事长	京工集协	2001 年 11 月至 2004 年 12 月
	王木恩	中共党员	京工集团	总经理	京工集协	2001 年 11 月至 2004 年 12 月
	张汝和	中共党员	京工集团	副总经理	京工集协	2001 年 11 月至 2004 年 12 月
	李耀东	中共党员	京工集团	副总经理	京工集协	2001 年 11 月至 2004 年 12 月
	武小京	中共党员	纺织控股	经济运行部部长	纺织控股	2001 年 11 月至 2004 年 12 月
第二届	康秀玲	中共党员	京工集团	董事长	京工集协	2004 年 12 月至 2008 年 1 月
	王木恩	中共党员	京工集团	总经理	京工集协	2004 年 12 月至 2008 年 1 月
	张汝和	中共党员	京工集团	副总经理	京工集协	2004 年 12 月至 2008 年 1 月
	李耀东	中共党员	京工集团	副总经理	京工集协	2004 年 12 月至 2008 年 1 月
	武小京	中共党员	纺织控股	经济运行部部长	纺织控股	2004 年 12 月至 2008 年 1 月
第三届	李耀东	中共党员	京工集团	董事长	京工集协	2008 年 1 月至 2012 年 5 月
	王木恩	中共党员	京工集团	总经理	京工集协	2008 年 1 月至 2008 年 12 月
	张汝和	中共党员	京工集团	副总经理	京工集协	2008 年 1 月至 2008 年 12 月
	汪　丹	中共党员	京工集团	副总经理	京工集协	2008 年 1 月至 2011 年 4 月
	侯永利	中共党员	京工集团	副总经理	京工集协	2008 年 12 月至 2012 年 5 月
	王哲云	中共党员	京工集团	总会计师	京工集协	2008 年 12 月至 2010 年 3 月
	客振家	中共党员	京工集团	副总经理	京工集协	2010 年 3 月至 2012 年 5 月
	魏　丽	中共党员	京工集团	副总经理	京工集协	2011 年 12 月至 2012 年 5 月
	穆爱勤	中共党员	纺织控股	科技发展部部长	纺织控股	2008 年 1 月至 2012 年 5 月

续表 1-3

届次	姓名	政治面貌	就职单位	职务	代表股东	任职年限
第四届	李耀东	中共党员	京工集团	董事长	京工集协	2012 年 5 月至 2018 年 4 月
	魏　丽	中共党员	京工集团	副总经理	京工集协	2012 年 5 月至 2018 年 4 月
	侯永利	中共党员	京工集团	副总经理	京工集协	2012 年 5 月至 2018 年 4 月
	客振家	中共党员	京工集团	副总经理	京工集协	2012 年 5 月至 2018 年 4 月
	穆爱勤	中共党员	纺织控股	科技发展部部长	纺织控股	2012 年 5 月至 2013 年 4 月
	付清云	中共党员	纺织控股	科技发展部部长	纺织控股	2013 年 4 月至 2018 年 4 月
第五届	李耀东	中共党员	京工集团	董事长	京工集协	2018 年 4 月至 2020 年 12 月
	董　晶	中共党员	京工集团	工会主席	职工董事	2018 年 4 月至 2019 年 8 月
	侯永利	中共党员	京工集团	副总经理	京工集协	2018 年 4 月至 2020 年 4 月
	屠　昕	民革党员	京工集团	副总经理	京工集协	2018 年 4 月至 2020 年 4 月
	付清云	中共党员	时尚控股	科技发展部部长	时尚控股	2018 年 4 月至 2021 年 3 月
	朱华诚	中共党员	京工集团	总经理	京工集协	2020 年 4 月至 2020 年 12 月
	李　涛	中共党员	京工集团	副总经理	京工集协	2020 年 4 月至 2020 年 12 月
	顾　巍	中共党员	京工集团	工会主席副总经理	职工董事	2020 年 4 月至 2020 年 12 月

京工集团历任董事会秘书一览表

表 1-4

职务	姓名	民族	政治面貌	任职年限
董事会秘书	汪　丹	汉	中共党员	2001 年 11 月至 2012 年 1 月
	顾　巍	汉	中共党员	2012 年 1 月至 2013 年 1 月，2018 年 4 月至 2020 年 12 月
	夏利群	汉	中共党员	2013 年 1 月至 2018 年 4 月

2. 董事会会议

第一届董事会（2001 年 11 月至 2004 年 12 月）共召开 9 次会议，形成决议、纪要、报告等文件 41 项，所形成的决议涉及京工集团董事会工作报告、年度财务决算报告、利润分配方案、年度经济目标任务、人事任免、企业改制、资金担保、资产处置等重要事项。

第二届董事会（2004年12月至2008年1月）共召开7次会议，形成决议、纪要、报告等文件40项，所形成的决议涉及京工集团董事会工作报告、年度财务决算报告、利润分配方案、年度经济目标任务、人事任免、资产处置等重要事项。

第三届董事会（2008年1月至2012年5月）共召开11次会议，形成决议、纪要、报告等文件57项，所形成的决议涉及京工集团董事会工作报告、年度财务决算报告、利润分配方案、年度经济目标任务、人事任免、股权投资、资产处置等重要事项。

第四届董事会（2012年5月至2018年4月）共召开13次会议，形成决议、纪要、报告等文件106项，所形成的决议涉及京工集团董事会工作报告、年度财务决算报告、利润分配方案、年度经济目标任务、人事任免、股权投资、企业调整、资产处置等重要事项。

第五届董事会（2018年4月至2020年12月）截至2020年12月31日，共召开10次会议，形成决议、纪要等文件61项，所形成的决议涉及京工集团董事会工作报告、年度财务决算报告、利润分配方案、年度经济目标任务、人事任免、股权投资、资产处置等重要事项。

集团监事会监事列席历届、历次董事会。

（三）监事会

监事会由3人组成，其中1人由京工集团集体资产管理协会委派；1人由时尚控股委派；1人为职工监事，由京工集团职工代表大会选举产生。

1. 历届监事会主席（监事长）及监事会成员情况

第一届监事会（2001年11月至2004年12月）

监事会成员为：马国红（监事长）、王哲云、景德全（纺织控股外派）。

第二届监事会（2004年12月至2008年1月）

2004年12月30日召开第二届第一次会议，选举马国红为监事长；监事会成员为：马国红（监事长）、王哲云、景德全（纺织控股外派）。

第三届监事会（2008年1月至2012年5月）

2008年1月31日召开第一次会议，选举王哲云为监事长；监事会成员为：王哲云（监事长）、王秀荣、孔连生（纺织控股外派）。

2008年12月29日召开第三届第二次会议，变更为：王辉（监事长）、王秀荣、孔连生（纺织控股外派）。

2010 年 3 月 19 日召开第三届第六次会议，变更为：王辉（监事长）、董晶、孔连生（纺织控股外派）。

2011 年 12 月 5 日召开第三届第十次会议，变更为：王辉（监事长）、董晶、丁文革（纺织控股外派）。

第四届监事会（2012 年 5 月至 2018 年 4 月）

2012 年 5 月 7 日召开第一次会议，选举董晶为监事长。监事会成员为董晶（监事长）、王辉、丁文革（纺织控股外派）。

第五届监事会（2018 年 4 月至今）

2018 年 4 月 23 日召开第五届第一次会议，选举朱华诚为监事会主席。监事会成员为朱华诚（监事会主席）、岳玉林（职工监事）、丁文革（时尚控股外派）。

2019 年 2 月，时尚控股将其外派京工集团的监事由丁文革调整为郑维坡。

2019 年 10 月 17 日召开第五届第二次监事会会议，选举岳玉林为监事会主席，监事会成员变更为岳玉林（监事会主席、职工监事）、李春艳、郑维坡（时尚控股外派）。

2020 年 4 月 21 日，京工集团工会召开职工代表大会，选举李春艳为京工集团职工监事。

2020 年 4 月 27 日京工集团第五届监事会组成成员调整为岳玉林（监事会主席）、郑维坡（时尚控股外派）、李春艳（职工监事）。

京工集团历届监事会成员一览表

表 1–5

届次	姓名	政治面貌	就职单位	职务	代表股东	任职年限
第一届	马国红	中共党员	京工集团	纪委书记	京工集协	2001 年 11 月至 2004 年 12 月
	王哲云	中共党员	京工集团	总会计师	京工集协	2001 年 11 月至 2004 年 12 月
	景德全	中共党员	纺织控股	纪委副书记	纺织控股	2001 年 11 月至 2004 年 12 月
第二届	马国红	中共党员	京工集团	纪委书记	京工集协	2004 年 12 月至 2008 年 1 月
	王哲云	中共党员	京工集团	总会计师	京工集协	2004 年 12 月至 2008 年 1 月
	景德全	中共党员	纺织控股	纪委副书记	纺织控股	2004 年 12 月至 2008 年 1 月

续表 1-5

届次	姓名	政治面貌	就职单位	职务	代表股东	任职年限
第三届	王哲云	中共党员	京工集团	总会计师	京工集协	2008 年 1 月至 2008 年 12 月
	王秀荣	中共党员	京工集团	办公室主任	京工集协	2008 年 1 月至 2010 年 3 月
	王　辉	中共党员	京工集团	财务部部长	京工集协	2008 年 12 月至 2012 年 5 月
	董　晶	中共党员	京工集团	纪委书记	京工集协	2010 年 3 月至 2012 年 5 月
	孔连生	中共党员	纺织控股	人力资源部部长	纺织控股	2008 年 1 月至 2011 年 12 月
	丁文革	中共党员	纺织控股	纪委副书记	纺织控股	2011 年 12 月至 2012 年 5 月
第四届	董　晶	中共党员	京工集团	纪委书记	京工集协	2012 年 5 月至 2018 年 4 月
	王　辉	中共党员	京工集团	财务部部长	京工集协	2012 年 5 月至 2018 年 4 月
	丁文革	中共党员	纺织控股	纪委副书记	纺织控股	2012 年 5 月至 2018 年 4 月
第五届	朱华诚	中共党员	京工集团	纪委书记	京工集协	2018 年 4 月至 2019 年 10 月
	岳玉林	中共党员	京工集团	副总会计师，财务中心经理	职工监事	2018 年 4 月至 2020 年 4 月
	丁文革	中共党员	时尚控股	纪委副书记	时尚控股	2018 年 4 月至 2019 年 2 月
	郑维坡	中共党员	时尚控股	财务管理部副部长	时尚控股	2019 年 2 月至 2020 年 12 月
	岳玉林	中共党员	京工集团	副总会计师，财务中心经理	京工集协	2020 年 4 月至 2020 年 12 月
	李春艳	中共党员	京工集团	经济技术管理部经理	职工监事	2020 年 4 月至 2020 年 12 月

2. 监事会会议

第一届监事会共召开 1 次会议，形成决议、纪要等文件 2 项，所形成的决议涉及京工集团监事会监事长选举、监事会成员调整等重要事项。

第二届监事会共召开 1 次会议，形成决议、纪要等文件 2 项，所形成的决议涉及京工集团监事会监事长选举、监事会成员调整等重要事项。

第三届监事会共召开 1 次会议，形成决议、纪要等文件 2 项，所形成的决议涉及京工集团监事会监事长选举、监事会成员调整等重要事项。

第四届监事会共召开 1 次会议，形成决议、纪要等文件 2 项，所形成的决议涉及京工集团监事会主席选举、监事会成员调整等重要事项。

第五届监事会截至 2020 年 12 月 31 日，共召开 2 次会议，形成决议、纪要等文件 4

项，所形成的决议涉及京工集团监事会主席选举、监事会成员调整等重要事项。

（四）经理层

1. 历任总经理

京工集团按照董事会工作规则及时尚控股（纺织控股）相关要求，规范执行人事任免程序，即根据董事长提名，经组织考察后，党委会讨论提出建议人选，董事会做出决议，聘任或解聘总经理。

王木恩　2004 年 11 月，京工集团第二届第一次董事会形成决议，即《关于聘任王木恩先生为京工集团总经理的决议》，聘任王木恩为京工集团总经理，任期为 2004 年 11 月 28 日至 2007 年 11 月。

2007 年 11 月，京工集团第三届第一次董事会形成《关于聘任王木恩为京工集团总经理的决议》，聘任王木恩为京工集团总经理，任期为 2007 年 11 月至 2008 年 12 月。

李耀东　2008 年 12 月，京工集团第三届第三次董事会形成《关于聘用李耀东为北京京工服装集团有限公司总经理的决议》，聘任李耀东为京工集团总经理，任期为 2008 年 12 月至 2012 年 5 月。

2012 年 5 月，京工集团第四届第一次董事会形成《第四届董事会第一次会议决议》，聘任李耀东为京工集团总经理，任期为 2012 年 5 月至 2016 年 12 月。

2018 年 4 月，京工集团第五届第一次董事会形成《关于聘任北京京工服装集团有限公司总经理的决议》，聘任李耀东为京工集团总经理，任期为 2018 年 4 月至 2019 年 10 月。

侯永利　2016 年 12 月 14 日，京工集团董事会聘任侯永利为京工集团总经理，任期为 2016 年 12 月至 2018 年 4 月。

朱华诚　2019 年 10 月 17 日，京工集团第五届董事会第五次会议聘任朱华诚为京工集团总经理，任期为 2019 年 10 月至 2020 年 12 月。

2. 历任副总经理

京工集团按照董事会工作规则及纺织控股相关要求，根据总经理提名，经组织考察后，党委会讨论提出建议人选，董事会会议做出决议，聘任或解聘公司副总经理。

张汝和　2004 年 11 月，京工集团第二届第一次董事会聘任张汝和为京工集团副总经理，任期 2004 年 11 月至 2007 年 11 月。

2007 年 11 月，京工集团第三届第一次董事会形成《关于聘任张汝和等为北京京工服装集团有限公司副总经理的决议》，聘任张汝和为京工集团副总经理，任期为 2007 年

11 月至 2008 年 12 月。

李耀东 2004 年 11 月，京工集团第二届第一次董事会聘任李耀东为京工集团副总经理，任期为 2004 年 11 月至 2007 年 9 月。

汪　丹 2006 年 2 月，京工集团第二届第五次董事会聘任汪丹为京工集团副总经理；2008 年 1 月，第三届第一次董事会形成《关于聘任张汝和等为北京京工服装集团有限公司副总经理的决议》，任期为 2007 年 11 月至 2010 年 12 月。

2008 年 12 月 31 日，京工集团第三届第四次董事会形成《关于聘任副总经理的意见》，聘任汪丹为京工集团副总经理，任期为 2008 年 12 月至 2011 年 1 月。

客振家 2007 年 3 月，京工集团第二届第六次董事会聘任客振家为京工集团副总经理，任期为 2007 年 3 月至 2011 年 8 月。

2011 年 8 月 30 日，京工集团董事会形成《关于客振家聘任职务的决定》，聘任客振家为京工集团副总经理，任期为 2011 年 8 月至 2012 年 5 月。

2012 年 5 月 7 日，京工集团召开第四届第一次董事会形成《第四届董事会第一次会议决议》，聘任客振家为京工集团副总经理，任期为 2012 年 5 月至 2017 年 11 月。

董　晶 2007 年 9 月，京工集团董事会形成《关于聘任董晶为集团公司副经理的决定》，聘任董晶为京工集团副总经理，任期为 2007 年 9 月至 2007 年 11 月。

2008 年 1 月，第三届第一次董事会形成《关于聘任张汝和等为北京京工服装集团有限公司副总经理的决议》，任期为 2007 年 11 月至 2008 年 12 月。

2008 年 12 月 31 日，京工集团第三届第四次董事会形成《关于聘任副总经理的意见》，聘任董晶为京工集团副总经理，任期为 2008 年 12 月至 2009 年 12 月。

魏　丽 2008 年 5 月 12 日，京工集团董事会形成《关于魏丽聘任职务的通知》，聘任魏丽为京工集团副总经理。

2008 年 12 月 31 日，京工集团第三届第四次董事会形成《关于聘任副总经理的意见》，聘任为京工集团副总经理，任期为 2008 年 12 月至 2012 年 5 月。

2012 年 5 月 7 日，京工集团召开第四届第一次董事会，形成《第四届董事会第一次会议决议》，聘任魏丽为京工集团副总经理，任期为 2012 年 5 月至 2016 年 12 月。

张斌山 2009 年 8 月，京工集团董事会形成《关于聘任张斌山为集团公司副总经理的决定》，聘任张斌山为京工集团副总经理，任期为 2009 年 8 月至 2012 年 5 月。

侯永利 2009 年 12 月，京工集团董事会形成《关于侯永利等聘任职务的决定》，任期为 2009 年 12 月至 2012 年 5 月。

2012 年 5 月 7 日，京工集团召开第四届第一次董事会，形成《第四届董事会第一次会议决议》，聘任侯永利为京工集团副总经理，任期为 2012 年 5 月至 2015 年 12 月。

2015 年 12 月 25 日，京工集团召开第四届第八次董事会，形成《关于聘任侯永利为北京京工服装集团有限公司常务副总经理的决议》，聘任侯永利为京工集团常务副总经理，任期为 2015 年 12 月至 2016 年 12 月。

2018 年 4 月，京工集团第五届第一次董事会形成《关于聘任北京京工服装集团有限公司副总经理的决议》，聘任侯永利为京工集团副总经理，任期为 2018 年 4 月至 2020 年 12 月。

屠　昕　2015 年 6 月，京工集团董事会形成《关于屠昕任职的决定》，聘任屠昕为京工集团副总经理，任期为 2015 年 6 月至 2018 年 4 月。

2018 年 4 月，京工集团第五届第一次董事会形成《关于聘任北京京工服装集团有限公司副总经理的决议》，聘任屠昕为京工集团副总经理，任期为 2018 年 4 月至 2020 年 12 月。

李　涛　2016 年 8 月 16 日京工集团董事会决议，聘任李涛为京工集团副总经理，任期为 2016 年 8 月至 2018 年 4 月。

2018 年 4 月，京工集团第五届第一次董事会形成《关于聘任北京京工服装集团有限公司副总经理的决议》，聘任李涛为京工集团副总经理，任期为 2018 年 4 月至 2020 年 12 月。

顾　巍　2019 年 11 月 18 日京工集团董事会决议，聘任顾巍为京工集团副总经理，任期为 2019 年 11 月至 2020 年 12 月。

2001—2020 年京工集团历任总经理、副总经理一览表

表 1-6

职务	姓名	民族	政治面貌	任职年限
总经理	王木恩	汉	中共党员	2001 年 11 月至 2004 年 11 月 2004 年 11 月至 2007 年 11 月 2007 年 11 月至 2008 年 12 月
	李耀东	汉	中共党员	2008 年 12 月至 2012 年 5 月 2012 年 5 月至 2016 年 12 月 2018 年 4 月至 2019 年 10 月
	侯永利	汉	中共党员	2016 年 12 月至 2018 年 4 月
	朱华诚	汉	中共党员	2019 年 10 月至 2020 年 12 月

续表 1-6

职务	姓名	民族	政治面貌	任职年限
副总经理	张汝和	汉	中共党员	2004 年 11 月至 2007 年 11 月 2007 年 11 月至 2008 年 12 月
	李耀东	汉	中共党员	2004 年 11 月至 2007 年 9 月
	汪　丹	汉	中共党员	2006 年 2 月至 2007 年 11 月 2007 年 11 月至 2008 年 12 月 2008 年 12 月至 2011 年 1 月
	客振家	汉	中共党员	2007 年 3 月至 2011 年 8 月 2011 年 8 月至 2012 年 5 月 2012 年 5 月至 2017 年 11 月
	董　晶	汉	中共党员	2007 年 9 月至 2007 年 11 月 2007 年 11 月至 2008 年 12 月 2008 年 12 月至 2009 年 12 月
	魏　丽	汉	中共党员	2008 年 5 月至 2008 年 12 月 2008 年 12 月至 2012 年 5 月 2012 年 5 月至 2016 年 12 月
	张斌山	汉	中共党员	2009 年 8 月至 2012 年 5 月
	侯永利	汉	中共党员	2009 年 12 月至 2012 年 5 月 2012 年 5 月至 2015 年 12 月 2015 年 12 月至 2016 年 12 月 2018 年 4 月至 2020 年 12 月
	屠　昕	汉	民　革	2015 年 6 月至 2018 年 4 月 2018 年 4 月至 2020 年 12 月
	李　涛	汉	中共党员	2016 年 8 月至 2018 年 4 月 2018 年 4 月至 2020 年 12 月
	顾　巍	汉	中共党员	2019 年 11 月至 2020 年 12 月

（五）内设机构

1. 党委办公室

党委办公室是执行、落实公司党政班子的决议、决定，处理党务和行政事务的职能部门。职责包括文秘、会议筹备、外联、接待等。历任主任李璋、董晶、王秀荣、李英、顾巍（兼）、李雪。

2. 经理办公室

经理办公室是执行、落实公司党政班子的决议、决定，处理党务和行政事务的职能部门。职责包括文秘、会议筹备、外联、接待、信访、法务、档案、公车及司机班管理等。历任主任潘勇业、马国红、董晶、汪丹、王秀荣、李英、顾巍（兼）、来静仪。

3. 董事会办公室

董事会办公室，经京工集团 2018 年 4 月 23 日第五届第一次董事会决议正式设立，是负责京工集团董事会日常事务工作的职能部门。主要负责董事会会议的会务筹备，以及文书文本、各种资料、会议记录的整理；起草董事会年度工作计划、总结和其他报告；与股东方派出董事的联络与沟通；会同相关部室组织董事、监事的业务培训和述职等工作。主任顾巍（兼）。

4. 党委组织部

党委组织部是执行、落实公司党政班子的决议、决定，管理教育党员、干部，处理党务事务的职能部门。职责包括组织工作、干部工作、离休干部管理、统管干部管理、厂级及公司中层干部管理等。历任部长曹治安、董晶、王秀荣、李英、陈春梅、许青林。

5. 党委宣传部（新闻中心）

2019 年 4 月成立，党委宣传部（新闻中心）是执行、落实公司党政班子的决议、决定，落实意识形态工作责任制的职能部门。职责包括宣传和新闻工作、意识形态工作、中心组学习、集团网站和公众号的管理及内刊《京工风尚》编辑、发行工作等。副部长夏晓帅（主持工作）。

6. 纪委办公室

2020 年 1 月成立，纪委办公室主要职责包括严明党的纪律，协助党委落实好全面从严治党主体责任，确保党的路线方针政策全面落实；强化监督职责，深入落实中央八项规定精神；用好监督执纪“四种形态”，严格纪律审查；增强廉洁意识，筑牢党员纪法防线；深化“三转”（转职能、转方式、转作风），建设忠诚干净担当的纪检监察队伍。主任谢凡。

7. 工会

工会是负责联系和服务职工群众，协调企业与职工的劳动关系，开展职工代表大会日常工作的职能部门，下设女工委员会、工会委员会、经审委员会。职责包括贯彻落实《中华人民共和国工会法》，围绕企业经济工作中心开展工会工作；贯彻落实《中华人民共和国劳动法》、《中华人民共和国劳动合同法》和《北京京工服装集团有限公司集体合同》，维护职工合法权益，妥善协调劳动关系；处理职工代表大会日常工作等。历任工会主席尚兴志、马国红（兼）、侯永利（兼）、李耀东（兼）、董晶（兼）、顾巍（兼）。历任工会副主席（部门负责人）张国林、邵兰芬、朱华诚、金娜、刘梦雅。

8. 团委

团委是京工集团先进青年的群众组织，负责青年工作委员会的日常管理工作。职责包括共青团工作、青年工作。历任团委书记董晶、许青林、李涛、朱华诚、金娜、刘梦雅。

9. 财务管理中心

原为财务管理部，2017 年 3 月更名为财务管理中心，是负责财务管理和审计监督的职能部门。职责包括资产管理、资金管理、出纳、预算管理、投资管理、财务核算管理、财务审核、财务报告编制、审计监督等。历任部长（经理）刘淑敏、王哲云、王辉、岳玉林。2021 年 4 月 23 日下设审计科，科长王思宇。

10. 人力资源部

原为劳动人事部，2014 年 3 月更名为人力资源部，是负责劳动管理、人事管理工作的职能部门。职责包括劳动合同、劳动工资、劳动保险、职工教育管理及培训和不在岗职工、退休及退休返聘人员管理、人事管理、住房公积金缴存、支取及管理等工作。历任部长（经理）穆恭娴、任爱贤、马丽君、杨红。

11. 经济技术管理部

2011 年 10 月成立，是负责经济运行、技术管理、质量管理的职能部门。职责包括经济运行、综合统计、技术质量管理、技术创新、品牌及商标管理等。2019 年 4 月公司行政安保部撤销，其网络、信息化职能并入经济技术管理部。 2021 年 4 月 23 日京工集团成立信息中心，其信息化职能划出。历任部长（经理）魏丽（兼）、李春艳。

12. 电子商务部

2013 年 8 月成立，主要负责统筹发展公司电子商务业务。2017 年 3 月 24 日更名为电子商务中心，2019 年 4 月 12 日恢复为电子商务部。2021 年 4 月 23 日撤销，其职能并入社区事业部。经理崔佳辉（兼）。

13. 社区事业部

2017 年 4 月成立，主要负责社区店选址开店、店铺经营及相关管理工作。经理于辉。

14. 高定事业部

2019 年 4 月成立，主要负责京工集团高级定制业务及相关工作。副经理王冉。

15. 贸易事业部

2016 年 2 月成立京工集团贸易部，主要负责公司内销业务及相关工作。2021 年 4 月 23 日变更为贸易事业部。经理屠昕（兼）。

16. 品牌运营中心

2019 年 4 月成立，是承担集团层面品牌运营的部门，主要职责包括品牌管理及相关制度的制订、落实；品牌策划、推广、合作、拓展、开发等。历任经理李耀东（兼）、朱华诚（兼）、李梦（副经理主持工作）。

17. 法务办公室

2021 年 4 月 23 日成立。主要负责公司法务相关工作。主任来静仪。

18. 缝纫中心

2021 年 4 月 23 日试制车间从技术开发中心分离，变更为京工集团缝纫中心。主要负责原试制车间相关工作。副经理焦武先。

19. 文创开发部

2021 年 4 月 23 日撤销京绣工作室，成立京工集团文创开发部。主要负责公司文创开发相关工作。副经理杜辉、徐猛。

20. 信息中心

2021 年 4 月 23 日成立。主要负责京工集团信息化相关工作。

21. 职业装部

2021 年 4 月 23 日成立。主要负责京工集团职业装相关工作。经理崔佳辉（兼）。

22. 行政安保部

2019 年 4 月撤销，其行政、安保职能并入物业安保中心；网络、信息化职能并入经济技术管理部。历任部长（经理）张斌山（兼）、许青林、张惠轩。

五、分公司

（一）物业安保中心

原名物业管理中心，成立于 2001 年 9 月 3 日，其前身为集团公司物业开发管理部，2019 年 4 月京工集团行政安保部撤销，其行政、安保职能并入物业管理中心，故变更为现名。物业安保中心是负责公司自有房产管理、物业管理、仓库管理及安全保障的职能机构。职责包括房产出租及管理、宿舍区维护及管理、仓库管理，安全工作，内部治安保卫工作，安全责任目标考核，技安、劳动保护工作，办公物资采购和供应工作等。历任经理张汝和（兼）、吴运书、李耀东（兼）、王凯国、李涛（兼）、冯超。

（二）技术开发中心

成立于 1994 年 5 月 17 日，是公司新产品设计、开发、试制的职能机构。职责包括技术创新体系建设，新产品的设计开发，各种品牌推广、展示等活动样品的设计和制作，试制车间管理、指导子企业产品设计开发工作等。历任经理魏丽（兼）、黄珊、王凯国、王炜、李秀伟。

六、子公司

（一）北京市京工服装进出口有限公司

北京市京工服装进出口有限公司成立于 1998 年 7 月 20 日，位于北京市朝阳区松榆西里 29 号。成立时注册资本 650 万元，2014 年，京工集团对其增资 150 万元，注册资本变更为 800 万元，2015 年 4 月注册资本变更为 2000 万元，是京工集团所属全资子公司。北京市京工服装进出口有限公司自成立以来，先后取得海关 A 类出口企业、A 类纳税企业、出口退税 A 类企业、商检 A 类企业、外管局 A 类企业等资质。截至 2020 年底，公司员工 21 人。历任董事长王木恩（兼）、李耀东（兼）、屠昕（兼）。历任总经理武保宗、李耀东（兼）、屠昕（兼）。

（二）北京市京工雷蒙服装服饰有限公司

北京市京工雷蒙服装服饰有限公司成立于 2000 年 6 月 5 日，位于北京市朝阳区松榆西里 29 号楼，注册资本 553 万元，是京工集团所属全资子公司。截至 2020 年底，公司员工 28 人。历任董事长客振家（兼）、黄珊。历任总经理客振家（兼）、黄珊。

（三）北京京工伊里兰服装服饰有限公司

北京京工伊里兰服装服饰有限公司成立于 2005 年 8 月 12 日，位于北京市朝阳区松榆西里 29 号。注册资本 270 万元，是京工集团所属全资子公司。截至 2020 年底，公司员工 25 人。历任董事长王木恩（兼）、李耀东（兼）、崔佳辉。历任总经理李万全、崔佳辉。

（四）北京京工科贸有限公司

北京京工科贸有限公司成立于 2014 年 1 月 17 日，位于北京市朝阳区松榆西里 29 号，注册资本 100 万元，主要股东为京工集团（占股 60%）及北京市京工服装进出口有限公司（占股 40%）。截至 2020 年底，公司员工 4 人。历任董事长李耀东（兼）、朱华诚（兼）。总经理屠昕（兼）。

（五）北京市京工红旗厂有限公司

北京市京工红旗厂有限公司（简称京工红旗厂），其前身为北京市红旗室内装饰品工业公司，1998 年 1 月加入集团公司核心层，更名为集团公司红旗厂，2001 年 9 月吸收社会资本改制为由京工集团、北京翔韵布艺装饰用品有限公司、浙江省德清县金达美织造有限公司、自然人等共同出资的有限责任公司，注册资本 100 万元。经过数次增资，2006 年 4 月京工红旗厂注册资本增至 447.1466 万元，其中，京工集团出资 268.193566 万元，所持股权比例为 59.98%。随着企业的发展及有关政策要求，2018 年 7 月，经时尚控股批准，京工集团将拟转让的京工红旗厂 59.98% 股权在北京产权交易所公开挂牌交易。2019 年 2 月挂牌交易完成，至此，京工集团退出京工红旗厂股权的工作全部完成。历任书记何秀莹、侯永利、白志跃。历任董事长李耀东（兼）、白志跃。历任总经理白志跃。

七、所属单位

（一）北京市纺织服装职业技能培训学校

位于北京市丰台区潘家庙 56 号，前身最初为 1982 年 9 月成立的北京市服装工业干部学校，1988 年 12 月更名为北京市服装技术学校。1992 年 9 月更名为北京市服装高级技工学校，1998 年 9 月更名为北京市纺织服装职业技能培训学校，并被审核确认为具备高级职业技能培训办学资格的社会培训机构，是纺织服装中高级技术人才成长、成熟的培训基地，为北京市公益二类职业技能培训单位。2004 年 3 月，主办单位由京工集团变更为纺织控股，但管理方式不变，京工集团仍全面负责学校的人财物等各项事务。2016 年 7 月，被北京市丰台区人力社保局认定为补贴培训定点培训机构，开始承担相应职业（工种）的补贴培训工作任务。2019 年，增项手工编结、工艺品制作和插花艺术。历任书记李振兰（兼）、曹锡元、周锡武、陈光村、程文研、张福山、张惠轩。历任校长冯玉书、牛金明、张福山、程文研、姜言香、张福山、董晶（兼）、李万全、曹治安、栾世芬（副校长主持工作）。

（二）北京市服装质量监督检验一站

北京市服装质量监督检验一站，注册资本为30万元，是北京市质量技术监督局依法授权、经中国合格评定国家认可委员会（CNAS）认可、具有独立法人事业单位注册登记的北京市服装质量专业检验机构。

按照《北京时尚控股公司关于调整北京市服装质量监督检验一站管理单位的通知》，自2019年1月1日起，北京市服装质量监督检验一站管理单位由京工集团变更为北京弘毅时尚检验有限公司，原事业单位性质、主办单位、在职及离退休人员管理、检验资质、财务管理制度、领导班子成员等暂不调整。北京市服装质量监督检验一站党组织关系、工会和团组织关系一并转至北京纺织科学研究所有限公司。财务归属管理仍按时尚控股规定执行。历任书记张岩峰。历任站长姜言香、李同兴、李耀东（兼）、张汝和（兼）、张岩峰。

第二章　技术研发

公司成立以来，始终重视技术管理、技术教育培训及技术交流合作等工作，研究解决生产经营中遇到的各种问题，不断规范技术质量标准，以技术进步带动企业生产、经营、销售等各方面工作的开展。改革开放以来，公司所属各企业利用国家和北京市的鼓励政策，如补偿贸易、政府贷款等积极扩建改造，引进先进生产设备，提高生产效率、产品质量；有的企业利用机会，建设或扩建新厂房。为提升设计研发能力，设立技术开发中心。自组建以来，技术开发中心自力更生，从设计入手逐步走向市场。在产品的设计研发、品牌工作室建设及参与中国国际服装服饰博览会、北京时装周等大型活动中发挥技术支撑作用，使设计研发水平不断提升，推动品牌的时尚化发展。

第一节 技术管理

公司自成立以来，对公司本部及所属各厂的生产、技术、质量和销售等各项工作进行协调与管理，特别是技术方面的管理。公司统一制订服装的规格号型，并随着新品种的增加进行修订；建立、完善样板管理办法；统一修订北京市出口绣花服装样品的编号；制订、完善童装、风雪大衣等服装产品的企业标准，以及零活加工的企业标准；贯彻国家、北京市标准化工作精神，统一和规范产品的技术标准及工艺标准的编写工作，公司依据GB1系列和北京市标准计量局有关法规，编写《北京市服装工业联合公司企业标准编写规定》；制定《申报企业产品标准的暂行办法》；做好国家及部颁标准的宣贯工作。同时，加强文化技术教育、技术交流与合作等方面的工作，研究解决生产经营中遇到的各种问题，不断规范技术质量标准，促进公司整体技术水平的提升。

一、服装规格、标准管理

为了统一各厂生产的服装产品规格，避免市场销售上的混乱，1965年，由北京市服装研究所统一制订了北京市生产的各类服装的规格、样板及相应的用料率，并由北京市服装研究所统一进行管理。只要是同一个服装品种，无论在哪个工厂安排生产，其样板、用料率及成衣规格均应一致。这样做不仅能够有效控制面料的使用，节约用料，而且有利于规范工艺流程、加强技术指导，同时对统一成品价格、提高生产质量起到了一定的作用。

20世纪60年代，服装生产由公司接到北京市的生产计划，再由公司根据各厂的生产能力、技术水平分配给工厂，具体的服装品种由北京市服装研究所统一负责打版，先由北京市服装研究所制定一套样板，所有生产服装的单位都到该所打制。此办法一直持续到1975年6月。随着生产的发展、市场需求加大以及各归口厂、区属厂数量的不断增加，这种做法已无法适应新生产形势的需要，公司与北京市服装研究所共同研究，决定调整样板供应的方式，并于 1975 年 6 月 27 日向各区服装管理处、各直属厂、归口厂下发《关于改变服装样板供应的通知》，从 1975 年 7 月开始改用晒图供应图纸的方式，图纸的供应办法是直属厂、归口厂由服装研究所直接供应，区属厂由各区服装管理处通过接洽服装研究所，再向各厂供应。这样做不但避免混乱，节省人力物力，同时有利于加强各区县对所属厂的技术工作的领导。由于图纸供应数量较大，供应时按纸价收费。一些具体技术和供应问题均与服装研究所联系解决。

1975 年，公司组织有关厂的工人、技术人员，通过调查研究，根据现阶段生产，制订了棉、毛、化纤织物的男、女、皮、绒“风雪大衣”企业标准，并经北京市第一商业局批准。于 5 月 10 日，公司向各区服装管理处（科）、各服装厂、各服装销售商店下发《关于印发试行“风雪大衣”企业标准通知》，从 1976 年 6 月贯彻试行，试行两年。在试行过程中，此标准有何问题，以书面形式报公司技检科。

1975 年底至 1976 年初，公司技术科与北京市服装研究所共同研究，根据市场需求的变化，以全国统一规格为依据，对北京市男短裤规格样板进行修订，并于 1976 年 1 月 16 日，向各区服装管理处（科）、各服装厂、服装零售店下发《关于修改本市男短裤规格样板的通知》，即鉴于北京市男短裤规格样板是 1965 年制定的，其最大缺点是短的只有瘦腰围，长的只有肥腰围，没有矮胖和瘦高的规格。这次修改是以全国统一规格为依据，参照棉涤卡裤子按长分裆的办法，裤长按旧规格不变，臀围适当加肥，腰围增加到 120 公分，这样就由原来的 15 个号型增加到 50 个号型，基本上可以满足人们的需要，新短裤样板编号为 1–138 号，旧 1–68 号样板由即日起作废。一些具体技术问题，由服装研究所联系解决。

1976 年 1 月，为了加强北京市出口服装样品的工作，特别是为使几种绣花样品有所区别，经公司与北京市服装研究所共同研究，决定北京市出口绣花服装样品的编号作如下规定：手绣用 A 表明，机绣用 B 表明，补花用 C 表明，不绣花的则与过去的编号一样。自 1976 年春交会样品开始执行。1 月 21 日，公司各所属服装厂、归口厂下发《关于出口绣花服装样品编号的通知》，并抄送北京市纺织品进出口公司服装科。2 月，公司组织各有关厂技术人员，经过调查研究，对原“童上衣”标准——京 Q/SG1–7–65 企业标准和“童裤”标准——京 Q/SG1–8–65 企业标准进行修改，并报请上级单位北京市第一商业局批准，于 2 月 7 日向各所属服装厂、社下发《关于印发“童装”企业标准试行的通知》，新修订出“童装”——京 Q/YS1–8–75 企业标准，为便于生产将上衣、裤子合并在一起，删去棉服部分（棉服另有标准）。从 1976 年 2 月试行两年，原京 Q/SG1-7-65\1-8-65 作废。3 月，随着生产力的提高及市场需求的变化，童装市场的花色品种日新月异。由于品种、号型的增加，在规格、系列方面出现了一些混乱，给生产、保管、销售带来了不便。为了适应发展的需要，公司组织北京市各童装生产厂、各零售店对北京市童装的规格、号型进行调查研究，与北京市服装研究所共同研究制定统一规格系列，并于 3 月 1 日向各区服装管理处、各服装厂、各服装零售店下发《关于统一本市童装规格、号型的通知》。统一的规格系列基本保持现生产的童装规格尺寸，只是在号型上做了调整。如原生产的平身上衣衣长 40 公分的为 1 号，打褶上衣衣长 41 公分的为 3 号，这次将打褶上衣衣长去短 1 公分，统一作为 3 号。其他品种也都根据穿用的年龄，统一串号。由于童装品种繁多，统一规格下达后，新品种立即按照新规格生产，老品种的规格样板暂不变动，可根据原衣长尺寸按统一规格编号型，待全市分期按品种统一样板时再做更换，具体技术性问题由北京市服装研究所负责。6 月，公司在 1975 年 8 月“零活儿”加工企业标准试行草稿的基础上，组织工人、技术人员在各区试行单位进行调查研究修改，并将 1 号、2 号本改为一、二、三级，形成新的京 Q/YS1-9-75 标准。一级标准适用于一级服装加工点，二级标准适用于二级服装加工点，三级标准适用于三、四级服装加工点及郊区县的服装加工点。从 1976 年 7 月开始试行两年，原试行草稿即日起作废。同年，公司发现除了童装以外，市场上其他品种也存在同样的情况，随着花色品种和规格号型的迅速增加，有些品种现有规格号型已不相适应，如男女裤子规格大部分是十年前制定的，新品种出现后，新旧交叉造成规格号型混乱，如毛料裤长大小规格之间相差 2 公分，化纤的相差 3 公分。每个号型中又分甲、乙、丙，只有 15 个规格，很明显已不能满足人民穿衣需求。为了适应形势发展，便于销售和方便群众选购，公司经过反复调查，多次召集工厂的技术人员、工人及商店的售货人员进行研究，最后决定按照部颁服装标准（草案）将北京市男女毛料、化纤、布料长裤做统一修订。修订后的裤子规格长短一律为 3 公分一跳档，裤腰为 4 公分一跳档，为了适应高档服装的需要，毛料裤腰中间 2 公分设一副号，统一后的规格男裤为 112 个号型，女裤为 104 个号型，裤腰最大到 120 公分，基本可满足各种体型穿用。1976 年 9 月 1 日，公司向各区服装管理处、各服装厂、各服装销售商店下发《关于统一本市男、女长裤规格、样板、定额的通知》，要求即日起更换使用。新的统一规格、样板、定额已经由北京市服装研究所全部制定完毕，即可使用。旧规格逐步淘汰，到 1977 年 4 月底作废。具体技术性问题均由北京市服装研究所负责。

1978年3月15日，为了宣传贯彻新的部颁标准，公司召开贯彻男、女单服装部颁标准会议，组织各区服装管理处（科）、郊区县商业局、工业局、公司直属厂、技校、服装研究所等单位的技术负责人及技术人员学习轻工业部、商业部关于男、女单服装的部颁标准，并对具体工作进行部署。

1979年1月初，在公司召开的北京市服装行业计划会议上，公司提出关于改进服装样式设计管理的几点意见，北京市生产的服装的规格、样板用料率是1965年由北京市服装研究所统一制订管理的，随着国民经济的发展，人民生活不断地提高，对衣着式样的需求愈趋新颖、多变，仍由服装研究所统一制订管理，不但满足不了消费者的需要，而且也束缚了工厂、商店对发展服装新品种、新式样的积极性。为了充分发挥工厂、商业、批发、零售部门设计人员的积极性，以满足人民群众在服装式样上新颖多变的需求，特提出大胆开放服装式样，而且新式样服装的用料，应根据实际用料定价，不再到服装研究所审批；样板自由制定，但号型规格仍应执行统一标准，以免造成市场混乱。进入80年代后，北京市服装研究所的工作重点逐步转变为搜集、设计国内外新的服装式样、印制样本以及服装裁剪、制版、排料等先进技术材料，供各单位参考。

随着技术管理工作的不断规范，公司每年制订年度技术管理工作计划，并于每年年初下发至各直属单位、归口厂，对相关工作进行布置。各直属厂技术力量不断增强，各企业纷纷制订本企业所生产的服装产品的企业标准。为了贯彻落实北京市标准计量局1989年关于《北京市企业产品标准备案规定》文件精神，公司生产技术部为加强各企业的标准化工作，经与上级单位北京市纺织总公司技术处商定，同意将有关归口企业技术工作的标准化管理纳入公司生产技术部技术科进行管理。1990年1月15日，公司向各归口厂下发《关于申报企业产品标准的暂行办法》，并在附件中明确各企业产品标准编码号、《企业产品标准》申请表及企业标准封面格式，为规范归口企业的产品标准工作奠定基础。上半年，为了进一步宣传贯彻国家《中华人民共和国标准化法》，促进服装行业的技术进步，不断提高产品质量，贯彻北京市标准化工作精神，使产品的技术标准及工艺标准的编写达到统一和规范，北京市服装工业联合公司生产技术部依据GB1系列和北京市标准计量局有关法规，结合服装产品的特点编写《北京市服装工业联合公司企业标准编写规定》，并于9月下发至各直属企业、归口企业，公司各所属企业技术部门在编制标准时按照此规定执行。10月，公司举办“标准培训班”，要求各直属厂技术科主管标准化的人员必须参加，各归口厂主管标准的人员或技术人员参加，培训后颁发证书，获得证书的方有资格从事标准化工作。通过培训，使学员领会GB1系列和服装产品标准及工艺标准的基本内容，从而掌握标准编写的要求和规范，达到每个学员能够独立编写技术标准及工艺标准的要求。

1992 年 3 月 10—11 日，公司积极贯彻落实国家及上级单位的要求，做好国家标准的宣贯工作。公司召开国家标准 GB 1335—91（强制性）服装号型宣贯会，出席宣贯会的有来自企业、事业单位、学校的厂长、科长及教师等，共 40 余人。

20 世纪 90 年代末期至 2000 年，由于当时市场上学生装的无序发展，面料不合格、质量不合格的现象普遍存在，当时国家对学生装这一服装品种尚未设立标准，由北京纺织服装协会牵头，北京市服装研究所与北京市教委合作，起草全国首份学生装标准，得到北京市技术质量监督局和北京市教委的认可。

二、技术教育

公司自 1961 年 4 月成立以来，至“文化大革命”期间，公司所属各厂普遍存在工人文化知识水平偏低的情况，而且大多数工厂均采用老师傅带徒弟的传统方式培养工人的技术、技能。随着有经验的老工人陆续退休，新工人大批进厂，35 岁以下的青工共 9000 多人，占全行业职工总数的 60% 以上，技术力量青黄不接。据 1982 年统计，当时全行业工人平均技术等级仅在 2.2 级，与当时服装工业大发展大提高的形势极不适应。因此，培养造就大批有文化、有技术的年轻一代成为当务之急。公司根据这种情况，结合各厂实际，积极开展文化技术教育，提高职工素质，以促进技术水平的整体提升。特别是 1982 年以来，公司贯彻落实《中共中央国务院关于加强职工教育工作的决定》，坚持开展多种形式的文化技术教育活动。对 1968 年至 1980 年进厂的 7600 名青工进行文化技术补课，各厂先后开办了文化补习班 125 个，参加学习的青工 4786 人。通过补习，到 1985 年已有 6707 人文化补课合格，占应补青工总人数的 90.4%，5019 人技术补课合格，占应补青工总人数的 96%。通过“双补”，青工的文化技术水平有了全面提高。全系统平均技术等级由原来的 2.2 级上升到 3.5 级，其中 1216 人达到四级技术水平。

为了有计划地培养大批技术人才，1973 年 2 月经上级批准，公司在北京市丰台区永定门外宋家庄顺八条 7 号创办北京市服装技工学校，经过初创、发展、提高等阶段，截止到 1986 年 11 月划归市二轻总公司时，技校已发展成为能容纳 500 人规模的服装人才培养基地。先后 9 届共培训出技工 1189 人，为行业输送了新生力量，另外，还开办企业管理、机修、服装技术 8 个班，共培训 255 人。1983 年 7 月，经报有关部门批准，公司创办了北京市服装工业职工中等专业学校，同年开始招收四年制设计专业中专班 108 人，职工中专班 2 期 134 人，电大班 27 人。经过培训，大部分人成为各厂的技术骨干。

1985 年 8 月该职工中等专业学校改由市二轻总公司直接领导。

从长远发展看，服装市场的竞争将主要是技术竞争，关键是人才竞争，为此，公司报经北京市纺织局批准，于 1988 年 12 月将公司 1982 年 9 月建立的北京市服装工业干部学校更名为北京市服装技术学校，并于 1988 年 11 月创办第一期服装缝裁高级技术工人培训班，学制 1 年。主要学习高档服装、时装的设计，裁剪制图、打版、推版和缝制技术的理论、技术和技能。结业时，要求学员达到国家规定的服装缝制高级技工应知应会水平。经上级严格要求考核达标者，由北京市劳动局颁发服装高级技工等级证书。1992 年 9 月 21 日，该校经北京市劳动局批准，建立了北京市第一所培养服装高级技工的学校“北京市服装高级技工学校”。截止到 1998 年上半年，已为服装行业及全国各地培训中级技工近 3000 人、高级技工 600 余人，为服装行业输送了大批技术人才，毕业学员受到用人单位及社会各界的好评，在全国享有较高声誉。1998 年 9 月北京市服装高级技工学校更名为北京市纺织服装职业技能培训学校，继续为企业和社会培养专业技术人才。

80 年代，公司和北京市服装研究所受轻工业部委托，参与服装教材、杂志的编写。1981 年 1 月 2 日，北京市服装研究所与轻工业出版社签订“关于编辑出版《现代服装》的协议书”，联合出版《现代服装》(季刊)。轻工业部轻工业出版社（甲方）负责发稿前的终审、付印、出版、宣传、发行工作；北京市服装研究所（乙方）负责组稿、编辑、编排和定稿工作，甲乙双方共同组成《现代服装》编辑部，内设主编和副主编各一人，编辑、美工、广告员等若干人。主编由甲方委派人员担任；副主编由乙方委派人员担任；其他人员由乙方选派。协议有效期为两年。《现代服装》杂志的发行对当时普及服装技术知识、引领服装文化潮流发挥了一定作用。

公司根据实际工作需要及发现的问题开展不定期的培训。1992 年 3 月 17 日，公司在北京长城风雨衣公司召开中级技工培训现场会，北京衬衫厂、北京大华衬衫厂、北京市服装一厂、北京市童装厂、北京市童装二厂等直属企业相关人员参加会议。6 月 29 日至 7 月 4 日 公司在北京羽绒制品厂举办北京市服装工业联合公司与日本东京重机株式会社 1992 年缝纫设备讲习班，学员来自公司直属及归口厂的 21 个企业共计 32 名，收到较好的效果。

2011 年 9 月，京工集团成立经济技术管理部，作为标准、质量管理的负责部门，经济技术管理部根据实际工作的需要，在京工集团内部举办多次关于标准、质量检验及服装知识方面的培训。2013 年 11 月，举办《国家纺织产品基本安全技术规范》

2015 年京工集团内部举办服装质量检验培训　　京工集团办公室　提供

（GB 18401—2010）、《纺织品　维护标签规范　符号法》（GB/T 8685—2008）及服装号型的基础知识、纺织的理论知识的培训；2014 年 10 月 24 日举办《国家纺织产品基本安全技术规范》（GB 18401—2010）、《纺织品　纤维含量的标识》（GB/T 29862—2013）、《纺织品　维护标签规范　符号法》（GB/T 8685—2008）、《消费品使用说明第 4 部分：纺织品和服装》（GB 5296.4—2012）及《羽绒服装》（GB/T 14272—2011）标准的培训。2015 年 8 月 26 日，根据公司新人较多、缺乏基础知识和经验的情况，举办服装质量检验培训，包括服装检验概述、服装检验重要性及服装质量检验的标准。

2016 年 7 月 19 日，为了满足京工集团“好学生”工作室的运营及电商童装销售工作的需要，举办专题“童装标准培训”，重点讲解与童装生产、设计相关的国家标准：《儿童上衣拉带安全规格》（GB/T 22702—2008）、《提高机械安全性的儿童服装设计和生产实施规范》（GB/T 22704—2008）、《童装绳索和拉带安全要求》（GB/T 22705—2008）、《机织儿童服装》（GB/T 31900—2015）等，同时对国家更新的《国家纺织产品基本安全技术规范》（GB 18401—2010）进行宣贯。此次培训要求技术开发中心、电子商务部等部门的设计师、打版师等相关技术人员参加培训，针对性强，对进一步规范技术操作起到积极促进作用。

2018 年 3 月 26 日，京工集团结合质量抽查中发现的问题，举办服装知识培训，包括服装号型基础知识、服装使用说明内容、耐久性标签的要求等内容，对常用的《国家纺织产品基本安全技术规范》（GB 18401—2010）再次进行强调，同时，对国家新颁布的《婴幼儿及儿童纺织产品安全技术规范》（GB 31701—2015）进行宣贯。京工集团所属各企业质量负责人、相关技术人员及销售人员参加培训。

2019 年 2 月 27 日，京工集团考虑到社区店业务拓展迅速、人员新经验少的情况，在社区事业部举办服装知识培训，社区事业部的工作人员及来自各社区店的销售人员参加培训。工作人员获益匪浅，对之后工作具有指导作用。

2020 年，京工集团为了传承和弘扬“工匠精神”，使传统服装技艺得以薪火相传，为品牌持续发展培养、储备更多高端技术人才，聘请公司内部技术精湛、经验丰富的老师傅以带徒弟的方式亲身传授技艺。8 月 27 日，京工集团在京工时尚创新园举行京工集团服装技艺传承拜师仪式，京工集团党委书记、董事长李耀东，党委副书记、总经理朱华诚共同为王凯国、王炜、李传均、隋仁盛 4 位师傅颁发聘书。

京工集团服装技艺传承拜师仪式　　京工集团党委宣传部（新闻中心） 提供

三、技术交流协作

公司及所属各企业（工厂）利用各种机会积极开展技术方面的学习交流和技术协作。1974 年 2 月 7—20 日，公司派员参加由轻工业部组成的服装、针织、玩具参观小组，赴法国参加服装玩具博览会，先后参观了巴黎的男装、童装、针织、玩具以及 4 个博览会和老佛爷等 3 个中高级百货商场以及斯特拉斯堡、图瓦、路米利等 5 个地区的服装厂、针织服装厂、针织机械厂等，与有关厂商进行 4 次座谈。通过参观和实地考察，对当地的服装业发展现状、流行趋势有直观的了解，其服装花色品种多，款式、面料、色彩丰富，服装造型服体，辅料点衬较考究，中高档产品的原料一般都经过定型处理。童装较活泼，一般采用不同面料和花边来调配、衬托花色品种；女装款式奇特、灵活多变；男装则稍微素雅。针织服装多，其中针织女装约占全部女装的 40%，童装约占 70%，针织男装（主要是西服）为 3%~5%。服装面料以化纤及其混纺织物为主，约占 80%。参观小组有较大启发，回国汇报总结收获时提出：中国服装向法国及欧洲出口是大有所为的，西装套、男衬衫、男女童装、睡衣套、工作服等应作为重点产品优先来抓；国内服装厂应加强技术后方，狠抓技术革新工作。参观法国 2 个服装厂时，看到他们在服装的结构设计下很大功夫，每试验一种新产品，首先用衣片反复在衣架上试扎，逐片找出曲线，作为产品结构的初步定型，并以此为基点，推算出各类型号的比例规格，待成样试穿后再做结构定型。参照上述做法，公司各厂必须加强服装的设计研究，创出一条衣着服体的基本规律，以适应国外服装多变的特点，扩大服装的出口；法国服装厂对产品的防缩问题十分重视，他们对进厂原料缩水率要求不超过 1%，投产前再次进行原料定型，外衣的主要部位使用粘合防缩衬，以保证成品缩水率稳定在 1% 以内。而国内服装行业认为原料缩水是分外的事，经常采取一怨、二推、三不管的错误态度，服装缩水问题长期得不到解决。所以，除坯布染整单位应努力解决缩水问题外，各服装生产厂一定要把好“三关”，即把好原料关，投产前另做定型处理；把好辅料关，所有辅料使用前均要经过试验，测试缩水率；把好技术关，投产后盯住缩水相关的技术细节，确保成衣质量。继续改进出口商品的包装装潢，加强包装设计工作。小包装采取大开窗，包装用塑料薄膜提高透明度和光洁度。包装突出产品的自我介绍，用多国文字和图形说明产品的特点、性能和使用要点等，使包装起到衬托产品的作用，并据此建议国内很有必要建立专门的包装设计研究机构。

随着 20 世纪 70 年代中国化纤纺织工业的迅速发展，用于服装生产的尼龙、化纤、合成纤维、的确良等新面料大量涌现，对于这些弹性大、缩水差、耐温低的面料，只有用“热熔胶衬”才能弥补这方面的缺点。1975 年，北京市服装二厂与北京市人民服装厂合作研制“热熔胶衬”的新工艺，在有关单位的协助下，经过一年多的努力下，已取得基本成功，经鉴定在小批量内外销产品上，试用车间工人及商店反映情况良好，并在春节期间试销了500件西服女外衣，很受顾客欢迎。

1977年7月至1978年10月，公司所属北京衬衫厂和北京大华衬衫厂参加京津沪衬衫行业竞赛。此次竞赛的倡议由天津市服装工业公司于1977年5月提出，一经提出立即得到轻工业部的支持，并得到京沪两地公司有关厂的热烈响应，三市服装工业公司决心通过三市衬衫联赛，把衬衫行业的工作带起来，把衬衫这个品种搞上去。在轻工业部和上级单位（二轻局）的大力支持帮助下，1977年7月下旬，三市服装公司（北京市服装工业公司、天津市服装工业公司和上海市服装工业公司）和6个衬衫厂（北京衬衫厂、北京大华衬衫厂、天津衬衣厂、天津市服装二厂和上海第一、第二衬衫厂）在天津召开第一次会议，会上成立竞赛领导小组，并签订联赛协议书。天津会议后，三市六厂通过组织互相参观、产品质量评比、鉴定、样品观摩，互换资料、经验交流等活动落实会议精神和协议书任务。1978年3月，在上海召开第二次会议，交流了竞赛以来的情况和收获。上海会议之后，三市六厂相互之间组织管理人员、技术人员和生产操作工人多次参观学习，从班组的基础性管理工作、衬衫生产各道工序的技术操作到技术革新项目进行全面交流，如对上海厂的上袖合身工序，天津两个厂组织操作人员到上海学习后改变操作方法，把两序合一，不仅节约劳动力，提高效率，同时也提高产品质量。上海、天津各厂参观北京衬衫厂和北京大华衬衫厂两厂后，回厂立即向全体职工介绍经验，并发动群众建立制度、制订措施，迅速改变厂区卫生面貌。北京衬衫厂和北京大华衬衫厂学习天津衬衣厂的物资管理工作经验，改进仓库管理。在一年多的时间里，三市六厂通过互相参观学习，交流技术革新技术改造的经验，共交流推广43项技术革新项目，其中已有25项投入生产。

80年代初，北京市服装三厂开发风雨衣新产品，经过几年的经营实践证明，每开发一个新品种，光靠制衣业的单方面努力，或仅仅利用市场上一般原、辅料是不行的，“长城”牌风雨衣之所以受到消费者的喜爱，与北京市服装三厂跨行业的技术协作分不开。在新产品研制过程中，他们与光华印染厂开展技术协作，风雨衣的防水效果得益于光华印染厂防水整理的研制成果；与北京市纺织厂、北京市毛纺印染厂的联合协作，开发防雨毛涤、压光涤棉、仿真丝纯涤府绸等新型面料；与拉链厂、钮扣厂、帽厂等厂家协作，开发新型的钮扣、尼龙拉链及礼帽、鸭舌帽等配套产品。通过技术协作，北京市服装三厂创出了独具特色的服装新水平。

1984年8—9月，为了促进中日两国服装设计、技术交流，提高公司的服装设计能力，经公司研究并报请上级单位批准，公司总设计师兼北京市服装研究所所长陈富美，应日本大北京商事株式会社的邀请，赴日本进行技术交流。10月26—29日，公司受日本东京重机工业株式会社、东工物产株式会社邀请，经报请上级单位批准，公司派出1名公司领导和直属厂的3名技术人员参加在日本名古屋举办的日本国际缝纫设备展览会，了解国际缝纫设备发展的新趋势，为引进先进设备和技术奠定基础。11月，公司接到美国生产服装缝制专用设备的厂家的邀请，邀请公司与市外贸公司共同派员参加12月12—25日在中国香港生产力促进中心举办的八四年制衣技术展览会，经报上级单位批准，公司派1名副总经理和1名技术人员参加展览会，并考察制衣工厂和设备使用情况。

为了在北京市服装三厂危房翻、扩建的技术改造项目中引进设备和技术，公司和服装三厂经过对日本、美国等国的缝纫设备进行考察了解和比较，认为联邦德国百福缝纫机公司生产的专用缝纫设备，在机械性能、质量、价格等方面都比较适合服装三厂的工艺要求，1985年3月，在引进设备之前，接到该公司邀请并报请上级单位批准，公司派出1名专业技术人员与服装三厂3名技术人员及外贸公司1人，共同组成考察小组赴联邦德国进行具体考察。考察期间，技术人员对拟引进的各种设备做进一步的了解，学习、观摩设备的操作和运转。

公司所属北京市服装八厂北京雷蒙西服公司为开展服装技术交流，提高设计、工艺水平，增加雷蒙公司服装新款式，更好地满足首都人民穿衣需要，拟与日本小筱顺子设计公司开展服装设计技术合作，并于1986年11月25日双方签订为期两年的技术合作协议意向书，经1987年2月北京市外经贸委《关于北京雷蒙西服公司与日本小筱顺子设计公司服装设计技术合作协议的批复》批准后实施。合作期间，雷蒙西服公司负责服装原辅料的组织，在小筱顺子设计公司指导下，制订技术工艺流程、样板以及生产前的准备工作。按照日方设计的款式，结合北京市场销售的信息，及时安排适销对路的样品进行批量生产。原则上每月生产1000件，根据销售情况，适销产品也可多生产。合作产品在公司门店进行销售，在销售服务中应接受日方的服务指导。日本小筱顺子设计公司根据中国原辅料和市场需要，负责设计、提供国际流行又适合中国销售的服装款式，设计出的服装要区别于服装公司展销门市部的样品，确保双方互不影响；提供的新样品、新款式资料，应提供效果图、样板、工艺、样品；负责对公司的技术人员、经营销售人员进行理论、经营方法、服务态度的培训和指导。为体现技术合作的成果，每3个月推出一批新样品，年产12000件，并可根据销量增加产量。合作期间雷蒙西服公司每半年在合作产品销售后纯利中拨出30%付给日方作为技术指导费。通过双方合作，公司技术人员有机会接触到国际流行趋势，学习到新的设计理念及技术，设计、销售的服装也受到顾客的喜爱，引导服装新潮流。

为了促进中日服装设计技术友好合作，经北京市外经贸委批准，北京市服装工业联合公司与日本小筱顺子设计公司于1986年9月至1987年8月开展为期1年的设计技术合作，合作期间由北京市服装研究所和公司供销经理部负责按照日方提供的时装设计款式、技术要求安排生产，按期按量完成，并保证质量达到合格要求，成衣由公司供销经理部负责销售。经过双方共同努力，为北京市场增添了高档次的时装，受到国内外消费者的欢迎。为了进一步巩固合作成果，经友好协商，决定将原协议有效期延长一年。1987年12月得到北京市外经贸委《关于服装设计技术合作协议书延期及补充协议的批复》的批准，双方同意将原协议中公司（甲方）的责任改由北京市服装研究所承担，并负责东珠市口大街411号雷蒙—君格、可希依门市部的经营管理。

随着人民生活水平的不断提高，为了适应北京市场对婚礼服装及服饰的需要，北京市服装研究所拟与日本桂由美婚礼服饰公司合作发展北京婚礼服饰技术，双方于1987年10月30日至11月2日进行洽谈，并签订技术合作协议书。11月28日，经北京市外经贸委《关于婚礼服装技术协议书的批复》批准，协议正式生效执行。此项技术合作，一切业务均由市服装研究所承办。合作期间由中方提供100平方米的经营用房，并负责房屋的内外装修；负责将日方提供的款式设计等研究开发为婚礼服装，并加工生产及经营管理。日方负责为经营用房提供70件样品及部分室内设施；负责提供设计及相关资料，并派人进行技术指导。在合作双方的努力下，婚礼服饰产品受到市场的欢迎。

第二节　技术改造

为了改变落后技术面貌，扩大生产规模，提高产品质量，公司所属各企业纷纷利用国家和北京市的鼓励政策，如：补偿贸易、政府贷款等不断开展技术改造；更新设备，引进高效率、多功能的自动剪线平缝机，五线包缝机，钉扣机，双针机，四针机等专用设备。原来用的脚踏缝纫机，逐步被进口高速缝纫机所代替，设备现代化水平提高。北京衬衫厂利用日本政府“黑字还流”贷款引进电脑设计排版裁剪系统，提高生产效率和产品质量；北京华丽衬衫厂引进多头电脑绣花机、自动铺布机、防绉自动割线缝纫机、蒸汽熨烫设备等，有效提高产品档次；有的企业利用机会，搬迁到更适应企业持续发展的新场地，建设或扩建新的生产楼。

一、北京衬衫厂扩建改造

北京衬衫厂在“六五”期间，通过补偿贸易的形式陆续引进设备 462 台（套），价值 36.3 万美元，对裁、剪、烫三大工序进行技术改造。同时报废一些老设备，技术装备水平的初步提高，为提高产量、质量、扩大出口，提供良好的物质基础。到 1979 年衬衫年产量已达 214 万件，其中出口已占总产量的 80% 以上。

北京衬衫厂的扩建工程，于 1979 年 12 月 12 日经北京市计委批准立项，新厂址建设用地，于 1979 年 12 月 21 日由市规划局批准，将东城纸箱厂在太阳宫公社四大队四小队农田 15000 平方米用地拨给北京衬衫厂作为扩建之用。北京市建委、北京市计委于 1980 年 11 月 7 日批准改扩建工程的初步设计，其内容为：全部建筑工程控制在 38000 平方米以内，其中职工住宅 19000 平方米；总投资控制在 520 万元以内（由于原材料调价，经北京市计委批准，该工程投资调整到 668 万元），资金由轻工业局贷款解决（1980 年 3 月 18 日，经轻工业部同意，将北京衬衫厂列入 1980 年轻工业部短期专项贷款中，贷款总额为 300 万元，期限最长为 3 年）；产量由原来年产 240 万件增加到 600 万件，仍生产“天坛”牌男衬衫、“冬梅”牌女衬衫。1981年4月30日，市规划局下达北京衬衫厂迁扩建筑施工许可证。扩建工程于1981年12月30日正式破土动工，施工单位为市第五建筑工程公司，于1983年12月底竣工。

1982年底，该厂的扩建厂房工程进入内装修阶段，为不影响安装设备和投产，以及适应当时衬衫高档化、复杂化、时装化的要求，有的专用设备需从国外引进。1983年5月24日，北京市二轻局批准该厂设备更新改造计划，批准生产衬衫的各种专用缝纫设备231台，计划用外汇额度42万美元（利用外汇贷款），配套人民币41万元（企业自筹，后改为中行贷款）。于1983年12月正式签约引进设备。1984年4月设备到厂，5月开始安装，6月调试，7月对工人进行技术培训。10月投产、竣工、验收，共更新改造设备260台（套），其中引进联邦德国配套缝制设备199台（套），投资123.4万元，用外资42万美元。同年又通过专项贷款，引进设备99台（套），用外汇16.7万美元。当时该厂已拥有设备1101台（套），其中引进设备777台（套），占全厂设备总数的70%，使厂内设备技术状况达到国内80年代中期水平。

1987年，该厂为了实现“七五”期间的发展目标，保持在衬衫生产上的优势，提出引进一批具有电脑控制系统、多功能的衬衫专用设备及必需的服装检测设备技术改造项目。1987年6月18日，经北京市经委批准立项。同年12月10日批准北京衬衫厂引进高档衬衫专用检测设备可行性报告。同意引进生产高档衬衫专用检测设备288台（套），总投资452万元，其中企业自筹124万元，从市工商银行贷款328万元。1987年12月，由中国机械技术进出口公司北京纺织分公司代理与日本京连株式会社签约，引进日本重机、森本等制造厂具有高效率、多功能的自动剪线平缝机、五线包缝机、钉扣机、双针机、四针机等专用设备221台，实际完成总投资188.5万元。全部设备于1988年8月23日到厂，开始安装，相继投产。1989年11月29日由市纺织工业总公司组织有关部门对该项目进行验收。项目达到后，可年增生产能力20万件。

北京衬衫厂利用日本政府“黑字还流”贷款引进电脑设计排版裁剪系统的可行性报告，1988年2月29日，由北京市经委下达可行性批复。由外经贸部正式批准项目，下达设备采购清单。1988年12月对外签约。引进日本、联邦德国、美国等国家高档衬衫专用生产设备620台（套）。其中有美国格柏公司1套服装计算机辅助设计系统（AM-5-3216），日本N、C、A浮动电剪刀（FC-8-E）2套，日本田岛的多头电脑绣花机2套（TMEF-620/420W TMEF-620/620W），联邦德国威捷的汽烫设备27套（53台），联邦德国坎尼吉塞的主体烫衣系统，以及其他先进程度较高的实用型缝纫设备等。订货的设备于 1989 年 3 月至 1990 年 5 月陆续到厂，1990 年 8 月竣工，投入试生产。该项目实际总投资 1214 万元（合外汇 290557389 日元，折合 197.3 万美元），形成固定资产 1155.95 万元。1990 年 12 月 11 日，由北京市经委主持对该项目进行竣工验收。该项目的设备引进，不仅新增生产能力 36 万件，更重要的是已基本完成对裁、缝、烫三大工序的技术改造，实现服装排料电脑化，裁剪设备自动化，缝纫设备自动化、专业化，整烫设备立体化、汽烫化，已经在整体上体现较好的先进性与实用性。此时该厂已有生产设备总数达 1989 台（套），其中进口设备 1749 台（套），占全部设备的 87.9%。

1988 年 12 月，纺织工业部与日本政府和东京重机株式会社达成关于在中国建立 2 个应用重机服装生产设备样板厂的协议。后确定在北京衬衫厂建 1 个样板厂。通过使用国际先进的设备和先进的技术管理、企业管理方法，将北京衬衫厂办成世界一流的企业，为国家出口创汇做出贡献。1989 年 5 月 13 日，就日方无偿提供先进设备为中方建立样板厂之事与日方进行交谈。9 月 6 日，与日方重机签订协议书。11 月 2 日，日方设计出办样板厂的设计明细书。1990 年 3 月 17 日，经纺织工业部批复，同意北京衬衫厂从日本引进重机生产的悬挂传递系统 2 套、生产管理板 2 台、全自动锁眼机 2 台、全自动钉扣机 2 台。该引进项目利用外汇额度为 29.3 万元，从纺织工业部留成外汇解决，所需配套人民币 180 万元，由企业自筹。1990 年 3 月 26 日，北京衬衫厂与中国纺织机械技术进出口公司签订委托代理协议书，6 月各系统设备安装调试，11 月正式生产运行。

二、北京大华衬衫厂扩建改造

1976 年以前，北京大华衬衫厂有职工 600 多人，3 个车间分散在宣武区骡马市大街、新华街等 4 个地方，生产生活管理有诸多不便，地处市区又扰民。1974 年，经市政府批准移地迁建，在海淀区海淀路乙 39 号新建 1 幢生产楼，建筑面积 8934 平方米，总投资 121.3 万元，施工单位为北京市第三建筑公司一工区。1974 年 8 月 15 日破土动工，1975 年 12 月 25 日竣工验收。

北京大华衬衫厂为了更新设备，提高设备现代化水平，提高产品质量，增强扩大出口能力，利用日本政府贷款，引进高档出口衬衫专用设备技术改造项目。该项目由北京市计委批准立项，由北京市经委批准可行性报告而实施。1988 年 12 月对外签约。引进设备 263 台（套），主要有多功能自动剪线平缝机 114 套、五线包缝机 60 套以及锁钉机、双四针机等，1989 年 7 月、10 月份 2 批到货，7 月份到货的设备安装后已在 10 月份正式投产运行，10月中旬到货的设备也于11月26日安装完毕投产运行。1989年12月15日，由北京市经委主持，各有关单位参加，对该项目进行竣工验收。该项目实施完成总投资232万元（含外汇50万美元）。引进设备选型较先进，项目投产后，可年增生产高档衬衫25万件。这批设备的投产，更替了近1/3的原有设备，为1990年各项经济指标的完成，起到非常重要的作用。但由于国际市场上，款式多以明线产品居多，所需专用机是前款项目所不足的，加之原有设备中还有近150台（套）在超期使用，精度和机件都有很大磨损，也亟待更新。因此进一步完善引进设备很有必要。该项目经北京市计委、北京市经委批准立项，批准总投资280万元，含外汇50万美元，外汇部分利用日本政府“黑字还流”贷款解决，引进日本平针电脑自动剪线平缝机、自动拖布机、双针机、钉扣机、锁眼机、四针机等共计269台（套），更新旧设备并填平补齐。

三、北京华丽衬衫厂扩建改造

为提高丝绸服装高档化、时装化水平，提高产品质量和生产效率，扩大出口，北京华丽衬衫厂利用政府贷款引进高档丝绸服装专用生产设备技术改造工程，由北京市计委批准立项，北京市经委批准可行性报告。土建工程由北京市时代建筑装饰工程设计所进行工程设计，由北京市长城建筑公司承包建筑，于1989年3月下旬开工，1990年4月竣工。于1988年11月至12月分别对外签约引进设备，引进设备包括从日本、联邦德国、美国等国家和地区共计248台，主要有多头电脑绣花机、自动铺布机、防绉自动割线缝纫机、蒸汽熨烫设备等。1989年1月18日至1990年6月20日所订设备陆续到厂，于1990年11月全部安装完毕，投入生产。1990年12月17日由北京市经委主持，各有关综合部门参加对该项目进行验收，该项目实际完成总投资605.58万元（含外汇70.27万美元）。竣工土建面积1775平方米，并已通过单项验收，技术改造完成后，形成固定资产605.58万元，年增12万件生产能力。不仅生产用建筑面积和先进设备在数量上有新增加，更主要的是引进的专用设备在许多专用功能（如自动剪线、防绉、自动抽褶、熨烫不起亮光、绣制复杂图案、节能、节料等方面）上都具有原设备无法比拟的优势。

四、北京市服装一厂扩建改造

北京市服装一厂，原址位于宣武门西街、太平湖东里、众益胡同及闹市口一线等大小9处，厂房多为民房庙产，年久失修，多为危房，且地处人口稠密区，噪声、烟尘扰民污染严重，同时厂区分散狭小难以改造和扩大再生产。

该厂的污染搬迁一期工程，1987年2月2日经北京市计委、北京市经委批复立项。

总建筑面积 17211 平方米，总投资 1370 万元。

该项目工程建设用地位于丰台区芦沟桥菜户营大队，原为北京市童装二厂的征地 26.7 亩，于 1987 年 2 月经北京市计委、北京市经委批准，调给该厂使用。工程设计单位是北京市纺织设计院，土建承建是河北省邯郸市第四建筑工程公司，1988 年 3 月开工，1989 年 10 月竣工，实际完成建筑面积 14142 平方米（综合楼和食堂因征地未解决，留在二期建设），完成投资 1400 万元。1990 年 11 月实施全厂搬迁，同年 12 月正式投入使用。

北京市服装一厂结合移地搬迁工程利用日本"黑字还流"贷款引进毛呢服装专用设备更新改造。该项目经北京市计委批准可行性报告而实施。1988 年 11 月对外签约，共引进各类专用设备 254 台（套），1990 年 9 月在菜户营新厂安装完毕，投入试生产，1990 年 11 月 30 日，北京市经委会同有关部门对该项目进行竣工验收。该项目实际完成总投资 300.6 万元（含外汇 50 万美元），交付固定资产 300.6 万元，项目运营生产后，可年新增产量 30 万件。

五、北京市服装五厂扩建改造

北京市服装五厂危房翻建工程，引进生产设备扩大出口技术改造项目由北京市计委批准立项，北京市经委批准可行性报告而实施。

土建工程由中京建筑事务所负责设计，由北京市长城建筑公司长阳分公司负责施工，1988 年 11 月 3 日开工，1990 年 4 月竣工，竣工面积 3210 平方米。

于 1988 年对外签约引进设备 218 台，其中联邦德国蒸汽熨烫设备 10 套（52 台）、日本服装专用设备 166 台、国内配套服装专用设备 52 台（套）。1990 年 2 月开始安装，同年 7 月全部设备安装完毕。1990 年 10 月 29 日，北京市经委会同有关部门对该重点项目进行竣工验收。该项目实际完成总投资 390.66 万元，其中引进设备款 185 万元，土建工程 192 万元，公用工程 13.66 万元。项目完成后，形成年增 15 万件服装生产能力。

六、北京市童装厂扩建改造

北京市童装厂原厂址在北京市东城区灯市口及东四一带，分散 10 余处，后于 1972 年全部集中至东城区藏经馆 11 号，即现厂址。建生产综合楼的技术改造项目是由北京市计委批准立项、北京市经委批准扩建设计。项目内容是建 1 座综合生产楼，同时更新一部分旧设备。

土建工程由北京市东城区建筑工程设计所担任施工设计，主体建筑工程于 1987 年 1 月竣工、交付安装。引进设备于 1984 年底签约，1985 年 1 季度到厂，1987 年 2 月安装完毕投入试生产。1987 年 7 月 1 日由市纺织工业总公司主持，各有关部门参加对该项目进行竣工验收。项目批准总投资为 225 万元，实际完成总投资为 217.54 万元（含外汇 10 万美元）。实际建筑面积 3808 平方米，更新充实进口设备 160 台（套），改造后年产量可增加 92 万件，把每年的品种设计提高到 800 种，交付生产固定资产 183 万元。

北京市童装厂引进童装专用设备项目于 1990 年 1 月 19 日经北京市计委批准立项，1990 年 9 月 7 日北京市经委正式下达可行性报告批复，同年 10 月份结束进口设备招标工作而正式实施。1990 年 11 月对外签约。项目按照招标批文，引进设备 140 台（套），主要有电脑多头绣花机 2 套（日本）、自动割线平缝机 48 套（日本）、五线包缝机 50 台（日本）、圆头锁眼机 3 台（日本），以及其他各种专用机械等。该项目实际投资 300 万元，引进设备工艺、技术水平先进，为提高产品质量、档次和加工深度创造条件。

七、北京长城风雨衣公司扩建改造

北京长城风雨衣公司（原北京市服装三厂），原来建筑比较简陋，自 1965 年陆续扩建厂房 9042 平方米，形成 3 幢生产楼为主车间，原来用的脚踏缝纫机，逐步被进口高速缝纫机所代替，产品由棉服为主转产以风雨衣为主。为满足国内外市场需求，拟翻建临街生产楼并结合翻建进行设备引进，该项目于 1983 年初由北京市经委、北京市计委批准立项。1983 年 12 月 2 日北京市计委、北京市经委、北京市建委批准项目扩建设计。1985 年北京市经委和北京市计委批复同意项目内容进行调整，批准项目总投资 624 万元（含外汇 28.2 万美元），土建面积 7410 平方米，扩建 1 座生产综合楼（11 层），后因外汇汇率变化，建材调价、银行扣收利息和拆迁费用增加等因素，经北京市纺织工业总公司批复，并经北京市经委审核同意，项目总投资调整为 903.4 万元。

该项目土建工程由北京市建筑设计研究院负责设计，由市农建一公司一队负责土建施工，于 1985 年 7 月 1 日开工，1987 年 12 月竣工，实际完成建筑面积 7474 平方米，1987 年 12 月 9 日通过土建单项验收。

于 1985 年 9 月对外签约引进设备，共引进设备 261 台（套），其中日本设备 8 台（套），1986 年 4 月 6 日到货；联邦德国设备 253 台（套），1987 年 1 月到货，国内配套设备 129 台（套）。1987 年 9 月至 1988 年 1 月陆续投产。

项目实际完成总投资903.4万元（含外汇33.2万元）。1987年12月30日，受北京市经委委托由北京市纺织工业总公司主持，各有关部门参加，对该项目进行竣工验收。该项目投产后，可新增服装生产能力36万件，并为该厂提供安装大尺寸熨烫定型设备的场地，扩大缝纫加工能力，同时提供对外销售营业厅，技术设计室、样品室、洽谈室、外宾接待室以及地方仓库等设施，为进一步发展高档风雨衣并满足国内外市场需求创造条件。

北京长城风雨衣公司、北京市服装研究所和航天部710所共同承担的服装计算机辅助设计和自动裁剪系统引进先进项目，于1985年10月5日经北京市计委批准立项。1985年10月27日北京市科委、北京市经委批准可行性报告。该项目从美国格柏公司引进的计算机服装设计系统AM-5（CAD）和自动裁剪系统S-91（CAM），是北京市政府扶植和支持的科研与生产结合的实验项目，并列入国家星火计划，它是中国服装业用电子计算机设计、裁剪的第一套CAD/CAM系统，是用现代化手段发展中国服装生产的一种尝试。1985年11月16日，对外签订购置该系统的合同，1986年6月、7月设备到厂。AM-5（CAD）系统从1986年6月23日开始安装，8月23日与外商签署设备交接验收证明；S-91（CAM）系统于1986年7月25日开始安装，8月31日与外商签署设备安装完毕文件。设备安装完毕后，对2套系统进行全面调试与试验，1986年9月19日开始试运行，历时一年，实际总投资380万元（含外汇30万美元）。1987年4月16日，由北京市经委及北京市科委联合主持组织有关部门对该项目进行竣工验收，该项技术引进设备具有80年代国际先进水平，系统结构紧凑、设计合理、运行可靠，样品资料处理快速，功能齐全。AM-5（CAD）服装计算机辅助设计系统具有计算机控制样品放码、入机、交互、自动排版功能和服装样品功能，可年处理300~400种服装款式，放几千种规格的样板，提高效率10倍；S-91（CAM）服装自动裁剪系统以电脑控制自动裁剪，样片上下片完全一致，误差为零。每年裁剪成衣160万~180万件，提高效率8倍。应用该系统，从根本上改进服装加工原手工推版、排料、裁剪的落后传统生产方式，实现服装设计、裁剪的电脑化。

八、北京羽绒制品厂扩建改造

北京羽绒制品厂原址位于宣武区南菜园的大观园对面。全厂分设3处，南菜园为厂部及生产车间，万寿里设1个车间，丰台张家路口为仓库。1983年兴建大观园时占去该厂场地1000余平方米。由于场地狭小、生产面积过密，影响到企业的发展。其更为突出的是污染、扰民严重，再次由于场地所限，无法建设污染处理设施，致使洗毛水流入南护城河污染河道，经上级主管部门批准，该厂进行移地建设，由宣武区南菜园迁至丰台区南窑，并结合搬迁进行技术改造。

该项目依据1985年5月31日市政府下达的《关于同意羽绒制品厂搬迁新建的批复》，1985年12月6日北京市建委、北京市计委下达《关于北京羽绒制品厂迁建工程初步设计》的批复，1986年10月24日北京市计委、北京市经委《关于北京羽绒制品厂基建污染搬迁项目改为技改污染搬迁方案》的批复等文件精神实施。

土建工程，在丰台区铁匠营征地35亩，批准建筑面积为23812平方米（其中扰民搬迁面积11053平方米、技术改造面积12759平方米），后经批复又增加1683平方米，共批准总建筑面积为25495平方米，全厂土建、公用工程设计由北京市建筑设计院负责；厂内排水工程设计由市政管理处一所负责，工程施工由市城区三建四处、市城建二公司五处负责，1986年10月开始动工，到1990年末，土建工程接近尾声。

引进设备于1987年10月20日经北京市经委批准可行性研究报告，1987年11月10日对外签约，共引进设备187台，其中引进联邦德国WS4-1型洗脱机1台，于1989年8月安装，另从日本引进DLN-415缝纫机182台，于1990年3月投产。

在新厂址建设中，对于污水治理、劳保及卫生、环保、消防等设施均按各有关“三同时”（同时设计、同时施工、同时投入生产和使用）的需求统筹加以安排。

项目总投资2091万元（其中污染扰民搬迁投资939万元，技术改造投资1152万元）。资金来源，由工商银行贷款1221万元，企业自筹870万元。经过几年实施，实际总投资将有较大的突破，主要是增添土建面积、建材调价和预算系数上调因素所致。

第三节 设计开发

集团公司技术开发中心创建于1994年5月，随着集团公司于2001年11月的改制，技术开发中心更名为北京京工服装集团有限公司技术开发中心。技术开发中心自组建以来，自力更生，从设计入手逐步走向市场。京工集团技术开发中心肩负着设计研发任务，在“十二五”“十三五”规划期间，在技术开发中心自身建设，包括品牌工作室的建设、品牌产品的设计研发上均做了大量工作，使得京工集团整体设计研发水平不断提升。在国庆60周年群众游行方阵的服装设计制作、中国国际服装服饰博览会、北京APEC峰会各国领导人及配偶服装的设计及历届北京时装周等大型活动中承担服装设计研发及制作任务，把时尚元素与品牌自有的经典风格有机结合，为老品牌注入新活力，为打造品牌时尚新形象发挥积极作用。

一、重点设计开发活动

国庆60周年群众游行方阵的服装制作 技术开发中心不断加强专业的技术力量，通过加大产品设计开发的力度，提高“雷蒙”产品的市场竞争力，设计师们资源共享，信息共享，形成一股合力，多方位为子公司提供技术支持。2009年，协助子公司京工雷蒙公司、京工枫叶公司，在国庆60周年群众游行方阵的服装招标过程中，与北京纺织控股有限责任公司密切联系，及时掌握相关招标信息，承接“教育发展方阵、科技发展方阵、能源发展方阵、同一世界方阵”4个游行方阵的服装设计与制作任务。在有限的时间内，技术开发中心协助京工雷蒙公司、京工枫叶公司完成设计文案策划，多轮打制样品，精准完成量体和尺寸数据整合，同步完成面料、辅料采购、工艺单绘制、生产加工、服装配送等多个环节的工作，每一个时间节点都环环相扣、分秒必争，特别是在服装生产制作过程中，技术开发中心的技术人员深入唐山、容城等地的生产分厂检查服装质量、督促生产进度，现场拍摄服装制作的工作场景作为备用资料，保质保量顺利完成国庆60周年群众游行方阵服装的制作任务，受到国庆60周年指挥部的好评，并获得国庆60周年“服装优秀设计、制作单位”的称号，为京工集团争得荣誉。

开发“雷蒙”男装产品重返商场　2009年是京工集团推进品牌建设非常重要的一年，技术开发中心有了明确的主攻方向。针对目标制定了品牌建设的具体方案，做大做强“雷蒙”品牌并进入北京一类商场，让更多的消费者能够重新认识“雷蒙”品牌的魅力，展示“雷蒙”品牌的风采。90年代的服装品牌如雨后春笋，发展非常快，民营企业的品牌在宣传上力度很大，商场占有率也很高，市场竞争很激烈，进入商场销售上不去要被淘汰，所以需要各方面的努力。“雷蒙”品牌形象及所推出的产品都要以全新的形象展现在消费者面前。在开发“雷蒙”男装系列产品上，以秋季产品作为产品开发的突破口，为使所开发的产品更加符合市场需求，特组织技术人员在商场、生产企业、面料供应商中进行深入的市场调研，了解掌握当时男装市场在款式流行、面料应用、版型变化上的各种信息，为开发男装系列化产品，提供有参考价值的依据。结合“雷蒙”品牌的市场定位，在主打“雷蒙”男西服套装产品的基础上，开发男士商务休闲装、男式衬衫、男式夹克衫、男式羊绒大衣、棉服等“雷蒙”牌男装系列产品及领带、羊绒围巾等

2009年10月28日，“雷蒙”品牌进入西单市场　　京工集团办公室　提供

配饰产品。为使“雷蒙”男装一进入商场就有一个全新的形象，从VI设计开始，在形象上有所突破，从商标、包装袋、备扣袋、吊牌、吊粒、衬衫盒、领带盒、西装罩袋、木质衣架、静态模特等，考虑实用性与时尚相结合，更加突出“雷蒙”品牌的形象。为使进入商场的服装符合国家标准，从基础做起，所有进入商场的产品从面、辅料到成衣都进行质量检测，严格把关，保证进入商场的服装符合国家服装质量标准的要求。商场专柜的装修也是一个重要环节，装修的档次直接影响到品牌的形象，从视觉上要抓住顾客的心，从颜色和装饰都要符合“雷蒙”品牌的内涵，既庄重又不失时尚，经过反复推敲，确定施工方案，“雷蒙”品牌终于以全新的形象，于2009年10月28日进入首家商场——西单商场，同年11月进入北辰购物中心，销售情况良好。“雷蒙”品牌获2009年“北京十大时装品牌”称号，为京工集团提升品牌、发展主业发挥积极作用。

京工集团改制十周年主业成果展示 2011年中国共产党成立90周年之际，迎来京工集团改制十周年，服装表演是“七一”庆典暨京工集团改制10周年表彰活动中的重要部分，是十年来京工集团在主业发展上所取得成果的展示。服装表演所有的男士礼服、西服套装、休闲西服、中华立领、羊绒大衣及衬衫、领带、领结等配饰，均由技术开发中心自主设计、制作以及搭配完成。男装西服套装采用纯毛加丝、含羊绒的精纺毛料，花色上有复古的铅笔条纹、格伦格纹面料；礼服款式上有枪驳头、青果领等传统经典款

北京京工服装集团有限公司成立10周年服装成果　　京工集团办公室　提供

式，在细节上有驳头镶边及手工包扣等制作工艺。服装表演中女装也是工作的重点，结合“雷蒙”品牌的风格定位，研究女装的流行趋势，设计开发与“雷蒙”品牌男装相呼应的女装样衣。女装中有真丝缎重工刺绣旗袍，有蕾丝刺绣改良旗袍，有使用再生纤维面料、天然纤维面料制作的套裙、连衣裙等多款产品；“伊里兰”羽绒服设计上以时尚风格为主，适当运用皮草、拉链等元素突出其时尚与实用性。该次服装秀另一大特点，就是舞台上的每一名模特均来自集团领导和集团各部室人员组成的模特队，为了达到展示服装的完美效果，每一件产品都是根据模特体型量身定制而成，25 名模特利用业余时间练习走台步。为配合走秀活动总体设计，副总经理魏丽编排了走秀出场顺序及亮相细节，使每件服装得到多方位、多角度的展现。用时约 40 分钟的服装表演向人们诠释着改制十年来京工集团在主业发展的成果。

参加中国国际服装服饰博览会 2010 年 3 月，京工集团首次参加在中国国际展览中心（老馆）举办的中国国际服装服饰博览会中“时装之都品牌展”的展示，技术开发中心认真做好参展前的各项准备工作，从展品的确定，到展位的设计，宣传册的拍摄与制作，以及布展中的产品陈列等，利用参展的 4 天时间、40 平方米的展位展示“雷蒙”系列产品：男西服套装、男礼服、男衬衫、男大衣、男休闲装、女中式礼服、女西式礼服、女职业装等共计 22 件（套），参展产品采用新型面料制作，版型结构更加合体，以注重工艺细节为主要特点；“伊里兰”羽绒服产品以 2010 年设计开发的 25~35 岁时尚新款共计 18 件的崭新形象参展。

2011 年，京工集团“雷蒙”品牌、伊里兰”品牌再次参加中国国际服装服饰博览会，在展品展示上“雷蒙”品牌产品按静态模特设计开发 4 套男西服、1 套男礼服、1 款男式大衣、休闲（单件西装上衣）等参展样品，在样品定制过程中，从静态模特的身高、胸围、腰围等细节尺寸的采集，到面料纹理的变化，里料的搭配、辅料的使用，使整盘展示样品款式、色彩协调统一；另提供 5 套服装用于展会的模特走秀活动；“伊里兰”品牌羽绒服系列共计 28 件产品参展。

2012 年，京工集团参加第三届中国国际服装服饰博览会，展位为 120 平方米，“雷蒙”品牌特别设计、定制 8 件休闲西服、1 款大衣和 4 套男西服样品参展；“伊里兰”品牌羽绒服系列设计开发 29 件作品参展，同时还为博览会主办方提供“雷蒙”品牌 15 件（套）、“伊里兰”品牌 6 件产品用于展会现场的模特走秀活动。

2013 年“伊里兰”品牌羽绒服系列　　京工集团办公室　提供

2013 年，技术开发中心特为参加中国国际服装服饰博览会设计开发“雷蒙”品牌精纺毛料大衣 3 件、4 套男西服和 2 件休闲西服上衣等产品用于静态模特展示，侧挂展示提供有西服、衬衫共计 10 套和 9 件“雷蒙”商务羽绒服及棉服产品，另为展会现场的模特走秀活动提供 15 件（套）产品。“伊里兰”品牌羽绒服系列共计 28 件产品参展，其风格以时尚、前卫、重皮草为主要特点。在参展样品的设计开发中，“雷蒙”“伊里兰”两个品牌利用先进的 CAD/CAM 服装辅助设计、打版、裁剪系统，使产品质量进一步提高。

2014 年，在中国国际展览中心（新馆）120 平方米的展位上，“雷蒙”品牌设计开发男士商务大衣 3 件、男士礼服 4 套、单西 1 件和传统工艺制作的青年装 1 套以静态的形式参展，在 4 套男士礼服样品的选材上，注重面料的肌理变化，侧挂产品 10 件，另“雷蒙”品牌为展会现场的模特走秀活动提供 12 件（套）产品。“伊里兰”品牌羽绒服系列设计开发的 18 件产品，面料多采用高饱和度新型面料与蕾丝面料相融合的设计思路，造型上采用中式阔袖、立领等元素，别具特色，更适合参展人员近距离观赏。

2014 年“雷蒙”品牌系列产品　　京工集团办公室　提供

北京 APEC 峰会服装的设计工作　2014 年 1 月 14 日，技术开发中心 4 位设计师积极参加 APEC 设计应征方案的投稿工作，前期设计师查阅大量资料，研究历年 APEC 峰会不同国家领导人的着装，考虑 APEC 会议期间的气温、室内外服装需要的保暖差别等因素。每名设计师一稿，汇集唐、明、清年代服装特色，有运用锦缎材料的设计思路，有采用汉服文化底蕴的长衫，有中式立领旗袍风格，有运用环保理念、以中山服的领和袖元素设计的男装等 4 稿，最终京工集团设计团队获得参与奖。

参加北京时尚控股有限责任公司更名活动　2016 年 7 月，参加北京时尚控股有限责任公司更名活动现场走秀服装的设计开发工作，技术开发中心以设计为龙头，对设计企划进行多次分析、讨论，最终确定以“时尚、京韵”为主题，男装以中山服、青年装为代表，彰显京工集团在品牌传承与发展道路上的恒心；女装以传统旗袍为基础，采用真丝欧根纱为主料，搭配质朴的棉麻制成的中式旗袍裙为代表，展示京工集团既有品位又不失时尚的设计理念。

“京绣”专场展览　2020 年，技术开发中心京绣工作室继续担负着弘扬传统文化方面的责任。在北京疫情得到控制后，京绣工作室参加京西古刹石景山承恩寺的燕京八绝京绣专场展览。通过对京绣文化的讲解及实际手工体验互动等环节，现场的参与者对京绣文化有了更深层次的了解，通过京绣技艺，也了解了京工集团在传承非物质文化遗产方面所做出的努力，体现国有企业对于非遗文化传承的社会担当。

参加北京冬奥会颁奖服装设计 2020 年 12 月，技术开发中心工作室 4 位设计师参加 2022 北京冬奥会和冬残奥会颁奖服装设计应征方案的投稿工作，共设计 3 套方案，设计师经历从资料的收集、撰写设计说明到款式设计、绘制效果图和款式图以及简要的工艺说明，在参与社会活动的同时也锻炼设计队伍、积累丰富经验。

二、历届北京时装周设计开发

2016 年，京工集团参加首届北京时装周走秀服装的设计开发工作，为了推进技术开发中心建设，提升品牌设计开发水平，京工集团决定推出“雷蒙”品牌和“伊里兰”品牌 2 场时装秀。在主管领导的带领下，技术开发中心集合主要技术力量，对 2 位设计师的设计企划进行研讨，最终确定从设计“伊里兰”品牌公司新产品入手，以冬季大衣类产品为切入点，逐步过渡到四季女装产品，这样既为“伊里兰”品牌公司开发四季女装新产品提供了样品，也符合京工集团在北京时装周走秀品类的企划内容。58 套走秀产品中，大衣系列为 4 个色系 24 款，面料采用纯色毛呢面料、近年流行的双面呢面料。红色大衣款式简洁，线条流畅，融合中式盘扣元素，不规则下摆设计，行走间展露潇洒自然；蓝色长款青果领大衣，配以同色系皮毛领，突出中国女性高贵、典雅气质；黑色不对称式半大衣，在黑色亮钻不对称的分布呼应下，传达出更多的现代感；改良旗袍系列为采用丝滑的真丝素缎制作的两件套，运用手推绣工艺，一款六色以不同花卉图案组成，设计上既有传统中式服装的古

2016 年首届北京时装周研讨设计企划
京工集团办公室　提供

朴风韵，又加入洒脱自如的设计概念；欧根纱中式旗袍裙系列，以传统旗袍为基础，采用真丝印花欧根纱为主料，搭配柔滑的丝绸、质朴的棉麻，用精致的盘扣、水墨画风格等元素展现至臻禅意；重工刺绣3款产品运用红色真丝重缎面料，造型、图案上均体现传统的东方韵味；羽绒服系列采用与皮草结合的设计思路，面料使用上有创新，蕾丝立体花与织锦缎拼接、蕾丝立体花与皮草相结合，款式前卫与实用性兼顾。

“雷蒙”品牌以推出男装高级定制为核心的设计思路，发布会60套产品由58套经典男装和2件女士礼服组成，男装分别有大小礼服、西服套装、中山服、中华立领、新中装、大衣、风衣等产品。开发中精心遴选日本礼服面料，制作黑、白2套大礼服，款式设计上驳头使用缎面，裤子中缝使用缎带，配饰上特为大礼服制作了腰封；西服套装和小礼服设计上注重细节变化，以枪脖头领、青果领为基础，工艺处理上采用镶边、缎面拼接等手法，面料纹理新颖、有质感、有光泽，更富有现代气息；中山服遵循传统的造型特点，凸显制作工艺的精良；中华立领运用纯毛提花、起绒面料，注重纽扣的装饰效果，整体更加时尚、内敛、含蓄；夹大衣采用精纺巴布瑞格纹面料，意在追求精致；“新中装”在设计上将传统手工定制理念、传统京绣文化融入服装之中，通过CAD制版更加便于结构的处理，裁剪技术的灵活运用和京工传统服装制作技艺有机结合，突显品牌的上乘品质。

2017年，京工集团借助北京时装周平台推出高级定制“雷蒙·1940”“宫溢”2个品牌的发布会。发布会分为2个部分进行，一部分是“雷蒙·1940”高级定制产品48套，面料以纯毛提花、格纹、丝毛、丝麻、丝绒、纯毛刺绣等顶级进口面料为主，辅以真丝印花丝绸为里料；以红色系、紫色系、蓝色系、绿色系为主打色，用无彩色为衬托；款式设计有大小礼服，平驳头、枪驳头西服，中山服，新中装，长短大衣5个品类；造型特点分为收腰合体型、小翘肩收腰型、舒适商务型等版型；根据不同的款式、造型，采用半毛衬半手工或全毛衬半手工工艺，既有“雷蒙·1940”经久不衰的传统精髓，又兼具时尚的多元变化，每处细节都突显手工定制的高贵典范。另一部分是“宫溢”高级定制男、女装产品48套，女装款式包括连衣裙、旗袍、大衣等品类，男装有新中式、休闲装、大衣、大氅等品类，面料采用真丝缎、乔其纱、欧根纱、马海毛、丝毛、丝麻等天然纤维，格调清新淡雅，通过柔美、端庄、廓形等不同风格展现新时代女性的丰富特质。融入手工京绣元素，对服装款式的设计、版型和制作都提出更高的要求，设计团队从京绣图案寓意、色彩的搭配、绣品图案的扎稿、刷稿到手绣针法等多方研讨。服装设计上既要考虑到京绣图案在款式、造型、色彩及面料上的呈现效果，又要考虑到制版和制作工艺的可操作性，此次融入京绣元素的服装廓形特殊、造型各异，制版师随着设计师思路的调整，对各种特殊结构版型通过 CAD 制版、手工制版、立体裁剪等多种方式进行反复尝试与修改，样衣师傅制作完匹样贴上绣品图案，再由京绣图案设计师、服装设计师、制版师一起审查整体效果，力求达到京绣图案与时尚造型完美结合。该次走秀还增加了男女包品、腰封的设计开发，多款京绣包品的制版工作也是技术开发中心首次涉猎。

2018 年北京时装周上，京工集团决策层目标非常明确，打造“伊里兰”品牌时尚羽绒新概念，走秀产品既要有舞台效果又要兼顾市场转化。设计师按要求 4 月初提交设计企划案，经过与时装周工作小组一起研究、探讨，将“伊里兰”品牌历史上助力登顶珠峰的辉煌、展望 2022 年北京冬奥会和京城文化融入设计企划，党委书记李耀东启发性的修改建议，丰富了 2018 年走秀的立意内涵。该届设计师灵感来源于一段秘境之旅，分探险之旅和文化之旅两章，在探险之旅中有登顶珠峰、极地之光、火山探旅和银河漫游 4 小节，涉及的极地、高山，甚至太空均处极寒之地，体现出对羽绒服的厚度和功能方面的要求，在款式设计上使用高饱和色彩、金属感面料以及像行走的睡袋一样的大廓形夸张造型，细节上加入可拆卸版型、热转印图案，防水面料及拉链、防风下摆及袖口等细节处理。如突出“伊里兰”品牌带有 LOGO 标识的男、女同款白色羽绒服系列，通过热转移技术将品牌 LOGO、滑雪韵律展现得淋漓尽致。在文化之旅系列中包含沁香波尔多、奇幻丹霞、京城印象、雪映紫禁 4 小节，穿着要求充绒厚度上偏轻薄，加入当下流行的“透明塑料”TPU 面料与直充绒轻薄羽绒服的组合；“透明塑料”TPU 面料制作的单品羽绒服完整呈现出羽绒的品质感，简约的廓形，传达出更多的现代感；剪毛绒及滩羊毛的使用突出了西域风情；毛呢大衣与羽绒服内外叠穿的设计方便人们根据昼夜温差来进行衣物增减，自由穿搭；丝绒、贴补绣、织锦缎与皮草灵活运用，款式风格以优雅简洁为主，结合羽绒服的结构特点，体现紫禁城的神韵与意境。设计师既要考虑具有舞台效果，又不能过于简单直白或用力过猛，设计师通过中国风数码印花面料的灵活运用，制版师结合羽绒服的行缝特点进行多次尝试，样衣师制作完坯样后，通过人体试穿，综合整体效果包括面料、规格尺寸、版型的再调整，最终使这一主题得到很好地呈现。北京时装周共完成 86 件新款羽绒服、16 件皮毛类羽绒服备选产品，通过精心遴选，搭配出 60 件（套）新品发布。

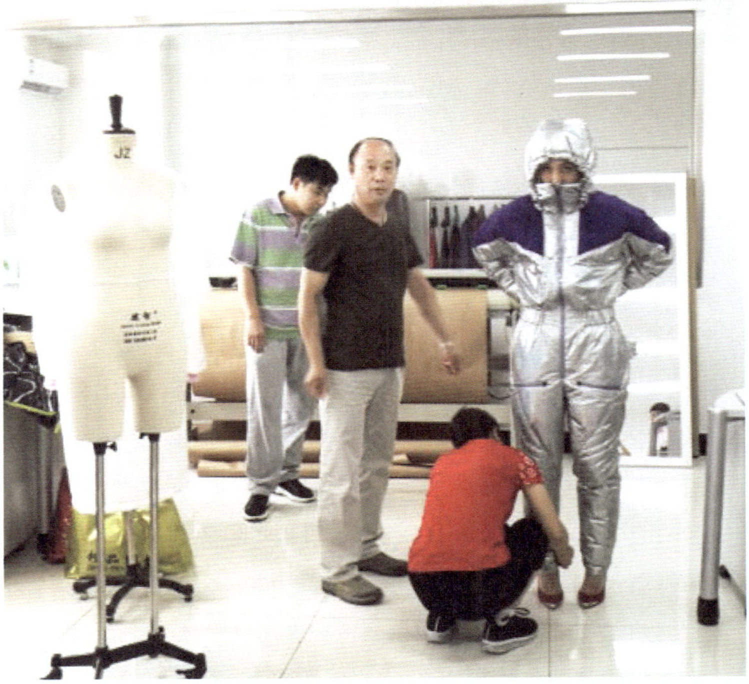

2018 年北京时装周走秀样品试穿　　京工集团办公室 提供

2019 年北京时装周上，“雷蒙”和“伊里兰”品牌寻求新的突破，融入皮草与面料拼接的跨界产品，将更多元化的时尚元素彼此融合，实现品类间的互通。设计师在原料、辅料选用及廓形设计、元素运用和表现手法上有了更大的发挥空间。“伊里兰”品牌以“和平力量”“平衡空间”“摩登时代”“致敬 70”四个系列展现“伊里兰”产品的科技感、时尚感；部分新品突出羽绒与皮草的跨界结合，皮草以超出以往常规的运用方式出现在羽绒服产品的设计中，不再仅仅是作为辅料装饰。如一款毛呢与羽绒面料拼接的派克大衣，同色系不同的光泽度的面料增加了产品的层次感。摩登时代中采用掐丝珐琅风格数码喷绘印花真丝重缎，从传统文化中汲取灵感，将别具魅力的中国风印花运用其中，与水貂皮草袖子的结合，旋转的下摆充满现代感。“雷蒙”品牌分为领袖系列、骑士系列，以商务休闲为主、加入皮草的设计元素，更加注重版的造型，设计以简洁为主，重视细节及内里的设计，如经典商务休闲男装派克服，面料采用羊毛含羊绒精纺面料，内层为可拆獭兔毛皮内胆，配同色格子面料拼接，整件风格低调内敛。产品开发中解决皮草与羽绒、毛呢面料的结合，对于打版、制作都是一个全新的课题，技术人员到河北枣强和北京周边的一些皮草企业去学习皮草的特性、工艺等相关专业知识，一起研究制版、制作方法，共计研制出“雷蒙”42件（套）男装和“伊里兰”46件（套）女装的备选样品，最终精选出60套新品走上秀场；设计的50件时尚宽松长款男女大衣，用中国红献礼新中国70周年华诞。

同期为2019年北京时装周闭幕式主持人设计定制的礼服，采用压褶与手工法式刺绣工艺，压褶从领口到下摆做渐变效果，上面点缀亮钻装饰，强调肩部、腰部、袖口处手工重钻装饰，精细的立体裁剪、精湛的制作工艺得到主持人的较高评价。

特别是闭幕式展示区展出的一件中山服，是1949年开国大典上毛泽东主席身穿的中山服的仿制品，技术开发中心副主任李秀伟特意找出保存30多年的制版学习笔记提供给制版技术人员，将现在流行的版型与传统的中山服版型进行对比，并参考天津博物馆陈列的毛主席的中山服及资料照片，研究仿制毛主席当年的中山服版型。

2020年北京时装周上，设计师用脉搏比喻社会、生活等发展、变化的情况或趋势，把握时代的脉搏、城市的脉搏，捕捉时尚的脉搏、市场的脉搏，做好“雷蒙”品牌的传承与发展，风格仍以正装和商务休闲为主，在定制和休闲之间找到平衡。该届“雷蒙”由“溯源”“拓宇”两个系列组成。“溯源”部分，将中国传统文化、有时代印记的经典款式、雷蒙的海派风格进行现代化的改良，有工艺精湛的中山装、面料考究的西服套装、做工精良的羊绒大衣、羊毛精纺面料的中式改良外套等品类。设计上体现对年代的致敬，款式上典雅大气、成熟稳重。“拓宇”部分，比喻开拓新的境界。探索与创新，赋予“雷蒙”更广阔的发展空间，以做工简洁精细的夹克、潇洒随意的风衣、休闲西服等更多商务休闲风格，来丰富“雷蒙”男装的品类。中式立领大衣采用天鹅绒与毛呢面料拼接并可拆卸为单件西服，不走常规拼接路线彰显着年轻的活力。该届首次设计开发“雷蒙”女装系列产品，“溯源”部分包括“雷蒙·1940”高级定制女正装、旗袍等款式，“拓宇”部分包括“雷蒙”女式时尚休闲西服上衣、廓形西服套装、宽松系腰带马甲等；采用搭配较强纹理面料、同色调撞色面料设计呈现出分层效果，提出西服的叠穿概念；双面呢几何格纹大衣不对称式、撞色设计及长短不一的下摆看起来更加灵活有层次；礼服式旗袍采用黑色蕾丝珠片及闪光元素的新型肌理感强的面料，使极简廓形尽显高级感。该届设计完成145件的备选作品，最终60件（套）用于新品发布。

三、工作室研发工作

技术开发中心有3个品牌工作室（“伊里兰”工作室、“雷蒙”工作室、“京绣”工作室）、1 个试制车间，2016 年后随着技术开发中心各个工作室的建立，工作室承担起各自品牌的设计开发职责，试制车间承担着各个工作室设计开发的样品制作和为京工集团子企业的品牌发展提供技术服务的职责。

“伊里兰”工作室设计开发　技术开发中心 2010 年派出以 1 名设计、2 名制版人员组成的“伊里兰”设计开发团队，深入“伊里兰”品牌公司，完成 2010 年“伊里兰”新产品的设计开发工作。2011—2013 年，均派出 2 名制版人员常驻“伊里兰”品牌公司，按计划完成“伊里兰”新产品的设计开发工作。2014 年，派出 2 名设计人员、2 名制版人员参与“伊里兰”品牌公司的滑雪服、帐篷、睡袋等户外产品的设计开发工作。2015 年 10 月，技术开发中心“伊里兰”工作室成立后，通过 3 个月的努力设计完成 10 款冬季羽绒服产品的制版、推版、制做样品、标准样衣的鉴定工作及批量生产的排料、编写工艺说明书等大量工作，确保“伊里兰”品牌公司的新产品投产选款工作顺利进行。2016 年，“伊里兰”工作室在开展四季女装的设计、研发转型中，结合“伊里兰”品牌公司产品定位，设计开发 70 多款四季女装样品。同期完成北京时尚控股有限责任公司更名和首届北京时装周产品的设计开发工作；“伊里兰”品牌公司在 2016 年北京时装周走秀产品中挑选出 4 款毛呢大衣、2 款羽绒服产品作为大货生产款，“伊里兰”工作室积极跟进，对投产的款式进行推版、编写工艺、样衣制作及大货首件鉴定工作，确保对“伊里兰”品牌公司有效的技术支持；还帮助“伊里兰”品牌公司完成其他 8 款羽绒服的制版、推版、编写工艺工作。2017 年按照集团实现“伊里兰”四季女装走向市场的要求和“伊里兰”品牌公司对新产品的需求，设计师做出四季女装的开发企划，把四季女装定位在 40 ~ 50 岁的知性、优雅、有一定文化层次和审美要求的中高端女性消费群体。开发风衣、大衣、连衣裙、衬衫等共计 33 款春装产品；设计开发 5 款羽绒产品，样衣、制版、推版、编写工艺随之完成；按期完成北京时装周“宫溢”高级定制服装样品、包饰样品的设计、制版工作。2018 年为“伊里兰”品牌公司设计研发紧跟时尚潮流的中高端羽绒服系列产品，把产品定位在 25~50 岁具有一定文化层次、有审美要求、有消费能力的中高端男女消费群体，分为高端时尚系列和成熟市场系列，高端时尚系列的特点是优雅奢华，款式风格上以优雅简洁为主，成熟市场系列以派克服和适用极寒户外厚度与功能的男女装为主。经过 3 个多月的设计、制版、样衣制作，共生产出 32 款羽绒服款式，其中 6 款被“伊里兰”品牌公司选中并投入生产，“伊里兰”工作室及时跟进，对投产的款式进行推版、写工艺、样衣制作及产品首件鉴定，确保对“伊里兰”品牌公司的大货生产进行有效的技术支持。二、三季度共完成北京时装周102件羽绒服的设计开发、制版及制作任务。2018年1月，新街口百货联合“伊里兰”品牌设计师，在北京电视台《生活》栏目“特为百姓定制专属自己的独特羽绒服”做了详细解读，增强品牌宣传效果。2019年设计师根据对消费者的穿衣观念的新变化和对服装时尚度的新追求，对2018年走秀产品进行二次设计，把走秀产品转化成适合消费者穿着，具有文化品位的产品，通过3个多月的设计、制版，制作出31款羽绒服产品，在“伊里兰”品牌公司的定制业务中提供27款个性化定制样品，在个性化定制方面给予“伊里兰”品牌公司很大的支持。同年完成北京时装周近50款“伊里兰”产品的设计开发、制版工作。2020年“伊里兰”工作室完成32款羽绒服产品的设计、制版、打样工作，“伊里兰”品牌公司选中5款样品作为大货生产，并在“伊里兰”品牌公司定制业务中，提供17款个性化羽绒服定制样品。“京工1961”社区事业部选中2款羽绒服作为大货生产；“伊里兰”工作室还为“京工1961”社区事业部提供的2款羽绒大衣进行制版、推版、制作样衣及大货生产的首件鉴定工作；同时承担“京工1961”社区事业部4套女西服套装的开发工作，完成从制版、白坯调整、制作样品、推版、编写工艺、辅料调配的一系列工作，并顺利完成北京时装周女装部分的设计开发工作。对2020年北京时装周上能够与市场接轨的产品进行再创作，设计开发女装单品37件。2021年1—3月为“京工1961”社区事业部设计开发春夏季女装58款，7款被选中进行大货生产。

“雷蒙”工作室设计开发 2018年底开始筹建“雷蒙”工作室，工作室有设计师1名，制版师2名。2019年京工集团的跨界融合思路，拓宽设计师的想象空间，“雷蒙”工作室第一次对男装进行自主设计、自主制版、融入皮草材料的产品，设计思路主要以中国传统服饰文化的传承与创新为方向，设计开发2019年北京时装周秀场30款“雷蒙”品牌男装，顺利完成2019年北京时装周现场直播间嘉宾新产品开发介绍任务。2020年在传承工匠手艺的基础上有创新地发展继承，完成北京时装周T台上26款“雷蒙”品牌男装的设计开发工作，时装周结束后对时装周上能够与市场接轨的产品进行再创作，设计开发21款男士休闲服装，用于“京工1961”社区事业部的开发计划。2021年一季度为“京工1961”社区事业部设计开发春夏季男装35款，选中2款进行大货生产。

京工“京绣”工作室设计开发 2017年10月正式组建，设计研发融入京绣元素的“宫溢”高级定制产品，将传统的京味文化与现代服装服饰完美结合，使非物质文化遗产以更实用的方式融入到服装服饰中。2017年“京绣”工作室设计开发小礼服裙、休闲服、中式改良大衣和新开发的女中式婚庆礼服，共计4类京绣产品，以成衣推动高级定制的形式推进定制业务，“宫溢”配饰还包括包袋、披肩、围巾、首饰等产品。2018年“京绣”工作室参加北京时尚控股有限责任公司组织的“中华文化世界行·感知北京”，“走进阿根廷”等多项活动，对京绣与服装服饰相结合的时尚产品的推广，起到较好的宣传作用。2020年陆续完成科委项目“四季轮回”服装20件、自主研发设计新品5款；同时设计开发与服装相搭配的各种京绣配饰，品类包括项链、手链、耳坠等；设计开发以京绣元素为主的伴手礼，将京绣素材做成相框等时尚摆件，既宣传了传统非遗文化，又增加了消费者对于品牌的持续关注。2020年底为“京工1961”社区事业部开发春夏新产品4款，品类涵盖衬衫、连衣裙、礼服裙、旗袍，让中国传统手工刺绣工艺的非遗文化的产品走进更多人的生活，让更多的人可以感受它的独特魅力。

试制车间设计开发 初期以设计开发女装为主，兼顾“零活儿”定制，同时还承接少量男装工服定制，品类有西服、夹克、裤子等。结合“雷蒙”品牌的风格定位，借鉴风格相似的服装品牌，在款式和工艺上逐步创新，设计开发女士大衣、风衣、外衣、职业装、针织衬衫等多款女装产品。2013年设计开发4款女式大衣用于潘家园门店销售，2014年研制青年服制作技术，经过反复试验并在传统制作工艺基础上加以改进，结合现代新的工艺技术，制作出“雷蒙”牌青年装亮相北京服装博览会。2015年研制中山服传统制作技术并设计开发中华立领服装2款、男士汉服2款，传递着新中式男装的设计理念。女装设计开发了以中式手绘为特色、运用荷花图案为设计元素的中式长衫1款，以盘扣为设计灵感的中式女上衣1款，采用粗纺毛呢、羊绒精纺料研制的女士职业装4款。2016年设计开发2款男士大礼服，经过制版师多次调整、样衣工制作白坯，在技术总监的指导下使其造型恰到好处；使用传统华达呢面料研制的中山服运用推、归、拔、烫的精湛技艺和现代工艺相结合方法制作完成；新中式男装2款增添京绣元素，保留中式服装的结构分割，穿着舒适自在 ；研制女士双面呢料大衣24款，由于没有专用的刨缝机，制作起来比较耗费工时，但成品效果达到设计预期；欧根纱中式旗袍裙8款，上述产品均登上了2016年的北京时装周T台。2017年首次制作采用纯手工京绣元素的服装产品48件，其中京绣重工工艺的服装6件，面料采用真丝缎、乔其纱、纯羊绒等面料，例如一件红色大海水盘金绣斗篷，刺绣用时长达一月之久；还有一件古韵十足男装棕色大氅，同样采用纯手工京绣重工工艺，在研制过程中为避免剐蹭和油污、确保绣花作品完好无损，每一件服装绣片完成后，样衣师傅首先把服装的每一个手工绣片重新复版裁剪，再用纯手工的方式把服装缝合起来，审查整体效果后再进行最终的裁剪、缝制等步骤。进一步研制的中山服制作技术更加娴熟，以老雷蒙传统技术为特色，通过推、归、拔、烫的制作技艺和新型辅料的运用，制作 2 件中山服，领子采用聚酯定型工艺，使领角丰满、外观挺阔，久置挺括不易变形，成就了太庙 T 台的完美效果。

2017 年制作北京时装周“京绣”类产品　　京工集团办公室　提供

2018 年借鉴定制款产品的版型，研制中式元素男装 6 款；研制“伊里兰”工作室走秀内搭产品 64 件，精致的做工为羽绒服走秀增色不少。2019 年研制“雷蒙”男装和“伊里兰”女装 63 件，注入皮草的制作工艺，展现“雷蒙”产品精良的制作功底。皮草与毛呢面料的结合对于制作来讲是一个全新的课题，技术人员研究制作方案，如毛呢面料与皮毛一体在制作时，为解决拼接缝的厚度，技术人员将皮毛一体裁片做缝的毛剃净，再进行合缝以达到拼接薄的目的。2020 年完成“雷蒙”男女装 178 件样品开发制作，无论是做工精细的夹克、潇洒随意的风衣还是面料考究的羊毛大衣、创新的叠穿女装，都在传承“雷蒙”讲究内在技术的基础上融入更多的新工艺、新技术，尤为突出的是一件女士黑色珠片旗袍礼服，制作中样衣师傅多采用传统手工艺，用手工掐褶技术呈现旗袍的曲线之美。

第三章　生产加工

“衣食住行”四个字表述着人们对生活的基本需求，而“衣”放在首位，证明服装这种需求的重要性，中华人民共和国成立以后，随着社会主义改造、改革开放、中国特色社会主义事业的兴旺发达，人民生活水平不断提升，人们对服装也随着时代的变迁产生了不同的要求。京工集团（及其前身）作为60年的服装纺织企业，生产加工衬衫、西服、毛呢大衣、风雨衣、童装、羽绒服等，根据不同时期人民生活和着装需求的变化进行生产。生产技术改造，如的确良、毛哔叽、华达呢、制服呢等材质的服装；服装服饰文化发展，如“国防绿”“海军蓝”等，公司始终致力于满足人民群众对着装的需求，不断探索、不断发展。

服装生产需要工业化、规模化、机械化。在中华人民共和国成立以后，社会主义改造完成，公私合营，北京市服装纺织行业逐步形成完整产业链，公司隶属的各个服装厂，可以生产多种服装，其中诸多品牌都获得过国家级、市级等各类奖项。各品牌生产加工技术考究、产品品质优良、生产经验丰富，“雷蒙”西服、“长城牌”风雨衣更是风靡全国，受到广大消费者的喜爱。

第一节　衬衫

中国周代已有衬衫，称中衣，后称中单。汉代称近身的衫为厕牏。宋代已用衬衫之名。现称之为中式衬衫。北京加工制作西式衬衫与加工制作西服同步，始于清光绪二十七年（1901 年）。中华人民共和国成立以来，经过社会主义改造，北京逐步开始自主生产衬衫，满足内需，出口创汇。其中所属企业包括北京衬衫厂、北京大华衬衫厂、北京华丽衬衫厂等企业，如“天坛”“三 A”“冬梅”等品牌为中国的衬衫市场做出贡献。

自 1954 年以来，北京衬衫产品不断发展，从开始生产内销低档五福布、白棉布衬衫，到生产大批量、高质量、多面料的真丝双绉、纺丝绸、包芯纱、柔姿纱、纯棉精织细纺、不同成分的棉涤纶、麻涤纱、棉麻纱等制作的男女衬衫、职业服、工作服，还为国外加工世界名牌衬衫。北京的衬衫加工制作，从设计打版到缝制包装生产全过程，已用先进的新技术装备代替了多年来的手工操作生产模式。

一、天坛牌衬衫

天坛牌衬衫由北京衬衫厂和北京大华衬衫厂生产。北京衬衫厂的液压围领定型机和半自动袖叉折烫机的研制成功，使领子外观造型美观的折烫的袖叉达到平薄直顺、规格标准一致的效果；衬衫加工采用汽烫和封压定型工艺，领尖平挺、丰满、恢复力强，洗涤后挺括如新，不易变形。衬衫采用当时的新工艺、新设备，衬衫领型和款式不断创新，紧跟时代潮流。

北京衬衫厂生产的天坛牌男衬衫，选用各种不同成分的棉涤纶、P/P 处理永久定型长丝、经编特丽灵、P/P 混纺、50/50 包芯纱棉涤纶等优质面料为原料。制作工艺以中国传统制作衬衫的特点为基础，采用现代热定型处理工艺，领尖平挺、丰满、挺复力强。洗涤后挺括如新，不易变形，免浆免烫，缩水率不超过 1%。天坛牌男衬衫的领子缝制具有特色，领面封压定型、领尖整尖定型，使衬衫领子有软、硬之分。软领软而平挺；硬领硬而不呆，挺而不板；领里领面服贴；领尖平薄顺直。

1964 年，天坛牌纯棉布衬衫、的确良衬衫、高级府绸衬衫等已经出口到世界 10 多个国家和地区。年出口量占生产总量的 50% 以上。内销衬衫除满足北京市需求外，还行销全国 29 个省、区、市，享有较高的声誉。

北京衬衫厂 1979 年开始扩建，仍生产天坛牌男衬衫。北京衬衫厂在“六五”期间，陆续引进设备对裁、剪、烫三大工序进行技术改造。同时报废一些老设备，技术装备水平的初步提高，为衬衫上档次，提高产量、质量，扩大出口，提供良好的物质基础。

1987 年，北京衬衫厂为了实现“七五”期间的发展目标，保持在衬衫生产上的优势，提出引进一批具有电脑控制系统、多功能的衬衫专用设备及必需的服装检测设备技术改造项目。1988 年还引进日本、联邦德国、美国等国家高档衬衫专用生产设备，随着项目不断深入改造，基本完成对裁、缝、烫三大工序的技术改造，实现了服装排料电脑化，裁剪设备自动化，缝纫设备自动化、专业化，整烫设备立体化、汽烫化，已经在整体上体现较好的先进性与实用性。建立了一整套设计过程中的保证体系。该厂确定了“三化”“四性”“四字”的产品技术方向，“三化”，即高档化、时装化、品种多样化；“四性”，即适用性、可靠性、经济性、美观性；“四字”，即原料的轻、软、薄、透。

北京大华衬衫厂生产的天坛牌高档男衬衫，相继获“国优金质奖”“出口男衬衫优质奖”“中国十大名牌服装”“中华精品衬衫”“北京市名牌产品”等荣誉。该厂产品款式新颖，紧跟时代潮流，建立质量保证体系，不合格产品不出厂。

1987 年北京大华衬衫厂为实施名牌产品战略，积极引进国外先进设备。1994 年，北京大华衬衫厂生产的天坛牌男衬衫成为北京市名牌产品。该厂还承接国外 100 多个国家和地区的来料加工、来样加工，看样订货产品，同时还生产美国 ARROW，法国 YSL、Pierre Cardin，联邦德国 Seidensticker 等国际名牌衬衫。在国内同行业中具有较强的竞争实力。多年连续被评为市、局级先进企业。

二、白塔牌、三 A 牌、坦博牌衬衫

白塔牌、三 A 牌男衬衫主要由北京大华衬衫厂生产。其生产的白塔牌衬衫、三 A 牌衬衫获部优质产品奖。1978 年后，北京大华衬衫厂积极引进国际先进设备，并充分发挥其优势，推进技术改造及进步。其中包括日本产 771–T1041 带自动剪线锁眼机、日本产 DDL–555–5 带电脑平缝机、日本产 U–7805R–264 拉夫士机，联邦德国产压胶机等

专用设备 80 余台。同时，组织开展了引进样机的消化、吸收和国产化工作，自主开发应用专用设备 60 余台，促进生产模具化、标准化、专业化，保证产品质量。

1990 年北京大华衬衫厂采用了新工艺、新设备，在众多的内销产品中具有独特之处，产品畅销国内各省市，享有较高的声誉。北京大华衬衫厂生产的三 A 牌男衬衫成为北京市达到国际水平的优质产品。三 A 牌男衬衫选用 P/P 处理的 100 支全棉细纺高级府绸做面料，清晰、淡雅的花型设计，给人以古朴、庄重、高雅的气韵。

坦博牌衬衫主要由北京衬衫厂生产。1990 年，北京衬衫厂开发生产出坦博牌男、女衬衫。坦博牌男、女衬衫借鉴国际流行的时装款式和先进的工艺技术，选用面料考究，宽窄腰身齐备，线条裁剪适度，主体款式新颖多样，规格准确，设计合体，穿着舒适，领子、门襟多次洗涤不缩水、不起泡、不发亮光，技术质量水平在国内名列前茅。产品相继出口巴西、澳大利亚等国家和中国香港地区。1994 年，坦博牌男、女衬衫成为北京市名牌产品。

三、冬梅牌、冰花牌、映山红牌、丽霞牌、东方红牌、国王牌衬衫

冬梅牌、冰花牌、映山红牌、丽霞牌、东方红牌、国王牌衬衫主要由北京华丽衬衫厂生产。北京华丽衬衫厂利用政府贷款引进高档丝绸服装专用生产设备技术改造工厂，于 1988 年引进设备，主要有多头电脑绣花机、自动铺布机、防绉自动割线缝纫机、蒸汽熨烫设备等。不仅生产用建筑面积和先进设备在数量上有新增加，更主要的是引进的专用设备在许多专用功能（如自动剪线、防绉、自动抽褶、熨烫不起亮光、绣制复杂图案、节能、节料等方面）上都具有原设备无法比拟的优势。其中手绘点缀具有中国特色的女衬衫，是该厂的独特产品。丝绸女时装款式新颖，映山红牌立领绣花女衬衫、冰花牌女衬衫获得部优质产品证书；冰花、丽霞牌女衬衫获北京市优质产品证书；北京华丽衬衫厂出口量逐年增加，产品由中低档向中高档发展，销往全国 26 个省市并远销北美、欧洲、中东、东南亚等地 30 多个国家和地区。北京华丽衬衫厂在生产中以产品质量求生存，出口履约率始终是百分之百，在外商客户中取得较好的信誉，并被评为北京市优质产品生产企业，获得出口产品合格证书。在外贸任务饱满的情况下，仍不丢内销市场。在内销产品上加强设计力量，保持华丽特色，探索民族化和时代感相结合的风格，开发新产品，保持部优质、市优质水平。为推进技术进步，满足人民对服装款式、花色、面料及用途的要求，引进 80 年代最先进的裁剪辅料系统、丝绸专用生产整烫设备、电脑绣花设备、CAD 辅助设计系统等设备。这些设备的引进每年可为企业增加利润 60

万元，增加创汇 120 万美元，同时产品质量得到提高，并能承接更多的高档时装出口合同。多次被评为质量管理先进单位。冬梅牌女衬衫获国优金质奖，冬梅牌女衬衫、东方红牌女衬衫、国王牌男衬衫获部优产品称号。

四、丽冠牌、老头牌、老虎牌、小姐牌衬衫

丽冠牌、老头牌、老虎牌、小姐牌衬衫主要由北京市服装六厂生产。北京市服装六厂 1990 年完成工业总产值 1035.2 万元，年总产量 102.7 万件。北京市服装六厂是生产出口、内销男女衬衫的专业工厂。老虎、老头、小姐牌出口男衬衫，深受美国、意大利等国消费者的青睐。产品的工艺、技术、质量等标准，均达到国际标准。丽冠牌男衬衫获部优名牌，颇受消费者的喜爱。

五、北京牌衬衫

北京牌衬衫主要由北京衬衫厂生产。北京牌男衬衫款式设计宽窄腰身皆备，剪裁适度得体，适应不同消费者的爱好和需求。弧型领弯度自如，洗后不变形、不起皱、外观造型丰满平括、优美大方。北京牌男衬衫经检测机构检测，各项技术指标均达到或超过日本“4117”男衬衫标准。北京牌男衬衫以其精美的造型、精细的做工、准确的号型，在国内处于领先水平。北京衬衫厂积极推行全面质量管理。根据自身的特点，在生产布局上贯彻“全厂多品种，车间相对专，班组单一化，个人一招先”的原则。从上到下逐级负责，自下而上层层保证，加强设计过程中的质量管理。着重技术输出和咨询，坚持向多品种要效益，先后与 20 余个单位建立联营，开展横向联合。

1991 年 12 月，北京市服装六厂并入北京大华衬衫厂，不再进行独立生产加工。1994 年 1 月按照企业有关发展需求，北京华丽衬衫厂、北京市服装四厂、北京市服装八厂合并到雷蒙西服公司，2002 年 6 月，北京衬衫厂、北京大华衬衫厂划归给纺织控股。随着 21 世纪以来的调整改制和首都发展需要，衬衫生产改为代工。

第二节　西服

北京生产的毛呢类西式服装已由单一的中山服、大衣等中低档产品向中高档多样化发展。主要有中高档男女西服套装，长、中、短男女呢大衣，风雪夹大衣，款式时新的男女夹克衫，中高档中山服，还有套裙、单裙、西裤、两用衫等。应用面料也由原来的毛哔叽、华达呢、制服呢、海军呢等厚重织物向毛或毛混纺轻薄织物发展。同时出现羊绒、仿羊绒、驼绒、牦牛绒等高档面料。服装衬里料也由羽纱、美丽绸发展到尼龙绸、涤纶绸，使服装衬里面料缩水大的问题得到解决。服装款式也在不断创新，改变了过去偏肥偏大的问题。随着一季多衣的需要，西服大衣等外衣由过去的宽松型改为紧身型，线条流畅，紧身合体，适应了时代的要求。在加工制作上，领衬由一般的浆衬、树脂衬发展为薄膜衬、封压衬、聚酯衬，并已开始用顺色衬。垫肩也由原花垫肩、棉布垫肩发展到泡沫、无纺针刺垫肩等。汽烫和封压粘衬的使用，解决了西服多年没有解决的亮光、沉重、费工、怕压、洗后抽缩的老大难问题，使产品具有平、挺、轻薄的特点。市服装一厂和市毛纺研究所共同研制出了具有国内先进水平的纯毛服装 P/P 整理技术和毛呢服装化学压花工艺，使纯毛服装经穿着洗染后能保持原有的特点。

一、雷蒙品牌西服

雷蒙西服起源于“红帮裁缝”。 1940 年，雷蒙西服店在上海南京西路 960 号创立，雷蒙西服讲究重质量、重信誉，面料是英国进口，样式讲究不拘一格，别出心裁，被称为“海派西服”。中华人民共和国成立后，1956 年经中央批示，雷蒙西服店迁往北京。

60 年代，雷蒙西服工艺特殊之处在于驳头、袖口、袋口上都有暗敷纤条，保证细部外观都持久牢固、不变形，一件西服正、反面都没有针脚痕迹。后在设计上加入了“港派”风格，显得时尚得体，制作讲究单量单裁。中华人民共和国成立以后，雷蒙西服店的业务主要有三个：一是为国家领导人制装，由有关部门配置通行证，到中南海完成量体，再挑选成衣；二是出国人员制装，凭有关证明文件，按照国家规定的制装费用标准到店里制装；三是外国驻华使团人员制装。

1966 年，“文化大革命”开始，“国防绿”“海军蓝”成为时尚。1967 年初，雷蒙西服店关门停业，全部职工均并入北京人民服装厂。1978 年，随着改革的春风，全国上下迈进了一个崭新的发展里程。1981 年，雷蒙西服店在王府井大街 249 号重新开业。1984 年成立雷蒙西服公司。1985 年引进 73 台 80 年代先进的进口设备，为大批量生产高档西服创造了条件。北京雷蒙西服公司生产的雷蒙牌男西服、男大衣，采用各种中高档精纺、粗纺呢绒面料，内在工艺考究、技术先进、做工精细，是传统工艺和现代工艺技术的完美结合。产品集“轻、软、挺、薄”为一体，外形挺括，造型典雅，穿着舒适美观。

1984 年 10 月，北京雷蒙西服公司已有 3 家门市部。改革开放以后，中国开始更多地吸纳西方文化“走进来”，而雷蒙也做好了“走出去”的准备。在多元文化相互碰撞、相互融合的影响下，当时穿西装成为一种潮流，雷蒙西服的定制，在王府井大街流行起来。“雷蒙”不打折扣的海派风格，保留了红帮技艺，样式大方得体，又不失设计感，每一件西服定制，从选料到交工，都要经过详细的数据测量，130 多道工序，1 万多个针脚的手工缝制，在对格、手工锁眼、纳驳头等细节上做足功夫。当时的雷蒙西服，成为京城的一张名片，雷蒙西服供不应求。1987 年后，雷蒙开始逐步迈向海外，与日本公司的合作全面开展，合资成立公司，以“雷蒙”传统加工高级毛料的特有工艺和既可单量、单裁又可以批量流水的生产特点来应对国内外市场。

1987 年 9 月 1 日，雷蒙—君格、可稀依西服店（中日技术合作）开业。至 1990 年，北京雷蒙西服公司拥有 4 家门市部、3 个车间。利用前店后厂的优势，直接了解市场需求动态，生产适销对路产品。以“雷蒙”传统加工高级毛料推、归、拔、烫的特有工艺和具有单量、单裁零活加工、小批量流水的生产优势，适应国内外小批量、多品种、翻改快、周期短的要求，这是雷蒙具有的优势。并先后组成佐田雷蒙西服有限公司、高久雷蒙西服有限公司。至此，北京雷蒙西服公司拥有 4 家门市、3 个车间，有多种制衣整烫设备 312 台，其中进口的先进设备 69 台，年生产力 12 万件（套）。1988 年 6 月，该公司并入集团公司。 1990 年完成工业总产值 330 万元，年总产量 6.6 万件，实现利税 220 万元。

北京佐田雷蒙服装有限公司是北京雷蒙西服公司、日本佐田株式会社、日本京连兴业株式会社 1990 年在北京市设立的注册资本 1 亿 7 千万日元的有限责任公司。该公司生产、销售、出口棉、麻、毛、化纤、丝绸、皮革等高档服装制品的成品及半成品；服装制品的来料加工及进料加工。1992 年，生产能力人均日产西服上下 1 套，年产量约为 54600 套；1994 年，人均日产西服上下 1.1 套，年产量约 99000 套；2002 年，年产量约为 120000 套；2014 年退出在佐田雷蒙公司的股权，不再生产。

中日合资的北京高久雷蒙时装有限公司于 1993 年 10 月正式开业，具有生产设备先进，生产工艺科学高超，各种时装款式新颖，检测体系健全、严格等特点。高久雷蒙工厂的生产设备全部是从国外引进的最新、最先进的设备，大部分机器由电脑控制，可确保产品品质。特别是生产中使用的面料缩绒机，面料进厂后要全部经过缩绒机处理，科学测定面料的缩绒率、因湿度产生的变化率等性能，然后在生产中根据测定的科学数据，采取相应的缝制方法进行生产。为了确保产品质量，在生产中还配备中间整烫机和最后的整烫定型机，使产品的肩、领、前身、袖笼等都达到最佳效果。为了确保产品质量统一，生产中的做兜、开兜、扎游头、打结、胸兜、商标等，全部使用专用机进行生产。企业投产的产品，均经过世界级的科学调研，根据国内外市场流行趋势，由中日专家设计、选料进行生产。生产的所有产品一律采取挂装，并且还特别注意运输过程中的产品外观保护，使产品从工厂运出直到进入商店外观保持不变，可以直接在柜台销售。1995 年生产西服产量约 11 万套。2005 年北京高久雷蒙时装有限公司注销，不再生产。

由于雷蒙西服历史悠久、质量上乘，在首都和全国都享有较高的声誉，各大机关、宾馆、饭店、文艺体育团体均与雷蒙西服公司有合作，如第 23 届、24 届奥运会中国体育代表团的团服就出自该企业。获 2001 年度全国服装行业百强企业称号。

2010 年后，北京各项疏解工作开始，雷蒙西服不再自主进行大规模生产活动，改为代工。

二、新花牌西服

新花牌西服主要由友谊时装厂生产。友谊时装厂是生产中高档女装的专业厂家，主要产品有西服两件套、三件套女装、西服衬衫、西裤等。每年推出数以百计的新款时装投放市场。采用传统与现代相结合的制造工艺，以国际羊毛局标准从事生产，使其产品的各项技术质量指标都达到或超过国家标准，在全国同行业中居领先地位。产品 60% 外销，销往西欧、中东地区及美国、日本等国家，以及中国香港、澳门地区。内销产品主要满足首都各大商场和服装专营店需要。该厂在经营上采取承接客户供样、供料、供商标的加工订货和向客户提供自己设计制作的成品相结合的灵活方式，生产中实行全面质量管理，生产的新花牌西服获国家质量银质奖，并获部、市级优质产品奖，友谊时装厂持有国际羊毛局特许执照，是国际羊毛局组织成员企业。1999 年，友谊时装厂划归东城区属地管理，脱离集团公司。

三、枫叶牌、三海牌西服

枫叶牌西服主要由北京市服装一厂生产，三海牌西服主要由北京市服装二厂生产。北京市服装一厂是一家集体所有制的中型毛呢服装厂，拥有较先进的制衣设备（分别从美国、日本、联邦德国等国引进），有一条全套日本西装生产线及服装汽烫定型设备，采用中国香港西服生产工艺技术，保证服装质量。1982—1990 年，枫叶牌时装女西服裙、男西裤产品连续获部、市级优质产品奖。主要有造型典雅的男、女西服套装及中高档中山服等。产品 60% 以上销往美国、加拿大、日本等 20 多个国家和中国香港地区，国内有近 200 个销售网点。1992 年，北京市服装一厂创出自己的名牌，该厂确定名牌商标为枫叶牌，组织有关人员从面料、工艺、商标图案、宣传等多方面下功夫，制做 15000 条有特色的西裤，在各大商场均有销售。

北京市服装二厂拥有 440 台进口设备及 14 条生产流水线，并在全国最先采用热压粘合衬新工艺，使产品具有薄、轻、美、雅的特点。该厂拥有一批优秀的设计、技术人员，在设计上紧密结合国内外市场需求，融合国际流行款式，博采众长，推陈出新，每年设计样品达 120 多种。在工艺流程上大胆创新，采用国外新工艺，以精湛的工艺技术跻身市场，并以先进的设备、严谨的工艺、可靠的产品质量和齐全的规格著称。该厂产品先后出口到欧、美等地 10 多个国家和中国香港、中国澳门地区，内销产品在北京主要商场均设有专柜。该厂“三海牌”男西服套装 1983 年获国际新产品金龙奖；1985 年获北京市优秀产品奖；1985 年获全国西服评比第一名，同年获国家银质奖。1995 年北京市服装二厂与北京市服装一厂合并成立集团公司服装一厂，不再单独生产。

四、金合欢牌西服

金合欢牌西服主要由北京市服装四厂生产。北京市服装四厂创建于 1956 年，产品有中高档男女西服、中山服，其中出口产品占 70% 左右，远销美国、加拿大、日本、澳大利亚等国及中国香港地区，质量款式都受到外商的好评。金合欢牌男西服，采用中国香港最新工艺，以新颖的造型赢得广大用户的好评，并于 1984 年、1985 年两次在全国评比中，分别获得北京市、轻工业部优质产品称号。其他时装产品在国内外同样享有声誉。1990年完成工业总产值965万元，外贸收购值669.9万元，年总产量29万件，出口量占41%，实现利税64.5万元。1994年北京华丽衬衫厂、北京市服装四厂与北京市服装八厂合并成立北京市京工服装工业集团公司雷蒙西服分公司，企业不再单独管理生产。

第三节 羽绒服

中国羽绒服在80年代初开始流行，随着工艺和技术的进步，羽绒服成为服装领域一个重要的组成部分，是消费者冬季不可或缺的日常生活用品。随着羽绒制作工艺的发展，羽绒服产品向时装化、休闲化、运动化和个性化转变。面料产品的档次和水平对羽绒服起着至关重要的作用。伊里兰牌羽绒服品质上乘、做工精细，曾多次获得中国羽绒产品奖项。

北京羽绒制品厂创建于1960年，为了适应外贸和满足国内消费者的需求，70年代开始研制羽绒新产品，经过近30年的发展，该厂成为中国北方成立最早、规模最大的羽绒制品专业化厂家。主要生产的产品有各式羽绒服装及羽绒被、垫、枕、褥及其他专用羽绒制品。产品远销欧、美等地14个国家和中国香港地区。国内市场在京津、三北地区均有销售。该厂名牌产品伊里兰羽绒服，充分发挥羽绒轻、软、暖的特点，款式新颖，做工精细。北京羽绒厂从1976年划归工业公司，伊里兰牌羽绒服为名牌产品，市场上一直供不应求。在1983年、1987年全国仅有的两次羽绒服评比中获国家银质奖，并相继获得国家、部、市三级优质产品及著名商标称号。该产品作为专业服装曾伴随南极考察队员和中日尼联合登山队队员赴南极、跨珠峰，接受－30℃严寒及十级暴风雪的考验。登山英雄仁次多吉着伊里兰牌羽绒服，创造在世界最高峰停留99分钟的世界纪录，而未发生任何冻伤事故。日本、尼泊尔的登山家们给予伊里兰系列羽绒产品高度赞誉。

1981年，北京羽绒制品厂研制的第一代伊里兰牌羽绒服，首次上市即被抢购一空。

1984年，第二代伊里兰牌羽绒服问世。1990年，第三代可拆卸活面羽绒服显示了伊里兰牌在国内的领先地位。1993—1994年，第四代伊里兰牌内藏胆式羽绒服取得国家专利。

80—90年代，该厂拥有原装进口的缝纫专用设备400台，2条仿联邦德国羽绒加工流水线，并于1988年引进全套联邦德国先进制绒设备。业务管理、制绒生产中具有国内最早建立的较为完善的羽绒检测机构及其配备的多种仪器、较先进的计算机辅助系统。北京羽绒制品厂生产的各种羽绒服款式有长、中长、短外衣，中式上衣，羽绒裤子，羽绒被、垫子、枕头、褥子及其他专用羽绒制品。填充的羽绒绒质好、蓬松、清洁，可以充分发挥羽绒轻、软、暖的特点。伊里兰牌羽绒服相继获得国家、省、市优质产品称号及著名商标称号。1990年完成工业总产值1452.8万元，年总产量14万件，出口量占30%，实现利税368万元。1994年成为北京市名牌产品。

1995年4月26日，北京羽绒制品厂更名为北京伊里兰羽绒制品厂。1998年完成工业总产值1879万元。伊里兰牌羽绒服及其他制品设计构思独特、质地讲究、款式新颖、做工精细，赢得广大消费者的青睐。21世纪后不再进行大规模生产，改为代工。

第四节　风雨衣

自80年代起，更多的时尚文化元素传入中国，影视剧中的人物衣着形象逐渐兴起，其中就包括风雨衣。企业所属的北京长城风雨衣公司抓住机遇，全面改革，创造出长城牌风雨衣，该品牌风雨衣获得多项国内纺织行业重要奖项，以样式新颖、做工考究著称，受到消费者的青睐。

北京长城风雨衣公司（原北京市服装三厂，1985年变更为现名）是全国著名的全民所有制服装生产经营企业。80年代初开始改产风雨衣。有缝纫机956台，其中进口633台，年生产能力151万件。1986年，长城牌风雨衣获国家优质产品银质奖。1990年完成工业总产值6657.7万元，年总产量达150.8万件。

北京长城风雨衣公司生产经营的主要产品有风雨衣、大衣、夹克衫等。北京长城风雨衣公司坚持质量第一，产品销往全国各地，并远销美国、加拿大、法国、联邦德国、日本、意大利、澳大利亚、丹麦、荷兰、比利时等20多个国家及中国香港、澳门地区。生产、加工、出口世界名牌产品，在国外高级百货商场出售。

1980年，北京市服装三厂淘汰老式棉服，改产风雨衣，花色品种逐年增多。1982年投产86种，1983年投产107种，1984年投产160多种。风雨衣面料从普通涤卡，发展到化纤、毛涤混纺、毛料、锦纶油光绸等多个种类。

随着人们生活水平的不断提高，人们对服装的要求也日益向着多样化、时尚化、高档化方向发展。1982年8月，北京市服装三厂不再生产棉服，全部转产风雨衣、防寒服。在生产改革中不断扩充人才技术队伍，提高应变能力，1982年设计各种服装的新款样达到500种。1983年全厂平均销售利润率为15%，人均创利2680元，比1982年增长40.7%，1984年上半年实现利润又比1983年同期增长70.3%。北京市服装三厂不断开发新产品、新品种、新花色、新款式，以新取胜。该厂设计生产的“霞光牌”防寒服，在全国同行业70个厂家评比中，质量名列第一。该厂一改老旧的生产管理模式，初步建立起一套符合大生产需要的科学管理制度，职工从不习惯大生产所必不可少的严格纪律，转变到开始自觉维护企业的各项纪律和制度，高效率地从事生产，精神面貌焕然一新。北京长城风雨衣公司组织设计人员对处于发展期的风雨衣、防寒服等新产品进一步创新。如新设计和投产的锈红色、豆绿色、乳白色紧腰身整衬里女风衣，投放市场后，销售紧俏。新设计的轻便、多色、美观、大方的涤夫绸整里男女夹克衫、美琪裤，经过试销后也成为市场上受欢迎的产品。北京长城风雨衣公司在新产品的开发工作中，保持产品的独特性，做到“吃一、看二、眼观三”，逐渐扩大生产。在生产技术革新方面，根据产品品种的要求，北京长城风雨衣公司先后和北京印染厂、北京光华染织厂等厂直接挂钩，进行跨行业的技术协作和新花色、新材料的研究工作，试制成功18×16防雨涤夫绸、针织凯特绒、油光涤夫绸，新材料是用高档棉纺粗纱支的新工艺织成，色泽鲜艳、手感丰满。经过多方努力，1983年北京市服装三厂购进新面料80余万米，满足新品种的开发和批量投产的需要。1983年10月在王府井百货大楼进行试销，其中女式风衣、高雅衫、文静衫、秀美衫等600多件新款服装投放市场很快销售一空。1983年先后和日本、法国、澳大利亚、加拿大、联邦德国、美国等国家及中国香港地区签订出口合同，同国内46家商场签订销售合同。1983年霞光牌腈纶棉防寒服被轻工业部评为优质产品，长城牌风雨衣被评为北京市优质名牌产品。1984 年，北京市服装三厂完成工业总产值 3800 万元，产品总产量 120 万件，实现利润 352.3 万元。基本上建立起一套较完整的生产经营管理体系。1984 年，该厂划分成若干个专业生产厂和 130 余条专业生产流水线，使风雨衣的产量满足国内外市场的需要。同时继续扩大厂外生产能力，通过多种形式的联合，厂外生产队伍近 1500 人，1984 年末达到 1800 人，规模不断扩大；继续扩大产品品种、规格、号型来满足社会多层次需要，1985 年批量投产价格低、花色款式新颖的中童风衣，并投产后开气女式风衣；新增加男女中老年风衣的款式，扩大中老年的风雨衣规格型号；继续试销毛涤、纯涤、纯毛、大格涤府绸带活胎的风雨衣等，同时还大量生产和风雨衣配套的鸭舌帽以及其他新型帽子，设计适合西北地区和适合南方地区的风雨衣规格，适合北方地区的规格增加了两头的型号，把适应面扩大到最大限度，以满足国内外客户选择订货多样化的需要。

长城牌风雨衣以款式新颖、选料考究、做工精细、质量优良而驰名国内外。该厂不断引进竞争机制，开发产品，更新设备，1985—1987 年，先后从美国、日本、联邦德国引进各种专用和通用制衣设备，特别是从美国引进的 CAD/CAM-S91 电子计算机辅助设计和电脑自动裁剪系统，达到 80 年代世界先进水平，开辟了中国服装现代化工业史上的新领域。1985 年 5 月，北京市服装三厂与北京京棉二厂、北京光华染织厂组成纺织、印染、制作的一条龙协作，使面料的供应由原来月均 5 万米增加到 10 万米，颜色由原来的五六种增加到十几种，还与京郊和外埠的 14 个生产厂组成北京长城风雨衣公司。产量猛增 30 多万件。基本上做到织印制一条龙、供产销一条龙，产品的市场覆盖率大幅度提高。产品不仅在首都市场销售额稳居同类产品之首，同时行销三北、江南的 56 个大中城市，而且远销美国、日本、法国等 20 多个国家。1986 年，风雨衣，夹克衫和防寒服等的产量为 180 万件，比 1985 年增产 20%，实现利润 400 万元，比上年提高 11%。1985—1986 年，引进计算机服装设计系统和自动裁剪系统，应用该系统从根本上改革服装加工手工推板排料裁剪的落后工艺，实现服装设计、裁剪的电脑化。北京长城风雨衣公司注重技术素质和企业管理水平的提高，配备建立具有较高效能和水平的信息机构和设计中心。1987 年，该公司通过国家考评，在全国服装行业中率先进入国家二级企业行列。1990 年晋升为国家一级企业。

90 年代中期，市场竞争逐渐激烈，内外部环境复杂变化，由于环保、非首都功能疏解等原因，北京长城风雨衣公司逐步调整改革。2005 年，按照主辅业分离的有关工作要求，北京长城风雨衣公司不再隶属京工集团。

第五节　毛呢类服装

中华人民共和国成立后，由于历史原因，社会经济亟待恢复和发展。在 50 年代，人民生活水平不算高，穿着多以棉布制品为主，毛呢服装生产不多。60 年代以来，随着人民生活水平不断提高和毛纺织工业的发展，促进商品服装的生产。为了适应时代发展和人民需求，公司下属的多家工厂大力生产毛呢类服装，深受广大消费者喜爱，其中包括北京市服装一厂枫叶牌毛料中山服、北京市服装二厂长青牌毛呢中山服、激流牌男毛呢大衣、北京市服装四厂金合欢牌中山服等，均为优质产品。

随着新中国纺织行业逐步兴起，公司所属厂在毛呢服装生产上已由单一的中山服、大衣的中低档产品向中高档、多样化发展。主要有中高档男女西服套装，长、中、短男女呢大衣、风雪夹大衣，款式时新的男女夹克衫、中高档中山服，还有连衣裙、单裙、西裤、两用衫等。应用面料也由原来的哔叽、华达呢、制服呢、海军呢等厚重产品向毛与化纤混纺轻薄产品发展，同时出现羊绒、驼绒、牦牛绒等特种动物纤维生产的高档面料。呢绒服装身价大大提高，标志着毛料服装已发展到新的水平；服装里料也由羽纱、美丽绸发展到尼龙绸、绦纶绸，里、面料缩水不一致问题得到解决；在服装款式上，也在不断创新，改变了过去偏肥、偏大的问题，随着一季多衣的需要，西服大衣等外衣由过去的宽松型改为紧身型，线条流畅、紧身合体，适应时代要求；在加工制作上，领衬由一般的浆衬、树脂衬发展为薄膜衬、封压衬、聚酯衬，并已开始用顺色衬；垫肩也由原来的棉花垫肩、棉布垫肩发展到泡沫、无纺针刺垫肩等。汽烫和封压粘衬的使用，改进呢服造型设计，解决了多年没有解决的亮光、沉重、费工、怕压、洗后抽缩的老大难问题，产品具有平、挺、轻、薄的特点。北京市服装一厂和北京市毛纺织科学研究所共同研制出了具有国内先进水平的纯毛服装 P/P 整理技术和毛呢服装化学压花工艺，使纯毛服既能保持原有的特点又解决了长期存在的毛呢服装上花型牢度低的问题。

一、长青牌、枫叶牌、激流牌毛呢服

枫叶牌毛呢服主要由北京市服装一厂生产，长青牌、激流牌毛呢服主要由北京市服装二厂生产。北京市服装一厂产品有毛呢类服装，该厂在 1980 年代已建立起一支善于创新、技艺精湛的服装技术设计队伍，设计新款服装，并相继研制出了具有国内先进水平的纯毛服装 P/P 整理技术和毛呢服装化学压花工艺，使纯毛服装既保持原有优点，又具有化纤服装易于洗涤、免烫的功能，该项成果填补了国内空白。毛呢服装化学压花工艺，解决了长期存在的毛呢服装上花型牢度低的问题，使毛呢服装更加受到消费者的喜爱。这两项成果分别获市级、总公司级优秀新产品三等奖。1980 年以来，该厂连续获得出口服装生产许可证，出口服装质量受到外商的好评。该厂生产的西服被国际羊毛局认定为佩挂纯羊毛和混纺羊毛标志产品。

北京市服装二厂是专门生产高档毛料男装的主要厂家，生产的主要品种有中山装，长、中、短大衣，卡曲，短娄，士本衫等，1956 年开始生产出口高档呢绒服装。产品长青牌中山装，1980 年获北京市优秀产品评比第一名，1982 年获轻工部优秀产品评比第一名，1983 年获国家银质奖，1987 年国家优秀产品复评，再次获第一名，保持国家银质奖称号。在工艺流程上大胆创新，采用国外新工艺，以精心设计、精工缝制、流行款式、规格准确赢得国内外客户的信赖。其产品的各项技术指标都达到了国家标准。

1995 年，北京市服装二厂与北京市服装一厂合并成立集团公司服装一厂，不再单独生产。

二、金合欢、登峰牌毛呢服

金合欢牌毛呢服主要由北京市服装四厂生产。1984 年国际羊毛局检测批准使用纯羊毛、混纺羊毛标志，该厂内销产品在全国 16 个省市建有销售网点，登峰牌毛呢女大衣款式新颖，做工精良，在 1984 年全国质量评比中获得质量第一、造型设计第三，夺得银牌；金合欢牌中山服在 1983 年、1985 年、1987 年三年三次评比中分别获得华北地区、北京市、轻工业部优质产品称号。1994 年，北京市服装四厂与其他厂合并成立北京市京工服装工业集团公司雷蒙西服分公司，企业不再单独管理生产。

第六节 童装

中华人民共和国成立以来，童装发展迅速。多数家庭孩子多，童装主要依赖旧衣物改造。60 年代以后，童装生产逐步发展，产品也日渐丰富多彩，童装产品主要有男女童套装、男女童衬衫、夹克衫、牛仔服、防寒服、女童裙、婴儿装、中人衫、学生装、运动装等。面料多采用棉、毛、丝、化纤等纤维生产的机织和针织产品。童装制作业十分重视产品的更新换代，努力开发新产品，研制新款式，使产品向高档化和礼品化方向发展。公司下属的各童装厂是专业化生产厂，专业生产童装，北京市童装厂的天鹅牌、熊猫牌童装，北京市童装二厂苹果牌童装，北京市童装三厂红婴牌童装都曾多次获奖，受到消费者青睐。

一、天鹅牌、熊猫牌、中华牌、龙子牌童装

天鹅牌、熊猫牌、中华牌、龙子牌童装主要由北京市童装厂生产。 北京市童装厂创建于 1956 年 1 月 26 日。该厂在厂房设备、生产技术、质量品种和企业管理诸方面不断发展进步，产品产量、质量和经济效益逐年提高，国内国际市场日趋扩大。1983 年、1987 年该厂连续被评为北京市及全国儿童生活用品先进企业。

天鹅牌、熊猫牌、中华牌、龙子牌童装主要是从婴儿到 16 岁儿童的四季各式童装，主要分为婴儿装、学生装、生活装、礼品装、牛仔装、运动装六大类，采用棉、涤、毛等多种原料，每年设计新花色 600 种。产品先后出口 50 多个国家和地区，内销产品在北京市 80 多个商业网点及全国 26 个省市销售。

天鹅牌女童套装和熊猫牌男童套装为部优产品。中华牌婴儿装、龙子牌男童上衣及儿童防寒服、动物图案儿童套装等 7 个主要品种，曾获全国少年儿童优质产品证书。中华牌儿童棉裤获儿童生活用品优秀新产品金鹿奖。1991 年 9 月，天鹅牌童装获首届中国服装“万紫千红”银质奖。1991 年，熊猫牌、天鹅牌童装获评纺织工业部优质产品。该

厂产品的特点是选料精良、做工精细、款式新颖、配色协调、点缀活泼、规格齐全、符合儿童的心理。引进中国香港电脑排版系统1套，1991年安装投产。北京市童装厂本着“以严治厂，以优取胜，质量第一，用户至上”的宗旨，建立质量保证体系。从原料进厂到产品出厂有一套严格的质量控制手段，产品质量有可靠保证。

为进一步提高中国童装的设计工艺水平，增强国内外市场的竞争力，该厂同日本著名服装设计师进行技术合作，根据国际童装发展趋势，从人才培训人手，开发出具有新原理、新工艺、新材料、新款式、新包装的新产品，以引导潮流，推动童装产业发展。

二、苹果牌童装

苹果牌童装主要由北京市童装二厂生产。北京市童装二厂始建于1956年，1990年完成工业总产值1001.8万元，年总产量113.9万件。拥有主要生产设备缝纫机456台，其中进口98台，并配有一整套辅助设备，已具备服装全面加工能力，能承接各式童装、服装的制作。在技术工艺上，该厂严格执行国家技术质量标准，并积极引进先进设备，不断提高生产技术水平。

主要生产的品种有男、女童套装，大、中人服装，婴儿装和出口服装。企业在产品质量上下功夫，积极推行全面质量管理，开展创优一条龙活动，产品质量不断提升。生产的苹果牌女童装获部优质产品称号，并获市优质产品和全国儿童用品金鹿奖荣誉。产品在国内外市场上具有一定的竞争能力并享有盛誉，行销全国15个省市，深受广大顾客的欢迎。

三、红婴牌、羚羊牌、友谊牌、飞翔牌童装

红婴牌、羚羊牌、友谊牌、飞翔牌童装主要由北京市童装三厂生产。北京市童装三厂始建于1958年。1990年完成工业总产值1170万元，外贸收购值350.4万元，年总产量114万件。红婴牌儿童套装在1985年全国童装评比中获轻工业部优质产品奖。该厂的出口产品有羚羊牌、友谊牌、飞翔牌的男女童套装、夹克衫、防寒服及部分成人服装。该厂重质量、讲信誉，以品种多、款式新、规格全赢得市场。产品在全国各大城市均有销售，并远销美国、日本、联邦德国等国和中国香港、澳门地区。

1996年5月，北京市童装三厂由仪征化纤（北方）实业公司兼并，不再隶属集团公司。1998年6月，北京市童装二厂并入集团公司，不再进行生产活动。1999年5月，北京市童装厂划归东城区管理，不再隶属集团公司。

第七节 旗帜生产

中华人民共和国成立后，中国参与国际事务的增加，及国内外重大活动的举办，对旗帜的需求量逐步增大。旗帜生产需要严格的制作工艺，必须做到分毫不差。企业所属的京工红旗厂生产的各类旗帜标准严格、质量过硬，为国家的外交事业作出过重要贡献。

一、生产工艺

党旗、国旗、团旗、军旗有非常严格的生产标准，党旗、国旗的规格，分为一、二、三、四、五公分，团旗标准分为甲、乙、丙种（公分），比例均为3∶2。

军旗标准，人民解放军总部野战军（一级军区）及兵团（二级军区）、军级（三级军区）、师级（军分区）、团级（县指挥部或武装部）（公分）比例均为5∶4。

在技术方面，浆即拔染，一律用标准电力纺。特殊情况按照图纸比例放大、缩小。在工艺流程方面分为绘图、值班、配色、裁剪接缝、印徽印旗、起晾烘干、蒸化、退浆、脱水、烘干、对尺寸、缝边、上角、整理烫平、检验、包装。绘图按照对方来样、生产通知单的要求进行绘制，绘制后需要另一人校对，要留底保存图纸，加盖技术资料章，注明日期，资料来源入档。制版，第一步进行描稿，制版分为大漆版、漆皮版、纸版三种，不同的版适用于不同旗帜制作，有严格的纸版标准和要求。后制浆配色，进行原浆调制和制作纯淀粉浆。印制世界各国国旗，队旗等用蓝色、红色、绿色、黄色、灰色等，根据来样、来稿，实际试验后开处方。根据生产通知单要求的规格尺寸，按照裁剪要求进行裁剪，裁剪线必须先验料、配色，防止断纱、残脏。整副加条，长短一致，缝制过程严防翻线、跳线、毛漏等。印徽印旗在崩旗面、贴旗面印制，刮印旗帜、印制多套色旗帜有明确的标准和要求，在起晾和烘干过程中，要经过起旗、晾旗等步骤。蒸化和退浆中，蒸化的气温、时间要准确掌握，冬季蒸化前，必须预热蒸箱。退浆时每池不宜褪色过多，防止染色，要进行手工搓洗，严防脆裂。脱水、烘干、对尺寸、缝边、上角，整理烫平后即可检验、包装。

1991年，该厂被北京市政府指定为北京唯一的国旗定点生产企业。该厂主要生产各种规格、多品种系列化旗帜和室内纺织装饰成套用品及出口印花产品。在中国举行的亚洲运动会、世界妇女大会及国庆活动等重大庆典活动中均承担大批制作旗帜的任务，外交部礼宾司、天安门地区管委会使用的世界各国国旗、迎宾旗帜都由该厂生产。该厂按照国家有关法律法规规定，对旗帜生产工艺进行改造升级。建立国旗质量保证体系，修订产品标准，修订操作规程，优化染料，建立原材料基地，向机械化生产发展、向多品种多规格系列化发展，开发国旗配套产品、改进产品包装、拓展营销渠道、增强售后服务，在该厂生产的所有旗帜上均钉有厂名、厂址的标签，附合格证，保退保换，确保生产旗帜的质量合格。

1995年，该厂对涤纶绸国旗拔染工艺及操作进行明确规程，工艺流程分为扎染、配色、制版、裁剪、印五星、干燥、蒸化、水洗、还原清洗、裁剪、水洗、开服脱水、干燥、缝制、检验、包装、入库。1996年，该厂被中共中央组织部指定为党旗定点生产企业，同年被国家技术监督局、国务院港澳办指定为香港区旗定点生产企业。2005年，京工红旗厂再次更新旗帜的生产工艺，生产过程中引进数码写真技术，提高产品科技含量，在制作过程中采用纳米技术处理，对生产工艺进行改进，该企业投资购进1.6米转印机和JV4-160数码喷绘机各1台。根据设备的特性，企业研发将旗帜图案进行双喷双转的新工艺。通过新设备生产的旗帜色彩饱满、图案精准。2007年，企业获得北京第29届奥林匹克运动会场馆旗帜独家供应商殊荣，参赛国家和地区多达205个，为顺利完成生产任务，先后于2007年和2008年分别购进1.6米转印机1台、JV4-160数码喷绘机3台。通过双喷双转工艺共计生产旗帜约60万面。2009年，该企业承接智利警察旗生产任务。旗帜工艺突破以往生产制作手法，因生产工艺的特殊性，企业共购进LZ2280绣花机3台，共计生产旗帜3300多面。

2010年，京工红旗厂结合建设低碳、环保城市的发展方向，投入资金、增加设备、加大研发力度，在旗帜的设计研发中，利用贴补刺绣的功能技术，开发环保型旗帜产品，突破旗帜传统印染技术，创新旗帜制作新技术、新工艺，对开发绿色环保旗帜产品进行有益尝试。该企业购进VJ-1628T数码直喷机2台，通过该设备共计生产旗帜3万多面。

二、重点项目

京工红旗厂自1971年逐步开始成套、成批量生产加工各类旗帜，1975年产11.92万面，

1980 年产 5.53 万面，1985 年产 8.56 万面，1990 年产 9.6 万面，1995 年产 11.5 万面。该厂生产的旗帜注重工艺、细节考究、用料精细。

1996 年，接到 2000 年悉尼奥运会会徽旗的生产任务，该厂为了争取庆祝中华人民共和国 50 周年国庆旗帜任务，制定国庆任务的具体方案，国庆前共争取到国庆游行方队旗帜及社会各单位用旗任务等销售额共达 200 多万元。接到任务后，全厂集中全部力量，投入生产，加班加点突击赶制，保质保量圆满完成各项生产任务。

2006 年中非论坛，京工红旗厂参与生产制作 1600 面参会的非洲国家的国旗，各个国家的国旗比例众多，是制作过程中的一大难点，颜色图案上的变化多，易出错，所以在检验方面，就要更加耐心细致，红旗厂配有专门的检验人员，确保每一面国旗在质量上不出问题。

京工红旗厂通过竞标，成为 2008 年奥运会场馆旗帜指定生产商和奥运会旗帜特许生产商企业，同时自主研发和合作开发了获得奥组委确认的 20 多种奥运特许产品，并与十几家特许零售商店签订销售合同，生产加工的 200 多万面国旗几乎都出自该厂，出色完成了 2008 年 205 个奥委会成员国国家和地区旗帜的认定工作和测试赛的赛场用旗任务。

2009 年，在庆祝中华人民共和国成立 60 周年上，群众游行方阵的头阵巨型五星红旗也出自京工红旗厂，这面巨幅国旗面积为 532 平方米左右，就连旗面上最小的五角星也有超过 3 米的直径，该旗帜布料总重 150 公斤，为防止游行过程中，红旗脱手、边角滑落等事件产生，京工红旗厂采用环绕 8 厘米宽的针织带加固处理，这是国旗生产工艺的一大创新。巨幅国旗是该厂组织 20 多名厂内的技术骨干成立技术小组，赶制完成，同时还有一比一的备用旗。国旗中更重要的一点是保障颜色始终鲜艳，此项保鲜技术，京工红旗厂用 5 年时间精细打磨，才得以成功。在染色过程中，国旗采用白色的京工红旗厂涤丝绸，先染成紫色，然后雕黄，成为鲜红色，生产中采用纳米技术，无论刮风下雨，确保国旗上无水无灰。

京工红旗厂抓住 2010 年广州亚运会旗帜生产任务的需求，被亚运会组委会确定为第十六届广州亚运会场馆旗帜的重点生产企业，这是继奥运会之后，该厂又一次成功地承接大型国际赛事的制旗任务。随后 2011 年紧紧盯住第 26 届深圳大学生运动会旗帜产品的订单任务不放松，最终拿到 2 万面各国礼宾旗帜的生产制作任务，并如期完成交付使用。

2011 年 11 月，京工红旗厂接到天安门地区管理委员会的紧急任务，从 2012 年 1 月 1 日起，天安门广场每天升起的五星红旗由原拼幅国旗改为无接缝国旗。京工红旗厂在两个月的时间内研制开发成功，此次研制开发的 3.37 米幅宽无接缝国旗需要在普通白涤丝绸面料上，经过压染工艺制成。2011 年 12 月 28 日，第一批无接缝国旗被送往天安门地区管理委员会。2012 年 1 月 1 日，京工红旗厂研制生产的第一面无接缝国旗在天安门广场冉冉升起，高高飘扬。

根据形势发展及上级单位相关工作部署，2019 年 2 月，京工集团完成退出京工红旗厂股权工作，京工红旗厂不再隶属于公司。

第四章　产品销售

1961年4月，北京市服装鞋帽工业公司成立，按照上级下达的生产计划指标进行服装的生产加工，产品的销售主要以批发为主，即按照上级计划要求，以统购统销的方式，批发给各商业公司或百货商场。随着时代发展，特别是改革开放以来，服装品种不断丰富，北京市服装鞋帽工业公司生产的多种产品包括毛呢大衣、“雷蒙”西服、风雨衣、羽绒服、时尚女装等逐渐在市场中流行开来，销售方式也不断变化，包括门市部零售、展销会、订货会等在内的多种销售模式都为企业带来了经济效益。随着其不断发展调整，进入21世纪后，互联网的发展与应用则为公司带来新的发展机遇，2013年京工集团成立电子商务部，组建电商团队，利用互联网经济配合线下实体渠道的运营，拓宽销售渠道，增强企业核心竞争力。2016年为了满足消费者个性化需要，传承老字号文化，京工集团恢复高级定制业务，创立“雷蒙·1940”“宫溢”两大高定品牌，同时相继建成高级定制店（位于四通桥）及集团本部的高级定制体验中心。京工集团所属北京京工伊里兰服装服饰有限公司2017年组建定制部，让“伊里兰”品牌服务于更多普通消费者。为了扩大品牌影响力、服务社区百姓，京工集团创建了“京工1961”社区店，并形成连锁经营模式，普通定制业务也走入社区店，增加了企业品牌知名度，提高了产品销售总量。

第一节　传统销售渠道

1961年，北京市服装鞋帽工业公司正式成立，进行服装生产。服装销售早期以批发为主，改革开放后，经济迅速发展，销售模式也从批发为主向零售为主转变。多种销售活动，例如展销会的出现，既宣传了服装的流行趋势，又带来了服装销售的增长。

一、批发零售

早期为提高公司经济效益，打开自销局面，加强宣传，扩大影响，生产适销对路的产品，适应消费者需要，促进生产发展，充分显示公司名优产品的技术实力，发挥公司的整体优势，公司及各厂积极参加全国性或地方性的展销会、试销会等活动。

1981年5月，为加强市场调研，更好地满足人民穿衣需求，在东珠市口开设公司门市部，名为北京市服装工业公司产品展销门市部，以零售为主兼营批发，经营公司所属各厂生产的服装及制品，包括展销公司所属各厂男女衬衫、男女毛呢化纤服装、腈纶棉服及羽绒服装等。1995年12月，集团公司将北京友谊时装厂北楼腾出来，发挥其地处地安门外大街158号的地理优势，建成集团公司自营店的大本营——北京市京工服装工业集团公司商厦，主要销售服装服饰用品、针纺织品、日用百货等，集团公司所属各厂的产品均可在此展示、销售，成为主要的销售窗口，为集团公司争取了内销市场。

1962年，供销经理部成立，由于当时经济形势不乐观，1963年决定暂时撤销供销经理部，直至70年代中末期，供销经理部再次恢复。计划经济时期，供销经理部主要负责完成分配好的计划指标，包括面料、辅料、设备采购等方面的供应管理、价格以及能源等，将其供给各个企业，以完成生产，业务方面都由供销经理部对接，商业公司负责总销售。随后经济改革，供销经理部逐渐发展成为经营实体，负责批发等事宜。后期，厂家和买家直接对接，公司的供销经理部在发展中逐渐丧失竞争力，再加上人员等其他因素的影响，到了90年代，公司撤销供销经理部。

公司及所属各厂积极参加北京市纺织工业局销售部门组织的全国性或跨省、市的大型供销会、展销会，各厂也应时、应季组织供货会，立足北京市，并走向全国。1982 年 10 月，公司及部分所属企业参加北京市纺织工业局组织的 5 个公司、10 个工厂、15 辆汽车以及近百人的销售队伍，深入市郊的密云、怀柔、顺义三个区并远及河北省的廊坊、永清、固安、三河等 10 个县，参加赶集或庙会。一些在市内滞销的中长哗叽、腈纶衫等产品均被抢购一空。

北京市服装三厂与北京市和外地厂家搞联合，迅速发展生产力，满足市场需求，着手发展了 1 个固定型、8 个松散型的联合企业，并在深圳地区新发展了一批批发和零售协作单位。

1984 年，联合公司在民族文化宫首次举办展销会，展销会规模、销量依旧不减，各商场如西单商场、百货大楼、燕京商场以及外地部分重要商场等为了争夺市场、争夺客户，都纷纷办起了自己的展销会，并且争相与北京市服装二厂进行货源方面的合作。1985 年，举办全国 16 省市服装鞋帽新产品展销会，公司在历时 30 天的全国服装展销会上，产品适销对路、货源供应充足、服务热情周到，累计零售额为 373.98 万元，累计批发额为 7000 万元，均获得第一名。公司所属的 25 家参展单位在此次展销会上共销售各种服装 16.89 万件，北京的衬衫、羽绒防寒服、风雨衣和西服等品种被评为最佳展销阵容，其中伊里兰牌羽绒服成为展销会上最为畅销的产品之一，共销出 4500 余件，馆内零售额达 35.2 万元，日均销售额在 1 万元以上，成为北京展团销售额的第一大户，在 16 省市中名列榜首。长城牌男女风雨衣是此次展销会的一大热门货，共销售 7000 多件，馆内零售额达 15.11 万元。1987 年，全国服装鞋帽时新产品展销会在北京农业展览馆举行，该场馆展销场地面积 13000 平方米，其中馆内面积 8000 平方米，广场 5000 平方米。联合公司组成北京服装分团，参加全国服装鞋帽时新产品展销会。公司参加展销的有直属服装厂 17 家、公司供销经理部以及归口厂的 12 家服装厂，共 30 个单位，有 45 个柜台，占地面积为 810 平方米，展销团成员 150 人，为了搞好这次展销，公司组织了 80 万件、800万元的货源，大类品种30多个。其中新产品22万件，新款式新花色200余种。展销会于 1987 年 9 月 22 日正式展出，10 月 20 日闭馆，截至 10 月 20 日，大会零售金额 2500 万元，批发金额 8000 万元，取得优异成绩，其中北京展团零售额达 291.7 万元，批发金额达 3235.3 万元，获居全国各地销售额的第三位，联合公司零售额为 222.8 万元，占北京展团的 76.4%。

北京伊里兰服装有限公司，利用伊里兰品牌的名牌效应，按照市场的特点和消费者的要求，发展羽绒服生产，1999 年上半年举办大型时装羽绒服展示会，企业领导走向市场调研，根据市场需要进行决策，提出“一切为销售开绿灯”的口号，生产的服装供不应求。

1988 年联合公司首次主办北京服装龙年展示订货会，21 个厂家设计的 2700 余种名优特新服装会聚民族文化宫西大厅。来自 16 个省市 320 余个商业单位的代表踊跃订货，5 天成交各类服装 200 万件，成交金额达 4000 万元。

联合公司于 1989 年 11 月在北京长城风雨衣公司大楼举办北京八九年秋冬服装试销会暨九〇年春夏服装流行趋势发布活动，公司所属 17 个直属企业以及市服装研究所、公司供销经理部等 20 个单位参加，共推出各种名优新款服装 300 多种 40 多万件，在试销的 13 天半内，共销售各种服装金额达 30 万元，日平均销售金额 6 万元。两周左右的试销对市场形势有了正确的估量，各厂家既获得可观的经济效益，又获得生产经营的新构思及决策的依据。

进入 21 世纪，随着社会经济不断发展，零售形式更加多样，“雷蒙”“伊里兰”等品牌开始发展专柜业务，走进商场进行销售。2014 年伊里兰发挥渠道优势，在推进厂商合作的基础上，积极与各商贸公司进行接洽，开展伊里兰产品的批发业务，拓宽销售渠道。

京工集团及其子公司等继续发展业务，通过社区店、品牌实体店的共同发展，加大零售力度，使大家从不同渠道感受京工集团的时尚品牌的魅力。

社区店按照探索建立适合京工集团发展的“零售 + 服务 + 互联网”社区服务新模式的工作要求，“京工 1961”社区店经营“雷蒙”男装、“伊里兰”羽绒系列产品，“Saike”女装、“Haoxuesheng”童装等京工集团自主品牌及“铜牛”“绿典”等兄弟集团的品牌，还包括定制、旧衣改造等业务，百姓在家门口就可以挑选到合适的服装产品，为百姓提供更多便利；通过社区店的窗口，更好地宣传北京老字号、老品牌，提升品牌影响力。

2017 年 8 月 28 日，京工集团第一家社区店——草桥社区店正式开业，社区店的成立拓宽了零售的销售渠道，社区店作为最接近消费者的途径，为零售的发展提供多种机会。2019 年全年社区店销售额达 710.3 万元，截至 2020 年，“京工 1961”社区店共有 20 家，销售额达 928 万元。

专柜销售“雷蒙”品牌于2009年开始进驻商场，2009年10月28日于西单商场开设“雷蒙”第一家专柜，面积约为60平方米。“雷蒙”男装继进入西单商场、北辰购物中心后，2010年4月又进入西单十里堡商场店，9月进入圣熙8号商场店。2011—2012年，陆续在新街口百货、顺义新世界、东安市场、东华服装公司大厦等开设了4家专卖店。2020年雷蒙品牌在平谷国泰、密云国泰、昌平国泰、顺义鑫海等多家商场均设立专柜，销售情况良好。截至2020年底，雷蒙品牌在多家商场设专柜12家。自20世纪60年代北京伊里兰羽绒制品厂创建以来，经过不断发展，到80年代末90年代初，全国各地的大商场几乎都设有销售专柜，2005年北京京工伊里兰服装服饰有限公司成立，截至2020年底，伊里兰品牌专卖店有5家。

二、定制业务

京工集团定制业务包括高级定制和普通定制，高级定制业务于2016年开始企划，各个项目于2017年底基本建设完成，创立两大高定品牌“雷蒙·1940”“宫溢”，成立两家高级定制店铺。“伊里兰”品牌开展普通定制项目，2017年下半年集团所属北京京工伊里兰服装服饰有限公司开始组建定制部，2018年4月完成部门组织架构、工作流程及岗位职责的修订工作，京工集团定制业务不断创新与发展。

（一）高级定制

京工旗下的“雷蒙”品牌成立于1940年，是海派文化的代表。为迎合现代企业发展需要，将海派文化与欧式经典相融合，京工集团创立“雷蒙·1940”高级定制品牌。2017年6月，北京时装周开始，京工集团又创立“宫溢”女装定制品牌，“雷蒙·1940”“宫溢”与传统宫廷手工艺“京绣”相结合，带来东方传统与西方创新的碰撞。同年，相继建设高级定制体验中心与高级定制店，与之配套的则是一系列专业服务，如个性化的款式设计、版型设计、工艺设计和个性化的手工制作，并且不断举行线下活动，推动高级定制事业的发展。自门店开业以来，定制服务受到新老消费者的喜爱和信任，“雷蒙·1940”的转型产品和京绣产品也受到大家的广泛关注，高级定制的建设正在发展壮大。

1. 渠道建设

20世纪40年代，西服店专门制作高级服装，主要分布在王府井、东安市场、东交民巷等，较大的有外国洋行如德胜、古力、江夏洋行等。高级西服店有宏记、鑫昌祥、鸿兴、陈振昌、惠康、荣泰、林泰、东光、东方、华宝、华茂等145家，还有承做呢绒服装的手工业主肖德林等。这些店铺专门经营高级呢绒服装，投资较大，自备各国的面料，任顾客选料定做。一些中小商店，摆一些面料做样品，或摆些料样、料卡，顾客选中后，付钱购料。这种商店大都是前店后厂，多者有工人学徒20多人，少者六七人。随后早期的定制服务则开始进驻店铺。

一些西服店则开始经营定制服务，例如雷蒙西服店，1940年创建于上海英租界内（位于上海南京路960号），产品主要是高档男西服和呢绒大衣，制作学习西方传统手工工艺，颇受当时社会名流的青睐。在当时，雷蒙西服店就已经开创了“零活儿”的服务（也就是高定的前身），为顾客提供个性化服务。随后雷蒙西服店迁至北京，“文化大革命”期间，高档西服处于停顿状态，1967年初雷蒙西服店被迫关门停业，服装定制业务也因此停止。“文化大革命”结束，服装店又恢复了营业，且于1988年并入北京市服装工业集团公司（京工集团前身）。

2015年，借“雷蒙”品牌创建75周年的契机，京工集团推出“雷蒙·1940”定制业务，通过满足个性化需求体现品牌高端、时尚风格。京工集团于2016年开始，重启高级定制特色服务，结合个性化的设计与精湛的制衣技术，打造独属京工集团的特色。

2017年北京时装周上，京工集团正式推出“雷蒙·1940”“宫溢”高定品牌，为更好推广高定品牌，加快高定服务建设，京工集团开始打造属于自己的高级定制店铺。

2019年，京工集团成立高定事业部。

高级定制体验中心位于京工集团本部7层，自2017年中期开始，高级定制体验中心开始建设，包括区域划分、风格设定、功能属性的设计到挑选建材，再到各种软装陆续到位，2017年10月份完成了7楼体验中心的建设。其装修风格古典，为了能让每一位尊贵的客人有更好的体验感，高定工作室经过了全方位设计，室内装潢以舒适、浪漫的风格为主格调，宫灯样式的暖白灯光、古朴木质茶几、吉祥壁画的背板、服装陈列等安排，将古典与现代完美融合，既优雅安静又彰显高档品味。

高级定制体验中心根据顾客的需求，为顾客提供多种多样并且具有针对性、专业性的定制服务。2020年，高级定制中心的日常工作主要围绕销售、量体、下单、销售流程、销售财务、门店陈列、定期盘点、接待来访及检查和日常保洁等；“雷蒙·1940”新产品开发；大客户接待和管理等业务展开。

高级定制体验中心经营概念与会所类似，企业之间的合作、批量定制、高定品牌线下活动的举办，都在高级定制体验中心完成。

高定友谊宾馆店，2017 年 12 月 26 日，位于海淀区中关村南大街 1 号北京友谊宾馆的“雷蒙 · 1940”“宫溢”服装高级定制体验店正式开业，北京时尚控股有限责任公司有关领导、京工集团领导班子成员及相关媒体代表出席开业典礼。这是京工集团首家服装高级定制体验店，也是京工集团在品牌再次全新升级、推动品牌时尚化建设方面取得的实质性进展。

友谊宾馆店虽然面积较小，但位于友谊宾馆临街店面，西三环四通桥西南角，附近高校、社区较多，服务对象以个人为主，因此经营模式以零售为主。同时开业的还有“京工 1961”社区店四通桥店，两店相连，可以吸引更多客源。

2. 优质服务

2017 年京工集团与京绣传承人携手合作，打造融入京绣元素的“宫溢”品牌系列产品。女装高级定制品牌“宫溢”以京绣为基因，通过发挥设计的力量，将有吉祥寓意的京绣图案与时尚元素结合，开发服装服饰系列产品，使传统的民族文化以更加绚丽和璀璨的方式融入大家的生活中，受到高定消费者的喜爱。与“京绣”相结合的系列服饰制作工艺方面的难度大，做工精细考究。“宫溢”品牌是京工集团结合传统京味文化推出的以女装为主的京绣高级定制品牌，“宫溢”品牌在设计中，厚重的历史文化与现代设计思维相融合，再经过精湛的手工技艺，使非物质文化遗产以更美、更精致、更实用的方式融入大家的生活中，最终以设计的力量和时尚的魅力满足消费者个性化的需求。

“燕京八绝”之一的京绣正是中国悠久文化及精湛的手工工艺的代表，“雷蒙 · 1940”男女装高级定制经过精心设计研发，将“京绣”巧妙运用到现代服装服饰中。“雷蒙”遵循“京绣”的传统，纹样图案讲究“图必有意，纹必吉祥”的八字真言，不仅集中古代社会纹样图案中的精华，又融入人文精神和时代需求。2017 年 9 月京工集团借助北京时装周这一平台，正式推出“雷蒙 · 1940”高级定制业务，这是以“零活”起家并驰名全国的“雷蒙”品牌首次正式恢复高级定制业务，是满足消费者个性化的需求，打破当前男装“同质化”严重的怪圈，提升品牌服务质量的有效手段。

定制而成的服装将其悠久历史与其简约、高雅的风格相融合，带给顾客不一样的体验。高级定制程序复杂烦琐，但又要求准确，“雷蒙”高定品牌纯手工制作，可看到的扣眼、袖里、领里、纳驳头等都是纯手工完成，而非机械的流水化生产。“雷蒙 · 1940”“宫溢”十分重视作品工艺的呈现，高级定制服装的精髓和灵魂来自于独有的设计、精确的立体裁剪和精细的手工艺。“雷蒙 · 1940”“宫溢”的高级定制是 N 对 1

服务，从量体师、设计师、版师、工艺师等提供的全方位服务，区分于传统意义上的高级定制，从定制的第一步量体开始就能让顾客深深体会到高级定制为每个消费者提供的专属感。

3. 宣传与推广

自2016年，京工集团就着手发展高定事业，相继打造男装、女装的高定品牌，建成高定店铺，加大推进发展高定项目。为扩大高定品牌的知名度，高定事业部分别采取多种宣传手段和策略，包括线上宣传及线下活动。线上宣传多以微博、微信为主要宣传媒介，线下活动主要有时装周、与传统技艺相结合等活动，通过线上线下双结合的宣传方式，保证高级定制品牌宣传力度。

北京时装周 作为线下活动之一，在2017年北京时装周上，京工集团以“雷蒙”京绣系列之“重·耀”登上时装周大秀舞台，推出男装“雷蒙·1940”高级定制及女装京绣高级定制产品，“雷蒙·1940”“宫溢”两大高级定制品牌正式亮相，媒体竞相报道，引起巨大反响。

“京华绣梦”系列活动 自高定中心建设完成并正式营业后，店内举办多次“京华绣梦”系列活动，例如2019年5月，“雷蒙·1940”男女装高级定制，为民生银行紫竹支行的VIP客户举办一场以“京华绣梦”为主题的“京绣”制作体验活动，非遗“京绣”传承人于静老师与店内嘉宾互动，宣传传统文化知识的同时，也大力宣传了结合“京绣”元素的高定品牌；2019年8月，在“雷蒙·1940”“宫溢”高级定制体验中心，举办以“传承手工之美，高手指尖技艺”为主题的“京华绣梦”系列活动，中国女医师协会医院建设管理专委会走进京工集团交流体验中心活动，各位嘉宾与专业技师共同合作，体验京绣传统技艺；11月26日下午，举办第四次“京华绣梦”系列活动，邀请金融界嘉宾参观体验，嘉宾们了解了雷蒙品牌和京绣工艺的历史和发展现状之后，在专业绣娘的指导下，体验京绣的刺绣技法及融合“非遗”京绣元素的各式“宫溢”女装。线下多次活动，各行各业参与其中，加强品牌宣传形象，引流用户，增加销售量。

节日体验 高定中心把握重要节日，在具有特殊意义的节日举办优惠活动，例如父亲节，“雷蒙·1940”会推出优惠活动；母亲节，“宫溢”品牌则推出相关优惠活动，这些优惠活动都能够刺激消费，加大品牌宣传的效果。

会员制度 根据京工集团的要求，针对高级定制业务标准，制定专属的会员服务和活动，凡进店购买产品的顾客都可注册成为会员，注重客户体验，为客户提供周到细致的服务。

微博平台 高定中心于2017年开通微博账号（“雷蒙·1940”“宫溢”），并通过微博进行品牌宣传，将活动信息、新品信息发布在微博上，扩大宣传范围。

微信公众号 高定中心于2017年开通微信公众号（“雷蒙·1940”），并在公众号平台上发布宣传信息，如新品推荐、服装展示等，以及活动信息，与官方微博号共同宣传；同时，进一步增加微信公众号的功能，使顾客在公众号上就可以轻松享受会员福利。

其他线上平台 高定项目还在大众点评、抖音等热门App开展多方尝试，为今后开展各项活动和推广奠定了基础。

杂志刊物 为助推高级定制业务发展，京工集团采取刊登品牌广告、积极投稿及时报道品牌热点事件、联系记者采访设计师等方式，利用《时尚北京》等刊物宣传高级定制业务。

（二）普通定制

为给不同消费者提供不同的服务及产品，“雷蒙”“伊里兰”两大服装品牌开展有别于高级定制的普通定制业务。“雷蒙”品牌普通定制业务自首家店铺开店以来，一直存在，“伊里兰”普通定制业务2017年开始发展。

1. 定制部建设

“伊里兰”作为普通定制系列品牌，北京京工伊里兰服装服饰有限公司从2017年下半年开始组建定制部，截至2017年底，定制部由7人组成，部门经理下设客户服务、运营策划、技术支持、库房管理4部分，已于2018年4月，完成了部门组织架构、工作流程及岗位职责的修订工作，奖惩方案已报办公会讨论待批复。

2018年4月24日，与北京安东毅诺科技有限公司签订软件开发合同，正式开始实施定制系统程序。此程序不仅降低单件业务模式下的错误发生率，运用ERP系统中的MTM功能模块以定制客户的量体信息为准达到自动推放版的作用，从而节省巨大的人力成本，而且经过时间的积累，程序系统中的客户基础信息以及体型信息可以为数据分析和二次营销以及关联品牌推广起到巨大的帮助作用。

2018年5月底，男款的工艺尺寸表、辅料等全部完成建立和导入，男款的工艺设计图基本完成，MTM定制技术系统男款建档基本完成。从前台选款、录入特体尺寸，到后台自动出版和工艺辅料等整体测试工作准备进行。

2. 服务内容

京工集团为顺利开展定制业务，进一步提升消费者体验度，按照北京时尚控股有限责任公司以品牌运营为核心，与文化、科技相融合，固基强本，稳中求进的品牌工作要求，建立服装智能定制系统，通过ERP系统，有效降低企业生产成本和综合经营成本，提高定制工作效率。随着人们生活水平提升，特体、特需、老年人等定制的需求快速增加，“伊里兰”品牌正在积极开展羽绒定制业务。

“伊里兰”品牌的定制业务以“特体特需”为服务核心，结合市场时尚趋势与消费者的实际需求，走进社区，为顾客定制羽绒制品200余件，2018年销售额达到20余万元。

“伊里兰”定制部为顾客提供一对一的定制服务，举办各种促销活动，走进社区进行服务。2017年9月14日，“伊里兰”定制小组第一次到新街口百货商场服务。

3．业务推广

全网推广

与金算（北京）科技有限公司洽谈定制网络推广方案，于2018年4月28日签订合同并正式开始实施，通过互联网引流、文章内容策划、网络媒介进行北京地域网络推广覆盖以及优化。

北京京工伊里兰服装服饰有限公司定制部开展话题策划及撰写工作，合作公司于4月底完成媒体初步筛选，5月份文案大纲选题工作完成，第一篇稿件试投媒体，于6月初正式发布。

楼宇广告

通过与楼下（北京）生态科技服务有限公司洽谈，在小区投放广告的筛选上确定方案，双方于2018年5月22日签订第一期楼宇广告合同。2018年5月26日开始在阳光丽景小区、社科院太阳宫小区及长城电子装备公寓投放为期一个月的电梯等候厅平面媒体广告。

公众号运营

开通了伊里兰公众号（伊里兰羽绒服），随后重新搭建公众号框架，2018年5月份完成菜单栏的修改，线上预约正式启动，完善了店铺信息，启用线上客服功能。

产品拍摄工作于2018年5月完成，同期微店小程序搭建完成并投入使用。

社区推广

京工集团旗下“伊里兰”品牌在减量增值目标的指引下积极推广定制业务，多次举办“特色服务进社区”的活动。2017年10月13日，京工集团员工在东坝康静里社区小广场举行“伊里兰羽绒服特色服务进社区”为主题的宣传活动，为广大社区居民介绍公司的特色服务，为上了年纪和行动不便的老人进行上门量体制衣服务，极大地便利了社区居民。通过2017年的初步尝试，定制部于2018年5月下旬正式推出2018年社区活动。5月开展的两期活动受到了社区居民和部队老干部、战士们的一致欢迎。

“伊里兰”羽绒服特色服务进社区　　京工集团办公室　提供

2018年5月24日，京工集团员工在北京香山干休所社区广场开展便民服务活动，现场为社区居民修衣改衣、修理家纺用品，还为行动不便的老人提供免费上门量体制衣服务。

2018年5月30日，“伊里兰”品牌在左安浦园小区为广大居民提供上门量体制衣服务，还把一些羽绒服清洗和保养的小妙招教给居民，同时，为广大群众提供公益性的衣物修补服务，受到群众一致欢迎。

6月21日，在卫戍区丰台第十干休所开展社区服务活动，该次活动以为社区居民免费修衣改衣、保养和清洗羽绒服、定制羽绒服为主要内容，让居民足不出户即可享受修衣改衣的便民服务，得到社区居民的一致好评。

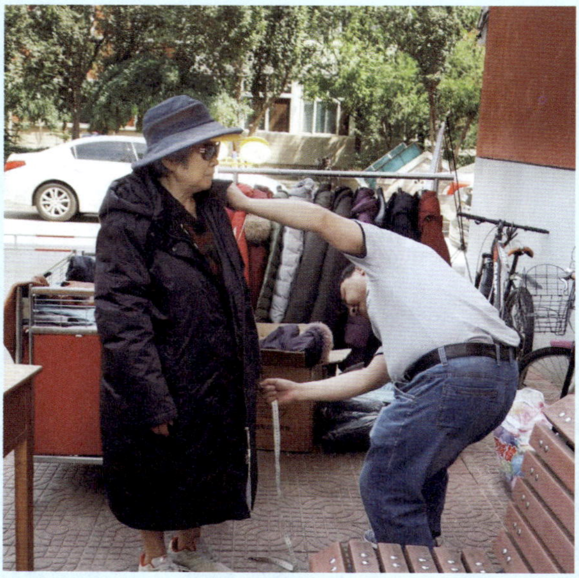

进社区量体裁衣　　　　京工集团办公室　提供

2019 年，第九干休所的领导找到定制团队，希望能为所内一位百岁红军老战士上门服务定制羽绒服。定制团队考虑到老人的情况进行设计，将每一处测量细节做到极致，既要满足老人的保暖需求，同时还要展现百岁老人矍铄的精气神，最终为其提供了全套的“伊里兰”牌羽绒装备。“伊里兰”团队得到老战士的高度认可。

第二节　电子商务

在重点发展网络零售模式的基础上，加快发展 B2B 运营模式，扩大 B2B 模式的销售规模，激发京工集团的发展活力，2013 年 8 月，京工集团下发关于成立京工集团电子商务部的通知，统筹发展京工集团电子商务业务，搭建电子商务平台，创立网上商城，通过互联网经济配合线下实体渠道的运营，打造企业新的核心竞争力。

自2016年"十三五"规划实施以来，京工集团在机制转变、业态创新、时尚转型等各方面均取得进展。2017年初，完成电子商务部的设计和技术团队的剥离工作。2018年，电子商务部在品牌建设和人才队伍建设方面取得一些成绩。2019年，电子商务由电子商务中心恢复电子商务部。

一、团队建设

针对"雷蒙""伊里兰"品牌营销模式较为传统的问题，2013年8月，北京京工集团有限公司决定发展网络营销，下发《关于成立北京京工服装集团有限公司电子商务部的通知》，电子商务部开始进行团队人员建设、制度建设以及薪酬体系的建设。电子商务部前期在线上打造"枫叶"品牌休闲装，于2013年底生产了第一批服装，为枫叶牌男裤。

2014年，电子商务部积极建立和探索电子商务运营模式，在2013年工作的基础上，2014年进一步扎实推进电子商务各项工作进程，从开发设计、店铺开立、搜索排名再到运营推广全部环节都有序进行，并于同年开始生产夏装。经过前期的摸索，电子商务团队日渐完善，电子商务部工作流程化。同时对电子商务部的员工进行培训，提升员工能力。

截至2014年底前人员有8人，包括管理1人、设计2人、平面美工1人、运营1人、采购1人、仓储1人、对账及内控1人。后在京工集团人力资源部的努力以及社会资源的配合下，2014年底至2015年初电子商务团队陆续增加4人，包括运营主管1人、技术跟单1人、运营专员1人、平面美工1人，电子商务团队人员从专业化和分工明确方面得到提升。同时，电子商务部加强内部规章制度建设，根据其内部特点，修订了适合电子商务部发展的一系列制度，包括库房管理制度、盘点制度等。在薪酬体系建设方面，结合电子商务部为运营经营部门，工作性质存在不同的特点，在与集团人力资源部共同调研、协商后，电子商务部制定了新的薪酬标准，进一步突出KPI指标性管理和CPI考评性管理。

2013—2014年，电子商务部处于内部磨合阶段，面临诸多困难，只能依靠团队自寻供货商来保证团队正常运作；经过一年多时间的探索，2015年开始，电子商务部有了较为明显的发展。

2015年，京工集团按照打造企业共享的电子商务营销平台的工作要求，通过不断引进相关技术人员，进一步完善电子商务团队建设。以当年人员引进为契机，重新调整人员分工，引进平面美工2人、技术版师2人、设计助理2人、专职客服1人、库房管理2人。2015年下半年，随着人员的补齐配强，同时配合人力资源部的招聘和岗位职责确定工作，进一步明确了员工分工后的职责，根据电子商务部的实际情况，安排设计、采购以及生产，制定周会、月会制度，提升会议效率，做到信息共享，同时强化库房管理，提升管理效果。

2016年，电子商务团队建设基本完成，包括1名管理人员（另2名助理承担具体工作）、3名设计开发人员、2名技术人员、2名生产采购人员、5名运营人员（含运营、平面、客服）、2名仓储物流人员，共计15人。相关工作从设计出图、图纸评审、面辅料采集、制版工艺、样衣制作到样品评审的管理流程和配套支持已经完备成形；同时各员工在各自的岗位能够独立承担日常事务，在遇到突发事件时，能够提出解决方案及应对措施，各岗位流程步入正轨。团队建设过程中，相关业务流程不断完善，例如设计开发环节，团队积极联络各类人脉资源，在开发环节安排样品制作人员，与外部工厂和工作室合作完成样品开发共计200余款（包括2016秋冬季130余款，2017年4月开发款式150款）；拥有稳定的面辅材料和加工生产供应商10家，2016年生产量为1万件。建立百胜ERP系统和EFAST365电子商务平台，实现电子商务EFAST365平台正式上线，并对电子商务EFAST365及雷蒙进销存系统和POS机应用进行系统培训4次。

2017年初，完成了电子商务部的设计和技术团队的剥离工作，设计部和技术部由电子商务调入技术开发中心，电子商务部的工作流程和人员分工进行重新梳理，通过两次人工调整，进一步压缩了电子商务部的人员规模。

2018年电子商务部在品牌建设和人才队伍建设方面取得一些成绩，有工作人员共10人，包括部门助理1人、运营人员2人、美工人员1人、客服人员2人、库房人员2人、采购人员1人（主要负责伊里兰面辅料采购工作）。

2019年4月，电子商务由电子商务中心恢复电子商务部，不再担负京工集团四个中心建设项目，2019年一年取得业绩的同时，电子商务部也存在着需要完善的地方，主要体现在渠道布局、人员架构以及产品迭代与市场渠道相贴合等方面。

二、开发运营

“雷蒙”“伊里兰”一改往常销售模式，顺应时代发展，加强企业经营活力，2013年，京工集团决定发展网络营销，开辟电子商务平台。在生产开发、平台销售方面充分利用新时代互联网的快速与便捷，为集团整体营销模式的改革打下良好的基础，实现资源共享，形成集团发展合力，在发展过程中，电子商务部开发运营方向也处于不断变化之中。

2013 年，电子商务部确定前期在线上打造“枫叶”品牌休闲装的基本思路，同时产品生产开发的准备工作已经完成，供应商、物流、网店建设、营销等环节也做好相应的准备。

在 2013 年工作的基础上，2014 年进一步扎实推进电子商务各项工作进程，打造具有京工集团特色的、低成本高效益的电子商务营销平台，能够实现集团网络营销资源共享，奠定整体营销模式转型的坚实基础。在“枫叶”休闲装上线以后，着力打造集团电子商务平台，为各子公司服务，这项工作在 2014 年春节后正式启动。2013 年进出口公司设计制作的“Haoxuesheng”童装已经上线，伊里兰公司设计的产品在春节后也要与电子商务部对接，“雷蒙”品牌的上线工作也正在进行研究，寻找合适的切入点和好的方式。经过一年的探索和磨合，2014 年下半年，电子商务部基本确定两种运营模式，分别是自营模式和服务模式。所谓自营模式就是从开发到销售所有环节全部在电子商务部完成，品类为童装；而服务模式，则是只负责全网运营，不负责产品的销售模式，品类多为男装及羽绒服。两种运营模式确定后，电子商务部可为京工集团的品牌销售提供配套服务。

2015 年，电子商务部与多家公司签订产品购销合同，加大销售量，与此同时电子商务部进一步丰富线上产品，京工集团利用与北京服装学院合作的契机，邀请专业教师共同设计开发“Haoxuesheng”童装新产品，运营水平不断提高及产品研发提升促进了电子商务平台线上整体营销水平。京工集团已经获得合作伙伴的授权，集团代理的“RTW”品牌已正式上线运营，实现多品牌线上营销将为京工集团进一步拓宽营销渠道提供保障，明确主营童装的业务方向。在开发方面，电子商务部克服开发环节无技术人员、无样品制作人的困难，引进 2 名专业版师，和 4 家加工厂商定、制作样品，2015 年全年共设计完成样品开发 120 余款，投产 30 余款。2015 年面辅材料和加工生产供应商 10 家，年生产量 3 万余件。

2016 年，电子商务部在开发环节通过与外部工厂和工作室合作完成样品开发共计 200 余款（包括 2016 秋冬季 130 余款，2017 年 4 月开发款式 150 款）。设计开发流程基本稳定，设计出图、图纸评审、面辅料采集、制版工艺、样衣制作、评审样品的管理流程和配套支持已经完备成形，设计开发样品已经进入精细化管理。

2017年，电子商务中心完成最后一批生产任务，设计部2017年初投产确认，生产部在2017年8月完成所有生产任务成品的入库工作。其次还配合集团完成太庙大秀、北京京工伊里兰服装服饰有限公司和北京市京工雷蒙服装服饰有限公司的促销宣传以及高定店的推广宣传的图片、海报和LOGO等平面制作，保证各项工作的顺利开展，主要精力集中在大货生产和平台销售。

2018年9月，RTW收回在电子商务的经营权，运营品牌剩“Haoxuesheng”和“伊里兰”2个店铺；

2019年，电子商务部拥有6+1+实体特卖渠道布局，因流量碎片化日益严重，根据产品特点尝试在不同渠道销售、推广。部分具体品牌的相关情况：“Haoxuesheng”“伊里兰”当年都是以清库存为主而且没有新品补充，RTW淘宝店铺运营工作启动较晚，店铺在2019年4月开始运营，实际运营9个月时间，前5个月完成约10万元销售额，后4个月完成约30万元销售额。

以“双十一”“双十二”两个大型活动当天为例，电子商务部全体员工都积极参与，保证活动当天一切顺利运行，全体员工从当天早8：30工作至次日凌晨2点，其中工作人员包括客服2人（1人负责产品咨询、答疑；1人负责优先审单、发货）及若干机动人员，主要工作是直播在线展示和讲解产品，增加店铺浏览量，间接促成流量转化成交。根据产品的属性，安排展示产品人员和讲解产品人员，时长根据每个人承受能力，大概1~2小时替换一次，同时增加店铺的热度，同时安排数位运营人员，其主要职责是时时关注店铺流量、加购数量、加购产品及库存状态至零点开盘。

2020年，电子商务部推出微商城项目，电商部主导筹建“京工1961”商城框架的搭建工作，2020年6月中旬，“京工1961”商城正式与有赞签订合同，电子商务全体人员紧锣密鼓筹备微商城的搭建工作。经过1个月的筹备，通过平台、软件、产品对接等工作，商城于7月1日上线试运营至12月，商城共设立8个大类，产品线涉及服装、日化、酒水、小家电、课程培训、定制、果蔬、工艺等，共入驻品牌32家，产品310余款，平均每月上新60余款。为吸引消费者兴趣，“京工1961”微商城每月都会举办相关活动，进行商品促销，例如8月份举办了8月我“享”购的抽奖活动，9月举办了99购物节、发放优惠券、组团抽奖等多种多样的活动，吸引了不少消费者的关注及支持。

三、平台销售

电子商务部进驻淘宝、天猫、京东等平台，利用抖音短视频进行宣传，创建“京工

1961”微商城等运营方式，拓宽内销品牌营销渠道，为集团各企业搭建一个共同的销售平台。

2014 年 3 月到 10 月之间，电子商务部克服不利因素，先后开立 4 家淘宝店（C 店），即 Haoxuesheng、灿烂时光童装店、枫叶和伊里兰。

截至 2015 年底，平台店铺方面，电子商务部经营如下几家店铺。

2015 年底电子商务部电子商铺一览表

表 4–1

电子商铺	商铺名称
天猫店（1 家）	Haoxuesheng 旗舰店
淘宝店（3 家）	枫叶男装品牌店
	伊里兰官方旗舰店
	RTW 京工品牌店

2015 年全年销售业绩为近 80 万元，比上一年度的 16.5 万元提高 360%，其中一款短裤销售量接近万件，3 款棉服、羽绒服销售超千件。上海马玛林时装有限公司授权的“RTW 京工品牌店”于 2015 年 12 月上线运营，2015 年“双十二”活动期间，日销售金额超 7000 元。

2016 年 2 月份，电子商务部建立“RTW”品牌的京东商铺。截至 2016 年底，电子商务部经营的店铺有如下 5 家。

2016 年底电子商务部电子商铺一览表

表 4–2

电子商铺	商铺名称
天猫店（1 家）	Haoxuesheng 旗舰店
淘宝店（2 家）	枫叶男装品牌店
	伊里兰官方品牌店
京东店（2 家）（新开）	RTW 京工童装店
	RTW 京工女装店

2016 年电子商务部销售金额 81.61 万元，其中（Haoxuesheng 占 47.47 万元，灿烂时光童装占 0.39 万元，伊里兰占 17.02 万元、RTW 占 16.73 万元），总数量 12073 件。2016 年自有品牌产品上线数量较少，伊里兰 2016 年无新品上线，Haoxuesheng 2016 年度投产和上新新品 7 款。

2017 年电子商务主要精力集中在大货生产和平台销售，拥有包括阿里巴巴和京东平台在内的店铺 5 家，2017 年电子商务部销售金额 53.06 万元。

2018 年 11 月，“双十一”当天全店销售额首次突破 10 万元；2018 全年电子商务部没有自主研发的新产品填充，2018 年全年整个基调以重度促销走量产品去库存为主，2018 年电子商务部销售金额 68.56 万元。

截至 2019 年，电子商务部共开通入驻 6 个线上店铺 +1 个抖音推广 + 实体特卖，按品牌具体如下。

2019 年电子商务部品牌 6+1+ 实体特卖布局一览表

表 4-3

RTW	伊里兰	Haoxuesheng	实体特卖（综合）
淘宝店 1 个	淘宝店 1 个	天猫店 1 个	实体 + 特卖
京东店 1 个	抖音推广（新）	拼多多 1 个（新）	
小红书店 1 个（新）			

2019 年电子商务部完成销售 905168.92 元，同比增长 35.14%；“双十一”“双十二”当日电子商务部终端销售破 10 万元，其中“双十一”当日“淘宝 RTWCLUB 美式休闲”单店销售达到 12.5 万元，对于 4 月刚开始运营的新店来说增长巨大。

2020 年，电子商务部 2020 年电商部完成销售近 75 万元，新开通的“京工 1961”有赞商城完成销售近 2.8 万元。

第五章　品牌管理

公司自1961年成立以来，曾拥有多个服装厂。每个服装厂均有各自经营的品牌产品，1994年前主要以生产、内销和出口订单为主。1994年的经济工作会上，集团公司正式提出“创名牌、树形象”的战略部署，从此逐步开始建立品牌管理体系，但在2000年之前，各厂品牌的发展仍以扩大内销、技术改造为主，并没有现代企业管理中的“品牌管理”的概念。2004年以后，京工集团企业调整完毕，保留“雷蒙”“伊里兰”到集团品牌发展战略中，2006年京工集团成立商标管理委员会，逐步建立京工集团的品牌商标工作体系，强化商标管理与知识产权的保护意识。2014年，“雷蒙”品牌通过调整，完成股权收购，实现“握拳”发展。2016年，京工集团首次登上北京时装周，与众多媒体建立长期合作联系，并利用新媒体平台宣传品牌的文化与内涵。2017年京工集团正式开启定制业务，推出高级定制品牌“雷蒙·1940”“宫溢”，同时深入探索社区经济，打造社区服务品牌“京工1961”。在各大媒体的宣传下，“京工1961”社区服务品牌受到社会各界的广泛关注。

第一节　品牌战略

集团公司曾拥有众多知名服装品牌。1994 年以前，各企业的工作重心主要在提升产品质量、生产规模、技术工艺等方面。自 1994 年经济工作会上集团公司正式提出“创名牌、树形象”的名牌战略部署，初步形成品牌战略的意识。2004 年，京工集团完成企业布局调整及改制，决定“雷蒙”“伊里兰”品牌走“集团化”的“大品牌”发展思路。2012 年，京工集团为加快实施品牌发展战略、建设品牌文化，确定建立品牌工作室。“十三五”规划时期，京工集团顺应消费升级趋势，坚持时尚与文化相融合的品牌发展理念，持续推进品牌时尚化进程。2017 年，京工集团恢复定制业务，推出高级定制品牌“雷蒙·1940”“宫溢”，同时深入探索社区经济，打造社区服务品牌“京工 1961”。2021 年，京工集团在“十四五”品牌发展规划中提出将通过重塑品牌定位、坚持文化传承、提升创意水平、优化传播途径的方式提升集团品牌运营能力。在集团多年的品牌战略部署下，旗下各品牌的影响力及知名度得到显著提升。

一、“创名牌、树形象”的名牌战略

1994 年以前，集团公司拥有“枫叶”“长青”“三海”“金合欢”“丽冠”“天坛”“冬梅”“映山红”等众多服装品牌，发展模式主要是内销和出口，供销方式以国家需求为主，工作重心主要以产品质量、生产规模、技术工艺为主要发展方向。随着市场竞争逐渐激烈，集团公司与各企业逐渐感受到竞争力不足的最大内因是企业品牌无影响力。在 1994 年 1 月 27 日的全年经济工作会上，集团公司首次提出“创名牌、树形象”的品牌战略。北京衬衫厂重新确定“坦博”牌为全厂名牌，继而加大商标、面料选择、工艺标准、包装装潢等方面的投入。1994 年，“坦博”牌衬衫参加 ’94 中国国际服装服饰博览会。北京衬衫厂创立的“坦博”牌衬衫，先后获“中华精品”、“北京名牌产品”、“首都消费者最喜爱的生活用品”、“亚太国际贸易金奖”最畅销的国产商品、“京华奖”等荣誉，

1994年经济效益比1993年提高169.7%。经中国服装协会、中国纺织总会、外贸部和中国社会调查事务所在全国74个大中城市进行多角度调查，北京大华衬衫厂的老名牌“天坛”牌衬衫被评为十大名牌服装之一。“天坛”牌衬衫还被评为“中华精品衬衫”“北京市好产品”等，1994年经济效益比1993年增长312%。北京羽绒制品厂的老名牌“伊里兰”牌羽绒服，1994年开始注重面料、羽绒质量、款式与工艺，在多项评比中先后获国家和北京市有关部门授予的“三联冠最畅销产品”“北京名牌产品”“南极考察队指定产品”等7种称号，1994年完成利润164万元，比1993年121万元提高35.5%。1994年北京市服装一厂确定发展老名牌“枫叶”牌西裤，加强面料、工艺、商标图案等方面的投入，推出1.5万条有特色的条染西裤。除以上名牌外，开始恢复“雷蒙”和“长城”两个老名牌，特别是“雷蒙”，通过为北京佐田雷蒙服装有限公司加工西裤和高档学生服，改进生产工艺，提高产品质量。

1995年，各企业普遍把名牌战略作为振兴企业的重要工作。继北京大华衬衫厂生产的“天坛”牌衬衫夺得“十大名牌产品”之后，1995年“天坛”牌衬衫又夺取“95优质名牌”称号。北京衬衫厂生产的“坦博”牌衬衫获评“北京市好产品”，还获得“首都消费者最喜爱的产品”称号。北京伊里兰羽绒制品厂生产的“伊里兰”牌羽绒服，连续获得“95国际金奖”、“95北京市好产品”和1993—1995国家二次抽查合格名牌产品等荣誉。北京雷蒙西服公司生产的“雷蒙”牌西服、长城风雨衣公司生产的“长城”牌风雨衣、北京市服装一厂生产的“枫叶”牌西裤，均获“95国际金奖”。此外，“雷蒙”牌西服还获评“北京市名牌”和中国消费者协会授予的“信得过产品”称号，北京市服装二厂生产的“三海”牌西服，获评“95优质名牌”。北京衬衫厂把“坦博”牌衬衫定位在高品位、高档次、高质量、高附加值上，全力打造“坦博”牌拳头产品。

1996年4月18日“京工服装商厦”在地安门大街建成开业。集团公司及子企业有了自己的销售方式和销售场所，为全公司实施名牌战略、扩大内销创造了条件。1996—1998年，各企业通过加开商场专柜、大力促销等手段，扩大市场占有率，提升各个品牌的名牌效应。

1999年，根据纺织控股的布局和“十五”规划总体发展目标，集团公司制定服装出口“十五”规划。其中，为实施名牌战略，发展主业，调整产品结构，集团公司提出要在竞争中树立集团公司的形象，同时使产品保持发展的工作要求。集团公司组织专人对名牌产品的发展进行专门研究，包括名牌的设计、改进、宣传、生产、推向市场和效益。

对于当时已有的名牌产品，要求力争成为国际名牌。在对市场进行分析的基础上，不断推出新产品投放市场。努力向外国推广自己的名牌，使自己的名牌走出国门、走向世界。

2000 年，集团公司结合“十五”纺织服装发展规划，提出打品牌战略，实现名牌扩张，科工贸合一，内外并举，多元经营。强调品牌是企业生存的根本，经营战略是围绕品牌，发展优势。利用“天坛”“雷蒙”“伊里兰”“坦博”当时的名牌地位，逐步推广。借助“长城”“枫叶”“新花”等系列休闲服装及女装品牌，扩展与服装相关的品牌知名度，策划营销市场的营销策略，加大宣传力度，提高市场占有率，扩大内外销，使产品赢得国内外声誉。

二、以集团为核心的“大品牌”“大营销”发展战略

2001—2004 年，京工集团由于企业调整改制、企业更名，工作内容不以品牌发展为重点。直到 2004 年北京纺织控股完成对京工集团整体布局调整，下属企业和品牌减少，京工集团对“雷蒙”品牌进行分析，并迅速对原有的改制设想进行调整，对品牌发展进行重新定位。京工集团首先实行大“雷蒙”化，将“雷蒙”品牌提升为京工集团的品牌，将“雷蒙”品牌辐射到各子公司，形成外贸内销、工装、特种职业装、零活等共同拉动“雷蒙”品牌发展的格局；其次，依托当时“雷蒙”品牌在市场上的知名度，结合已经建立起来的品牌效益，“雷蒙”品牌由单一的工装加工向多品种、多渠道发展，推出系列产品，形成品牌的综合产品群，满足消费者的多种需求。

2005 年，京工集团利用“雷蒙”“伊里兰”的品牌效益，以男西装、女时装、职业装、特种服装和各类羽绒服装为主要产品，推动主业的发展。改制后的体制，按照品牌发展规划走集团化发展品牌的道路，集公司优势发挥各子公司、分公司的特点，把产品推向市场，并提高产品的设计、技术水平，以生产高附加值、绿色环保产品等方式提高产品竞争力和市场营销力。通过“雷蒙”品牌形成产品系列化，提升“雷蒙”品牌的市场份额；通过“伊里兰”品牌股份制改造，提高产品市场覆盖率。

2006 年，在“十一五”规划目标中，京工集团提出以品牌发展带动企业发展为目标的名牌发展战略，计划走集团化发展品牌的道路，使“雷蒙”“伊里兰”品牌形成产品系列化，提升名牌产品的市场占有率。在不断增加品牌意识的同时，为使京工集团的无形资产不受侵害，重点加强对品牌产品和商标的保护力度，成立商标管理委员会。

2007 年，京工集团开始加大品牌宣传的力度，在国际服装服饰博览会上宣传“伊里兰”品牌，展示重组后的“伊里兰”品牌。通过举办迎奥运北京工业品牌展的契机，展示“雷蒙”“伊里兰”品牌的系列服装、奥运会产品、高科技功能性产品、08 式公交服。在这次展会上，“雷蒙”品牌获得迎奥运北京工业品牌展览会“最佳组织奖”“最佳品牌形象奖”“2007 年北京十大最具潜力时装品牌”等奖项。

2008 年，京工集团确定提升品牌、拉动主业发展的指导思想为走集团发展品牌之路，以研发为龙头、以管理为核心、以市场为依托、以人才为保证，“雷蒙”“伊里兰”产品定位中高档、系列化，实现研发、制作、销售一体化，使品牌逐步做强做大。通过加大对“雷蒙”“伊里兰”品牌的宣传投入，策划制作“雷蒙”“伊里兰”品牌宣传画册、品牌产品宣传片，提高品牌的知名度和影响力。为实现品牌发展战略规划，京工集团制定品牌发展实施方案。实施方案从品牌发展目标、品牌的市场定位到提升品牌、发展品牌的具体措施都做出明确要求，对实现品牌发展战略规划具有很强的操作性。同时在生产经营中，按京工集团品牌发展目标、产品定位、生产销售“三统一”的要求，进行品牌经营活动。品牌发展目标是紧紧围绕“集团化、多品种、多渠道”的“大品牌”发展思路，本着“做强主业，做大品牌”的原则，提升品牌，发展主业。将“雷蒙”“伊里兰”品牌作为京工集团品牌发展的核心，充分利用京工集团在产品开发、市场开拓、品牌推广、名牌效应上的综合实力，在统一品牌形象、统一技术管理、统一工艺标准的基础上，发展扩大集团品牌。通过实施培育“伊里兰”品牌，实现“伊里兰”品牌在三年内争创北京名牌的目标。“雷蒙”品牌在继续保持北京名牌的基础上，提高其品牌价值及社会效益。品牌的市场定位是“雷蒙”品牌在保持原有品牌风格的基础上，根据当前消费市场的需求及未来服装市场的发展趋势，形成以中高档西服套装、职业装、大衣、休闲装为主的男装、女装系列产品，并开发小批量、多品种、有特色、具有科技含量、高附加值的产品。“伊里兰”品牌在满足不同年龄结构、不同消费群体需求的基础上，以新时尚、特色产品、新型面料赢得更多消费者，产品应根据气候和消费者需求的变化，设计轻薄、柔软、保暖的新型羽绒产品。通过调整产品结构、开发新产品，消除品种单一、销售季节短暂的弊端。

2010 年，京工集团将开拓市场与加强品牌建设相结合，充分借助《时尚北京》等各种宣传媒体、网站，宣传“伊里兰”“雷蒙”两个品牌。根据“伊里兰”品牌发展需要，组织、策划“伊里兰”品牌宣传片的拍摄、制作工作，最终形成时长为 4 分 10 秒的“伊里兰”品牌宣传片。同时，京工集团与伊里兰公司共同走向专业化，对“伊里兰”品牌的商标、吊牌、包装、店面形象进行统一的 VI 设计，以达到提升品牌形象的目的。

“十二五”规划中，京工集团明确做强两个服装品牌的战略目标，加快实施品牌发展战略，建设品牌文化，提升品牌研发设计能力，形成以集团为核心的大品牌、大营销的发展格局。“伊里兰”努力提高品牌的市场占有率，做大规模，并根据市场需求进一步调整品牌定位，形成“伊里兰”品牌的风格。通过加强设计、营销队伍的建设，强化“伊里兰”品牌经营的管理模式，使“伊里兰”品牌达到北京市名牌产品的规模和效应。“雷蒙”品牌利用社会影响力和品牌的知名度，整合各种资源，形成合力，做大做强，同时加强设计研发能力，形成“雷蒙”特色的核心技术，积极拓展内销市场，提高职业装竞争力，使“雷蒙”保持名牌产品的优势。

2011年，京工集团根据“十二五”规划确定的大品牌发展战略的思路，集中优势资源，走集团化品牌发展之路。京工集团上半年用于品牌宣传的资金投入近60万元，比2010年同期增长248.17%。根据“雷蒙”“伊里兰”品牌市场发展及业务发展的需要，对两个品牌的产品画册进行重新设计和制作。通过“七一”庆典活动，以服装展演的形式向京工集团干部职工汇报十年来在产品开发、品牌建设上取得的成果。2011年，“雷蒙”品牌还参加首届“北京知名品牌”的评选活动并获得荣誉，同时连续16年保持“北京市著名商标”称号。“雷蒙”男西服、男西裤获“优质产品”称号。

2012年，京工集团“十二五”规划明确提出要加快实施品牌发展战略，建设品牌文化的要求。同时确定建立品牌工作室的发展规划，以品牌工作室带动京工集团品牌设计研发工作，支撑品牌发展。另外，抓住北京一、二线商场专柜的销售机会，利用商场室内、外的灯箱广告进行宣传，在增加商场销售业绩的同时，扩大“雷蒙”“伊里兰”品牌的影响力。“雷蒙”“伊里兰”品牌分别在“北京地区男装系列产品年度推优活动”和“北京地区羽绒服装系列产品年度推优活动”中被授予“北京优质产品”称号；“雷蒙”“伊里兰”品牌获“北京时装之都热销服装品牌”称号。

2014年，“雷蒙”品牌完成全面整合工作，按照“十二五”规划完成“握拳”发展。整合后，京工集团集中优势资源，对改革“雷蒙”品牌发展模式进行深入探索。当时“雷蒙”品牌存在产品同质化严重的问题，无法满足当前消费群体个性化的需求，京工集团努力将产品向突出时尚、提高品味、满足需求方面转型，突出“雷蒙”品牌个性化特点，以满足消费者新的需求。伊里兰公司在以往推进厂商合作的基础上，通过建立“伊里兰”卖厂和品牌厅，减少实体店数量和规模，降低企业经营风险。

2015年，“雷蒙”品牌在明确中高档产品定位的基础上，进一步丰富产品链，实现系列化。“伊里兰”品牌在进一步明确定位于中老年市场后，注重提升羽绒产品设计研发水平，满足中老年消费者的需求，扩大品牌在北京中老年市场的占有率。同时，依托品牌在中老年市场的影响力，重点推进产品转型升级步伐，设计研发销售四季产品，以解决“三季生产、一季销售”的被动局面。

三、顺应消费升级趋势，贯彻时尚与文化相结合的发展战略

“十三五”规划中，京工集团确定“雷蒙”“伊里兰”品牌以品牌设计研发及营销为核心，通过发挥技术开发中心、电子商务中心的作用提升品牌核心竞争力。在提升现有经营水平的基础上，坚定向打造时尚品牌的方向发展。按照品牌定位，“伊里兰”品牌将全面完成从羽绒系列产品向全品类中老年女装产品过渡，积极打造全品类女装的经营模式。“雷蒙”品牌将通过对北京市场需求进行细分，逐步形成适应消费群体的独特风格品牌，结合高级定制业务，实现产品升级。

2016年，“雷蒙”品牌在精准分析北京市场的定位后，借助设计研发工作室成立的契机，提升产品品质，丰富产品链，打造符合“雷蒙”品牌特点的中高端、全品类系列产品。“伊里兰”品牌调整经营策略，对于羽绒产品的生产全面收缩。按照深耕北京市场，受众人群为中老年的市场定位，推进“四季”女装产品的设计研发工作，向“四季”女装转型发展。

2017年，京工集团建立“京工1961”社区服务品牌，通过加快社区店布局、完善服务项目等措施，深入挖掘社区服务潜力，满足广大消费者“改衣难”的需求，唤醒“雷蒙”“伊里兰”品牌忠实粉丝对品牌的热爱与忠诚，以此恢复品牌的市场影响力和占有率。2017年9月京工集团借助北京时装周平台，正式推出“雷蒙·1940”高级定制业务，标志着“雷蒙”品牌正式恢复高级定制业务。“雷蒙”品牌也形成面对高端定制的“雷蒙·1940”、面向商场专柜的“LM雷蒙”、面向社区店的“雷蒙”三个不同的商标体系。按照京工集团对“伊里兰”品牌转型升级的要求，技术开发中心充分发挥品牌工作室的作用，组建专业项目团队实现“伊里兰”四季女装产品的市场化运作。实体店中提升品牌终端视觉的时尚形象，通过个性装修、布局陈列等措施，增强品牌的视觉冲击，提升品牌的美誉度及影响力。“宫溢”作为全新的以女装为主的高级定制品牌，以“京工·于静京绣工作室”为依托，产品以礼服、融入西式工艺改良版中式服装、具有时尚元素的休闲服装及相关服饰4种品类为主。在产品设计上，根据高端消费群体的需求，将京味文化、非遗文化融入服装服饰中。2017年，为宣传各品牌，京工集团组织拍摄制作时长 3 分 32 秒的企业宣传片与企业宣传画册。

2018 年，京工集团按照“十三五”品牌发展规划及年初经济工作会的要求，顺应消费升级趋势，坚持时尚与文化相融合的品牌发展理念，从提升品质、强化服务、拓展渠道、科技创新等方面入手，持续推进品牌时尚化进程。“雷蒙”品牌坚持市场细分，围绕不同的消费群体，提供个性化的产品与服务。“LM 雷蒙”作为北京市场的成衣品牌，产品在保持时尚、经典设计风格的基础上，突出休闲感、生活风。“雷蒙・1940”作为高级定制品牌，在产品开发中注重将品牌经典的海派文化与时尚元素相融合，通过为目标群体提供专属性服务，提升品牌形象。“伊里兰”品牌成衣“减量增值”，通过细分年龄段、精准定位目标人群，设计研发符合消费群体需求的羽绒系列产品。在定制业务中，建立专业团队、完善技术、生产、售后等服务体系，结合 ERP 定制系统的应用，提升功能性与实用性，实现全年定制业务比 2017 年增长近 70% 的目标。“宫溢”女装高级定制品牌，通过设计改良，将 2017 年太庙走秀的女装高定产品转化为可以在市场销售的成衣。同时按照女装高定品牌定位，以“京绣”为基因，将有吉祥寓意的京绣图案与时尚元素结合，设计开发服装服饰系列产品。2018 年京工集团重新制作时长为 3 分 14 秒的“伊里兰”品牌宣传片与宣传画册，时长 3 分 16 秒的“雷蒙・1940”“宫溢”高级定制品牌宣传视频。2018 年 12 月，京工集团“雷蒙”品牌经过北京老字号协会的评审，获得“北京老字号”荣誉。

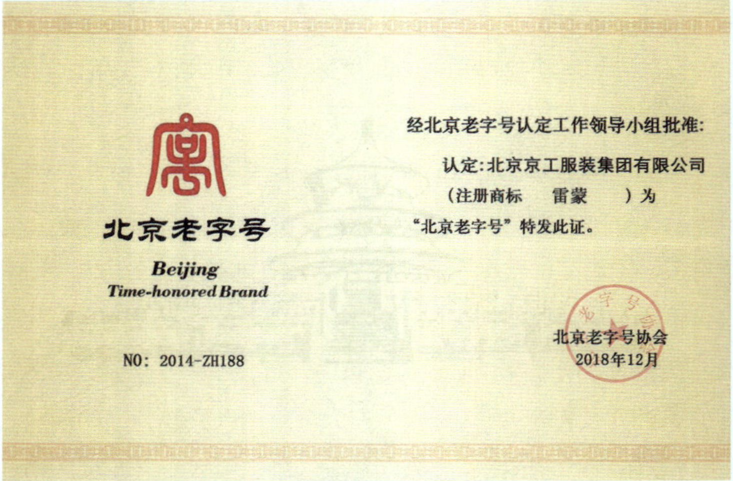
北京老字号
Beijing
Time-honored Brand
NO: 2014-ZH188
经北京老字号认定工作领导小组批准:
认定:北京京工服装集团有限公司
(注册商标　雷蒙　)为
“北京老字号”特发此证。
北京老字号协会
2018年12月

2018 年京工集团“雷蒙”品牌获北京老字号证书

京工集团办公室　提供

2018 年京工集团“雷蒙”品牌获“北京老字号”称号

京工集团办公室 提供

2019 年，京工集团坚持以品牌运营为核心，以服务增值、运营模式创新为切入点，贯彻时尚与文化相结合的品牌发展理念，提升设计创新与营销渠道创新，不断提升品牌的产品力和营销力。“雷蒙·1940”逐步开发经典款式色系的复古英伦正装产品。“宫溢”女装高级定制品牌在实现京绣服装服饰产品系列化的基础上，开始京绣家居产品的设计研发。在“雷蒙”品牌获得“北京老字号”的称号后，京工集团高度重视老字号品牌传承保护和高质量发展工作，根据北京市国资委与时尚控股对“北京老字号”品牌的一系列工作要求，京工集团于 2019 年 8 月 28 日制定完成《京工集团“雷蒙”品牌传承发展工作方案》，方案中涵盖品牌定位、创新引领、发展保障、文化传承等多个方面。2019 年 6 月 26 日，在第十六届“世界品牌大会”上，经第三方独立机构世界品牌实验室公布的 2019《中国 500 最具价值品牌》中，“雷蒙”以 126.36 亿元的品牌价值荣列 2019《中国 500 最具价值品牌》的第 381 位。2019 年，京工集团组织重新拍摄制作时长为 3 分 10 秒的企业宣传片。

2020 年上半年受新冠肺炎疫情影响，京工集团研究服装产业发展的新趋势与品牌发展新路径。“雷蒙”品牌工作室以庆祝品牌成立八十周年为契机，设计研发海派文化与时尚元素相融合、复古与流行趋势相结合、彰显“雷蒙”品牌文化的系列新品。同时，首次开发“雷蒙”女正装系列产品，新品在北京时装周中发布，部分款式在“京工 1961”线上、线下平台同时销售。“伊里兰”品牌工作室围绕品牌定位，从面料质感、流行色彩搭配、修身版型设计等多维度提升品牌时尚度，完成2020年秋冬季新款设计研发工作并投入生产。“京绣”工作室继续根据首都设计提升计划项目的工作要求，将融入京绣元素的服饰产品及家居产品实施落地，丰富“宫溢”品牌产品品类，为女装高定品牌发展提供支撑。试制车间在完成样衣制作及时装周任务工作的基础上，对接社区事业部，通过建立标准化流程，承接部分“京工1961”社区服务业务。京工集团以“雷蒙”品牌成立80周年为契机，克服疫情影响，策划多项活动，包括借助老字号协会平台对接邮局，发行具有收藏价值的“雷蒙”老字号纪念封；对接北京市商务委，推出定制季和优惠季系列活动，活动纳入由北京市商务委牵头组织的“北京消费季”活动中；与《东方企业文化》杂志对接，登上2020年第3期封面故事，通过讲述《“雷蒙”的八十年》历史故事，宣传“雷蒙”品牌老字号发展历程；对接时尚控股组织的“时尚嘉年华”活动，由北京电视台主持人在京工集团抖音号为“雷蒙”品牌直播带货等。2020年8月5日，“雷蒙”品牌再次以146.19亿元的品牌价值列“2020中国500强最具价值品牌”的第379位。2020年是京工集团连续参加北京时装周的第五年，在2020年北京时装周上，京工集团“雷蒙80秀”以“润”为主题，向观众展示“雷蒙”品牌80年的匠心传承与新时尚潮流下的品牌魅力。2020年9月22日，为期8天的2020北京时装周圆满落下帷幕，“雷蒙”品牌再次获紫禁城品牌大奖。为增加京工集团旗下品牌知名度，提升品牌形象，2020年下半年京工集团共计展开5场主题直播带货活动，丰富品牌活动形式及集团业务板块。2020年12月28日，“雷蒙”品牌获北京时装周五周年非遗时尚传承奖。

四、提升品牌运营能力，深耕社区服务的发展战略

2021年，京工集团在“十四五”规划中明确京工集团将坚持围绕深耕社区服务、打造社区商业生态为战略发展核心。品牌发展通过重塑品牌定位、坚持文化传承、提升创意水平、优化传播途径等方式，更好地推动“十四五”品牌发展战略实现。

在重塑品牌定位方面，京工集团将深入研究当前“雷蒙”“伊里兰”等品牌消费群体对服装时尚度的新追求，更加准确地把握消费者的生活方式，以客户为中心进行更为准确的品牌定位；在坚持文化传承方面，京工集团将挖掘“雷蒙”“伊里兰”等老品牌在各自细分市场中具有历史传承的经典内涵和独特的文化底蕴，结合时代特点，打造全新品牌形象，以新理念讲述品牌故事，将品牌文化融入消费者心中，提高品牌契合度；在提升创意水平方面，京工集团将切实发挥设计研发资源优势，继续加强品牌工作室建

设，同时以文化创意为品牌赋能，围绕社区需求和品牌定位，以需求为导向，积极设计融入京绣等京味文化元素的服装服饰产品和文化衍生品，实现创新成果市场化发展目标；在优化传播途径方面，京工集团提出借助新媒介、新方式优化品牌宣传策略，提升品牌活跃度和影响力。为此，京工集团在“十四五”规划中提出两项具体措施：第一是结合社群需求与第三方平台展开合作，通过直播带货、短视频等方式做好宣传与营销的融合，创新宣传推广渠道；第二是京工集团将以《北京京工服装集团有限公司志》发行为契机，多渠道、全方位地向外界展示宣传老字号、老品牌走过的风雨历程和文化魅力，建立“雷蒙”品牌博物馆，努力实现博物馆多维度有效传播，树立北京老字号的文化品牌形象。

1979—2020 集团品牌荣誉一览表

表 5-1

荣获年度 / 颁发年份	荣誉名称	品牌
1979 年	国家质量银质奖	冬梅女长袖衬衫
1979 年	79 年度纺织工业部优秀产品	冬梅女衬衫
1979 年	北京市优质产品	冬梅女衬衫
1979 年	79 年度纺织工业部优秀产品	北京男衬衫（出口）
1979 年	北京市优质产品	北京男衬衫（出口）
1979 年	北京市优质产品	映山红女绣衣
1979 年	全国轻工业优质产品	天坛男衬衫（出口）
1979 年	国家质量金质奖	天坛男衬衫
1979 年	北京市优质产品	天坛男衬衫
1979 年	北京市优质产品	珍珠珠光有机扣
1979 年	79 年度纺织工业部优秀产品	天坛男衬衫
1979 年	79 年度纺织工业部优秀产品	东方红女衬衫
1979 年	北京市优质产品	东方红女衬衫
1980 年	全国轻工业优质产品	激流男毛呢大衣
1980 年	北京著名商标	天坛男衬衫
1980 年	北京著名商标	冬梅女衬衫
1980 年	北京市优质产品	冬梅女装晴雨大衣

续表 5-1

荣获年度 / 颁发年份	荣誉名称	品牌
1980 年	80 年度纺织工业部优秀产品	冬梅女装晴雨大衣
1980 年	北京市优质产品	长青中山服套装
1980 年	北京著名商标	白塔男衬衫
1981 年	81 年度纺织工业部优秀产品	白塔男衬衫
1981 年	北京市优质产品	白塔男衬衫
1981 年	81 年度纺织工业部优秀产品	天鹅女童套装
1981 年	81 年度纺织工业部优秀产品	熊猫男童套装
1981 年	北京市优质产品	天鹅女童套装
1981 年	北京著名商标	映山红女绣衣
1982 年	北京市优质产品	新花女西裤
1982 年	北京市优质产品	北京男衬衫
1982 年	北京著名商标	北京男衬衫
1982 年	北京市优质产品	东方红女衬衫
1982 年	82 年度纺织工业部优秀产品	枫叶毛料中山服
1982 年	82 年度纺织工业部优秀产品	枫叶男西裤
1982 年	北京市优质产品	长城风雨衣
1982 年	北京市优质产品	枫叶毛料中山服
1982 年	82 年度纺织工业部优秀产品	长青中山服套装
1982 年	北京市优质产品	天鹅男西服
1983 年	国家质量银质奖	新花女西裤
1983 年	83 年度纺织工业部优秀产品	新花女西裤
1983 年	83 年度纺织工业部优秀产品	新华女西服
1983 年	北京著名商标	长城风雨衣
1983 年	国家质量银质奖	长青毛料中山服上衣
1983 年	全国轻工业优质产品	伊里兰羽绒服
1983 年	北京市优质产品	熊猫男童套装
1983 年	83 年度纺织工业部优秀产品	伊里兰羽绒服
1983 年	83 年全国儿童生活国家优秀奖	熊猫男童套装
1983 年	国家质量银质奖	枫叶中山服套装
1983 年	北京著名商标	长青毛料中山服

续表 5-1

荣获年度 / 颁发年份	荣誉名称	品牌
1983 年	83 年度纺织工业部优秀产品	霞光防寒服
1983 年	北京市优质产品	霞光防寒服
1983 年	北京市优质产品	长青毛料中山服
1984 年	北京市优质产品	冰花女衬衫
1984 年	北京市优质产品	金合欢中山服套装
1984 年	北京市优质产品	丽冠男衬衫
1984 年	北京市优质产品	新花女西裤
1984 年	北京著名商标	新花女西裤
1984 年	北京著名商标	新华女西服
1984 年	北京著名商标	新华女裙套
1984 年	北京市优质产品	国王男衬衫
1984 年	北京市优质产品	三月男衬衫
1984 年	北京市优质产品	新花女大衣
1984 年	北京市优质产品	伊里兰羽绒服
1984 年	北京市优质产品	苹果女童装
1984 年	北京市优质产品	红婴儿童套装
1984 年	北京著名商标	红婴儿童套装
1984 年	北京著名商标	伊里兰羽绒服
1984 年	北京市优质产品	三 A 男衬衫
1984 年	北京市优质产品	天鹅男中建设服
1984 年	北京市优质产品	翠竹男大衣
1984 年	北京著名商标	熊猫男童套装
1985 年	北京市优质产品	红山茶童装
1985 年	85 年度纺织工业部优秀产品	红婴儿童套装
1985 年	北京市优质产品	雪梅中人衬衫
1985 年	85 年度纺织工业部优秀产品	翠竹男大衣
1985 年	国家质量银质奖	登峰女大衣
1985 年	85 年度纺织工业部优秀产品	登峰女大衣
1985 年	北京市优质产品	龙子男上衣
1985 年	85 年度纺织工业部优秀产品	冬梅女衬衫

续表 5-1

荣获年度 / 颁发年份	荣誉名称	品牌
1985 年	国家质量银质奖	冬梅女衬衫
1985 年	85 年度纺织工业部优秀产品	映山红女绣衣
1985 年	国家质量金质奖	天坛男衬衫
1985 年	85 年度纺织工业部优秀产品	三月男衬衫
1985 年	全国优质产品	三 A 男衬衫
1985 年	85 年度纺织工业部优秀产品	天鹅女童套装
1985 年	85 年度纺织工业部优秀产品	熊猫男童套装
1985 年	85 年度纺织工业部优秀产品	苹果女童装
1985 年	北京市优质产品	中华婴儿套装
1985 年	全国轻工业优质产品	苹果童装
1985 年	85 年度纺织工业部优秀产品	三海男西服
1985 年	85 年度纺织工业部优秀产品	金合欢男西服套装
1985 年	北京市优质产品	金合欢男西服套装
1985 年	国家质量银质奖	三海男西服
1985 年	全国轻工业优质产品	三海男西服
1985 年	北京市优质产品	丽霞女衬衫
1985 年	北京市优质产品	三海男西服
1985 年	85 年度纺织工业部优秀产品	丽冠男衬衫
1985 年	85 年度纺织工业部优秀产品	天坛男衬衫
1985 年	85 年度纺织工业部优秀产品	北京男衬衫（出口）
1985 年	85 年度纺织工业部优秀产品	东方红女衬衫
1985 年	北京市优质产品	枫叶男西服
1986 年	北京市优质产品	天鹅男西服
1986 年	北京市优质产品	新华女西服
1986 年	北京市优质产品	天坛男衬衫
1986 年	北京市优质产品	驼铃男衬衫
1986 年	北京市优质产品	东方红女衬衫
1986 年	北京市优质产品	白塔男衬衫
1986 年	北京市优质产品	玄女女衬衫
1986 年	北京市优质产品	映山红女绣衣

续表 5-1

荣获年度 / 颁发年份	荣誉名称	品牌
1986 年	北京市优质产品	枫叶中山服套装
1986 年	北京市优质产品	天鹅女童套装
1986 年	86 年度纺织工业部优秀产品	长城男女风衣
1986 年	国家质量银质奖	长城男女风衣
1986 年	北京市优质产品	长城男女风衣
1986 年	北京市优质产品	龙子男童装
1986 年	北京市优质产品	中华婴儿套装
1986 年	北京市优质产品	长青中山服套装
1986 年	全国轻工业优质产品	长城男女风雨衣
1986 年	北京市优良进出口产品奖	冬梅女睡衣套（袍）
1987 年	87 年度纺织工业部优秀产品	枫叶中山服套装
1987 年	优秀出口产品	天鹅男西服
1987 年	北京市优质产品	腾达台布
1987 年	北京市优质产品	腾达窗帘套
1987 年	87 年度纺织工业部优秀产品	伊里兰羽绒服
1987 年	国家质量银质奖	伊里兰羽绒服
1987 年	全国童装生活用品优秀新产品金鹿奖	天鹅童装
1987 年	国家质量银质奖	长青中山服套装
1987 年	87 年度纺织工业部优秀产品	长青中山服套装
1987 年	87 年度纺织工业部优秀产品	金合欢中山服套装
1987 年	北京市优质产品	晴兰夹克衫
1988 年	北京市优质产品	飞凰女衬衫
1988 年	国家质量银质奖	新花女西裤
1988 年	88 年度纺织工业部优质产品	新花女西裤
1988 年	88 年度纺织工业部优质产品	新花女西服
1988 年	88 年度纺织工业部优质产品	新华女裙套
1988 年	北京市优质产品	新华女裙套
1988 年	北京市优质产品	长城夹克衫
1988 年	国家质量银质奖	冬梅女长袖衬衫
1988 年	国家质量金质奖	天坛男衬衫

续表 5-1

荣获年度 / 颁发年份	荣誉名称	品牌
1988 年	国家质量银质奖	伊里兰羽绒服
1988 年	88 年度纺织工业部优质产品	长青中山服套装
1988 年	88 年度纺织工业部优质产品	枫叶女裙套
1988 年	88 年度纺织工业部优质产品	枫叶中山服套装
1988 年	北京市优质产品	冰花连衣裙
1989 年	北京市优质产品	丽冠男衬衫
1989 年	89 年度纺织工业部优质产品	驼铃连衣裙（套裙）
1989 年	北京市优质产品	驼铃连衣裙（套裙）
1989 年	国家质量银质奖	驼铃连衣裙（套裙）
1989 年	北京市优质产品	北京男衬衫（出口）
1989 年	北京市优质产品	三月男衬衫
1989 年	北京市优质产品	冰花女衬衫
1989 年	北京市优质产品	伊里兰羽绒服
1989 年	北京市优质产品	枫叶毛料中山服
1989 年	第二届日用工业品展评会优秀设计三等奖	婴儿抱袋棉上装
1989 年	北京市优质产品	长青毛料中山服
1989 年	北京市优质产品	国王男衬衫
1989 年	北京市优质产品	冬梅女衬衫
1989 年	北京市优质产品	玄女女衬衫
1989 年	北京市优质产品	天鹅女童套装
1989 年	北京市优质产品	苹果女童装
1989 年	北京市优质产品	红婴儿童套装
1989 年	北京市优质产品	长城防寒服
1990 年	北京市优质产品	雪梅中人衬衫
1990 年	北京市优质产品	雪梅女童衫
1990 年	北京市优质产品	红山茶童装
1990 年	北京市优质产品	中华婴儿套装
1990 年	北京市优质产品	龙子男上衣
1990 年	北京市优质产品	熊猫男童套装
1990 年	国家质量金质奖	天坛男衬衫

续表 5-1

荣获年度 / 颁发年份	荣誉名称	品牌
1990 年	北京市优质产品	天坛男衬衫
1990 年	90 年度纺织工业部优质产品	天坛男衬衫
1990 年	90 年度纺织工业部优质产品	映山红女绣衣
1990 年	北京市优质产品	映山红女绣衣
1990 年	90 年度纺织工业部优质产品	冰花女衬衫
1990 年	国家质量金质奖	北京男衬衫
1990 年	90 年度纺织工业部优质产品	三月男衬衫
1990 年	90 年度纺织工业部优质产品	三 A 男衬衫
1990 年	90 年度纺织工业部优质产品	三海男西服
1990 年	国家质量银质奖	三海男西服
1990 年	北京市优质产品	三海男西服
1990 年	90 年度纺织工业部优质产品	丽冠男衬衫
1990 年	全国轻工工业优质产品	北京男衬衫（出口）
1990 年	90 年度纺织工业部优质产品	金合欢男西服套装
1990 年	北京市优质产品	金合欢男西服套装
1990 年	北京市优质产品	金合欢中山服套装
1990 年	90 年度纺织工业部优质产品	国王男衬衫
1990 年	国家质量银质奖	冬梅女衬衫
1990 年	90 年度纺织工业部优质产品	冬梅女衬衫
1990 年	90 年度纺织工业部优质产品	白塔男衬衫
1990 年	北京市优质产品	白塔男衬衫
1990 年	90 年度纺织工业部优质产品	长城防寒服
1990 年	北京市优质产品	腾达衔缝制品
1990 年	北京市优质产品	日月睡衣套装
1990 年	90 年度纺织工业部优质产品	日月睡衣套装
1991 年	对外贸易部优质产品	YLS 男衬衫
1991 年	中国服装万紫千红银质奖	天鹅童装
1991 年	全国童装评比银牌	天鹅男女童装
1991 年	91 年度纺织工业部优质产品	熊猫童装
1991 年	91 年度纺织工业部优质产品	天鹅童装

续表 5-1

荣获年度 / 颁发年份	荣誉名称	品牌
1991 年	1991 年度可信产品	熊猫童装
1991 年	胜家日钢杯，中国名牌衬衫	天坛男衬衫
1991 年	对外贸易部优质产品	天坛男衬衫（出口）
1991 年	国家质量金质奖	长城风雨衣（风衣）
1991 年	全国风雨衣评比金牌	长城风雨衣
1991 年	91 年度纺织工业部优质产品	长城风雨衣（风衣）
1991 年	91 年度纺织工业部优质产品	长城防寒服
1992 年	北京市著名商标提名奖	雷蒙
1992 年	万能杯 92 首都青年最喜爱的名牌服装评选金奖	枫叶
1992 年	北京著名商标	KING
1992 年	金桥奖	长城风雨衣
1992 年	北京著名商标	长城
1992 年	北京市著名商标	伊里兰羽绒服装
1993 年	消费者信得过产品	枫叶
1994 年	北京名牌产品	伊里兰羽绒服
1994 年	94 年全国最畅销国产产品“金桥奖”	伊里兰羽绒服
1994 年	北京名牌产品	天坛男衬衫
1994 年	北京名牌产品	坦博男、女衬衫
1994 年	北京名牌商品	伊里兰羽绒服
1994 年	中国十大名牌服装	天坛
1994 年	94 年度北京市“好产品”	天坛衬衫
1994 年	中华精品衬衫	坦博
1994 年	第五届亚太国际贸易博览会金奖	坦博衬衫
1994 年	第五届亚太国际贸易博览会金奖	伊里兰羽绒服
1995 年	95 年国际精品展览暨经贸洽谈会金奖	天坛男风衣
1995 年	95 年国际精品展览暨经贸洽谈会金奖	伊里兰内藏式组合羽绒服
1995 年	北京市著名商标	雷蒙
1995 年	北京市著名商标	坦博衬衫
1995 年	北京市著名商标	伊里兰羽绒服装
1995 年	北京市著名商标	天坛

续表 5-1

荣获年度 / 颁发年份	荣誉名称	品牌
1995 年	北京名牌产品	雷蒙男西服、男大衣
1995 年	中国名牌衬衫	天坛男衬衫
1995 年	名牌产品	雷蒙
1995 年	消费者信得过产品	坦博时装衬衫
1995 年	消费者信得过优质产品	雷蒙西服
1995 年	向联合国第四次世界妇女代表大会推荐产品	坦博女衬衫
1995 年	被列入《中国之光名牌产品》	伊里兰羽绒服
1996 年	中国八大名牌挂牌企业	伊里兰
1999 年	北京市著名商标	雷蒙
1999 年	北京市著名商标	伊里兰羽绒服装
2000 年	北京名牌产品	雷蒙服装
2000 年	北京名牌产品	伊里兰羽绒服
2001 年	北京市著名商标	雷蒙
2002 年	北京名牌产品	伊里兰羽绒服
2002 年	北京名牌产品	雷蒙男西服、大衣
2004 年	北京市著名商标	雷蒙
2004 年	北京名牌产品	雷蒙西服套装
2005 年	北京市著名商标	雷蒙
2006 年	北京名牌产品	雷蒙西服套装
2006 年	北京市著名商标	雷蒙
2007 年	北京市著名商标	雷蒙
2007 年	北京最具潜力时装品牌	雷蒙
2008 年	北京时装之都热销服装品牌	伊里兰羽绒服类
2008 年	北京最具潜力时装品牌	雷蒙
2009 年	北京十大时装品牌	雷蒙
2009 年	北京时装之都热销服装品牌	伊里兰羽绒服类
2010 年	北京时装之都热销服装品牌	雷蒙男西服类
2010 年	北京时装之都热销服装品牌	伊里兰羽绒服类
2010 年	北京知名品牌	雷蒙男西服、大衣
2010 年	北京市著名商标	雷蒙

续表 5-1

荣获年度 / 颁发年份	荣誉名称	品牌
2010 年	北京十大时装品牌	雷蒙
2011 年	北京市著名商标	雷蒙
2011 年	北京优质产品	雷蒙男西服
2011 年	北京优质产品	雷蒙男西裤
2011 年	北京时装之都热销服装品牌	伊里兰羽绒服类
2011 年	北京时装之都热销服装品牌	雷蒙男西服类
2012 年	北京市著名商标	雷蒙
2012 年	北京优质产品	伊里兰羽绒服
2012 年	北京时装之都热销服装品牌	雷蒙男西服类
2012 年	北京时装之都热销服装品牌	伊里兰羽绒服类
2013 年	北京知名品牌	雷蒙男西服、大衣
2013 年	北京时装之都热销服装品牌	雷蒙男西服类
2013 年	北京时装之都热销服装品牌	伊里兰羽绒服类
2013 年	北京市著名商标	雷蒙
2013 年	北京文化创意优秀时装品牌	雷蒙
2014 年	北京优质产品	雷蒙男西服、男西裤
2014 年	北京时装之都热销服装品牌	雷蒙男西服类
2014 年	北京时装之都热销服装品牌	伊里兰羽绒服类
2014 年	老字号品牌文化传承奖	京工集团
2015 年	北京知名品牌	雷蒙男西服、大衣
2016 年	北京时装周最佳原创设计奖	雷蒙·1940
2016 年	北京时装周最佳原创设计奖	伊里兰
2018 年	时尚品牌大奖	伊里兰
2018 年	北京老字号	京工集团“雷蒙”品牌
2019 年	中国 500 最具价值品牌	雷蒙
2019 年	时尚品牌奖	伊里兰
2019 年	紫禁城品牌大奖	雷蒙
2019 年	创意品牌奖	宫溢
2020 年	中国 500 最具价值品牌	雷蒙
2020 年	紫禁城品牌大奖	雷蒙
2020 年	北京时装周五周年非遗时尚传承奖	雷蒙

第二节　商标管理

自京工集团前身 1961 年成立以来，拥有众多注册商标，但随着企业调整改制，品牌商标也不断转让、失效，其中包括“天坛”“长城”等品牌商标。2006 年，为实现标准化管理，京工集团成立商标管理委员会，专门针对京工集团的商标进行监管，并制定《北京京工服装集团有限公司商标管理办法》及配套的《商标许可使用授权书》《商标许可使用协议书》。2008 年，京工集团开始委托北京东方天健知识产权代理有限公司对部分商标进行跟进代理。截至 2020 年底，京工集团共有注册商标图案 28 个，包含不同注册类别的 64 个商标注册号，所有商标的管理工作均由京工集团专门负责。

一、商标注册

（一）雷蒙（1218828#）

1998 年 10 月 28 日由集团公司成功注册。由于企业调整，2002 年 9 月 18 日转让给更名后的京工集团。注册类别：25 类。现主要用于北京市京工雷蒙服装服饰有限公司工装生产及普通定制。

雷蒙　1218828#

1940 年，“雷蒙西服店”在上海南京西路 960 号创立，名字源自法国流行歌曲《雷蒙娜》。当时的“雷蒙”所用的面料来自英国，款式吸取法国、英国、日本风格，被称为“海派西服”。1956 年雷蒙、波纬、造寸、蓝天、鸿霞等一批名牌服装店迁入北京，以满足首都人民的生活和外事工作的需求。“雷蒙西服店”落户在北京王府井大街八面槽 31 号，服务对象是国家领导人、出国团队、外国驻华领事馆人员。1981 年决定恢复老字号，“雷蒙”西服店在王府井大街249号重新开业。1987年后，“雷蒙”开始逐步迈向海外，与日本公司的合作全面开展，合资成立公司，以老“雷蒙”传统加工高级毛料的特有工艺和既可单量单裁又可以批量流水的生产特点来应对国内外市场需求。

（二）LM 雷蒙（342294#）

1989 年 3 月 10 日由北京雷蒙西服公司成功注册，2002 年 7 月 31 日转让给京工集团（342294#）。注册类别：25 类。

LM 雷蒙 342294#

为增加使用类别，分别于 2010 年 11 月 7 日、2014 年 2 月 28 日、2014 年 6 月 21 日由京工集团成功注册 3 个商标（7106987#、注册类别：25 类；8308721#，注册类别：40 类；8308742#、注册类别：40 类）。7106987#、8308721# 用于北京市京工雷蒙服装服饰有限公司大货服装生产。

LM 雷蒙 7106987#、8308721#

LM 雷蒙 8308742#

（三）雷蒙·1940（10982169#）

2013 年 9 月 21 日由京工集团注册，为恢复高级定制专门注册。雷蒙创立于 1940 年，且在创立之初就做定制服装，在原有的“雷蒙”二字后面增添“·1940”符号与数字有溯源之意。注册类别：25 类。

雷蒙·1940（10982169#）

（四）宫溢（32032518#、32047963#、32034044#、32032869#、32027183#）

商标图案由非物质文化遗产传承人、京绣大师于静设计，2019年4月14日由京工集团注册，现为女装高级定制所用。京绣又称宫绣，明清时期开始大为兴盛，被列为燕京八绝之一。商标的文字部分用两个字表示要传承京绣传统的技艺，使非物质文化遗产发扬光大。京绣在设计中讲究图必有意，意必吉祥，申请注册商标中回形纹图案象征着幸福美满，连绵不断。注册类别：18、24、25、26、42类。

宫 溢 32032518#、32047963#、32034044#、32032869#、32027183#

伊里兰 153051#

（五）伊里兰（153051#、8304719#、8304816#）

1982年1月15日由北京羽绒制品厂成功注册，2005年8月14日转让给京工集团（153051#）。注册类别：25类。

由于注册商标为手绘稿，商标图案不清晰，于2011年5月21日重新注册商标8304719#、8304816#，新商标中去掉了“北京羽绒制品厂”，其他图案保留不变。注册类别：24、25类。现用于北京京工伊里兰服装服饰有限公司生产大货服装。

“伊里兰”品牌起源于北京，作为中国第一个羽绒服注册商标，曾是中国北方规模最大、投产最早的羽绒服品牌。“伊里兰”来源于四川省山区，有一种不起眼的山花，叫伊里兰，每年入夏开花，花开时透着清香。“伊里兰”牌羽绒服曾陪伴中国南极考察队赴南极，随中国、日本、尼泊尔国际登山队双跨珠峰登上世界屋脊，经历严寒的考验。

伊里兰 8304719#、8304816#

（六）京工 1961（25371960#）

2018 年 10 月 7 日由京工集团注册，用于京工集团社区店。京工集团成立于 1961 年，京工集团开设京工 1961 社区店，提供男装、女装、童装以及修衣改衣、服装定制等百姓需求的业务。注册“京工 1961”商标用于京工 1961 社区店的经营。注册类别：25、37、40、42、45。

京工 1961 25371960#

枫叶 115407#

（七）枫叶（115407#）

1979 年 10 月 31 日由北京市服装一厂成功注册，2003 年 10 月 28 日转让给京工集团。注册类别：25 类。

（八）Haoxuesheng（629582#、20470637#）

为加深中日学生装产品的交流，北京服装研究所副所长陈富美设计“Haoxuesheng”商标图案，于 1993 年 2 月 10 日由北京服装研究所成功注册，计划用于学生装使用。但由于当时各学校、加工厂都配有自己的学生装商标，导致“Haoxuesheng”商标未正式投入使用。2004 年 1 月 14 日转让给京工集团。后为增加使用类别，于 2017 年 10 月 21 日增注 20470637# 商标。注册类别：25 类。现用于童装的设计研发销售。

Haoxuesheng 629582#、20470637#

（九）Saike（648810#）

Saike 648810#

1987 年北京市服装二厂厂长李同兴委托北京大华衬衫厂设计师设计商标图案，于 1993 年 7 月 7 日由北京市服装二厂成功注册，计划用于内销产品。但由于当时“西服热”进入正常期，且北京市服装二厂出口任务繁重，内部资金紧张，同时外国品牌纷纷涌入中国市场，南方私营的大型市场以极大的力度抢占市场，国内消费群极大分化，国有企业竞争力急剧下降，无力开发新品牌，导致“Saike”商标未正式投入使用。当初设计“Saike”商标名称的目的是“参与竞赛，力克群雄”，设计取中文的“赛”和“克”二字的谐音，寓意是所参赛产品不仅展示了北京服装纺织高级制作工艺水平，更表现了北京服装人不服输的、兢兢业业的工匠精神和为北京纺织服装的发展无私奉献的精神。最后以汉语拼音“Saike”为商标中的文字部分，商标上面的图形就是头发被风吹起的变形图案，寓意为迎风而上，不畏惧任何困难，攻无不克，必然胜利，因此也称为“赛克”。2003 年 5 月 7 日转让给京工集团。注册类别：25 类。

（十）长青（115410#）

长青 115410#

“长青”牌商标是用于北京市服装二厂内销产品中山服套装和男士中长大衣的商标。1982 年全国首届质量评比中荣获全国金质奖，战胜了全国服装强市上海、南京、天津、大连等服装品牌，获得中华人民共和国成立以来服装产品的首枚金牌。因为北京市服装二厂的传统硬实力是中山服和军便服，50 年代至 90 年代初主要为全国男士生产标志性服装。中山服伴随着北京市服装二厂的兴衰历程，是北京市服装二厂传统且具有特别优势的产品，希望在市场经久不衰，故取名“长青”。

2020年现存京工集团商标一览表

表5-2

商标名	LOGO	注册号	类别	注册人名称	初始注册时间	备注
LM雷蒙	LM雷蒙 北京雷蒙西服公司	342294	25	北京雷蒙西服公司（变更为：京工集团）	1989年3月10日	
雷蒙	雷蒙	1218828	25	集团公司（变更为：京工集团）	1998年10月28日	
		8308742	40	京工集团	2014年6月21日	
LM雷蒙	LM雷蒙	7106987	25	京工集团	2010年11月7日	
		8308721	40	京工集团	2014年2月28日	
雷蒙·1940	雷蒙·1940	10982169	25	京工集团	2013年9月21日	
		31434607	25	京工集团	2019年5月28日	
Leimeng·1940	leimeng·1940	10982416	25	京工集团	2013年9月21日	
		10982516	42	京工集团	2013年9月21日	
佐田雷蒙	佐田雷蒙	8304835	40	京工集团	2014年3月7日	
伊里兰	YILILAN	153051	25	北京羽绒制品厂	1982年1月15日	后期没有续展，注册新的商标
	YILILAN	8304719	24	京工集团	2011年5月21日	
		8304816	25	京工集团	2011年5月21日	
		8304690	20	京工集团	2011年6月28日	
伊里兰		383976	20	北京伊里兰羽绒制品厂（变更为：京工集团）	1988年5月10日	
		313547	24	北京羽绒制品厂（变更为：京工集团）	1988年5月10日	
	伊里兰	8304457	24	京工集团	2011年5月21日	
		8304493	25	京工集团	2011年5月21日	
		8304425	20	京工集团	2011年6月28日	

续表 5-2

商标名	LOGO	注册号	类别	注册人名称	初始注册时间	备注
伊里兰		1323605	25	北京伊里兰羽绒制品厂（变更为：京工集团）	1999 年 10 月 14 日	
		8304578	22	京工集团	2011 年 5 月 21 日	
		8304526	25	京工集团	2011 年 5 月 21 日	
		8304600	40	京工集团	2011 年 7 月 28 日	
		14909824	25	京工集团	2015 年 9 月 14 日	
		14909825	25	京工集团	2015 年 9 月 14 日	
		14909822	25	京工集团	2015 年 10 月 28 日	
		14909823	25	京工集团	2015 年 10 月 28 日	
京工		4236921	25	京工集团	2008 年 4 月 7 日	
Haoxuesheng		629582	25	北京市服装研究所（变更为：京工集团）	1993 年 2 月 10 日	
		20470637	25	京工集团	2017 年 10 月 21 日	629582 号商标增项
枫叶		115407	25	北京市服装一厂（变更为：京工集团）	1979 年 10 月 31 日	
Saike		648810	25	北京市服装二厂（变更为：京工集团）	1993 年 7 月 7 日	
鹰球		164400	25	北京市服装一厂（变更为：京工集团）	1982 年 1 月 25 日	
长青		115410	25	北京市服装二厂（变更为：京工集团）	1981 年 5 月 1 日	

续表 5-2

商标名	LOGO	注册号	类别	注册人名称	初始注册时间	备注
京工·1961	京工·1961	25371958	25	京工集团	2018年10月7日	
			37			
			40			
			42			
			45			
京工 1961	京工1961	25371960	25	京工集团	2018年10月7日	
			37			
			40			
			42			
			45			
京工 1961	京工 1961	25371959	25	京工集团	2018年10月7日	
			37			
			40			
			42			
			45			
宫译		32031617	18	京工集团	2019年3月28日	
		32037518	24		2019年3月28日	
		32034038	25		2019年4月7日	
		32030839	26		2019年3月28日	
		32041456	35		2019年3月28日	
		32031182	42		2019年3月28日	
宫溢		32032518	18	京工集团	2019年4月7日	
		32047963	24		2019年3月28日	
		32034044	25		2019年4月7日	
		32032869	26		2019年3月28日	
		32027183	42		2019年3月28日	

续表 5-2

商标名	LOGO	注册号	类别	注册人名称	初始注册时间	备注
宫艺		24195157	24	京工集团	2019 年 4 月 14 日	
			26			
		24195158	24		2019 年 4 月 14 日	
			26			
		24195159	24		2019 年 4 月 14 日	
			26			

（十一）已失效、转让商标

1．三海（303162#、210139#）

“三海”牌服装是北京市服装二厂用于内销产品男西服、大衣的商标。“三海”商标设计者是服装二厂技术科美工陈百放，由于北京市服装二厂周围有前海、北海、中南海，北京的历史文化在此有得天独厚的浓重氛围，故取名为“三海”。 1984 年以后，随着“西服热”的到来，市场逐渐缩小。1984 年在全国首届男西服质量评比中，“三海”牌服装获全国西服最高质量奖“银质奖”一举成名，获得全国最高奖（西服评比只设银奖为最高奖）。“三海”牌男西服是北京市服装二厂凭借多年生产出口西服所积累的设计、款式、工艺、面料选择的经验，结合当时国际上先进的设计、工艺和严格的质量管控，设计生产出专门适合中国人穿着的服装品牌，是当时市场畅销产品，也成为国家领导人出国和出席重要活动首选的服装品牌。210139# 商标于 1983 年 11 月 17 日由北京市服装二厂提出申请，1984 年 7 月 15 日注册成功，专用权期限为 1984 年 7 月 15 日至 1994 年 7 月 14 日，注册类别：25 类。303162# 商标于 1987 年 3 月 30 日由北京市服装二厂提出申请，1987 年

三海 303162#

三海 210139#

11 月 10 日注册成功，专用权期限为 1987 年 11 月 10 日至 1997 年 11 月 9 日，注册类别：25 类。两个商标到期后均未进行续展。

2020 年京工集团已失效、转让商标一览表

表 5-3

商标名	LOGO	注册号	类别	注册人名称	初始注册时间
红山茶		115436	25	北京市童装二厂	1979 年 10 月 31 日
苹果		169164	53	北京市童装二厂	1983 年 1 月 15 日
OK		216156	25	北京市童装二厂	1984 年 11 月 30 日
百岁		242687	53	北京市童装二厂	1986 年 1 月 30 日
3A		136817	53	北京大华衬衫厂	1980 年 4 月 30 日
天鹅		158050	53	北京市童装厂	1982 年 7 月 30 日
雪梅		336084	53	北京市童装三厂	1989 年 1 月 10 日
日月		140057	53	北京华丽衬衫厂	1980 年 9 月 30 日
天坛		284741	53	北京大华衬衫厂	1987 年 4 月 20 日

续表 5-3

商标名	LOGO	注册号	类别	注册人名称	初始注册时间
北京		130857	53	北京衬衫厂	1981 年 5 月
KING		137588	53	北京衬衫厂	1980 年 6 月 6 日
金合欢		178935	53	北京市服装四厂	1983 年 6 月 30 日
映山红		123861	53	北京华丽衬衫厂	1979 年 10 月 31 日
欧亚		158058	53	北京市百丽衬衫厂	1982 年 7 月 30 日
三海		303162	53	北京市服装二厂	1987 年 11 月 10 日
三海		210139	53	北京市服装二厂	1984 年 7 月 15 日
长城		115413	25	北京市服装三厂	1980 年 01 月 05 日

二、商标保护

（一）商标管理委员会

2004 年底，京工集团推动实施品牌战略，并开始对商标实行授权使用。为规范化管理商标，保护知识产权，2006 年 8 月 14 日，京工集团成立商标管理委员会。商标管理委员会定期召开商标管理委员会会议，研究商标管理、使用、监督等工作。商标管理委员会成立后，根据《中华人民共和国商标法》和京工集团在商标管理使用中的实际情况，完善和明确《北京京工服装集团有限公司商标管理办法》及配套的《商标许可使用授权书》《商标许可使用协议书》，对商标的管理责任、商标授权审批程序做出明确规定，同时建立《北京京工服装集团有限公司商标管理办法实施细则》等商标管理规章制度，于 2006 年 8 月 1 日起试行。2007 年京工集团对《北京京工服装集团有限公司商标管理办法》《北京京工服装集团有限公司商标授权使用管理办法》进行修订和完善，严格对授权商标的使用情况进行监督和维权保护，并对授权使用商标的单位进行追踪和检查，对使用商标不规范和违规的单位提出纠正和处理意见。经过修订补充，修订后的《北京京工服装集团有限公司商标管理办法》《北京京工服装集团有限公司商标授权使用管理办法》于 2018 年 1 月 1 日正式执行。子企业在使用京工集团的商标前均须签订《商标许可使用授权书》和《商标许可使用协议书》。在平时的管理中，商标管理委员会督促子公司、分公司对所授权使用的商标设专人负责管理，需要使用商标证复印件和做宣传使用画册图片的都需办理相关手续，京工集团商标管理委员会对子公司、分公司合理使用商标证和产品图片均进行有效监管。

京工集团商标管理职能部门在日常工作中行使对商标授权和使用的监管权利，按照《北京京工服装集团有限公司商标管理办法》严格管理。定期对授权使用商标的产品质量及商标实物标识的印制等进行检查，对检查中发现未按照规定使用商标的情况，商标管理委员会以书面的形式向被检查单位提出纠正、处理意见。通过严格的监督检查，各商标使用单位在商标的使用与管理上更加规范，保证京工集团注册商标不受侵害。

商标管理委员会历届委员名单：

2006 年 8 月 14 日，商标管理委员会正式成立。王沐恩担任商标管理委员会主任，张汝和担任商标管理委员会副主任，商标管理委员会成员为王秀荣、王哲云、张岩峰、姜言香 、海连生、魏丽。

2010 年 3 月 18 日，商标管理委员会进行商标委员会成员调整，由李耀东担任商标管理委员会主任，魏丽担任商标管理委员会副主任，商标管理委员会成员为李英、王辉、黄珊、张岩峰。商标委员会办公室设在技术开发中心。

2017 年 3 月 13 日，商标管理委员会成员再度调整，由侯永利担任商标管理委员会主任，顾巍担任商标管理委员会副主任，商标管理委员会成员为崔佳辉、李春艳、张岩峰。商标委员会办公室设在经济技术管理部。

2019 年 12 月 15 日，商标管理委员会主任变更为朱华诚，顾巍担任商标管理委员会副主任，商标委员会成员为李春艳、张岩峰、黄珊、崔佳辉。商标委员会办公室依旧设在经济技术管理部。

（二）商标授权

根据《北京京工服装集团有限公司商标管理办法》及配套的《商标许可使用授权书》《商标许可使用协议书》，京工集团商标管理委员会对所有使用京工集团商标的部门、子公司、分公司都进行统一的授权管理。授权内容涵盖授权商标、授权时限、授权使用活动范围及使用地区等。

1. 雷蒙（1218828#）

2004 年 1 月 1 日至 2005 年 12 月 31 日，京工集团将雷蒙（1218828#）商标授权给北京市京工世纪服装服饰有限公司使用。使用用途：生产加工和产品销售。授权使用区域：北京及外埠。

2004 年 9 月 1 日至 2013 年 12 月 31 日，京工集团将雷蒙（1218828#）商标授权给北京京工枫叶服装服饰有限公司使用。使用用途：生产加工和产品销售。授权使用区域：北京及外埠。

2005 年 1 月 1 日至 2007 年 12 月 31 日，京工集团将雷蒙（1218828#）商标授权给北京市奥博商贸中心使用。使用用途：生产加工和产品销售。授权使用区域：北京及外埠。

2006 年 1 月 1 日至 2019 年 12 月 31 日，京工集团将雷蒙（1218828#）商标授权给北京市京工雷蒙服装服饰有限公司使用。使用用途：生产加工和产品销售。授权使用区域：北京及外埠。

2.LM 雷蒙（342294#）

2005 年 2 月 1 日至 2008 年 1 月 31 日，京工集团将 LM 雷蒙（342294#）商标授权给北京雷蒙服装有限公司使用。使用用途：生产加工和产品销售。授权使用区域：北京及外埠。

2014 年 1 月 1 日至 2014 年 12 月 31 日，京工集团将 LM 雷蒙（342294#）商标授权给北京京工枫叶服装服饰有限公司使用。使用用途：生产加工和产品销售。授权使用区域：北京及外埠。

2014 年 7 月 1 日至 2019 年 12 月 31 日，京工集团将 LM 雷蒙（342294#）商标授权给北京市京工雷蒙服装服饰有限公司使用。使用用途：生产加工和产品销售。授权使用区域：北京及外埠。

3.LM 雷蒙（7106987#）

2013 年 1 月 1 日至 2014 年 12 月 31 日，京工集团将 LM 雷蒙（7106987#）商标授权给北京京工枫叶服装服饰有限公司使用。使用用途：生产加工和产品销售。授权使用区域：北京及外埠。

2014 年 7 月 1 日至 2019 年 12 月 31 日，京工集团将 LM 雷蒙（7106987#）商标授权给北京市京工雷蒙服装服饰有限公司使用。使用用途：生产加工和产品销售。授权使用区域：北京及外埠。

2017 年 4 月 1 日至 2020 年 3 月 31 日，京工集团将 LM 雷蒙（7106987#）商标授权给北京市京工服装进出口有限公司使用。使用用途：生产加工和市场销售。授权使用区域：北京及外埠。

4. 伊里兰（153051#、1323605#、313547#、383976#）

2006 年 9 月 1 日至 2019 年 8 月 31 日，京工集团将伊里兰（153051#、1323605#、313547#、383976#）商标授权给北京京工伊里兰服装服饰有限公司使用。使用用途：生产加工和产品销售。授权使用区域：北京及外埠。

2010 年 1 月 1 日至 2019 年 12 月 31 日，京工集团将伊里兰（153051#、1323605#、313547#、383976#）商标授权给北京京工伊里兰服装服饰有限公司使用。使用用途：生产加工和产品销售。授权使用区域：北京及外埠。

2013 年 1 月 1 日至 2019 年 12 月 31 日，京工集团将伊里兰（8304816#、8304493#、8304526#、1323605#、313547#、383976#）商标授权给北京京工伊里兰服装服饰有限公司使用。使用用途：生产加工和产品销售。授权使用区域：北京及外埠。

2017 年 9 月 1 日至 2017 年 12 月 31 日，京工集团将伊里兰（8304816#）商标授权给北京市京工雷蒙服装服饰有限公司使用。使用用途：生产加工和产品销售。授权使用区域：北京及外埠。

5. 枫叶（115407#）

2007 年 1 月 1 日至 2013 年 12 月 31 日，京工集团将枫叶（115407#）商标授权给北京京工枫叶服装服饰有限公司使用。使用用途：生产加工和产品销售。授权使用区域：北京及外埠。

2014 年 1 月 1 日至 2015 年 12 月 31 日，京工集团将枫叶（115407#）商标授权给京工集团电子商务部使用。使用用途：电子商务网店开发、生产、销售产品。授权使用区域：各大电子商务平台、电子商务网络销售。

6.Haoxuesheng（629582#）

2014 年 1 月 1 日至 2015 年 12 月 31 日，京工集团将 Haoxuesheng（629582#）商标授权给北京市京工服装进出口有限公司使用。使用用途：电子商务网店开发、生产、销售产品。授权使用区域：各大电子商务平台、电子商务网络销售。

2017 年 7 月 1 日至 2020 年 6 月 30 日，京工集团将 Haoxuesheng（629582#）商标授权给北京市京工服装进出口有限公司使用。使用用途：生产加工、市场销售。授权使用区域：北京及外埠。

7.Saike(648810#)

2017 年 4 月 1 日至 2020 年 3 月 31 日，京工集团将 Saike(648810#) 商标授权给北京市京工服装进出口有限公司使用。使用用途：生产加工、市场销售。授权使用区域：北京及外埠。

2018 年 1 月 1 日至 2020 年 12 月 31 日，京工集团将 Saike(648810#) 商标授权给北京京工伊里兰服装服饰有限公司使用。使用用途：生产加工、市场销售。授权使用区域：北京及外埠。

（三）商标维权

自 2005 年起，京工集团与北京东方天健知识产权代理有限公司就知识产权问题开展合作，2008 年 10 月 21 日，京工集团与北京东方天健知识产权代理有限公司签订《知识产权代理协议书》，京工集团委托北京东方天健知识产权代理有限公司对部分商标进行跟进代理。截止到 2020 年，京工集团通过法院处理商标异议共计 35 件，其中通过委托代理公司处理 30 件，独立处理商标异议 5 件。

1. 天坛（厂内纠纷）

1985 年 9 月 11 日，联合公司所属大华衬衫厂和北京市海淀区工商行政管理局在《人民日报》（海外版）第七版发表《维护天坛牌衬衫商标专用权的严正声明》和《天坛牌衬衫商标的整顿通告》。通告中指出，“天坛”牌衬衫商标注册权为大华衬衫厂所有，其他任何单位和个人，凡未与大华衬衫厂签订商标使用许可合同的，无论通过哪种渠道，在同种或类似产品上使用“天坛”牌商标标志，都是非法侵害大华衬衫厂的商标专用权。

北京大華襯衫廠爲
維護“天壇”牌商標專用權的嚴正聲明

北京大华衬衫厂为维护“天坛”牌商标专用权的严正声明

“天壇”牌襯衫商標
整頓通告

“天坛”牌衬衫商标整顿通告

“天坛”牌男衬衫由北京大华衬衫厂于1955年注册登记，1965年续展并变更商标图样，经工商管理局核准内、外销售用。实际上，当时除生产“天坛”牌外销男衬衫的大华衬衫厂外，北京衬衫厂在1963年就已开始生产“天坛”牌外销衬衫。在“天坛”牌外销衬衫的生产发展过程中，北京衬衫厂从产品的造型、工艺、款式设计、内在质量以及设备的革新改造等方面进行了多项改进工作。1965年大华衬衫厂登记注册外销“天坛”牌衬衫商标后，仍然是两厂共同使用一个外文商标，共同生产外销“天坛”牌衬衫。1979年由工业公司会同北京市纺织品进出口公司牵头组织纺织印染厂、大华衬衫厂、北京衬衫厂进行“天坛”牌衬衫的一条龙生产协作工作。在1979年的全国衬衫评比中，大华衬衫厂、北京衬衫厂生产的“天坛”牌男衬衫，双双获得国家金质奖和轻工业部、北京市优质产品称号。国家经委、轻工业部和北京市同时颁发给这两个厂金牌和荣誉证书。国家工商行政管理总局于1980年还给两厂颁发了著名商标证书。在1985年全国衬衫评比中，大华衬衫厂和北京衬衫厂参加评比的“天坛”牌衬衫均获得100分，双双蝉联金牌。大华衬衫厂依据商标法发表声明，希望整顿商标，杜绝冒牌，维护合法权益，但在执行中遇到了问题，大华衬衫厂通知北京衬衫厂签订使用“天坛”牌合同，北京衬衫厂不同意签约。1985年12月7日上午，联合公司在大华衬衫厂召开调解会议，最终两厂商议决定，“天坛”牌商标生产由大华衬衫厂管理，并同意“天坛”牌外文商标由两厂无偿使用。北京衬衫厂承认大华衬衫厂对出口“天坛”牌衬衫商标的注册和所有权。两家生产的“天坛”牌衬衫质量监督检查由工业公司会同外贸、商检部门负责，并于会后两厂签订合作协议书，纠纷就此终结。

2．枫叶

1979年10月31日，北京市服装一厂申请的“枫叶”商标经国家商标局核准注册，获得商标专用权，核定使用的范围为大衣、夹克、西服、上衣。商标续展有效期限至2003年2月25日。1993年12月29日，鳄鱼国际机构（私人）有限公司签署“商标授权书”，授权北京同益广告公司在北京销售鳄鱼牌皮革制品和卡帝乐牌服饰系列等。1994年4月7日，北京同益广告公司与百盛购物中心签订专柜合同书，约定百盛购物中心同意北京同益广告公司自1994年1月1日至1994年12月31日在百盛购物中心内设置专卖柜，双方联合销售“鳄鱼”牌和“卡帝乐”牌商品，合同书中要求北京同益广告公司对于所陈列或销售的商品，不能有侵害他人商标权、著作权的情况出现，如果有违反的行为，北京同益广告公司须承担相应的法律责任与赔偿。1994年4月15日，北京同益广告公司工作人员通过北京市服装一厂所属的经营部以每条188.03元的价格购买北京市服装一厂生产的“枫叶”牌男西裤26条，随后将其中的25条男西裤的“枫叶”商标更换为“卡帝乐”商标，在百盛购物中心“鳄鱼专卖点”进行销售。1994年4月中旬，北京市服装一厂业务员发现百盛购物中心二楼鳄鱼服装专卖店出售的“鳄鱼”牌西裤很像本厂生产的“枫叶”牌西裤。除商标外，其余标志与本厂产品无差异，价格却高出一倍以上，以560元的价格出售，并标明新加坡制造。1994年4月28日，北京市服装一厂的职工在百盛购物中心“鳄鱼”牌专卖点以每条560元的价格购买已更换成“卡帝乐”商标的“枫叶”牌男西裤2条，百盛购物中心出具销售发票。1994年5月3日，北京市服装一厂请北京市西城区公证处进行现场公证，公证书称所购西裤为“鳄鱼”牌，但经庭审勘验，实际上为“卡帝乐”牌。1994年5月20日，原告北京市服装一厂向北京市第一中级人民法院知识产权庭申请，扣押百盛购物中心内“鳄鱼专卖点”处的“卡帝乐”牌西裤17条。北京同益广告公司在百盛购物中心共销售此种西裤8条。

1998年6月10日，北京市第一中级人民法院认为，北京市京工服装工业集团公司服装一厂的“枫叶”牌西裤在版型设计、面料选择、制作工艺等方面都具有明显特点，“枫叶”商标也在市场上具有一定的知名度。因为北京同益广告公司在“枫叶”商标纠纷案审理过程中没有按照规定进行工商年检被吊销营业执照，无法承担民事责任能力，中国地区开发促进会是同益公司的上级主管部门，应该替同益公司履行法律责任，包括向北京市京工服装工业集团公司服装一厂公开赔礼道歉、消除影响、赔偿损失（以原同益公司现存于百盛购物中心的财产支付）。最终北京市第一中级人民法院知识产权庭经法院审判委员会讨论决定，判决中国地区开发促进会在判决生效之日起30日内在《北京日报》上，替原下属企业北京同益广告公司向北京市京工服装工业集团服装一厂赔礼道歉、消除影响，并对该厂的相应损失进行赔偿。北京市京工服装工业集团公司服装一厂“枫叶”商标侵权纠纷就此结束。

2011 年京工集团“枫叶”商标被意大利（枫叶）国际投资有限公司以“3 年不使用”为由要求撤销其商标，相关材料于 2011 年 10 月提交商标局，经过 2 年的审理裁定，2013 年 8 月 20 日商标局决定（编号：撤 201103491）驳回意大利（枫叶）国际投资有限公司的撤销申请，第 115407 号“枫叶 FENGYE 及图”注册商标继续有效。2013 年 10 月 14 日，意大利（枫叶）国际投资有限公司不服决定书，提出复审，商标评审委员会于 2014 年 2 月 20 日下发“商标撤销复审答辩通知书”，要求京工集团做出书面答辩并补充有关证据材料。2014 年 3 月 21 日，京工集团提交所有答辩材料，国家工商行政管理局商标评审委员会组成合议组依法进行审理。2014 年 12 月 9 日，京工集团收到商评委撤销复审决定书（商评字〔2014〕第 0000096960 号），复审商标予以维持。“枫叶”商标证据材料有效，“枫叶”商标继续有效。

2016 年 6 月 27 日，收到北京市知识产权法院的诉讼通知书，意大利（枫叶）国际投资有限公司不服商评委裁定，状告商评委。京工集团作为第三方参加诉讼庭审。2017 年 10 月 25 日，接到北京市知识产权法院的行政判决书（2015）京知行初字第 2184 号，驳回原告意大利（枫叶）国际投资有限公司的诉讼申请。

2018 年 2 月 13 日，意大利（枫叶）国际投资有限公司不服判决，提出上诉至北京市高级人民法院。2018 年 9 月 28 日，京工集团收到北京市高级人民法院传票。2018 年 10 月 16 日到北京市高级人民法院第二审判区进行问询，2018 年 11 月 23 日收到北京市高级人民法院于 2018 年 11 月 13 日签发的（2018）京行终 5250 号行政判决书，判决结果：驳回上诉，维持原判。至此，历时七年的“枫叶”商标撤三案件终结。

3. 长青

2005 年 9 月 7 日商标局受理北京集佳知识产权代理有限公司代理吉长青的申请，吉长青以“3 年不使用”为由提出撤销京工集团第 115410 号“长青”商标。北京东方天健知识产权代理有限公司代理京工集团于 2005 年 9 月 7 日至 2006 年 11 月 16 日期间向商标局提供关于第 115410 号“长青”商标的使用证明材料。经商标局审查，北京东方天健知识产权代理有限公司代理京工集团提交的 2002 年 9 月 7 日至 2005 年 9 月 6 日期间第 115410 号“长青”商标使用证据有效。

2007 年 5 月 23 日，商标局决定驳回吉长青的撤销申请，第 115410 号“长青”注册商标继续有效。

4. 京都雷蒙

2007年8月16日，北京鑫泽信宜知识产权代理有限公司代理北京雷蒙服装有限公司向商标局申请注册“京都雷蒙”商标，注册号为6224673，国际分类为25类，服务列表为“鞋；防水服；戏服；皮带（服饰用）；袜”，商标初审批号为1205，初审公告日期为2010年2月27日。

2010年5月20日，北京东方天健知识产权代理有限公司代理京工集团向商标局提出申请，指出由北京鑫泽信宜知识产权代理有限公司代理北京雷蒙服装有限公司注册的第6224673号“京都雷蒙”商标与京工集团在先注册的第342294号“LM雷蒙及图”、第1218828号“雷蒙”商标构成同种、类似商品上的近似商标，易引起消费者混淆，侵犯了京工集团注册的第342294号“LM雷蒙及图”、第1218828号“雷蒙”商标专用权，申请商标局不予核准第6224673号“京都雷蒙”商标注册。2010年9月19日，商标局向京工集团发文《商标异议申请受理通知书》，表明受理京工集团提出的商标异议申请。被异议人北京雷蒙服装有限公司未在规定期限内作出答辩。

2012年2月7日，经商标局审核，被异议商标“京都雷蒙”与异议人京工集团引证在先注册的第342294号“LM雷蒙及图”、第1218828号“雷蒙”商标未构成类似。异议人称被异议人恶意复制、抄袭、模仿其引证商标证据不足。商标局裁定异议理由不成立，第6224673号“京都雷蒙”商标予以核准注册。2012年2月27日，京工集团接到北京东方天健知识产权代理有限公司发来关于商标异议裁定书。2012年2月28日，京工集团委托北京东方天健知识产权代理有限公司向商标评审委员会申请复审。2012月3月12日，京工集团不服商标局关于第6224673号“京都雷蒙”商标的裁定申请复审，京工集团向商标评委委员会提交多项证据。

2013年3月11日，商标局发布评审证据交换通知书，要求质证。2013年3月15日，京工集团回函，不予质证。2013年10月9日，商标评委委员会裁定京工集团异议理由成立，被异议商标第6224673号“京都雷蒙”不予核准注册。

5. 雷蒙帝 RAMENDE

2008年12月30日，北京东方天健知识产权代理有限公司代理京工集团对江西省商标事务所有限公司代理谭正光经商标局初步审定并刊登在第1138期《商标公告》第4554043号“雷蒙帝 RAMENDE”商标提出异议。

2009年4月13日，商标局受理了关于第4554043号“雷蒙帝 RAMENDE”商标异议的申请。被异议人未在规定期限内作出答辩。经审核，商标局认为被异议商标“雷蒙帝 RAMENDE”与京工集团引证在先注册的“LM 雷蒙及图”商标、“雷蒙”商标构成近似。异议人称被异议人恶意复制、抄袭、模仿其引证商标证据不足。

2011 年 5 月 4 日，商标局裁定京工集团提出异议理由成立，第 4554043 号“雷蒙帝 RAMENDE”商标在“服装；领带”商品上的注册申请不予批准，在其余商品上的注册申请予以核准。

6.LM 雷蒙

2002 年 8 月，京工集团组建北京雷蒙服装有限公司。2005 年 2 月 1 日至 2008 年 1 月 31 日京工集团将“雷蒙”商标（商标号：342294#）授权给北京雷蒙服装有限公司使用。使用用途：生产加工和产品销售。授权使用期间，由于北京雷蒙服装有限公司违反双方签署的协议内容以及《北京京工服装集团有限公司商标管理办法》的规定，不接受京工集团商标管理委员会对“雷蒙”商标的使用情况进行检查，在产品销售期间不向京工集团提供使用“雷蒙”产品的检测报告与产品的生产及销售情况，所以在商标授权到期后，京工集团不再授权北京雷蒙服装有限公司使用“雷蒙”商标。为此，京工集团特通知北京雷蒙服装有限公司授权期止后不得继续使用“雷蒙”商标。并声明，如果北京雷蒙服装有限公司继续使用“雷蒙”商标，京工集团将追究法律责任。但授权期过后，北京雷蒙服装有限公司在无授权的情况下仍然继续使用“雷蒙”商标，拒不变更。

2008 年 12 月 29 日，京工集团向北京市第一中级人民法院提起诉讼。2009 年 6 月 23 日京工集团收到北京市第一中级人民法院民事判决书，判定北京雷蒙服装有限公司立即停止侵犯京工集团第 342294 号“雷蒙”注册商标专用权的行为。2009 年 10 月 29 日，北京雷蒙服装有限公司向北京市高级人民法院提起上诉。2009 年 11 月 23 日北京市高级人民法院公开进行审理，最终判定驳回北京雷蒙服装有限公司的上诉请求，维持原判。

7. 迈克尔雷蒙

2009 年 3 月 5 日，北京东方天健知识产权代理有限公司代理京工集团对北京灵达知识产权代理有限公司代理谭正光经商标局初步审定并刊登在第 1146 期《商标公告》第 4819894 号“迈克尔雷蒙”商标提出异议。2009 年 6 月 8 日，商标局受理了关于第 4819894 号“迈克尔雷蒙”商标异议的申请。经审核，商标局认为被异议商标“迈克尔雷蒙”与京工集团引证在先注册的第 342294 号“LM 雷蒙及图”商标、第 12182828 号“雷蒙”商标于部分类似商品上构成近似。

2011 年 3 月 30 日，商标局裁定京工集团提出异议理由成立，第 4819894 号“迈克尔雷蒙”商标在“服装；内衣；内裤（服装）；衬衣；睡衣裤；背心；T 恤衫”商品上的注册申请不予批准，在其余商品上的注册申请予以核准。

8. 华夏雷蒙 HXLEIMENG

2010 年 7 月 20 日，北京东方天健知识产权代理有限公司代理京工集团对中联信达（北京）商标代理有限公司代理廊坊市雷蒙服装有限公司经商标局初步审定并刊登在第 1225 期《商标公告》第 6504320 号“华夏雷蒙 HXLEIMENG”商标提出异议。

2011 年 3 月 28 日，商标局受理了关于第 6504320 号“华夏雷蒙 HXLEIMENG”商标异议的申请。被异议人未在规定期限内作出答辩。经审核，商标局认为被异议商标“华夏雷蒙 HXLEIMENG”与京工集团引证在先注册的“雷蒙”商标构成近似。

2012 年 5 月 22 日，商标局裁定京工集团提出异议理由成立，第 6504320 号“华夏雷蒙 HXLEIMENG”商标在“婴儿全套衣；手套（服装）；雨衣；浴帽；腰带”商品上的注册申请不予批准，在其余商品上的注册申请予以核准。

9. 伊里兰

2011 年 6 月 23 日，商标局受理北京天作知识产权代理有限公司代理保定永安家具材料有限公司向北京东方天健知识产权代理有限公司代理的京工集团申请注册并经商标局审定刊登在第 1257 期《商标公告》的第 8304690 号“伊里兰 YILILAN 及图”商标提出的异议。保定永安家具材料有限公司以京工集团注册的“伊里兰 YILILAN 及图”商标与保定永安家具材料有限公司在先注册的第 3107508 号“依丽兰 EVENILAND 及图”等商标近似为由，向商标局提出对京工集团第 8304690 号“伊里兰 YILILAN 及图”商标异议申请。2011 年 11 月 3 日，商标局向京工集团发文《商标异议答辩通知书》，并将由北京天作知识产权代理有限公司代理保定永安家具材料有限公司提供的异议书副本送至京工集团。要求京工集团在收到通知之日起三十天内答辩，同时将答辩书及《商标异议答辩通知书》一并交送至商标局。北京东方天健知识产权代理有限公司代理京工集团在规定期限内作出答辩，经审核，商标局认为被异议商标“伊里兰 YILILAN 及图”与异议人引证于类似商品上在先注册的“依丽兰 EVENILAND 及图”等商标未构成近似。异议人称被异议人恶意复制、抄袭、模仿其引证商标证据不足。

2012 年 8 月 14 日，商标局裁定异议人所提出的异议理由不成立，第 8304690 号“伊里兰 YILILAN 及图”商标予以核准注册。

2011 年 11 月 3 日，商标局受理北京天作知识产权代理有限公司代理保定永安家具材料有限公司向京工集团申请注册并经商标局审定刊登在第 1257 期《商标公告》的第 8304425 号“伊里兰及图”商标提出的异议。异议理由是商标图案与 8304690 号“伊里兰 YILILAN 及图”里有相同。商标局向京工集团发文《商标异议答辩通知书》，并将由北京天作知识产权代理有限公司代理保定永安家具材料有限公司提供的异议书副本送至京工集团。要求京工集团在收到通知之日起三十天内答辩，同时将答辩书及《商标异议答辩通知书》一并交送至商标局。2011 年 11 月 15 日，京工集团将“伊里兰及图”商标的异议答辩委托给北京东方天健知识产权代理有限公司。北京东方天健知识产权代理有限公司代理京工集团在规定期限内作出答辩，经审核，商标局认为被异议商标“伊里兰及图”与异议人引证于类似商品上在先注册的“依丽兰 EVENILAND 及图”等商标未构成近似。异议人称被异议人恶意复制、抄袭、模仿其引证商标证据不足。

2012年11月20日，商标局裁定异议人所提出的异议理由不成立，第8304425号“伊里兰及图”商标予以核准注册。

10. 京雷蒙

2016 年 5 月 26 日，商标局收到北京东方天健知识产权代理有限公司代理京工集团对北京中正联合知识产权有限公司代理的天津京雷蒙服装贸易有限公司经商标局初步审定并刊登在第 1497 期《商标公告》第 16869340 号“京雷蒙”商标提出的商标异议申请书。2016 年 7 月 5 日，商标局受理了关于第 16869340 号“京雷蒙”商标异议的申请。被异议人在规定期限内作出答辩。经审核，商标局认为被异议商标第 16869340 号“京雷蒙”与京工集团引证在先注册的第 342294 号、第 7106987 号“LM 雷蒙”商标、第 1218828 号“雷蒙”商标存在特定关联，构成近似。因此，商标局于 2017 年 7 月 18 日裁定被异议商标第 16869340 号“京雷蒙”商标在“服装；成品衣；工作服；领带；腰带；婴儿全套衣；手套（服装）”商品上不予注册，在其余商品上准予注册。

11. 雷蒙 · 1940

2016 年 12 月 27 日，京工集团收到商标局《提供证据通知》。“雷蒙 · 1940”商标被自然人王后宏以“三年不使用”为由提出撤销其商标。相关材料于 2017 年 2 月由东方天健知识产权代理有限公司代理京工集团提交至商标局。2017 年 7 月 19 日，京工集团收到商标局决定书，驳回王后宏的撤销申请，第 10982169 号第 25 类“雷蒙 · 1940”注册商标不予撤销。2017 年 12 月 6 日，商评委发来“商标评审案件答辩通知书”。表示王后宏不服，向商标评审委员会申请复审。

2018 年 4 月 23 日，京工集团收到商标局的“关于 10982169 号‘雷蒙 · 1940’商标撤销复审决定书”。商评委决定，复审商标在“服装；婚纱”商品上予以维持，在其余商品上予以撤销。2018 年 6 月 12 日，京工集团委托北京东方天健知识产权代理有限公司提交相关京工集团上诉材料。2018 年 8 月 14 日，知识产权法院开庭。2018 年 9 月 18 日，京工集团收到知识产权法院行政判决书，判定撤销国家工商行政管理总局商标评审委员会作出的关于第 10982169 号“雷蒙 · 1940”商标撤销复审请求决定；国家工商行政管理总局商标评审委员会重新作出撤销复审决定。

商评委对于审判结果不服上诉至北京市高级人民法院。2019 年 3 月 6 日，高院二审行政诉讼发布通知至知识产权代理公司，京工集团决定进行诉讼，并把相关材料提交代理公司，代理公司按时间要求把意见书等材料递至北京市高级人民法院。2019 年 5 月 9 日，京工集团收到书面审理通知，通过与代理公司商议，要求争取开庭审理。2019 年 7 月 5 日，京工集团收到北京市高级人民法院行政判决书，结果为驳回上诉，维持原判。

12. 世纪雷蒙

北京世纪雷蒙服装有限公司的法定代表人许峯曾为京工集团下属子公司雷蒙西服分公司及京工世纪公司业务员，以上述单位名义与许多单位建立业务往来。2002 年 4 月，许峯注册北京瑞德宝服装服饰有限公司，并于 2004 年 7 月 16 日将企业名称变更为“北京世纪雷蒙服装有限公司”。在业务关系中，许峯使用“世纪雷蒙”名称销售服装，影响了京工集团及下属企业涉及“雷蒙”文字及图形组合商标许可使用人的权利，侵犯了京工集团的注册商标专用权。京工集团诉讼至北京市第二中级人民法院，要求确认 342294 号为驰名商标，同时要求世纪雷蒙公司停止在企业名称中使用“世纪雷蒙”，停止以“世纪雷蒙”名义销售服装，并在《北京日报》上向京工集团赔礼道歉、赔偿京工集团经济损失 20 万元并承担诉讼费用。

通过京工集团与世纪雷蒙公司双方举证，北京市第二中级人民法院经查明于 2006 年 12 月 8 日下达判决书，判决世纪雷蒙公司自判决生效之日起停止涉案不正当竞争行为，在从事与京工集团涉案第 342294 号“雷蒙”文字及图形组合注册商标核定使用的商品相同或类似商品的经营活动中，停止使用涉案含有“雷蒙”字样的企业名称，要求世纪雷蒙公司自判决生效之日起十日内赔偿京工集团经济损失三万五千元，驳回京工集团的其他诉讼请求。收到判决书后，京工集团服从原审判决。世纪雷蒙公司不服北京市第二中级人民法院的原审判决，向北京市高级人民法院提起上诉，请求撤销原审判决第一、二项。2007 年 4 月 2 日，北京市高级人民法院认为原判认定事实清楚，适用法律正确，驳回世纪雷蒙公司上诉，维持原判，此次判决为终审判决。

2009 年 2 月 27 日，商标局收到北京东方天健知识产权代理有限公司代理京工集团对世纪雷蒙公司第 4512208 号"世纪雷蒙"商标的商标异议申请书。京工集团认为，异议商标第 4512208 号"世纪雷蒙"与京工集团在先注册的第 342294 号"LM 雷蒙"、第 1218828 号"雷蒙"商标近似，且使用在类似商品上。世纪雷蒙公司抄袭摹写京工集团知名商标，申请注册"世纪雷蒙"商标并展开经营，是恶意注册行为，侵犯了京工集团注册商标专用权，构成不正当竞争。

2011 年 5 月 18 日，商标局经审核裁定京工集团所提异议理由不成立，被异议商标"世纪雷蒙"与京工集团在先注册的"LM 雷蒙及图""雷蒙"商标使用商品未构成类似，异议人称被异议人抄袭、模仿、复制其引证商标证据不足，第 4512208 号"世纪雷蒙"商标予以核准注册。

京工集团商标维权情况一览表

表 5-4

异议商标	商标注册号	异议类别	最终裁定书发文日期	异议结果	备注
长青	115410	25	2007 年 5 月 23 日	成功	被要求撤三，最终不撤销长青商标
雷蒙 RAYMOON 及图	3684158	25	2009 年 9 月 9 日	不成功	
迈克尔雷蒙	4819894	25	2011 年 3 月 30 日	成功	
雷蒙帝 RAMENDE	4554043	25	2011 年 5 月 4 日	成功	
雷蒙·坚尼	4899788	25	2011 年 5 月 15 日	不成功	
世纪雷蒙	4512208	25	2011 年 5 月 18 日	不成功	
福雷蒙 FRAMON 及图	4716347	25	2011 年 10 月 17 日	不成功	
皮特雷蒙	5808182	25	2011 年 10 月 24 日	不成功	
雷蒙娜 LEIMENGNA	5318339	25	2011 年 12 月 26 日	不成功	
雷蒙博迈 LEIMENGBOMAI	5145072	25	2012 年 1 月 5 日	不成功	
约翰雷蒙 JOHN RAYMEN	6206366	25	2012 年 2 月 14 日	不成功	

续表 5-4

异议商标	商标注册号	异议类别	最终裁定书发文日期	异议结果	备注
雷蒙汉森 RAMON HANSEN	6944194	25	2012 年 2 月 14 日	不成功	
华夏雷蒙 HXLEIMENG	6504320	25	2012 年 5 月 22 日	成功	
佐田雷蒙	7280633	25	2012 年 7 月 17 日	不成功	
伊里兰 YILILAN 及图	8304690	20	2012 年 8 月 14 日	不成功	作为被异议人，伊里兰成功注册
佐田雷蒙	7265296	25	2012 年 8 月 31 日	不成功	
佐田雷蒙	7966698	40	2012 年 10 月 12 日	不成功	
雷蒙	7966685	40	2012 年 10 月 12 日	不成功	
佐田雷蒙	7999547	37	2012 年 10 月 22 日	不成功	
雷蒙	7966773	45	2012 年 10 月 22 日	不成功	
雷蒙	7966730	37	2012 年 10 月 22 日	不成功	
雷蒙凯诺	5903678	25	2011 年 10 月 24 日	不成功	
LM 及图	9070351	40	2012 年 10 月 24 日	不成功	
LEIMENG	7999581	40	2012 年 10 月 30 日	不成功	
伊里兰及图	8304425	20	2012 年 11 月 20 日	不成功	作为被异议人，伊里兰成功注册
LM 及图	9070323	37	2012 年 12 月 24 日	不成功	
雷蒙奥萨 REMO AOSA	9018742	25	2013 年 4 月 9 日	不成功	
京都雷蒙	6224673	25	2013 年 10 月 9 日	成功	
佐田雷蒙	6224674	25	2013 年 10 月 9 日	不成功	
LEIMENG	6335286	25	2013 年 10 月 28 日	不成功	
京雷蒙	16869340	25	2017 年 7 月 18 日	成功	
枫叶 FENGYE 及图	115407	25	2017 年 10 月 25 日	成功	被要求撤三，最终不撤销枫叶商标
高久雷蒙	22735905	25	2018 年 2 月 8 日	成功	在成品衣；服装；婴儿全套衣；游泳衣；手套（服装）；领带；腰带商品上不准予注册
雷蒙思丹	31285023	25	2019 年 5 月 17 日	不成功	

第三节　品牌推广

2016年前，京工集团的品牌推广以在《时尚北京》杂志刊登广告为主，自2016年起，京工集团逐步推出各种品牌活动，并与各大众媒体建立长期联系，包括《北京日报》、《北京晚报》、《首都建设报》、北京电视台等传统媒体和千龙网等网络媒体。同时，京工集团也逐步开展新媒体宣传工作，开通微信公众号、微博、抖音等平台宣传品牌。

一、媒体宣传

（一）新闻媒体

2011年京工集团在《时尚北京》杂志刊登18页广告。

2012年继续在《时尚北京》等刊物宣传“雷蒙”“伊里兰”品牌。通过增加纪实报道、图片宣传等方式，将两个品牌形象展现给读者。2012年京工集团在《时尚北京》中共刊登19页广告。

2013年京工集团在《时尚北京》中共刊登14页广告，在《旅游》杂志上刊登广告1页。

2014年京工集团在《时尚北京》中共刊登14页广告。

2015年京工集团在《时尚北京》中共刊登16页广告。

2016年，京工集团在《北京日报》、千龙网等媒体平台上宣传品牌事件共7次，在《时尚北京》杂志刊登软文3篇，投放广告16页。

2017年，京工集团通过在《首都建设报》、千龙网等传统媒体平台报道共计11次。其中北京电视台在北京时装周上的转播报道是京工集团在转型时尚后的首次亮相。

2018年京工集团根据不同业务类型，分别选择报刊媒体、自媒体推广、楼宇广告、制作宣传视频等不同的宣传方式。其中，在《北京日报》、《劳动午报》、《首都建设报》、凤凰资讯、新华网、千龙网、东方网、中新社等媒体上报道共计9次，在《时尚北京》

杂志刊登软文8篇，投放广告28页。

2019年，京工集团首次尝试与北京电视台财经频道合作，将“雷蒙”“伊里兰”的静态广告投放到《商务气象》栏目中。《时尚北京》杂志刊登软文9篇，投放广告30页。北京新闻、特别关注、《北京日报》、《劳动午报》、《首都建设报》、新华网、千龙网、中新社等媒体报道京工集团在业态创新、品牌时尚转型发展中的重大事件共计78次。其中，2019年8月2日刊登在北京晚报上题目为《家门口的“裁缝铺”有啥不一样？》一文，得到北京市委主要领导批示。获批示后，北京市委宣传部联合市国资委开展“媒体走国企”活动，于2019年8月23日走进京工集团“京工1961”社区店。当天，中央及北京市近20家媒体参观了“京工1961”草桥社区店、京工集团高级定制中心与技术开发中心。

2020年京工集团借助北京电视台、光明网、《首都建设报》等众多媒体报道在疫情防控、品牌发展方面的事件共计78次。相关报道重点对“雷蒙”品牌80年的历史、“雷蒙·1940”高级定制业务展开大力宣传，同时对“京工1961”社区店、秀场J·Park京工时尚创新园等方面进行深度报道。其中，2020年5月通过与《东方企业文化》杂志沟通对接，京工集团登上2020年第3期封面故事，以讲述《“雷蒙”的八十年》历史故事的方式，宣传“雷蒙”品牌老字号发展历程。此外，2020年京工集团在《时尚北京》杂志中共刊登软文9篇，投放广告24页。

2021年京工集团在《时尚北京》杂志刊登广告4页。2021年，《北京晚报》对京工集团旗下“雷蒙”“伊里兰”品牌进行专访，并于2月2日刊登《雷蒙：80年技艺传承60载深耕北京》《伊里兰：给温暖量体裁衣》两篇文章，以讲述国民品牌的时尚焕新之路。

（二）官方微信公众号

2015年3月10日，北京市纺织服装职业技能培训学校开通官方公众号，2015年发布信息数91期，2016年发布信息数22期，2017年发布信息数27期，2018年发布信息数31期，2019年发布信息数36期，2020年发布信息数13期，内容涵盖服装课程宣传、生活窍门等知识分享。

2017年3月21日，京工集团官方公众号开通，2017年发布信息数20期，2018年发布信息数30期，2019年发布信息数45期，2020年发布信息数63期。公众号内分为企业介绍、党群栏目、企业动态3个栏目。

2017 年 8 月 14 日“伊里兰”官方公众号正式开通，2017 年发布信息数 11 期，2018 年发布信息数 29 期，2019 年发布信息数 30 期，2020 年发布信息数 29 期，内容包含活动宣传类、知识分享类。

2017 年 9 月 7 日，“京工 1961”开通官方公众号，2018 年发布信息数 7 期，2019 年发布信息数 53 期，2020 年发布信息数 47 期。2020 年 7 月 1 日在官方公众号上开通“京工 1961”线上商城。

2017 年 12 月 6 日，“雷蒙 · 1940 宫溢”官方公众号开通，2017 年发布信息数 3 期，2018 年发布信息数 17 期，2019 年发布信息数 30 期，2020 年发布信息数 11 期。

（三）官方微博

“雷蒙 1940 宫溢”于 2017 年 12 月 12 日开通官方微博账号，第一条信息发布于 2017 年 12 月 15 日，2017 年发布信息数 5 条，2018 年发布信息数 28 条，2019 年发布信息数 1 条。

（四）抖音号

2020 年 5 月 15 日，“伊里兰”品牌注册官方抖音账号，并在当日发布第一个作品，2020 年发布作品共 51 个，以“细说羽绒”为系列标题，内容涵盖羽绒服知识、产品推介等。

2020 年 6 月 16 日京工集团开通官方抖音账号，2020 年发布作品共 13 个，内容均为京工集团旗下品牌宣传视频。

二、品牌活动

（一）中国国际服装服饰博览会

2010 年 3 月，京工集团组织“伊里兰”“雷蒙”两个品牌以崭新的形象参加了在北京举办的 2010 年中国服装服饰国际博览会。在博览会上，“伊里兰”“雷蒙”品牌的产品吸引了来自全国各地的业内人士及客户的参观、洽谈，充分利用服装界的这次盛会，展示两个品牌的形象，推广品牌文化，加强合作交流，拓展发展空间。

2011 年 3 月，京工集团组织“雷蒙”“伊里兰”品牌参加中国国际服装服饰博览会，向来自国内外的参观者展现“雷蒙”“伊里兰”品牌的新产品、新形象。“雷蒙”男西服、“伊里兰”羽绒服均获 2010 年度“北京时尚热销服装品牌”称号。

2012 年，“雷蒙”“伊里兰”第三次参加中国国际时装博览会。在总结前两次参展经验的基础上，着重突出“雷蒙”“伊里兰”品牌的细节展示，以新颖的服装面料和款式，提升“雷蒙”“伊里兰”品牌形象与服装品质，展示品牌魅力与文化内涵。展会期间，有近40家代理商和加盟商与伊里兰公司洽谈，希望代理“伊里兰”产品，经过筛选，最后确定了近10家。“雷蒙”“伊里兰”品牌被组织参加展会的北京服装纺织行业协会授予“北京时装之都品牌展最佳陈列造型品牌奖”和“最佳创意设计品牌奖”。

2013年“雷蒙”“伊里兰”品牌参加2013CHIC中国国际服装服饰博览会，通过展会的平台扩大品牌影响力，加强与社会各界的合作与交流。由北京服装纺织行业协会举办的评选活动，获“北京时尚热销服装品牌”“2013北京文化创意优秀时装品牌”称号。

2014年，京工集团的“雷蒙”“伊里兰”品牌参加2014CHIC中国国际服装服饰博览会，在由北京服装纺织行业协会举办的评选活动中，获“北京时装之都热销服装品牌”“2004—2013年度热销品牌十周年特别荣誉商业贡献大奖”；“伊里兰”品牌获“2014CHIC展最佳创意研发品牌奖”，“雷蒙”品牌获“2014CHIC最佳产品设计品牌奖”。

2021年3月17—19日，京工集团的“京工1961”社区店、“雷蒙·1940”、“伊里兰”、“宫溢”品牌参加在上海国家会展中心举办的2021中国国际服装服饰博览会（春季）。此次参展借助展会平台全方位展示京工集团品牌形象与品牌文化，增强品牌在国内市场的影响力，同时加深品牌与社会各界的交流合作。

（二）京工消费季、定制季活动

京工集团从2019年开始举办“京工集团品牌消费季”活动，以“定制体验、品质消费”为主题，以“产品发布、精品钜惠、定制体验、京绣展示”等活动为载体，整合京工集团旗下各品牌，融合线上线下，统一形象、统一宣传、统一营销。2019年7月1日第一次品牌消费季活动在京工时尚创新园开幕，参与品牌有“雷蒙”“伊里兰”“雷蒙·1940”“宫溢”及“京工1961”社区店，活动时长为2个月。第二次品牌消费季活动为2020年7月1日至8月31日，参与品牌有“雷蒙”、“伊里兰”、“雷蒙·1940”、“宫溢”、“京工1961”社区店及“京工1961”线上商城。

第四节 北京时装周

北京时装周是由北京服装纺织行业协会联合时尚控股、《时尚北京》杂志共同主办，为适应首都城市战略新定位，助力北京国际时尚之都建设所创建的时尚产业专业服务平台。北京时装周始创于2016年，每年9月份在北京举行流行趋势发布、设计之夜、北京时尚高峰论坛、时尚北京展、专业赛事、颁奖盛典等一系列活动。京工集团自2016年北京时装周创办以来，已连续五年参加北京时装周的活动，五年来，京工集团借助北京时装周的平台充分展现自我、诠释时尚，留下诸多难忘瞬间，将“精”而“美”的产品奉献给群众。

一、2016年北京时装周

2016年9月26日，京工集团的“伊里兰”品牌以“蕙·兰”为主题在莱锦文化创意产业园进行北京时装周的发布走秀。发布主题中，“蕙”耐寒，在雪峰中英姿飒爽，与“伊里兰”羽绒服在冰天雪地中给人们带来的温暖一样可贵与契合。“兰”寓意“伊里兰”品牌的未来，“伊里兰”品牌在转型打造四季女装的过程中，就是要将“兰”的这种高雅脱俗的品味融入全品类女装中。“伊里兰”夏季女装产品灵感来源于苏轼的名句“欲把西湖比西子，淡妆浓抹总相宜”。产品以传统旗袍为基础，采用真丝印花欧根纱为主料，搭配质朴的棉麻、柔滑的真丝、精美的盘扣，将温婉、绚丽的色彩与宽松流畅、飘逸灵动的款式设计相结合，呈现中国女性淡然出世的恬静美感。服装造型简洁大方，突出中国女性高贵典雅、知性婉约的东方魅力，简约而不简单，复古而不失时尚。“伊里兰”品牌的北京时装周发布走秀上，参与模特共30名，展出58套服装，京工集团参与现场工作人员共计10人，观看此次发布秀的观众达到420人。9月27日，“雷蒙”品牌以“恒 雷蒙·1940”为主题在莱锦文化创意产业园进行北京时装周的发布活动。“恒 雷蒙·1940”首先寓意“雷蒙”品牌发展至今坚持不懈、薪火相传的风雨历程。其次，

“恒”寓意做好一个品牌要有恒心，要脚踏实地、扎实发展，急功近利无法实现成功。“雷蒙”品牌恢复高级定制需要发扬工匠精神，工匠精神实际是追求卓越的创造精神、精益求精的品质精神、用户至上的服务精神。这些精神都要以恒心为基石，没有恒心就不会有工匠精神。“雷蒙”男装传承手工定制理念，将传统文化底蕴融入服装之中，将西式男装的霸气优雅与中国男装的谦逊低调完美结合。“雷蒙”男装充分利用在制作工艺上多年的深厚积淀，不仅做工精湛、选料上乘、剪裁合体，款式更为经典时尚，适用于各种高端社交场合。所展示的服装包含西式礼服和传统国服，既体现庄重与稳健的男士形象，又突显“雷蒙”产品的上乘品质。点滴之处彰显都市男性潇洒、自信、高雅的气质和生活品味，为追求成功与卓越的男士提供完美的着装体验。“恒 雷蒙 · 1940”主题发布活动共有 420 名观众到现场观看，京工集团参与工作的工作人员 10 人，参与模特 31 人，共展示 60 套高级定制服装。此次北京时装周发布会上展出的 2 个品牌服装的设计制作从 3 月绘制初稿到 8 月制作完成，筹备工作从 7 月份开始直到正式演出前。

2016 年 9 月 26 日，“伊里兰”品牌举办“蕙 · 兰”主题发布会　　京工集团办公室　提供

2016 年 9 月 26 日，举办“恒 雷蒙 · 1940”主题发布会　　京工集团办公室　提供

二、2017 年北京时装周

2017 年 9 月 23 日在京工集团“海派经典 京华锦绣 重耀 雷蒙 · 1940 宫溢 高级定制发布会”在劳动人民文化宫太庙举行，发布会上推出男装“雷蒙 1940”高级定制及女装京绣高级定制产品。“雷蒙”主题寓意以孔子《大戴礼 · 劝学》为灵感，选取其中“君子不可以不学，见人不可以不饰，不饰无貌，无貌不敬，不敬无礼，无礼不立”。“雷蒙”理念：中华民族的服饰发展历史悠久，有独特的博大精深的服装文化。一个民族的服饰史就是社会发展史，服饰被喻为“无字的史书”“无声的语言”，此次展现“雷蒙”品牌悠久的历史、传承“雷蒙”品牌高超的工艺、恢复“雷蒙”品牌高级定制业务，实际就是为了继承和发扬中国的民族服饰文化，让“雷蒙”的光芒重新在华夏大地闪耀。“宫溢”主题：京绣作为“燕京八绝”之一，承载着民族的文化遗产，凝聚着华夏儿女的智慧。将京绣运用到现代服装服饰中，传承中华名族的艺术精髓，使传统技艺得以传承，更是此次时装周京工集团展现“服装走文化优先道路”理念的重要体现。“宫溢”理念：此次时装周上，绣品类产品是京工集团秀场的重要亮点。主要分为重工绣品和轻工绣品，重工绣品服装图案寓意吉祥，花型丰富，色彩艳丽多彩，服装造型气场十足，

在廓形服装上，以浓墨重彩的京绣展示中华技艺。轻工绣品服装通过精巧的设计，将京绣巧妙地运用在男女服装上，画龙点睛，可借鉴于日常穿着，使京绣这一艺术形式融入寻常生活，利于弘扬民族文化。配饰系列以简洁时尚的服装为基础，搭配风格各异的京绣配饰、配品，复古不失时尚，简约更显华美。在 2017 年的北京时装周上，共 66 名模特展示京工集团推出的 96 套“雷蒙 · 1940”高级定制男装及京绣高级定制女装。京工集团共 40 位工作人员参与此次北京时装周的前期筹备及现场工作，观秀人数达 600 人次。

三、2018 年北京时装周

2018 年 9 月 16 日，“伊里兰”品牌以“馨”为主题在方恒国际中心举行北京时装周新品发布会，发布会上共 30 名模特展示“伊里兰”的 60 套羽绒新品。主题“馨”秉承京工集团品牌发展的一贯理念。“馨，香之远闻者也”，主要包含三层含义，第一层通“心”，京工集团用心做事，努力为广大消费者提供优质的产品和服务；第二层通“新”，用新的设计理念、新工艺、借助科技的力量，打造“伊里兰”品牌时尚新形象；第三层即“馨”，“伊里兰”开展的定制业务和上门服务，为消费者提供温馨的体验和感受。设

2018 年 9 月 16 日，“伊里兰”品牌举办“馨”主题发布会　　京工集团办公室　提供

计理念：第一部分探险之旅，回顾“伊里兰”助力中国探险队登顶珠峰的辉煌时刻，同时展望2022年的第二十三届冬季奥林匹克运动会，象征着“伊里兰”向羽绒行业最高峰不断努力的坚定决心。此外，结合新面料和工艺加入科技力量进行创新，将年龄定位向下延伸，为老品牌注入新鲜血液和生命力，颠覆大众对伊里兰品牌的认知；第二部分文化之旅，传承“伊里兰”品牌端庄优雅的品牌风格，秉承京工集团走“文化优先”道路的一贯理念，在这一系列里用优雅的法式风情与传统的东方文化来体现成熟女性的独特魅力。此次“伊里兰”品牌推出的“馨”新品发布会现场共有京工集团的32位工作人员，观众人数达384人次。

四、2019年北京时装周

2019年9月10日京工集团的“雷蒙”“伊里兰”品牌新系发布成为2019北京时装周的闭幕大秀。“雷蒙”“伊里兰”品牌在此次闭幕大秀上共展出新系产品60套服装及50件红大衣，现场工作人员37人，服装表演模特50人，观众384人。“雷蒙”新系产品以展现“蕴”为主线，通过融入皮草元素，凸显毛皮工艺细节，精巧的设计与经典款

2019年9月10日，“蕴 境”“雷蒙”“伊里兰”品牌新系发布会

京工集团党委宣传部（新闻中心） 提供

2020 年 9 月 19 日，“润”“雷蒙 80 秀”发布会现场

京工集团党委宣传部（新闻中心） 提供

式更加彰显“雷蒙”品牌精致、优雅、时尚、注重细节及服饰搭配的海派风格，时代变革孕育全新的东方文化与传统海派经典相融合，展现“雷蒙”品牌文化底蕴。“伊里兰”主题为“境”主题，“境”字意为疆界、境况，寓意服装领域的边界已逐渐被打破，品类间的互通、多元化的时尚彼此融合，形成共存与包容的新境界。新品采用羽绒与皮草的跨界融合，打破时尚领域边界，天然毛皮与科技感羽绒面料碰撞出新的火花，营造出人与自然和谐共处的状态。不同面料拼接，让面料光滑的触感与丰富的肌理形成鲜明对比，使保暖功能性与时尚感兼容，让“伊里兰”新品成为冬季衣橱不可或缺的百搭单品。

五、2020 年北京时装周

2020 年 9 月 19 日，京工集团“雷蒙”品牌成立 80 周年，北京时装周的“雷蒙 80 秀”以“润”为主题，代表“雷蒙”品牌 80 年来，精雕细刻、注重细节的“海派”文化与精湛的“红帮”技艺不断滋润着“雷蒙”品牌的发展，“守正创新”铸就“雷蒙”品牌恪守正道，发扬匠人精神，敢于探索适应新时代时尚发展的新风格。此次“雷蒙 80 秀”在京工时尚创新园内举行，园区内浓厚的工业风衬托出“雷蒙”品牌沧桑与辉煌的历史。“雷蒙”大秀在设计上兼顾品牌历史与文化的传承，除经典的西服正装外，无论是夹克、风衣还是羊毛大衣，都是在传承“雷蒙”海派基因的基础上融入更多的时尚设计元素。搭配天然面料、源于自然的特殊花型、抽象的艺术纹理与新型肌理都为产品增加更多的时尚感。在此次时装周，“雷蒙”还首次推出女装系列产品，包括“雷蒙·1940”高级定制职业女正装、“雷蒙”时尚休闲女士便装西服、创新款风衣大衣等。结合当下复古风潮的回流，女装新品大量采用宽肩廓形、英伦格纹、军旅元素等设计细节，演绎出跨越时间的潮流。设计师运用不同材质面料对比及拼接，结合不对称结构，使服装呈现出新潮又复古的冲突感。追求舒适与轻松感的同时力求保留每位女性个体特立独行的鲜明个性，体现出现代职场女性干练独立的强大气场，刚柔并济的洒脱魅力。在此次“雷蒙 80 秀”上，60 位服装表演模特展出雷蒙男装、女装 60 套新品服装，现场工作人员共计 42 名，观众人数达 200 人。

第六章 进出口业务

公司自60年代成立，即参与外贸订单的加工生产，公司所属大部分企业（工厂）均承担出口生产任务。在获得自营进出口权之前，作为生产企业配合外贸专业公司出口创汇，每年按照北京市计委、北京市经委和北京市外经贸委下达的出口计划，完成出口交货值任务。在生产安排、协调调度、设计研发新品种、技术质量管理等各个方面与外贸公司密切配合，确保按时保质保量交货。1978年改革开放以后，配合外贸专业公司开展“三来一补”灵活贸易，在扩大生产的同时，引进国外的先进机器设备，学习国外的先进技术及管理经验。1992年10月，集团公司获得自营进出口权，组建集团公司进出口部，通过自行接单、外贸加工、合作出口等多种方式扩大进出口业务规模。1998年7月，集团公司根据进出口业务发展的需要，在进出口部的基础上组建自己的进出口公司，即北京市京工服装进出口有限公司（简称京工进出口公司），2000年11月，因自营进出口业绩突出，经市外经贸委审核，符合扩权条件，经营范围扩大为外贸流通公司的经营范围，京工进出口公司由自营进出口企业转变为外贸流通公司。为了满足出口订单生产任务的需要，公司和所属京工进出口公司在国外（南非新堡市）和国内（北京市密云县）分别建立自己的生产基地，有力地加强订单生产及质量管控，掌握与外商谈判的主动权。随着国际政治经济形势的变化、国家宏观经济政策的改革调整，如外贸体制改革、人民币汇率改革、出口退税政策调整、用工制度改革等，以及市场需求的波动，进出口业务也不可避免地受到较大影响，京工集团审时度势采取相应措施推动业务的发展。京工集团“十三五”规划实施以来，围绕“十三五”规划确定的两大主业发展目标，进出口贸易板块在坚持传统外贸业务的基础上，开展品牌服装内销、基建钢材、食品等多元化经营，向“综合贸易”转型，逐步打造集进口、出口、内销、服务为一体的综合型贸易板块。

第一节　进出口贸易

公司所属大部分企业（工厂）均承担出口生产任务。公司按照北京市计委、北京市经委和北京市外经贸委下达的出口计划，与外贸专业公司衔接平衡，按年确定出口指标，具体品种规格由工贸双方直接衔接。为了完成年度外贸换汇额和工业出口值计划，公司将拿到手的合约（订单）及时分配到各相关工厂，加强调度，组织出口厂之间的协作。工贸双方组成小组深入各厂抓质量、促完成，协助工厂解决遇到的问题。为了配合出口成交，公司经常派生产技术人员和外贸公司共同参加广交会、小交会及日常洽谈，协助外贸公司外销员对外报价。有时工贸共同组成出国推销小组，扩大销售。1978 年改革开放以后，公司响应国家号召，积极配合外贸公司开展进料加工、来料加工、补偿贸易等业务，在完成出口服装生产任务的同时，引进国外先进的机器设备，学习国外先进的管理经验。在 1992 年 10 月获得自营进出口权后，集团公司大力发展自营进出口业务，曾获北京市经委“九四年北京市工业自营进出口先进企业”称号。1998 年 7 月，根据进出口业务发展的需要，集团公司成立了京工进出口公司，2000 年 11 月，因自营进出口业绩突出，经北京市外经贸委审核，京工进出口公司符合扩权条件，经营范围扩大为外贸流通公司的经营范围，京工进出口公司由工贸自营进出口企业转变为外贸流通公司，更有利于进出口业务的开展。集团公司进出口贸易的发展随着国家宏观经济政策及国际、国内市场大环境的变化而变化，2008 年受全球金融危机的影响进出口业务有所下降，京工集团审时度势，在不同阶段采取不同的应对措施，2013 年京工集团考虑国际国内两个市场的需求变化，结合企业发展实际情况，转变经营理念，开拓外销内销并存的业务模式，实现贸易转型，逐步打造“十三五”规划提出的国际贸易综合业务。

一、出口加工

在 1961 年公司成立时即已开展（最早从 1958 年开始）北京服装行业的出口生产，

当时仅与苏联和蒙古有服装贸易关系，主要品种是毛料西服、大衣、布裤、布衬衣等，年出口量仅100多万件，随着中苏关系的变化，1962年完成出口服装211万件。1961—1965年，是纺织品出口迅速发展的时期。当时由于国际关系的变化，纺织品主销市场从“东方”转向“西方”，开始对西方国家和地区出口。为适应这一重大转变，北京纺织工业开发了一批适应西方国家市场的高精尖新产品，开始以东南亚等地畅销的棉纺织品为重点扩大出口。

1968年，市二轻工业局将公司改为总厂，原有的体制被打乱，生产受到很大影响，1969年又将总厂改为公司。1970年1月，北京市决定将服装鞋帽公司及所属企业全部交给市一商局领导和管理。1972年，鞋帽系统单独成立了鞋帽工业公司并由原办公地点迁出。管理体制的改变，造成商业部门管工业，上下不对口，工作不衔接。由于偏重内销服装生产、供应，强调服务态度质量，使出口服装数量减少。在出口生产安排上，由于生产力的限制，造成外贸部门不得不把大批合同安排到外地生产。另外，“文化大革命”期间各区县都成立了服装公司，造成全市服装管理体制条块分割，机构重叠，各自为政，全市服装生产力不能统一安排、统一规划，管理分散，这也是当时造成北京做衣难、买衣难问题长期得不到解决的原因之一。1970年在大刮电子风的影响下，服装工业公司所属北京被服厂、北京市呢绒服装厂、北京市服装六厂（原东城童装二厂）、北京丰台服装厂4个厂共2700多名职工转产电子或改行，占当时全系统职工总人数的22%，年减少了200多万件服装生产能力，北京市高档服装生产能力元气大伤。仅北京被服厂和北京市呢绒服装厂所产毛呢高档服装就占全公司50%以上。转产后造成全市内外贸高档服装供应紧张，外汇收入减少。

公司出口订单的加工主要是从北京市服装进出口公司、北京市纺织品进出口公司、北京市针织品进出口公司等3家专业性公司接单。当时纺织品服装的出口由外贸部门统一经营，统进统出、统负盈亏、统一由国家财政补贴。凡对外成交、发运、结算等有关出口事宜，皆由外贸部门负责，并承担国家创汇任务。而工业部门及企业只负责完成交货量额度，不考核出口创汇指标。每年由北京市计委、北京市经委和北京市外经贸委，根据中央下达的出口计划，组织工贸双方衔接平衡，按年确定出口指标，具体品种规格由工贸双方直接衔接。在出口贸易中，工贸间相互配合，相互支持。合作当中，外贸不断开拓国际市场，反馈信息，推动工厂试制生产适销对路的产品，使来样生产逐步减少，递样订货逐步增加。而工业在安排生产时，始终把出口合同放在首位，从年度计划、季度计划到月度作业计划，都以出口为主要内容，组织均衡生产，确保出口合同如期履行。工贸双方的密切合作，使北京纺织品出口有了迅速的发展。1972年以后，中国先后与日本、美国和西欧的许多国家建立了外交关系，中国纺织品对外贸易又逐步有所扩大。北京纺织品开始销往中东地区及欧洲、大洋洲等市场。北京纺织品出口在外贸发展中占有重要地位，北京市已成为全国纺织品出口基地之一。

中共十一届三中全会以来，实行对外开放政策。党和国家对轻纺工业实行“六个优先”（即在原材料和能源供应、银行贷款、技术改造、基本建设、利用外汇和引进技术以及交通运输等方面优先）和外汇留成、出口退税、出口奖励等激励措施，为扩大出口开辟了广阔的道路。1978年以后，为扩大纺织品出口，北京市鼓励企业采取“三来一补”（来料加工、来样加工、来件装配、补偿贸易）的多种形式，争取多渠道经营出口。集团公司响应国家和北京市的号召，积极配合外贸公司开展相关工作。1979年底至1980年初，中国纺织品进出口公司北京市分公司和北京衬衫厂与美国客户签订了女衬衫来料加工协议和4份来料加工合同，为客户生产女衬衫共2248打，总加工费31247.2美元。由客户提供价值约4.4万美元的91台缝纫设备，该设备款由加工费分批偿还。1980年1月至1981年3月，中国纺织品进出口公司北京市分公司与比利时TEXTONAAG公司开展对欧洲地区经营女时装补偿贸易业务，其服装生产安排在北京市服装工业公司所属的北京市友谊时装厂。为了提高女时装的质量，双方同意向北京市友谊时装厂提供缝纫机和熨烫设备共83台，总价值361911瑞士法郎，同时，为了抵偿全部机器设备款，签订服装（女裙）出口补偿贸易合同，总价值399750瑞士法郎。北京市友谊时装厂的还款方式是购买中国纺织品进出口公司北京市分公司计划外的面料，生产成品后由中国纺织品进出口公司北京市分公司代为出口。在还清机器设备款后的余额部分按一般贸易出口处理。1980年3月，北京市服装工业公司与中国纺织品进出口公司北京市分公司合作开展女衬衫来料加工的项目，为美国客户生产女衬衫共2278打，总加工费32452.6美元。该批服装生产安排在集团所属北京衬衫厂，交货期1980年4月，其客供设备款从加工费中偿付。因公司工厂按时、按质、按量交货，客户非常满意，同年4月该客户又追加了一批订单，仍以来料加工的方式生产，共3879打，总加工费39586.8美元。交货期为1980年6月。1980年底至1981年初，北京市服装工业公司与中国纺织品进出口公司北京市分公司合作开展来料加工女式西服上衣小型补偿贸易业务，生产加工女上衣约29000件，金额为87672.00美元，北京市服装工业公司所属北京市服装一厂负责服装的生产。客户提供专用机器（11 台整烫设备）价值约为 5 万美元，机器款从加工费中抵偿，半年还清。1985 年 6 月，中国纺织品进出口公司北京市分公司与北京市服装一厂、顺义河南村服装厂等签订补偿贸易合同，引进生产西服专用设备及整烫设备生产线，价值分别为 11.94 万美元和 11.91 万美元，其货款由工厂用西装作为返销产品补偿。

在开展灵活贸易和引进设备方面工贸配合效果显著，1979—1985 年，在外贸部门的支持下，先后开展 15 项补偿贸易，使用外汇 152 万美元，引进 1000 多台（套）设备，通过补偿贸易引进部分专用设备和先进技术、先进管理经验，使得一些工厂的设备落后情况有所改善，有利于抓住基本客户。凡与服装厂达成补偿贸易的客户，绝大多数贸易关系得到巩固和发展，如北京市衬衫厂与美国客户建立定点生产女衬衫的贸易关系。对于专用设备，每年外贸公司根据集团公司提出的机种数量积极引进，按轻重缓急分配给各厂，解决一些厂专业品种的特殊需要。

在出口加工生产中也遇到过许多困难。比如面料问题。面料是发展服装出口的基础，70 年代末 80 年代初，北京市纺织工业产能低，生产不配套，印染力量不足，花色品种单调。以 1980 年为例，北京市纺织局安排棉布和棉涤纶生产计划 27500 万米，比上年实际增长 4.5%，其中供给出口服装用的只有 3500 万米，占 12.6%，远远不能满足扩大服装出口的需要。由于面料不足，影响出口成交，因此服装要大发展，必须首先从面料抓起。公司在打报告请求市里统盘考虑、抓紧落实解决的同时也配合外贸公司积极想办法。如和国外（境外）客户协商开展进料加工，采取与客户双方对开信用证的办法扩大进料加工，生产中使用进口面料以解决国产面料不足的问题。生产中所需的辅料也遇到同样的问题。当时北京市服装辅料自给能力很低，品种少、质量差，严重影响出口服装的大发展。如纽扣、吊牌、缝纫线、商标、塑料袋、拉链等大部分依靠客供，辅料跟不上，影响成交。国外市场竞争激烈，选择性大，辅料包装不好不但影响出口的发展，也影响服装的售价，造成中档产品低档售价。因此，在配合外贸公司接单时，也争取客户提供免费辅料或进口辅料。

出口服装的质量是出口产品的生命线，在抓质量方面工贸密切配合，贯彻“预防为主”的方针，与商检部门配合下厂巡回检查，把质量工作做到生产过程中去，如工贸两公司为配合北京市商检局颁发出口许可证，共同下厂检查验收，对出口厂的管理工作进行帮促，加强出口企业质量管理的基础工作。在生产过程中，公司还根据不同出口国家和地区的客户特点及要求配合外贸公司把好质量关。如日本订单的批量小，花色品种多，有时生产1万件衬衫，有30多种颜色，用5种商标；日本客户对产品质量要求严，款式做工要求精细，规格准确，尤其是西服要求手工活多，如手拱子口等，影响效率。工厂反映日本订单要求严，费工费事。1979年，日本三越株式会社在北京市服装二厂定做530套男西服套装，由于生产的服装做工精细，质量好，受到客户好评，出口到日本后，在日本的高级市场销售，反映较好，1980年又订了530套，客供辅料。日本几家主要客商经常派人到工厂进行技术指导、了解生产情况、交流经验，有时也提供一些设备和生产工具，有的还派技术人员常驻工厂。公司配合外贸公司与工厂一起做好接待，并利用交流的机会学习技术和经验。因生产的出口服装质量过硬，80年代初，一些国际名牌如“皮尔·卡丹”“YSL”“CK”等已在公司所属工厂批量生产。通过商检部门的配合和帮助，集团公司所属北京市服装一厂、北京市服装二厂、北京市服装四厂、北京市服装五厂等单位的毛呢服装，被批准使用国际羊毛局专用标志。

1985年8月，为进一步提高生产技术质量管理，集团公司与外贸公司及有关工厂共同组成服装出口一条龙小组，先后召开4次联席会议，互通情况，坚持每周两次的出口例会制度，加强工贸两公司业务部门和各出口厂之间的协调联系。出口工作牵涉各方面的复杂性和按期交货的紧迫性，需要各有关部门加强协作、紧密配合。经过各方面的密切配合和协调行动，1985年三季度完成出口服装645万件，创造季度产量的最高水平，最后两个月为了赶配额保交期，完成年度外贸换汇额和工业出口值计划，公司将拿到手的合约及时分配到各相关工厂，加强调度，组织出口厂之间的协作。工贸双方组成小组深入各厂抓质量、促完成，协助工厂解决遇到的问题。1985年12月完成出口服装239.73万件，创造了月度出口的最好水平。各出口厂为了赶配额保交期，发动职工加班加点，确保任务的完成，受到外贸部门的赞扬和客户的好评。

为了配合出口成交，公司派生产技术人员和外贸公司共同参加广交会、小交会及日常洽谈，协助外贸公司的外销人员计算用料和工时，便于外销员对外报价。有时工贸共同组成出国推销小组，扩大销售，如1981年初，工贸双方组成联合小组到日本搞展销，巩固老客户，结识新客户，发展对日贸易。到1986年的5年间，对日服装贸易得到了巩固和扩大，年成交额保持在2000万美元左右，日本成为北京市服装出口的第二大客户。为了配合成交，公司积极制作供外贸谈判用的样品，为成交创造条件。如1985年底，北京市童装厂和北京市童装三厂抓住波兰代表团到京订货的机会，赶制一批童装样品，客人很满意，当场订购6个品种，计划外成交各类童装30多万件。

1989 年，联合公司（当时下属 17 个直属厂共有职工 13000 余人）主要以生产出口服装为主，联合公司负责配合专业外贸公司对各厂进行出口服装的生产安排、合约的落实、调剂平衡等工作。同时积极为出口服装进行原辅料配套服务供应工作，以保证出口任务的完成，为国家多创外汇。1989 年度联合公司出口各种服装总计 1047.02 万件（套），共为国家创汇 1898 万美元，人均创汇 1390 美元。

北京纺织工业的出口产品原来分别对口市纺织品进出口公司、市针织品进出口公司、市服装进出口公司等 3 家专业性外贸公司，当时公司出口生产任务也是通过这 3 家专业性外贸公司接单。后来，随着国家改革开放及外贸形势的发展，公司接单有了更多的途径。为了发挥工贸整体优势，扩大出口生产，到 90 年代初，公司先后与北京抽纱进出口公司、北京土畜产进出口公司、北京丝绸进出口公司等专业外贸公司和非专业外贸公司合作生产出口订单。

二、自营进出口权的获得与扩权

为实施沿海地区发展战略，发展工贸结合，扩大工业出口自主权，拓宽对外贸易渠道，实行多元化出口，北京市政府于 1988 年 2 月 6 日第一批批准纺织工业系统的北京市三环毛纺针织集团公司、北京市鞋帽集团公司、北京毛纺织厂、北京清河毛纺织厂、北京第二毛纺织厂、北京制呢厂 6 家企业经营进出口业务，为企业自营出口迈出了新的一步。1992 年，北京市针织集团公司、北京五洲染织集团公司、北京市京工服装工业集团公司被批准为自营出口企业（对外经济贸易部 1992 年《关于同意北京市京工服装工业集团公司经营进出口业务的批复》）。为了开展自营进出口工作，集团公司引进 3 名专业外贸人才，并从集团公司本部办公室、财务科、生产科等部室抽调 6 名人员，组建集团公司进出口部。1992 年 10 月，集团公司进出口部正式成立。

在集团公司领导的支持和鼓励下，引进的专业外贸人才利用自有的成熟客户和市场渠道积极开展工作，自营进出口工作迅速步入正轨，1995 年 2 月，集团公司获北京市经委“九四年北京市工业自营进出口先进企业”称号。

1995 年 9 月，随着进出口部业务不断发展，进出口部人员不断增加，为进一步加强内部管理，明确分工、理顺工作流程，经集团公司批准，进出口部设立以下 3 个科，即综合管理科，负责计划、统计、文秘、财会、运输、制单结汇等综合业务；近洋科，主要负责日本、韩国等地区业务；远洋科，主要负责欧美加配额地区及非配额地区的远洋业务。

随着自营进出口业务的不断扩大，经集团公司研究并报请相关部门批准，准备成立进出口公司。1997 年底收到北京市外经贸委《转发关于成立北京市京工服装进出口有限公司的批复的通知》，即“根据中华人民共和国对外贸易经济合作部（简称外经贸部）‘关于成立北京市京工服装进出口有限公司的批复’，同意成立北京市京工服装进出口有限公司，同时撤销集团公司的进出口经营权。公司的经营范围在原基础上增加‘出口与本企业自产产品配套的相关或同类的商品（仅限纺织品）’”。经过一段时间的筹备，1998 年 7 月 20 日，京工进出口公司领取营业执照正式成立。

重新装修后的京工进出口公司　　北京市京工服装进出口有限公司　提供

2000 年 11 月，因自营进出口业绩突出，经北京市外经贸委审核，京工进出口公司符合扩权条件，经营范围扩大为外贸流通公司的经营范围（《关于部分自营进出口企业扩权为外贸流通公司的通知》）。即根据外经贸部〔2000〕外经贸发展审函字第 2691 号文件精神，对生产企业控股设立的进出口公司，按外贸流通公司的经营范围办理。原已批准设立的生产企业进出口公司，由省市外经贸委办理扩大经营范围。经营范围为：自营和代理各类商品及技术的进出口业务，但国家限定公司经营或禁止进出口的商品及技术除外；经营进料加工和“三来一补”业务；经营对销贸易和转口贸易。从此，北京市京工服装进出口有限公司由工贸自营进出口企业转变为外贸流通公司，拥有更为广阔的市场空间，具备更强的竞争资质，更有利于进出口业务的开展。

2001 年北京市京工服装进出口有限公司制作的企业宣传册
北京市京工服装进出口有限公司　提供

三、进出口业务的开展

集团公司在 1992 年 10 月获得自营进出口权后，对自营进出口业务工作非常重视，成立总经理负责、吸收各直属厂厂长及集团公司各有关部门的负责人员参加的外经、外贸工作领导小组，各厂成立由厂长及主管厂长参加的外贸业务部门，抽调公司内各部门素质好、文化较高的人员，聘请外贸专业人才组成集团公司进出口部，作为进出口业务的骨干部门，从而做到组织落实。同时，充分调动集团内部和下属企业的积极性，企业主动与客户谈判，主动到集团公司进出口部签出口合同，各有关部门积极地支持进出口部的工作，从而很快地解决了机构和客户的困难。

1993 年，进出口部正式开始进出口业务时，在业务环节中出现一些困难和问题，集团公司领导出面解决企业内部的协调问题，并到有关部门进行协调，经过努力，做到了第一年自营出口达 510 万美元，从而打开了自营进出口工作的良好局面。

集团公司在开拓自营进出口工作中坚持改革方针，采取一些与以往计划经济体制管理方法不同的新政策和新办法，如在进出口部组建时以较高的工资待遇聘请外贸专业人才，并在进出口部内部调整部分人员的工资，调动他们的工作积极性。1994 年在集团公司统一核算的基础上，进出口部实行独立核算，并采用承包制度，由进出口部的部门经理向集团公司承包出口金额和利润指标，进出口部在完成出口金额和利润指标的条件下，职工工资由进出口部自行筹集；集团公司对进出口部采用自主经营、自负盈亏、自我发展的特殊政策，集团公司坚持对进出口部的政治领导和支持，但不干涉更多具体的业务事宜。以上这些做法在执行过程中，集团公司领导坚持方向，坚持排除各种各样的干扰，坚决支持进出口部开展工作。

集团公司坚持以经济效益为基础，以出口创汇规模为中心，以建立集团公司在国际市场的销售网络、培养和发展壮大自己的客户队伍为重点，积极地开拓国际市场。以多种形式组团参加各种展销会、洽谈会，先后赴日本、澳大利亚、波兰及北欧国家进行市场调研，宣传集团公司的产品，走访客户、直接了解客户的需求；利用参加春、秋两季广交会的机会，广泛接触客户，创造成交机会。如在 1993 年秋交会上，先后与瑞典、巴西两国的 2 家企业签订了 80 万美元的出口合同，回京后认真安排货源，及时安排生产，保证了合同的顺利执行，得到客户的好评。1995 年春，集团公司及时派出贸易小组到瑞典走访客户，并且在 1993 年订单的基础上签订新的出口合同，同时就新的出口品种与客户交换了深入发展业务的意见和计划。巴西市场业务也是如此。通过参加广交会，集团公司与许多国家和地区的客户建立起业务关系，截止到 1995 年 5 月，累计成交约 500 万美元的出口合同。经过艰苦努力，到 1995 年底，集团公司先后在日本、澳大利亚、巴西、瑞典、挪威等国家建立了业务关系，有些已经成为集团公司的重点客户，随着业务关系不断发展，集团公司已初步建立自己的国际市场销售网络。

为了扩大出口规模，集团公司采取了进料加工、来料加工、补偿贸易等多种贸易方式，同时还针对各国客户情况、市场价格水平和当地的消费水准，制定相应的经营策略，全面推动出口业务发展。集团公司发挥集团整体优势，利用自营进出口权为集团所属各企业服务。集团公司共有十几家国营和集体所有制服装企业，在刚获得批准自营进出口权时，集团公司便明确提出：进出口权是集团公司所有成员共有的；进出口部必须坚持为企业服务的方针。1994 年初，日本伊藤忠商事株式会社欣赏集团公司所属北京衬衫厂，并希望与北京衬衫厂建立长期合作关系，为此，集团公司进出口部积极协助北京衬衫厂落实此项目，经过三方共同努力，集团公司进出口部、北京衬衫厂和日本伊藤忠商事株式会社共同组建了专门生产日本男衬衫的专用车间，利用北京衬衫厂现有的部分厂房、设备，并通过补偿贸易的方式引进关键设备，每年生产 60 万 ~70 万件男衬衫。由北京衬衫厂负责生产和技术，进出口部负责办理开信用证、出运、结汇等外贸手续，日本伊藤忠商事株式会社负责提供订单。出口金额达 300 万美元左右。全部补偿贸易的相关手续均由进出口部负责办理。1994 年底至 1995 年初，集团公司进出口部以同样的形式促成了北京大华衬衫厂与日本伊藤忠商事株式会社组建专用车间，协助北京大华衬衫厂以补偿贸易的方式引进生产男衬衫的专用设备 163 台，价值 20.51 万美元，以北京大华衬衫厂生产的男衬衫补偿设备款，补偿期至 1997 年 3 月底。这些设备引进所需的谈判、立项、报关、货款资金等均由进出口部承担。该专用车间每年生产 60 万 ~70 万件男衬衫，出口金额每年可达 300 万美元左右。通过这两项业务，不仅为企业解决了每年约 130 万件的生产任务量，而且解决了因资金缺乏而不能引进设备的困难。

1994—1996 年，集团公司自营进出口业务实现连年增长。1994 年 3 月，集团公司与日本田村驹株式会社签订 12 万件女衬衫进料加工合同，产品出口日期为 1994 年 7 月。由于该批产品采用了国外市场流行的“之”字形装饰，当时国内此种机器尚无生产，为保证此次合同的顺利签订，同时为满足国内产品生产的需要，集团公司以来料加工进口设备方式引进 3 台“之”字机（设备名称：单针千鸟缝纫机 LZ2-B852-3），金额：250000 日元 / 台，共计：750000 日元（折合美元为 6520.00 美元），设备款项在工缴费中抵偿，来料加工合同 2 万件，剩余采用进料加工方式。1994 年全年实际出口 1057 万美元，出口成交 1207 万美元，分别比 1993 年增长 107% 和 99%。1994 年在扩大自营进出口的同时，还开展进料加工业务，全年进口面料达 414 万美元，因此 1994 年进出口总额为 1471 万美元，在北京纺织总公司排第二名，在全北京市排第 28 位，已进入全市出口创汇前 30 名，被列为北京市经委重点企业。1995 年，虽然因出口退税率的调整导致退税款到账延迟，造成企业成本加大、资金紧张，但集团公司与所属企业互相配合，发挥各自优势，主动出击，千方百计开拓国际市场订单，在困境中仍实现出口额大幅增长。全年实际完成出口 1809 万美元，出口成交 2200 万美元，分别比 1994 年增长 71% 和 82.3%；进口 720 万美元，比 1994 年增长 73.9%，1995 年进出口总额为 2528 万美元，比 1994 年增长 71.9%，产品已出口到 20 多个国家和地区。

1997—1998 年，由于市场环境变化及亚洲金融危机的不利影响，集团公司自营进出口业务连续两年下降。1998 年完成出口 1577 万美元，进口 376 万美元，进口品种主要是来、进料加工贸易复出口的服装面辅料，全年进口服装面料 275 万米，其中：北京大华衬衫厂 168 万米，占 61%；北京衬衫厂 107 万米，占 39%。

1999—2004 年，公司自营进出口工作经受了国际市场动荡、贸易壁垒、棉花涨价、“非典”突袭等种种考验，进出口业务仍保持连续增长的势头。1999 年，公司充分利用国家支持自营出口企业的各项政策，用好纺织品配额，发展欧洲、美国、加拿大出口业务，发展出口品种，建立销售渠道；充分利用公司的业务能力和职工业务素质，与工厂密切合作，发展出口业务。同时，在公司内部进一步加强业务培训，并对职工进行“五严”教育，即严峻的形势、严格的管理制度、严谨的工作态度、严密的分工合作和严明的处罚条例。经过多方面努力，使得全年进出口总额大幅攀升，出口规模不断扩大。出口 6209 万美元，比上年增长 293.70%；进口 846 万美元，比上年增长 125%。获得由中华人民共和国对外贸易经济合作部于 2000 年 10 月颁发的证书，即“北京市京工服装进出口有限公司在《1999 年中国进出口额最大的 500 家企业》排名中，荣居第 447 位”。2000 年，随着外贸体制改革的深入，自营进出口企业外贸规模的不断扩大，国家外贸政策向自营进出口企业倾斜，为公司扩大进出口业务提供了机遇。公司牢牢抓住发展机遇，利用各种渠道、各种机会，狠抓出口成交，并取得显著成效。全年对配额地区的出口总额同比增加了 82%，使公司成为国家纺织总局、北京市外经贸委的出口大户，是国家经贸委 120 个重点联系单位之一。在配额的使用方面，为了公司的长远利益和加入世界贸易组织后的需要，坚持把配额用于对外成交上，坚持用于推销中国和北京市的服装产品，以求在欧洲、美国、加拿大市场发展和培养客户，建立自己的销售网络，并取得较好的效果。有些品种已成为公司出口的拳头产品，如对欧盟出口的文胸内衣，全年出口数量达到 350 万件；对美国出口的羽绒服连续两年每年均达 12 万～15 万件，为加入世界贸易组织后适应出口形势变化打下坚实基础。经过全体干部职工的共同努力，2000 年完成进出口额达 9002 万美元，使得公司继续保留在全国进出口 500 强企业队伍中；配额地区出口大幅度增加；自营贸易在北京衬衫厂脱离公司业务、自营出口减少 200 多万美元的不利因素下，反而增加 270 余万美元，同比增幅达到 12%，超过 2000 万美元，创公司历史最高水平，利润同比增加 22%，经济效益较好。2001 年，如何及时了解市场动态，调整出口方向和策略，在扩大出口的同时避免风险损失成为当年公司工作的重点。2001年共出口男衬衫7.2万件20.6万美元，初步扭转了出口澳洲低档男衬衫的状况。为避免对日本出口大幅度下降，公司积极开拓市场，加强对日本其他客户的推销，在多品种、多客户上下功夫，推销女衫、套装、男女裤、毛料大衣等新品种，与新客户签订出口合同共计约300万美元。公司全年共完成进出口总额3352万美元，其中出口全年完成2458万美元，进口894万美元。2002年，京工集团完成出口3514万美元，出口业务增加幅度较大，位列北京市外贸出口第19位、纺织出口企业第3位，公司获北京市政府“2001—2002年北京市国际经贸合作奖”。2003年是中国加入世界贸易组织的第二年，对中国纺织品进出口贸易来说是极不平凡的一年。年初国内化纤原料价格上涨，四五月份“非典”的突袭导致许多客户取消了到中国的商务活动，部分订单被取消或转移，国内生产和运输受到严重影响；棉花价格的暴涨，无疑使刚刚经历“非典”打击的纺织生产和出口企业雪上加霜，棉花价格上升带动面料、辅料价格的全面上涨，加大了出口成本。诸多出口不利条件严重干扰和影响纺织品出口，但全国纺织品出口增势不减，公司出口业绩良好，全年进出口总额5545万美元，同比增长27%，其中出口完成4752万美元，增幅为35.2%。在北京市地方纺织品服装出口企业排名仍保持在第3位。

2005年，京工集团自营进出口工作面临动荡、困难的外部环境。年初，长达30多年纺织品贸易配额制度被废止，国营和专业外贸公司失去依赖配额出口的机会，同时也为出口公司提供了尽情分享纺织品行业全球一体化所带来的好处，充分利用自我优势发展出口的机遇；第二季度，公司原计划利用京润服装公司和其他供货渠道大力开拓美国、欧盟市场受阻。2004年年底，公司与美国休普瑞公司签订的2005年1至6月份出口美国裤子20万件、衬衫30万件，及与美国金山公司签订的裤子60万件的出口协议，均未能如数执行完毕，仅此类产品就减少出口288万美元；全年共缴纳出口关税近50万元人民币，从而加大了出口成本；2005年7月20日人民币汇率机制调整，导致汇兑损失增加，销售收入相应减少，给公司造成一定损失。公司转变经营思想，坚持以经济效益为目标，不盲目追求出口规模。同时，注重外销队伍的锻炼与培养，由公司总经理带队，组织外销人员、工厂技术人员两次赴日本推销、洽谈；公司外销员联合面料供应商多次赴山东、江苏、浙江、福建等地搜集适销对路的面料；调入、配备外销、技术人员，组建新的对日本出口业务科室，完成300多万美元60多万件裙裤的对日本出口。

公司利用多种渠道，及时了解政策变化和市场动态，年初，公司及时组织对美国男衬衫、男女西裤、文胸出口，配合客户抢先出口，抢占了市场份额。公司转变经营方式，组织供货渠道，建设自有生产基地，探索工贸结合、工贸一体的发展模式。通过多措并举、积极努力，公司阻止了出口大幅度下滑，保住了经济效益。2005 年全年完成出口 3555 万美元，虽然出现一定程度的下降，但在北京市中央、地方企业出口排名中仍排在较靠前的位置，即第 13 位。

2006 年，纺织服装出口环境有所改善，年初国家对纺织品配额管理办法不断调整，下半年欧美订单陆续返回，出口外部环境日益平稳。全年出口金额为 4462.60 万美元，销售收入增加，费用下降，利润增加，成为出口业绩和经济效益历史最好年度。

2007—2009 年，由于国内人民币持续升值、纺织原料价格上涨、劳动力成本加大等因素，出口订单减少，公司出口业务连续下降。

2010—2011 年，京工集团自营进出口业务克服困难实现两年连续增长。2010 年，面对人民币持续升值、原辅料价格猛涨、劳动力成本增加等不利条件，公司积极处理好效益和规模的关系，在保证经济效益的前提下，主动走访客户，开发新客户，合理调整出口价格，确保出口日本的童装订单；利用业务关系，成交意大利的羽绒服出口合同，按时按质量发货，得到客户认可；公司正确处理出口和生产的关系，利用与河北保定、涞源等地工厂合作的机会降低生产成本。同时，逐步调整出口商品结构，力争多成交附加值较高、出口档次较高、国外品牌知名度较高的合同。经过努力全年完成出口 3920 万美元，同比增长 24.8%。

2012—2013 年，京工集团自营进出口业务连续下滑。2012 年，中国的外贸出口和对外投资都经历了比以往更加严峻的形势。公司对美国及欧盟出口大幅下降，欧美发达国家出口订单减少。为了保持整体出口规模稳定，公司及时调整工作重点，大力发展对日本的出口，全年对日本出口男西裤 11.4 万条、工作服 78754 件（套），合计出口金额为 301 万美元，有效弥补了欧美市场出现的问题。但是受世界经济低迷的影响，出口业务仍有所下降。

四、综合贸易的开展

随着国家出台一系列促进外贸发展的政策措施，贸易便利化水平不断提高，跨境电子商务等新型贸易方式发展很快，不少企业主动转型升级，行业内逐步形成自身的转型升级发展模式：以贸易为主体的专业外贸公司或工贸企业通过延伸服务努力尝试转型；以长期发展的眼光布局内需市场，以品牌战略培育竞争新优势。京工集团认真分析出口形势，认为不能再盲目追求出口规模，而是要转变为以经济效益为中心兼顾出口规模，业务转型已刻不容缓。京工集团决定发展多种经营，探索内、外贸并存发展的经营模式，即在巩固出口规模的同时，发挥外贸企业多年来积累的各方面资源优势，积极开拓内销市场，以外贸带动内销，开展综合贸易。

2013—2015年，京工集团在主动调整市场策略巩固出口的基础上，积极开展战略合作，开拓内销市场，在外贸带动内销发展方面已初见成效。2013年12月，京工集团与上海马玛林时装有限公司签订战略合作协议，在资金使用、商标使用、介入生产管理、合作经营等方面进行合作，为进一步摆脱单一服装出口经营模式、开拓内销市场，打造综合型贸易平台奠定坚实基础。2014年，中国服装产品出口增速与2013年同期相比下滑，对此，业内人士认为，由于服装产品出口高峰期已过，导致服装出口量下降。面对诸多不利因素，京工集团领导积极应对，及时调整出口策略，全年完成出口销售收入1.9亿元人民币，同比增长8.13%。在稳定出口的同时，公司按计划落实并加大与上海马玛林时装有限公司的合作，由原来的单一生产加工，发展为对“RTW”品牌服装的生产加工及销售的一条龙合作。全年加工生产成衣105.12万件，其中代理生产85.37万件，自营生产19.75万件。9月开始，京工集团所属子公司京工进出口公司与北京京工伊里兰服装服饰有限公司发挥各自优势，密切合作，协助“RTW”专卖店成功进驻多家华联商场，并陆续开设京工进出口公司自主经营的“北京样品展示厅”、“京工二号店”及“京工三号店”，销售业绩良好。共计完成营业收入24391.80万元，主营业务利润1015.88万元，利润总额143.48万元。2015年，中国服装出口整体疲弱，国内生产成本持续攀升，国际市场需求不足，国际服装贸易格局处于重塑过程中，中国原有的竞争力逐步弱化，出口份额正在被越南、孟加拉国等为代表的后发国家挤占。在全国服装业全年出口同比下降7.7%的大背景下，公司完成出口金额2551.68万美元，同比略有下降。但内销方面有较大增长，在广度和深度上加大与上海合作伙伴的合作，进一步完善订单管理流程，不断丰富产品类型，拓宽销售渠道，分析目标市场，全年完成成衣销售数量189万件，销售金额1.1亿元人民币，同比2014年的5292万元增长一倍多。2015年共计完成营业收入26475.40万元。

2016—2017年，京工集团在恢复出口的同时不断深化内销合作，开拓新的贸易领域。2016年2月设立贸易部，京工集团“十三五”规划明确提出“十三五”时期的两大主业发展方向，即品牌服装和国际贸易综合业务。为打造集进口、出口、内销为一体的综合性国际贸易平台，京工集团在开拓出口、探索进口及深化内销合作等方面不断努力。抓住市场机会主动出击，通过拜访新老客户、考察目标市场、开拓合作工厂等措施，积极恢复出口业务，在基本保证原日本出口市场规模的前提下，2017年已恢复对欧洲市场出口金额约500万美元，实现销售收入1500万元人民币；在内贸业务方面，在继续巩固原有业务的基础上，继续在广度和深度上加大与客户的合作，完善跟单流程，积极探索运营模式的创新，拓宽业务渠道。同时，在市场调研、推广宣传、库存管理、销售节点等环节互通有无，加强企划的前瞻性和订单的操作性，共同促进合作品牌的运营。2016年全年实现营业收入20342万元。2017年全年实现营业收入21728万元。京工集团贸易部自成立以来，努力开拓新贸易领域，与大连铁源兴商贸有限公司开展合作，共同参与国家PPP（政府和社会资本合作）项目，该项目自2017年5月启动至年底共实现合同金额6719万元。

2018年，京工集团继续保持传统外贸出口这一基本业务不变，在努力维系已有客户的同时，积极接触新客户。全年对欧洲市场新增出口287.46万美元，实现销售收入1868.47万元人民币。11月，京工集团领导及相关业务人员跟随时尚控股组团参加首届中国国际进口博览会，利用京工集团于同年2月取得的“食品经营许可证”，积极寻找机会开拓食品进口业务。内销方面进一步拓展与战略合作公司的合作广度，深度关注“RTW”品牌服装的整体运营情况，并将“RTW”优秀店的经验为我所用，不断探索“RTW”京津地区的发展之路。除“RTW”品牌之外，京工进出口公司继续推进其他品牌的市场开拓，多方努力探索自有品牌的运营之路，熟悉市场，锻炼队伍，强化质量监管。同时尝试增加新的业务品种，其中与通辽泰鼎有色金属加工有限公司的还原铅业务全年实现销售收入7727.86万元。全年实现主营业务收入29448.56万元，比上一年度增长35.5%，京工集团贸易部全年实现主营业务收入11532.00万元，业务范围涵盖钢材、服装及酒类等。其中，作为供应链环节参与的PPP项目，新增1家客户。

2019年，传统出口业务由于受到国家间贸易摩擦和汇率变化等不确定因素的影响，出口收入同比下降。11月初，京工集团相关领导及人员参加第二届中国国际进口博览会，积极寻找进口业务机会。内贸业务进展较快。2月，京工集团与上海马玛林时装有限公司签订商标使用授权书，上海马玛林时装有限公司继续授权京工集团免费使用“RTW”

商标，继续销售其产品，持续开展合作。京工集团紧跟形势发展，多方面探索如何拓展与童装品牌战略合作公司的业务深度，包括推出针对不同营销渠道的合作或者加盟方式，推进进出口公司内销团队的精细化经营，通过参加实体店、内购、特卖等销售方式来锻炼队伍，熟悉市场。同时，密切关注内销代理品牌的应收账款和预付货款的清算工作，及时关闭效益不佳的专柜，确保良好的经济效益。全年实现营业收入 36348 万元，同比增长 23.4%。京工集团贸易部各项工作进展平稳，继续以基建钢材、服装和酒类为主，同时按照实际需要和资金使用情况对在手客户作了一些调整，加强与重点客户的合作。全年共计完成营业收入 12008 万元。

2020 年，京工集团努力克服新冠肺炎疫情造成的困难和不利影响，紧跟国内国外双循环发展格局，巩固现有业务，力争在规模和效益之间找准平衡点，同时不断开发新客户，新增对法国、加拿大等国家的服装出口业务。继续推进贸易多元化，内销业务拓展了范围，尝试初级金属制品的销售。主要业务模块依次是国内服装品牌运营业务、服装出口业务、锌锭业务、还原铅业务、手机及配件业务、基建钢材及其他建材业务等。同时积极开展进口酒类代理业务（后因疫情搁置）。全年实现营业收入 30818.78 万元。京工集团贸易部与京工进出口公司联手合作，新增手机、电脑及零配件的内销业务，并且将合作延伸到直播卖货、内购和特卖等多种模式。业务范围也从最初的服装、钢材和酒水拓展到日用品和电子产品等。全年实现销售收入 14950 万元，同比增长 24.5%。

第二节 自主生产基地建设

公司所属京工进出口公司（原集团公司进出口部）经过几年的经营，出口业务不断扩大，订单的生产任务更加繁重，同时也积累了一定的经济实力。为加强外贸订单的生产及质量控制，确保按时交货，提高合同履约率，拥有自己的工厂日益凸显其必要性和重要性。鉴于此，京工进出口公司与北京东方仕都服装有限公司（简称东方仕都）共同投资南非京华服装有限公司（简称南非京华公司），作为海外生产基地，为扩大对南非的出口规模，提高经济效益，促进企业国际化发展奠定基础；与北京渔阳世纪服装有限公司（北京市渔阳服装厂）合资筹建北京京润服装服饰有限公司，作为国内生产基地，工贸结合，优势互补，保障了外贸订单的生产安排，使进出口公司在对外接单谈判时更具主动优势。

一、南非京华服装有限公司

为适应中国加入世界贸易组织后的形势变化，促进外向型经济发展，国家鼓励企业跨出国门，参加国际经济大循环，寻找新的经济增长点，国家支持企业经营境外带料加工装配业务和境外投资建厂。为了扩大经营规模，拓宽出口渠道，促进企业国际化发展，同时，充分利用南非政府优惠政策，发挥公司的贸易、经济实力，以及生产技术与管理方面的优势，集团公司拟在南非建立服装公司（工厂）作为海外生产基地及转口贸易基地。

1999 年 4 月，对外贸易经济合作部在对北京市外经贸委《关于在南非设立南非京华服装有限公司的立项请示》的批复中，原则上同意北京市纺织控股（集团）有限责任公司所属北京市京工服装进出口有限公司与北京大华衬衫厂拟在南非设立服装生产项目的立项。1999 年 11 月，集团公司设厂的各项优惠政策获得南非政府的批准。

为了进一步了解南非政府所提供的各项优惠政策、详细了解南非当地的投资环境和市场情况，集团公司一直希望派考察小组到南非进行实地考察，并于 2000 年 4 月向南非夸祖鲁纳塔省经济发展促进会（KMI）提出要求协助办理赴南非考察的商务签证。2000 年 9 月拿到签证。10 月，由集团公司本部、京工进出口公司及北京大华衬衫厂（简称大华厂）派出的相关人员组成项目考察小组赴南非实地考察。该项目主办单位京工进出口公司和大华厂原准备在南非设立衬衫厂，但经过对南非的实地考察，从当地工人的劳动技能和市场情况看，双方均认为在南非不适宜设立生产衬衫的工厂，而比较适合生产休闲裤和牛仔裤。因此，大华厂退出了这一项目，京工进出口公司重新寻找合作伙伴。经过多次友好协商，与北京东方仕都服装有限公司达成了共识。北京东方仕都服装有限公司是 1997 年 3 月成立的股份制公司，具有丰富的为外贸公司提供出口货源的经验，每年的供货额都在 2000 万元人民币以上。北京东方仕都服装有限公司拥有一支精干的业务队伍，熟悉服装生产的各个环节，在生产管理和技术管理方面有其独特的优势。为了扩大经营规模，促进企业共同发展，双方本着平等互利、风险共担的原则，共同出资组建南非京华公司。

公司所在地新堡市是南非夸祖鲁纳塔省第二大城市，是南非钢铁、化工、服装工业中心，在南非建厂不仅可以降低生产成本，提高产品竞争力，有效扩大出口规模，而且能够减少配额限制对美国、加拿大等国家和欧盟地区出口的影响。

2000 年 12 月，京工进出口公司向集团公司提交《关于在南非建立服装厂的立项报告》，12 月 15 日，集团公司向纺织控股提交《关于在南非建立服装厂的立项报告》报请立项。2001 年 1 月 5 日，集团公司向纺织控股提交《关于在南非建立京华服装有限公司的报告》，拟办合营公司名称为南非京华公司，地址为南非夸祖鲁纳塔省新堡市 MADEDINI 经济开发区，总投资 60 万美元，注册资金 60 万美元，其中北京市京工服装进出口有限公司投资约 40 万美元，用于流动资金和采购机器设备，占注册资本 66.67%；北京东方仕都服装有限公司投资 166 万元人民币（折合 20 万美元），用于采购机器设备、办公用品和其他设备，占注册资本的 33.33%。资金来源为企业自有资金，外汇由京工进出口公司自有外汇解决。合作期限为 20 年。南非京华公司设立董事会，实行董事会领导下的总经理负责制。董事会由 5 人组成，京工进出口公司派出 4 人，北京东方仕都服装有限公司派出 1 人。公司设总经理 1 名，由董事会聘任或解聘，任期 5 年。董事会成员有武保宗（董事长）、李耀东、屠昕、任炜、王青松；总经理王青松。

2002 年 7 月，南非京华公司第一批派驻人员，王青松、崔佳辉等 5 人开始公司开业前的准备工作。10 月 6 日，南非京华公司（中华人民共和国境外企业批准证书〔2001〕外经贸政企证字第 143 号）举行开工典礼，并正式投入运营。截至 2003 年 1 月底，合资双方投资的资金均已到位。

南非京华公司选中 MADADINI 经济开发区的 58 号厂房作为生产车间，占地面积 8523 平方米，建筑面积 2006 平方米，此外，还另有办公室 97 平方米，职工盥洗室 104 平方米，车库 93 平方米。全部建成后生产规模可达 6 条生产线，按全程服装流水线设计，每条生产线约为 40 人，6 条生产线共需要 240 人，外加辅助人员 10 人，可雇佣工人 250 人。截止到 2003 年 3 月已建成 3 条生产线，已签约招收当地工人 133 人，裁剪、整烫、锁钉、检验及包装各部门分别配备了 3~10 人，预计日产量可达到 180 条至 200 条。从便于培训工人的角度考虑，生产线建立后要经过 3 个月的培训，以国内同等条件生产线生产效率的40%计算，先达到每条生产线日产160条裤子的生产能力。然后按照每季度生产效率增加10%计算，逐步提高产量。经过一个季度的培训后再上后3条生产线，并陆续招收、培训当地工人。2003年3月，初步形成南非京华公司的管理体系。

南非京华公司从2002年10月成立即开始接单，经过不断摸索和努力，到2004年4月南非京华公司已经拥有8个比较固定的客户，还吸引很多采购商到厂考察、洽谈。单笔订单数量也较上一年（2003年）有所增加。生产的成品由公司自行在南非及其他地区销售。公司在当地知名度不断提高。从2003年3月1日到2004年2月29日，南非京华公司累计税后销售收入为281.2万兰特，其他收入24.9万兰特（主要是南非政府的优惠政策补贴），共计收入306.1万兰特。收入与支出基本持平。从2004年3月1日到2005年2月28日，南非京华公司累计税后销售收入为352.6万兰特，比2003年度增加71.4万兰特，其他收入约为70万兰特（主要是南非政府的优惠政策补贴），共计收入422.6万兰特。利润也有所提高。

为配合南非京华公司开创局面，京工集团与京工进出口公司共同研究中方人员的派驻事项，先后共派出人员8人，每名员工与公司签订劳动合同并制定相关的岗位责任制，制定了公司内部相关管理制度，确定有关福利待遇。其中4名带线人员的基本业务素质较好，经验丰富，到达后即进入工作状态。根据他们的建议，重新调整了生产线，当地工人已经基本适应新的管理方法，大大地提高了工厂的管理和技术水平。同时，京工集团和京工进出口公司各相关部门积极地配合驻南非的人员工作，在资金、业务、信息等方面提供支援和帮助，成为南非京华公司的坚强后盾。同时，也利用南非作为出口基地，积极推进对南非的出口贸易。

2004年在开展从国内直接出口到南非的业务取得实质性进展，截止到2005年2月底，已同客户签约（含已发货和正在执行的在手订单）累计达到约300万兰特，除此之外，已经与客户达成意向，只待确认样衣即可下单的还有30万兰特。2005年全年对南非出口达到67万美元，约占当年总出口额的2%。

南非京华公司经过几年的经营逐渐成熟，在扩大对南非直接出口、促进转口贸易发展及原辅料出口等方面发挥了重要作用，但是随着南非政治、社会、经济形势的变化，南非京华公司的生产经营面临劳动力成本不断上升、南非货币大幅度升值以及汇率波动等一系列问题，给公司的发展带来严重影响和潜在风险。

2007 年 10 月 5 日，南非京华公司召开董事会，会议听取了董事长和总经理关于工厂生产、经营状况的报告，分析了南非当地纺织品生产和进口形势，研究了公司经营管理中存在的实际困难和风险，为了避免经济损失或陷入劳资、外事纠纷，董事会决定结束南非京华公司在南非的业务活动并清算公司的资产。2007 年底，南非京华公司按照董事会决定进入收尾和清算阶段，公司在南非当地处理了部分设备，退回国内部分设备，全部债务也处理完毕。出资双方按照投资比例清盘。2009 年 7 月，京工集团向北京纺织控股有限公司提交“关于结束南非京华服装有限公司的报告”，申请注销南非京华公司在北京市商务局的批准证书。

二、北京京润服装服饰有限公司

2003 年，为适应中国加入世界贸易组织和 2005 年纺织品出口配额取消的形势，京工进出口公司总结分析了出口男女西裤的现状和发展前景，认为建立自己的生产基地是十分必要的，也是必须的。因京工进出口公司与北京渔阳世纪服装有限公司有着传统和密切的业务关系，经与北京渔阳世纪服装有限公司洽谈协商，对方表达了强烈的合作愿望，双方在密云县太师屯镇共同投资合作建厂达成共识。北京渔阳世纪服装有限公司位于密云县北庄镇，1976 年建厂，是生产外贸订单经验丰富的老厂。1999 年通过国家商检局 ISO 9002 国际认证，2002 年获得北京市商检局出口货物检验检疫绿色通道的资格。企业占地面积 8000 平方米，建筑面积 1 万平方米，7 条服装生产线。该厂技术力量雄厚，拥有日本进口双针机、打节机、锁眼机、粘合机、子母扣机、开兜机、西裤定型机等设备共 250 台，年生产服装可达 100 万件以上，主要生产男女西裤，产品质量好，主要外销美国、德国、加拿大、日本等，深受当地市场欢迎。因资金缺乏，无法扩大生产线，生产能力有限，不能接受来自美国、日本、加拿大的全部订单。

8 月 15 日，京工进出口公司召开第二届第三次董事会，研究通过了与北京渔阳世纪服装有限公司在密云县太师屯镇合资办厂事宜。9 月 18 日，京工进出口公司与北京渔阳世纪服装有限公司就组建北京京润服装服饰有限公司（简称京润公司）签订合作协议书，双方同意并接受共同制定的《北京京润服装服饰有限公司章程》，按时履行章程规定的责任、义务，以促成新公司早日建成投产。9 月 19 日，京工进出口公司（乙方）与北京市密云县太师屯镇人民政府（甲方）经友好协商并签订“协议书”，甲方同意乙方投资，在甲方金湖工业园区建立服装加工项目。甲方为乙方提供金湖工业园区土地54亩，厂房7600平方米，乙方以买断方式取得其使用权，具体四至由规划圈图界定；同意乙方享受“国家级小城镇各项投资优惠政策”，金湖工业园区水、电、暖等配套设施均通至园区路边处，由乙方负责自行接入厂区内。10月27日，京润公司取得工商营业执照，注册资本300万元，其中：京工进出口公司出资240万元，占注册资本的80%，渔阳公司出资60万元，占注册资本的20%。注册地址：北京市密云县太师屯镇金湖工业园区；经营范围：加工、销售服装、服装服饰、针纺织品，销售服装辅料、服装面料，货物进出口、技术进出口、代理进出口。京润公司实行董事会领导下的总经理负责制，由京工进出口公司选派董事长，北京渔阳世纪服装有限公司选派总经理。

11月，京润公司取得密云县发展计划委员会“关于建设生产生活用房项目的批复”：总建筑面积13800平方米，其中，生产车间10000平方米，办公用房1500平方米，宿舍用房1600平方米，锅炉房、食堂用房700平方米。精确数据以规划审定方案为准。土建投资300万元，所需建设资金自筹解决。

北京京润服装服饰有限公司　　北京市京工服装进出口有限公司　提供

2004年1月，京工进出口公司与京润公司签订“房屋租赁协议”，京工进出口公司以买断方式取得的7600平方米厂房以实物投资方式租赁给京润公司使用，期限为50年，从2004年1月1日至2054年1月1日，在此期间京润公司不得以任何方式转租他人使用，同时，负责厂房内水、电、暖等一切费用及厂房内的安全、消防工作。为推进项目进展，8月26日，京工进出口公司（乙方）与北京市密云县太师屯镇人民政府（甲方）签订“补充协议书”，双方确认甲方为乙方在京润公司厂区内建设的厂房，已完成和交付使用的面积为：第一座厂房，长88米，宽44米，面积为3872平方米；第二座厂房，长88米，宽30米，面积为2640平方米，另有1088平方米未交付使用；第三座厂房面积为2640平方米，建成日期为2004年10月15日前。为加快生产基地的建设速度，早日实现经济效益，在工厂建设过程中，公司始终坚持边基建、边培训、边投产的办法，京润公司于2004年1—2月培训6条生产线的管理人员和生产工人；3月份安装设备；6月份6条西裤生产线正式开工生产，12月份已形成6条成熟的生产线，每条生产线达到日产350~400条、月产6万条的生产能力。同时进行的还有另外厂房基建和另外6条生产线的安装。全年，京润公司共生产销售251173件，销售收入2741141.16元，销售成本2713862.98元，在未提折旧的情况下盈利27278.18元。京润公司完成了当年建设、当年投产，取得了边建设边产出的成绩。公司在认真分析纺织品出口形势的前提下，及时果断地改变和调整经营理念和思路，多方选择地区及合作伙伴，大胆尝试，走出一条工贸结合的新型经营道路，真正做到工贸有机结合，发挥各自的优势，取长补短，共同发展。京工进出口公司利用多年积累的对外贸易经营经验和客户渠道，有力支持京润公司的建设和生产；京润公司凭借多年的生产管理经验，严格、细致地进行生产管理和技术质量管理，同时又为京工进出口公司带来潜在的客户和更宽广的国际市场。

截止到2005年3月，京润公司的厂房建筑面积约10000平方米、辅助用房5000平方米的基建全部完成，12条西裤生产线的平缝机及各种专用设备700余台（套）已全部安装调试完毕。全部12条生产线中有6条已达到设计生产规模，另外6条工人已全部上线。

厂房分为A、B、C三座，其中：A座，2640平方米，用于技术科、样品制造车间和预留的6~8条生产线；B座，2640平方米，用于裁剪和整烫、包装车间；C座，3872平方米，用于缝制车间，装备12条生产线及锁眼、钉扣、开袋等工序。

北京京润服装服饰有限公司生产产房　　北京市京工服装进出口有限公司　提供

北京京润服装服饰有限公司职工宿舍及健身器材　　北京市京工服装进出口有限公司　提供

辅助用房包括宿舍1500平方米，食堂1038平方米，锅炉房230平方米，仓库、配电、浴室960平方米，车棚400平方米等。

北京京润服装服饰有限公司职工食堂　　　　北京市京工服装进出口有限公司　提供

2005 年，京润公司为京工进出口公司加工生产对日本出口的裙子和裤子 40 余万件，对南非出口的男裤 5 万条，产品质量得到了日本客户和南非客户的肯定，有力地支持了出口业务发展，发挥了生产基地的作用。

2006 年 5 月 8 日，考虑到业务发展的需要，京润公司注册资本增资至 500 万元，其中，京工进出口公司追加投资 160 万元，投资由原 240 万元增至 400 万元；渔阳公司追加投资 40 万元，投资由原 60 万元增至 100 万元，股权比例保持不变。2006 年，按照“建厂、巩固、再发展”三步走的原则，京润公司进一步夯实各项基础工作，即调整、充实领导班子，配备负责生产、技术、检验、保卫的副厂级干部；申请并通过了 ISO 9000 质量管理体系认证；完成了美国 WAL-MART 公司、SEARS 公司的验厂工作；利用参加广交会、拉斯维加斯美国服装展示会及与客户谈判等机会宣传企业及工厂，为出口工作奠定基础。全年共生产加工西裤 106 万条。

2007 年京润公司共生产各式男女裤 95.3 万条，其中出口美国裤子 68.6 万条，对欧盟出口 16.2 万条。

2008 年，由于国际市场环境恶化，订单骤减，同时年初电力价格上涨等原因，京润公司出现亏损。2009 年，金融危机的影响持续蔓延到欧洲各国及日本等地，面对市场需求疲软，京工进出口公司不得不更加谨慎接单，订单大幅减少，京润公司也将原有 11 条生产线缩减至 6 条，企业的生产经营和经济效益受到严重影响，持续亏损。

北京京润服装服饰有限公司裁剪车间　　北京市京工服装进出口有限公司　提供

北京京润服装服饰有限公司缝纫车间　　北京市京工服装进出口有限公司　提供

北京京润服装服饰有限公司包装车间　　　　北京市京工服装进出口有限公司　提供

2011 年，京润公司面对国内生产成本的上升和国际市场的复杂变化，及时果断地调整出口地区和出口客户，开发并加工除西裤外的其他裤子品种，提高产品的附加值，加工费平均单价同比提高 29%。在京工进出口公司的支持和配合下，与日本奥田株式会社建立长期的业务关系，每月为其生产约 2 万条毛料男西裤，在 2010 年下半年美国地区西裤订单急剧下降的时候及时稳定了生产订单，并且在加工费方面也有较大的提高。另外，单独成立一条工作服生产线，专门生产日本客户的工作裤，改变过去只能做西裤不能做其他品种的不利局面。同时，在企业内部管理方面，京润公司在调整、压缩生产线（缩减至 4 条）的同时，坚决执行计件工资的分配制度，鼓励多劳多得，在增加产量的同时也增加工人的个人收入，有效调动工人的积极性，稳定职工队伍，保持一定的产值。通过上述多方面的努力，京润公司在 2011 年底实现扭亏为盈。2012 年再次出现亏损，生产线缩减至 3 条。

2013 年 2 月 27 日，京工进出口公司召开第四届第七次董事会，对京润公司的问题进行了专题研究，总结回顾了京润公司 8 年来的工作，肯定其做出的贡献。2005 年至 2012 年的 8 年间，京润公司作为京工进出口公司的生产基地，对完成京工集团各项指标、对出口业务发展的贡献是客观事实。8 年来，京润公司累计生产 500 万条美国西裤，公司出口美国西裤每条平均单价 8.36 美元，收购单价 59.399 元，利润 3.84 元，出口金额 4180 万美元，收购金额 2.99 亿元人民币，利润 1920 万元人民币。有了生产基地，京工进出口公司由经营出口业务的公司转变成为工贸一体的实业型出口企业，大大改变了京工进出口公司对外、对内的形象，带动了公司出口业务的发展。2005 年至 2012 年，京工进出口公司对美出口西裤 722 万条，累计出口金额 6037.1 万美元，累计收购金额 4.287 亿元人民币，累计实现利润 2771 万元。

但是由于国家宏观经济政策调整、国际市场疲软、纺织服装出口下降、订单转移、人民币升值及劳动力成本攀升等多种因素影响，京润公司出现生产开工不足、成本上涨、设备老化、“用工荒”等状况，从而造成企业亏损，企业经营陷入困境。同时，随着出口订单的减少，也逐渐失去了生产基地的意义和作用。会议提出京润公司应在保持稳定的基础上，利用现有资源进行调整和改造，寻找新的发展机会，避免继续产生亏损。

2014 年，京润公司整体运行平稳。全年工厂本部共生产服装 86993 件，同时加大与外部协作生产的力度，充实管理人员，在保质保量的前提下，共生产服装 541781 件。在保证工厂正常运转的前提下，逐步开展调整工作，完成了工厂的人员分流，并确保分流人员的稳定，减轻公司的负担；充分利用工厂的闲置厂房、场地，与北京京工科贸有限公司合作，进行育苗、种植和中转仓库等项目的跨界经营合作，2015 年实现扭亏为盈。

2016 年，京润公司在扭亏为盈的基础上，除继续从事原有的梭织订单生产外，开始尝试针织订单的加工生产，丰富产品品种，增强工厂的生存能力，提高设备利用率。

2018 年，京润公司因地处密云水库一级涵养圈内，根据密云县当地政府环保方面的相关要求已停产。

第七章　社区事业

京工集团拥有“雷蒙”“伊里兰”等北京老字号品牌。京工集团按照“四个中心”首都城市战略定位，北京城市总体规划的发布实施，以及2017年疏解整治促提升三年专项行动开展，特别是北京市委主要领导在北京市第十二届委员会第八次全体会议讲话时强调，要求努力提高保障和改善民生水平，紧紧围绕“七有（幼有所育、学有所教、劳有所得、病有所医、老有所养、住有所居、弱有所扶）”“五性（便利性、宜居性、多样性、公正性、安全性）”，着力解决好市民群众身边的操心事、烦心事、揪心事。2017年起，京工集团积极探索品牌进社区服务发展模式，打造“京工1961”社区服务品牌，并于4月27日成立社区事业部，8月28日，首家“京工1961”草桥社区店的开业。截止到2020年12月26日，“京工1961”和平里社区店落户东城区，三年多的时间里，京工集团从2017年的2家社区门店已经发展到了21家，便民服务项目也从起初的70多项增加至120多项，门店已成功分布在北京市西城、东城、朝阳、海淀、丰台及通州城市副中心等地区，逐步形成以社区服务为核心，以基于互联网的营销管理创新为重点，以扁平化组织结构和智能数据化管理为保障，以销售+服务双轮驱动的社区店连锁运营模式，推进京工集团品牌转型和业态创新发展。同时建设政府倡导的，贴近市民百姓生活的服务项目更是国有企业应有的责任担当。

第一节　成立背景与社区事业部

京工集团作为国有企业，“十三五”以来，积极响应北京市委、市政府号召，按照控股公司发展定位，积极推进品牌转型升级、业态创新。在消费升级的当下，众多服装品牌面临发展瓶颈，创新运营模式迫在眉睫。社区社群经济作为当下一种优化的资源配置方式，是市场需求和关联带动能力很强的产业，可以促进商业、饮食、文娱、信息等一系列产业的发展，既可提高经济效益、社会效益，又可提高资源综合利用水平，极具发展潜力，为服装品牌发展模式的创新提供了新的契机。京工集团结合企业实际，充分发挥自身优势，通过创建专业运营团队，坚持以服务为核心，以线上线下相结合的模式，打造连锁经营的方式，开设经营综合品牌、多品类产品和提供综合服务的“京工 1961”社区店。这一模式节约运营成本，细化客户管理，有效提升管理水平和服务意识，深受消费者好评，同时得到政府与媒体的关注和支持，起到良好的示范作用。在经济效益、管理创新、社会效益方面都取得显著成效。

一、成立背景

2017 年，随着北京“疏解整治促提升”专项行动的开展，特别是北京市人口疏解政策的执行，以及对开墙打洞违法经营的治理。在百姓生活的社区周边，尤其是服装行业，通常是产品良莠不齐、品类单一、服务不到位，很难满足消费者在穿衣以及修衣改衣等方面的需要。且各大服装品牌的销售渠道主要是进驻各大中型商场、购物中心，以及在繁华商业街开设门店，而极少有服装企业做社区店经营。京工集团结合拥有“雷蒙”“伊里兰”等深受北京消费者喜爱的北京老字号品牌的企业实际，京工集团党委深刻认识到，传承、宣传、发展好北京老字号是京工集团的重要使命，同时建设政府倡导的、贴近市民百姓生活的服务项目更是国有企业应有的责任担当。为了迎合这些需求，京工集团从 2017 年起，就确定了探索品牌进社区服务发展模式，通过利用开设社区店这一载体，依托地缘优势，为社区居民提供修衣改衣的服务项目，同时配合多品牌、多品类的集合店销售模式，满足社区居民的服装消费需求。使京工集团从服装生产销售转变为综合的销售服务为一体的创新模式，更加亲民、便民，为社区居民提供便利的同时，满足百姓在穿衣、修衣改衣、定制的所有需求。

二、社区事业部成立

伴随着社区服务模式的启动，2017 年 4 月 27 日，京工集团成立社区事业部。通过引进专业人员，采用扁平化的人员组织结构，打造专业的运营团队。社区事业部设置部门经理，营业主管、行政运维专员、货品储运主管、技术定制主管、企划运营专员以及选款采购小组等岗位。4 月，京工集团工会组织广大员工，从企业历史、工艺内涵和品牌文化等方面开展社区店名征集活动。同年 5 月 25 日，经过京工集团经理办公会研究商讨，最终确定社区店名称为"京工 1961"。经过 2 个月的选址工作，最终于同年 6 月，确定了 2 家社区店面的位置，并于 7 月完成店面合同的签订，进入招聘店员以及装修阶段。2017 年 8 月草桥社区店和 12 月友谊社区店的开业，标志着京工集团品牌进社区服务发展模式的正式开启。

社区事业部组建初期，自上而下由部门经理直接管辖到各社区店店长。随着社区服务模式的逐步扩大，社区门店数量的递增，社区事业部的组织框架改变为部门经理管辖 5 名主管和专员，再由主管及专员按照岗位职责和工作要求，进行将营销、货品储运、企业策划、技术指导和行政管理等工作落实到各个门店店长，再由各店长结合管理门店的自身情况展开工作。

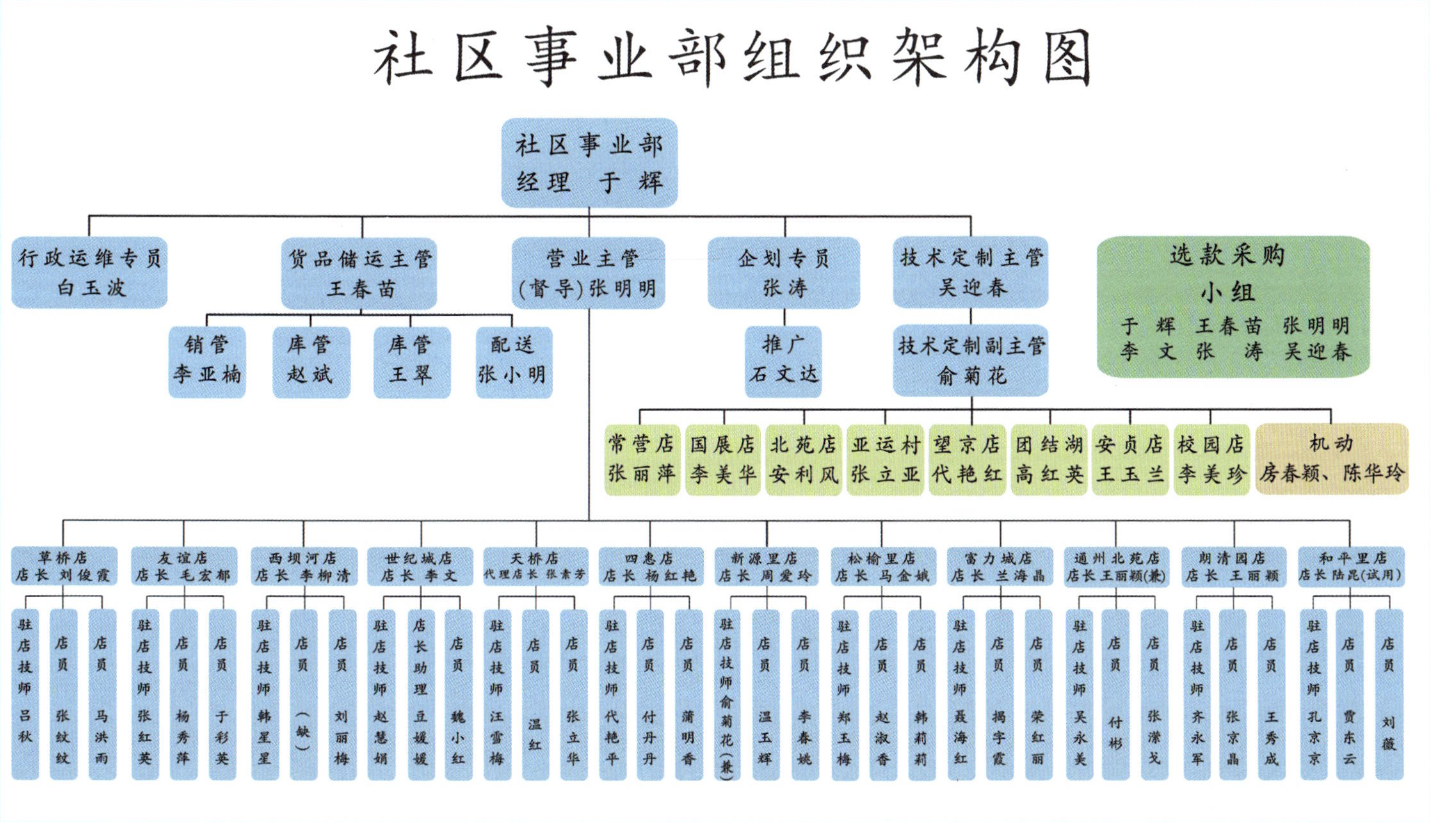

2020 年 12 月，北京京工服装集团有限公司社区事业部组织框架图

第二节 服务模式

随着城市与企业的变迁，京工集团紧紧围绕非首都功能疏解背景下的社区供给侧改革，专注于消费升级，结合百姓关注的民生问题，通过建立“服务 + 零售 + 互联网”的全新服务模式，创新品牌发展业态，打造“京工 1961”社区服务品牌。通过以京工集团自有品牌服装销售和修衣改衣、定制等服务为主体的实体店与建立以 O2O 服务模式为主体的互联网销售综合体，实现线上线下渠道融合，更方便满足老百姓衣着方面的切实需求。

一、自营、联营

服务是“京工 1961”社区店经营的核心内容，也是经营的重要特色。所有店铺服务项目全部实现统一服务流程、统一服务标准、统一收费标准。在“京工 1961”每家店铺内都设有一个至少 10 平方米的修衣改衣区，统称为“裁缝铺”，配备专业的平缝机、包缝机、暗缝机、烫衣台等设备，由拥有 10 年以上制衣经验的技师驻店，可以提供包括修衣改衣、服装定制、羽绒服翻新定制等 120 余项服务项目。同时京工集团技术开发中心作为门店的技术支持单位，还可以承接社区店内无法完成的修衣改衣和定制业务，确保为百姓提供更加专业的服务。从简单的缝缝补补到服装的设计定制，“京工 1961”可以满足百姓不同层次的需求。

包括自营、联营的 21 家“京工 1961”社区门店便民服务项目包括身长改短、袖长改短、带拉链上衣改短、胸围至下摆改瘦、通肩改窄、移贴兜、封开气、修后领窝（不平）、修袖子肥瘦、上衣换拉链、大衣换拉链、大衣改瘦、大衣改瘦有滚条、改身长（直摆无开叉）、改袖长、腰身改瘦、袖口装松紧带（普通）、改肩、换夹克拉链、换羽绒服拉链（普通一长）、身长改短、身长改短（摆）、袖长改短、针织上衣改短、针织袖长改短、针织上衣带开气、针织裤子改短、针织裤带拉链、熨烫西服上衣及大衣、熨烫衬衫及裤子、普通裤子改短、马蹄裤子改短、马蹄裤原边、改单开叉、裙裤及夹裤子改短、裤子手扦边、裤子手扦边带滚条、夹裤手扦边、假外翻、普通外翻、裤子加防磨条、裤子改瘦有两侧兜、抽带锁眼改裤长、有拉链有三角布裤长、裤子改短有两明线、裙裤及裤子拆平改、裤子横裆至下口改瘦、立档开深、换拉锁、裤子换里衬（工费）、裙裤腰至下摆改瘦、裤子从中间改短、裙子换里衬（工费）、裙子改短、裙子改短带滚条、斜裙改短、运动裤带拉链改短、裤子及裙子两侧改腰、裤子及裙子三侧改腰、西裤收腰及放腰、定做布艺、修针织等。同时，每家“京工 1961”店在装修改造的过程中，都要结合当地社区社群的特点，注重装修品质和品位，尽可能地为百姓提供温馨舒适的购物、服务环境，在店内除提供饮用水、茶点、纸巾、无线网络等服务外，还尽可能地配备针线盒、血压计、体脂秤、雨伞、充电器、擦鞋器、急救箱、图书等便民用品，通过这些贴近百姓的服务，致力于建立一个有温度的社区品牌。2017 年 8 月至 2020 年 12 月，京工集团依次开设的 13 家“京工 1961”自营店（7 家社区店和 6 家社区生活馆），为百姓带来便捷的修衣改衣等服务项目数量约 2 万件次，服务金额约为 180 万元。

“京工 1961”社区店用于服务的裁缝铺　　京工集团办公室　提供

二、零售

“京工 1961”社区店作为京工集团线下连锁实体，经营着“雷蒙”男装、“伊里兰”羽绒服、“京工 1961”女装、“Haoxuesheng”童装、“枫叶”、“Saike”等京工集团自主品牌，集团的相关高级定制业务和代理的“RTW”品牌，时尚控股集团旗下的“铜牛”“绿典”“京冠”等品牌的产品，同时拥有通过和工艺美术大师合作的京绣产品以及日化产品。“京工 1961”社区店逐步形成为一个集男装、女装、童装、羽绒服、内衣等于一体的小型品牌集合店。每个社区店都会根据周边居民情况选择品牌、品类及数量配比，同时可以根据周边居民的需求进行产品的灵活调配。2017 年 8 月至 2020 年 12 月，京工集团依次开设的 13 家“京工 1961”自营店（7 家社区店和 6 家社区生活馆），累计销售各类品牌数量 7 万多件，销售金额约为 2000 万元。

三、互联网销售

“京工 1961”通过对实体店里和网络平台上的数据收集，对产品、服务进行大数据分析，指导产品的组织和服务内容的调整工作。还通过与大众点评等网络平台合作，提升网络排名，提升产品和服务项目的曝光度，方便消费者快速了解“京工 1961”社区服务品牌，并能够快捷找到社区店的位置分布，引导线上客流到线下消费。同时积极探索线上直播的合作模式，通过专业的讲解和模特的试穿，让顾客可以直观地了解到服装产品。另外，“京工 1961”通过运营公众服务号，策划高质量的营销内容，把最新的服务信息、服装款式、服装服饰搭配知识、护理知识，及时地传递给门店会员，方便大家了解。“京工 1961”微商城已于 2020 年 6 月 30 日正式上线运营。线上商场覆盖了线下门店主要服务内容，为百姓提供专业化、标准化修衣改衣、定制预约服务的同时，提供物美价优的服装服饰、日化产品。

第三节　店铺类型

“京工 1961”社区门店结合开设地点、周边环境以及居民结构共分为 3 种类型，分别是社区店、社区生活馆和联营店，其中社区店和社区生活馆为自营店，是京工集团自身开设与管理运营，联营店为与同业品牌公司合作，将“京工 1961”裁缝铺植入到联营服装店铺中，从而快速有效地增加区域布局数量和速度，来满足更多地区的百姓需求。自 2017 年 8 月至 2020 年 12 月，京工集团旗下“京工 1961”社区门店共开设 21 家（包括亚运村社区生活馆由于出租方自身房产纠纷，已于 8 月关闭）。其中自营店 13 家，每家自营店铺配备一位店长、两位店员、一位改衣师傅，分别为亚运村社区生活馆、西坝河社区生活馆、世纪城社区生活馆、四惠社区生活馆、新源里社区生活馆、朗清园社区生活馆、草桥社区店、友谊社区店、天桥社区店、松榆里社区店、富力城社区店、通州北苑社区店、和平里社区店。联营店8家，分别为常营店、国展店、北苑店、亚运村店、望京店、团结湖店、安贞店、校园店。

一、社区店

社区店的选址，集中在大型社区周边，贴近居民的生活区域。店铺面积选择在 90 平方米左右，装修风格不崇尚高端奢华，没有强烈的商业气息，销售京工集团自有品牌、控股公司旗下品牌以及其他合作商品牌为主，并采用亲民的价格，为周边居民提供专业的修衣改衣等服务内容。2017 年 8 月至 2020 年 12 月，京工集团在北京地区范围内依次开设了 7 家“京工 1961”社区店，累计销售各类品牌数量 4 万多件，销售金额约为 1008 万元。其中为百姓带来便捷的修衣改衣等服务项目数量约 9600 件次，服务金额约为 80 万元。

（一）草桥社区店

2017 年 8 月，京工集团开设的首家社区门店——草桥社区店正式对外营业，地址位于北京市丰台区草桥欣园二区 9 号楼 C 座一层 108 号。门店紧邻草桥欣园 1、2、3、4 区及玫瑰园等大型社区，有居民楼 90 栋，约 7 万人口，其中常驻人口 6 万人，流动人口 1 万人，周边有草桥幼儿园、草桥小学以及汽车公园、花卉大观园、花神假日酒店、二清机动车、京桥热电、基督教丰台堂、环卫集团、市政六处、市垃圾渣土管理处等。门店距离公交车站 50 米，地铁站 50 米，交通非常便利。目前店内人员配置 4 人，其中店长 1 人、店员 2 人，技师 1 人。可服务面积 3.6 平方千米。截止到 2020 年底，店面会员人数为 534 人。

开业当天，时尚控股副总经理吴鹤立、负天祥，京工集团党委书记、董事长李耀东以及集团领导班子成员近 50 位嘉宾、媒体出席开业仪式。京工集团党委书记、董事长李耀东接受北京电视台、人民网、千龙网、《首都建设报》等媒体记者采访，表示发展社区经济是社会发展进步的客观要求，也是深化改革、加快经济发展、提升百姓生活水平的重要举措。京工集团推动品牌进社区，建立“零售 + 服务 + 互联网”的全新社区服务模式，即是结合企业转型升级、业态创新，更好传承与发展“雷蒙”“伊里兰”等北京老字号的需要，更是切实满足百姓需求，承担社会责任的具体践行。京工集团把社区服务作为企业未来发展的一项重要战略，持之以恒地坚持下去。

2017 年 8—12 月，店内共计销售数量 1700 多件。其中包括修衣改衣等便民服务项目数量 239 件 / 次，占比总销售数量的 14%；京工集团旗下“雷蒙”“伊里兰”“Haoxuesheng ”“枫叶”品牌以及定制业务等共计销售为 700 多件，占比总销售数量的 41%；其他代理以及合作入驻品牌共计销售约为 770 件，占比总销售数量的 45%。

2018 年，店内共计销售数量约为 3600 件。其中包括修衣改衣等便民服务项目数量 1000 多件次，占比总销售数量的 28%；京工集团旗下“雷蒙”“伊里兰”“Haoxuesheng”“Saike”“枫叶”品牌以及定制业务等共计销售约为 1470 件，占比总销售数量的 41%；其他代理以及合作入驻品牌共计销售约为 1100 件，占比总销售数量的 31%。

2019 年，店内共计销售数量约为 4100 件。其中包括修衣改衣等便民服务项目数量约为 1800 件次，占比总销售数量的 44%；京工集团旗下“雷蒙”“伊里兰”“京工 1961”“Haoxuesheng”“Saike”“枫叶”品牌以及定制业务等共计销售约为 1480 件，占比总销售数量的 36%；其他代理以及合作入驻品牌共计销售约为 852 件，占比总销售数量的 20%。

2020 年，受疫情影响，店内共计销售数量 4100 多件。其中包括修衣改衣等服务项目数量 1700 多件次，占比总销售数量的 41%；京工集团旗下“雷蒙”“伊里兰”“京工 1961”“Haoxuesheng”“Saike”“枫叶”品牌以及定制业务等共计销售约为 1260 件，占比总销售数量的 31%；其他代理以及合作入驻品牌共计销售 400 多件，占比总销售数量的 8%。

第一家“京工 1961”社区店开业　　京工集团办公室　提供

（二）友谊社区店

2017 年 12 月，京工集团开设的第 2 家社区门店——友谊社区店正式对外营业，地址位于北京市海淀区中关村南大街 1 号北京友谊宾馆 61411 房间。门店紧邻友谊宾馆、北理工、双榆树等大型社区，有居民楼 523 栋，写字楼 10 栋，约 16.5 万人口，其中常驻人口 13.9 万人，流动人口 2.6 万人，周边有中国人民大学、北京理工大学、中国人民大学附属中学等学校以及友谊宾馆、中关村人才市场、双安商场、数码大厦、华宇等。门店距离公交车站 50 米，地铁站 100 米，交通非常便利。店内人员配置 4 人，其中店长 1 人、店员 2 人，技师 1 人。可服务面积 7.5 平方千米。截止到 2020 年底，店面会员人数为 382 人。2017 年开业仅一个月的时间里，店内共计销售数量约为 270 件。其中包括修衣改衣等便民服务项目数量约 20 件次，占比总销售数量的 7%；京工集团旗下“雷蒙”“伊里兰”“Haoxuesheng”品牌以及定制业务等共计销售为 134 件，占比总销售数量的 50%；其他代理以及合作入驻品牌共计销售 117 件，占比总销售数量的 43%。

2018 年，店内共计销售数量约为 2700 件。其中包括修衣改衣等便民服务项目数量约为 250 件次，占比总销售数量的 9%；京工集团旗下“雷蒙”“伊里兰”“Haoxuesheng”“Saike”“枫叶”品牌以及定制业务等共计销售约为 1380 件，占比总销售数量的 51%；其他代理以及合作入驻品牌共计销售 1000 多件，占比总销售数量的 40%。

2019 年，店内共计销售数量 2900 多件。其中包括修衣改衣等便民服务项目数量约为 560 件次，占比总销售数量的 19%；京工集团旗下“雷蒙”“伊里兰”“京工 1961”“Haoxuesheng”“Saike”“枫叶”品牌以及定制业务等共计销售约为 1620 件，占比总销售数量的 56%；其他代理以及合作入驻品牌共计销售 710 多件，占比总销售数量的 25%。

2020 年，受疫情影响，店内共计销售数量 2900 余件。其中包括修衣改衣等便民服务项目数量 370 件次，占比总销售数量的 13%；京工集团旗下“雷蒙”“伊里兰”“京工 1961”“Haoxuesheng”“Saike”“枫叶”品牌以及定制业务等共计销售为 2200 多件，占比总销售数量的 76%；其他代理以及合作入驻品牌共计销售 330 多件，占比总销售数量的 11%。

“京工 1961”友谊社区店　　京工集团办公室　提供

（三）天桥社区店

2019 年 7 月 12 日，京工集团开设的第 6 家社区门店——天桥社区店正式对外营业，地址位于北京市西城区永安路 4 号 1 层 1-12-1 室。门店紧邻天桥小区及附近平房区，有居民楼 60 栋，约 4.5 万人口，其中常驻人口 4 万人，流动人口 0.5 万人，周边有徐悲鸿中学、伊斯兰经学院、北汽集团党校以及友谊医院、前门建国饭店、太丰惠中、天桥艺术大厦、天桥剧场、德云社、天桥百货、宣武中医院、东方饭店、光明日报社等。门店距离公交车站 250 米，地铁站 350 米，交通较为便利。店内人员配置 4 人，其中店长 1 人、店员 2 人，技师 1 人。可服务面积 1.2 平方千米。截止到 2020 年底，店面会员人数为 358 人。当年 7—12 月，店内共计销售数量 2900 多件。其中包括修衣改衣等便民服务项目数量约为 700 件次，占比总销售数量的 24%；京工集团旗下“雷蒙”“伊里兰”“京工 1961”“Haoxuesheng”“Saike”“枫叶”品牌以及定制业务等共计销售为 1400 多件，占比总销售数量的 48%；其他代理以及合作入驻品牌共计销售 800 多件，占比总销售数量的 28%。

2020 年，受疫情影响，店内共计销售数量 4600 多件。其中包括修衣改衣等便民服务项目数量 930 多件次，占比总销售数量的 20%；京工集团旗下“雷蒙”“伊里兰”“京工 1961”“Haoxuesheng”“Saike”“枫叶”品牌以及定制业务等共计销售为 2900 多件，占比总销售数量的 63%；其他代理以及合作入驻品牌共计销售 760 多件，占比总销售数量的 17%。

“京工 1961”天桥社区店　　京工集团党委宣传部（新闻中心） 提供

（四）松榆里社区店

2020 年 1 月，京工集团开设的第 10 家社区门店——松榆里社区店正式对外营业，地址位于北京市朝阳区松榆西里29号楼一层。门店紧邻松榆西里、松榆里、农光里、武圣东里、武圣西里、建业苑、农光南里等大型社区，约4万人口，其中常驻人口3万人，流动人口1万人，周边有垂杨柳小学、北工大附中、陈经纶中学以及物美、京客隆等。门店距离公交车站20米，地铁站500米，交通较为便利。店内人员配置4人，其中店长1人、店员2人，技师1人。可服务面积1.5平方千米。截止到2020年底，店面会员人数为210人。

2020年，受疫情影响，店内共计销售数量6000多件。其中包括修衣改衣等便民服务项目数量约为780件次，占比总销售数量的13%；京工集团旗下"雷蒙""伊里兰""京工1961""Haoxuesheng""Saike""枫叶"品牌以及定制业务等共计销售为3100多件，占比总销售数量的52%；其他代理以及合作入驻品牌共计销售约为2100件，占比总销售数量的35%。

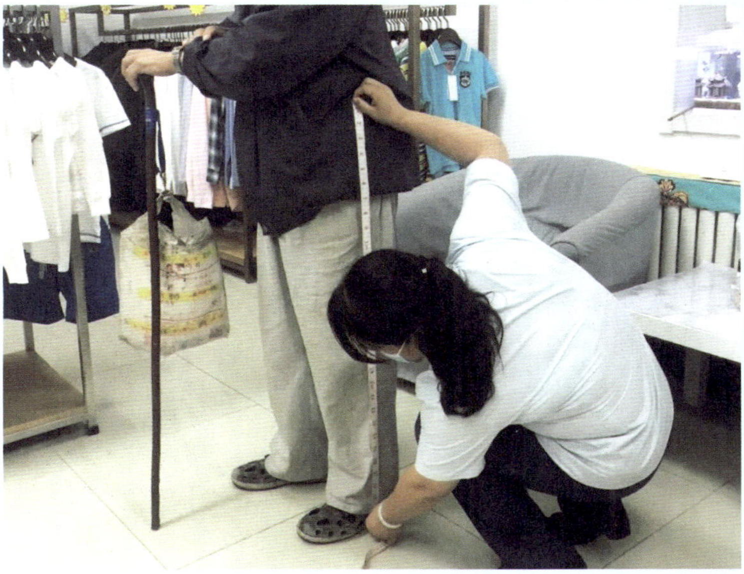

社区店工作人员为老人量体　　京工集团党委宣传部（新闻中心）提供

（五）富力城社区店

2019年12月30日开业的富力城联营店，因业务发展需要，于2020年4月1日以自营店的形式，同时也是京工集团第11家社区门店——富力城社区店的崭新面貌正式营业。地址位于北京市朝阳区广渠门外大街一号院1、2、3号楼地下综合体及公-1商业楼地上一层07-05号。门店紧邻富力城、优士阁、佳龙大厦、怡馨园、世贸国际公寓等大型社区，有居民楼80栋，写字楼10栋，约5万人口，其中常驻人口4万人，流动人口1万人，周边有工大附中、富力城、优士阁、乐成中心以及北京歌剧舞剧院等。门店距离公交车站200米，地铁站300米，交通比较便利。店内人员配置4人，其中店长1人、店员2人，技师1人。可服务面积1.5平方千米。截止到2020年底，店面会员人数为596人。当年4—12月，受疫情影响，店内共计销售数量3600多件。其中包括修衣改衣等便民服务项目数量约为950件次，占比总销售数量的26%；京工集团旗下“雷蒙”“伊里兰”“京工1961”“Haoxuesheng”“Saike”“枫叶”品牌以及定制业务等共计销售约为1850件，占比总销售数量的51%；其他代理以及合作入驻品牌共计销售为820多件，占比总销售数量的23%。

“京工1961”富力城社区店　　京工集团党委宣传部（新闻中心）提供

（六）通州北苑社区店

2020年9月10日，京工集团开设的第17家社区门店，同时也是“京工1961”在北京通州城市副中心开设的第1家门店——通州北苑社区店正式对外营业，地址位于北京市通州区北苑一路 1 号院 4 号楼 1 层 102。门店紧邻万方家园—锦园、悦园、怡园等大型社区，有居民楼 6 栋，写字楼 3 栋，约 9.3 万人口，其中常驻人口 0.3 万人，流动人口 9 万人，周边有通州万达广场、国酒茅台、味多美、永辉超市、物美便利店、克丽缇娜、红黄蓝幼儿园、通州区童乐幼儿园等。门店距离公交车站 500 米，地铁站 800 米，交通比较便利。店内人员配置 4 人，其中店长 1 人、店员 2 人，技师 1 人。可服务面积 2 平方千米。截止到 2020 年底，店面会员人数为 55 人。当年 9—12 月，店内共计销售数量 1000 多件。其中包括修衣改衣等便民服务项目数量约为 230 件次，占比总销售数量的 23%；京工集团旗下“雷蒙”“伊里兰”“京工 1961”“Haoxuesheng”“Saike”“枫叶”品牌以及定制业务等共计销售约为 570 件，占比总销售数量的 56%；其他代理以及合作入驻品牌共计销售约为 210 件，占比总销售数量的 21%。

“京工 1961”通州北苑社区店　　京工集团党委宣传部（新闻中心）提供

（七）和平里社区店

2020 年 12 月 26 日，京工集团开设的第 21 家社区门店——和平里社区店正式对外营业，地址位于北京市东城区民旺园 30 号楼 1 层 107 房间。门店紧邻民旺园、和平里东街 15 号院、柏林寺小区、和平里东街 9 号院、民旺胡同、和平里、向阳葵阳光社区、砖角楼、和平里社区等大型社区，有居民楼96栋，写字楼15栋，约4万人口，其中常驻人口3万人，流动人口1万人，周边有和平里第一小学、第九小学、第四小学、北京市第一七一中学、第五十四中学等教育学校以及歌华大厦、雍和大厦、航天信息大楼、国家林业和草原局、航星科技园等。门店距离公交车站100米，地铁站1400米，交通非常便利。店内人员配置4人，其中店长1人、店员2人，技师1人。可服务面积2平方千米。和平里社区店的开业，是自2017年8月首家“京工1961”社区店落户草桥以来，京工集团三年多内，在京城开设的第21家“京工1961”社区店（包括因出租房自身房产纠纷问题，已于2020年8月关闭的亚运村社区生活馆）。截止到年底，自开业以来仅仅6天时间里，店内共计销售数量60件。其中包括修衣改衣等服务项目数量为20多件次，占比总销售数量的33%；京工集团旗下“雷蒙”“伊里兰”“京工1961”“Haoxuesheng”“Saike”“枫叶”品牌以及定制业务等共计销售为20多件，占比总销售数量的34%；其他代理以及合作入驻品牌共计销售约为20件，占比总销售数量的33%。

“京工1961”和平里社区店　　京工集团党委宣传部（新闻中心）提供

在开业揭牌仪式上，京工集团党委书记、董事长李耀东分享了“京工 1961”的创始历程和发展之路。“京工 1961”作为深耕社区，致力于满足居民消费需求的社区服务品牌，是京工集团深入学习贯彻习近平总书记视察北京重要讲话精神，以更加坚定的态度、自觉的行动、有力的举措全心全意践行国有企业使命与担当的重要实践，同时也是京工集团坚持需求牵引供给、供给创造需求发展思路，加速布局社区经济，创新品牌与服务运营模式的有益探索。三年来，京工集团在北京时尚控股党委的领导下，按照北京市提出的民生“七有”“五性”需求、生活服务业“六化（规范化、连锁化、便利化、品牌化、特色化、智能化）”发展的工作总要求，在北京坚定有序疏解非首都功能，加快产业升级、业态调整的过程中，结合百姓所关心的民生问题与老字号品牌发展面临的瓶颈，积极推进品牌转型升级、业态创新。通过在社区开设连锁店铺，在销售品牌成衣的同时，提供修衣改衣、定制等贴近市民生活的、百姓急需的各项服务项目。

2017 年 8 月至 2020 年 12 月京工集团“京工 1961”社区店一览表

表 7-1

	草桥店	友谊店	天桥店	松榆里店	富力城店	通州北苑店	和平里店
开业时间	2017 年 8 月	2017 年 12 月	2019 年 6 月	2020 年 1 月	2020 年 4 月	2020 年 9 月	2020 年12月
地址	北京市丰台区草桥欣园二区 9 号楼 C 座一层 108 号	北京市海淀区中关村南大街 1 号北京友谊宾馆 61411 房间	北京市西城区永安路 4 号 1 层 1-12-1 室	北京市朝阳区松榆西里 29 号楼一层	北京市朝阳区广渠门外大街一号院	北京市通州区北苑一路 1号院4 号楼 1 层 102	北京市东城区民旺园 30号楼 1 层 107 房间
店铺面积	90 平方米	91 平方米	70 平方米	79 平方米	81 平方米	86 平方米	40 平方米
居民楼	90 栋	523 栋	60 栋	—	80 栋	6 栋	96 栋
写字楼	—	10 栋	—	—	10 栋	3 栋	15 栋
周边人口	7 万人	16.5 万人	4.5 万人	4 万人	5 万人	9.3 万人	4 万人
服务面积	3.6 平方千米	7.5 平方千米	1.2 平方千米	1.5 平方千米	1.5 平方千米	2 平方千米	2 平方千米
距离公交站	50 米	50 米	250 米	20 米	200 米	500 米	100 米
距离地铁站	50 米	100 米	350 米	500 米	300 米	800 米	1400 米
截止到2020年底累计销售额	380 万元	320.1 万元	113.7 万元	67.6 万元	98.8 万元	21.6 万元	4.6 万元
人员配置	4 人	4 人	4 人	4 人	4 人	4 人	4 人

二、社区生活馆

社区生活馆不同于以往的社区店，无论是营业面积、装修风格，还是商品陈列、服务内容都上了一个新的台阶。绝大部门社区生活馆店铺面积在 90 平方米以上，其中西坝河与朗清园社区生活馆店铺面积更是分别达到了 147 和 160 平方米。在店铺装修设计方面，更加注重顾客购物的体验感，同时店内配备休闲功能区，为到店顾客营造一个温馨、舒适的购物环境。2018 年 4 月至 2020 年 12 月，京工集团在北京地区范围内依次开设了 6 家“京工 1961”社区生活馆，累计销售各类品牌数量 3 万多件，销售金额约为 910 万元。其中为百姓带来便捷的修衣改衣等服务项目数量约 10000 多件次，服务金额为 98 万余元。

（一）亚运村社区生活馆

2018 年 4 月 28 日，京工集团开设的第 3 家社区门店，同时也是首家社区生活馆——亚运村社区生活馆正式开业。地址位于北京市朝阳区安慧北里安园 8 号楼一层 1–6。门店紧邻安慧北里、安慧里、大屯里、慧忠里、慧忠北里、北辰公寓等大型社区，有居民楼 222 栋，写字楼 107 栋，约 10.1 万人口，其中常驻人口 7.4 万人，流动人口 2.7 万人，周边有陈经纶嘉铭分校、朝阳外国语、石油大学远程教育、求实职业学校、音乐学院附属实验学校、电梯职业学校以及飘亮购物中心、北辰购物中心、国际会议中心、北京剧院、炎黄艺术馆、藏学研究中心、西藏文化馆、石化工程建设、石化天然气、中国教育科学研究院、金泉、建工锅炉压力容器、美中宜和、市畜牧总站等。门店距离公交车站 60 米，地铁站 750 米，交通较为便利。店内人员配置 4 人，其中店长 1 人、店员 2 人，技师 1 人。可服务面积 3 平方千米。截止到 8 月，店面会员人数为 381 人。

作为集团首家社区生活馆，亚运村店在装修设计方面，更加注重顾客的购物和服务体验。店内橱窗前有一个独立新颖的小木屋，驻店技师的修衣改衣、熨烫整理工作画面，会展示给顾客和路过的行人。生活馆内的吧台和沙发区为到店顾客提供了一个小憩并能与店家进行交流的平台，在这里顾客可以等候和观看熨烫服装、改裤长等小修小改服务项目的全过程，也可以与专业的设计师、量体师咨询沟通，定制一套个性化的专属服装。

2018 年 4—12 月，店内共计销售数量约为 2700 件。其中包括修衣改衣等便民服务项目数量 440 多件次，占比总销售数量的 17%；京工集团旗下“雷蒙”“伊里兰”“Haoxuesheng”“Saike”“枫叶”品牌以及定制业务等共计销售约为 1490 件，占比总销售数量的 55%；其他代理以及合作入驻品牌共计销售 760 件，占比总销售数量的 28%。

2019 年，店内共计销售数量约为 4300 件。其中包括修衣改衣等便民服务项目数量约为 2300 件次，占比总销售数量的 53%；京工集团旗下“雷蒙”“伊里兰”“京工 1961”“Haoxuesheng”“Saike”“枫叶”品牌以及定制业务等共计销售约为 1360 件，占比总销售数量的 32%；其他代理以及合作入驻品牌共计销售约为 640 件，占比总销售数量的 15%。

2020 年 1—8 月，受疫情影响，店内共计销售数量约为 1140 件。其中包括修衣改衣等便民服务项目数量 590 多件次，占比总销售数量的 53%；京工集团旗下“雷蒙”“伊里兰”“京工 1961”“Haoxuesheng”“Saike”“枫叶”品牌以及定制业务等共计销售为 400 多件，占比总销售数量的 35%；其他代理以及合作入驻品牌共计销售约为 140 件，占比总销售数量的 12%。

2020 年，“京工 1961”亚运村社区生活馆已经营 2 年有余，由于后续出租方自身的房产纠纷问题，导致店铺无法正常营业，已于 8 月关闭。为了能继续让周边百姓享受到快捷、便利、亲民的服务，店内原提供修衣改衣等便民服务的裁缝铺，搬迁至西侧 200 米的“京工 1961”亚运村联营店内。

“京工 1961”亚运村社区生活馆　　京工集团办公室　提供

（二）西坝河社区生活馆

2018 年 8 月 28 日，京工集团开设的第 4 家社区门店，同时也是第 2 家社区生活馆——西坝河社区生活馆正式开业。地址位于北京市朝阳区西坝河西里 28 号英特公寓 1- 商业 A 座一层 A07 号。门店紧邻英特公寓、和馨怡佳、西坝河西里、光熙门北里、西坝河南里、西坝河中里等大型社区，有居民楼 84 栋，写字楼 8 栋，约 3.7 万人口，其中常驻人口 3 万人，流动人口 0.7 万人，周边有中医学院附中、黄胄艺术实验小学、红黄蓝幼儿园、群星幼儿园、孙瑞雪幼儿园、西坝河第三幼儿园以及七圣庙市场、爱琴海、朝阳商业大楼、燕丰商场、天虹、家乐福、京客隆等。门店距离公交车站 100 米，地铁站650米，交通较为便利。店内人员配置4人，其中店长1人、店员2人，技师1人。可服务面积 2 平方千米。截止到 2020 年底，店面会员人数为 283 人。开业当天，时尚控股旗下“铜牛”品牌产品正式入驻京工 1961 社区店。当年 8 月—12 月，店内共计销售数量 590 件。其中包括修衣改衣等便民服务项目数量 125 件，占比总销售数量的 21%；

“京工 1961”西坝河社区生活馆　　京工集团办公室　提供

京工集团旗下“雷蒙”“伊里兰”“Haoxuesheng”“Saike”“枫叶”品牌以及定制业务等共计销售约为 260 件，占比总销售数量的 44%；其他代理以及合作入驻品牌共计销售 210 件，占比总销售数量的 35%。

2019 年全年，店内共计销售数量 4500 多件。其中包括修衣改衣等便民服务项目数量 1100 多件次，占比总销售数量的 25%；京工集团旗下“雷蒙”“伊里兰”“京工 1961”“Haoxuesheng”“Saike”“枫叶”品牌以及定制业务等共计销售约为 1480 件，占比总销售数量的 33%；其他代理以及合作入驻品牌共计销售 1900 多件，占比总销售数量的 42%。

2020 年受疫情影响，店内共计销售数量 3900 多件。其中包括修衣改衣等便民服务项目数量约为 1000 件次，占比总销售数量的 26%；京工集团旗下“雷蒙”“伊里兰”“京工 1961”“Haoxuesheng”“Saike”“枫叶”品牌以及定制业务等共计销售为 2100 多件，占比总销售数量的 54%；其他代理以及合作入驻品牌共计销售 810 件，占比总销售数量的 20%。

（三）世纪城社区生活馆

2018 年 11 月 30 日，京工集团开设的第 5 家社区门店，同时也是第 3 家社区生活馆——世纪城社区生活馆正式开业。地址位于北京市海淀区蓝靛厂时雨园甲 2 号 1 层甲 2-1-002 号。门店紧邻春荫园、观山园、时雨园、翠叠园、晴雪园、晴波园、垂虹园、烟树园、金夕园等大型社区，有居民楼 75 栋，写字楼 12 栋，约 9.8 万人口，其中常驻人口 7.8 万人，流动人口 2 万人，周边有一商干部学校、金源、海泰、雅乐轩、吉友、永泰福朋、世纪华天、人大幼儿园、一商干部学校、祥龙大学、地质大学、卓越培训等。门店距离公交车站 250 米，地铁站 1200 米，交通较为便利。店内人员配置 4 人，其中店长 1 人、店员 2 人，技师 1 人。可服务面积 1.5 平方千米。截止到 2020 年底，店面会员人数为 590 人。世纪城社区生活馆延续了温馨温暖的装修风格，多样化的服务模式，一如既往地提供修衣改衣、服装熨烫等 80 多项专业规范的服务内容，并深入开展京工集团旗下品牌“雷蒙”“伊里兰”男女装定制服务。同时在服装品类中加大了女装比例，并且以女轻熟的风格面向大众。开业当年 11—12 月，店内共计销售数量 190 多件。其中包括修衣改衣等便民服务项目数量约为 20 件次，占比总销售数量的 11%；京工集团旗下“雷蒙”“伊里兰”“Haoxuesheng”“Saike”“枫叶”品牌以及定制业务等共计销售为 150 多件，占比总销售数量的 79%；其他代理以及合作入驻品牌共计销售约 20

“京工 1961”世纪城社区生活馆　　京工集团办公室　提供

件，占比总销售数量的 10%。

2019 年全年，店内共计销售数量约为 3750 件。其中包括修衣改衣等服务项目数量约为 1660 件次，占比总销售数量的 44%；京工集团旗下“雷蒙”“伊里兰”“京工 1961”“Haoxuesheng”“Saike”“枫叶”品牌以及定制业务等共计销售为 820 多件，占比总销售数量的 22%；其他代理以及合作入驻品牌共计销售约为 330 件，占比总销售数量的 8%。

2020 年，受疫情影响，店内共计销售数量 3900 多件。其中包括修衣改衣等便民服务项目数量 1260 件次，占比总销售数量的 32%；京工集团旗下“雷蒙”“伊里兰”“京工 1961”“Saike”品牌以及定制业务等共计销售约为 2650 件，占比总销售数量的 68%。

（四）四惠社区生活馆

2019 年 12 月 30 日，京工集团开设的第 7 家社区门店，同时也是第 4 家社区生活馆的四惠店正式对外营业。地址位于北京市朝阳区力源里北街 2 号院 5 号楼 1 层 107。门店紧邻金地名京、东恒时代、力源里、远洋天地等大型社区，有居民楼 82 栋，写字楼 12 栋，约 4.5 万人口，其中常驻人口 3 万人，流动人口 1.5 万人，周边有日坛中学（四惠部）、日坛小学（四惠部）、尚 8 设计产业园、莱锦文化创意产业园、金地名京、北京四惠中医院等。门店距离公交车站 500 米，地铁站 100 米，交通非常便利。店内人员

"京工 1961"四惠社区生活馆　　　　京工集团党委宣传部（新闻中心）提供

配置 4 人，其中店长 1 人、店员 2 人，技师 1 人。可服务面积 1 平方千米。截止到 2020 年底，店面会员人数为 116 人。

2019 年 12 月 30 日，京工集团旗下"京工 1961"四惠、新源里、富力城、常营社区店四店联开，作为其中之一的四惠店，位于地铁 1 号线四惠站 E 出口处、力源里商业街上，是京工集团在北京东部地区开设的第一家社区店。开业当天，时尚控股党委书记、董事长吴立，京工集团党委书记、董事长李耀东等出席四惠社区店揭牌仪式。

2020 年，受疫情影响，店内共计销售数量 2030 多件。其中包括修衣改衣等便民服务项目数量约为 800 件次，占比总销售数量的 39%；京工集团旗下"雷蒙""伊里兰""京工 1961""Haoxuesheng""Saike""枫叶"品牌以及定制业务等共计销售约为 1050 件，占比总销售数量的 52%；其他代理以及合作入驻品牌共计销售约为 190 件，占比总销售数量的 9%。

（五）新源里社区生活馆

2019 年 12 月 30 日，京工集团开设的第 8 家社区门店，同时也是第 5 家社区生活馆的新源里店正式对外营业。地址位于北京市朝阳区顺源里 02 楼 2 号。门店紧邻新源里、三元里、顺源里、牛王庙等大型社区，约 3 万人口，其中常驻人口 2 万人，流动人口 1 万人，周边有琨莎中心、SOHO 公馆、幸福大厦、新源里医院、新源里四小、朝阳实验

“京工 1961”新源里社区生活馆店内为顾客提供交谈休息的区域

京工集团党委宣传部（新闻中心） 提供

小学、清华附中、国际艺术学校等。门店距离公交车站 200 米，地铁站 1300 米，交通较为便利。店内人员配置 4 人，其中店长 1 人、店员 2 人，技师 1 人。可服务面积 1.4 平方千米。截止到 2020 年底，店面会员人数为 287 人。

2019 年 12 月 30 日，京工集团旗下“京工 1961”四惠、新源里、双井、富力城社区店 4 店联开，作为其中之一的新源里店，毗邻三源里菜市场，且店内的装修风格也进行全面的升级。简欧的装修风格使得整个店铺更加舒适、时尚，合理的区域分割、动线设计，改变以往店铺的局促感、拥挤感。店铺内增加男女装的高级定制项目，可以满足不同消费人群的需求。

2020 年，受疫情影响，店内共计销售数量 2900 多件。其中包括修衣改衣等便民服务项目数量约为 850 件次，占比总销售数量的 29%；京工集团旗下“雷蒙”“伊里兰”“京工 1961”“Haoxuesheng”“Saike”“枫叶”品牌以及定制业务等共计销售为 1960 多件，占比总销售数量的 68%；其他代理以及合作入驻品牌共计销售为 100 多件，占比总销售数量的 3%。

“京工 1961”朗清园社区生活馆　　京工集团党委宣传部（新闻中心）提供

（六）朗清园社区生活馆

2020 年 11 月 25 日，京工集团开设的第 19 家社区门店，也是第 6 家社区生活馆，同时也是北京通州城市副中心开设的第 2 家店铺，还是在北京地区范围内最大的社区“裁缝铺”——朗清园店正式对外营业。地址位于北京市通州区朗清园一区 12 号楼 A-1-09。门店紧邻朗清园 4 个大型社区，居民楼 48 栋，约 1 万人口，其中常驻人口 8000 人，流动人口 2000 人，周边有北京市政府、北京小学等。门店距离公交车站 300 米，地铁站 2000 米，交通比较便利。店内人员配置 4 人，其中店长 1 人、店员 2 人，技师 1 人。可服务面积 3 平方千米。截止到 2020 年底，店面会员人数为 129 人。自开业至当年年底，一个月的时间里，店内共计销售数量 110 件。其中包括修衣改衣等便民服务项目数量约为 50 件次，占比总销售数量的 45%；京工集团旗下“雷蒙”“伊里兰”“京工 1961”“Haoxuesheng”“Saike”“枫叶”品牌以及定制业务等共计销售约为 40 件，占比总销售数量的 36%；其他代理以及合作入驻品牌共计销售为 20 多件，占比总销售数量的 19%。

“京工 1961”朗清园店营业面积达到 160 平方米，是北京地区范围内社区店中营业面积最大、商品最全的店铺。所售商品不仅包括京工集团北京老字号“雷蒙”“伊里兰”“京工 1961”“宫溢”“RTW”等品牌，还包括北京时尚控股旗下“京冠”毛巾、“铜牛”内衣等产品。“裁缝铺”内提供专业的、统一的、标准化的修衣改衣和服装定制服务，同时还设置了“北京工会 暖心驿站”，驿站内配备自助针线盒、体温计、血压计、小药箱、伞架、体重秤、图书、充电器等便民用品。同时为丰富客户定制化、个性化服务内容，朗清园社区店配备一台“电脑刺绣机”，百姓可以在这台机器上选择自己喜欢的刺绣图案绣在自己的衣服上，除了机器自带的刺绣图案外，还可以在机器的手绘板上进行“涂鸦秀”，画出自己喜欢的图案，系统会将其转换成适合刺绣的纹路进行图案绘制，这也是朗晴园店的一大特色亮点。店铺内陈列着京工集团车间最早使用的“飞天牌”缝纫机，充满年代沧桑的缝纫机衬托着企业的悠久历史，茶韵味十足的藤椅藤桌让进店的顾客得以休憩享受宁静，宽敞明亮的店内环境，结合店里浓厚的“艺术气息”，让百姓拥有更加舒适的购物空间，让服务变得更有“温度”。

2018 年 4 月至 2020 年 12 月京工集团“京工 1961”社区生活馆一览表

表 7-2

	亚运村店	西坝河店	世纪城店	四惠店	新源里店	朗清园店
开业时间	2018.4	2018.8	2018.11	2019.12	2019.12	2020.11
地址	北京市朝阳区安慧北里安园 8 号楼一层 1-6	北京市朝阳区西坝河西里 28 号英特公寓 1- 商业 A 座一层 A07 号	北京市海淀区蓝靛厂时雨园甲 2 号 1 层	北京市朝阳区力源里北街 2 号院 5 号楼 1 层 107	北京市朝阳区顺源里 02 楼 2 号	北京市通州区朗清园一区 12 号楼 A-1-09
店铺面积	—	147 平方米	90 平方米	71 平方米	90 平方米	160 平方米
居民楼	222 栋	84 栋	75 栋	82 栋	—	48 栋
写字楼	107 栋	8 栋	12 栋	12 栋	—	—
周边人口	10.1 万人	3.7 万人	9.8 万人	4.5 万人	3 万人	1 万人
服务面积	3 平方千米	2 平方千米	1.5 平方千米	1 平方千米	1.4 平方千米	3 平方千米
距离公交站	60 米	100 米	250 米	500 米	200 米	300 米
距离地铁站	750 米	650 米	1200 米	100 米	1300 米	2000 米

续表 7-2

	亚运村店	西坝河店	世纪城店	四惠店	新源里店	朗清园店
截止到 2020 年底累计销售	263.6 万元	140.9 万元	343.6 万元	58.7 万元	99.5 万元	3.1 万元
人员配置	4 人	4 人	4 人	4 人	4 人	4 人

三、联营店

所谓联营店，就是与同业品牌公司合作，将“京工 1961”裁缝铺植入到对方成熟的线下门店中，从而快速、直接、有效的辐射周边区域，为百姓提供修衣改衣、定制和部分品牌服装的售卖业务。每家联营店由京工集团配备一位改衣师傅，自 2019 年 12 月 30 日第 1 家联营店的开业，截止到 2020 年底，京工集团共开办 8 家联营店。依次开设的 8 家联营店截止到 2020 年底，累计修衣改衣等便民服务项目数量 5650 多件，服务金额约为 48 万元。

2019 年 12 月 12 日，京工集团党委副书记、总经理朱华诚在与金百博路商贸公司联营协议签约仪式上讲话

京工集团党委宣传部（新闻中心） 提供

2019 年 12 月 12 日，在北京金百博路商贸有限公司总部举行京工集团与金百博路商贸公司联营协议签约仪式。京工集团党委副书记、总经理朱华诚，副总经理侯永利，社区事业部经理于辉及金百博路总经理王庚等相关领导参加仪式签约。

联营的常营社区生活馆

京工集团党委宣传部（新闻中心） 提供

（一）常营店

2019 年 12 月 30 日，京工集团第 9 家社区门店，同时也是首家开业的联营店——常营店正式对外营业。地址位于北京市朝阳区管庄路华鸿家园 12-14 商业。周边主要干道为管庄路，店铺配备修衣改衣技师 1 人。

联营的国展社区店

京工集团党委宣传部（新闻中心） 提供

（二）国展店

2020 年 6 月 1 日，京工集团开设的第 12 家社区门店，同时也是第 2 家开业的联营店——国展店正式对外营业，地址位于朝阳区西坝河静安中心西侧，周边主要干道为左家庄西街、柳芳北街，店铺配备修衣改衣技师 1 人。

联营的北苑社区店

京工集团党委宣传部（新闻中心） 提供

（三）北苑店

2020 年 6 月 1 日，京工集团开设的第 13 家社区门店，同时也是第 3 家开业的联营店——北苑店正式对外营业，地址位于北京市朝阳区春华路茉藜园北门西侧，周边主要干道为春华路、秋实街，店铺配备修衣改衣技师1人。

（四）亚运村店

2020年6月，京工集团开设的第14家社区店，同时也是第4家开业的联营店——亚运村店正式对外营业，地址位于北京市朝阳区安慧北里建工兰华商务楼，周边主要干道为慧忠北路，店铺配备修衣改衣技师1人。

（五）望京店

2020年7月，京工集团开设的第15家社区门店，同时也是第5家开业的联营店——望京店正式对外营业，地址位于北京市朝阳区望京广顺北大街融创动力文化创意产业园东门北侧，周边主要干道为广顺北大街，店铺配备修衣改衣技师1人。

（六）团结湖店

2020年8月，京工集团开设的第16家社区门店，同时也是第6家开业的联营店——团结湖店正式对外营业，地址位于北京市朝阳区团结湖东里6号楼一层，周边主要干道为团结湖路、姚家园路，店铺配备修衣改衣技师1

联营的亚运村社区店

京工集团党委宣传部（新闻中心） 提供

联营的望京社区店

京工集团党委宣传部（新闻中心） 提供

联营的团结湖社区店

京工集团党委宣传部（新闻中心） 提供

人。团结湖店位于团结湖路与姚家园路交会的十字路口，是周边居民集中活动的中心街道，其服务范围可以覆盖周边大小将近 10 个社区。

（七）安贞店

2020 年 10 月 9 日，京工集团开设的第 18 家社区店，同时也是第 7 家开业的联营店——安贞店正式对外营业，地址位于北京市朝阳区小黄庄北街 2 号 2 幢 1 层，周边主要干道为三环东路、小黄庄北街，店铺配备修衣改衣技师 1 人。安贞店紧邻北三环，是周边社区及工作单位人员的主要流动区域之一，既方便寻找又交通便利，百姓更便于找到店铺地址。

联营的安贞社区店

京工集团党委宣传部（新闻中心） 提供

（八）校园店

2020 年 11 月 30 日，京工集团开设的第 20 家社区门店，同时也是第 8 家开业的联营店——校园店正式对外营业，地址位于北京市海淀区西三环北路 13-4 号，周边主要干道为魏公村路、厂洼街、厂洼东一街、厂洼东二街等，店铺配备修衣改衣技师 1 人。

联营的校园社区店

京工集团党委宣传部（新闻中心） 提供

校园店紧邻西三环北路，周边有北京外国语大学、北京理工大学、中国青年政治学院、国家行政学院等高等院校，以及厂洼小区等大型社区，是周边社区、单位及学校人员的主要流动区域之一。同时校园店的开业，让周边校园师生也能更加方便地享受到专业、快捷的服务。

2019 年 12 月至 2020 年 12 月京工集团“京工 1961”联营店一览表

表 7-3

序　号	店铺名称	开业时间	地　址	主要干道	人员配备
1	常营店	2019.12	北京市朝阳区管庄路华鸿家园 12-14 商业	管庄路	1 人
2	国展店	2020.6	北京市朝阳区左家庄西街静安中心西侧	左家庄西街、柳芳北街	1 人
3	北苑店	2020.6	北京市朝阳区春华路茉藜园北门西侧	春华路、秋实街	1 人
4	亚运村店	2020.6	北京市朝阳区安慧北里建工兰华商务楼	慧忠北路	1 人
5	望京店	2020.7	北京市朝阳区望京广顺北大街融创动力文化创意产业园东门北侧	广顺北大街	1 人
6	团结湖店	2020.8	北京市朝阳区团结湖东里 6 号楼 1 层	团结湖路、姚家园路	1 人
7	安贞店	2020.10	北京市朝阳区小黄庄北街 2 号 2 幢 1 层	三环东路、小黄庄北街	1 人
8	校园店	2020.11	北京市海淀区西三环北路 13-4 号	魏公村路、厂洼街、厂洼东一街、厂洼东二街	1 人

第四节　社会效益

三年来，京工集团以连锁门店作为窗口，以集团整体资源优势作为支撑，通过开展社区服务，将服装设计、服装定制、产品加工、成衣改造、品牌宣传和推广等纺织服装产业链核心环节融入社区经济中，逐步形成以社区服务为核心，以基于互联网的营销模式创新为重点，以扁平化组织结构和智能数据化管理为保障，以“销售 + 服务”双轮驱动的社区连锁运营体系，逐步探索出服装企业融入社区经济发展的新模式。努力将“京工 1961”品牌打造成为城市社区服务、提升百姓生活质量的一张新名片，进一步履行好国有企业的政治责任、社会责任和经济责任，为提升首都国民经济体系整体效能做出新贡献，得到广大媒体的关注，政府的肯定，深受社区百姓的欢迎。

一、媒体关注

自模式创建以来，“京工1961”得到众多主流媒体的广泛关注和大力支持。从2017年至2020年底，先后有新华社、《人民日报》、《中新社》、《工人日报》、《经济日报》、北京电视台、《北京日报》、《北京晚报》、《北京青年报》、千龙网、《首都建设报》以及学习强国平台等近30家中央、北京市和行业媒体对京工集团产业发展和“京工1961”社区模式给予深度报道，企业影响力、品牌知名度得到稳步提升。

二、政府肯定

“京工1961”积极承担社会责任，展现国企担当，得到北京市委、市政府领导的高度关注与支持。市委、市政府主要领导、分管领导以及北京市有关部门领导多次到“京工1961”社区门店进行视察与指导工作，对

人民网 people.cn 人民网 >> 北京频道 >> 本网特稿

国字号裁缝铺“京工1961”社区店开到百姓家门口

2019年08月26日16:47 来源：人民网-北京频道

人民网北京8月26日电 家住草桥欣园的居民们最近发现家门口多了一个“裁缝铺”，作为京工集团深耕社区服务，贴近百姓生活的一个服务品牌，“京工1961”社区店带着“雷蒙”“伊里兰”等老字号品牌入驻多个社区，不仅把专业的修衣改衣、服装定制等服务项目带到市民身边，还为该地区的市民们带来了质优价实的服装服饰产品。

在北京市加快产业转型升级，深入开展“疏解整治促提升”专项行动的背景下，如何在业态调整中保障便民服务？京工集团给出了答案。该集团在转型发展中将目光投向了社区服务。京工集团从2017年起探索品牌进社区服务发展模式，通过在社区开设连锁店铺为市民服务，打造了“京工1961”社区服务品牌。“京工1961”社区店按照“零售+服务+互联网”的社区服务全新模式，在为百姓提供专业化、标准化的修衣改衣、定制服务的同时，提供全品类的物美价优的服装服饰产品。

本网原创

国字号裁缝铺“京工1961”社区店开…

2019年8月26日，人民网对“京工1961”社区店的报道
京工集团党委宣传部（新闻中心） 提供

家门口的“裁缝铺”有啥不一样？

践初心使命 行大行担当

邮储银行北京分行

用初心映照实践 以问题导向攻坚克难

深挖问题根源 培育业务发展“新动能”

坚持问题导向 找出“病灶”开出“良方”

2019年8月2日，《北京晚报》对“京工1961”社区店的报道　　京工集团党委宣传部（新闻中心） 提供

2020年2月9日，北京电视台新闻频道对“京工1961”社区店复工给予报道　京工集团党委宣传部（新闻中心） 提供

“京工 1961”社区服务模式给予充分的肯定。特别是“京工 1961”线上商城专门设立延庆区服务冬奥世园大培训专属板块、扶贫助农板块，积极承担社会责任，为扶贫助农和当地百姓增收，提供有力支持。2019 年，“京工 1961”社区服务项目获“北京市第三十四届企业管理现代化创新成果”一等奖。2020 年，京工集团坚定落实市委领导重要批示和指示精神，按照北京时尚控股党委的要求，积极扩大“京工 1961”连锁网店布局，仅一年时间就开设“京工 1961”社区店 10 家。同时，为积极服务北京市城市副中心建设，落实新版北京市城市总体规划，2020 年底已在通州副中心开设两家“京工 1961”社区店，其中通州朗清园店也是截止到 2020 年底面积最大的“京工 1961”社区店。在 2020 年 12 月的中国纺织大会上，京工集团“深耕社区经济，开创服装企业转型新模式”项目获得第九届全国纺织企业管理创新成果及管理创新主创者二等奖。

三、百姓欢迎

三年多的时间里，京工集团通过继续扩大社区门店的连锁经营规模，重点关注服务功能的搭载，使服务更贴近居民生活，真正做到“想群众之所想、急群众之所急、解群众之所困”，成功打造在百姓心中有温度的社区店，更好地履

荣誉证书
北京京工服装集团有限公司
积极涉足社区经济，推动品牌模式创新——“京工 1961”社区服务项目
荣获北京市第三十四届企业管理现代化创新成果
一等奖
成果创造人：
二〇一九年十二月

2019 年 12 月，获北京市第三十四届企业管理现代化创新成果一等奖荣誉证书

京工集团党委宣传部（新闻中心）提供

2020 年 7 月 1 日，“京工 1961”线上商城上线

京工集团党委宣传部（新闻中心）提供

行了国有企业的社会责任。自 2017 年第 1 家“京工 1961”社区店落户草桥开始，“家门口的裁缝铺”便将便民修衣改衣服务送到百姓身边，截至 2020 年底开设的门店已成功分布在北京市西城、东城、朝阳、海淀、丰台及通州城市副中心等各地区，修衣改衣等服务项目也从起初的 70 多项增至 120 余项。温馨舒适的购物环境、利民便民的服务设备设施、专业化的服务技术、线上线下相融合的服务模式以及多品类物美价优的服装服饰产品，有效满足了周边社区百姓不同程度的需求，深受百姓的支持和欢迎。

2020 年 12 月 24 日，京工集团党委书记、董事长李耀东（左七）在第九届全国纺织企业管理创新成果及管理创新主创者的颁奖仪式上领奖　　京工集团党委宣传部（新闻中心） 提供

2020 年 12 月，北京京工服装集团有限公司获第九届全国纺织企业管理创新成果二等奖
京工集团党委宣传部（新闻中心） 提供

周边百姓进店选购商品
京工集团党委宣传部（新闻中心） 提供

第八章　跨界经营

作为地处北京的国有企业，京工集团党委深刻认识到只有主动融入首都发展大局，把企业发展放在首都发展大局中去定位、去谋划，主动服务首都“四个中心”建设，主动融入控股公司时尚转型战略，才能使京工集团沿着既定的战略方向行稳致远。在全面深化推进国资国企改革的背景下，作为处于完全竞争行业的国有企业，“十二五”以来，京工集团克服各种困难，成功搭建跨界经营平台，持续推动集团转型发展，为集团寻找新的利润增长点。2013年，京工集团经过项目筛选，决定引进智能交通监控系统软件开发以及现代农业项目作为突破点，通过加大对培育业务的投入力度，引进专业人才和设备设施，同时为解决引进项目与企业所属行业差别较大的问题，成立全资子公司（北京京工科贸有限公司），以符合引进项目开展业务的需要，为京工集团实现转型升级迈出实质性的步伐。2016年，京工集团紧紧围绕首都“四个中心”城市战略定位，结合自身优势，积极涉足首都时尚产业发展，通过合作的方式，成功建立京工时尚创新园区，为有效推动企业转型升级，促进集团时尚化、多元化发展提供重要的支持。

第一节　京工时尚创新园

J·Park 京工时尚创新园改造前是京工集团自用仓库，房屋较为老旧，使用方式单一。2016 年以来，京工集团紧紧围绕首都“四个中心”城市战略定位，主动疏解非首都功能，积极落实市委、市政府“保护利用好老旧厂房，充分挖掘其文化内涵和再生价值，发展文化创意产业，建设新型城市文化空间，推动城市风貌提升和产业升级”的工作要求，按照时尚控股党委给予集团的定位，加快文化创意产业布局，将老旧库房改造建设成为具有“柔性供应链”功能的时尚产业园区，打造专注于时尚产业，服务于南城文化发展的时尚园区。

一、项目建立背景

为了更加坚定的按照控股公司定位“时尚、科技、服务”新纺织，打造领先时尚集团的发展要求，京工集团“十三五”规划明确提出了“在时尚控股有限责任公司战略指引下，将以经济新常态下的企业转型升级为主线，努力打造多元化时尚企业集团”的发展目标。在此思路的指引下，京工集团按照《京津冀协同发展规划纲要》的内容，进一步聚焦首都时尚产业，加速品牌运营、开拓文化创意等业务领域是集团转型发展、实现战略目标的必然要求。在此背景下，京工集团结合自身不动产方面的优势，将老旧库房改造建设成为具有“柔性供应链”功能的时尚产业园区项目将是推动企业产业进一步转型升级发展，打造北京知名、行业有影响力的多元化时尚企业集团的重要抓手和突破口。

二、合作伙伴与签约

2016 年，京工集团领导班子经过认真讨论研究，结合文化创意园区类型分析及京工集团的不动产资源，准备积极涉足时尚创意产业，推动企业转型发展。经过大量前期调研和深入研究，京工集团决定与孵化器企业——贝壳菁汇（北京）生态创新科技有限公司（以下简称贝壳菁汇）合作，打造精准定位的专业服装产业创新园。

（一）合作伙伴

贝壳菁汇成立于2009年，是一家民营创新型孵化器企业，总部位于北京市总部经济商务区中关村丰台科技园，拥有9个业务板块，业务涉及置业资产管理、产业招商、科技孵化、企业级服务、知识产权、大数据运营、财务管理、投资管理、餐饮酒店等多领域，虽然企业成立时间不长，但已是丰台区的重点创新型标杆企业。经过京工集团研究认为，贝壳箐汇作为首家挂牌北京四板市场的生态型科技孵化器企业，在培育新型文化业态方面已经有了较强的发展经验和资源优势，同时，已获得了政府的相关支持，例如市科委颁发的专利萃取众创平台、北京市众创空间等。且此次合作，双方同意采取共同出资成立新公司的方式运作，京工集团能够直接参与园区运营，真正融入打造时尚创意产业聚集区的全过程，为今后时尚产业相关工作积累经验，同时通过打造垂直的、围绕服装产业链的时尚创意产业聚集区，经过孵化能够为京工集团未来在推动内销品牌时尚化发展方面提供重要的支持。

（二）签约合作

2016年10月12日，京工集团与贝壳菁汇签订建立“京工时尚创新园”项目合作意向书，项目的主要内容为双方共同出资成立合资运营公司，利用双方资源互补的优势，打造京工时尚创新园项目。2017年2月20日，经过长时间的研究，京工集团决定向上级单位时尚控股上报相关请示。同年3月6日，京工集团收到同意的批复文件。同年4月18日，京工集团与贝壳箐汇联合举办的京工时尚创新园签约仪式在贝壳菁汇众创空间举行。此次签约标志着京工集团与贝壳菁汇合作共同打造的时尚产业孵化创意空间项目正式启动。

签约仪式上，丰台区副区长张婕和时尚控股副总经理赵宏晔分别致辞，均对京工集团与贝壳菁汇的合作给予充分肯定和支持。“京工时尚创新园”项目符合首都城市战略定位，具有较大的发展潜力，希望双方通过紧密合作、实现资源优势互补，增品种、提品质、创品牌，促进产业转型升级，共同打造“文化＋时尚”创意产业集聚区，树立北京南城城市中心的形象标杆，助力北京国际时尚都市建设。签约仪式上，京工集团董事长李耀东与贝壳菁汇董事长张磊分别代表双方企业签订项目合作协议。双方负责人均表示，未来两家企业将携手并肩，充分合作，优势互补，在打造时尚创意产业的道路上实现共创双赢的局面。签约仪式在和谐融洽的氛围中圆满结束，此次签约仪式也同时标志着双方投资设立的新公司（北京贝壳京工时尚创新科技有限公司）组建的正式开始。

2016 年 10 月 12 日，举行京工时尚创新园签约仪式　　京工集团办公室　提供

2017 年 6 月 2 日，京工集团与贝壳箐汇投资设立的北京贝壳京工时尚创新科技有限公司的组建等相关流程手续办理完毕，并获取工商下发的营业执照，标志着新公司的正式成立。新公司资本组织形式为有限公司，公司注册资本人民币 1000 万元，股权结构为京工集团以货币方式出资，出资额 400 万元，占注册资本的 40%；贝壳以货币方式出资，出资额 600 万元，占注册资本的 60%，企业成立初期双方各认缴 10%，后按照企业章程规定认缴。法人治理结构为股东会下设董事会、监事会。董事会由 5 人组成，其中贝壳菁汇委派张磊、程国辉、杨娟 3 人，京工集团委派顾巍、李涛 2 人。监事会由 3 人组成，其中贝壳菁汇委派 2 人，京工集团委派温俊国 1 人。2017 年 8 月 1 日，京工集团与北京贝壳京工时尚创新科技有限公司根据国家相关法律法规的规定，双方在平等、自

愿的基础上，经充分协商，就双方承租房屋事宜，签订《房屋租赁合同书》。租赁期限为10年，即从2017年7月1日至2027年6月30日。京工集团给予北京贝壳京工时尚创新科技有限公司10个月的装修期，装修期不收取租金。2018年8月20日上午，京工时尚创新园与北京市纺织服装职业技能培训学校战略合作仪式在贝壳菁汇举行。京工集团党委书记、董事长李耀东、党委副书记董晶、北京市纺织服装职业技能培训学校校长曹治安、副校长栾世芬一行6人与贝壳菁汇董事长张磊、时任京工时尚创新园总经理白雪峰等人共同出席签约仪式。京工集团党委书记、董事长李耀东表示，在全国探索工业企业如何向文化创意产业转型发展的新时期，京工集团与贝壳菁汇成功合作，共同建设打造京工时尚创新园项目，京工时尚创新园与北京市纺织服装职业技能培训学校携手合作，将服装学校体系、职业技能培训、人才培养输出等引入园区，共同探索服装产业的“产学研”创新模式，开启一条全新的发展道路，助力京工集团由传统的服装制造型企业向文化创意领域的品牌化企业转型升级。北京市纺织服装职业技能培训学校校长曹治安表示，北京市纺织服装职业技能培训学校隶属于京工集团，是北京市公益二类职业技能培训单位，拥有30多年的办学经历，是纺织服装中、高级技术人才孵化基地。双方此次合作是校企合作，是职业技术培训资源与企业孵化项目有机结合的良好尝试，也是相互借力，优势互补，创新发展难得的机遇。

三、功能改造

（一）仓库原貌

原新发地仓库地处于北京市丰台区潘家庙56号，占地面积约1.8万平方米，仓库建筑面积6500平方米，是1981年底由工业公司开始投资建造的，建造历时约3年，于1984年正式竣工。多年来一直为企业自用，使用方式单一。近几年由于仓库设施老化比较严重，几乎每年都要做维修，运营成本比较高。所以，如果能够通过项目更好地盘活资源，对于京工集团的“十三五”发展能够起到更大的促进作用。同时也符合老旧厂房改造的工作要求，为老旧厂房注入新的动能。

（二）装修改造

2017年8月1日，京工集团与北京贝壳京工时尚创新科技有限公司签订《房屋租赁合同书》。京工集团给予北京贝壳京工时尚创新科技有限公司10个月的装修期，装修期不收取租金。此合同的签订，意味着原老旧仓库向文化创意产业园区的改造工程正式启动。京工时尚创新园项目孵化场地为租赁，项目总体面积为17979.25平方米，改造用地面积为15770平方米，建筑面积为13507平方米，铺装面积为7700平方米，公共服务区域面积为1050平方米，绿化面积为1100平方米，容积率达到百分之0.86。2017年8—11月，京工时尚创新园项目处于积极推进装修改造的进程，进度较为缓慢，项目审批手续于2017年11月底正式完成。2017年12月至2018年10月，园区改造主要以基础建设为主，在监理、设计、检测及相关单位的大力支持下，按照施工规范的要求完成的工程为基土石方及排水工程。小市政、外立面正在建设中。2018年10月1日至2019年3月31日处于停工状态，2019年4月开始复工。2019年4月至9月，园区主要以二次绿化改造为主。根据园区现有业务板块及园区配套服务功能需求，园区二次绿化改造工程已重新规划，以增加人员交互功能、添加室外休息区、增加夜晚照明功能，以各应季花卉苗木颜色分层次的效果展现，绿化工程于6月20日完全竣工。2019年9月开始，园区主要以门头改造、个别空调系统管道改造、排水系统改造以及配套停车场的改造为主。

2017年8月1日，改造前的京工时尚创新园　京工集团办公室　提供

2019年9月1日，改造后的京工时尚创新园
京工集团党委宣传部（新闻中心）　提供

（三）功能构建

京工集团与贝壳菁汇经过长时间的沟通、研讨论证，最终确定京工时尚创新园以“创意设计”为核心，以培育新锐设计师、版权交易为主，以主题商业体验为特色，以艺术文化展示为辅的发展战略定位。通过建设研发中

2017 年 8 月 1 日，改造前的京工时尚创新园大门
京工集团办公室 提供

2019 年 9 月 1 日，改造后的京工时尚创新园大门
京工集团党委宣传部（新闻中心） 提供

心、时尚面辅料馆、LOFT 工作室、T 台秀场、艺术长廊、人才培育、配套服务区、网红工作室八大功能区加智慧服务，创享孵化平台，以打造南城时尚创意地标为目标进行设计改造。

2018 年 6 月人才培训区开始动工，并于 2019 年 7 月 1 日竣工完成。人才培训区主要为京工时尚创新学院，是北京市公益二类职业技能培训单位，一个拥有 30 多年办学经历的公立制纺织服装职业技能培训学校，是纺织服装中高级技术人才孵化基地，隶属于京工集团，京工时尚创新学院汇集多位来自世界各地的优秀时尚设计师以及经验丰富的导师，引入北美、欧洲和亚洲等地先进的时尚设计艺术、色彩文化、服饰美学理念以及服装制作技术。

2018 年 10 月网红工作室开始动工装修，并于 2019 年 12 月竣工完成。网红工作室充分利用“互联网 +”以创新引领产业转型升级，利用自身丰富的互联网资源，设置媒体发布中心、网红直播中心，为入驻企业提供专业化的互联网营销服务。

首期 LOFT 工作室于 2019 年 5 月开始装修，并于同年 7 月 1 日竣工完成。二期于 2020 年 5 月开始动工，同年 11 月竣工完成。LOFT 工作室拥有大幅玻璃窗，高挑的空间，这里被改造成时尚创意人才的聚集地，在这个前卫的 LOFT 空间内，进行灵感积聚和创意生产，自由发挥创意空间，告别固定模板，打造自己的创意帝国。

2019 年 6 月研发中心开始内部装修，并于同年 7 月 1 日竣工完成。研发中心主要为

2017 年 8 月 1 日，改造前的京工时尚创新园园区
京工集团办公室　提供

2019 年 9 月 1 日，改造后的京工时尚创新园园区
京工集团党委宣传部（新闻中心） 提供

创意设计师提供“创意 + 时尚”的创新空间，即服装设计工作室，安静、舒适、智能，为设计师提供个性的专属设计工作室和相互交流沟通的场所。

2019 年 6 月时尚面辅料馆开始内部装修，并于同年 7 月 1 日竣工完成。时尚面辅料馆拥有科技 3D 量体技术、VR 平台形象馆以及国际面料馆，为设计师提供素材和灵感，解决服装产业链中面辅料、服装设计、样衣制作、工厂协作等共性关键环节的行业痛点。主要为各设计工作室及各服装企业提供不同类型的面辅料，在样衣打版的过程中能够借助到这一面料优势，打造最优质的样衣及设计品。

2019 年 6 月 T 台秀场开始内部装修，并于同年 7 月 1 日竣工完成。集艺术性、观赏性、体验性为一体的 T 台秀场，将不定期举办各类时尚发布活动、时装秀等，让入园参观者不仅可以欣赏到多元化的原创设计作品，还能够和设计师面对面地进行艺术交流，挑选收藏喜欢的设计作品，充分体验时尚创意艺术带来的享受。

2019 年 10 月配套服务区开始动工装修，并于同年 12 月完成。配套服务区为创意设计师提供办公场地、商务交流、融资、商学院、增值创业服务、财税服务、政策咨询等孵化服务，设置办公区、会议室、路演厅、一站式服务平台、茶水间、健身房等，让入驻设计师及企业享受全方位服务。

2020 年 10 月艺术长廊开始动工，并于年底竣工完成。艺术长廊主要是展示园区企业以及设计师的艺术作品，让入园者体验到多元化的艺术感受。

四、园区管理与运营

（一）开园仪式

2019 年 7 月 1 日，京工集团联手贝壳菁汇共同打造的 J · Park 京工时尚创新园正式投入运营。来自丰台区、时尚控股及北京服装学院、北京联合大学商务学院、北方工业大学建筑与艺术学院的相关领导以及相关行业嘉宾、时尚达人和众多知名媒体，共同见证了京工集团推动转型时尚、融合发展的又一力作。这也是京工集团推动老旧厂房转型文化创意，加快时尚产业布局，融入全国文化中心建设的又一重要成果。

2019 年 7 月 1 日，举行 J · Park 开园启动仪式　　京工集团党委宣传部（新闻中心） 提供

在园区开园仪式上，各界媒体记者采访京工集团党委书记、董事长李耀东，他表示，京工集团已经风雨近 60 载，在不同的历史时期，京工集团经历了不同的发展转型期。回顾京工集团的发展历程，顺境和坎坷并存，京工集团在摸索中不断前行。作为首都的国有企业，当前企业发展要紧紧围绕首都“四个中心”建设，特别是全国文化中心一直是重要的首都功能，北京作为全国文化中心，对外展示国家文明形象，对内增强文化自信，对全国文化建设起着引领示范作用。广大人民群众精神文化需求日益增长，迫切需要我们大力增加文化产品的有效供给，所以近年来京工集团在转型发展，特别是在

品牌转型中，注重文化与时尚相融合。京工集团旗下“雷蒙·1940”男装、“宫溢”女装高级定制品牌，通过精巧的设计，将传统文化“燕京八绝”之一的京绣元素融入到服装服饰中，已经受到了消费者的喜爱和欢迎，让服装真正成为文化产品，努力把服装打造成为文化创意产业的重要组成部分，为推动首都文化建设做出贡献。此次，京工时尚创新园的开园也是京工集团坚决贯彻落实首都城市战略定位，主动融入全国文化中心建设，以文创产业园区为依托，推动运营模式创新，积极布局文创产业的一次重要实践，园区以聚焦、孵化、服务时尚创意产业为核心，以品牌塑造为主导，为入驻企业和品牌提供多维度的全生命周期服务业态。

在开园仪式上，京工时尚创新园与北京时装周公司签署战略合作协议，借助北京时装周公司专业化的时尚服务平台与首都北京乃至全国时尚行业具有的较高关注度和影响力，共同致力于打造北京时装周京工时尚创新园分会场，实现资源共享，优势互补，互助互利，联动推广，以期共同发展，合作共赢。签约仪式后，来自北方工业大学建筑与艺术学院、北京服装学院和北京联合大学商务学院的校方领导分别为J·Park京工时尚创新园进行了授牌。J·Park京工时尚创新园将作为北方工业大学建筑与艺术学院的“中东欧国家高等教育合作研究中心”、北京服装学院的“大学生创新创业实践基地”和北京联合大学商务学院的“创新发展研究基地”，为未来时尚文创产业人才培养发挥好输送作用。此外，京工集团借助创新园开园的契机，同时发布了“京工品牌定制季”活动。为积极适应消费升级，满足消费者个性化需求，京工集团携旗下各品牌推出的“时尚定制季”活动，以“时尚体验、个性消费”为主题，在为消费者带来全新个性消费体验的同时，为品牌带来新的口碑传播和商业影响力。定制季活动为期一个月，从7月1日至7月31日，“雷蒙”“伊里兰”品牌专柜、“京工1961”社区生活馆及京工集团高级定制体验店将同步为广大消费者提供时尚、个性服务，共同感受京工集团旗下各品牌的文化底蕴，带给消费者不一样的感受。在仪式结束后，京工集团举办的一场定制产品系列走秀，为在座的嘉宾带来精彩纷呈、美妙绝伦的视觉盛宴。

（二）园区组织构架与发展路线

2019年7月，京工时尚创新园的正式开园标志着京工集团培育新的产业业态取得实效。园区一直聚焦于时尚设计产业，从空间改造、植入产业到全方位由点连线带面的产业发展定位，助推加速形成具有可复制性的“京工时尚创新园”发展模式，立志于打造全国时尚创意产业园，树立北京南城城市中心形象标杆。2019 年 7 月 23 日北京贝壳京工时尚创新科技有限公司第一届董事会第 4 次会议上，全体董事认真讨论，充分发表意见，并以票决的方式形成决议如下：聘任杨娟为北京贝壳京工时尚创新科技有限公司总经理，任期 3 年；聘任纪玉为北京贝壳京工时尚创新科技有限公司副总经理，任期 3 年；聘任赵春龙为北京贝壳京工时尚创新科技有限公司顾问，任期 3 年。此次会议也标志着京工时尚创新园的管理层建立完成。同时在此次会议上，确定京工时尚创新园主要围绕时尚文化产业链条的搭建为运营主体，严格按照“60%+30%+10%”的招商模式，在文化政策、J·Park 秀场、创新学院培训版块以及基地品牌打造方面开展工作。通过专业化的服务，完善从政策支持、创业基金、园区配套、产业配套到生活服务一站式服务体系，全方位打造时尚创意产业共享平台。园区团队成员组织架构及岗位职责主要由园区总经理 1 人、副总经理 2 人、运营主管 1 人、设计 1 人、文案策划 1 人、活动运营 1 人、招商部 3 人、物业工程部 2 人、行政专员 2 人、会计 2 人组成。

（三）园区入驻企业

截止到 2021 年 4 月，包括红帮裁缝第七代传人马成、京绣工艺大师金馨以及多家时尚创意企业已成功签约入驻京工时尚创新园，总共入驻企业 56 家，园区入住率 87%。

2019—2021 年京工时尚创新园区入驻企业一览表

表 8-1

序号	企业名称	序号	企业名称
1	雷蒙博物馆	11	北京焜迪科贸有限公司
2	北京勤锋正阳科技发展有限公司	12	北京安新择驰餐饮有限公司
3	北京徽氏兄弟商业摄影有限公司	13	熊本（北京）图文广告设计有限公司
4	赖茅酒馆	14	北京格慕科技有限公司
5	美新莱蒙（北京）膜建筑科技有限公司	15	黄蕊拾春工作室
6	北京润泽博宇安全防范技术有限公司	16	北京盛宏永鑫商贸有限公司
7	北京甜源生物科技有限公司	17	马成工作室
8	北京中诚盛达国际贸易有限责任公司	18	深圳市光影环球时尚设计有限公司
9	北京风云动力科技有限公司	19	吴胜甫工作室
10	北京铭冶科技有限公司公司	20	北京中艺理想家装饰有限公司

续表 8-1

序号	企业名称	序号	企业名称
21	北京致新文化有限公司	39	玖玖影业（北京）有限公司
22	北京正信礼尚商贸有限责任公司	40	北京仁娃滴咖科技有限公司
23	北京允奥贸易有限公司	41	朗安泰（北京）科技发展有限公司
24	北京极速汽车租赁有限公司	42	北京谷秀时代文化传媒有限公司
25	北京讯辰科技有限公司	43	北京福楼餐馆有限公司
26	北京创拓普国际贸易有限公司	44	北京贝壳普拉斯物业管理有限公司
27	北京麦博思商贸有限公司	45	北京云购鲜生商贸有限公司
28	北京嘉琦电子科技有限公司	46	北京真页文化传媒有限公司
29	厦门德悦丰服装投资有限公司	47	北京禾倍品牌管理有限公司
30	京津冀安（北京）科技发展有限责任公司	48	北京志传长远文化传媒游侠公司
31	北京鼎礼万家电子商务有限公司	49	费千哲工作室
32	北京念晨电子科技有限公司	50	鲸落（北京）新能源有限公司
33	北京金博金宇科技有限公司	51	北京行运胡同壹玖贰叁影视文化传媒有限公司
34	北京文盛昌商贸有限公司	52	金鑫工作室
35	北京乐禾益佳农产品有限公司	53	茶小爽（北京）文化传播有限公司
36	北京鹏飞润农文化发展有限公司	54	中润建通信技术有限公司
37	北京海纳新视点文化传媒有限公司	55	北京福生小意思咖啡有限公司
38	华铁嘉业（北京）科技有限公司	56	北京昂塔四合食品有限公司 // 甜品店

五、园区活动

自园区建立以来，京工时尚创新园作为北京时装周的分会场，承办了“大曾珠宝设计联展”、“欧卡星 2020 品牌发布会”以及“北京时装周雷蒙 80 周年大秀”等大型走秀活动和设计展会。同时也成功举办包括“丰台区惠民文化消费季”、东方宾利联合举办的大型活动在内的各项活动 50 余场次，得到外界一致好评。特别是 2020 年新冠疫情出现以来，京工时尚创新园将疫情防控以及复工复产工作作为主要的任务。自疫情得到控制以来，虽然 2020 年上半年很大程度上影响了园区的正常运营工作，很多预定的项目活动无法正常开展，但总体来说园区发展呈上升趋势。

2019 年 4 月 25 日，“设计师与面辅料产业”沙龙活动在京工时尚创新园举行，特邀机构与嘉宾为纺织信息中心、京工集团、北京意厉维纺织品有限公司、北京师范大学客座讲师。活动对象主要面向于服装企业、高定工作室、服装设计师、面辅料供应商等。同年5月31日，“粽夏之梦”J·Park第2期沙龙活动在京工时尚创新园举行。该期沙龙活动邀请到了实力面辅料商、资深服装设计师、高定品牌、IT行业大咖等时尚科技行业内的十多位朋友齐聚一堂，共同就J·Park的愿景、功能、格局以及招商等话题进行了深入交流。同年7月1日，京工时尚创新园成功举办开园仪式，同时“京工品牌定制季”、“北京时装周分会场授权签约仪式”和“高校授牌仪式”在园区顺利举行。同年7月17日，“京工时尚创新园项目推介会”在园区举行，活动对象主要面向于面辅料商、渠道商、合作伙伴等。推介会上，京工时尚创新园总经理杨娟就京工时尚创新园的产业布局以及运营模式作了详细的介绍，并结合时尚创意产业发展趋势，与到场嘉宾分享了园区的市场规划及展望，并希望在互利共赢的基础上与各位进行各方面的合作。此次推介会活动的举办，正式打开了京工时尚创新园开园后全面招商的大门。

2019年7月17日，京工时尚创新园项目推介会现场　　京工集团党委宣传部（新闻中心）提供

2019 年 7 月 28 日，第二届全国军娃模特大赛活动现场　　京工集团党委宣传部（新闻中心） 提供

2019 年 8 月 18 日，第二届全国军娃模特大赛决赛活动现场　京工集团党委宣传部（新闻中心） 提供

2019 年 7 月 28 日，“第二届全国军娃模特大赛复赛”活动在京工时尚创新园举行。活动对象主要面向于参赛的军娃模特等。全国军娃大赛是国内唯一一项拥军爱娃的少儿模特大赛，同时京工时尚创新园也是丰台首个时尚创意产业园，两者结合共同演绎一场军装时尚盛宴。此次大赛的圆满举办，不仅为孩子们提供一个展示风采的舞台，更是一次放飞梦想的机会。

2019 年 9 月 4 日，北京时装周欧卡星童装品牌发布会走秀现场

京工集团党委宣传部（新闻中心） 提供

2019 年 8 月 3 日，由 UI 中国和时机科技主办，光华设计发展基金会、京工集团和京工时尚创新园协办的“首届中国设计师职业发展会议”在京工时尚创新园举行，活动对象主要面向于面辅料商、资深服装设计师、高定品牌、IT 行业大咖等。此次会议回顾和探讨设计师在时代中的价值，并对于从事设计行业的全体设计师们搭建一个良好的沟通交流平台。同年 8 月 18 日，“第二届全国军娃模特大赛决赛”在京工时尚创新园举行，此次大赛的圆满举办，不仅为孩子们提供了一个展示的舞台，更是一个学习艺术，放飞梦想的一次机会，同时也叩响了“J · Park”秀场时尚多变的大门。

2019 年 9 月 4—10 日，京工时尚创新园首次在“北京时装周”亮相，作为此次活动的分会场，成功举办“大曾珠宝设计联展”和“欧卡星童装品牌发布会”活动。时装周期间，到访嘉宾和观众一饱眼福，欣赏了多场精彩绝伦的时尚大秀和珠宝展览。

2019 年 9 月 28 日，“旧物的尾巴，时尚的巨人”“J · Park”创意市集在京工时尚创新园举行，活动对象主要面向于园区内企业人员及社会参观人员。在这次的创意市集中，共有 20 余家文创品牌集结于此，为大众带来一场特别的置换市集。此次创意市集主要是收集园区内外文创设计类产品的资源，为社会各界设计师、艺术家提供开放、多元的创作环境和交易平台。同时参与门槛比较低，更接近于一个平民艺术平台，主题集中在原创的文化产品，拉动文化产业消费。同年 11 月 16 日，儿童戏曲体验剧《大闹天宫》第二轮演出在京工时尚创新园秀场上演，该活动由丰台文促中心主办，京工时尚创新园协办。是区文促中心在继中国戏曲文化周、京剧票友大赛、戏曲培训班等活动之后展开的又一项公益性戏曲类文化活动，此次演出主要以戏曲 + 动漫的结合，通过与孩子的充分互动，寓教于乐，让孩子在玩耍中学习中国戏曲的文化。

2019 年 11 月 16 日，儿童戏曲体验剧《大闹天宫》第二轮演出活动现场

京工集团党委宣传部（新闻中心） 提供

2019 年 11 月 20 日下午，“贝壳菁汇科技集团项目招商推介会”在京工时尚创新园秀场举行，活动对象主要面向于各界商务人员，中小企业等。2019 年 12 月 1 日，“京工时尚之星之儿童模特大赛”在京工时尚创新园举行，京工儿童艺术周由北京贝壳京工时尚创新科技有限公司主办，北京市丰台区文化创意产业促进中心作为支持单位。活动对象主要面向于 3 ~12 岁儿童，艺术周活动涉及广泛，包含“儿童模特大赛、主题绘画大赛、儿童艺术展、公益活动”四大板块。活动聚焦艺术创新，聚焦互动交流，为儿童提供一个展示自己的平台，给大家呈现精彩的艺术盛宴。2019 年 12 月 18 日，“2019 政策

申报及园区数字化运营分享会”在京工时尚创新园举行。创新企服联盟、智慧园区建设专家赵露、文创版陈雪、中证产业研究院王永智为大家进行了政策解读。2019 年 12 月 28 日，“2019 文化自信与文化强国暨新时代正装产业推进会”在京工时尚创新园举行。

2020 年 1 月 9 日，“京工时尚创新园与北京爱尚美丽文化传播有限公司合作签约仪式”在京工时尚创新园举行。双方强强联合，打造时尚全产业链布局，开展社区教育培训，为时尚产业赋能，助力时尚品牌发展。1 月 11 日，“北京康贝斯情商教育联欢晚会”在京工时尚创新园上演，联欢会现场，来自北京康贝斯情商教育的小朋友们上演了精彩纷呈的表演。1 月 12 日，“北京艺术国际教育舞蹈大赛与天晟佳韵艺术中心联欢会”活动在京工时尚创新园举行。在活动现场，小朋友们将自己的风格表现得淋漓尽致，展现出无尽的风采。5 月 28 日，“京工时尚创新园与中国数字经济产业联盟合作签约仪式”在京工时尚创新园会议室举行。双方打造时尚全产业链布局，助力产业品牌发展。9 月 19 日，第八届丰台惠民文化消费季“丰・范”时尚活动在位于丰台区的京工时尚创新园启动，活动采用线上线下相结合的方式，以“魅力南城・时尚丰台”为活动主题，集中推出具有颇具时尚气息的消费品牌和系列消费活动。“丰・范”时尚活动共分为丰尚惠购、丰尚会演、丰尚艺展、丰尚秀场四大板块，集中推出包括直播惠购、文化创意、品牌服装发布等不同形式的文化消费体验活动，带动市民参与热情。

2020 年9月19日，京工时尚创新园百米艺术长廊

京工集团党委宣传部（新闻中心） 提供

2020 年9月19日，传统文化手工艺者制作现场

京工集团党委宣传部（新闻中心） 提供

2020 年 9 月 19 日，京工集团旗下“雷蒙”品牌 80 周年盛典的时装大秀现场

京工集团党委宣传部（新闻中心） 提供

9 月 19 日晚，京工时尚创新园作为北京时装周分会场，继上年以来，第二次成功承办了京工集团旗下“雷蒙”品牌 80 周年盛典时装大秀，为到场的嘉宾及众多媒体们带来了一场精彩的视觉盛宴。

10 月 22 日，中国模特界三大赛事：“第二十六届中国模特之星大赛”“第十五届中国超级模特大赛”“第十二届美少女·中国影视模特大赛”，在京工时尚创新园完美落幕。作为此次三大模特赛事比赛场地和训练场所，京工时尚创新园为选手们提供了宽敞的排练场所以及舒适的休息环境。11 月 21 日，“北方时尚之夜——高级定制时尚发布日”在京工时尚创新园举行，此次走秀活动分为礼服秀、潮服秀、导师秀、家长秀，现场气氛活力四射。京工时尚创新园为孩子们提供了一个不断突破自我，展示自我时尚风采的舞台。

2021 年 4 月 24 日，京工时尚创新园设计师孵化基地正式启动。京工设计师孵化基地致力为服装设计师及品牌提供制版打样生产服务的专业机构，1 件起订，72 小时制版打样周期，一对一私人专属设计师定制，设计师配置管理员全程跟单，满足不同服装品类需求、专业团队一站式服务。同时，为引导人们欣赏非遗文化作品之美，把非遗文化遗产传承培育形成正确的历史观、价值观和文化观等放在突出位置，着重推介文化遗产所蕴含的历史传承价值、文化底蕴价值、审美升级价值和与时俱进的时代价值，由京绣工艺大师金馨创办的六郎京绣艺术空间也同时落户京工时尚创新园。

2020 年 10 月 22 日，"第十二届'美少女'中国影视模特大赛总决赛"比赛现场

京工集团党委宣传部（新闻中心） 提供

2020 年 11 月 21 日，"北方时尚之夜——高级定制时尚发布日"活动现场

京工集团党委宣传部（新闻中心） 提供

2021 年 4 月 24 日，京工时尚创新园设计师孵化基地

京工集团党委宣传部（新闻中心） 提供

2021 年 4 月 24 日，京工时尚创新园六郎京绣艺术空间

京工集团党委宣传部（新闻中心） 提供

4月28日，由世界职业时尚模特大赛组织主办的超模大师公开课在京工时尚创新园举行结业典礼。

2021年4月28日，“世界职业时尚模特大赛组织”结业典礼合影

京工集团党委宣传部（新闻中心） 提供

京工时尚创新园举办活动一览表

表8-2

序号	时间	活动名称
1	2019年4月25日	“设计师与面辅料产业”沙龙活动
2	2019年5月31日	“粽夏之梦”J·Park第2期沙龙活动
3	2019年7月17日	京工时尚创新园项目推介会
4	2019年7月1日	京工时尚创新园开园仪式暨京工品牌定制发布会
5	2019年7月28日	第二届全国军娃模特大赛复赛活动
6	2019年8月3日	首届中国设计师职业发展会议
7	2019年8月18日	第二届全国军娃模特大赛决赛
8	2019年9月4日	北京时装周大曾珠宝设计联展活动
9	2019年9月10日	2019北京时装周欧卡星童装品牌发布会
10	2019年9月28日	“旧物的尾巴，时尚的巨人”J·Park创意市集

续表 8-2

序号	时间	活动名称
11	2019 年 11 月 16 日	儿童戏曲体验剧《大闹天宫》第二轮演出
12	2019 年 11 月 20 日	贝壳菁汇科技集团项目招商推介会
13	2019 年 12 月 1 日	京工时尚之星之儿童模特大赛
14	2019 年 12 月 18 日	2019 政策申报及园区数字化运营分享会
15	2019 年 12 月 28 日	2019 文化自信与文化强国暨新时代正装产业推进会
16	2020 年 1 月 9 日	京工时尚创新园与北京爱尚美丽文化传播有限公司合作签约仪式
17	2020 年 1 月 11 日	北京康贝斯情商教育联欢晚会
18	2020 年 1 月 12 日	北京艺术国际教育舞蹈大赛与天晟佳韵艺术中心联欢会活动
19	2020 年 5 月 28 日	京工时尚创新园与中国数字经济产业联盟合作签约仪式
20	2020 年 6 月 15 日	核酸检测免费筛查工作
21	2020 年 9 月 19 日	第八届丰台惠民文化消费季“丰・范”时尚活动
22	2020 年 9 月 19 日	北京时装周“雷蒙”品牌八十周年盛典时装大秀
23	2020 年 10 月 22 日	第二十六届中国模特之星大赛
24	2020 年 10 月 22 日	第十五届中国超级模特大赛
25	2020 年 10 月 22 日	第十二届美少女・中国影视模特大赛
26	2020 年 11 月 21 日	北方时尚之夜——高级定制时尚发布日
27	2021 年 4 月 24 日	京工时尚创新园设计师孵化基地正式启动
28	2021 年 4 月 24 日	六郎京绣艺术空间落户京工时尚创新园
29	2021 年 4 月 28 日	世界职业时尚模特大赛组织结业典礼

六、来访接待

自园区建立以来，京工时尚创新园共接待包括各地区、各级主要领导、专家、设计师、新闻媒体、客商及各高校师生等人员视察调研等 450 余人次。

2019 年 6 月 21 日上午，京工时尚创新园接待北京市联大商务学院院长陈建斌进行参观调研，京工集团党委书记、董事长李耀东，京工时尚创新园总经理杨娟陪同参观。陪同人员详细介绍京工时尚创新园的发展情况以及接下来的重点工作。陈建斌从加强时尚链条和高校的深度研发及合作，促进大学生的实践基地孵化功能的人才培养和实践，以及引领文化时尚创意产业创新发展，纳入北京市文化创意产业的示范案例三个方面与现场领导进行交流。6 月 25 日，京工时尚创新园接待时尚控股副总经理胡亚辉、时尚控股副总经理贠天祥、文创管理部部长王强、品牌发展部部长张芳芳、北京时装周公司总经理赵哲一行人员参观调研，京工集团党委书记、董事长李耀东，贝壳菁汇董事长张磊等人陪同参观。双方就京工时尚创新园的发展现状进行详细的介绍与沟通，并表示希望在丰台区各单位的政策指导以及各单位的协作配合下，积极利用自身的资源优势以及创新思维，推进文化创意产业园的建设，鼓励京工时尚创新园保持好现在时尚前卫的势头，从政策、资源、理念、运营等方面积聚力量，把京工时尚创新园做好做优做的有特色。7 月 11 日，京工时尚创新园接待中国服装设计师协会副主席、亚洲时尚联合会中国委员会主席团主席、国际中国美术家协会副主席、清华大学美术学院兼职教授张肇达进行参观调研，贝壳菁汇董事长张磊等人陪同。双方就京工时尚创新园的整体环境，以及园区的产业布局和运营模式进行交流。7 月 26 日，京工时尚创新园接待中国建筑文化研究会、动漫艺术委员会会长陈功了,《风采童装》杂志主编、儿童美丽素质教育践行者邹志萍，青年歌唱家张维麟等一行人员进行参观调研，贝壳菁汇董事长张磊、京工时尚创新园总经理杨娟、副总经理纪玉等人陪同参观。张磊首先陪同各位到访人员参观园区的整体环境、众创空间和“J · Park”秀场等主要场地，并介绍园区的产业布局及运营模式。陈功了等对京工时尚创新园的整体环境及发展情况表示肯定，对园区时尚创新的精神风貌给予赞扬，同时也在园区未来的发展及合作共赢方面提出指导意见和建议。8 月 13 日，京工时尚创新园接待丰台区委常委、宣传部部长梁家峰，丰台区委宣传部副部长、区委网信办主任杨晓辉，丰台区委宣传部副部长王福强，丰台区文促中心党组书记、主任吴婧一行领导进行参观调研，京工集团党委书记、董事长李耀东，贝壳菁汇董事长张磊，京工时尚创新园总经理杨娟等人陪同参观。到访领导参观了京工时尚创新园的整体环境、众创空间和 T 台秀场等主要场所，并对京工时尚创新园的定位、发展方向及运营模式表示肯定，同时对京工时尚创新园老旧厂房功能拓展的发展方向提出了指导意见和建议，并表示京工时尚创新园应该在丰台区各单位的政策指导以及各单位的协作配合下，把握核心点、在符合高质量发展要求的前提下，聚拢更多人气，促进丰台区文化创意产业的发展建设，坚持“小而美”的理念，聚焦创意设计，做好老旧厂房功能拓展，带动丰台区文化创意产业的发展。

2019 年 8 月 13 日，丰台区委常委、宣传部长梁家辉（左五）一行到京工时尚创新园调研参观

京工集团党委宣传部（新闻中心） 提供

2019 年 8 月 23 日，京工时尚创新园接待北方工业大学建筑与艺术学院党委书记张勃、日本知名建筑设计师青山周平一行人员进行参观，贝壳菁汇董事长张磊陪同参观了园区并进行了座谈交流。9 月 23 日，京工时尚创新园接待国内顶尖制板工艺大师、中国服装协会首届“金剪刀”服装工艺大赛金奖得主谢宗体，北京服装纺织行业协会专职副会长王文生一行人员进行参观调研，贝壳菁汇董事长张磊、京工时尚创新园副总经理纪玉陪同参观接待。谢宗体对全区的模式和理念进行了解后，对京工时尚创新园的发展定位表示肯定。同时也在京工时尚创新园未来的发展及合作共赢方面提出了指导意见和建议。10 月 10 日，京工时尚创新园接待时尚控股党委书记、董事长吴立，党委副书记、总经理李学彬等一行领导进行参观调研，京工集团党委书记、董事长李耀东，贝壳菁汇董事长张磊等人陪同参观。陪同人员就园区功能、运营计划、招商计划和愿景需求四个方面向各位到访领导进行了详细汇报。时尚控股党委书记、董事长吴立对京工时尚创新园老旧厂房改造所做的工作以及取得的成效给予了充分肯定，希望京工时尚创新园能够根据自身的优势，做出自己的特色，并表示京工时尚创新园应与时尚控股的下属企业及产业园之间多增加合作交流，共同探讨文化创意产业的发展模式。

2019 年 10 月 10 日，时尚控股主要领导一行到京工时尚创新园参观调研

京工集团党委宣传部（新闻中心） 提供

2019 年 10 月 25 日，北京大学创业训练营同学参访京工时尚创新园

京工集团党委宣传部（新闻中心） 提供

10 月 17 日至 25 日，京工时尚创新园多次接待时尚控股相关部门领导及系统内各企业相关领导进行参观调研。陪同人员为到访领导详细介绍京工时尚创新园的八大功能定位、周边环境、产业核心以及未来的运营模式等，并陪同参观园区的主要场所，得到来访领导的肯定与好评。

10 月 25 日，京工时尚创新园接待北京大学创业训练营——丰台文创特训营的同学们进行参观，园区总经理杨娟、副总经理纪玉等人陪同参观接待。在京工时尚创新园 T 台秀场，园区负责人从园区功能、战略核心、运营计划等方面向各位同学介绍京工时尚创新园的发展情况及 2019 年的重点工作方向，并提出未来的发展目标。创业营的同学们对园区老旧厂房改造升级的建设赞不绝口，并交流入驻园区的相关政策支持问题。

2019 年 10 月 30 日，京工时尚创新园接待丰台区政协党组成员、副主席段德珍，政协副主席张兆旗等一行领导进行参观调研，贝壳菁汇董事长张磊等人陪同接待。到访的领导参观京工时尚创新园的展厅、服装学校、张肇达老师工作室、T 台秀场，二楼网红工作室及部分入驻企业等。陪同人员就京工时尚创新园的定位、发展方向及产业核心、未来的运营模式等与到访领导进行交流，得到到访领导们的充分肯定，并表示对园区未来发展情况充满期待。

2019 年 10 月 30 日，丰台区区政协党组成员、副主席段德珍（右二）等一行 15 人到京工时尚创新园参观调研　　京工集团党委宣传部（新闻中心）提供

2020 年 11 月 19 日，2020 年文创园区管理培训现场教学活动学员集体合影

京工集团党委宣传部（新闻中心） 提供

自 2020 年 2 月以来，园区多次接待包括丰台区政府、时尚控股等有关部门领导到园区检查指导疫情防控工作。同时园区积极响应北京市政府政策号召，实行一系列租金减免措施及政策。各相关单位领导在检查之后，对于园区的一系列防控措施、相关政策，以及帮助入驻企业复工复产情况，给予高度赞扬。4 月以来，京工时尚创新园多次接待北京市地区各单位领导针对老旧厂房改造以及入驻企业的规划发展等情况，到园区进行实地调研工作。园区相关领导为到访各界人士介绍园区的地理位置、建筑规模、管理运营、各项配套设施以及未来的发展方向，得到了到访领导的充分肯定。同年 8 月以来，园区多次接待包括遵化市、河北雄安新区等外埠地区相关单位领导到园区进行参观调研工作。京工时尚创新园相关人员为到访领导就北京市各产业的发展现状，园区的基本情况以及未来发展前景等方面情况进行了介绍，得到了领导们的一致认可。11 月 19 日下午，京工时尚创新园接待时尚控股副总经理胡亚辉以及北京市各文创园区相关负责人进行参观调研，贝壳菁汇董事长张磊、京工集团副总经理顾巍以及京工时尚创新园副总经理纪玉进行了接待。到访的各位领导参观了京工时尚创新园的整体环境，了解了园区的改造进程、产业布局和运营模式。在交流中，时尚控股副总经理胡亚辉对京工时尚创新园的特色定位及服务创新能力表示肯定，并表示希望京工时尚创新园在各单位的政策指导以及各单位的协作配合下，积极利用自身的资源优势，开展与时尚控股集团旗下各企业之间的密切合作，推进北京市文创产业的发展。

京工时尚创新园接待社会各界人士视察调研一览表

表 8-3

序号	时间	接待接待各界人士视察调研
1	2019 年 6 月 21 日	北京市联大商务学院院长陈建斌到京工时尚创新园参观调研
2	2019 年 6 月 25 日	时尚控股副总经理胡亚辉、时尚控股副总经理贠天祥、文创管理部部长王强、品牌发展部部长张芳芳、北京时装周公司总经理赵哲一行到京工时尚创新园参观调研
3	2019 年 7 月 11 日	中国服装设计师协会副主席、亚洲时尚联合会中国委员会主席团主席、国际中国美术家协会副主席、清华大学美术学院兼职教授张肇达老师到京工时尚创新园参观调研
4	2019 年 7 月 26 日	中国建筑文化研究会、动漫艺术委员会会长陈功了,《风采童装》杂志主编、儿童美丽素质教育践行者邹志萍，青年歌唱家张维麟等一行到京工时尚创新园参观调研
5	2019 年 8 月 13 日	丰台区委常委、宣传部部长梁家峰，丰台区委宣传部副部长、区委网信办主任杨晓，丰台区委宣传部副部长王福强，丰台区文促中心党组书记、主任吴婧一行领导到京工时尚创新园参观调研
6	2019 年 8 月 23 日	日本知名建筑设计师青山周平与北方工业大学建筑与艺术学院党委书记张勃一同到访京工时尚创新园
7	2019 年 8 月 27 日	沈阳市浑南区副区长孙永文一行 35 人到京工时尚创新园参观调研
8	2019 年 9 月 23 日	国内顶尖制板工艺大师、中国服装协会首届“金剪刀”服装工艺大赛金奖得主、曾多次为国家领导人制作服装的谢宗体大师，北京服装纺织行业协会专职副会长王文生到京工时尚创新园参观调研
9	2019 年 10 月 10 日	时尚控股党委书记、董事长吴立，党委副书记、总经理李学彬一行 15 人到京工时尚创新园参观调研
10	2019 年 10 月 17 日	时尚控股战略资产部部长定光秀等领导一行到京工时尚创新园参观调研
11	2019 年 10 月 25 日	时尚控股综合管理处处长周德鹏等一行 30 人到京工时尚创新园参观调研
12	2019 年 10 月 25 日	北京大学创业训练营——丰台文创特训营同学到京工时尚创新园参观
13	2019 年 10 月 30 日	丰台区区政协党组成员、副主席段德珍、政协副主席张兆旗等一行 15 位领导到京工时尚创新园参观调研
14	自 2020 年 2 月以来	北京市丰台区政府、时尚控股有限责任公司等相关领导多次到京工时尚创新园，针对园区的疫情防控工作进行参观调研
15	自 2020 年 4 月以来	园区多次接待北京市地区各单位领导到园区参观调研工作
16	自 2020 年 8 月以来	园区多次接待包括遵化市、河北雄安新区等外埠地区领导到园区进行参观调研工作
17	2020 年 11 月 19 日	时尚控股副总经理胡亚辉携北京市各文创园区的领导实地调研

七、京工时尚创新园荣誉资质

自园区开园以来，在与多家高校建立产学研合作实践基地，实现产学研实践与园区孵化有机结合的基础上，京工时尚创新园积极对接相关部门，利用双方优势资源，通过建立各项优惠政策，完善自身运营体系，获得各级政府部门的认同与支持。截止到 2020 年 11 月，园区已申请荣誉资质 16 项，已成功获得授牌 10 项，等待公示 6 项。

2020 年 11 月，京工时尚创新园获得的荣誉资质

京工集团党委宣传部（新闻中心） 提供

京工时尚创新园荣誉资质一览表

表 8-4

序号	荣誉资质	具体情况（截至 2020 年 11 月）
1	中关村高新技术企业	获得授牌
2	北京联合大学商务学院文创园区创新发展研究基地	获得授牌
3	北方工业大学建筑与艺术学院中东欧国家高等教育合作研究中心	获得授牌
4	北京服装学院大学生创新创业实践基地	获得授牌
5	北京市众创空间	获得授牌
6	歌华有线杯 2019 北京文化创意大赛创业服务分中心	获得授牌
7	京沈合作（北京）离岸创新中心	获得授牌
8	文创大赛承办单位	获得授牌
9	第八届惠民文化消费季风范时尚板块承办单位	获得授牌
10	科技企业孵化器认定	获得授牌
11	国家专业化众创空间	正在申报
12	北京创新创业服务机构建设促进专项资金	正在申报
13	2019 年度丰台专项资金	正在申报
14	2020 年丰台区“高精尖产业”项目申报	正在申报
15	2021 年文化产业类市政府固定资产投资项目	正在申报
16	2020 年纺织服装创意设计试点园区	正在申报

第二节　智能交通监控

“十二五”以来，随着国家信息化步伐的加快，特别是交通安全形势的进一步严峻，智慧交通的思想不断深入。京工集团全资子公司（北京京工科贸有限公司）选择智能交通监控项目作为企业跨界经营平台的主要培育业务，是可持续发展性较强，整体产业规模能够持续增大，市场前景较为广阔的。

一、项目运营

北京京工科贸有限公司智能交通监控项目主要产品为电子警察闯红灯 + 卡口系统，卡口测速系统，线圈检测、雷达检测，移动测速系统、雷达测速，安全防护类产品，道路作业人员安全防护预警器等。2014 年，由于公司建成前期相关资质还不全面，所以企业的发展思路主要以个别大型项目与其他企业合作的方式参与市场竞标之中。在 2014 年上半年，智能交通监控方面完成了秦皇岛青龙县交通监控卡口设备供应、秦皇岛市移动测速照相设备、援外项目移动电子警察设备等 3 个项目后，又于 11 月份，成功中标了工程总金额 400 余万元的包头 110、210 国道大货车闯禁行监控项目。企业在逐步积累资质，实现能够独立承接大型项目的同时，2015—2016 年期间，公司在内蒙古包头市又相继成功中标包括大货车闯禁行抓拍系统、违停抓拍监控系统、新都市区主干线电子警察抓拍系统等多个项目，并于 2016 年 9 月成功参与到内蒙古呼和浩特市平安城市、智慧城市的“平安首府”项目的建设之中。自 2014 年 1 月公司成立至 2017 年底，北京京工科贸有限公司已成功完成全国多地的智能交通监控项目，项目完成金额约为 1870 万元。

二、主要业务

2014 年 12 月，北京京工科贸有限公司在内蒙古包头市成功中标“110、210 国道大货车闯禁行监控系统”项目，项目完成金额约为 398 万元；2015 年 6 月 18 日，北京京工科贸有限公司在内蒙古包头市成功中标“大货车闯禁行抓拍系统”项目，项目完成金额约为 141 万元。18 日，北京京工科贸有限公司在内蒙古包头市成功中标“违停抓拍监控系统”项目，项目完成金额约为 32 万元。2015 年 7 月 28 日，北京京工科贸有限公司在内蒙古包头市成功中标“新都市区主干线电子警察抓拍系统”项目，项目完成金额约为 183 万元；9 月 21 日，北京京工科贸有限公司在内蒙古包头市成功中标“闯红灯自动记录系统采购及安装调试（机房、外场）”项目，项目完成金额约为 3.71 万元。10 月 28 日，北京京工科贸有限公司在内蒙古包头市成功中标“闯红灯自动记录系统采购及安装调试”项目，项目完成金额约为 223 万元。2016 年 2 月 29 日，北京京工科贸有限公司在内蒙古包头市成功中标“闯红灯自动记录系统采购及安装调试杆件”项目，项目完成金额约为170万元。9 月 30 日，北京京工科贸有限公司在内蒙古呼和浩特市成功中标“平安首府视频联网应用监控土建”项目，项目完成金额约为 116 万。12 月 28 日，北京京工科贸有限公司在内蒙古呼和浩特市成功中标“平安首府视频联网应用监控安装调试”

项目，项目完成金额约为74万元。2017年1月，北京京工科贸有限公司在内蒙古呼和浩特市成功中标“平安首府视频联网应用监控”路口设计项目，项目完成金额约为50万元。4月25日，北京京工科贸有限公司在河北省秦皇岛市昌黎县成功中标“河北省秦皇岛市昌黎县蔬菜产业融合新建项目安全监控设施”项目，项目完成金额约为85万元；当年5月15日，北京京工科贸有限公司完成“京工集团办公区监控设备调试”项目，项目完成金额约为6.5万元。5月18日，北京京工科贸有限公司完成“京工集团办公楼北门机动车只能出入系统”项目，项目完成金额约为3.3万元。5月22日，北京京工科贸有限公司完成“京工集团办公区监控设备”项目，项目完成金额约为10.7万元。

第三节　农产品产销

京工集团全资子公司（北京京工科贸有限公司）通过企业资源整合，积极寻找有发展前景和潜力的产业单位合作的方式，积极涉足农产品种植项目，创建出自主无公害的农产品品牌，符合京工集团按照多元化发展战略，保证培育项目稳步发展，努力成为京工集团新的经济增长点的要求。特别是在2017年，经过北京京工科贸有限公司认真思考，重新确定现代农业项目为未来主攻方向，通过进一步加强企业内部管理，积极引进专业人才，使农产品项目得到较大的进展，体现企业良好的发展潜力。

一、农产品合作项目

（一）昌平种植合作项目

昌平种植合作项目地点位于北京市昌平区小汤山镇后牛坊村，归昌平区小汤山镇管理、毗连马坊村、大东流村，周边依山傍水，毓秀钟灵，山清水秀。后牛坊村是小汤山镇农产品产销量较大的村子之一，其耕地面积约为4252亩，农业种植面积达到约3000亩。其主要农产品为苹果、番茄、秋葵、四季豆、球芽甘蓝、菊花菜、番石榴、猕猴桃、青苹果等。北京京工科贸有限公司选择在昌平区小汤山镇后牛坊村进行农产品的种植，一是能利用当地的水源、土壤等环境优势，有利于农产品的种植。二是后牛坊村是种植大村，周边有关种植类行业的软、硬件设施比较完善，企业可以省去一定的前期资金投入；三是利用当地一定的影响力，可以带动企业自身农产品的销量。北京京工科贸有限公司在昌平种植合作项目面积为1600平方米，主要以草莓育苗工作以及草莓采摘业务为主，种植的草莓品种分为红颜、桃熏、白雪公主。

（二）昌黎恒丰果蔬种植项目

昌黎县恒丰果蔬种植专业合作社位于河北省秦皇岛市昌黎县西南部，滦河东岸的靖安镇。靖安镇地处平原，一年四季蔬菜常青，往来客商络绎不绝，蔬菜源源不断销往全国各地，是远近闻名的蔬菜生产基地。主要蔬菜有黄瓜、韭菜、土豆、白菜、茄子、豆角等十几个品种，种植面积为1.2万亩。其境内交通便利，土地肥沃，资源丰富，农副产品富足，被誉为“滦河岸边金土地”。2017年，经过反复调研和认真研究，京工集团与昌黎恒丰果蔬合作社签署战略合作协议，通过发挥双方各自优势，将昌黎农产品通过京工公社渠道、社区服务平台引入北京社区，服务北京市民，在京津冀一体化背景下，满足首都消费者的日常生活需求。同时，双方准备开展净菜项目合作，推进净菜进京项目。此次项目的合作面积为22个大棚，约为17600平方米，主要种植农产品为黄瓜、西红柿、草莓等。此次合作，得到昌黎县政府的大力支持和帮助。双方在努力推动战略合作项目进程的同时，在京津冀一体化背景下，实现合作双方共赢。

2017年8月18日上午，京工集团与昌黎县恒丰果蔬种植专业合作社净菜进京战略合作签约仪式在秦皇岛昌黎县人民政府市委中心举行。京工集团党委书记、董事长李耀东，副总经理屠听，北京京工科贸有限公司副总经理刘立新以及昌黎县领导和相关部门领导参加签约仪式。此次签约标志着京工集团与恒丰果蔬专业种植合作社打造的净菜进京战略合作项目正式启动。

二、农产品销售

结合落实首都城市功能定位及疏解非首都功能的政治要求，2017年京工集团继续以跨界的方式促进产业转型升级。其中，现代农业项目作为京工集团“十三五”培育业务，取得重要突破。北京京工科贸有限公司利用自主生产基地，开展面向北京市大型连锁超市，以及高端人群农产品配送业务，通过发展会员制，开发移动端App等方式，使自主农产品销售取得初步成效。

（一）高端人群农产品配送业务

高端人群农产品配送业务主要以会员卡业务为主，会员卡分为金卡和银卡两种方式，所配送的蔬菜全部为应季新鲜的绿色蔬菜，其主要途径为把绿色蔬菜通过快递的方式，免费送到客户家中。每次配送的绿色蔬菜净重为 6 公斤，金卡 105 元一次，银卡为 125 元一次。2018 年共配送绿色蔬菜为 10000 公斤左右。

（二）大型连锁超市配送业务

大型连锁超市配送业务是将京工集团合作种植的水果、蔬菜等农产品通过大型超市平台，服务北京市民，满足首都消费者的日常生活需求。2019 年 5 月至 7 月，京工集团通过首航超市平台，总共配送水果及蔬菜 90000 公斤，销售额约为 31 万元。2020 年，京工集团通过超市平台，共配送水果及蔬菜 20000 公斤，销售额约为 6.3 万元。

第四节　交流合作

京工集团利用地处首都的有利条件，利用首都丰富的高校教育科研资源，积极开展产学研合作，不断宣传和提升品牌形象，提高企业的影响力，同时为企业发掘、引进和储备人才奠定基础，京工集团与北京服装学院、北京联合大学商务学院等就“十三五”发展规划的制订、“京工 1961”社区店发展模式及相关政策研究等进行合作，为京工集团进一步推进企业高质量发展、涉足社区经济提供更多的专业支撑。京工集团利用多年来积累的资源优势、技术优势、品牌优势及销售渠道与北京市延庆区人力资源和社会保障局、李宁集团、北京新合作瑞通商贸有限公司等开展业务方面的合作，在深耕社区经济、助力冬奥和扶贫助农等方面积极履行国企政治责任、社会责任、经济责任。

一、产学研合作

京工集团利用地处首都的有利条件，利用首都丰富的高校教育科研资源，积极开展校企合作，一方面，利用高校先进的教育科研资源，使得企业有机会接触前沿的科技成果，促进企业技术研发水平的提高以及企业经营模式的探索；另一方面，为企业引进、培养青年人才开拓新渠道，同时也为宣传企业及品牌形象、扩大品牌影响力创造机会。

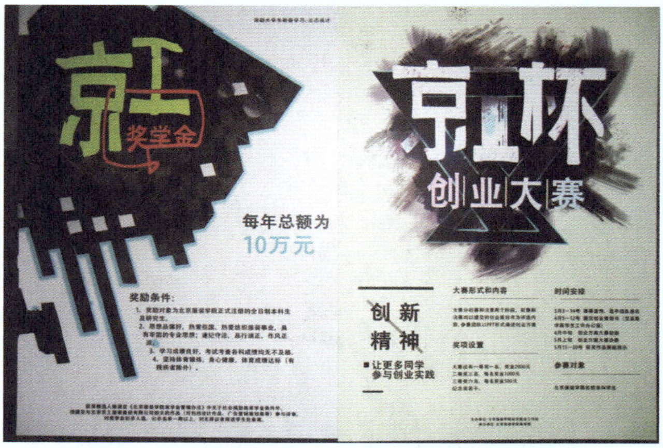

“京工奖学金”和“京工杯”创业大赛宣传海报

京工集团办公室　提供

（一）与北京服装学院合作

2013年底，京工集团与北京服装学院签订四方面框架合作协议，一是在服装学院设立京工奖学金，用于奖励北京服装学院品学兼优的本科生；二是设立京工创业基金，用于奖励北京服装学院在自主创业方面表现突出的学生；三是在京工集团建立北京服装学院校外人才培养基地。京工集团支持北京服装学院建立“北京服装学院，京工集团校外人才培养基地”并将其打造成高层次专业人才培养基地；四是在北京服装学院建立品牌合作基地，筹建“雷蒙”“伊里兰”品牌工作室。

北京服装学院校内的“京工集团”宣传海报

京工集团办公室　提供

京工集团领导为北京服装学院获奖学生颁奖　　京工集团办公室　提供

2014 年经过一年的运作，创业大赛已经完成，奖学金也已完成评审，品牌合作基地以项目对接的形式完成，校外人才培养基地也筹建完成。

2015 年，京工集团继续落实与北京服装学院签署的框架协议，按照签订的产学研工作计划正常推进，即“京工杯”创业大赛已经圆满落幕；京工奖学金的评比设置题目为《为“雷蒙”品牌设计营销方案》，有针对性地让学生参与了解京工集团和品牌发展情况；继续与北京服装学院创新园合作，北京服装学院的老师为京工集团线上销售产品设计 28 款，投入生产 6 款新产品；北京服装学院与京工集团申请北京市级的校外培训基地，为各企业引进人才开拓新的渠道，解决各企业人员引进信息不畅、渠道不宽等问题；举办由京工集团主办、北京服装学院中关村时尚产业创新园梧桐树网承办的“伊里兰”杯中老年女装设计大赛。此次设计大赛于 2016 年 4 月圆满落下帷幕，4 月 26 日在京工集团举行颁奖仪式。

2016 年 4 月 28 日，“京工杯”创业大赛在北京服装学院成功举办。此次大赛有 34 组团队参与，创业方案囊括服装、餐饮、互联网、养老和环保等多个项目。10 月 18 日，“京工杯”奖学金答辩会在北京服装学院成功落幕，答辩大会是评选“京工奖学金”的重要流程，奖学金评选除满足品学兼优的条件外还要完成京工集团设定的相关题目，并在此次会上进行答辩。

京工集团通过与北京服装学院共同搭建校外培训基地的平台，为北京服装学院的学生提供在企业实习的机会。同时，加强与北京服装学院深度合作，共同商讨招聘品牌设计研发工作室首席设计师事宜。截至 2016 年底，京工集团与北京服装学院为期 3 年的产学研战略合作框架协议的全部内容已经顺利完成。

2015 年 1 月 21 日，京工集团与北京服装学院就“北京京工服装集团有限公司‘十三五’规划”项目签订“技术服务合同”，项目主要研究内容包含 4 个部分，第一部分是“十二五”规划完成情况及经验教训；第二部分是京工集团的环境分析，主要包括外部环境和内部诊断两个模块；第三部分是京工集团“十三五”发展的战略规划，即在以上调研实证的基础上，构思京工集团未来的发展战略规划；第四部分是京工集团“十三五”发展的战略实施，主要是通过对京工集团未来发展的重点工作进行规划和实施，以保障规划战略的完成。这是京工集团首次以开放合作的方式，借助外界力量制订自身发展的战略规划，旨在利用高校学术资源提高“十三五”规划的客观性、科学性和全面性。京工集团指定专人与北京服装学院相关老师和专家对接，进行多次沟通与调研。8 月，京工集团“十三五”发展规划纲要研讨会在北京服装学院召开，北京服装学院邀请专家，针对规划以不同的角度，从深入理解企业发展环境和投资方向的把握，以及加强自身管理，强化人才队伍建设、注重品牌发展中“老字号”与“新时尚”的结合、进出口贸易转型、电子商务发展等方面提出各自的看法和见解。经过一年多的调研、筹划、编制，在广泛征求意见、研讨论证和补充完善的基础上最终完成。2016 年 8 月 4—5 日，京工集团召开落实“十三五”规划大会，对“十三五”规划进行宣贯，从“十三五”规划制订的背景、企业面对的内外部经济形势、企业定位、战略目标、深化改革任务、保障措施等 6 个方面向各级领导干部及职工代表进行解读。实践证明，此次项目合作取得良好效果。

（二）与北京联合大学商务学院合作

2017 年 12 月 19 日，京工集团与北京联合大学商务学院就“京工集团管理及服务咨询项目”“京工 1961 社区店发展模式及相关政策研究”签订战略合作协议，合作协议涉及企业内部培训、创新创业合作、社区服务模式研究、高级定制品牌国内外市场定位、定制拓展研究、时尚企业大数据搭建与应用、童装文化创意产业园区运营模式的研究等10项具体内容。商务学院利用自身在政策研究、大数据分析、商务人才培养等方面的资源优势和研究成果，为京工集团新业态发展提供专业的支撑；京工集团为商务学院的教学、实践等活动提供支持。

2018年京工集团与北京联合大学商务学院继续战略合作，推进《京工1961社区店发展模式及相关政策研究》项目，通过商务学院在政策研究、大数据分析、商务人才培养等方面的资源优势和研究成果，为京工集团进一步涉足社区经济提供更多的专业支撑。

截至2018年底，商务学院针对“京工1961”社区店发展模式项目各阶段任务全部完成，第一阶段“国内外社区店文献检索”，为社区店模式发展提出了建设性意见；第二阶段“京工1961社区店目标群体调查研究”；第三阶段“京工1961社区店发展模式”，最终形成《京工1961社区店发展模式报告》；第四阶段“社区微服务大数据分析平台设计”，完成数据分析，会员系统已经上线使用。

2019年7月1日，京工集团联手贝壳菁汇集团共同打造的J·Park京工时尚创新园开园。开园仪式上，北方工业大学建筑与艺术学院、北京服装学院和北京联合大学商务学院分别为J·Park京工时尚创新园进行授牌。J·Park京工时尚创新园作为北方工业大学建筑与艺术学院的“中东欧国家高等教育合作研究中心”、北京服装学院的“大学生创新创业实践基地”和北京联合大学商务学院的“创新发展研究基地”，为培养时尚文创产业人才发挥了积极作用。

二、业务拓展合作

（一）与延庆区人力资源和社会保障局合作

2020年9月22日上午，京工集团与延庆区人力资源和社会保障局就“延庆服务冬奥世园大培训指定线上商城”项目举行战略合作签约仪式并举行授牌仪式。京工集团党委副书记、总经理朱华诚，品牌运营中心副经理李梦以及相关领导，延庆区人力资源和社会保障局冬奥世园培训办公室主任杨娟、副主任戴国梁等出席仪式。

2020 年 9 月 22 日，延庆区服务冬奥世园大培训指定线上商城授牌启动仪式

京工集团党委宣传部（新闻中心） 提供

此次协议的签署，是“京工 1961”线上商城在新业务领域合作拓展的一个全新尝试，以及京工集团在助力冬奥和扶贫助农项目上的进一步的落实。2020 年以来，疫情的影响严重改变了人们的生活消费方式，传统的消费模式从传统突变成了互联网模式。京工集团为了旗下品牌的长远发展，尽快适应新时代的商业生态，在 2017 年就逐步开始探索和打造以“服务 + 零售 + 互联网”为核心的新商业模式。此次与延庆区人力资源和社会保障局的合作，是在原有商业服务平台上，拓展手工服务业和农业服务的板块和内容，扩大“京工 1961”平台服务范围，丰富商品内容。

协议签署后，双方就服务冬奥手工制品和助农产品进行对接和讨论。京工集团根据此次合作的内容和要求，率先开展先行工作铺垫。截至 2020 年 12 月，合作已经开展两个阶段——第一阶段，针对冬奥手工制品和里炮村苹果等农产品分别进行品牌包装，在“京工 1961”线上商城的一级页面开通专属通道，制作专属页面进行产品展示和推广。合作第二阶段，京工集团利用与国有企业、银行等客户的内购会渠道，把合作产品作为平台销售品牌进行推广。

2020 年 11 月 10 日，京工集团与李宁集团战略合作签约仪式

京工集团党委宣传部（新闻中心） 提供

（二）与李宁集团合作

早在 2004 年开始京工集团与李宁集团便建立良好的合作关系。为实现协同发展和品牌共赢，京工集团与李宁集团依托各自在品牌、技术、渠道等多年的积累和独有的优势，开拓深度合作的新模式，2020 年 11 月 10 日，京工集团党委书记、董事长李耀东，党委副书记、总经理朱华诚等领导班子一行到李宁中心，与李宁集团首席执行官钱炜、品牌项目管理中心总经理张向都、渠道管理部总经理王丰等会面，双方就探索创新合作模式进行深入交流，并正式签署战略合作协议。该战略合作协议的签署，标志着京工集团与李宁集团双方将在产品设计研发上，通过交流合作，各取所长开发联名设计以及环保系列等更多优质产品；在品牌宣传推广上，共同协作，提高双方品牌价值；在渠道拓展上，充分挖掘渠道资源，通过多种方式实现渠道多维度和多元化覆盖的发展；在人才交流上，定期进行经验分享，探索人才共建共享模式等。同时，也将紧密合作，共同探索社区经济的发展新模式。

京工集团与李宁集团双方达成战略合作后，京工集团率先开展第一阶段合作——企业内购会活动。京工集团通过与国有企业、银行等客户资源，开发内购会零售渠道，将李宁品牌作为内购会主要销售品牌之一，该次合作丰富了京工集团内购会品牌多样性。截至2020年12月底，京工集团分别在金融街、煤炭信息研究院、京工集团、中船研究院组织4场内购会活动，意在摸索整个采购及销售流程，补齐公司鞋服品类，为2021年组织更广范围的活动打好基础，提高京工集团内购会客户体验，深化与知名品牌的合作。

（三）与新合作瑞通合作

2020年12月4日，京工集团与北京新合作瑞通商贸有限公司（简称新合作瑞通）在京工集团第一会议室举行战略合作框架协议签约仪式。京工集团党委书记、董事长李耀东，党委副书记、总经理朱华诚以及相关领导，新合作集团党委委员、副总裁、新合作瑞通董事长、中国农产品流通经纪人协会会长刘跃忠及新合作瑞通副总经理姚云鹏、刘劲松、李伟出席签约仪式。新合作瑞通是中国供销集团旗下新合作商贸连锁集团有限公司在京的一家全资子公司，承担着集团所属子公司大宗商品联合采购和国内外名优产品代理、大宗农产品、进出口商品贸易等重要任务。

2020年12月4日，京工集团与新合作瑞通举行签约仪式　　京工集团党委宣传部（新闻中心）提供

此次战略合作框架协议的签署，京工集团与新合作瑞通在扶贫助农、社区经济、渠道拓展、商贸等方面进行全面战略合作。双方在营销模式上进行创新尝试，依托新合作瑞通在供应链方面的深厚底蕴与京工集团“服务＋零售＋互联网”的社区商业模式，通过“京工 1961”线上商城平台，深度谋划扶贫助农与时尚产业、社区经济的创新融合，并在产品品类、跨界融合等方面加强商贸合作，开展便民惠民服务，取长补短，相互扶植，实现线上线下“双丰收”的合作预期。

京工集团计划与新合作瑞通开展更深层次、更有广度的合作，发挥各自领域中的优势，互利共赢，通过合作持续提升双方核心竞争力，探索社区经济的更多可能。京工集团继续围绕北京市“七有”要求和“五性”需求，推动“六化”发展，借助互联网大数据平台，让产品更加多样化、个性化，服务更加精准化、人性化，努力把品质至臻、多元时尚化的产品和标准规范、热心周到的服务提供给消费者，并为扶贫助农工作尽一份力量，把“京工 1961”服务品牌打造的更有温度，履行好国有企业政治责任、社会责任、经济责任，奋力打造具有京工特色的多元化时尚企业集团。

第九章 物业安保与重大活动保障

根据京工集团调整改制的规划，经公司经理办公会议研究决定，将原物产开发部于公司部室进行剥离，成立物业管理中心。于2001年8月1日起正式独立运营，工作内容包括京工集团自有房产物业管理、销售相关服务，职工宿舍区管理服务，为公司总部服务。

2019年3月，经公司经理办公会议研究决定将物业管理中心更名为物业安保中心，撤销行政安保部，将原有的行政、安保职能并入物业安保中心。成立后的物业安保中心主要负责京工集团的房地产管理、所辖宿舍区管理、仓储管理、物业管理及安全维稳工作，承担着维护京工集团安全稳定等重要任务。

第一节　物业管理

一、房屋资产

物业管理与开发是京工集团以服装为主业，开拓多种经营模式的重要方向，同时也是集团经济增长的重要方面。围绕提升品牌、拉动主业、开拓发展、做大做强的发展思想，京工集团不断创新工作模式，强化内部管理，树立公司形象，努力适应新形势下对物业管理工作的发展要求，强调“服务上层次，管理上台阶”的服务理念。

北京市朝阳区松榆西里29号，为地上楼房1幢7层、平房1幢建筑物，房基占地总面积1587.6平方米，建筑总面积8235.7平方米，房产用途为办公用地。原属北京市童装二厂，后经企业调整改制，并入京工集团。

使用情况为一、二层对外出租；三层为北京市京工雷蒙服装服饰有限公司、北京京工伊里兰服装服饰有限公司办公地点；四层为北京市京工服装进口有限公司、北京京工科贸有限公司办公地点；五、六、七层为北京京工服装集团有限公司办公地点。

北京市朝阳区松榆西里26、27号楼，均为地上楼房1幢6层、平房1幢建筑物，房基占地面积共计1210.5平方米，建筑面积共计7236平方米，房产用途为住宅。原属北京市童装二厂，后经企业调整改制，并入京工集团，为京工集团职工宿舍。

北京市朝阳区松榆南路50号，房基占地总面积3066.3平方米，建筑总面积13162.3平方米。原属北京高久雷蒙时装有限公司，后经企业调整改制，并入京工集团。2002年由承租方出资对老旧厂房进行彻底改造。

北京市朝阳区饮马井1号，房基占地面积4519.4平方米，建筑面积9025.8平方米。原属北京市红旗室内装饰品工业公司，后经企业调整改制，并入京工集团。

根据北京市规划委员会作出《规划要点通知书》《规划意见书》的规定及北京纺织控股有限责任公司京纺工发〔2000〕335号文件批复，由北京纺织控股有限责任公司及北京京工服装工业集团公司同北京龙洋房地产开发有限公司签订开发“北京市京工服装集团红旗厂”住宅楼项目，以征地补偿形式转让至北京龙洋房地产开发有限公司。

北京市朝阳区东直门外太阳宫，房基占地32989平方米，建筑面积64396平方米。原属北京衬衫厂，后经企业调整改制，并入京工集团。

2002年因服装企业机构调整，为稳妥推进服装集团整合、发展，进一步理顺关系，明确责任，调动企业经营管理者和广大职工的积极性、创造性，再造优势，重整集团。北京纺织控股有限责任公司发文《关于服装企业结构调整的通知》，将北京衬衫厂改为由北京纺织控股有限责任公司直接管理。

北京市朝阳区十八里店乡周家庄村，1980年由原北京服装四厂与朝阳区十八里店乡周庄村协商并签订租赁协议，周庄村提供土地，北京服装四厂自筹自建职工宿舍，共租赁土地19亩，总面积12673平方米，总建房屋207间，住房面积4254平方米，居住173户，600余人。后经企业调整改制，并入京工集团。

2012年，因北京市朝阳区十八里店乡政府有关腾退工作的开展，涉及此处土地。京工集团成立腾退工作领导小组，由京工集团总经理李耀东担任组长，协助北京市朝阳区十八里店乡政府进行周庄宿舍二期腾退工作，于2013年底完成腾退工作。

北京市西城区灵境胡同42，甲42、背阴胡同甲35号，为地上4层地下1层楼房3幢，平房2幢建筑物，房基占地总面积2658.5平方米，建筑总面积12199.8平方米，其中楼房建筑面积11557平方米，平房建筑面积642.7平方米。原属北京市服装二厂，后经企业调整改制，并入京工集团。现对外出租，租赁面积12116.7平方米。

北京市西城区韩家胡同50号，为地上平房5幢建筑物，房基占地面积418.06平方米，房屋建筑面积350.6平方米，房产用途为工业用地。原属北京市服装研究所，后经企业调整改制，并入京工集团，现为集团自用。

北京市西城区宣外大街92号，房基占地面积3600平方米，建筑面积6074.5平方米。原属北京长城风雨衣公司，后经企业调整改制，并入京工集团。

为服从北京市城市总体规划，解决污染扰民问题，更好地发展“长城”牌服装产品。经北京市有关部门批准、北京纺织控股公司审查，北京长城风雨衣公司实施污染扰民搬迁，通过对厂址有偿转让方式转让至北京东北亚国际大厦有限公司。

北京市东城区王府井大街249号，为地上4层，地下1层建筑物，房基占地面积393.8平方米，建筑面积2420平方米，房产用途为商业。原属北京市服装八厂，后经企业调整改制，并入京工集团。现对外出租，承租方为李宁（中国）体育用品有限公司，租赁面积2420平方米。

北京市东城区幸福东街4号，为地上平房5幢建筑物，房基占地总面积440.4平方米，建筑面积440.4平方米，房产用途为工交。原属北京雷蒙西服公司，后经企业调整改制，并入京工集团。于2015年装修改造，现归北京京工服装集团有限公司缝纫车间使用。

北京市东城区东华门大街23号，为地上5层、地下1层建筑物，房基占地面积1248.3平方米，建筑面积总4383平方米，房产用途为商业。原属北京雷蒙西服公司，后经企业调整改制，并入京工集团。

因京工集团企业调整，特别是北京高久雷蒙时装有限公司解散，需安置分流职工较多，为解决安置职工所需相关费用。同时面临银行改制，强行要求企业限期还贷，更加重了集团公司资金紧张状况。经请示北京纺织控股有限责任公司领导同意，董事会研究决定于2004年转让北京东华门大街23号房产，形成《关于同意转让北京车华门大街23号房产的决定》，其受让方为中企国际投资有限公司。

北京市东城区北岗子街39、41号，为地上平房7幢建筑物，房基占地总面积366.6平方米，建筑总面积366.6平方米，房产用途为工交。原属北京雷蒙西服公司，后经企业调整改制，并入京工集团，为京工集团职工宿舍。

北京市东城区青云胡同28号，房基占地总面积909.5平方米，建筑面积1370.5平方米。原属北京市京工红旗厂有限公司，后经企业调整改制，并入京工集团，为京工集团职工宿舍。

北京市丰台区玉林东里三区5、6、7、8、9、12、16、17号，为楼房8幢、平房16幢建筑物，房基占地总面积7955.8平方米，建筑总面积36697.9平方米，房屋用途为住宅。于20世纪80年代建成，为京工集团职工宿舍。

北京市丰台区菜户营西街甲 339 号，房基占地总面积 3961.1 平方米，建筑面积 14420.4 平方米。原属北京市服装一厂，后经企业调整改制，并入京工集团。

因北京丽泽金融商务区园区 B9B11 地块开发整理及配套市政基础设施建设项目建设，经北京市发改委（京发改〔2010〕1160 号）、北京市规划委（2010 规（丰）地整字 0009 号）、北京市国土资源局（京国土丰预〔2010〕33 号）批准，北京丽泽开发建设有限公司取得“房屋拆迁许可证”（京建丰拆许字〔2010〕第 105 号）启动实施。位于北京市丰台区菜户营西街甲 339 号的单位用房在此次拆迁范围内，按照丽泽金融商务服务区整体规划部署，商务区规划内的非住宅房屋将根据国家有关政策进行评估，并进行货币安置补偿。于 2017 年 1 月 10 日前，完成相关拆迁工作。

北京市丰台区南三环中路 73 号，为地上 8 幢建筑物，建筑面积 10629.8 平方米，其中楼房建筑面 9636.8 平方米，平房建筑面积 993 平方米，房屋用途为工交。原属北京华丽衬衫厂，后经企业调整改制，并入京工集团。现对外出租，租赁面积 11219.2 平方米。

北京市丰台区宋家庄顺七条 1 号，为地上平房 9 幢建筑物，房基占地总面积 924.6 平方米，建筑总面积 924.6 平方米，房屋用途为工交。原属北京羽绒厂，后经企业调整改制，并入京工集团，现为集团自用。

北京市丰台区新发地潘家庙 56 号，1988 年，经北京市规划委（原市规划局）以（88）建地市字 181 号文批准建设用地，由北京服装工业联合公司经理部于北京市丰台区新发地潘家庙 56 号建设仓库。总面积为 17808.84 平方米（其中含市政规划道路用地约 1824 平方米）。有产权证的房屋总面积为 6361.7 平方米，总房屋间数 202 间，房基占地总面积 6253.4 平方米。平房总建筑面积 6122.2 平方米，间数为 194 间。楼房总建筑面积 239.5 平方米，间数为 8 间。房基占地面积为平房 6122.2 平方米，楼房 131.2 平方米。2002 年 11 月 27 日产权变更为北京京工服装集团有限公司。经改造后，现为 J・Park 京工时尚创新园。

北京市海淀区海淀路乙 39 号，房基占地面积 25825 平方米，建筑面积 25360 平方米。1976 年以前，北京大华衬衫厂三个车间分散在宣武区骡马市大街、新华街等四个地方，生产生活管理诸多不便，又地处市区存在扰民情况。1974 年经北京市政府批准移地迁建，于北京市海淀区海淀路乙 39 号新建生产楼一幢。后经企业调整改制，并入京工集团。

2002 年，因服装企业机构调整。为稳妥推进服装集团整合、发展，进一步理顺关系，明确责任，调动企业经营管理者和广大职工的积极性、创造性，再造优势，重整集团。北京纺织控股有限责任公司下发《关于服装企业结构调整的通知》文件，将北京大华衬衫厂改为由北京纺织控股有限责任公司直接管理。

二、物业服务

在服务企业自身的同时，心系广大职工群众，努力为其提供优质服务，创造和谐、宜居、舒适的生活居住环境。加大对社区政府部门及周边单位协作关系，积极与社区协调，认真落实地区部署的相关工作，加强对宿舍区的管理。始终秉持“一枝一叶总关情，一点一滴见真心”的服务宗旨，做到有问题不推脱，随叫随到，及时解决，用优质的服务换取职工群众的满意。

2006 年，根据京工集团有关安全工作的精神和要求，开展事故隐患排查整改专项工作。全年重点对北京市纺织服装职业技能培训学校动力线、新发地仓库动力线、北京市服装质量监督检验站电气设备、北京佐田雷蒙服装有限公司生产用汽设备进行治理改造，共投入改造资金 8.5 万元。

2008 年，积极协调属地社区，使右安门宿舍区利用老旧社区改造的相关政策，促使所属街道办事处投资 450 万元，为宿舍 8 幢楼区重新铺设地面，粉刷楼道和外墙面，对雨水管进行改造，使宿舍区旧貌变新颜。同时，利用邮电局有关政策，解决通邮问题，为每幢楼门设立各户邮箱，得到住户的一致好评。

2009 年，北京市政府为改善老楼居民的生活条件，提高居民生活品质，减少安全隐患，对城八区老楼进行天然气贯通改造。但根据有关规定，职工宿舍楼不属于通气楼范围之内，为早日解决右安门宿舍住户靠扛液化气罐做饭等诸多困难，经京工集团与右安门房管工作人员、天然气公司多次协商，成功完成右安门宿舍通天然气工程，彻底解决常年不通天然气的民生问题。同时，还利用相关政策与社区积极协调，对北京市朝阳区松榆西里 26 号楼外墙及内墙楼道进行粉刷，改善住户的生活环境。

2010 年，因周庄宿舍建成于 80 年代，道路逐渐破损、坑洼情况日益严重，给宿舍住户特别是老年人出行带来了极大的不便。京工集团对此事进行了解后，经领导批示，下拨专项资金为宿舍区重新铺设道路。为保证质量，京工集团领导深入工地现场进行检查，并安排专人进行质量监督，对不符合要求的地方重新返工，严把质量关，确保了道路保质保量的建成完工。

根据《北京市供热采暖管理办法》精神，物业管理中心在集团领导和主管经理的指导下，认真学习《北京市供热采暖管理办法》并结合京工集团自身供暖情况进行分析，向集团领导上报供暖托管方式可行性分析报告。经集团领导批复后，在产权不变的原则下，根据北京市朝阳区供暖办推荐，将锅炉房供暖工作托管于北京北苑家源热力系统科技发展有限公司。

2012年，在京工集团办公区域、院内，雷蒙、伊里兰专卖店，松榆西里宿舍区和北京京工服装集团有限公司辅料分公司厂区安装报警监控系统，并对京工集团本部办公楼进行电路安全检查和消防安全检查，维护消防器材，投资共计3.73万元。组织物业管理中心门卫、值班人员、电工、电梯工及相关人员，学习报警监控系统的操作和使用，并制定相关管理制度。

在汛期来临前，京工集团对北京市京工红旗厂有限公司厂区内各车间、库房等重要部门进行检查，对厂区内地势低洼和所有排水管道、出水口等排水设施进行疏通，添置储备防汛物资，如沙袋、塑料布、铁丝网等物品，做到防患于未然；对北京市纺织服装职业技能培训学校投资1万元，用于整改电源线和对房屋进行修缮；组织北京京工服装集团有限公司辅料分公司职工疏通厂区下水道，对大棚漏雨水点进行防水处理，制定切实有效的防汛措施。

同北京佐田雷蒙服装有限公司成立中日双方防汛领导小组，明确相关人员工作职责，制定防汛工作方案，实行汛期内24小时值班制，时刻保证通讯畅通，做到一旦险情发生，必须及时上报，并迅速处理。并对厂区内下水管道进行疏通清理，对雨篦子周围进行加固，防止发生汛期事故，确保安全。

新发地仓库原栽种泡桐树25棵，均树龄在30年以上、树高在15米左右、树干直径在60厘米以上，枝叶茂盛。在大风暴雨来临时可能会对库房造成损坏，存在严重安全隐患。对此京工集团及时联系园林主管部门，将存在安全隐患的25棵泡桐树全部砍伐，并进行补种。同时，将北京市纺织服装职业技能培训学校内北侧房屋的老旧电线全

新发地仓库倒塌树木　　京工集团办公室　提供

部更换，共投入资金近 4 万元。

为宿舍区住户发放防汛物资

京工集团办公室　提供

京工集团宿舍多为 20 世纪 80 年代建成，由于种种历史原因，致使宿舍区房屋处于低洼地带存在积水隐患，对于每年能否安全度汛是一项的极大考验。对此京工集团加强对宿舍区汛期工作的管理强度，设立专人网格化负责，组建防汛应急队伍，坚持 24 小时气象监控，提前召开防汛安全会议，布置重点任务。进户张贴安全标语，向住户宣传防汛知识，提高防汛意识，并为住户发放堵漏袋，为住户加高台阶，将防汛措施一一落实。但由于“7·21”事件雨水多、雨量大、突然性强等原因，致使周庄宿舍仍然遭受大雨侵袭，集团领导与物业管理中心工作人员

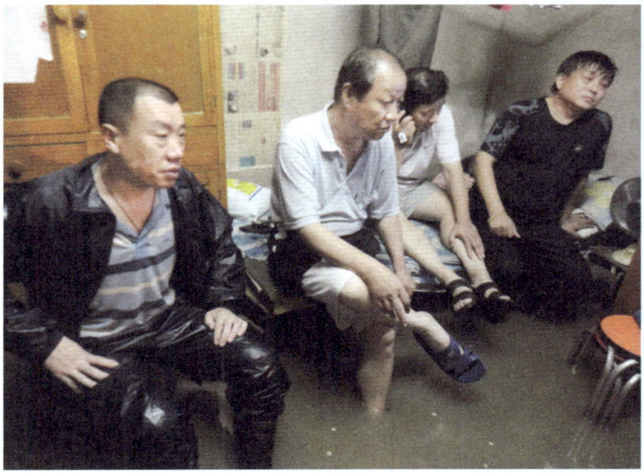

防汛小组为住户解决房屋进水问题

京工集团办公室　提供

防汛小组连夜到周庄宿舍解决积水问题

京工集团办公室　提供

第一时间赶赴现场，同防汛人员一起做好人员疏导工作，尽最大努力解决环境问题、房屋进水及漏水问题。防汛队伍全部人员在3个月的汛期中做到随叫随到，坚持24小时监控值班，认真坚守值班岗位，不怕苦、不怕累，充分发挥团队合作精神。通过不懈努力得到宿舍区住户的理解，使宿舍区平稳度过汛期。全年防汛工作共投入资金约13万元。

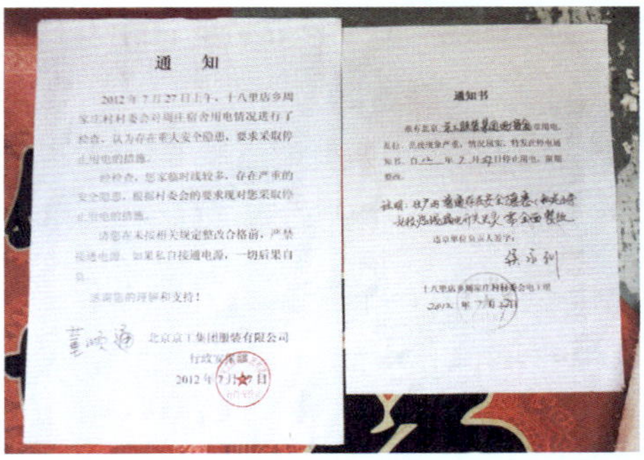

京工集团对宿舍区住户进行现场检查，并张贴整改通知书　　京工集团办公室　提供

2012年“7·21”暴雨过后，京工集团迅速启动各项修复措施，由京工集团领导组织物业管理中心和行政安保部工作人员对宿舍区每户房屋进行细致的安全检查，并对查出的问题进行现场整改。修缮倒塌墙体、安装更换漏电开关、逐户发放沙袋，对墙体渗水进行防护处理，并宣传安全防范知识。

2014年，因集团公司部室调整，经研究决定，对集团本部6层技术开发中心进行装修升级，对设备设施进行改造维护，满足技术开发中心使用需求。同时，对办公楼门头进行改造升级，楼顶层铺装防水。

京工集团修缮宿舍区住户倒塌墙体

京工集团办公室　提供

京工集团安装更换漏电开关

京工集团办公室　提供

2015 年，根据集团公司部室调整后需求，对幸福大街 4 号试制车间进行装修升级，对设备设施进行升级，以满足试制车间生产需求。现为京工集团缝纫车间生产使用。

2016 年，为响应北京市关于“蓝天保卫战”工作要求，京工集团协助新村街道万柳园社区对玉泉营平房宿舍区开展“煤改电”工程，为所有住户居民家中安装自采暖壁设备。彻底解决玉泉营平房宿舍区冬季取暖难的问题，以及对西单热力站进行改造，达到供暖行业最新标准。

2017 年，根据京工集团品牌发展需求，经研究决定，对集团本部 7 楼进行装修改造，建立高级定制中心。在设计中体现时尚与文化的完美结合，为集团公司开展服装高级定制业务提供强有力的支撑，为品牌时尚化发展起到关键的促进作用，为推动高级定制业务落地有力保障。同时，对 5 层会议室装修改造，为京工集团日常业务提供硬件保障。

2018 年，随着京工集团稳步发展，职工人数增加，车辆停放需求也随之增多。经公司经理办公会研究决定，开始规划北京市朝阳区松榆西里 29 号楼院内路面升级改造工程。通过对多家施工单位的资质、报价方案、施工设计方案等方面进行分析审核以及实地考察，最终确定施工单位及施工方案，历时 5 个月完成路面改造工程。同时，对松榆西里 29 号楼院内东西侧外挂楼梯、雨水管线进行改造升级。

2019 年，为保证宿舍区平稳度汛，京工集团对宋家庄管理点、松榆宿舍区、玉泉营平房区、众益平房宿舍区铺装防水。

2020 年，京工集团为坚决做好疫情防控工作，全力以赴确保宿舍区的防控工作，组织加派人员在宿舍区进行值守，排查、识别、登记出入京人员信息，做到实时监测，有效防护。每日对全部宿舍区进行巡检，落实防护措施，严格管控返京人员登记工作，强化宣传，压实责任，保证宿舍区人员的健康与安全。

京工集团响应《北京市生活垃圾管理条例》相关要求，对各宿舍区垃圾收集点进行升级改造，购置分类垃圾桶，并张贴宣传标语，让住户知晓垃圾分类收集处理的目的和意义，形成人人参与的良好氛围。

2021 年，为满足集团公司部室调整需求，对办公楼 4 层西侧社区事业部以及东侧部分房间进行升级改造，以满足日常办公需求。同时对办公楼楼顶层铺装防水。

三、供暖费报销

京工集团坚持每年入户详细统计各宿舍区职工人数及取暖面积后，同负责所属街道热力公司（或物业公司）签订公对公取暖协议。2010 年后根据《北京市供热采暖管理办法》，为保障城乡居民冬季采暖，规范采暖行为，合理利用资源，推动能源减排，促进供热事业可持续发展。自 2010 年 4 月 1 日起改由每年核对符合规定的职工提供相关缴费证明后进行供暖费用报销。

2010—2020 年京工集团供暖报销情况一览表

表 9-1　　单位：人

年 度	集中供暖报销人数	自采暖报销人数	年 度	集中供暖报销人数	自采暖报销人数
2010—2011	551	312	2015—2016	888	619
2011—2012	705	403	2016—2017	879	620
2012—2013	814	454	2017—2018	932	622
2013—2014	841	484	2018—2019	931	615
2014—2015	1044	513	2019—2020	925	597

第二节　安全管理

京工集团全面贯彻“坚持管行业必须管安全，管业务必须管安全，管经营必须管安全”“党政同责，一岗双责，齐抓共管”的重要指示精神，坚持“安全第一、预防为主、综合治理”的安全工作方针。用责任到人、制度明确和考核监督的3种方法，确保安全生产管理工作落到实处。

一、制度建设

结合京工集团实际业态，本着在安全的基础上进行发展，梳理完善各级安全生产管理制度，以“守规矩、有创新、能操作”的理念来进行修订安全生产制度。安全生产制度的建立是作为安全管理的重要依据，实现安全管理、操作行为、设备设施和作业环境的标准化。

京工集团安全生产管理制度一览表

表9-2

序号	制度名称	序号	制度名称
1	《安全质量标准》	9	《事故应急控制及疏散救援预案》
2	《安全生产管理办法》	10	《安全培训教育》
3	《党政同责、一岗双责、齐抓共管、安全生产管理制度》	11	《安全检查》
4	《安全生产责任制度》	12	《消防安全制度》
5	《安全生产隐患排查治理管理制度》	13	《消防安全危险源的监控管理》
6	《安全生产考核奖惩制度》	14	《消防网格化管理制度》
7	《安全生产事故报告处理制度》	15	《京工集团消防网格人员名单》
8	《事故报告及调查处理制度》	16	《火灾应急处理流程图》

续表 9–2

序号	制度名称	序号	制度名称
17	《消防安全应急预案》	33	《信息网络安全管理制度》
18	《特种作业人员安全管理制度》	34	《内部发生治安案件涉嫌刑事犯罪案件的报告制度》
19	《有限空间安全管理制度》	35	《内部治安防范教育培训制度》
20	《有限空间作业安全管理制度》	36	《装修施工管理服务协议》
21	《动火作业管理制度》	37	《装修施工防火安全责任书》
22	《动火安全规定》	38	《施工现场检查程序》
23	《动用明火许可证》	39	《区域治安、消防协议书》
24	《劳动防护用品配发管理制度》	40	《承租安全管理协议书》
25	《电器设备安全管理》	41	《承租消防安全责任书》
26	《季节性安全管理》	42	《保安员管理制度》
27	《财务安全管理制度》	43	《门卫值班人员日常工作准则》
28	《配电室安全管理制度》	44	《京工集团天台管理规定》
29	《电梯安全管理制度》	45	《特殊时期每日消毒制度》
30	《技防设备管理规定》	46	《消毒用品使用注意事项》
31	《监控室管理制度》	47	《重大疫情应对处置措施及预案》
32	《交通安全管理》		

二、宣传教育

每年 6 月、11 月，京工集团以举办“安全生产月”“安康杯”“119”消防日及时尚控股公司组织的有关活动为契机营造和谐互动的安全氛围，坚持“安全第一、预防为主、综合治理”的安全工作方针，提高全体职工主动参与安全的积极性，丰富企业安全文化建设。让职工参与安全工作的积极主动性得到发挥，是能否建立企业主动防范机制的重要基础，也是企业安全文化建设的重要组成部分，同时也是建设和谐企业的必要条件。在每年举办的各项教育活动过程中，京工集团加强领导，积极开展全员性、实效性活动，为经营生产的安全、持续发展提供了基础保障。

通过全员进行安全知识答卷、撰写安全警示语、消防和应急疏散演练等活动，对职工的自主安全意识进行积极引导，向职工宣传安全法治观念、国家安全发展形势和企业积极实施安全质量标准的现实意义，以安全话题互动的方式深刻解释“综合治理”的含

京工集团组织员工开展2018年“安全生产”知识竞赛　　京工集团办公室　提供

义，使职工进一步理解在安全主体责任的责任内容和明确为建立主动防范型企业机制要做出的努力方向，激发职工主动参与安全的积极性，使职工从被管理和服从向更多融会和谐互动的安全工作格局转化，使安全成为企业和职工共同追求的目标。同时也促进企业积极开展“以人为本”为安全工作核心内容，安全管理工作得到进一步创新，丰富企业安全文化建设。

京工集团组织参观朝阳区公共安全馆
京工集团办公室　提供

京工集团每年积极联系相关单位，以参观演练和讲师讲解的形式组织员工进行安全知识学习，全面提升员工面对突发情况的应对能力。邀请防火中心老师讲解相关消防安全知识，组织全员参加安全知识考试，试题采取不同岗位不同答卷；组织参观中国消防博物馆，现场体验火灾情景并组织开展火灾现场逃生演练；参观 120 急救科技馆，了解急救知识，掌握急救技能，增强员工的急救自救能力；参观朝阳区安全馆，通过场景模拟、互动体验、新媒体技术和活动训练的方式将公共消防安全、食品安全、生产安全、交通安全、人民防空、治安反恐、急救训练、自然灾害 8 大安全主题进行全面了解，提升员工安全防范意识。

每年 6 月、9 月，京工集团组织新入职员工安全培训工作，针对性安排 2 课时入职安全培训、1 课时急救知识培训、3 课时消防安全培训（消防知识讲座、消防影片观看、消防设施器材操作）。通过各项宣传教育普及，达到遇事不慌、积极应对、自我保护的目的，提高抗击突发事件的应变能力。

京工集团组织对员工进行急救培训
京工集团办公室　提供

京工集团组织对员工进行消防培训
京工集团党委宣传部（新闻中心）　提供

每年年初，集团主要领导均在集团工作会上明确要求各子分公司、所属单位必须要做到经营、安全同步开展，进一步明确责任、落实制度，做到压力层层传导。完善各项突发事件的应急预案，对于各种安全隐患必须做到早发现、早报告、早消除，克服麻痹大意的种种想法与做法。分管物业安全的副总经理专门做《安全生产第一课》，针对每年安全保障工作中的重点进行讲解，同时专门下达安保工作的专项指标。

同子分公司、所属单位及外租单位签订《安全生产责任书》《安全协议书》，使各单位的主体责任更加清晰明确。针对工作实际不断发生的变化，京工集团要求所属企业及时调整安全工作的重点要点，聘请有关专家对主管安全管理领导，专兼职安全管理人员和本部各部室负责人进行安全知识、消防知识、ISO 职业健康认证等内容培训。通过各项培训，为子分公司、所属单位的安全工作培养了骨干力量，为广大干部职工提高安全意识、掌握安全知识打下了坚实基础。

同各单位负责人签订《安全目标责任书》，将道路交通安全工作列为重要议事日程，做到早计划、早安排、早落实。明确规定各单位的甲方责任道路交通事故指标。同时要求各个单位层层签订安全责任书，确保全年目标的完成。召开专题会，同每名驾驶员签订《交通安全责任书》，提出安全文明行车要求，对违章的处罚做到量化和细化，为做好全年安全工作打下良好基础。定期组织学习《道路交通安全法》《驾驶员文明行车守则》，张贴标语图片，悬挂标语等，让驾驶员时刻绷紧安全弦，明确自身交通安全责任，使道路交通安全意识深入人心。

在每年夏季汛期及冬季供暖期前，京工集团在各宿舍区开展安全知识宣传，分发安全告知书，悬挂宣传标语。张贴“防盗告知书”“告知警示语”。根据夏季易电器火灾高发、冬季易煤气中毒的特点，提前向宿舍居民发放《汛期用电安全须知》《冬季防火、防煤气中毒通知》，编制印发“安全教育手册”，同时与每位住户签订《防火、防盗、防触电、防煤气中毒安全责任书》。

在春节、国庆等重大时间节点组织各宿舍区管理点、承租单位负责人，召开专题安全会议。对各处的情况进行认真检查，加大值守力量，及时发现隐患，解决隐患，使全员从思想上加强重视。如在国庆等重大时间节点期间组织各管理点由相关负责人进行值班，确保重大活动期间的安全稳定工作。

三、安全检查

每年春节、国庆等重大时间节点前，企业结合自身业态发展情况，制定切合实际的安全生产检查方案，不断加大安全检查力度，明确安全检查的重点。召开多次安全生产检查专题会议，由集团领导分别带队进行安全生产检查以及相关负责部门进行日常检查和专项检查，检查各处安全隐患，力争做到全覆盖、不留死角。通过经常性的安全检查，发现存在供电线路老化、安全通道堆积杂物、宣传教育不到位、存在安全死角等情况（集中于宿舍区线路老化、人员复杂密集不便于管理、防火等级不达标、低洼地区易积水等相关历史遗留问题）。及时提出整改方案并要求限期整改做好“回头看”工作，对于不能解决的问题及时向上级领导汇报并做好图文影像记录，做到隐患“零容忍”，确保安全生产工作“抓得准，抓得紧、抓得狠”。

四、安全投入

京工集团每年投入专项资金对安全设备设施进行维护与保养，同时进行安全生产的宣传、教育以及培训支出。做到专款专用，不挪用、不挤占，满足安全生产要求。

2004—2020 年京工集团安全投入一览表

表 9-3

年份	金额（万元）	年份	金额（万元）
2004	8	2013	15
2005	27	2014	10.3
2006	17	2015	3
2007	20	2016	48
2008	21	2017	64
2009	19	2018	50
2010	11.5	2019	50
2011	8	2020	84.4
2012	19		

第三节　重大事项后勤服务

公司认真贯彻落实北京市委、市政府以及北京时尚控股公司在重大事件下所部署的相关工作，以高标准、严要求的态度保证相关任务的圆满完成。

一、1990 年亚运会

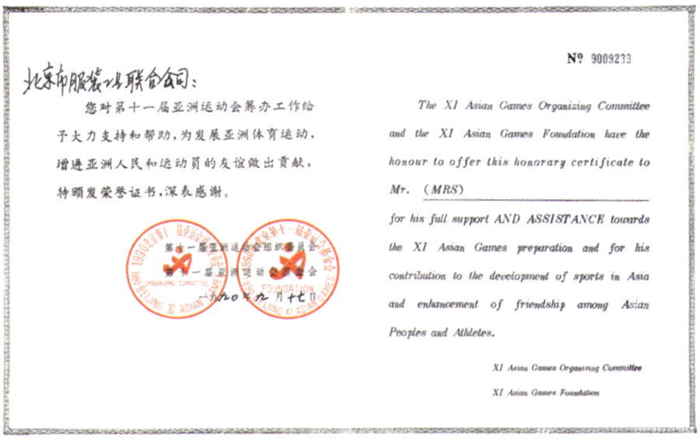

联合公司获十一届亚洲运动会组织委员会荣誉证书

京工集团办公室　提供

1990 年，联合公司下属北京市红旗室内装饰品工业公司接到为第十一届亚洲运动会制作所需旗帜任务，全厂职工保质保量完成生产任务，对第十一届亚洲运动会筹办工作给予大力支持和帮助，获得第十一届亚洲运动会组织委员会颁发荣誉证书。

二、1998 年抗洪救灾

1998 年，长江流域及嫩江、松花江流域发生特大洪水，集团公司积极发动职工参加捐款捐物活动，共捐赠价值 426 万元灾区应急衣物，缴纳特别党费 4.68 万元。

8 月 6 日，集团公司参加北京市政府和总工会组织的为灾区人民筹集棉衣、棉被活动。集团公司领导统一指挥全公司职工干部投入生产不分昼夜，不计报酬，仅用时 7 天，保质保量完成上级交付生产任务，其中，棉衣 52325 件、价值 296 万元，棉被 4 万条、价值 560 万元。

三、1999 年国庆

集团公司所属北京市京工服装工业集团公司红旗厂接到国庆游行方队旗帜及社会各单位用旗生产任务后，全厂集中力量投入生产，加班加点突击赶制，在全厂职工干部共同努力下，保质保量完成 200 多万元的生产任务。同时，集团公司技术开发部设计小学生游行方队服装款式被指挥部采纳，所属北京市京工服装工业集团公司服装一厂接到校服生产任务。

四、2003 年抗击“非典”

2003 年春天，经过调整改制后的京工集团广大干部职工，在集团公司党委的统一领导下，以强烈的大局意识、责任意识、使命意识沉着应对，形成巨大的凝聚力和战斗力，在危难中经受住了考验，成功地将“非典”疫情阻断在外。

4 月 18 日，京工集团召开各部室负责人紧急会议。传达中共中央及北京市委、市政府对抗“非典”的具体指示和纺织控股公司紧急会议精神，并要求树立“防非典重于泰山”的观念。第一时间成立以党委书记、总经理为第一责任人的预防和控制“非典”领导小组和有关部室组成的工作小组，落实人财物等各项保证措施，制定具体工作方案。

防控“非典”工作小组成立后迅速投入工作，建立畅通高效的指挥、信息、办事和应急系统，有力地保证了各项工作的顺利进行。当晚，通过对全行业“非典”情况进行的全面了解和分析，根据京工集团党政的统一部署，把保证职工不受“非典”病毒伤害和保证企业平安度过疫期作为工作的出发点，把切断“非典”病毒的传播途径和应对突发事件作为工作的着手点，按照“四早”的要求，制定全方位预防和控制“非典”的方案。同时，包括信息报告制度、出现疫情的紧急措施、消毒防护用品的紧急采购，全部落实到位。做到预案、人员、设备、药品“四落实”。

4 月 22 日，接到北京市委、市政府和纺织控股公司下达任务要求，在抗击“非典”期间完成 20 万件（套）一次性防护服生产任务。为确保任务的完成，全体员工加班加点，保质保量完成任务。

7 月 28—29 日，参加北京市工业抗击“非典”新产品展示会。共参展产品有一次性防护隔离服 2 种、永久性“非典”防护服 2 种、高压带电作业防护服及洁净服、防电磁波辐射大褂、衬衣、马甲。《中国纺织报》于 2003 年 8 月 5 日对此进行报道。

京工集团防控“非典”工作小组在抗“非典”期间，共召开有关会议 10 余次，下发紧急通知 11 份，使各项防“非典”措施切实落实到位，工作细致高效，对集团防控“非典”工作起到了指导监督作用。全体人员按照“团结向上，一岗多能，跑步上岗，发挥表率作用”的要求，以抗“非典”工作为契机，进一步提高整体素质和工作能力。始终坚守工作岗位，积极想办法，上下协调，在保证信息畅通、督促措施落实的同时完成各项基础工作，发挥了协调、服务、监督、指导职能。

五、2008 年北京奥运会

奥运会献血工作。根据《北京市朝阳区奥运应急无偿献血志愿者队伍建设工作方案》的要求，为确保奥运之年首都医疗急救用血的万无一失，确保奥运应急和突发事件血液供给，结合京工集团实际，制定《北京京工服装集团有限公司奥运应急无偿献血志愿者队伍建设工作方案》。方案共分为四个阶段：宣传动员阶段、预约登记阶段、队伍启动阶段、总结表彰阶段。京工集团共 25 名职工进行献血登记。并根据《北京市朝阳区奥运应急无偿献血与临床用血工作方案》的要求，制定《北京京工服装集团有限公司奥运应急无偿献血工作方案》，京工集团被北京市朝阳区献血办公室评为“2008 年度朝阳区自愿无偿献血工作先进单位”，其中许青林被评为“先进个人”。

奥运驾驶员志愿者。京工集团制定《关于转发〈关于北京奥运会驾驶员志愿者招募的通知〉的通知》，成立驾驶员志愿者定向招募工作组。共分配集团及下属子分公司 8 家，12 个名额，最终 4 名职工成为驾驶员志愿者，分别为康英林、杨畅、张国、李双均，其中康英林被评为北京奥运会、残奥会驾驶员志愿者先进个人。

北京奥组委旗帜定点采购项目。2007 年 3 月 9 日，北京市政府采购中心确定京工集团所属分公司北京京工红旗厂有限公司为北京奥组委旗帜定点采购项目成交商。

京工红旗厂有限公司为落实奥组委关于对奥运场馆旗帜生产的部署要求，确保举办一届有特色、高水平奥运会，确保“平安奥运”目标的实现，成立成交商项目领导小组，并制订安全保密方案和保障措施。

为确保奥运会场馆旗帜生产各项工作的顺利完成，北京市京工红旗厂有限公司“成交商项目领导小组”针对项目生产环节、印染、固色、缝纫、包装等工序实行严格的质量监督责任体系运行责任制，由车间主任为各道工序第一责任人，负责把好责任区的生产关、质量关和数量关。

围绕“平安奥运重于泰山，平安奥运人人有责”，确保“平安奥运”目标的实现，京工集团高度重视产品生产安全工作，多次强调北京市京工红旗厂有限公司的产品安全、生产安全、产品出入库安全等环节的工作，项目小组进一步明确责任，不断完善制度，对全公司进行每日安全生产、产品质量、日产数量和服务保障检查工作，对发现的问题和各环节的问题及时进行解决和协调，遇有特殊困难及时上报集团公司帮助解决。在各项工作中，落实好责任追究工作，对不积极履职和不正确履职的行为，要追究相关人员的责任。为北京市京工红旗厂有限公司全体干部职工圆满完成奥运会旗帜生产任务做出了积极的保障。

奥运安全工作，为积极落实京工集团党委奥运安全工作会议的各项精神，集团公司与各管理点负责人共签订迎奥运保安全协议书21份，与各承租单位签订各类安全协议10份，并以小组形式召开专题会议，传达和落实京工集团党委关于奥运安全工作会议精神，制定全面安全紧急预案，加大安全工作管理力度。认真执行对承租单位的安全管理制度，加强安全检查力度，做到勤检查、勤宣传、勤监督，严格履行合同各项规定及条款，认真落实《企业对外合作项目谈判登记制度》要求并及时备案，做到对承租单位情况清楚，确保奥运期间、防汛期间安全和稳定工作的顺利完成。

六、2009年国庆60周年

在全国各族人民喜迎中华人民共和国成立60周年的日子里，京工集团所属子公司北京市京工雷蒙服装服饰有限公司于8月初接到制作教育发展方阵、科技发展方阵、能源发展方阵、同一个世界方阵4组国庆60周年游行队伍服装生产任务。京工集团高度重视、精心部署，面对生产任务时间紧、任务重的特点，召开专题会议，制定详细的生产、储运、安全预案。各部门和生产分厂之间积极配合，合理分配采购、量体、生产时间，并落实专人负责，做到责任到位，管理到位。集团领导多次下厂协调、督导、慰问职工，全体干部职工加班加点工作。截至8月27日，在全体员工的共同努力下，京工集团做到保质保量完成生产任务，并提前交付。为后期的国庆演练、调整赢得宝贵的时间。

京工集团制作“教育发展方阵”服装　　新华社　提供

京工集团制作“科技发展方阵”服装　　新华社　提供

京工集团制作“能源发展方阵”服装　　新华社　提供

京工集团领导深入一线　　京工集团办公室　提供

京工集团组织运送国庆 60 周年游行服装　　　　京工集团办公室　提供

京工集团所属子公司北京市京工红旗厂有限公司作为北京市唯一一家国旗定点生产厂家，在接到国庆 60 周年国旗、花环和花束的生产任务后，明确目标任务，制定生产计划，并迅速组织生产。同时召开动员大会，向职工强调任务的重要性和紧迫性，让职工认识到责任的重大。成立保国庆制旗效能监察立项小组，为保质保量完成任务提供坚强的保障。面对时间紧、质量高的生产任务，北京市京工红旗厂有限公司职工在 30℃多的高温酷暑下，加班加点工作，干劲十足，职工们为能够制作国庆 60 周年游行方阵巨幅国旗而感到自豪。

为达到巨幅国旗在国庆游行庆典时的最佳效果，京工集团根据 2008 年北京奥运会制旗的经验，向游行训练方阵提出许多建设性意见，并为方阵提前作出训练旗。训练旗送达方阵后，集团领导和技术人员多次深入训练场地，听取训练人员的反馈意见，为达到最佳效果，调整部分细节，高质量地完成巨幅国旗的生产制作任务。

为保证生产任务的顺利进行，保证职工的身心健康，京工集团后勤干部深入一线，挤出时间帮助各车间、各工序做好辅助工作，人员调整不开时，就代替一线员工，坚守岗位。此外，还精心为一线职工做好生活服务保障工作，提供消暑纳凉绿豆汤，对职工宿舍进行定期定时消毒，使职工们享受舒适、健康的休息环境。

京工集团为落实“平安国庆”的目标，组织各管理点负责人召开专题会议。对各宿舍区、承租单位进行安全检查，加大值守力量，及时发现隐患，解决隐患。例如，在街道有关部门协助下组织人员清除杂物和易燃物，共清除松榆宿舍车棚杂物和易燃物6吨；国庆期间组织各管理点由负责人进行值班，参加值班人员达50人次，确保国庆60周年期间的安全和稳定工作。

七、2019年国庆70周年庆典

在国庆70周年庆典活动中，京工集团按照北京时尚控股有限责任公司的统一安排，积极配合，共抽调6名相关人员参与到各项工作中。其中李嘉盛、刘梦雅、王希负责国庆群众游行部分方阵服装的物流配送保障工作，将群众游行服装按时按量送至相关方阵；张天阳借调至北京时尚控股有限责任公司国庆活动工作小组，负责与群众游行服装设计方及服装生产企业沟通协调，进行样衣交接、核对、整理，生产进度跟踪，保密材料交换，文件档案管理等工作；冯超、任毅参与国庆群众游行方阵。在时间紧、任务重、难度大、要求高的情况下，圆满完成了国庆群众方阵服装制作、物流配送及群众游行方阵参演任务，展示出京工集团员工良好的精神面貌，受到北京市委、市政府以及北京时尚控股有限责任公司的充分肯定。

八、新型冠状病毒肺炎疫情防控

自新型冠状病毒肺炎疫情发生以来，京工集团党委高度重视疫情防控工作，严格贯彻落实党中央、国务院及市委、市政府、市国资委、北京时尚控股公司关于新型冠状病毒感染的肺炎预防控制有关工作部署，全面做好企业疫情防控工作。

1月26日，京工集团党委紧急召开党委会，会上传达时尚控股公司《关于成立新型冠状病毒感染肺炎疫情防控工作领导小组的通知》和《关于全力抓好新型冠状病毒感染肺炎疫情预防控制工作的通知》精神，并将文件精神通过微信传达至每名班子成员。会议决定成立以党政主要领导为组长的北京京工服装集团有限公司新型冠状病毒感染肺炎防控工作领导小组，下设办公室具体落实疫情防控工作。

制定下发《北京京工服装集团有限公司关于全力抓好新型冠状病毒感染肺炎疫情预防工作的通知》，对防控工作再次进行部署安排。通知首先要求集团全体干部职工要提高政治站位，坚决贯彻落实上级指示精神，按照集团整体工作部署，切实做好新型冠状病毒感染肺炎疫情防控工作，并做到不传谣、不信谣，确保意识形态领域安全，并具体做到加强人员密集场所的疫情防控工作，要求各三级企业（单位）、职能部室、事业部要加强对商场专柜、租户、园区、职业技能培训学校等公共场所或人员密集场所的疫情防控工作；配备必要的防护物品措施，指定由集团公司相关负责人落实采购84消毒液、

75% 医用酒精、口罩、红外测温枪等防控物资工作；做好宣传，加强值守，要求各三级企业（单位）、职能部室、事业部要做好职工疫情防控宣传教育和健康提示，减少不必要的外出活动，有效切断病毒传播途径。切实做好离京人员情况的统计工作，联合集团公司工会主动联系，明确湖北地区返京人员暂缓返京；其他地区返京人员如有感冒发烧症状，需治愈后再返京，无感冒发烧等症状的，需自行隔离观察 14 天无异常后，再返回工作岗位；加强信息报送，确保信息渠道畅通，各企业（单位）、职能部室、事业部要进一步严格落实节日期间安全稳定及疫情防控工作，及时报告出京人员返京情况。发现疫情，第一时间报告京工集团疫情防控工作领导小组办公室，并做好隔离工作，不得瞒报、缓报、谎报。

会议决定以发信的形式，要求京工集团各租户按照党中央、国务院及北京市委、市政府和上级关于新型冠状病毒感染肺炎预防控制工作部署，做好宣传、消毒、防护、监控工作，并将安排部署情况报京工集团备案。并确定在集团公司一层设立隔离室，开工后除对工作区域经常进行消毒外，还安排专人对返岗职工进行体温检测，发现发烧人员及时隔离并上报后及时送医。

从 1 月 26 日起，京工集团主要领导及班子成员每天在岗执勤，同时指导疫情防控工作。京工集团纪委按照时尚控股公司的相关要求，每日上报京工集团疫情防控情况，做好监督工作。

1 月 29 日晚，京工集团通过微信群召开疫情防控领导小组扩大会议，进一步研判当前疫情防控形势，讨论京工集团未来疫情防控的具体措施。

1 月 31 日上午，京工集团党委就疫情期间的工作安排再次召开疫情防控工作领导小组会议。会上首先传达北京时尚控股公司下发的《北京时尚控股公司关于组建北京时尚控股有限责任公司应对新型冠状病毒感染的肺炎疫情预防控制工作领导小组及工作专班的方案》相关精神与工作要求，制定《北京京工服装集团有限公司关于组建北京京工服装集团有限公司应对新型冠状病毒感染的肺炎疫情预防控制工作领导小组及工作专班的方案》，方案要求京工集团各级领导干部、全体职工要充分认识疫情防控形式的复杂性、严峻性，全体人员要切实履行责任，全力以赴做好防控工作。通过明确领导小组成员与工作专班成员的职责，按照集团公司统一部署，确保疫情防控期间工作稳定有序，做到守土有责、守土担责、守土尽责。

会议还研究未来的工作方案，提出相关要求，制定特殊时期人员进出的制度，并下发《关于做好京工集团开班工作的通知》。通知中要求2月3日疫情防控工作领导小组及集团公司中层干部全部到岗，2月3—7日，各部门结合工作实际情况安排值守人员，保证京工集团疫情防控工作与日常工作有序开展；结合子公司单位经营实际情况，可适当采取弹性工作方式做好值守工作；社区事业部在条件允许的情况下，根据实际情况，在做好消毒保障、保护职工身体健康的前提下，采取缩短经营的方式，恢复“京工1961”世纪城、草桥、四惠、松榆里4家社区店的经营。会议最后，京工集团党委要求全体干部职工要增强大局意识和底线思维，听从京工集团统一安排，严格落实相关文件要求，全力以赴做好疫情防控工作。

1月31日下午，京工集团党委书记、董事长李耀东与党委副书记、总经理朱华诚分别前往西单商场与久隆百货，探望仍然坚守在一线岗位上的“雷蒙”“伊里兰”专柜的销售职工。

2月1日上午，京工集团党委书记、董事长李耀东带队到黄土岗、众益、松榆、右安门宿舍区4个宿舍区，对防疫防控工作情况进行检查，对居民进行防控安全提示与慰问，并在宿舍区共张贴20余份防疫安全信，信中对居民防疫工作提出具体要求。在探访慰问住户的同时，提示住户居民出门戴口罩、勤洗手等相关防护措施，鼓励大家积极响应街道社区做好异地人员返京报到工作。针对租户较多的社区，物业安保中心派专人以电话形式对业主逐一进行安全防护提示，要求对租户信息进行核实与上报，对前往重点疫区的人员，物业安保中心逐个通知暂缓回京，每天联系询问身体状况，同时组织加派人员在宿舍区进行值守，排查、识别、登记出入京人员信息，做到实时监测，有效防护。2月2日起，物业安保中心每日对全部宿舍区进行巡检，落实防护措施，严格管控返京人员登记工作，强化宣传，压实责任，保证宿舍区人员的健康与安全。同时在巡检过程中发现宿舍区管理上不足，将在后续工作中进行整改。

宿舍区的管理是京工集团防疫防控工作的重要一环，做好宿舍区的防控工作，把控人员的流动对于控制疫情的发展将起到重要作用，京工集团党委提出明确要求，要全力以赴确保宿舍区的防控工作不出问题。

京工集团纪委按照控股公司纪委相关工作要求，每天上报《新型冠状病毒感染肺炎疫情防控专项监督工作情况表》，同时上报专职纪检人员身体状况，严格执行《中共北京市纪委北京市监委关于严明纪律确保新型冠状病毒感染的肺炎疫情防控工作顺利进行的紧急通知》的相关工作精神，协助京工集团党委做好疫情防控工作，把握好监督重点，抓好监督落实工作。

2月2日上午，京工集团党委副书记、总经理朱华诚到“雷蒙”“伊里兰”8个商场专柜，对疫情防控期间坚守在一线的导购工作人员进行慰问及防控物资用品的发放工作。对他们在疫情期间的坚守与辛勤的付出给予充分肯定，同时要求导购人员要持续加强防控工作，带好防护用具，按照相关工作规定，定时报告工作情况与身体情况，全力以赴做好疫情防控工作。

2月3日上午，京工集团新型冠状病毒感染肺炎疫情防控工作领导小组召开第二次工作会议。会议传达《京工集团关于落实国资委第二次电视电话会议、时尚控股公司相关文件精神的通知》《北京时尚控股公司党委关于贯彻落实〈中共北京市委关于加强党的领导、为打赢疫情防控阻击战提供坚强政治保证的通知〉的通知》的相关精神，按照控股公司相关工作要求，制定《关于贯彻落实〈中共北京时尚控股有限责任公司党委关于加强党的领导、为打赢疫情防控阻击战提供坚强政治保证的通知〉的通知》，并以红头文件形式下发。会上，京工集团党委书记、董事长李耀东对疫情防控工作进行提示和补充。一是防护物资由疫情防控工作专班统一负责安排，做好分发、接收和登记工作，防护物资发放要向一线倾斜；二是物业安保中心要对宿舍区进行每日巡查，严格管控返京人员登记工作，特别是平房区人员的信息资料要全面掌握，保证宿舍区人员的健康与安全；三是各部门、各子公司要紧盯外地返京人员情况，督促做好登记工作并上报每日健康状况，疫情防控工作专班要全面掌握返京人员全部情况；四是京工雷蒙公司、京工伊里兰公司要安排好2月10日前的工作，并对商场专卖店加强巡查；五是已开业的4家社区店要做好每日消毒、测温等防控工作，确保人员的健康和安全。同时做好其他社区店开业的准备工作和防控工作；六是各子公司领导做好疫情防控工作的同时，要深入研究谋划经济工作，千方百计保证一季度开门红；七是各部门、各子公司要根据实际工作需要，弹性安排工作，灵活掌握，可采取居家办公和岗位办公相结合的方式，避免聚集；八是各党支部要加强对党员的教育引导，要求所有党员要提高政治站位，发扬无私奉献精神，全力投入疫情防治、防控工作。

京工集团配合时尚控股公司工会相关工作安排，组织10名员工每日往返位于北京市通州区张家湾的铜牛工厂，协助铜牛集团完成北京市委、市政府下达的口罩制作任务。后期集团公司安排专车将原材料拉回集团，分散至各部室，制作完成后再将其运回，每周生产口罩上千支。

新发地疫情发生后，由于京工时尚创新园位于丰台区潘家庙56号，离新发地市场较近。6月13日早，京工集团党委书记、董事长李耀东，副总经理、工会主席顾巍到园区召集园区相关负责人对园区进行疫情防控部署，提出3点具体要求，一是园区立即开展全面排查，凡5月30日后去过新发地市场的人员严禁进入园区，并要求其向所居住社区进行报告，并进行核酸检测；二是要求园区严格执行封闭管理，坚持每日园区消杀两次；三是对园区全体入驻企业集中进行核酸检测。6月15日下午经园区联系，疾控中心组织检测人员到园区，对园区181人进行核酸检测。

2020年全年京工集团疫情防控物资投入约20万元。

第十章　改革调整

为了贯彻落实党中央提出“用三年左右时间，通过改革、改组、改造和加强管理，使大多数国有大中型亏损企业摆脱困境，力争到本世纪末使大多数国有大中型骨干企业初步建立起现代企业制度”的企业改革目标，根据北京市政府和上级主管单位的要求，公司领导班子对改制工作高度重视，对公司的整体发展和改革调整的方法步骤进行了反复认真的研究和部署，做到有计划、有部署、有检查，使包括所属企事业单位在内的各级领导充分认识到改制是企业生存和发展的必由之路。1999 年公司被北京市列入 190 户重点改制企业，为此，公司成立了由主管经理负责的改制领导小组，各企业也相继成立了改制领导班子，有重点地推进企业改制调整工作。由于各级领导的正确认识和重视，企业的改制调整迈出了稳健的步伐。通过对公司改制调整总体目标及所属企业实际发展情况的分析，分别采取合并改制、调整重组、股权退出、停产整顿、兼并、解散等措施，有计划、分步骤地完成了公司所属企业的改革调整及所属单位与重点部门的资产重组，并取得实效。

第一节　企业改制调整

随着市场竞争加剧，集团公司所属企业在适应市场经济发展方面逐步暴露出各种各样的问题，一些企业因经营不善、产品积压，导致企业从辉煌走向没落，有的已资不抵债，濒临破产的边缘，急需改制重组，整合资源，加快建立现代化企业制度。为此，集团公司成立由主管经理负责的改制领导小组，各企业也相继成立改制领导班子，有重点地推进企业改制工作。在上级主管单位的正确领导及帮助下，先后完成北京市服装四厂（简称服装四厂）、北京市服装八厂（简称服装八厂）及北京华丽衬衫厂（简称华丽衬衫厂）改制合并成立集团公司雷蒙西服分公司；北京衬衫厂改制；北京市童装三厂停产整顿及兼并；北京天通印刷有限公司股权转让；北京长城风雨衣公司改制；北京雷蒙服装有限公司成立及调整；京工世纪变更为北京市京工雷蒙服装服饰有限公司；枫叶公司调整重组；佐田雷蒙公司股权退出；红旗室内装饰品公司改制及股权退出；北京伊里兰羽绒制品厂改制与并购；北京高久雷蒙时装有限公司解散等工作。

一、华丽衬衫厂等三厂改制为雷蒙西服分公司

华丽衬衫厂因产品无销路，到 1993 年第一季度企业已资不抵债，职工思想波动较大。华丽衬衫厂的领导找到集团公司领导，要求加入集团公司核心层，集团公司经过反复研究，认为华丽衬衫厂虽然问题严重资不抵债，但也有一定优势，比如该厂厂房地处三环路内，交通便利，而且厂房较为宽裕，可以发挥其优势把企业救活。集团公司向北京纺织工业总公司打报告，经市调办批准同意华丽衬衫厂停产整顿并加入集团公司核心层。根据北京市经委《关于北京华丽衬衫厂停产整顿的批复》，华丽衬衫厂进入自 1993 年 5 月至 1994 年 2 月为期 10 个月的停产整顿期。服装四厂由于产品积压，企业明亏、潜亏严重，资不抵债，到了濒临倒闭的边缘；综合考虑上述情况，集团公司研究决定将服装四厂和服装八厂合资后留下的母体部分及华丽衬衫厂合并，对外撤销这 3 个厂的厂

名，改制成立北京雷蒙西服公司。

1993 年 12 月，集团公司接到北京市纺织总公司《关于北京服装四厂、北京服装八厂、北京华丽衬衫厂合并成立北京雷蒙西服公司的批复》，同意撤销服装四厂、服装八厂、华丽衬衫厂的单位建制，成立北京雷蒙西服公司。1994 年 1 月开始筹备成立北京雷蒙西服公司，但 4 月在工商局办理登记注册时，因为工商局名称核查，企业名称实际登记为集团公司雷蒙西服分公司（但集团公司内部仍习惯称为“雷蒙西服公司”）。8 月 5 日集团公司发文给服装四厂、服装八厂、华丽衬衫厂《关于撤销北京市服装四厂、北京市服装八厂、北京华丽衬衫厂建制和厂名合并成立北京雷蒙西服公司的决定》，并进行部署，提出要求，即撤并后，3 个厂的财务进行并账，然后再与集团公司并账，原服装四厂、服装八厂、华丽衬衫厂的债权、债务全部由集团公司承担。

集团公司雷蒙西服分公司，注册资本为 1923.3 万元，注册地址为北京市丰台区南三环中路 73 号（原华丽衬衫厂院内），经济性质为全民所有制与集体所有制联营；经营范围为服装制造、加工，百货销售。原服装四厂、服装八厂、华丽衬衫厂改制合并后实现 3 个厂的优势互补，成为集团公司新的实体，产品结构进一步得到调整，使原来 3 个单品种厂成为能够生产西服、大衣、西裤、夹克衫及重衣料、轻衣料时装的综合性工厂。

1994 年，集团公司雷蒙西服分公司给北京佐田雷蒙服装有限公司加工出口西裤，按照“佐田雷蒙”的工艺流程改造了一条西裤流水线，产品质量迅速提高，出口到日本的产品得到了日本佐田株式会社的好评。另外还为日本三越株式会社加工高档学生服，产品质量也受到了日本三越株式会社的好评。通过改制合并企业技术力量加强，工艺流程改善，经济效益大幅度提高。通过 1993 年和 1994 年两年的努力，在背着明亏挂账包袱和近千人的离退休人员的情况下，企业打了翻身仗，1994 年底实现扭亏为盈，使这个由 3 个老企业组成的新企业初步显示出勃勃生机，企业改制取得良好效果。

二、北京衬衫厂改制

北京衬衫厂是集团公司直属的骨干企业，也是被北京市列入 190 户重点改制的企业之一，企业领导高度重视，带领全厂广大干部职工认真贯彻上级指示精神，认清形势，振奋精神，积极探索改革调整的途径，通过招商引资，加快工厂从生产型向经营型转变。1994 年，北京衬衫厂开始与日本福莱克斯株式会社、日本伊藤忠商事株式会社就合作经营事宜进行接触，并于 1994 年底达成初步意向。1995 年 11 月，经报请北京市纺织总公司批准，即《关于“北京福莱克斯时装有限公司”合同、章程及董事会组成的批复》，北京衬衫厂（甲方）与日本国福莱克斯株式会社（乙方）和日本伊藤忠商事株式会社（丙方）就合作经营“北京福莱克斯时装有限公司”所签合同、章程生效，新组建的“北京福莱克斯时装有限公司”投资总额 114 万美元。注册资金 80 万美元。其中，甲方以厂房、设备作价 32 万美元投入，占注册资金的 40%；乙方以 36 万美元现汇投入，占注册资金的 45%；丙方以 12 万美元现汇投入，占注册资金的 15%。经营范围及生产规模为年设计、生产、销售以礼服衬衫为主的各类服装及服饰 60 万件。产品 70% 出口外销；外汇平衡由合作企业自行解决；合营期限为 25 年。

1999 年 1 月，为了贯彻落实中共十五大有关建立现代企业制度、搞活国有大中型骨干企业的精神，北京衬衫厂经与鲁泰纺织股份有限公司友好协商，双方达成协议，同意在北京共同投资组建“北京鲁泰衬衫有限公司”，推进企业改制，并报请北京纺织控股（集团）有限责任公司批准，即《关于组建“北京鲁泰衬衫有限公司”的请示》，2 月，经北京纺织控股（集团）有限责任公司《关于北京衬衫厂改制方案的批复》批准，集团公司所属北京衬衫厂与鲁泰纺织股份有限公司共同投资设立“北京鲁泰衬衫有限公司”，投资总额为 800 万元，注册资本 560 万元，其中北京衬衫厂（甲方）以现有设备出资 224 万元，占注册资本的 40%；鲁泰纺织股份有限公司（乙方）以货币出资 336 万元，占注册资本的 60%。注册地址在北京市朝阳区东直门外左家庄 1 号（北京衬衫厂院内）。鲁泰纺织股份有限公司位于山东省淄博市淄川区，是当时国内为数不多的具有纺纱、漂染、织布、整理、制衣综合垂直生产能力的企业集团，是 1993 年经对外经济贸易部批准成立的一家中外合资股份制企业，是 B 股上市公司。合资的目的主要是利用其面料生产的优势，形成一条龙深加工与销售，使服装这一最终产品从初加工就占领了一定的市场份额，在此基础上，合资公司还可以借助出资双方各自的销售渠道和名牌优势，在国内外市场上争得一席之地。新组建的北京鲁泰衬衫有限公司经营范围为：设计、生产、销售以衬衫为主的中高档服装、服饰。占地面积 2000 平方米，年产量 80 万件（套），产品销售以出口为主，逐步扩大内销比例和范围。合作年限为 10 年。

经过紧张筹备，1999 年 7 月 1 日“北京鲁泰衬衫有限公司”正式成立，实现了引进社会法人投资，形成投资主体多元化。北京衬衫厂利用现有厂房、设备、人员招商引资，取得了投资少、时间短、见效快的效果。通过对国有企业的改制，利用国有企业有效资产组建新企业的发展模式，使得国有企业体制改革迈出了关键的步伐，得到了北京市政府的肯定。加上之前与香港客商共同创建的"北京坦博时装有限公司"、与日商共同组建的"北京福莱克斯时装有限公司"两个合资企业，以及联营企业，北京衬衫厂已完成北京市委、市政府下达的全厂改制任务。改制给北京衬衫厂带来了生机，通过强强联合、优势互补和引进的各种新机制，使得该企业运行良好、职工稳定、效益提高。北京衬衫厂的成功改制，为集团公司其他企业在改制中实施新型组合和发展提供了借鉴和经验。

三、北京市童装三厂停产整顿及兼并

1992 年，北京市童装三厂由于国内外市场竞争激烈，企业应变能力差，经营滑坡，内部领导班子形不成合力。12 月，集团公司对该厂组成临时领导班子，开展工作，千方百计稳定职工情绪，恢复生产，做了大量工作，并取得一定成绩，但终因企业负债过重，问题成堆，积重难返。截止到 1993 年 4 月底，企业已资不抵债。

1993 年 6 月 18 日，集团公司向北京市纺织总公司上报《关于请求尽快解决童装三厂面临破产问题的紧急报告》，集团公司已为北京市童装三厂垫付了近 100 万元的费用和工资，已无力支付后续任何费用，经集团公司和北京市童装三厂领导班子共同研究，再次向总公司和市里紧急报告，请求市里和总公司积极寻找实力雄厚的单位兼并北京市童装三厂，否则只有宣布破产，破产后请求市里和总公司协助解决职工待业救济金，在一定时间自找出路。在北京市童装三厂未找到兼并单位和宣布破产前，请上级协助解决该厂职工工资和退休人员退休费问题。

8 月 7 日，集团公司收到北京市纺织总公司《关于转发〈关于北京市童装三厂停产整顿的批复〉的通知》，转发了北京市经委《关于北京市童装三厂停产整顿的批复》，北京市童装三厂自 1993 年 7 月到 12 月停产整顿半年。北京市童装三厂接到停产整顿的批文后，一方面进行劳务输出对人员进行分流，对资产、债务进行盘点清理；同时仍积极寻找合作伙伴，仪征化纤（北方）实业公司作为兼并单位。仪征化纤（北方）实业公司是全民所有制企业，注册资金 2000 万元，地址在北京市东长安街 12 号，上级主管单位是仪征化纤工业联合公司。

1994 年 2 月 22 日，北京市童装三厂召开第七届第九次职工代表大会决议，会议对

厂长李耀东所作的关于童装三厂形势分析的报告及仪征化纤（北方）实业公司兼并北京市童装三厂的意向进行了充分、热烈地讨论，形成《北京市童装三厂第七届第九次职工代表大会决议》。同月，北京市童装三厂（被兼并方，乙方）与仪征化纤（北方）实业公司（兼并方，甲方）签订了协议书。后因种种原因拖延未落实。

1996年4月9日，经过北京市童装三厂与仪征化纤（北方）实业公司多次反复协商，在对原协议进行修改的基础上，双方正式签订“兼并协议书”“补充协议（一）”“补充协议（二）”，并报请集团公司批准。4月10日，集团公司《关于仪征化纤（北方）实业公司兼并北京市童装三厂的请示》报请上级主管单位北京市纺织总公司批准。5月21日，北京市纺织总公司下发《关于转发仪征化纤（北方）实业公司兼并北京市童装三厂的批复的通知》，转发北京市经委《关于仪征化纤（北方）实业公司兼并北京市童装三厂的批复》，即同意仪征化纤（北方）实业公司以承担债务的方式兼并北京市童装三厂。兼并后，北京市童装三厂的全部资产归仪征化纤（北方）实业公司所有，其债权债务和职工（包括离退休职工）全部由兼并方承担和安置。

四、北京天通印刷有限公司股权转让

北京天通印刷有限公司成立于1993年12月10日，是经北京市纺织总公司《关于北京市红旗室内装饰品工业公司与英国黄显年女士合资成立“北京天通印刷有限公司”的立项批复》批准，由集团公司（京工集团前身）所属红旗室内装饰品工业公司（北京市京工红旗厂有限公司前身）和英国黄显年共同投资组建的中外合资企业。注册资本20万美元，注册地址为北京市朝阳区左安门外饮马井1号（红旗室内装饰品工业公司院内），主要经营生产、经营精美包装、商标、高档信封信纸、请柬贺卡、样本简介、名片等印刷制品及电子摄像照片。1997年，经北京纺织控股（集团）有限责任公司《关于“北京天通印刷有限公司”增资及董事会人员变更的批复》，增资至50万美元。企业成立之初，曾在引进先进设备、学习先进管理经验等方面发挥积极作用，并取得良好的经济效益，但后来由于合资企业外方与经营者出现的诸多矛盾及企业违背有关《中华人民共和国公司法》的不良经营等情况，京工集团于2004年12月15日召开第一届第九次董事会，经全体董事研究讨论，形成《关于同意转让北京天通印刷有限公司股权的决议》，即鉴于合资企业上述情况，为确保国有资产不流失，京工集团董事会同意将所持有的北京天通印刷有限公司50%的股份，以2004年4月30日为基准日，按双方协商的转让价格，转让给北京龙世杰印刷有限公司。

2004年11月29日，京工集团（转让方）与北京龙世杰印刷有限公司（受让方）签订《北京天通印刷有限公司股权转让协议》，双方按协议办理相关手续。

五、北京长城风雨衣公司改制

北京长城风雨衣公司（前身为北京市服装三厂，1985年5月5日定名为北京长城风雨衣公司），位于北京市宣武门外大街92号。2002年，根据纺织控股《关于服装企业结构调整的通知》精神，北京长城风雨衣公司资产并入京工集团，成为京工集团的子公司。京工集团按照管资产管人相一致的原则，加快企业结构调整。

2005年5月，北京长城风雨衣公司按照纺织控股转发的北京市国资委2005年5月25日《关于北京北方阳光太阳能设备有限公司等11个单位实施主辅分离改制分流的批复》的文件精神着手改制。北京长城风雨衣公司首先结合企业实际情况，制定《北京长城风雨衣公司主辅分离辅业改制实施方案》，并做好职工分流安置工作。

根据《关于国有大中型企业主辅分离辅业改制分流安置富余人员的实施办法》和《关于印发国有大中型企业主辅分离辅业改制分流安置富余人员的劳动关系处置办法的通知》文件精神，为切实做好在企业主辅分离辅业改制过程中分流安置富余人员的工作，维护职工的合法权益，促进劳动关系的和谐稳定，北京长城风雨衣公司制定《北京长城风雨衣公司主辅分离辅业改制职工分流安置方案》，2005年7月18日，北京长城风雨衣公司召开第三届第四次职工代表大会，对《北京长城风雨衣公司主辅分离辅业改制职工分流安置方案》进行审议。经到会职工代表认真审议，认为方案符合有关文件精神和企业实际。大会经无记名投票表决，一致通过《北京长城风雨衣公司主辅分离辅业改制职工分流安置方案》。8月29日，北京长城风雨衣公司召开三届五次职工代表大会，经职工代表认真审议，并形成决议，一致同意《北京长城风雨衣公司主辅分离辅业改制实施方案》。

根据北京纺织控股有限责任公司、江苏舜天汉唐贸易有限公司和北京长城风雨衣公司3方的《改制协议》，北京长城风雨衣公司采取增资扩股方式进行企业主辅分离、辅业改制。北京市工商局宣武分局已于2005年10月17日核准，更名为“北京长城汉唐国际贸易有限公司”，并于2005年10月25日向新企业颁发了法人营业执照。北京长城汉唐国际贸易有限公司，注册资本2430.55万元，其中，纺织控股以评估后的北京长城风雨衣公司净资产1239.58万元投资，占注册资本51%；江苏舜天汉唐贸易有限公司以货币出资1190.97万元，占注册资本49%。注册地址为北京市宣武区宣武门外大街92号，法定代表人王木恩。经营范围制造风雨衣、劳保用品，出租写字间，货物进出口等。

2005 年 9 月 14 日，北京长城汉唐国际贸易有限公司第一届第一次股东大会在北京宣武门外大街 88 号召开。经全体股东研究决定，做出以下决议：一致通过北京长城汉唐国际贸易有限公司章程；纺织控股推荐王木恩等 4 人任公司董事；江苏舜天汉唐贸易有限公司推荐 3 人任公司董事，股东会一致同意上述人员为公司董事；纺织控股委派张汝和等 2 人为北京长城汉唐国际贸易有限公司监事，股东会接受上述监事的委派。同日，北京长城汉唐国际贸易有限公司第一届第一次董事会在北京宣武门外大街 88 号召开，选举王木恩为北京长城汉唐国际贸易有限公司董事长。

2007 年 8 月，为进一步深化主辅分离、辅业改制，纺织控股按照 2007 年第二次董事会决议和有关规定及程序，把所持有的北京长城汉唐国际贸易有限公司 51% 股权转让给江苏舜天汉唐贸易有限公司（受让 16%）和自然人（受让 35%）。9 月，纺织控股向北京长城汉唐国际贸易有限公司发出《关于北京长城汉唐国际贸易有限公司董事、监事免职的通知》，即经北京纺织控股有限责任公司董事会 2007 年第五次会议研究决定：原委派北京长城汉唐国际贸易有限公司董事自然免职；原委派北京长城汉唐国际贸易有限公司监事自然免职。

六、北京雷蒙服装有限公司成立及调整

2002 年 8 月，根据纺织控股有关改制要求，京工集团为迅速推进改制，经京工集团董事会研究决定：对集团公司服装一厂（简称服装一厂）、集团公司雷蒙西服分公司（简称雷蒙西服分公司）进行调整和资产重组，成立“北京雷蒙服装有限公司”。8 月 1 日，京工集团向服装一厂、雷蒙西服分公司下发《关于京工服装一厂、京工雷蒙西服分公司改制的批复》，即同意服装一厂和雷蒙西服分公司作为整体进行调整和改制的方案，按照现代企业制度改制为有限责任公司，新组建企业名称为北京雷蒙服装有限公司。同意京工集团作为改制新企业的发起单位，将部分生产机器、设备经过评估，连同部分现金 700 万元，投入改制后的企业，同意北京市京工世纪服装服饰有限公司作为改制企业的股东，投入现金 100 万元。改制后的企业注册资本 800 万元。8 月 5 日，根据纺织控股有关改制要求，京工集团就服装一厂、雷蒙西服分公司进行调整和资产重组成立“北京雷蒙服装有限公司”，向纺织控股提交《关于组建北京雷蒙服装有限公司进行资产评估立项的请示》。8 月 6 日，京工集团发布《关于服装一厂、雷蒙西服分公司离退休人员划归公司管理的通知》，要求京工集团各相关部室及人员做好各项交接工作。同日，

京工集团下发《关于服装一厂三产企业“北京市派瑞发服装经营”“北京嘉泰工贸公司”归属公司管理的通知》，服装一厂三产企业“北京市派瑞发服装经营部”“北京嘉泰工贸公司”归京工集团市场技术开发部管理，要求京工集团各相关部室及人员做好各项交接工作。

雷蒙西服分公司整体并入服装一厂，办理工商变更。北京市京工服装工业集团公司服装一厂（与集团公司雷蒙西服分公司资产合并）于2002年10月8日名称变更为北京雷蒙服装有限公司。10月15日，京工集团下发《关于撤销北京市京工服装工业集团公司服装一厂、北京市京工服装工业集团公司雷蒙西服分公司编制，成立北京雷蒙服装有限公司的决定》，要求两单位做好相关交接工作，并制订《京工服装集团有限公司关于雷蒙西服分公司在调整改制中对在岗人员安置的有关规定》，要求做好企业调整改制中人员分流安置工作。12月30日，工商局核准集团公司雷蒙西服分公司注销（申请注销的理由是因企业改制，成立北京雷蒙服装有限公司）。

2005年1月13日，北京雷蒙服装有限公司召开第一届第五次股东会，应到会股东2方，实到股东2方：京工集团、北京市京工世纪服装服饰有限公司，并形成决议：同意北京市京工世纪服装服饰有限公司将其在北京雷蒙服装有限公司的100万元股份（占股比12.5%），转让给北京市奥博商贸中心，北京市京工世纪服装服饰有限公司转股后不再成为北京雷蒙服装有限公司股东。1月14日，北京市京工世纪服装服饰有限公司（转让方）与北京市奥博商贸中心（受让方）签订“转股协议”，北京市京工世纪服装服饰有限公司将其在北京雷蒙服装有限公司的100万元股份（占股比12.5%），转让给北京市奥博商贸中心；北京市奥博商贸中心同意接收原股东北京市京工世纪服装服饰有限公司转让的出资100万元股份。自本协议签字之日起，原股东北京市京工世纪服装服饰有限公司不再享有股东权利也不再承担股东义务，由接收其股份的股东北京市奥博商贸中心按其出资额享有股东权利并承担股东义务。2月2日，京工集团向北京雷蒙服装有限公司发出“委派（推荐）书”，委派张博（京工集团管理干部）出任北京雷蒙服装有限公司董事。北京雷蒙服装有限公司董事会决议：经董事会选举，张博为北京雷蒙服装有限公司董事长。7月6日，北京雷蒙服装有限公司召开第二届第二次股东会，应到会股东2方，实到股东2方：京工集团、北京市奥博商贸中心，并形成决议：经方圆华信会计师事务所评估验资，双方股东一致同意北京雷蒙服装有限公司按照实际资产状况减少注册资金。由原来800万元，减少到74.45万元，京工集团拥有股权65.14万元，占股比

87.5%，北京市奥博商贸中心拥有股权 9.31 万元，占股比 12.5%。7 月 7 日，京工集团召开董事会，形成《关于对北京雷蒙服装有限公司进行资产重组的意见》，经全体董事研究讨论，并做出以下决议：为推进北京雷蒙服装有限公司的深化改革，吸引外来资金，扩大雷蒙品牌经营，做大做强主业，决定对北京雷蒙服装有限公司进行资产重组，即经股东方同意，在对原北京雷蒙服装有限公司资产进行评估的基础上，实现重组；经各投资方同意，请北京方圆华信会计师事务所对原北京雷蒙服装有限公司进行评估验资。原北京雷蒙服装有限公司的注册资金 800 万元，其中：京工集团拥有股权 700 万元，占股比 87.5%；北京市奥博商贸中心拥有股权 100 万元，占股比：12.5%。评估结果为 74.45 万元，即由原注册资本 800 万元，减少到 74.45 万元，双方股东股权状况：京工集团拥有股权 65.14 万元，占股比 87.5%；北京市奥博商贸中心拥有股权 9.31 万元，占股比 12.5%。按照规定，办理减资手续。对原雷蒙公司的资产损失，由股东双方负担。减资后营业执照登记日期为 2005 年 10 月 18 日，法定代表人为马国红，注册资本为 74.45 万元。7 月 26 日，京工集团向纺织控股上报《关于北京雷蒙服装有限公司进行企业重组资产处置意见的请示》，对北京雷蒙服装有限公司资产重组中造成的损失情况及处置办法进行汇报请示。8 月 24 日，纺织控股做出相关批复，即同意京工集团将企业重组中形成的债务重组损失 1.03 万元、固定资产损失 294.7 万元，在不影响 2005 年利润指标的前提下，计入当期损益；同意京工集团将企业重组中形成的投资损失 634.86 万元，用当年及以后年度的投资收益弥补。10 月 24 日，北京雷蒙服装有限公司召开第二届第三次股东会，应到会股东 2 方，实到股东 2 方：京工集团、北京市奥博商贸中心，并形成决议：北京市奥博商贸中心拥有股权 9.31 万元，占股比 12.5%，转让给京工集团。京工集团拥有北京雷蒙服装有限公司股份 74.45 万元，北京市奥博商贸中心退出。同日，北京市奥博商贸中心（转让方）与京工集团（受让方）签订“转股协议”，北京市奥博商贸中心同意将其在北京雷蒙服装有限公司的全部股份 9.31 万元，转让给京工集团；京工集团同意接收原股东北京市奥博商贸中心转让的出资 9.31 万元。自本协议签字之日起，原股东北京市奥博商贸中心不再享有股东权利也不再承担股东义务，由接收其股份的股东京工集团按其出资额享有股东权利并承担股东义务。10 月 27 日，北京雷蒙服装有限公司第三届第一次股东会，应到会股东 2 方，实到股东 2 方：京工集团、张博，并形成决议：京工集团以实物（设备）追加投资 155.25 万元，使其在公司拥有股份 229.7 万元。张博以货币入资 470.3 万元，占股比 67.2%，京工集团占股比 32.8%。公司注册资本 700 万元。

同意公司地址变更为北京市大兴区亦庄镇鹿华路 8 号。增资后营业执照登记日期为 2005 年 11 月 23 日。

2006 年 3 月 20 日，北京雷蒙服装有限公司第三届第五次股东会决议：同意将京工集团在北京雷蒙服装有限公司的全部股权转让给自然人张博。同月，京工集团（转让方）与张博（受让方）（自然人）签订“转股协议”，京工集团将其在北京雷蒙服装有限公司的全部股份转让给张博。3 月 29 日变更营业执照。

七、京工世纪变更为北京市京工雷蒙服装服饰有限公司

北京市京工世纪服装服饰有限公司（简称京工世纪）成立于 2000 年 6 月 5 日，是由京工集团和北京泰丝纶服装服饰有限公司共同出资成立的，其中：北京市京工服装工业京工集团出资 25.5 万元，占投资总额的 51%；北京泰丝纶服装服饰有限公司出资 24.5 万元，占投资总额的 49%。注册资本 50 万元人民币，注册地址为北京市丰台区南三环中路 73 号。主要经营各种服装面料、辅料；各种服装服饰、针纺织品、鞋帽、防护用品的设计、开发、生产、加工、销售。

2001 年 4 月 5 日，京工集团召开经理办公会议，同意向京工世纪增资 127.5 万元，连同前期投资 25.5 万元，共计 153 万元。京工世纪经营者郑瑞珍准备投资 122.5 万元，原北京泰丝纶服装服饰有限公司投资 24.5 万元不变，京工世纪总股本金达到 300 万元，京工集团占 51%，北京泰丝纶服装服饰有限公司占 8.17%，郑瑞珍占 40.83%。4 月 13 日，京工世纪召开 2001 年度第一次董事会，决定：为了公司更好地扩大经营，提高经济效益，按照上述出资方式及比例增资。增资后，京工世纪注册资本变更为 300 万元。

2004 年 11 月 18 日召开股东会议，会议决定如下：北京泰丝纶服装服饰有限公司及郑瑞珍将其所持有的京工世纪合计 147 万元股份转给自然人周学金，吸收周学金为新股东；免去郑瑞珍董事职务；选举王建华、高寿生、曹治安为董事；将京工世纪名称变更为北京市京工雷蒙服装服饰有限公司并修改公司章程。11 月 26 日，京工集团作出授权书：同意京工世纪使用“雷蒙”商标作为企业字号，办理企业名称变更手续。新公司名称为北京市京工雷蒙服装服饰有限公司。12 月 8 日，京工世纪办理工商手续，正式变更为北京市京工雷蒙服装服饰有限公司。

2007 年 7 月，自然人股东周学金提出将其在北京市京工雷蒙服装服饰有限公司的 52 万元股份转让给京工集团、95 万元股份转让给自然人王建华，退出公司。7 月 17 日，京工集团董事会作出《关于同意受让北京市京工雷蒙服装服饰有限公司股权的决定》，

同意自然人周学金将其在北京市京工雷蒙服装服饰有限公司的52万元股份转让给京工集团，95万元股份转让给自然人王建华，京工集团的股份由原来的153万元增加到205万元，占注册资本300万元的68.33%，自然人王建华95万元，占比31.67%。

2013年8月23日，为了落实京工集团品牌战略，进一步整合资源，为“雷蒙”品牌“握拳式”发展奠定基础，北京市京工雷蒙服装服饰有限公司召开第二届第九次股东会，并形成决议：同意对股权结构进行调整，即股东王建华同意将其所持北京市京工雷蒙服装服饰有限公司31.67%股份转让给京工集团，京工集团同意接受王建华所持全部31.67%股份。10月24日，京工集团按照“十二五”规划确定的发展目标的要求，进一步整合、优化品牌资源，考虑到北京市京工雷蒙服装服饰有限公司的实际情况，经股东双方协商一致同意对北京市京工雷蒙服装服饰有限公司股权结构进行调整。根据《中华人民共和国公司法》及公司章程的有关规定，经董事会研究讨论，决定：同意收购自然人股东王建华所持的北京市京工雷蒙服装服饰有限公司31.67%的股份，并按相关程序办理相关手续。京工集团按照北京市国资委有关要求，就收购自然人股权这一经济行为，聘请北京方信资产评估公司对北京市京工雷蒙服装服饰有限公司进行资产评估，对所涉及的全部资产、负债和权益进行审计评估。采用资产基础法评估结果作为最终评估结果。评估时点以2013年12月31日作为评估基准日。

2014年3月，京工集团对以上评估结果经董事会研究决定，予以确认，并报请纺织控股批准。5月，根据纺织控股《关于北京京工服装集团有限公司收购北京市京工雷蒙服装服饰有限公司自然人股权的批复》，京工集团与自然人股东签订“股权转让协议书”，由京工集团以80.98万元人民币收购自然人王建华持有的北京市京工雷蒙服装服饰有限公司31.67%的股份。收购后北京市京工雷蒙服装服饰有限公司注册资本300万元，京工集团股权比例为100%，将北京市京工雷蒙服装服饰有限公司变更为京工集团全资子公司。7月，根据国家出资企业产权登记的有关规定，京工集团向纺织控股申请办理变动产权登记相关手续。

八、枫叶公司调整重组

北京京工枫叶服装服饰有限公司（简称枫叶公司）成立于2003年9月，注册资本53万元，其中，京工集团出资48万元，占90.57%股份，自然人股东桂文生（时任枫叶公司经理）出资5万元，占9.43%；注册地址北京市朝阳区松榆西里29号楼三层（2003年注册地址为北京市西城区图样山胡同12号，2011年枫叶公司整体搬迁到该地址）；

法定代表人桂文生。枫叶公司主要从事西裤、休闲裤、休闲服等产品的生产、加工和销售。

2013 年初，由于枫叶公司自然人股东桂文生即枫叶公司经理面临退休，其本人提出将所持有的枫叶公司的 9.43% 股份全部转让。鉴于枫叶公司资产质量优良，经营风险程度低，其主营业务收入主要来源于销售“雷蒙”品牌的休闲服装、西裤及休闲裤等。枫叶公司主营业务收入稳定，利润逐年上升。2012 年枫叶公司主营业务收入 503.58 万元，实现利润 10.12 万元，资产保值增值为 111.94%。2008 年以来，枫叶公司未分配利润始终为正数，企业年年盈利。在纺织控股的绩效评价中“综合绩效”评价结果始终处于优的位置，实现资产的连续保值增值。但枫叶公司的股东们从枫叶公司规模、资金等的实际情况出发，为了发展企业，枫叶公司始终未进行分红。

京工集团从整体布局进一步资源整合、增强“雷蒙”品牌优势和实现主业的协调发展等方面考虑，拟以评估值对枫叶公司自然人转让的股权进行全部收购。股权收购后，枫叶公司的注册资本不发生变化，京工集团将成为枫叶公司唯一的股东，对下一步枫叶公司的管理及落实“十二五”规划中提出的“雷蒙”品牌“握拳式”发展目标奠定基础。2013 年 3 月，京工集团报请纺织控股批准。4 月，按照市国资委关于《北京市企业国有资产评估管理暂行办法》规定的要求，京工集团聘请国富浩华会计师事务所（特殊普通合伙）、北京方信资产评估有限公司，对该公司进行资产评估。评估资产的范围：公司的全部资产，包括：流动资产、固定资产等。以 2012 年 12 月 31 日作为评估基准日。该公司评估前资产账面价值 140.04 万元，负债 64.87 万元，净资产 75.17 万元；评估后资产价值 148.49 万元，负债 42.44 万元，净资产 106.05 万元；净资产增值 30.88 万元，增值率 41.08%。6 月，京工集团对于评估公司对该公司的评估结果给予确认，并报请纺织控股批准。8 月，按照纺织控股《关于收购北京京工枫叶服装服饰有限公司自然人股权的批复》，京工集团与自然人股东桂文生签订“股东协议”，京工集团以 5 万元人民币收购桂文生持有的枫叶公司的股份。收购后枫叶公司变更为京工集团的全资子公司。由于出资人及出资比例变更，2013 年 10 月，枫叶公司办理变动产权登记。

为贯彻落实纺织控股提出的加快纺织服装发展的总体目标，全面推进京工集团“十二五”发展规划进程，实现“加快结构调整，加快品牌发展”的目标任务，按照京工集团关于“优化结构、枫叶公司整合开发中心市场资源”实施方案，京工集团技术开发中心的市场职能剥离并入枫叶公司，并于 2013 年底至 2014 年上半年陆续完成对技术中心剥离出的物资全面盘点、填写交接清单、财务账目等交接工作；陆续做好调整人员的安排和劳动关系变更等工作。

2013年11月，经京工集团董事会研究决定:《北京京工服装集团有限公司拟以货币方式对全资子公司北京京工枫叶服装服饰有限公司追加投资200万元》，并报请北京纺织控股有限公司批准。12月，京工集团根据北京纺织控股有限公司《关于对北京京工枫叶服装服饰有限公司增加投资的批复》，对枫叶公司增加投资200万元。增加投资后枫叶公司实收资本为253万元，京工集团股权比例为100%。

2014年1月，京工集团根据国家出资企业产权登记的有关规定，办理变动产权登记相关手续。5月，为进一步整合资源，推动品牌发展，京工集团决定由北京市京工雷蒙服装服饰有限公司吸收合并枫叶公司，并报请纺织控股批准。10月，京工集团根据企业经营需要，向纺织控股申请将枫叶公司列入国资委2015年度调整退出计划。

2015年3月，枫叶公司完成工商注销。5月，北京市京工雷蒙服装服饰有限公司办理工商变更手续，注册资本变更为553万元。通过对枫叶公司的资产重组，整合优势资源，为促进“雷蒙”品牌“握拳式”发展奠定基础。

九、佐田雷蒙公司股权退出

北京佐田雷蒙服装有限公司（简称佐田雷蒙公司）是京工集团参股的中日合资企业。最初由北京雷蒙西服公司与日本佐田株式会社、日本英木株式会社、日本京连兴业株式会社合资兴办的，注册于1990年3月，1999年8月经北京市外经贸委批准，中方合营者名称由北京雷蒙西服公司变更为集团公司。注册资本3亿日元，其中京工集团出资5950万日元，占19.83%，日本佐田株式会社出资24050万日元，占80.17%；公司地址为北京市通州区西集镇郎府任辛庄路南，主要从事生产棉、麻、毛、化纤、丝绸、皮革面料服装；销售自产产品；纺织服装、塑料制品、日用品批发及货物进出口。

2014年，根据纺织控股对于有股无权、有股无利的投资要适时调整或退出的要求，考虑到佐田雷蒙公司现状，股东双方经协商同意对现有股权结构进行调整，京工集团拟以股权转让的形式，全部退出佐田雷蒙公司，股权转让价格以经过备案的评估值为准，9月4日京工集团向纺织控股上报请示。同月，京工集团聘请北京兴业会计师事务所有限公司、北京方信资产评估有限公司，以2014年7月31日为评估基准日，对北京佐田雷蒙服装有限公司进行资产评估。12月12日，京工集团对评估公司的评估结果给予确认并报请纺织控股批示。京工集团股权退出后不再授权其使用“雷蒙”字样，后续工商等相关事项由北京佐田雷蒙服装有限公司负责具体办理。

2015 年 4 月，原北京佐田雷蒙服装有限公司变更为“北京佐田服装有限公司”，取得新营业执照。

十、红旗室内装饰品公司改制及股权退出

北京市红旗室内装饰品工业公司（简称红旗室内装饰品公司）前身为北京市红旗厂，1986 年 5 月，为了扩大企业生产经营范围，提高经济效益，经北京市服装工业联合公司报请上级主管单位批准，根据北京市第二轻工业总公司《关于北京市红旗厂改名为“北京市红旗室内装饰品公司”的批复》，北京市红旗厂更名为北京市红旗室内装饰品工业公司，企业性质为全民所有制，主要经营和生产室内装饰用品及各种旗帜。

1997 年 7 月，集团公司从发展战略入手，按照《中华人民共和国公司法》积极稳妥地推进公司制改造工作，增强集团公司的整体功能和市场竞争力，经集团公司报请上级主管单位批准，根据北京纺织控股（集团）有限责任公司“关于北京市红旗室内装饰品公司进入集团公司的批复”，即“北京市红旗室内装饰品工业公司进入集团公司，撤销北京市红旗室内装饰品工业公司的法人地位，领取非法人的营业执照；原北京市红旗室内装饰品工业公司的债权、债务和在职职工（包括离退休人员）全部由集团公司承担安排。1997 年 12 月 31 日前并账，并提前与财政、国税、地税、开户银行、劳动等综合部门做好协调工作。”经过一段时间的过渡，从 1998 年 1 月 12 日起北京市红旗室内装饰品工业公司正式更名为“北京市京工服装工业集团公司红旗厂”（简称京工红旗厂），正式进入集团公司核心层。企业原名称及公章停止使用。

京工红旗厂是北京市专业生产各种旗帜、套垫、窗帘等产品的老企业，是北京市生产国旗、党旗的唯一定点企业。为中国的重大庆典、重大迎宾及各大饭店和外国驻华使馆服务，做出了重大贡献，在国家重大活动中完成了各种旗帜生产任务。但由于体制、机制及设备急需更新等多种原因，在竞争中处于劣势，亏损严重。面对这种情况，2000 年下半年，京工红旗厂经过研究，向集团公司提交改制为有限责任公司的请示及初步方案。集团公司召开经理办公会议，专题研究京工红旗厂的问题，会议认为京工红旗厂改制已势在必行。企业改制要按照《中华人民共和国公司法》和建立现代企业制度的要求，建立规范的法人治理结构。为了吸引社会法人和民营企业投资，京工红旗厂的不良资产和债务及富余职工由集团公司负责处置。会议研究决定：拟成立“北京市京工红旗厂有限公司”，由集团公司发起，注册总资本为 100 万元，集团公司拟以现金形式投入 42 万元，并成立京工红旗厂改制专门小组，负责制定改制方案和具体操作事宜。2000 年 12 月 30 日，集团公司作出《关于北京市京工服装工业集团公司红旗厂改制的批复》，下发至京工红旗厂。经过多方协商洽谈和紧张的筹备，由北京市京工服装工业集团公司、北京祥韵布艺装饰用品有限公司、浙江德清县金达美织造有限公司及经营者群体四方本着平等互利的原则，签订协议书，共同出资成立“北京市京工红旗厂有限公司”，注册资本为 100 万元，其中北京市京工服装工业集团公司出资 42 万元，占总股本的 42%；北京祥韵布艺装饰用品有限公司出资 20 万元，占总股本的 20%；浙江德清县金达美织造有限公司出资 10 万元，占总股本的 10%；经营者群体（7 名自然人）共计出资 28 万元，占总股本的 28%。新公司于 2001 年 9 月 18 日取得工商营业执照，注册地址为北京市朝阳区左安门外饮马井 1 号，经营范围为开发、加工、制造、销售旗帜、套垫、幕布、窗帘、台布、标牌、纺织装饰用品；印染服装；销售针纺织品、百货。法定代表人李耀东。新公司于 2001 年 10 月 26 日举行揭牌仪式，并正式投入运营。经过数年的积累和增资，2006 年 4 月京工红旗厂注册资本增至 447.1466 万元人民币，其中，京工集团出资 268.193566 万元，所持股权比例为 59.98%。

京工红旗厂作为国旗、党旗定点生产企业，多年来承担多项国内外重要政治任务，但从 2010 年起，由于旗帜市场竞争激烈及企业自身体制受限等原因，企业效益逐渐下滑，出现连续亏损。同时，旗帜生产作为高能耗、高污染行业，不符合首都发展战略及京津冀协同发展战略的要求。按照北京市国资委对于投入低效、无效资产要坚决退出的要求，2014 年底，京工集团酝酿以股权转让的方式退出京工红旗厂，并与京工红旗厂及其自然人股东进行协商、洽谈，为早日完成股权退出事宜做好各项准备，但由于种种原因未能取得实质性进展。为贯彻落实《北京市人民政府国有资产监督管理委员会关于加快推进劣势及不符合首都功能定位的国有企业退出工作的指导意见》，2016 年 9 月，京工集团向时尚控股报告了京工红旗厂整改方案，主要包括股权退出目标、实施方案时间以及谈判进展情况。12 月，京工集团继续向时尚控股汇报情况，内容包括稳定职工队伍、退出股权和京工红旗厂拆迁补偿事宜及谈判进展情况。

截止到 2017 年 9 月末，京工红旗厂已资不抵债。经京工集团第四届董事会研究决定，拟转让所持京工红旗厂的全部股权。2017 年 10 月，经京工红旗厂第一届第四次股东会有关决议，同意京工集团将其所持京工红旗厂全部股权进行转让。11 月，京工集团酝酿制订转让所持京工红旗厂股权的初步方案，其中包括股权转让方案、职工安置方案等。

2018年初，根据北京产权交易所挂牌交易需要，京工集团以2017年12月31日为评估基准日，对京工红旗厂进行第二次资产评估。3月，京工集团向时尚控股申请对京工红旗厂全部资产进行评估立项。同月，向时尚控股提交有关转让所持京工红旗厂股权的请示。5月，京工集团股东会决议同意京工集团将持有的京工红旗厂59.98%股权通过北京产权交易所全部进行转让。6月，时尚控股对京工红旗厂股权转让工作做出批复，批准相关工作依法进行。7月，时尚控股同意京工集团转让所持有的京工红旗厂59.98%股权项目资产评估备案。同月，京工集团将拟转让的京工红旗厂59.98%股权在北京产权交易所公开挂牌交易。2019年2月1日，京工集团与受让方签订产权交易合同。2月26日，京工集团取得北京产权交易所出具的“企业国有资产交易凭证”。至此，北京市京工红旗厂有限公司59.98%股权挂牌交易全部完成。

十一、北京伊里兰羽绒制品厂改制与并购

1999年是国有企业改革三年实现两个目标的第二年，中共十五届四中全会通过《中共中央关于国有企业改革和发展若干重大问题的决定》，中共北京市委八届三次会议通过《大力推进国有企业改革和发展的意见》，为国有企业改革进一步指明前进的方向。集团公司认真贯彻上级文件精神，与所属企业共同研究探讨改制的新路子。北京伊里兰羽绒制品厂（其前身为北京羽绒制品厂，创建于1960年，1995年4月更名为北京伊里兰羽绒制品厂）在集团公司的指导下，成立改制领导小组，配备具体工作人员，边学习，边开展工作。经过全厂干部职工的努力，1998年着手开始筹备建立企业职工持股会，入股职工占职工总数的93%，职工出资共333.4万元，到1999年4月经北京市民政局登记，北京伊里兰服装有限公司职工持股会正式成立，成为社会团体法人。注册资金333.4万元，注册地址为北京市丰台区东铁营南窑村31号，业务范围为筹集、管理职工股，代表会员向本公司投资，并行使股东表决权，维护会员合法权益。业务主管单位为北京市国资委。同时，成立北京伊里兰服装有限公司共同共有资产管理中心，以投资二元化的形式，组建北京伊里兰服装有限公司，实现企业整体改制，并建立法人治理结构。1999年6月，北京伊里兰服装有限公司正式成立，注册资本3463.6312万元；注册地址为北京市丰台区东铁营南窑村31号，法定代表人王木恩。经营范围包括制造、销售服装、服饰、羽绒服及羽绒制品；销售针纺织品、百货、日用杂品、五金交电化工、工艺美术品、包装食品、家具、建筑材料；经济信息咨询；技术开发等。

由于1999年改革的不彻底性，企业虽然在名义上是股份制，但并未真正建立起现代企业制度。随着国家市场经济机制的日趋成熟，企业在竞争中的制度缺陷逐渐暴露出来并严重影响到企业参与市场资源的优化配置，加上职工年龄老化等因素，致使企业的经济效益逐步下降。从2000年开始企业进入亏损行列。2004年3月，厂区的生产制作车间已停产3年，生产线上的职工每月只领取最低生活费，在岗上班的职工工资也很低。企业职工思想情绪波动，强烈要求进行彻底的改革，引进资本，切实转换机制，挽救振兴“伊里兰”品牌，提高职工生活水平。上级领导对北京伊里兰服装有限公司的发展极为关注，多次听取汇报，现场办公，对此北京伊里兰服装有限公司职工表现出较强的热情，认为只有深化改制，走并购重组的道路是一条可行的途径。

并购前北京伊里兰服装有限公司有两个股东，即北京伊里兰服装有限公司共同共有资产管理中心和北京伊里兰服装有限公司职工持股会，以两股东的资产构成看，全部为集体资产。资产状况较为清晰。北京伊里兰服装有限公司下属的2个法人企业，是伊里兰服装有限公司投资的第三产业企业。其中，北京市伊里兰服装供应部由北京伊里兰服装有限公司于1985年4月出资创办；北京市伊里兰服装公司由北京伊里兰服装有限公司于1992年9月出资创办。资产权属清楚，不存在抵押、质押和其他限制情况（公司自己贷款时的反担保除外）。由于存货时间长、产成品款式陈旧，以及应收款项大部分账龄长，预计资产存量评估后，存在较大幅度的缩水。公司所在地面的2.51公顷划拨土地使用权价值及“伊里兰”品牌商标的无形资产价值未列账。集团公司和北京伊里兰服装有限公司在综合了与百余家洽谈意见后重新归纳整理出一个思路，形成“北京伊里兰服装有限公司重组、合作、兼并、转让意向书”，意向书提出投资入股、承债进入、整体转让等几种方式，根据北京伊里兰服装有限公司自身资产、人员、债务等方面情况，确认不含“伊里兰”商标品牌的转让价格。

按照并购方案，由北京市煤炭总公司二厂联合北京彤翔源投资管理有限公司共同组成并购方，并购伊里兰全部资产。北京市煤炭总公司二厂（以下简称二厂），是北京京煤集团金泰恒业公司下属企业，注册资金4685.2万元，以煤炭销售、市场经营、物业管理、建筑修缮为主要经营项目，是一个具有50多年历史的老厂；北京彤翔源投资管理有限公司（以下简称彤翔源公司），是由金泰恒业公司投资控股的有限公司，注册资金1500万元，以投资管理、技术开发、企业管理咨询、购销为主要经营范围。

2004年4月，在京工集团的指导和帮助下，北京伊里兰服装有限公司与并购方就深化改革、资产重组、并购、控股展开谈判，并于4月6日向京工集团提交请示报告。京工集团经过认真研究，于4月22日向纺织控股提交《关于北京伊里兰服装有限公司有关改制工作的请示》，即同意北京伊里兰服装有限公司同北京市煤炭总公司二厂的并购改制方案；成立北京伊里兰服装有限公司调整改制工作领导小组，待控股公司同意此方案后，将积极推进有关协议合同的进行，加快伊里兰服装有限公司的调整步伐。同月29日，纺织控股下发《关于北京伊里兰服装有限公司并购重组的批复》，原则同意京工集团关于北京伊里兰服装有限公司同北京市煤炭总公司二厂、北京彤翔源投资管理有限公司并购重组的意见。5月11日，纺织控股就收到北京金泰恒业有限责任公司《关于收购伊里兰服装有限公司股权的函》一事向京工集团发来《关于北京伊里兰服装有限公司被北京金泰恒业有限责任公司并购重组有关问题的函》，即“北京金泰恒业有限责任公司来函收悉。我公司已批复同意北京伊里兰服装有限公司由北京金泰恒业有限责任公司下属北京市煤炭总公司二厂和北京彤翔源投资管理有限公司联合收购，并按有关政策和法定程序规范运作。收购方在支付相应款项后，可以取得北京伊里兰服装有限公司的全部股权，包括经营管理权、房屋所有权和国有划拨土地使用权。请以此函告北京金泰恒业有限责任公司。”5月21日，京工集团按照纺织控股要求，函告北京金泰恒业有限责任公司。6月2日，北京伊里兰服装有限公司职工持股会召开会员代表大会，审议《关于北京伊里兰服装有限公司职工持股会全部股权向北京市彤翔源投资管理有限公司转让意向》。经全体与会代表审议，会议以全票通过，同意向对方转让并签订转让协议。所转让股权资金用于职工持股会全体出资人股权清算，职工持股会按有关程序申报依法解散。6月7日，北京伊里兰服装有限公司作为前期工作协议代表，代表出让方北京伊里兰服装有限公司共同共有资产管理中心和北京伊里兰服装有限公司职工持股会与北京市煤炭总公司二厂（代表受让方北京市煤炭总公司二厂和北京市彤翔源投资管理有限公司）签订《前期工作协议书》，8月9日签订“《前期工作协议书》补充约定”，对并购重组过程中各方所需要做的工作做出具体规定。8月27日，北京伊里兰服装有限公司成立“北京伊里兰服装有限公司重组工作领导小组”，并设立对外谈判组、资产核查组、行政事务组、安全稳定组、安置分流职工政策咨询组、秘书组等专项工作小组。

2004年下半年，北京伊里兰服装有限公司聘请北京中燕通会计师事务所有限公司对公司及所属两个企业分别进行审计。北京中燕通会计师事务所审计了北京伊里兰服装有限公司2004年7月31日的财务状况以及2001年至2004年7月31日的经营成果，并出具审计报告；以2004年10月15日为清算结束日审计北京市伊里兰服装公司、以2004年11月9日为清算结束日审计北京市伊里兰服装供应部的资产负债及损益情况，分别出具了审计报告。上述两家法人企业于同年9月至10月完成清算与注销。9月9日，北京伊里兰服装有限公司召开北京伊里兰服装有限公司共同共有资产管理中心代表会和北京伊里兰服装有限公司职工持股会股东代表会议，并形成决议：全权委托京工集团接收在并购中有关职工安置和债权、债务的处理事宜；企业退休、内养职工和在人员安置分流中选择政策后，隶属关系仍在北京伊里兰服装有限公司的职工由京工集团全部接收，并按劳动有关政策将安置费用和预留费用划转京工集团；在并购工作完成后，未处理完的债权债务由京工集团接收，并按原确定的财务口径处理；根据纺织控股关于品牌战略总体发展部署及北京市煤炭总公司二厂有关并购工作中的意见，“伊里兰”品牌今后的发展将由京工集团研究并运作。北京伊里兰服装有限公司据此决议形成《北京伊里兰服装有限公司关于委托北京京工服装集团有限公司在企业并购中接收职工与债权债务的意见》上报集团公司，同时抄报纺织控股和北京市煤炭总公司二厂。9 月 10 日，京工集团发文做出《关于同意北京伊里兰服装有限公司在并购中接收职工与债权债务的意见》的批复，同意接受北京伊里兰服装有限公司两股东的委托，按劳动有关政策接收并购中有关职工安置和处理债权债务等事宜。11 月 28 日，北京伊里兰服装有限公司职工持股会召开会员代表大会，会议审议通过以下决议：北京伊里兰服装有限公司职工持股会将全部股权转让给北京彤翔源投资管理有限公司；职工持股会获得的股权转让款按会员原入股额全部退还给职工持股会会员；北京伊里兰服装有限公司股权转让前的债权债务及职工安置，委托由北京伊里兰服装有限公司共同共有资产管理中心负责处理；职工持股会解散后，不再享有北京伊里兰服装有限公司共同共有资产管理中心及北京伊里兰服装有限公司的任何权益，不再承担任何义务；承认京工集团 9 月 9 日《关于委托北京京工服装集团有限公司在企业并购中接收职工与债权债务的意见》的确认书；职工持股会授权法定代表人全权负责处理职工持股会在股权转让过程中的全部工作。12 月 7 日，北京伊里兰服装有限公司召开第六届第十四次职工代表大会，会议审议通过《北京伊里兰服装有限公司职工分流安置办法》。

2005 年 1 月 10 日，北京伊里兰服装有限公司共同共有资产管理中心（转让方）与北京市煤炭总公司二厂（受让方）签订“股权转让协议书”，即经全体股东协商同意，原股东北京伊里兰服装有限公司共同共有资产管理中心同意将在北京伊里兰服装有限公司的全部股份（占公司注册资本 90.4%）转让给北京市煤炭总公司二厂；北京市煤炭总公司二厂同意接收该股份。自本协议签订之日起，原股东北京伊里兰服装有限公司共同共有资产管理中心不再享有股东的权利，不再承担股东的义务，由接收其股份的新股东北京市煤炭总公司二厂按所占股份享有股东的权利和承担股东的义务。同日，出让方北京伊里兰服装有限公司共同共有资产管理中心和北京伊里兰服装有限公司职工持股会与受让方北京市煤炭总公司二厂、北京彤翔源投资管理有限公司签订正式的《股权转让合同书》。北京伊里兰服装有限公司共同共有资产管理中心同意将在北京伊里兰服装有限公司的全部股份（占公司注册资本 90.4%），转让给北京市煤炭总公司二厂；北京伊里兰服装有限公司职工持股会同意将在北京伊里兰服装有限公司的全部股份（占公司注册资本 9.6%），转让给北京彤翔源投资管理有限公司。各方约定，北京伊里兰服装有限公司移交工作按各方签订的《公司交接协议》执行；债权、债务相关事宜按照《债权债务处理协议》执行。北京伊里兰服装有限公司共同共有资产管理中心负责办理北京伊里兰服装有限公司所有在册职工（包括下属企业）的分流工作，公司全部内退、内养人员、离退休人员及未分流的在册职工，由北京伊里兰服装有限公司共同共有资产管理中心负责办理转入接收的法人单位。1 月 28 日，北京伊里兰服装有限公司共同共有资产管理中心和北京伊里兰服装有限公司职工持股会与北京市煤炭总公司二厂、北京彤翔源投资管理有限公司签订“《股权转让合同书》补充约定”。各方同意，以北京中燕通会计师事务所有限公司出具的以 2005 年 1 月 12 日为时点的审计报告的审计结果作为本补充约定的根据，就该审计报告所涉及的北京伊里兰服装有限公司股权转让前的相关资产及债权、债务的处理方法进行细化约定。本“补充约定”与《股权转让合同书》具有同等效力，各方遵照执行。

十二、北京高久雷蒙时装有限公司解散

北京高久雷蒙时装有限公司成立于 1992 年 9 月，是中外合资企业。由北京市京工服装工业集团公司、日本高久株式会社、日本顾帝株式会社、日本石井株式会社、日本伊藤忠商事株式会社、中国香港高阳国际有限公司等 6 方共同出资组建的，注册资本 7 亿日元，合营期限为 11 年 45 天。2003 年 7 月经北京高久雷蒙时装有限公司第五次股东会、第四届第一次董事会研究决定，经北京市商务局批准，合营期限延期 3 年，经营期到 2006 年 9 月。股东变更为两方，即京工集团（占 60%）和中国香港高阳国际有限公司（占 40%）。

2004 年 3 月 13 日，北京高久雷蒙时装有限公司在北京召开第六次股东会和第四届第三次董事会，鉴于北京高久雷蒙时装有限公司亏损严重，资不抵债，已经无力继续经营。经双方股东协商一致，董事会一致同意，解散北京高久雷蒙时装有限公司。4 月 20 日，京工集团考虑到北京高久雷蒙时装有限公司的实际情况，结合其自身要求解散的决

定，京工集团召开第一届第八次董事会，并形成《关于同意北京高久雷蒙时装有限公司解散的决议》，同时研究讨论解决北京高久雷蒙时装有限公司职工安置所需费用问题，形成《关于解决北京高久雷蒙时装有限公司职工安置所需费用问题的决议》，即根据北京高久雷蒙时装有限公司股东会、董事会的决议及解散的申请，依据有关文件精神，经京工集团董事会研究决定：对属于组建合资公司时原北京市京工服装工业集团公司的职工，由京工集团进行妥善安置。安置工作依据有关政策，采取职工离岗休养、安置富余职工、调离企业和等待重新分配工作等办法进行，所需费用约2400万元。京工集团董事会同意开发京工集团所属东华门房产，利用开发房产取得的资金作为职工安置费用。在该开发项目未落实的情况下，积极筹措资金，可先期对职工进行安置，千方百计确保职工队伍的稳定和北京高久雷蒙时装有限公司解散工作的顺利进行。会议经过研究讨论形成《关于同意转让北京东华门大街23号房产的决定》，根据京工集团企业调整、人员分流工作的需要，特别是由于北京高久雷蒙时装有限公司解散，为解决安置职工费用的需要，经请示纺织控股领导同意，董事会研究决定转让北京东华门大街23号房产，其受让方为中企国际投资有限公司。5月，经北京市商务局《关于北京高久雷蒙时装有限公司提前终止公司合同章程的批复》批准后，北京高久雷蒙时装有限公司正式进入清算程序。

2005年3月16日，北京高久雷蒙时装有限公司完成工商注销。

第二节　所属单位调整重组

公司在企业改制调整、资产重组方面，解放思想、敢试敢闯，按照“三个有利于”（是否有利于社会主义社会的生产力、是否有利于增强社会主义国家的综合国力、是否有利于提高人民的生活水平）的标准，先干不争论，先有后规范，先改后完善，抓住重点，分类推进。在加快企业改革调整的同时，对公司所属单位和重点经营部门进行资产重组，先后完成公司供销经理部重组；京工商厦并入集团公司友谊时装厂（简称友谊时装厂）、北京市服装研究所重组及集团公司服装辅料分公司的调整重组。

一、供销经理部重组

供销经理部最初成立于1962年，曾在生产能耗指标管理、生产原辅料供应、产品批发零售等方面发挥重要作用。1987年7月公司划归北京纺织工业总公司领导，随着公司改革的深入，公司内部结构也在不断调整，公司统一为一个核算单位，供销经理部已由独立核算转为非独立核算。1989年根据北京市工商局相关文件的精神，为供销经理部开展业务的需要，经公司研究决定，将公司供销经理部由原非独立核算形式变更为独立核算形式，1990年5月底，公司供销经理部拟定了《北京市服装工业联合公司供销经理部章程》并报请上级单位批准，6月9日领取了独立法人营业执照。新成立的供销经理部由原崇文区东珠市口大街411号，迁到宣武区粮食店街59号，注册资金为923.5万元，其中固定资金325.5万元，流动资金598万元，资金来源由北京市服装工业联合公司在自有生产发展基金中拨款。经济性质为集体所有制；经营方式为批发、零售、货运；经营范围为主营服装、服装原料、辅料；兼营缝纫设备、货物运输。专职从业人员273人，经营场所面积为4740平方米，分支机构包括北京市服装工业联合公司供销市场（宣武区西珠市口大街12号）、北京市服装工业联合公司供销经理部服装原辅料商店（宣武区西珠市口大街20号）、北京市服装工业联合公司展销门市部（崇文区东珠市口大街411号）、中国纺织机械和技术进出口公司西德百福工业缝纫机零配件北京寄售服务站（宣武区西珠市口大街20号）、日本东京重机工业缝纫机北京技术服务部（宣武区粮食店街59号）。

随着市场的进一步开放搞活，各地的服装及面辅料产品逐步打入北京市场，竞争加剧，市场对专业化程度也提出更高的要求，1994年3月，为了进一步深化改革，减少中间环节，搞活经营，更好地为集团公司成员企业服务，经集团公司领导研究决定，从3月1日起，撤销北京市服装工业联合公司供销经理部的建制（《关于撤销“北京市服装工业联合公司供销经理部”建制的通知》），成立集团公司设备经营一部；设备经营二部；集团公司辅料经营部；集团公司原料经营部；集团公司储运公司。新成立的这5个部门加上原有的“北京市福安工贸公司”均直接由集团公司领导。集团公司对这6个部门采取委托法人和经济承包责任制的办法进行管理，原有各项业务工作继续进行。北京市服装工业联合公司供销经理部原有债权债务由集团公司承担。供销经理部历任经理有陈经武、付义山、李耀东等。

二、京工商厦并入友谊时装厂

京工商厦成立于1995年12月，地址为北京市西城区地安门外大街158号，资金数额380.0万元（非独立核算），经济性质：全民所有制与集体所有制联营，负责人：李耀东，经营范围为主营销售服装及服饰用品、针纺织品、日用百货，兼营设计加工服装及服饰用品。当时友谊时装厂分布情况是友谊时装厂地安门厂址占地面积3900平方米，建筑面积8000多平方米，由一座6层楼、二座5层楼连接组成；友谊时装厂北苑分厂占地面积约700平方米，建筑面积800多平方米；友谊时装厂新谊分厂位于东四北大街，其建筑面积240多平方米，与中国香港客商合资，成立爱迪丝时装有限公司；友谊时装厂于90年代初就开始利用厂房与外界进行一些合作，在地安门厂址，主楼与西城区地安门副食商场合作，开办地友商城。创建京工商厦的初衷也是想利用其有利的地理位置，为集团公司建立一个对外销售的窗口，创造集团公司新的经济增长点。

1998年5月20日，集团公司做出《关于北京市京工服装工业集团公司京工商厦并入北京市京工服装工业集团公司友谊时装厂的决定》，并同时发文给友谊时装厂和京工商厦表示，为了理顺集团公司核心层内部管理，增强市场竞争能力，发展企业，提高经济效益，经集团公司党政领导研究决定，自1998年6月1日起，北京市京工服装工业集团公司商厦并入北京市京工服装工业集团公司友谊时装厂，实行人财物一体化管理。原京工集团商厦一切债权债务由京工集团友谊时装厂承担。授权北京市京工服装工业集团公司友谊时装厂可根据京工集团公司商厦的经营状况，自行决定与商厦并账，以及商厦停业、撤销营业执照和人员编制等事项。

1999年7月22日，京工商厦申请工商注销，注销后其债权债务等均由友谊时装厂承担。

三、北京市服装研究所重组

北京市服装研究所创建于1957年，为全民所有制的研究实体，位于北京市宣武区（现西城区）韩家胡同50号，土地面积418.06平方米，建筑面积350.6平方米。北京市服装研究所集中服装行业的技术尖子，在开展技术研发基础工作的同时，还为各厂提供技术指导和相关培训。1969年，北京市服装研究所被迫解散，技术人员下放劳动，研究工作中断。1972年2月，经上级批准，北京市服装研究所恢复组建，名称为北京市服装工业公司研究所。但原有的研究人员调走的调走，退休的退休，造成研究所技术力量青黄不接，研究工作受到较大影响。通过整顿，调整充实领导班子，进一步端正科研方向，建立科研责任制，逐步走向正轨。中共十一届三中全会后，随着改革开放的大潮，北京服装行业蓬勃发展，北京市服装研究所在统一全行业样板、培训设计裁剪制作力量、内外销新样品设计，以及学生服、职工服设计开发、服装检测、服装杂志编辑等方面做了大量工作，促进北京市服装行业生产技术和设计水平的提高，以及产品质量和花色品种的创新，为全行业的发展做出了贡献。

1982 年，根据工作需要，经公司研究决定，“北京市服装工业公司研究所”自 4 月 1 日起正式恢复使用“北京市服装研究所”的名称，原有的隶属关系和业务关系一律不变。

1988 年 12 月 15 日，北京市服装研究所在北京市工商局宣武分局注册为全民所有制企业，注册资金为 100 万元，经营范围：服装的技术开发、技术咨询、技术服务、技术培训、销售纺织品、百货、工艺美术品。

1991 年 5 月，经北京市编制委员会办公室《关于核定北京纺织工业总公司所属事业单位机构编制的通知》，确定北京市服装研究所为自收自支的事业单位。

1999 年 11 月，根据北京市相关文件精神，经集团公司经理办公会议决定，北京市服装研究所制订转制方案，并上报北京市科委和北京纺织控股（集团）有限责任公司，申请由事业型自收自支科研所转制为企业化单位。经北京纺织控股（集团）有限责任公司《关于北京服装研究所转制方案的批复》批准，北京市服装研究所注册成为独立核算、自负盈亏的企业法人，仍保持原名称不变。

转制后的北京市服装研究所，积极按照“社会主义现代企业管理模式”建立企业化管理制度和市场经济运行机制，并按照新的管理体制运行，继续保持和发展多年来在纺织服装设计开发的优势，继续以服装设计、开发、制作、加工和函授专业教育为主，着手进行具有高科技含量的绿色服装服饰和当代最新型的具有防有害电磁辐射的多功能性屏蔽材料服装的开发，并积极促进科研成果的产业化、商品化。但是由于市场竞争加剧、人才流失、设备陈旧、资金短缺等多种原因，北京市服装研究所的业务发展陷入困境。

2003 年 10 月 15 日，京工集团董事会根据北京市和纺织控股关于企业调整重组的有关文件精神，经研究做出《关于撤销北京市服装研究所编制整体并入京工集团的决定》，即由于北京市服装研究所的科研和经营状况不佳，决定对其进行调整和资产重组，撤销其法人地位，由京工集团接收。同月，向上级主管单位纺织控股提交《关于撤销北京市服装研究所编制整体并入北京京工服装集团有限公司的请示》。经纺织控股（现北京时尚控股有限责任公司）《关于北京市服装研究所整体并入北京京工服装集团有限公司的批复》，同意京工集团对北京服装研究所进行资产重组，撤销北京市服装研究所法人地位，由京工集团接收其原有资产。经北京方圆华信会计师事务所有限公司审计，截止到2003年11月30日，北京市服装研究所资产审计结果为：资产总额为76.1万元，负债总额为77.7万元，所有者权益为-1.6万元。12月9日，北京市服装研究所于北京市工商局西城区分局完成注销。北京市服装研究所历任书记有魏雪晶、张若梅、陆亚明、苗瑞增、张广源等。历任所长有安均田、魏雪晶、王富节（兼）、陈富美、陆亚明、姜言香、李同兴、李耀东（兼）。

四、服装辅料分公司重组

京工集团服装辅料分公司（简称服装辅料分公司），前身为集团公司服装辅料厂，成立于1998年6月，2003年5月变更为现名。营业场所在北京市崇文区幸福东街4号，主要加工、销售服装辅料、服饰用品，销售针纺织品、百货、服装设备等，曾在辅料开发、供应等方面发挥重要作用，但随着市场的发展，服装辅料分公司面对市场无序竞争、原材料、能源价格、人工成本上涨等诸多不利因素，加之企业规模小、资金少，产品结构单一，且所占资源不能为集团公司主业发展起到较大的支撑作用，因此，集团公司决定对服装辅料分公司进行调整。

2014年底，服装辅料分公司业务关停，人财物全部并入京工集团本部，其中有3名技术人员充实到京工集团技术开发中心。原办公用房经过重新装修改造、安装设备，成为技术开发中心试制车间的厂房。2015年7月，位于京工集团本部（北京市朝阳区松榆西里29号楼）6层的试制车间整体搬迁至原服装辅料分公司地址办公。经过对服装辅料分公司的调整重组，使得原有资产得到充分利用，更新、改善了试制车间的生产设备和办公环境，为主业发展的技术保障工作夯实基础。

第十一章　企业管理

公司自成立以来，认真贯彻执行国家、北京市及上级主管单位的方针政策、部署及要求，合法依规经营，不断完善各项规章制度，规范企业管理。企业管理主要分为行政管理、财务管理和人力资源管理。随着时代的发展，公司在公文管理、制度管理、公车管理、档案管理、信访工作等方面，不断制定和完善新制度，不断加强公司的财务管理，认真贯彻执行国家财务制度，建立健全企业内部财务制度，加强预算决算管理，建立完善内部控制体系，确保国有资产安全运营。在人力资源管理方面，公司贯彻落实国家和北京市的相关法律法规，贯彻落实人力资源和社会保障局下发的各种文件及规定，加强对人才结构、招聘与配置、劳动关系、培训与开发、薪酬与福利的管理；在现代企业制度下，公司坚持党管干部、党管人才原则，坚持“德才兼备、以德为先、任人唯贤”用人标准，坚持把人才队伍建设作为企业的一项重要战略任务，以打造党群人才、经营管理人才、项目经理人才、专业技术人才、技能人才队伍为重点，持续加强人才队伍培养，创新人才引进和激励约束机制，形成业务精湛、结构合理、梯次配备的人才队伍，为打造时尚企业集团提供人才保障。

第一节　行政管理

一、公文管理

京工集团及其前身成立以来，随着时代的变迁，按照上级要求开展公文管理工作，不断完善管理制度，规范收文的签收、登记、批抄、承办、分发、催办；发文的拟稿、审核、签发、编号、缮印、校对、用印、登记；会议记录、纪要，汇报材料、报告等。规范传阅文件的组织和管理工作以及一切文件的登记、收退、清理（退）、管理等。

2009 年，京工集团为强化和规范京工集团文件书写和发放的工作程序，进一步适应法人治理结构的体制需要，制定了《关于进一步加强和完善文件编排程序及管理办法的规定》，对京工集团文件的处置办法做出了规定，要求凡京工集团对内、对外发放的文件，由办公室按规定拟稿、审批、会签、填写发文稿纸、编制公司文号、进行登记、打印、校对，签章后发放并生效；各部室对内、对外发放的文件，一律使用红头发文纸，各部室起草文件后，到京工集团办公室填写发文稿纸、编制文号、进行登记，主管领导审批后，由办公室统一会签、打印、校对，由部室盖章生效；文件由办公室统一归档；各部室发放的文件，由办公室统一编制文号，文件的编号按部门区分，以年度及发文顺序排列。凡各部室外出开会带回或其他途径发放的文件，一律交到京工集团办公室履行收文手续，待主管领导审阅批示后方可执行。文件原件由办公室存档，执行部门使用复印件。对当年本部门生成的其他重要文件、材料要及时整理、立卷，并于次年 3 月底前移交到公司办公室归档保存，个人及部门不得保存应归档的文件及材料。

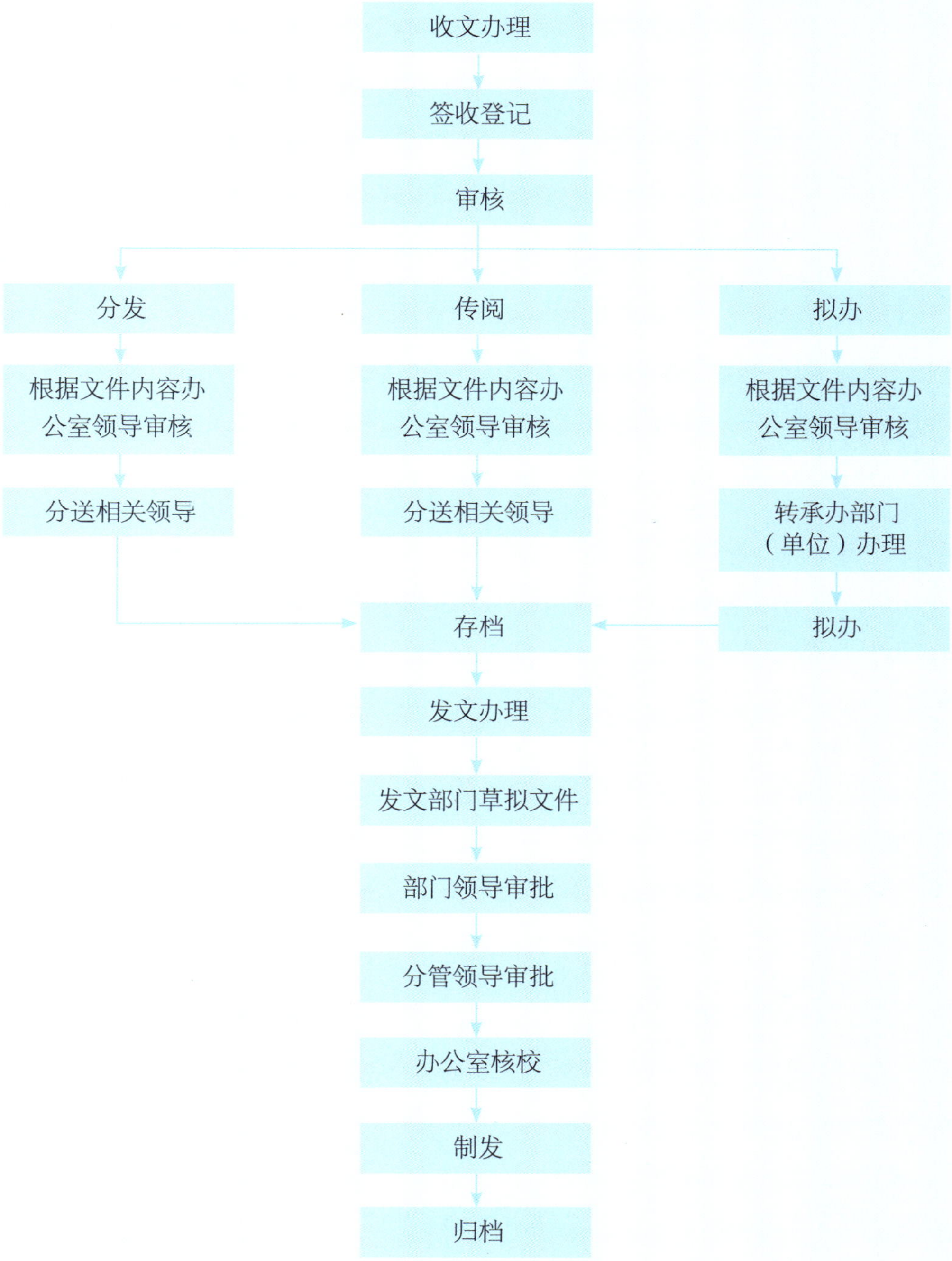

京工集团公文管理流程图

二、制度管理

京工集团注重加强企业制度建设，以制度为抓手，使京工集团管理工作更加规范化、科学化、制度化，通过不断完善制度体系，推动组织机构改革，明确内部职权，进一步推动了企业高质量发展，其中重要制度如下。

1962 年 9 月司务会议通过《北京市服装鞋帽工业公司会议制度暂行规定》，该规定明确了司务会议、联合办公会议、厂长会议、生产调度会、大型专业系统会、科室会议、全体干部会、生活会八大会议的会议流程及内容。

1980 年上半年，公司党委注重抓领导班子的调整、充实。各厂实行了党委领导下的厂长负责制，进一步建立健全了生产指挥系统和岗位责任制。用实践证明了，哪里的领导班子战斗力强，党员先锋模范作用好，哪里的职工队伍就团结一致，朝气蓬勃，能打硬仗，能打胜仗。

1987 年 3 月，公司制定《北京市服装工业联合公司内部行政管理的暂行规定》对费用开支、领物、领料的管理办法、仓库管理制度的相关内容进行了明确的规定。

1988 年 1 月，公司为了适应企业性公司的新形势，更好地贯彻落实党的《工业企业基层组织工作条例》，实行党政分开，围绕经济工作进一步加强思想教育政治工作，加强党的建设，搞好监督保证，保证联合公司各项方针目标的实现。特制定了《关于建立公司党委例会制度的决定》，明确了党委常委会、党委学习会、司务扩大会、业务政策学习、经理生活会、专业会议等会议的具体要求。同年 2 月份，制定了《关于建立公司例会制度的通知》，明确了总经理办公会、联席会、党委生活会、政工联席会、政治思想研究会、书记例会、工会主席会以及工作会的具体要求。

1999 年 11 月，京工集团为贯彻中共中央纪委、国家经贸委、全国总工会《关于推行厂务公开制度的通知》，落实“北京市纺织工业系统实行厂务公开加强民主管理、民主监督的意见”，进一步把党的全心全意依靠工人阶级的指导方针落在实处，促进企业改革、发展和稳定，结合本系统企业实际，制定《北京市京工服装工业京工集团实行厂务公开加强民主管理的意见》。

2007 年，为了全面贯彻执行《中华人民共和国公司法》和健全现代企业制度，实现法人治理结构下的规范化管理，京工集团对部室职责进行了进一步的修改和完善。这次修改以贯彻执行党和国家法律法规与京工集团管理制度相结合的原则，体现出了京工集团定岗、定员、定编与职责、考核、奖惩相一致的管理体系，更加有效地推进京工集团的发展。2007 年 11 月 28 日，京工集团下发《关于贯彻执行〈北京京工服装集团有限公司部室职责汇编〉的通知》，要求自 2008 年 1 月 1 日起执行新编制的《北京京工服装集团有限公司部室职责汇编》。

2009 年，为使京工集团历史资料更加完整、准确、备查，对行办公文书工作办法进行调整和修改制定《关于进一步加强和完善文件编排程序及管理办法的规定》进一步规范文书档案管理，进一步适应法人治理结构体制需要。

为提高人事档案管理水平，安全完整地保存、有效地保护和利用人事档案，更好地为企业各项工作服务，根据《中华人民共和国档案法》和《干部档案工作条例》等法律法规，并结合京工集团和各企业档案工作的实际情况，制定《人事档案管理制度》。

为贯彻落实《职工带薪年休假条例》及《企业职工带薪年休假实施办法》，结合京工集团生产和经营的实际情况，制定《北京京工服装集团有限公司机关职工带薪年休假制度》。

为贯彻落实《中华人民共和国劳动法》和《中华人民共和国劳动合同法》，更好地适应市场经济的需要，建立良好的生产秩序和工作秩序，严格公司内部管理，提高职工素质，京工集团实行有效的合同化管理，并根据《中华人民共和国公司法》及法人治理结构的体制，制定《北京京工服装集团有限公司机关职工管理条例》。

为进一步加强劳动纪律，保证正常的工作秩序，提高职工队伍素质，提高工作效率，结合京工集团的实际情况，制定《北京京工服装集团有限公司机关关于职工劳动纪律管理的规定》。

为保证办公用品的有效使用和妥善保管，本着勤俭节约和有利于工作的原则，根据京工集团的实际情况，制定《北京京工服装集团有限公司办公用品管理规定》。

为进一步完善劳动合同管理，根据《中华人民共和国劳动合同法》，保护职工的合法权益，构建和发展和谐稳定的劳动关系，结合京工集团实际，制定《北京京工服装集团有限公司机关劳动合同实施细则》。

根据《中华人民共和国劳动法》和《中华人民共和国劳动合同法》的有关规定，为加强职工劳动工资的管理，充分发挥劳动工资的激励与杠杆调节作用，调动职工的生产、工作积极性，提高企业经济效益，结合京工集团的实际情况，制定《北京京工服装集团有限公司机关职工工资支付办法》。

为进一步加强企业管理，提高工作效率、增强全体职工遵守纪律的自觉性，保证各项工作正常运行，认真履行岗位职责，根据京工集团实际情况，制定《北京京工服装集团有限公司机关职工考勤与请假制度》。

为保证京工集团劳动争议调解委员会及时、有效地开展工作，公正及时解决劳动争议，保护职工合法权益，促进劳动关系和谐稳定，根据《中华人民共和国劳动争议调解仲裁法》制定《北京京工服装集团有限公司机关劳动争议调解委员会工作细则》。

为有效的支持企业实施品牌发展战略，帮助企业解决经营中短期内的资金问题。制定《有关内部借款的原则及借款审批程序》。

依据《中华人民共和国档案法》《中华人民共和国档案法实施办法》《国有企业文件材料归档办法》《企业档案工作规范》的有关规定，为加强档案工作的基础管理，更好地体现为企业经营管理服务的主旨，制定《北京京工服装集团有限公司企业档案管理办法》。

为更好地保护京工集团职工在生产经营过程中的安全和健康，确保安全生产，根据京工集团《关于提高职工劳保福利费用的意见》文件和安全生产标准中劳动防护用品管理规定，制定《劳动防护用品发放办法》。

2011 年 9 月，京工集团党委按照控股公司《关于党的基层组织实行党务公开实施方案》的要求，在集团及所属各单位全面实施党务公开工作。为扎实做好党务公开工作，成立党务公开工作领导小组和办公室，结合京工集团及所属各级党组织的实际情况，制定《北京京工服装集团有限公司党务公开工作实施方案》、《北京京工服装集团有限公司党务公开目录》和《北京京工服装集团有限公司关于党务公开工作公示的意见》。集团党务公开工作以京工集团为主体，带动行业同步进行。为了全面落实党务公开工作，召开了专题会议部署党务公开工作。按照“公开形式标准化、公开内容规范化和公开工作制度化”的基本目标要求，已通过文件、会议、简报、公示栏等形式进行党务公开工作。并在党群工作会上，将《北京京工服装集团有限公司党务公开目录》中规定的需要在党群工作会上公开的内容进行公开。

2015 年，京工集团党委根据党风廉政建设的需要，重新修订了《京工集团党风廉政建设责任制实施细则》，明确了落实党风廉政建设责任制党委的主体责任、纪委的监督责任。把党风廉政建设作为京工集团党的建设和企业发展的重要内容。重新制定了“三重一大”事项决策制度。制定《京工集团领导干部出国（境）管理办法》，明确了对京工集团各级领导干部出国（境）的有关要求，加强对企业领导人员出国（境）的管理。

对京工集团22项重要管理制度进行修订和完善，对加强制度建设，规范企业管理提供了制度保障。

2016年5月，京工集团为进一步完善企业法人治理结构，规范企业决策程序，使企业的各项经济活动有法可依、有章可循，企业的各项管理工作更加科学化、规范化、系统化，根据《北京纺织控股有限责任公司重要管理制度汇编》中的有关内容和相关要求，依据《中华人民共和国公司法》《北京京工服装集团有限公司章程》，结合京工集团实际，制定《北京京工服装集团有限公司管理制度汇编》。

2018年5月，京工集团为推进厉行节约反对浪费，根据国家和北京市有关法律、法规规定，制定了《北京京工服装集团有限公司差旅费、业务招待费、会议费管理办法》，该办法对差旅费中的城市间交通费、住宿费、伙食补助费、市内交通费以及业务招待费和会议费的具体要求进行了规定。

2018年12月，为进一步规范国有企业经营投资行为，防止国有资产流失，实现国有资本保值增值，根据《北京时尚控股有限责任公司企业违规经营投资责任追究暂行办法》以及相关文件精神，制定《北京京工服装集团有限公司企业违规经营投资责任追究暂行办法》，该办法对责任追究范围、损失认定、责任划分、责任处理、职责和程序的具体内容作出了明确规定。

2015—2020年京工集团制定的重要制度一览表

表11-1

序号	日期	名称
1	2015年1月6日	《北京京工服装集团有限公司部室安全工作考核办法》
2	2015年1月19日	《北京京工服装集团有限公司计算机、网络、软件管理办法》
3	2016年1月4日	《北京京工服装集团有限公司部室工作例会管理办法》
4	2016年2月	《北京京工服装集团有限公司关于2016年度向职工出售住宅楼房实施办法》
5	2016年4月7日	《北京京工服装集团有限公司2016年薪酬改革方案》
6	2017年1月9日	《北京京工服装集团有限公司财务例会制度》
7	2017年2月28日	《北京京工服装集团有限公司职工晋、降级（档）规定》
8	2017年2月28日	《北京京工服装集团有限公司绩效考核管理办法》
9	2017年2月28日	《北京京工服装集团有限公司企业补充医疗保险暂行办法》

续表 11-1

序号	日期	名称
10	2017 年 5 月 9 日	《北京京工服装集团有限公司义务消防队管理制度》
11	2017 年 5 月 19 日	《北京京工服装集团有限公司纪委落实党风廉政建设责任制考核办法》
12	2017 年 7 月 23 日	《北京京工服装集团有限公司薪酬改革方案及绩效考核管理办法补充条款》
13	2017 年 9 月 8 日	《北京京工服装集团有限公司信息化绩效考核暂行办法》
14	2017 年 9 月 8 日	《北京京工服装集团有限公司网络安全应急预案》
15	2017 年 9 月 11 日	《北京京工服装集团有限公司网络安全与信息领导小组议事规则》
16	2017 年 9 月 11 日	《北京京工服装集团有限公司公务用车制度改革工作方案》
17	2017 年 9 月	《北京京工服装集团有限公司重污染天气应急预案》
18	2017 年 9 月	《北京京工服装集团有限公司公务用车使用管理规定》
19	2017 年 11 月 2 日	《北京京工服装集团有限公司中层干部例会制度》
20	2017 年 12 月	《北京京工服装集团有限公司信访工作暂行管理办法》
21	2018 年 3 月 9 日	《北京京工服装集团有限公司关于增加在岗工会会员相关福利支出的办法》
22	2018 年 5 月 11 日	《北京京工服装集团有限公司差旅费、业务招待费、会议费管理办法》
23	2018 年 12 月 25 日	《北京京工服装集团有限公司企业违规经营投资责任追究暂行办法》
24	2018 年 12 月 28 日	《北京京工服装集团有限公司新闻发言人制度》
25	2019 年 5 月 22 日	《北京京工服装集团有限公司互联网平台信息发布管理暂行办法》
26	2019 年 6 月	《京工集团“三重一大”事项决策制度》
27	2019 年 8 月	《京工集团雷蒙品牌传承发展工作方案》
28	2019 年 9 月	《京工集团公车加油卡管理使用制度》
29	2019 年 9 月	《京工集团老字号管理办法》
30	2020 年 1 月 15 日	《北京京工服装集团有限公司舆情应对管理实施办法》
31	2020 年 1 月 17 日	《北京京工服装集团有限公司干部因私出国（境）、出京管理办法》
32	2020 年 5 月 28 日	《北京京工服装集团有限公司信访举报箱管理办法》
33	2020 年 5 月 29 日	《北京京工服装集团有限公司软件正版化工作管理考核评议制度》
34	2020 年 5 月 29 日	《北京京工服装集团有限公司正版软件资产管理制度》
35	2020 年 5 月 29 日	《北京京工服装集团有限公司软、硬件采购管理制度》
36	2020 年 7 月 16 日	《北京京工服装集团有限公司拜师学艺管理办法》
37	2020 年 10 月 20 日	《北京京工服装集团有限公司党风廉政建设和反腐败工作协调小组工作实施办法（试行）》
38	2020 年 10 月 31 日	《北京京工服装集团有限公司法律纠纷案件管理办法》

续表 11-1

序号	日期	名 称
39	2020 年 10 月 31 日	《北京京工服装集团有限公司法律事务管理办法》
40	2020 年 10 月 31 日	《北京京工服装集团有限公司外聘律师管理办法》
41	2020 年 12 月 24 日	《北京京工服装集团有限公司企事业单位领导人员管理办法》
42	2020 年 12 月 29 日	《北京京工服装集团有限公司党建工作责任制实施办法》

2015—2020 年京工集团修订的重要制度一览表

表 11-2

序号	日期	名 称
1	2015 年 3 月 3 日	《京工集团职工考勤与请假制度》
2	2015 年 6 月 15 日	《完善〈北京京工服装集团有限公司集体合同〉有关条款》
3	2016 年 5 月	《北京京工服装集团有限公司“三重一大”事项决策制度》
4	2016 年 5 月	《北京京工服装集团有限公司聘（任）干部管理暂行办法》
5	2016 年 5 月	《北京京工服装集团有限公司董事会工作规则》
6	2016 年 5 月	《北京京工服装集团有限公司总经理办公会议事规则》
7	2016 年 5 月	《北京京工服装集团有限公司派出董事职责及管理办法》
8	2016 年 5 月	《北京京工服装集团有限公司派出监事职责及管理办法》
9	2016 年 5 月	《北京京工服装集团有限公司投资管理办法》
10	2016 年 5 月	《北京京工服装集团有限公司对外提供担保管理办法》
11	2016 年 5 月	《北京京工服装集团有限公司重要合同管理办法》
12	2016 年 5 月	《北京京工服装集团有限公司重大事项报告管理办法》
13	2016 年 5 月	《北京京工服装集团有限公司全面预算管理办法》
14	2016 年 5 月	《北京京工服装集团有限公司财务决算报告管理办法》
15	2016 年 5 月	《北京京工服装集团有限公司财务管理办法》
16	2016 年 5 月	《北京京工服装集团有限公司内部审计制度》
17	2016 年 5 月	《北京京工服装集团有限公司人力资源管理办法》
18	2016 年 5 月	《北京京工服装集团有限公司安全生产管理办法》
19	2016 年 5 月	《北京京工服装集团有限公司企业档案管理办法》
20	2016 年 5 月	《北京京工服装集团有限公司法律审核工作管理办法》
21	2016 年 5 月	《北京京工服装集团有限公司企业效能监察工作暂行办法》

续表 11-2

序号	日期	名称
22	2018 年 9 月 6 日	《北京京工服装集团有限公司差旅费、业务招待费、会议费管理办法》
23	2018 年 10 月 18 日	《北京京工服装集团有限公司公务用车使用管理规定》

三、公车管理

京工集团及其前身成立以来，认真执行公车管理的法律法规及相关制度和规定，落实上级相关工作部署，不断完善相关制度，加强公车管理。1987 年 3 月，公司制定《北京市服装工业联合公司内部小型车辆管理暂行规定》，明确了司机班的日常工作由行政科负责，规定了班长的职权范围以及使用车辆的具体办法，要求用车部门或个人事先要办理登记手续，填写用车部门、姓名、日期、时间、用途。提前一天登记有效；任何人无权调动或随意使用车辆；司机本人无权私自作主给任何人出车办事；私人用车事先要经行政科长审批；各部门或个人要严格遵守用车时间，不得中途以任何理由改变用车地点和用途。除此之外，该规定对安全行车、行车耗油以及需要注意的事项、要求进行了明确。

1988 年 2 月，公司制定《关于公司本部机动车辆管理的暂行规定》，明确公司本部司机班全体司机和机动车辆划归公司办公室统一管理，激动车辆的调度统一由办公室负责，为确保公司现职现岗主要领导干部的工作用车（兰鸟轿车 1 部、丰田轿车 2 部和万尼特面包车 1 部），按 4 位主要领导干部的分工实行定岗定职调配，暂不变动，由办公室管理。为保证公司本部日常公共生活和经营的需求，丰田小卡车和上海轿车优先安排公共关系部使用，马兹达面包车优先安排第三产业部使用。

2017 年完成公车改革并出台《北京京工服装集团有限公司公务用车使用管理规定》，明确领导保障用车、一般公务用车、业务保障用车的主要使用范围；确定车辆管理，办公室为车辆的调度与管理部门，负责专、兼职驾驶员与企业所属车辆使用的全面调度管理与协调工作；使用 OA 系统进行报批，由办公室统一调度，安排出行。

2017 年车改工作后，京工集团为加强车辆管理，保障行车安全，在与驾驶员签订《机动车驾驶员安全责任书》的基础上，京工集团车管部门每季度组织不少于 2 次安全教育活动，加强对驾驶员的安全意识教育。同时要求驾驶员对分管车辆的安全状况负责，做好车辆的日常检查及保养工作，保持车况良好和车容整洁，坚持安全第一，预防为主，做到故障车辆不出门不上路，确保行车安全。同时，为确保驾驶员严格遵守交通法规，自觉谨慎驾驶，做到依法行驶、文明行驶、安全行驶。并对驾驶员驾驶情况实行了定期考核管理，具体考核管理办法按照《机动车驾驶员安全责任书》与各部门《绩效考核管理办法》相结合的方式进行考核，在各类相关制度的保障下，有效保障车辆行车的安全以及提高公务用车办事效率。

2018 年根据北京市公车改革领导小组关于推动全市公务用车信息化、平台化工作要求以及控股公司下发的《北京时尚控股公司关于转发北京市国资委〈关于完成市管国有企业公务用车信息化管理车载终端设备安装入网工作的通知〉的通知》文件精神，京工集团及所属单位共 23 辆公务用车的车载终端设备于 2018 年 10 月 12 日全部安装完毕，针对报批车辆的 OA 系统进行了进一步完善与修改，并要求司机班与各业务部门做好公车使用台账，车管部门负责监督与检查。在与驾驶员签订《机动车驾驶员安全责任书》的基础上，集团加强对专、兼职驾驶员的安全意识教育，组织开展多种形式的安全教育活动，且每季度不少于两次。

2019 年根据控股公司《关于开展“私车公养”专项检查工作的通知》要求，京工集团在本部及所属 4 家子公司、2 家分公司、1 家所属单位范围内进行全面检查。并结合集团公务用车使用管理规定，建立《北京京工服装集团有限公司公务用车加油卡管理使用制度》。

截至 2020 年 12 月，京工集团共有公车 23 辆，其中，本部公务用车总数为 12 辆，包括一般公务用车 6 辆，业务保障用车 6 辆，因业务需要，将 4 辆业务保障用车分别下发至物业安保中心、技术开发中心、社区事业部、京工伊里兰公司使用；京工进出口公司共有公务用车 5 辆，京工雷蒙公司共有公司公车 4 辆，京工伊里兰公司公车 1 辆，京工科贸公司无公务用车，北京市纺织服装职业技能培训学校公车 1 辆。

四、档案管理

京工集团共有档案室 3 处，分为财务档案室、人事档案室、文书档案室。设有兼职档案员，档案工作的主管部门为京工集团办公室，由具备档案证的兼职人员负责，京工集团各部室均设有兼职档案人员，档案员具有上岗证，并每年参加相关培训。

2015—2016 年，《北京京工服装集团有限公司企业档案管理办法》进行进一步的修订与完善，对归档范围、归档时间及要求、档案保管、借阅、移交等方面都做了明确规定，使档案工作更加规范化、制度化。

2016年2月，根据纺织控股公司《关于做好管理类档案保管期限表编制工作的通知》，京工集团各部室编制了各部室的档案保管期限表，2016年4月形成了京工集团总的档案保管期限表。

2016年5月份，在北京京工服装集团有限公司管理制度汇编中，制定了《北京京工服装集团有限公司企业档案管理办法》，该办法适用于京工集团本部及各子公司、所属单位在其职能活动中直接形成、办理完毕、具有保存价值的全部档案，包括纸质档案、特殊载体档案、实物档案等。要求京工集团对各子公司、所属单位档案工作实行监督和指导。京工集团各部室的文件材料按规定移交办公室归档。各子公司、所属单位应建立档案材料管理制度，明确文件材料的归档范围、时间、要求，保证归档材料齐全、完整、准确。该办法还对档案的管理职责、归档范围、归档时间、归档要求、档案保管、档案利用等内容作出了详细的规定。

2017年4月，京工集团按照控股公司《北京时尚控股公司关于开展“十二五”期间产权变动企业档案处置工作自查通知》的要求，开展了相关自查工作。京工集团办公室作为档案工作负责部室，对“十二五”期间企业产权变动情况进行摸底，对“十二五”期间涉及的产权变动企业，即北京京工枫叶服装服饰有限公司（合并、注销）、北京佐田雷蒙服装有限公司（股权转让）及北京京工科贸有限公司（新设立）档案处置工作进行了梳理，均符合相关规定要求，并于4月21日形成自查报告上报控股公司。

2018年2月9日，为了进一步提高归档质量，规范档案管理工作，京工集团办公室在京工集团第二会议室举办档案培训会，京工集团所属各子、分公司、各部室负责档案工作的人员参加了培训。培训会主要是对档案基础知识、相关法律法规及制度进行了培训，并对具体归档时限、归档范围及要求进行了强调。此次培训对档案人员进一步提高工作效率、提高归档质量起到了促进作用。

2019年下半年，京工集团所属各子、分公司、各部室负责档案工作的相关人员参加了北京时尚控股有限责任公司组织的2019年度档案人员继续教育在线学习，并经在线考核获得北京市档案干部教育中心颁发的“北京市档案人员继续教育在线学习证书”。

五、信访工作

信访工作存在于成立办公室之后，是办公室工作中的重要一部分，不仅接受公司内部职工的信访，也要接受上级单位的监督，在改革开放后，信访工作量变大，信访工作需要办公室相关人员及时去解决，做到有反馈、有解决。

2017 年，京工集团制定《北京京工服装集团有限公司信访工作暂行管理办法》，该办法明确了京工集团党委书记为信访工作第一责任人，对信访工作总负责。建立党政主要领导参加的工作小组。京工集团党委副书记分管信访和排查调处工作，负责协调处理矛盾纠纷问题。京工集团办公室负责信访和排查调处日常工作。设立专（兼）职信访工作人员和信访信息员。京工集团对所属各单位信访和排查化解工作实行指导、协调、监督、检查，协调信访工作，处理信访问题。并对工作职责、工作制度、工作规范、信访事项的办理、信访秩序、工作纪律、奖罚等内容作出了详细的规定。

为全面贯彻落实《北京市信访工作责任制实施细则》，京工集团领导班子每季度听取信访工作汇报，分析信访形势，研究解决突出问题，落实党委主体责任，认真履行“一岗双责”，逐级签订信访工作责任书，逐级分解细化责任目标、责任部门和责任人员。

根据集团公司业务范围的扩大与领导班子的调整和分工，先后在 2019 年 12 月 9 日、2020 年 7 月 7 日、2021 年 11 月 16 日正式发文，调整了信访工作小组成员，定期开展矛盾纠纷排查调处，全面加强集团公司信访化解工作。对潜在的苗头性、倾向性、预警性信息做好源头化解，将问题解决在萌芽状态，确保集团公司无重大信访问题发生，为集团公司营造和谐的经营环境。

2020 年，为贯彻落实深化党建引领“街巷吹哨、部门报道”改革精神，根据控股公司要求和京工集团实际，2020 年 1 月 17 日，京工集团成立以党政领导为组长“接诉即办”工作领导小组，并制定《北京京工服装集团有限公司党委“接诉即办”工作方案》，建立接诉即办工作流程。随着工作的深入开展，2020 年 5 月 21 日，对《北京京工服装集团有限公司党委“接诉即办”工作方案》进行修订，更加明确工作要求，细化工作流程，强化考核问责，确保企业在全年的“接诉即办”工作中响应率、解决率、满意率达到 100%。

第二节　财务管理

一、人员管理

公司各级负责人和财务人员要遵守财经法规、准确掌握、正确执行法规、政策、制度，对财务管理和会计工作及会计信息的真实性、合法性、完整性负责。行业管理是北京市服装鞋帽工业公司成立以来至京工集团成立前的一项主要工作，因此，在岗位设置上把行业管理作为财务管理的一个重要岗位设置了专岗。

1962年，北京市服装鞋帽工业公司会计人员执行《国营工业企业会计人员职权试行条例》。

1975年，工业公司为了加强企业财务管理，培养财会队伍和提高在职财会人员业务水平，举办了财会短训班。

1987年，联合公司下发关于认真加强财务基础工作的通知，针对有些单位财务工作人员变化频繁，财务基础管理质量下降，账账不符、账实不符、账表不符、成本不实等问题，要求各直属企业要认真学习，并针对各单位存在的问题，对照检查，做好整改计划。

1988年，联合公司为提高会计人员政治素质和业务素质，提高会计人员事业心和责任感，加强企业财务管理，下发了《北京市纺织工业总公司加强会计人员管理的暂行规定》的通知，要求各直属单位遵照执行。

1993年，集团公司财务科与集团公司供销经理部财务科合并，集团公司财务管理充实了会计机构负责人和会计主管人员。会计人员按照会计岗位分别设置了出纳、财产物资、工资核算、成本费用核算、财务成果核算、资金核算、往来结算、总账报表、稽核、档案管理。在财务管理中实行不相容职权相分离的原则，在会计岗位和人员设置上实行内部相互牵制的原则，执行了回避制度。

1997 年，集团公司为了加强会计人员继续教育工作的管理，不断提高会计人员素质，使会计人员继续教育工作逐步实现制度化、规范化、正常化，根据《中华人民共和国会计法》加强会计人员继续教育的相关要求，组织开展了所属企业会计人员的继续教育培训工作。

2000 年，集团公司依照《会计从业资格管理办法》对所属单位会计人员从业资格进行检查，保证所属单位从业会计人员全部持证上岗。

2007 年，京工集团为贯彻《中华人民共和国会计法》，宣传新会计准则，普及会计知识，组织所属单位持有会计证的人员参加了北京市第三届会计知识大赛，并获得相关奖项。

2013 年，京工集团及所属企业有关领导、财务人员及其他管理人员参加了企业内部控制知识竞赛活动。通过此项活动进一步普及内控知识，增强企业财务人员和各级领导遵守执行内控制度的自觉性。

2017 年，京工集团财务建立了每月例会制度，随时跟进了解各子分公司的业务进度，帮助协调解决各子分公司运行中在财务方面遇到的问题，宣传贯彻北京时尚控股有限责任公司及京工集团的各项最新政策和措施；并于当年对财务中心人员进行了扁平化管理，北京市京工服装进出口有限公司和北京京工伊里兰服装服饰有限公司的财务主管均在京工集团财务管理中心任职，京工集团也向北京京工雷蒙服装服饰有限公司派出了财务人员，使京工集团更及时、准确、掌握和了解企业运行的最新情况。

2018 年，京工集团正式将子公司北京京工雷蒙服装服饰有限公司及北京京工伊里兰服装服饰有限公司的财务人员，合并至京工集团财务管理中心统一管理，设立了 OA 系统，完善了资金审批制度，并召开中心全体人员会议，部署中心扩大以后的工作。

2020 年，京工集团正式将子公司北京京工科贸有限公司的财务人员，合并至京工集团财务管理中心统一管理，设立了 OA 系统，完善资金审批制度，并召开中心全体人员会议，部署了中心扩大以后的工作。同年持有会计证的会计人员均参加了北京时尚控股有限责任公司统一组织的会计人员继续教育，并在北京市财政局会计人员管理系统进行了登记。

二、制度建设

60 年代，北京市服装鞋帽工业公司执行中华人民共和国财政部国营工业企业会计制度。1962 年在执行国营工业企业会计制度下，发布了关于内部各项财务开支的几项规定，包括行政经费预算的审批和使用规定、福利费的使用规定。要求福利费的使用本着市局统一的规定，在总经理下的福利委员会按期召开会议，研究后合理使用。医药费限职工、干部本人在有合同关系的医疗单位记账结算。进一步明确了内部财务开支的有关规定。

1973年，工业公司转发了北京市二轻局关于直属合作工厂参照试行财政部颁发的《关于加强工业企业成本管理工作的若干规定和国营工业交通企业若干费用开支办法的通知》，要求合作工厂参照试行。

1975年，工业公司下发北京市一商局商业会计制度补充规定的通知，要求各单位认真执行。适用范围为国营商业、商办工业等单位。

1985年，工业公司转发了北京市二轻局援外出国人员服装费规定的通知，要求各直属单位遵照执行。

1987年，联合公司为了适应金融、信贷管理体制和制度方面改革需要，对企业流动资金和专项基金借款实行由联合公司统一担保，凡是企业需要联合公司担保的借款，需与联合公司签订借款担保协议，并按担保金额3%上交联合公司贷款担保基金。此规定既满足和保证企业生产经营活动的正常进行，又降低了联合公司的担保风险。同年联合公司制定《北京市服装工业联合公司内部行政管理的暂行规定》对费用开支、领物、领料的管理办法、仓库管理制度的相关内容进行了明确规定。

1991年，在行业内部开展的对“成本核算规程执行情况”的互查中，发现联合公司内部成本计算缺乏统一性，针对这种情况，制定《北京市服装工业联合公司调整成本计算方法的有关规定草案》。统一了服装行业成本核算方法。

1998年，集团公司为确保国有资产保值增值，合理使用资金，加强国有资产资金的使用管理，制定《关于企业合资合作联营等重大投资项目以及企业房地产的开发租赁申报管理办法》。办法规定凡是涉及该项目的事项一律要经企业领导班子集体研究决定，严格防止以个人意志决定；凡是涉及该项目的事项在签订合同之前要进行充分的可行性论证，在论证的基础上寻求最佳方案，防止不顾市场需求，不考虑企业财力是否允许而盲目投资；凡是涉及该项目事项的企业一律上报集团公司，经履行报批手续后方可实施。项目实施后一是要求企业要加强项目实施的监督管理，要责任到人；二是要求企业法人对项目的正常实施负全部责任，法人调离岗位时要对项目实施情况进行离任审计。同年按照内部财务监督为主、外部财务监督为辅的原则建立《北京市京工服装工业集团公司内部审计制度》《北京市京工服装工业集团公司财务监督管理办法》。强化了对企业内部的监督和风险控制。

2007年京工集团为了全面贯彻执行《中华人民共和国公司法》和健全企业制度，实现法人治理结构下的规范化管理，对部室职责进行了修改和完善。制定出《北京京工服装集团有限公司部室职责汇编》，内含京工集团财务管理部部门岗位职责。职责涉及内容包括：资产监管、预算管理、资金管理、核算管理、报表编制、会计档案管理。进一步明确部门岗位职责，有效地加强财务管理。

2009年京工集团按照上级单位的相关工作要求，开始执行新企业会计准则。年内按照新准则规定修订《北京京工服装集团有限公司财务管理制度》《北京京工服装集团有限公司财务核算办法》。按新准则规定规范会计行为和核算流程，进一步加强了企业财务管理，保证了财务会计信息质量。同年为有效的支持企业实施品牌发展战略，帮助企业解决经营中短期内的资金问题，制定《北京京工服装集团有限公司内部借款的原则及审批程序》，明确了借款范围、借款期限、借款原则、审批程序。同年为进一步加强京工集团资金活动内部控制，维护资金安全，有效控制资金活动风险，制定《北京京工服装集团有限公司内部控制资金活动实施细则（试行）》，促进了京工集团的经济工作有序健康发展。同年为进一步加强对所投资企业的内部监督和风险控制，规范内部审计工作，结合实际修订《北京京工服装集团有限公司内部审计制度》。

2014年京工集团编制《北京京工服装集团有限公司内部控制手册》。内部控制手册由京工集团各部门有关人员及聘请的会计师事务所人员共同编制。内部控制手册对于促进京工集团各项生产经营活动规范、有序运营，增强风险防范能力等具有重要意义。

2016年为进一步完善法人治理结构，强化京工集团管控，加强基础管理，不断完善制度，确保国有资产保值增值。在年内完成了京工集团新的制度中有关财务、审计、预算方面规章制度的审定。内含《北京京工服装集团有限公司全面预算管理办法》《北京京工服装集团有限公司财务决算报告管理办法》《北京京工服装集团有限公司档案管理办法》《北京京工服装集团有限公司投资管理办法》《北京京工服装集团有限公司对外提供担保管理办法》《北京京工服装集团有限公司财务管理办法》《北京京工服装集团有限公司内部审计制度》。

2018年京工集团为推进厉行节约反对浪费，根据国家和北京市有关法律、法规、规定，制定《北京京工服装集团有限公司差旅费、业务招待费、会议费管理办法》，该办法对差旅费中的城市间交通费、住宿费、伙食补助费、市内交通费以及业务招待费和会议费的具体要求进行了规定。

三、核算体系

公司财务核算严格执行《中华人民共和国会计法》《会计人员职权条例》《会计人员工作规则》等法律法规关于会计核算的一般原则，并结合企业经营实际，选择适当的会计政策、会计估计和会计方法。

1962 年，北京市服装鞋帽工业公司会计核算按照国营企业会计核算工作流程，包括财产和资金的核算、成本和利润的核算。费用核算按照中华人民共和国国家计划委员会、中华人民共和国财政部关于国营企业若干费用划分的规定执行。

1973 年，工业公司合作工厂参照执行工业企业成本管理若干规定和国营工业交通企业若干费用开支办法。

1978 年，工业公司下发北京市一商局关于执行商业部工业企业会计制度的通知及补充规定，要求各直属厂按照规定贯彻执行。

80 年代，联合公司财务核算按照中华人民共和国财政部、北京市财政局一般核算原则进行核算。

1991 年，联合公司所属企业按照调整成本计算方法的有关规定，调整了成本计算方法，即成本项目设置按照统一规定进行设置；产品的共同费用按照定额工时或实际工时耗用进行分配；在产品核算根据服装行业特点进行计算；期间费用在完工产品与在产品之间按约当产量比例进行分摊。

为适应市场经济和转换经营机制的要求，中华人民共和国财政部颁布了《企业财务通则》，并从 1993 年 7 月 1 日开始执行分行业新会计制度，为了贯彻落实企业财务通则和分行业的财务制度，集团公司按照相关要求，做了新旧会计制度的衔接，并按照新会计制度设立了核算体系。

1993 年，根据集团公司发展规划，集团公司财务科与集团公司供销经理部财务科合并，核算统一纳入集团公司财务管理。同年北京市税务局为了加速流转税的改革，规范增值税的征收管理及适应新会计制度的变化，出台了增值税计算征收管理办法，实行生产应纳增值税均按扣除法计税，集团公司及所属单位按相关规定调整了核算办法。

1994 年起按照国家税务总局要求，一般纳税人销售货物和应税劳务必须按规定开具增值税专用发票，集团公司作为增值税一般纳税人严格增值税发票管理，要求企业购买货物必须向对方索取专用发票，因为专用发票不仅是纳税人经济活动的重要商务凭证，而且是兼记销货方纳税义务和购货方进项税额的合法证明，对增值税的计缴和管理起着决定性作用。

1998 年，撤销北京市童装二厂委托法人编制，撤销后北京市童装二厂财务与集团公司财务并账，资产全部并入集团公司管理，债权债务全部由集团公司承担。

1999 年，根据国有企业清产核资政策，集团公司对企业不良资产进行了清理，并按照相关批复进行了账务处理。

2000 年，集团公司根据调整的实际情况，经申报批复集团公司实行汇总缴纳企业所得税 4 户。汇总缴纳企业所得税按照有关规定，统一核算、统负统亏、统一缴纳企业所得税。采用此方法均衡了集团公司应纳税所得额，为企业税收筹划创造了条件并节约了资金。同年在北京市红旗室内装饰品公司调整时，该单位财务与集团公司财务并账，资产并入集团公司管理，并承担了相应的债权债务。

2001 年，京工集团整体改制时，为解决退休人员生活费和医疗费等相关费用，按相关规定计提了企业退休人员预留资金，作为增加京工集团长期负债处理。

2002 年，京工集团对北京京工雷蒙西服分公司、北京京工服装一厂改制调整时，2 个单位的财务与京工集团财务并账，其资产并入京工集团并承担了相应的债权债务。

2003 年，北京市服装研究所资产并入京工集团，京工集团承担了相应的债权债务。

2004 年，京工集团申报参加清产核资。在清产核资工作中通过清查盘点全面摸清企业家底，如实地反映了企业状况，并按照相关批复进行了相应的账务调整。通过此项工作解决了企业历史遗留问题，优化了企业资产结构，逐步完善了企业财务管理制度，同时对账销案存资产实行了继续追缴工作。

2006 年，按照相关工作要求，京工集团开始执行新《中华人民共和国财政部企业会计制度》，京工集团在执行新企业会计制度中，一是做好了新旧会计制度的衔接工作；二是以新《中华人民共和国财政部企业会计制度》为依据建立了核算体系，并根据京工集团实际情况计提了资产减值准备。在核销资产减值准备时京工集团严格执行资产减值准备财务核销工作规则。

2009 年，京工集团开始执行新会计准则，按照上级单位的相关工作要求，京工集团按照新会计准则规定进行账目调整，建立了新准则下的核算体系，并计提了内部退休人员辞退福利。同年京工集团按照上级单位的要求，利用北京纺织控股有限责任公司搭建的平台，京工集团除京工服装进出口公司外全部使用了用友 NC 财务系统，实现了京工集团财务电算化管理，对京工集团财务管控有了新的提升。

2014 年，京工集团对北京京工服装集团有限公司服装辅料分公司进行调整，北京京工服装集团有限公司服装辅料分公司撤销，该公司财务与京工集团财务并账。

2016 年，京工集团按照中华人民共和国财政部、国家税务总局关于营业税改征增值税实施办法，将原缴纳营业税的相关业务，由缴纳营业税改征为缴纳增值税，至此取消了营业税税种。

四、预算与决算

（一）预算管理

预算管理是在一定时期内围绕着企业战略规划，通过预算编制、执行、分析、考核与评价等一系列活动，对企业内部各种资源进行配置和控制，以便有效地组织和协调企业生产经营活动，完成企业既定经营目标的管理过程。

1962 年，北京市服装鞋帽工业公司发布了行政经费预算的审批和使用规定，并下达了年度财务计划指标，要求各国营企业年终决算后，对计划与实际完成情况差异进行分析，加以调整后作为年度考核指标依据。

1978 年，工业公司下达各项财务指标，要求企业认真贯彻执行，采取积极有效措施，努力完成全年各项财务计划指标。

80 年代联合公司、90 年代集团公司在计划经济下，行业预算管理基本是按年度下达销售计划，按季度通报完成情况，为了确保完成全年销售指标，要求各企业要增产节约，压缩费用，向加强内部管理要效益，督促各企业抓住各个时期的销售特点，加强管理，做好各项生产准备工作，完善生产计划管理，解放思想，转变经营机制，坚持内外销并举，克服市场疲软及资金紧张困难，压库促销，以保证全面完成全年计划指标。

2006 年，京工集团为促进企业健全内部控制机制，提高科学管理水平，增强防范风险能力，按照相关要求在所投资企业中推动全面预算管理。全面预算管理以提高经济效益为目标，以财务管理为核心，以资金管理为重点，对所有涉及价值形态的经营管理活动都纳入预算管理，包括资本预算、筹资预算、业务预算、财务预算。财务预算主要包括现金预算、资产负债预算和损益预算等。京工集团编制全面预算按照“上下结合、分级编制、逐级汇总”的程序进行，经过对预算编制，组织和协调所属企业的生产经营活动，从而完成京工集团各项经营目标。

2009 年，京工集团财务预算口径为执行企业会计准则口径，预算范围包括京工集团能控制的全资或控股的子企业。预算报告包括预算报表、预算情况说明书、预算主要指标与预报指标差异原因说明书、内部相关核准决议。

2012 年，京工集团经上级批准同意核定 6 个单位实行工资总额预算管理办法。即京工集团本部、北京市京工服装进出口有限公司、北京京工伊里兰服装服饰有限公司、北京京工雷蒙服装服饰有限公司、北京京工枫叶服装服饰有限公司、北京市京工红旗厂有限公司。6 个单位在各单位所属税务机关都进行了实行工资总额预算管理办法的备案。

“十二五”“十三五”期间，京工集团财务预算管理工作主要是对指标的分析、指标的监控、指标进度的完成上。具体做法是密切关注国内国际经济形势的变化，及时了解企业的发展趋势，密切关注企业的资产运营情况，通过报表数据、现象、观察、审计等方式及时了解、掌握、监督企业各方面情况，为决策提供真实可靠的信息支持，为全面完成各项经济指标发挥财务职能作用。

京工集团为保证预算的执行与控制，建立了全面预算执行情况分析报告制度，每编报新一年的预算，都要对上一年预算执行情况进行总结分析，对预算指标与决算指标差异较大的指标要写出书面原因，并加强整改，逐步提升预算编制的科学合理水平。

2019 年，京工集团预算工作经北京时尚控股有限责任公司按照北京市国资委发布的标准进行测算，在北京时尚控股有限责任公司范围内取得了第一名的好成绩。

（二）决算管理

财务决算是每个会计年度终了，按照国家会计制度及相关会计准则，对企业进行财产清查、债权债务确认、资产质量核实，在此基础上通过编制年度财务报告全面、真实、完整、准确地反映企业年度财务状况和经营成果。

1961 年，北京市服装鞋帽工业公司财务决算会计报表汇总形式分为国营企业和公司合营企业汇总会计报表、合作工厂汇总会计报表、手工业合作社汇总会计报表。

1973 年，工业公司下发了年度会计决算通知，要求各级党组织加强领导，财务部门结合实际，组织人力或成立决算小组，认真核实库存，清查资产、清理往来、清理各项应缴拨款项目，按期结账，真实反映财务成果，做到报表数字准确，并做好财务分析。

1981 年，工业公司财务决算工作要求各直属单位全面真实反映企业资金运用、经营成果等方面的实际情况，做好核实收入、利润，资产盘盈、盘亏等相关工作。保证上报的会计报表全面、真实、完整。

1993年，集团公司执行新的财务会计制度，财务决算工作政策性强，内容较多，新的会计制度在口径和计算方面都发生了重大变化，增加了核算和清算难度，集团公司组织财务人员认真学习相关政策规定，准确把握相关文件精神，结合各企业实际情况，认真研究，及时反映，妥善解决问题，严格遵守报送时间，并保证决算数据真实准确，积极稳妥地做好年度财务决算工作。

1996年，是实现“九五”计划和2010年远景目标规划的第一年，集团公司要求企业编制会计报表要严格按照规定的成本费用项目、开支标准、列支渠道，正确核算成本费用开支，保证如实反映经营成果，对清理出来的潜亏、明亏、挂账损失，企业要根据费用类型，形成时间进行分类，并按照规定程序和批准的比例进行报批处理。

2000年，集团公司为做好年度财务决算工作，保证财务会计报告真实准确完整，切实加强管理和监督，严格审核程序，按照相关规定，财务会计报告开始采取了联席签名制度。

2001年改制前，集团公司财务决算报告对企业财务决算报表采用收集资料，审核数据，简单汇总的叠加方式上报。2001年改制后成立了京工集团，理顺了资产母子关系。为了适应现代企业制度要求，规范资产管理，确保资产保值、增值，按照相关要求开始正式编制财务决算合并会计报表。合并前京工集团采用了调表不调账方式进行了权益法调整，并作了准确详细的辅助备查账。

2006年，执行新企业会计制度，京工集团以新企业会计制度为依据编报了合并会计报表和个别会计报表的财务决算报告，合并财务决算报告编制原则、范围、编制方法执行新会计制度相关规定。由于2006年发生核销清产核资损失引起国资委报表和财政报表口径不同，请事务所分别出具了年度审计报告。

2008年的决算工作是2009年执行企业会计准则，实现新旧制度平稳过渡的基础，因此京工集团进一步加强了财务决算工作的组织领导，制定了决算方案，明确分工责任，按时保质完成了国资版决算工作。

2009年至2020年京工集团财务决算编报工作对所属子公司分公司的决算工作采取资料统一收集，整理、审核，以合并的方式上报。企业上报的决算报告和京工集团合并的决算报告均包括报表数据、财务情况说明书、会计报表附注、财务决算专项说明、审计说明、审计报告及其他相关资料。在历年的财务决算管理工作中，保证了合并范围的准确，保证了资产、负责、权益和各项经济业务的收入、成本以及现金流入等财务状况全面、真实、可靠、完整。在合并中对合并企业之间的内部交易、内部往来均进行了充分抵消。

京工集团财务决算报告的编制质量在上级单位的评比中多次荣获奖项。历年合并和单户决算年度审计报告的类型均为无保留意见的审计报告。

五、内部控制体系

（一）内部控制

财务管理内部控制的目标是合理保证企业经营管理合法，资产安全，财务报告及相关信息真实完整，促进企业提高经济效益，实现发展战略。财务内部审计是内部控制系统中的一个重要分支系统，是实现内部控制目标的重要手段。

1962 年，北京市服装鞋帽工业公司为保证清仓成果，防治清后再乱，开展了会计部门和仓库管理部门的评比工作。

1973 年，工业公司下发《北京市服装工业公司关于整顿劳动防护用品发放管理的通知》，要求各单位制定出一套发放办法，形成一个制度上报工业公司。

1974 年，工业公司所属单位增加流动资金，需要工业公司给北京市一商局打报告请示，经批准后方可执行。

80 年代，联合公司对企业资金管理实行核定三项资金定额，制定资金归口分级管理办法，按月编制财务收支计划，按月召开资金平衡调度会，资金考核与经济责任挂钩。

1986 年，在市场呈现两旺，服装列入北京市重点发展行业的形势下，为保证下达利润指标和全民企业承包的入库指标实事求是地完成，要求各直属企业（含全民企业、集体企业）对财产进行一次全面彻底的核查。清查范围包括流动资产、固定资产。形式为自查上报、联合公司抽查。通过这次财产清查总结经验，堵塞漏洞，不断完善管理制度。

1987 年，联合公司为加强财务管理基础工作，下发关于财务管理、会计核算基础工作检查提纲，针对财务管理涉及企业方方面面，要求各直属厂将此项工作列入厂长办公会议议事日程，按照提纲要求进行自查，各厂财务科长将检查结果和改进意见向联合公司汇报，然后由联合公司组织抽查四个单位。目的就是强化财务基础工作，确保会计核算依法合规。

1998 年，集团公司根据降低费用的指标，要求各企业财务部门加强资金物流管理的同时，重点加强产品成本和费用支出管理。

2000 年，北京市红旗室内装饰品公司调整时，集团公司财务对该企业的资产进行了全面盘点清查，资金进行了盘点核实。确保了企业资产安全。同年集团公司整体改制时，对企业资产进行了清查，对资金进行了核实，对清查出来的各项损失报请北京纺织控股有限责任公司批准、北京市财政局、北京市国有资产管理局核准后，以相关的批复为依据进行资产损失的核销，在新公司组建中财务对四个子公司剥离改制的债权债务等直接参与和负责，确保了资产安全、完整，防止了资产流失。

2001 年，集团公司向北京纺织控股有限责任公司申请改制评估立项，并按照评估程序，聘请北京建和信资产评估有限公司进行资产评估。为保证改制企业资产的真实性，经向北京纺织控股有限责任公司请示并同意集团公司职工宿舍不参加此次改制资产评估。同年集团公司改制后，结合企业内部控制规范货币资金管理的通知要求，根据京工集团的实际情况，京工集团财务加大了资金监督管理的力度。具体是：用款实行用款联系单联签制；加大应收款项的催收力度，京工集团母体资金来源主要是物业收入，根据经济合同编制了租金收取一览表，将资金收取情况和欠款情况进行每月通报；对子公司到期的借款加强催收；对于担保资金严格执行担保程序，要求被担保单位提供反担保手续。通过以上措施，保证了京工集团现金流的正常运转，为京工集团的发展提供了资金保证。

2002 年，京工集团根据总体安排，对北京市京工服装工业集团公司服装一厂、北京市京工服装工业集团公司雷蒙西服分公司进行调整和资产重组，组建北京雷蒙服装有限公司。京工集团从资产清查、审计、评估立项等方面进行全程参与，确保了资产安全。

京工集团改制初期，接收了企业历史遗留问题，存在着不良资产和潜亏问题。通过几年的调整改制，充分利用相关政策，抓住清产核资等机遇，核销了不良资产、解决了老企业拖欠的职工医药费、供暖费等其他费用、消化了企业存在的潜亏、还清了银行短期借款，降低了企业经营风险、财务风险、担保风险，理顺了产权关系，优化了企业的资产结构。

2004 年，京工集团根据北京纺织控股有限责任公司要求，参加北京市国资委企业清产核资工作，在清产核资工作的进行中，京工集团成立清产核资工作领导小组和清产核资办公室，制定清产核资工作方案，确定参加清产核资的企业包括京工集团本部、京工红旗厂有限公司、京工世纪服装服饰有限公司、天通印刷有限公司、雷蒙服装有限公司、京工枫叶有限公司等。

为了做好该次清产核资工作，京工集团召开了参加清产核资所属子公司、分公司党政一把手及财务科长的动员大会，在大会上京工集团总经理做了动员，从4个方面强调了这次清产核资工作重要性和必要性，提出5点要求和希望。要求企业在京工集团清产核资工作方案、成立领导小组及办公室的基础上，制定出各企业相应的工作方案，并上报给京工集团。为保证清产核资工作质量，京工集团对参加此项工作的业务骨干进行了培训，并请事务所讲解有关政策和取证要求，帮助企业理解政策，把握和用好政策。

通过此项工作，清查出老制度下各类资产损失并预计出执行新会计制度各类资产损失，从而根据相关政策进行核销，对清产核资工作中反映出的问题进行分析，制定出改进方案。

2005年，根据相关要求，对京工集团及所属企业逐户办理了重新产权登记，换发新证工作，并撰写了重新登记的总结分析报告。

2006年，编制了《北京京工服装集团有限公司清产核资管理手册》。手册涉及清产核资范围、减值准备政策依据、清产核资工作实施结果、损失分析报告、北京市国资委损失相关批复等。

2009年，京工集团开始执行企业会计准则，为保证此项工作顺利进行，京工集团加强领导，成立了执行企业会计准则领导小组，明确了工作机构和职责分工，确保了新准则的平稳过渡和有效执行。同年，京工集团开始利用企业绩效评价程序采集年度合并口径数据和母公司年度数据，对企业进行绩效评价分析，对企业期间的盈利能力、资产质量、债务风险、经营增长四个方面进行定量对标分析和评价，并以经济增加值作为母公司投资回报和盈利能力评价的参考指标。运用此方法使企业了解现状，找准企业位置，确定合理的发展战略和长远规划，保证企业可持续发展。

2012年，京工集团提出雷蒙握拳发展，在雷蒙品牌握拳发展实施过程中，京工集团财务按照调整进程，做好相关信息的搜集、整理，配合事务所做好企业的资产清查、专项审计及评估工作，凡是涉及企业资产和产权处置的事项，都严格按照相关的制度和规定执行，保证了企业改制过程中资产安全。

“十二五”时期，从企业的发展、品牌的宣传、项目的实施等方面都需要资金支持。为此京工集团千方百计筹集资金，确保主业资金链的正常运转，一方面帮助企业挖掘内部资金潜力，深入企业了解情况，把清仓查库作为效能监察的立项项目，促使企业压缩库存，及时回笼资金；另一方面督促企业加强应收款项的回收，降低企业坏账风险，积极拓宽融资渠道，采取多种形式筹集资金，使京工集团资金的调配使用落到实处，为企业发展和完成“十二五”规划提供了资金保证。

2014 年 12 月，京工集团聘请会计师事务所编制的京工集团内部控制手册中，规定了银行开户和销户审批流程、出差借款及报销业务流程、预算内资金支出审批流程、筹资审批流程、办公用品购置审批流程等。进一步完善京工集团的风险管控。

2016 年，京工集团根据北京市国资委、北京时尚控股有限责任公司、京工集团领导班子“供给侧改革”的部署，重点抓了降低存货的工作，库存处理小组成员按照京工集团统一安排，积极组织财务人员参与处理库存的相关工作，年底大幅降低京工集团库存商品。

2019 年，京工集团进行 2016 年至 2018 年 3 年的加油费报销合规的自查工作，检查涉及是否有报销违规或私车公养等情况，对自查中发现的问题及时进行整改，通过此项工作进一步加强了京工集团公车的使用管理，规范公车使用费用报销标准。

2020 年，京工集团布置下达北京时尚控股有限责任公司《关于开展市管企业扭亏增盈提质增效暨降杠杆、降“两金”、降“成本”、减亏损专项行动的实施方案》的通知，成立京工集团领导小组及 4 个专班，具体落实相关工作，确保各项指标达到相关要求。

（二）审计监督

公司内部审计监督，通过对所属企业财务收支、财务预算、财务决算、资产质量、经营绩效以及有关经营活动的真实性和效益性进行的监督和评价工作。

1992 年，集团公司成立税收、财务、物价大检查工作领导小组，对集团公司所属企业税收、财务、物价进行检查。

2000 年，为加强管理监督力度，集团公司开展对所属企业财务工作的审计，审计的内容涉及账簿设置、会计信息真实性、内部监督制度是否健全、会计人员资格管理。依据是《中华人民共和国会计法》《中华人民共和国财政部会计基础工作规范》《中华人民共和国财政部会计档案管理办法》《中华人民共和国财政部会计从业资格管理办法》。审计方法是下达审计通知、自查、互查、整改纠正等过程。

2001 年，京工集团组织开展《中华人民共和国会计法》执行情况大检查，为保证自查质量，将检查工作与规范财务工作、严肃财经纪律、保证资产保值增值结合起来，京工集团成立了《中华人民共和国会计法》执行情况大检查办公室。

2002 年，京工集团本着解放思想、实事求是的原则，运用科学的发展观，把工作重心转移到经济工作上来，改制后在与企业形成母子关系的新格局后，为了确保调整改制的成果，京工集团赋予了财务新的职能，即从原来的单纯的记账、算账、行业管理职能转向以对企业资产监控为重点的监督职能，要求每年除各种专项审计外，对子公司、分公司进行不少于两次的财务内部审计。京工集团财务内部审计范围为京工集团所有子公司、分公司及事业单位。从 2002 年开始京工集团财务根据上级主管单位及京工集团的有关要求，结合企业实际情况，以及内部审计制定的年度审计计划，有序开展内部审计工作。坚持每年上半年对所属企业重点开展资产、负债、京工集团下达指标完成进度情况以及上一年度审计问题整改情况审计；下半年对所属企业重点开展京工集团下达经济指标完成情况的效益审计。在开展实施内部审计前，以口头或书面形式通知了被审计单位，在现场审计后，与被审计单位交换审计意见，并出具了审计报告。对审计提出的问题进行了后续追踪管理，监督督促被审计单位对审计查出的有关事项进行整改。

2010 年，京工集团开展会计信息质量检查，开展小金库及假发票的专项治理工作，成立工作领导小组，设置专项治理工作办公室。经过此项工作进一步严肃了财经纪律，保证了财务信息依法合规、真实完整。

2016 年，京工集团除对子公司完成了经济责任审计外，推出了 OA 办公自动化管理，接受北京时尚控股有限责任公司“三重一大”检查。

2018 年，京工集团配合事务所，开展对北京市京工红旗厂有限公司的退出清算评估、审计工作，确保 2019 北京市京工红旗厂的退出工作全面完成，并完成相关产权登记变更工作。

第三节　人力资源管理

京工集团及前身自成立以来，全面贯彻落实北京市人力资源和社会保障局下发的文件及规定，加强对人才结构、招聘与配置、劳动关系、培训与开发、薪酬与福利的管理；在现代企业制度下，京工集团坚持党管干部、党管人才原则，坚持“德才兼备、以德为先、任人唯贤”用人标准，坚持把人才队伍建设作为企业的一项重要战略任务，以打造党群人才、经营管理人才、项目经理人才、专业技术人才、技能人才队伍为重点，持续加强人才队伍培养，创新人才引进和激励约束机制，形成业务精湛、结构合理、梯次配备的人才队伍，为打造时尚企业集团提供人才保障。

一、人才结构

1963 年，北京市服装鞋帽工业公司共有直属厂、社 33 家，职工人数总计 14822 人。其中服装厂 13 家，职工人数 7581 人；缝纫生产合作社一家，职工人数 277 人；鞋厂 13 家，职工人数 4907 人；帽厂 2 家，职工人数 1272 人；其他厂 4 家，职工人数 785 人。

1978 年，工业公司及直属厂归市二轻局领导，共有 17 家企业，包括北京市服装一厂、北京市服装二厂、北京市服装三厂、北京市服装四厂、北京市服装五厂、北京市服装六厂、北京市服装八厂，北京市童装厂、北京市童装二厂、北京市童装三厂，北京衬衫厂、北京大华衬衫厂、北京华丽衬衫厂、北京友谊时装厂、北京市红旗室内装饰品工业公司、北京凤凰时装装饰品公司、北京羽绒制品厂。

1989 年末，联合公司及所属全民所有制企业和集体所有制企业及合资企业共计 20 家，职工人数 13645 人，其中，全民所有制企业 9 家，职工人数 7059 人；集体所有制企业 10 家，职工人数 6538 人；合资企业 1 家，职工人数 48 人。

1999 年末，集团公司及所属全民所有制企业和集体所有制企业及合资企业 17 家，职工人数 5772 人，其中，全民所有制企业 6 家，职工人数 4064 人；集体所有制企业 1

家，职工人数 469 人；合资企业 10 家，职工人数 1239 人。

2001—2010 年期间，京工集团遵照《中华人民共和国公司法》，通过企业整体的分步改制，初步完成企业合并、归并及组建，逐步理顺了产权关系，在进行优势整合的基础上，实施人才战略工作，做好人才的引进、培养和使用。

2001—2010 年期间京工集团人才结构一览表

表 11-3

年度	单位数（个）	职工人数（人）	在岗人数（人）	管理及专业技术人数（人）	备　注
2001 年	20	5070	4106	407	
2002 年	15	2621	1700	212	
2003 年	14	2428	1235	163	
2004 年	11	2218	770	158	
2005 年	10	1558	434	119	专业技术人数未含佐田雷蒙、天通、爱斯彼诺、长泰
2006 年	10	1821	806	122	佐田雷蒙农民工人数统计到职工人数及在岗职工人数中
2007 年	9	1538	787	116	专业技术人数未含佐田雷蒙
2008 年	9	1445	797	121	
2009 年	9	1322	767	114	
2010 年	9	1212	760	109	

2011—2015 年期间，京工集团坚持转型升级、改革发展道路，坚持以改革调整推动企业发展，紧紧抓住“引进、培养、使用”三个重点环节，在加强京工集团人才队伍建设，推进“人才强企”战略方面取得突破；打破企业发展的瓶颈，完成股权退出工作，进入全新的发展阶段。

2011—2015 年期间京工集团人才结构一览表

表 11-4

年度	单位数（个）	职工人数（人）	在岗人数（人）	管理及专业技术人数（人）	备　注
2011 年	9	1043	670	104	专业技术人数未含佐田雷蒙

续表 11-4

年度	单位数（个）	职工人数（人）	在岗人数（人）	管理及专业技术人数（人）	备 注
2012 年	9	967	645	104	专业技术人数未含佐田雷蒙
2013 年	9	888	658	104	专业技术人数未含佐田雷蒙
2014 年	7	483	309	108	
2015 年	9	467	321	115	职工人数、专业技术人数未含京润

2016—2020 年期间，京工集团围绕主业发展，建立与市场联动的激励机制，充分调动在岗人员的积极性，聚集优秀人才，提升主业发展的核心竞争力，实现经济运行稳步发展；在主业转型升级、业态创新方面取得长足进展，职工队伍稳定，专业技术人才稳步有升。

2016—2020 年期间京工集团人才结构一览表

表 11-5

年度	单位数（个）	职工人数（人）	在岗人数（人）	管理及专业技术人数（人）	备 注
2016 年	9	434	310	109	职工人数、专业技术人数未含京润
2017 年	9	407	310	119	职工人数、专业技术人数未含京润
2018 年	9	390	309	108	职工人数未含京润、专业技术人数未含京润及事业单位
2019 年	7	348	285	112	职工人数未含京润、专业技术人数未含京润及事业单位
2020 年	7	347	304	114	职工人数未含京润、专业技术人数未含京润及事业单位

二、招聘与配置

1961—1970 年期间北京市服装鞋帽工业公司及所属企业分配的大、中专毕业生共计 131 人。

1962 年，北京市服装鞋帽工业公司根据北京市手工业管理局转发北京市劳动局《关于划分工业企业直接生产人员与非直接生产人员范围的通知》的精神，指导直属企业按照主管局要求，认真统计各类人员数据，划分直接生产人员和非直接生产人员，提高企业劳动生产率，按比例配备管理人员和服务人员。

1963年初，北京市服装鞋帽工业公司根据中央和市委劳动会议精神指示，各厂在增产节约反劳动力浪费的基础上重新编制定员，对编余人员（主要是老弱残）和1958年以后参加的家居工，依据中央及市委的有关政策进行了精减处理，1—12月共精减职工1392人（其中，全民企业435人，集体企业957人），其中，老职工退职342人、退休287人、老弱残编外50人、家居工精减和临时工辞退620人、其他减少93人，在减少人员中回城镇1308人、回农村生产66人。根据国务院《关于从事经常性工作的临时工转为长期工问题的通知》的精神，指导所属企业进行摸底调查，特别是对于精减后保留下来的临时工，凡是符合要求的全部纳入国家批准的1963年劳动计划人数内，经过评定考核合格者转正定级编为长期工人。

1971—1980年期间工业公司及所属企业分配的初中、高中毕业生及插队回京的知识青年3646人，分配的大中专毕业生17人。1979年根据北京市第二轻工业局下发《关于工人调动暂行办法的通知》的要求，为加强劳动力管理，重新拟定工人调动暂行办法，严格执行劳动计划，对于新增加职工不论其来源，全部纳入各单位年末职工人数计划的控制数内，对于劳动生产率不高或超计划的单位不允许增加职工，工人调动严格把控。

1981—1990年期间工业公司及所属企业分配初中、高中毕业生及插队回京的知识青年3197人，分配的大中专毕业生146人，服装技校毕业生614人。

1991—2000年联合公司接收各类大中专毕业生96人。

2001年，随着市场经济的发展，人才开发工作已经成为企业发展的重要环节，京工集团采取了多种形式广纳贤能。2001—2010年期间，京工集团及所属单位共接收各类大中专毕业生88人，引进专业人才31人。

2011—2014年期间，京工集团与朝阳区毕业生服务中心和朝阳区职业介绍服务中心建立了合作关系，与北京市服装学院建立产学研合作；针对技术开发中心和电子商务部急需人员的现状，组织相关人员赴邢台职业技术学院——际华服装学院跨地区招聘，实地参观学校基地，与3名应届毕业生达成了入职意向。2014年共参加各类现场招聘会25场，收到简历130份，面试53人次，成功入职16人，其中研究生2人，本科生10人。

2015年，京工集团拓宽人才招聘渠道，参加首都经济贸易大学、北京联合大学、北京服装学院等17场高等院校的校园招聘活动，采用网络招聘、社会招聘、内部推荐、组织选聘等多种形式的人才招聘活动。全年共收到简历125份，参加面试45人次，成功入职20人，其中社会招聘13人，应届毕业生7人。

2016年，按照"十三五"规划目标，结合企业转型、产品升级、业态创新等工作要求，不断更新人力资源管理理念，通过拓展招聘渠道引进专业技术人员，为企业转型发展提供了较为充足的人才储备。全年共收到简历132份，参加面试48人次，成功入职19人。

2017年，根据京工集团未来业态创新、产品升级、跨界经营的工作要求，强化人才引进工作，举办由本部各部室负责人参加的"面试官"培训，确保各部室用人需求与人力资源部无缝对接。在招聘中不仅面向应届毕业生，也注重引进社会成熟人才。通过在报刊、招聘网站、微信公众号等渠道发布招聘信息，参加大型招聘会等方式招聘人才。全年共收到简历1124份，参加面试261人次，成功入职40人，其中管理人员和专业技术人员25名。

2018年是全面完成"十三五"规划的关键之年，京工集团继续将人才工作放在企业发展的核心地位，拓宽人才引进渠道，加大与招聘网站的合作，全年共接收简历1124多份，面试237人次。成功引进37人，其中应届毕业生3人。

2019年京工集团以提高专业化素质为导向，继续加强人才队伍建设，结合企业需求，拓宽人才引进渠道，全年通过各种渠道，共收集简历912份，面试207人次，成功引进包括职业经理人在内的各类人员46人。

2020年京工集团结合企业需求，拓宽人才引进渠道，全年通过社会招聘、校园招聘、内部推荐等多种渠道，共收简历870份，面试150人次，成功引进各类人员42人。

三、劳动管理

1961年4月北京市服装鞋帽工业公司依照党的政策和市委的指示加强劳动管理，做好内部劳动力平衡和人员调配工作，开展对新徒工及安全劳动保护等培训工作，严格执行国务院关于退职退休等政策及劳动保护相关规定。通过对徒工培训、开展劳动竞赛，调动工人的生产积极性；通过厂与厂的人员支援与调配，挖掘劳动潜力，完成生产任务，提高劳动生产率；通过加强定额管理，调整捋顺职工工资，调动职工的积极性，劳动纪律得到改进，出勤率大大提高。按照主管局的要求，建立健全年报系统和统计制度，完善劳动统计的相关资料，消除各厂上报数字混乱、无人管理的现象，使年报、季报、月报、旬报正常化。1963年底，全民所有制企业率先建立职工基本情况台账和劳动统计档案。

1978 年为确保定员、定额工作的顺利开展，工业公司及所属企业贯彻执行国务院《关于国营企业职工奖惩条例》，进一步修订企业的厂规厂法，教育职工遵纪守法，坚守岗位，服从领导，努力完成和超额完成生产（工作）任务。根据“按劳分配、多劳多得”和“奖励超额劳动”的原则，工业公司对所属企业下达“实行奖励的企业都要有明显的经济效益”要求，所属企业切实改进企业内部奖金分配办法，加强经济责任制，一线工人按照劳动定额超额记分计奖的办法。年底，大多数企业的各项技术经济指标达到或超过了历史最好水平。

1983 年工业公司认真贯彻执行中共中央国务院《关于国营工业企业进行全面整顿的决定》，下发《北京市服装工业公司关于编制定员和劳动定额工作的暂行办法》的文件，为贯彻执行文件要求，工业公司结合所属企业的实际，划分为呢服小组、衬衫小组、童装小组、综合小组，组织各小组的劳动定额员，进行培训，请有经验的老干部讲课，深入浅出，通过调研、统计分析，用以现代化管理方法的研究，改变传统的管理方式，通过使用经验评估法、统计分析法、类推比较法、技术测定法和部件组合法的手段，把从对时间研究转移到方法研究，即“程序研究、作业研究、动作研究”上来，把合理确定定员定额工作提到一个新的高度。按照主管局的部署，历经两年时间把适合企业的劳动定额操作手册出版成册。

1985 年根据北京市劳动局、人事局下发《关于解决原下乡知识青年插队期间工龄计算问题的通知》的文件要求，联合公司及所属企业在内部进行全面筛查，经过查阅职工档案和走访劳动局及部分插队公社等地，凡是符合文件规定的全部给予审定，造表登记审核后放入职工本人档案。

1988 年根据中共中央国务院关于改革职称评定、实行专业技术职务聘任制的规定要求，联合公司在主管局职称改革领导小组的指导下，结合联合公司及所属企业的实际情况，按照企业人事制度等方面的规定进行职称考核、评审、申报等系列工作。在进行专业技术干部的职称改革的工作中，联合公司成立初级职称评审委员会，承担起服装行业的专业技术职务初级职称的评审工作。在职称评定、审核中涉及到工程、经济、会计、统计、卫生、档案、法律、教育、设计、工艺美术等十几个系列，经主管局职称改革领导小组考核、评审，共评出初级职称 942 人，中级职称 165 人，高级职称 19 人，共占各类专业技术干部总数的 94%，对具有职称资格的专业技术人员建立专业技术人员科技档案，颁发专业技术人员证书。

1992 年 6 月根据劳动部、国家档案局颁布《企业职工档案管理工作规定》的要求，集团公司共完成职工档案 1164 份、离退休干部档案 356 份的整理工作；在做好集团公司本身的同时，加强对所属企业北京大华衬衫厂、北京市服装六厂、北京市服装四厂、北京市服装一厂等单位的培训和指导；对整理档案所需材料的目录实行统一化管理，与主管局一道对 8 家单位的档案整理工作进行验收，取得了基本合格的成绩。

1995 年集团公司及所属企业认真贯彻落实《中华人民共和国劳动法》，根据《北京市实施劳动合同制的若干规定》《北京市实行劳动合同制度的实施细则》的有关精神，制定集团公司及所属各企业的“劳动合同实施细则”。为确保签订劳动合同工作的顺利进行，集团公司及所属企业召开职工代表大会，审议通过《劳动合同实施细则》《考核与请假制度》《职工管理制度》《企业职工奖惩条例》《工资支付暂行规定》《工资支付实施细则》《辞退违纪职工实施办法》《待岗、离岗休养人员的有关规定》《医疗费用改革管理办法》《劳动争议调解委员会工作细则》等规定；集团公司及所属企业采取不同的形式宣传、讲解劳动政策，实现上至总经理下至一般员工全部按规定与法人签订固定期或不固定期劳动合同，从此打破了长期以来形成的一次分配定终身的用工形式，全面开启了劳动合同制用工形式。为保障劳动合同的顺利实施，集团公司及所属企业根据《北京市实施劳动合同制的若干规定》《北京市实行劳动合同制度的实施细则》和企业的相关规定，加强基础管理工作，制定各种专项协议书，建立劳动合同台账和职工合同档案，收管好各种证明材料；做到执行政策依据充分，实施措施具体；工作中依法办事，工作思路精细，办事程序正确，操作手续健全。

1997 年根据北京市企业改制相关规定，集团公司及所属企业根据本企业减员增效的实际，开始企业调整改制。在企业调整人员分流工作中，按照上级文件要求，将企业富余职工进入托管中心管理，并享受北京市“三、三”制政策。1998 年北京市成立了再就业服务中心，集团公司及所属企业成立 8 个再就业服务中心工作站，754 名下岗职工按规定 100% 进再就业中心。集团公司及所属企业 8 个再就业中心工作站累计接到由北京市下拨再就业生活保障金共计 410 万元。集团公司组织下岗职工参加职业指导培训和转岗技能培训，安排多岗位的就业培训，近 200 名下岗职工参加了计算机、电工、电梯、美容美发、商业服务等培训班学习，提高专业技能和市场竞争能力，部分下岗职工还取得了北京市劳动局颁发的职业资格等级证书，实现再就业，平稳地离开了再就业中心。

在754名下岗职工中，终止劳动合同110人，解除劳动合同66人，自谋职业41人，离岗休养91人，厂内安置54人，签订协保178人，其他214人。集团公司再就业工作站获“北京市再就业工作先进单位”的称号。

2001年北京市红旗室内装饰品工业公司根据京工集团整体安排进行调整改制，职工进行分流安置，在改制之前职工人数为190人，改制中与单位解除劳动合同人数为55人，京工集团接收企业内退休和下岗人员55人，离退休人员191人，改制后对剥离的职工全部并入京工集团管理，2001年9月成立了北京市京工红旗厂有限公司。

2002年7月根据纺织控股公司对京工集团调整部署，经京工集团董事会、经理办公会议研究决定对雷蒙西服分公司、京工服装一厂按照现代企业制度的要求，进行资产重组，组建北京京工雷蒙西服有限公司。雷蒙西服分公司、京工服装一厂改制前职工人数为971人，改制中与企业解除劳动合同人数为165人，京工集团接收企业内退休和下岗人员430人，离退休人员1844人；改制后对剥离的职工全部并入京工集团管理。同年，为加快对京工集团干部的管理工作，按照干部队伍年轻化、知识化、专业化标准和动态管理的要求，按照绩效考核、能上能下的原则，解决干部队伍年龄偏大、结构不合理、知识结构存在缺陷的问题，提出京工集团聘任干部的基本要求，对聘任干部从平均年龄44岁下降到40岁，对于低于大专学历的干部原则上不予聘任，加强对后备干部和年轻干部的培养和锻炼，建立以干部岗位责任制为主要内容的管理机制。

2003年12月，京工集团对北京市服装研究所调整，安置人员3名，接收退休人员22人。

2004年根据北京高久雷蒙时装有限公司亏损严重、资不抵债的经营和资产现状，于3月13日召开董事会会议决定解散北京高久雷蒙时装有限公司，解散前职工人数为521人，与企业解除劳动合同人数为186人，京工集团安置职工22人，办理企业内退休和下岗人员309人，解散后剥离的全部职工并入京工集团管理。2004年12月至2005年5月对北京雷蒙服装有限公司进行二次调整，京工集团接收职工274人，退休职工5人。同年，在加强干部队伍建设、干部履职情况的基础上，按照京工集团干部管理的有关规定，进一步完善能上能下、能进能出层层聘任、评聘结合的干部管理工作机制，各部室管理人员学历达到大本以上占30%，各部室充实1~2名45岁以下管理人员，对于未聘任的干部，可选择有关安置办法及选择享受待岗等政策。对实行独立核算自主经营的经济实体，京工集团下达各项考核指标，按照责权利相结合的考核办法，充分给予经济实体自主经营权，签订经营目标责任书，年终进行综合考核。中层以上干部实行一年一聘，对聘任中层以上的管理干部，每年要与京工集团领导签订岗位任期考核责任书，按照责、权、利的考核办法，进行综合考评，年终在干部和职工大会上进行述职，开展民主测评，将民主评议的结果作为考核、聘任干部的依据；对于经民主评议连续三年排在后三名的干部不予聘任。

2005 年 1 月北京伊里兰服装有限公司由北京市煤炭总公司二厂等公司收购。京工集团接收职工 15 人、退休职工 273 人。

2007 年 3 月京工集团对枫叶公司和北京市奥博商贸中心改制，接收职工 15 人。

2008 年颁布《中华人民共和国劳动合同法》，京工集团及所属企业认真贯彻落实，吃透文件精神，完善企业劳动合同制度和各种协议的相关内容，工作中认真履行劳动合同签订、续订、终止、解除等手续；劳动人事部和工会联合组织开展对子公司、分公司以签订劳动合同为主要内容的培训和劳动用工专项检查，确保劳动合同制度的全面推进和规范实施。

2010 年 3 月京工集团获评朝阳区潘家园地区“2009 年度文明和谐共建先进单位”。

2016 年京工集团获得由朝阳区人力资源和社会保障局、总工会、企业联授予“2015 年朝阳区和谐劳动关系单位”的称号。同年获中国纺织工业联合会、中国纺织职工思想政治工作研究会颁发的“全国纺织劳动关系和谐企业”奖牌。

四、薪酬与福利

1961 年 4 月北京市服装鞋帽工业公司成立后，严格按照《中华人民共和国劳动保险条例》的规定执行，对于职工和供养直系亲属的病、伤、残、亡、生育均执行《中华人民共和国劳动保险条例》的规定享受相关待遇。

1962 年北京市服装鞋帽工业公司及直属厂根据北京市劳动局、财政局和中国人民银行北京市分行下发《关于加强工资基金管理的若干规定》文件要求，加强工资基金管理，贯彻中共中央、国务院关于严格控制财政管理的决定，并根据北京市人民委员会下达《“一九六二年工资总额指标”的通知》和逐级负责的精神，北京市服装鞋帽工业公司按照要求指导直属厂在开户银行设立“工资基金”存款专户，凡是国家规定工资总额组成范围内的工资支付，不论现金和转账（如伙食费、房租水电费和其他内部职工扣款以及汇往外地的工资等）必须通过“专户”支付，按季报送使用工资总额计划，报送主管部门和开户银行。北京市服装鞋帽工业公司及直属厂执行北京市人民委员会下发《关于1962年学徒、大、中专学校毕业生等转正定级工资和补做1961年转正定级工作的通知》，按要求对于1962年学徒、大、中专学校毕业生等转正定级工资和补做1961年转正定级，经考核出徒后定级，执行《北京市国营企业干部工资标准》和《北京市国营企业工人工资标准》。

1963年，按照北京市劳动局在1963年职工升级工作意见和北京市手工业管理局的具体布置，针对北京市服装鞋帽工业公司直属33个厂中有三分之一的厂有着合并再合并的情况，工资标准不统一，存在着同级不同酬的问题；从9月份开始统一制定工资标准，理顺职工工资。

1964年至1979年，北京市服装鞋帽工业公司及直属厂按照企业性质执行工资标准，即《北京市国营企业干部工资标准》和《北京市国营企业工人工资标准》，干部执行十七级工资标准；工人执行八级制工资标准。随着企业经济发展的需要和工资制度的不断完善，工资逐渐与企业经济效益紧密相连，20世纪70年代末逐渐进入了工资制度改革的阶段。1977年根据国务院相关文件规定，厂长（经理）按职工总数40%比例对有特殊贡献的职工给予晋级奖励；1978年厂长（经理）按职工总数2%比例对有特殊贡献的职工给予晋级奖励；1979年厂长（经理）按职工总数40%比例对有特殊贡献的职工给予晋级奖励。

1983年根据北京市第二轻工业局转发北京市劳动局《关于一九八三年企业调整工资和改革工资制度问题》通知，工业公司成立调资领导小组。此次调资就是把工资与企业的经济效益挂钩，与职工个人的劳动成果挂钩；通过考核、统计、分析，对职工从劳动态度、技术高低、贡献大小三个方面进行考核；凡是没有考核的或者考核工作做得不好的，走过场的，都不给予调资升级，从而促进了职工勤奋劳动、努力学习、提高技术和文化知识的积极性。

1985年、1989年根据北京市劳动局对国营企业职工增长工资的文件精神，联合公司及所属企业按规定成立调资工作小组编制调资方案，进行全面细致的测算、考核、审核、统计工作，如期为符合条件的职工增长了工资。

1990年根据国务院关于调整职工工资工作的文件精神，对6000名离退休职工和13600名在职职工进行了调整工资测算工作。在调资过程中继续完善挂钩的办法，深化企业工资制度改革，全面贯彻按劳分配原则，克服平均主义，从实际出发，尊重企业自主权，加强对工资总额的控制与管理，使企业内部工资制度改革与档案工资脱钩，使档案工资与职工实发工资、奖金脱钩。在调整工资过程中，严把组织落实、计算统计、审批调整方案等环节的准确度。此次共有5977名离退休退职职工提高了生活费待遇，每月人均增长18.73元；共有13606名在职职工提高了档案工资，每月人均增加工资23元。

1991年根据北京市劳动局下发《关于提高粮油统销价格后适当增加职工工资等问题的通知》精神，为职工增长了档案工资。

进入20世纪90年代，国家宏观控制工资总额基数，实行工资年审制度，核定工资基金指标，在企业内部工资分配制度中破除按工资论资排辈，人均有份的“大锅饭”传统模式；坚持“按劳分配”为基础，调整合理的收入分配结构，合理拉开职工中收入分配档距，明确规定岗位职责，实行以岗定薪，岗变薪变，工资分配以企业经济效益挂钩，上下浮动，在工资结构上加大浮动工资的比例，并直接同贡献挂钩；分配中建立严格的考核制度，执行考核标准，按岗位定薪，按业绩定薪；在内部分配上由企业自主决定。集团公司及所属企业在工资分配上一般采取如下办法：一线生产工人实行超产计件或全额计件工资办法，多劳多得；供销部门大多采用销售额与工资、奖金挂钩、上不封顶下不保底（或保最低工资）；对技术人员实行分配倾斜的政策，以设计后投产并销售回款后按件提成；科室管理人员、辅助生产人员实行与岗位的责、权、利相结合，分配上实行岗在薪在，岗变薪变，重点考核经济效益。由于制定了各类人员采取不同的分配政策，使工资有效的发挥激励作用，调动不同层级人员的积极性，提高劳动生产率。

1992年10月根据《北京市企业城镇职工缴纳养老保险规定》的要求，实行职工社会统筹与个人账户相结合的养老保险制度，建立职工基本养老保险个人账户，促进养老保险新机制的形成，保障离退休人员的基本生活。集团公司及所属企业按照各项条款规定要求，查阅职工个人档案，审定并填写“北京市企业职工缴纳基本养老保险费连续工龄审定表”，为全体职工建立职工个人缴纳养老保险台账和养老保险手册，为职工记录缴纳养老保险和计发养老金奠定了基础。企业按18%比例为职工缴纳养老保险金，个人按2%比例缴纳养老保险金。

1994年北京市人民政府出台企业职工失业保险规定，集团公司执行失业保险规定，企业每月按1%比例为职工缴纳失业保险金，个人每月缴纳2元失业保险金。失业人员享受失业保险待遇。

1995 年 4 月北京市人民政府出台《北京市城镇企业职工和退休人员大病医疗保险费用统筹》规定，集团公司及所属企业为职工和退休人员建档建册，查找个人资料、填写信息，为企业职工和退休人员办理并发放了“大病医疗卡”。企业每月按 6% 比例为职工缴纳大病医疗保险金，个人按 1% 比例缴纳大病医疗保险金。

2001 年，京工集团继续执行结构工资制，落实《关于书报费等发放办法的通知》《物业开发部门职工工资考核分配暂行办法》。同年 4 月为保障职工和退休人员患病时能够得到基本医疗，享受医疗保险待遇，北京市人民政府出台《北京市基本医疗保险规定》，京工集团为全体职工和退休人员办理了基本医疗手册，并发放到职工和退休人员手里；企业每月按 9% 比例缴纳基本医疗保险费、按 1% 比例缴纳大额互助基金；职工每月按 2% 比例缴纳基本医疗保险费并缴纳 3 元的大额互助基金。

2002 年，京工集团执行《北京京工服装集团有限公司关于调整公司本部浮动工资标准的方案》。

2003 年，京工集团执行《物业管理中心工资调整试行方案》，经京工集团经理办公会讨论决定调整饭费、电话费、专业技术津贴。同年，为保障因工作遭受事故伤害或者患职业病的职工获得医疗救治和经济补偿，根据北京市实施《工伤保险条例》办法，企业为职工按月缴纳 0.5% 的工伤保险金，促进工伤预防和职工康复，分减企业的工伤风险。

2004 年，京工集团通过《物业管理中心岗位责任制》，实施《物业管理中心结构工资调整方案》。

2005 年，京工集团调研本部管理人员工资结构并形成报告，理顺职工工资，重新确定结构工资标准。本部管理人员工资结构由岗位工资、浮动工资、各项补贴、年功津贴、交通补贴、饭费补贴组成。同年，为维护女职工的合法权益，保护其健康，北京市实施了北京市企业职工生育保险规定，企业按月为职工缴纳 0.8% 比例的生育保险金。

2006 年，京工集团通过《北京京工服装集团有限公司工资标准规定》，确定京工集团全体职工实行结构工资制，工资由岗位工资、效益工资、各项补贴构成。

2007 年，京二集团实施部室绩效考核制度，实行《物业管理中心岗位责任制及考核办法》，同时废止 2004 年《物业管理中心岗位责任制》。

2008年，京工集团为调动专业技术人员的积极性，吸引人才，留住人才，鼓励贤才长期为企业服务，增设管理岗位津贴；为鼓励高技能人才在岗位上发挥作用，在技术上有所创新，增设技师津贴及班组长津贴，增加专职司机的出车津贴等。

2009年，京工集团确定了在调整中发展和在发展中调整的工作思路，不断完善京工集团管理制度。修改完善《职工管理条例》《劳动合同实施细则》《职工工资支付办法》《职工考勤与请假制度》《职工劳动纪律管理规定》《带薪年休假制度》《劳动争议调解委员会工作细则》。遵照北京市出台的工资指导线、社会平均工资、职工最低工资标准，确定内部分配与市场工资的联动机制，突出岗位、职责和贡献的作用，拉开工资差距。同年，理顺了技术开发中心一线工人的工资标准；针对接收毕业生安排到管理岗位工作的胜任情况，制订了对毕业生在工作三年中工资递增的标准。

2010年，根据北京市工资指导线、社会平均工资、职工最低工资标准和职工代表提出的议案，为在岗职工调整了工资。在调整过程中本着向一线职工倾斜的原则，坚持专业技术职务和工人职业技能评聘结合相一致的原则，实行干部专业技术职务津贴与工人职业技能津贴标准的统一化。对新招收各类院校的大专以上学历毕业生增设了毕业生津贴。公司制定《关于加强专业技术人员和高技能人才工作的管理办法》和《关于修改完善年终奖考核办法的意见》。

2011年，京工集团进一步完善《关于加强专业技术人员和高技能人才工作的管理办法》，下发《关于贯彻执行“关于加强专业技术人员和高技能人才工作的管理办法修改补充意见”的通知》。

2013年，职工代表大会通过对“京工集团七项管理制度修改和补充方案”，同年通过《工资调整方案》。京工集团实行职工晋级制度，制定三套薪酬体系，一是在岗职工薪酬体系，工资级别由原来的职级工资调整为十八级工资制，增设在岗位上表现优秀的员工给予再次晋级的机会；二是服装技术薪酬等级体系，制定服装技术等级工资体系和考核标准，达到公平、公正，调动专业技术人员学习技术的积极性，保证服装技术人员队伍的稳定；三是电子商务部薪酬体系，制定以目标管理和考核管理为评价方式的电子商务部工资薪酬体系方案，通过个人评定、部室评定和专项小组评定，确定员工不同岗位不同等级，按能力、贡献大小分配工资的工资等级标准。

2015年，京工集团确定《关于调整实习补贴的相关规定》；同年结合北京市公共交通票价调整情况，经京工集团经理办公会研究决定，提高交通补贴标准。

2016 年，京工集团第三届第三次职工代表大会通过《京工集团 2016 年薪酬改革方案》；制定岗位相匹配的全新的薪酬体系，与时俱进，紧跟市场，加大考核力度，形成不同的激励机制，激发员工的工作热情。

2017 年，京工集团第三届第四次职工代表大会通过《京工集团绩效考核管理办法》。管理办法中增加了季度考核，完善考核内容，对员工工作完成情况进行更加客观、公正地评价，突出绩效考核在企业发展中的作用。第三届第七次职工代表大会通过《京工集团薪酬改革方案及绩效考核管理办法补充条款》，补充条款中增加应届毕业生续签劳动合同时重新核定工资等级的规定，以及各类休假职工绩效考核办法的规定，进一步完善薪酬和绩效考核管理的内容。

2018 年，京工集团进一步细化管理人员的工作考核标准，形成将员工试用转正考核、员工季度考核及员工奖惩纳为一体的考核制度，实现绩效考核的系统化、整体性及全面化。同年，经京工集团经理办公会研究决定，因物价指数增长，对京工集团本部职工饭费补贴进行了调整。

2019 年，京工集团进一步完善绩效考核内容。通过与各部门负责人进行沟通，听取广泛意见，梳理各部门岗位，明确职责，细化考核内容；通过调研，重新形成《关于部室绩考方案修改、业务部门提成方案调研报告》，提出部室评分比例调整、晋级流程调整以及相关部门关于销售提成方案的具体问题。同年，完善员工补充医疗保险。通过对两年内报销费用情况的分析，形成《员工享受企业补充医疗保险情况调研报告》。

2020 年，由于新冠肺炎疫情的蔓延，严重影响市场的正常运转，北京市政府陆续出台了减轻企业的压力，减免企业社保费用的规定；京工集团本部及下属单位按规定享受社保减免企业缴费部分（含养老、失业、工伤、医疗保险）共计 476 万元。

五、培训与开发

1963 年初，北京市服装鞋帽工业公司开展“五好徒工”竞赛活动，将“五好徒工评比条件”下发各单位，经过半年时间共评比出 51 名“所属企业五好徒工”。同年，6 月 15 日召开徒工大会，对 51 名所属企业五好徒工进行奖励。以上半年评选“所属企业五好徒工”为契机，北京市服装鞋帽工业公司在下半年制定了“呢服、布服、布鞋、衬衫等所属企业学徒工满师技术标准”，为贯彻这一标准，调动学徒工学习技术的积极性，在 12 月 6—9 日举办徒工培训汇报展览会，展示徒工产品 318 件。

1964 年，北京市服装鞋帽工业公司根据所属企业电工队伍力量的薄弱情况，特别是部分电工没有操作合格证，缺乏对电工的理论、安装和维修等技术知识的掌握，常常因电器发生故障不能得到及时维修影响生产。为解决这个问题，提高技术操作能力，北京市服装鞋帽工业公司与所属企业研究决定举办电工人员培训班，组织由北京市童装厂、北京友谊时装厂、北京衬衫厂等 14 家单位参加电工人员培训班，经过两个月的理论学习、实际操作和下厂实习，理论知识和技术水平都有提高，最后有 11 人参加电业局的统一考试，共有 9 人被录取。

1979 年 4 月，工业公司及所属企业召开了上高档、争优质、创名牌的专题会议，确定了技术升级和创名牌产品的单位和期限，并对厂与厂之间、厂与店之间挂上钩，下达了技术培训的名额和要求；会后，大多数单位都行动起来，大厂带小厂，老厂带新厂，有的派人到大厂学习，有的派人到兄弟厂具体帮助指导，初见成效。工业公司所属的北京人民服装厂、北京友谊时装厂、北京市服装七厂、北京市服装八厂、北京市服装一厂、北京市服装二厂、北京市服装三厂等都举办了为期半年或三个月的专职培训班，学习四、五个品种，培训青工 189 人。北京市服装七厂、北京市服装八厂、北京市服装三厂、北京人民服装厂等通过实行奖励制度，各项指标全面增长，超过历史最好水平。

1982 年，为贯彻中共中央、国务院《关于加强职工教育工作的决定》精神，工业公司下发《关于青壮年职工文化、技术统一考试安排》，开启了学文化、学技术的“双补”工作，对尚未达到中专或大专以上文化程度的在职专业技术干部，工业公司及所属企业推荐他们到北京市广播电视中等专业学校和北京广播电视大学及北京市总工会职工大学、中央党校函授学院等学校学习。工业公司下发《北京市服装工业联合公司内部职工教育管理规定》，鼓励在职人员提高文化知识，获得结业合格证的职工可凭毕业成绩领取奖学金。

1983 年，根据北京市工农教育委员会北京市劳动局签发的《关于进一步搞好青壮年工人技术补课工作的意见》的要求，工业公司组成了由主管领导牵头，劳资、教育、技术、工会、共青团等有关部门人员参加的工人技术考核委员会，在所属企业内开展技术补课的活动。

1986 年，根据主管局的要求，为提高一线职工的技术水平，提高企业劳动生产率和工时利用率，联合公司组织所属企业专家编写服装初、中、高等级工应知应会学习材料，开展撒网式的职工技术大培训，同时根据工作年限和工作岗位学习不同等级应知应会知识，通过考试给予技术等级的评定，评定出服装技术等级，颁发北京市工人技术等级证书。

公司所属各企业掀起青工学文化、学技术活动（1982年） 京工集团办公室 提供

1990年，为实现专业技术人员和管理干部必须达到高中以上文化水平和提高管理能力的要求，积极组织专业技术干部参加各类岗位培训班，如工程师的四新教育班、车间主任培训班、专职业务干部上岗培训等，联合公司及所属企业参加专业技术干部培训共有1006人，其中，参加高级班培训的16人，中级班149人，初级班培训841人；参加继续教育培训的275人，其中，参加高级班培训6人，中级培训58人，初级培训211人，共有60%以上专业技术人员和管理干部参加了培训。

1994年起，集团公司受市经委和纺织总公司委托组织举办了北京市第六届工人技术比赛，1996年组织举办了北京市第七届服装系统工人技术比赛，1998年组织举办了北京市第八届工人技术（服装制作工种）比赛，2000年组织举办了北京市第九届工人技术比赛。在集团公司技术比赛领导小组指导下，组织完成了四届北京市工人服装技术大赛，其中，北京市第九届工人技术比赛中，北京雷蒙西服分公司的选手获得了“第九届男西服比赛”中第一名的成绩。

2001年，为完成京工集团“十五”规划，实现把服装做大做强的目标，建设一支高水平的技术队伍，根据北京市劳动局关于持证上岗的要求，京工集团在服装高级工取证和服装技师资格方面加大了力度，聘请行业专家对技工人员在理论和实操给予不同等级的培训和指导，对参加取证考试的学员在服装理论、制版、实操、论文答辩等整个环节进行评审。通过理论与实操的考试，共有159人取得了由劳动部颁发的服装高级工证书。与此同时，京工集团根据纺织控股公司关于“加强北京纺织技师工作的意见”的要求，

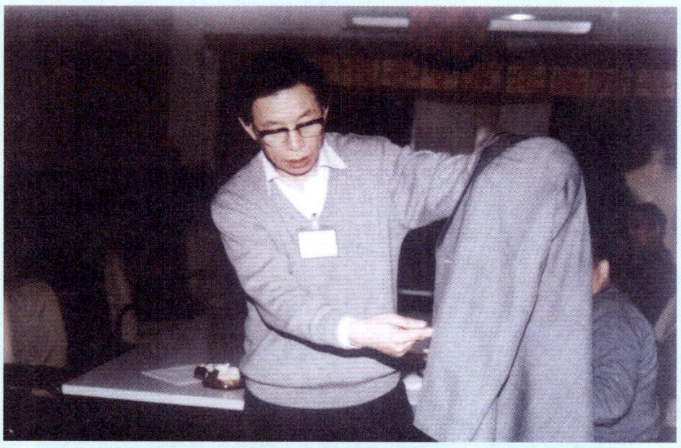

评审专家在第九届工人技术比赛中评审作品

京工集团办公室　提供

组织专家组编制了“北京市服装技师标准”和“北京市服装技师考试培训辅导教学大纲”以及培训计划、考试试卷等材料；共组织20个单位94名高级工参加了服装理论、制版、实操、论文答辩的考试，其中京工集团所属企业有8个单位61名高级工参加了考试，并取得了技师资格证。根据北京市劳动和社会保障局文件精神，经职工考核委员会对410名服装裁剪工、服装缝纫工、服装整烫工三个工种的中级工进行了鉴定考核，评审出中级工合格人数144名，其中：服装裁剪中级工28名，服装缝纫中级工116名。

2002年，京工集团在职工教育培训工作中，采用内训和外训相结合，自学和集中学习相结合的方式；根据需要定期安排内部培训，参加纺织控股公司组织的各种提高技能的素质培训，参加社会培训机构举办的专业知识培训和政策解读培训等。根据管理人员所承担的岗位职责为内容，本着缺什么补什么的原则，使培训的内容不断增加、新的知识不断得到补充，其中有统计、会计、劳动、安全等岗位的业务知识培训；专业技术管理人员继续教育的培训；中层干部素质教育的培训；青年干部思想教育的培训等。

2003年，根据北京市人力资源和社会保障局、北京市科学技术委员会下发的关于印发《北京市专业技术人员继续教育与专业技术职务晋升挂钩管理办法》的通知，京工集团组织参加纺织控股公司、纺织党校及其他机构的培训；培训内容从管理制度、专业知识到如何提高技能等方面。全年共有47人次参加培训，其中管理人员培训45人次，技术人员培训2人次。

2004年，京工集团继续加大培训的针对性和实效性，通过纺织控股公司、纺织党校及其他培训机构，共组织员工参加培训156人次，其中管理人员培训116人次，技术人员培训40人次。

2005年，京工集团加大对中层干部管理能力的培训，通过纺织控股公司、纺织党校及其他培训机构，共组织59名管理人员，参加继续教育培训100人次。

2006年，京工集团根据北京市委组织部、北京市人事局、北京市科委关于举办“新北京、新奥运”讲座通知的要求，组织参加专业技术人员和管理人员继续教育的培训；京工集团以“专业能力提升”为主线，通过纺织控股公司、纺织党校及其他培训机构，共组织70名管理人员，50名技术人员参加继续教育培训185次。

2007年，京工集团以“促进综合素质能力提升”和“增强自主创新能力，建设创新型城市”为基础，组织参加专业技术人员和管理人员继续教育的培训，通过纺织控股公司、纺织党校及其他培训机构共组织管理人员参加继续教育培训67人次。

2008年，京工集团通过纺织控股公司、纺织党校及其他培训机构，共组织63名管理人员参加继续教育培训。

2009年，京工集团为提高专业技术人员和管理人员的专业能力水平，通过纺织控股公司、纺织党校及其他机构，组织58名管理人员和专业技术人员分别参加的高级会计师、内部审计、会计人员继续教育及专业技术人员的继续教育培训课程，共计70人次。

2010年，京工集团通过纺织控股公司、纺织党校及其他培训机构，共组织30名管理人员参加教育培训35人次，内容包括会计、审计人员继续教育。组织管理人员参加纺织控股公司ELN企业在线学习培训管理系统的学习；根据ELN企业在线学习培训管理系统的课程安排，编制必修课程和选修课程，这对于全体管理人员是既不耽误工作又能提升素质的一种快捷学习途径。

2011年，京工集团通过纺织控股公司、纺织党校及其他培训机构，共组织企业经营管理人员45名，专业技能人员42名参加相关继续教育培训135人次。

2012年，京工集团通过纺织控股公司、纺织党校及其他培训机构，共组织53名管理人员、49名技术人员参加相关继续教育培训157人次。

2013年，京工集团继续加大参加纺织控股公司、纺织党校及外部机构培训的力度，实现京工集团员工分层、分类培训全覆盖。全年分期组织参加公文写作、档案管理员上岗资格培训、企业法律顾问继续教育等行政方面的培训；分期组织参加劳动人事实操能力培训、企业人力资源管理人员实务能力培训、劳动争议预防大型讲座等相关人力资源工作岗位专业技能培训；分期组织参加财务报表、NC系统培训、财务内控培训、会计继续教育等财务工作相关专业技能培训；组织新员工参加入职培训；组织参加纺织系统组织的节能减排新形势下服装行业发展高研班、电子商务发展趋势及攻略高研班等经营管理相关的培训。

2014年，京工集团以“培训是公司的常青树，是发展的最大后劲，是员工的最大福利”为宗旨，积极开展培训工作。结合京工集团实际，与北京联合智训企业管理咨询有限公司合作，设计出适用于企业的培训课程，让培训工作达到企业发展和个人成长的需要。电子商务部成立后，京工集团与北京网商动力教育科技有限公司建立合作，为加快提升专业技术人员的业务水平，尽快承担起电子商务部工作重任起到了积极作用。通过邀请企业领导人、部门负责人为讲师，对新员工进行安全知识、管理制度和职业素质等相关知识的培训，使新员工对企业加快了解，尽快进入工作角色，保证入职后工作顺利进行。京工集团通过纺织党校、行政院校以及内外培训，共组织49名管理人员，56名技术人员共参加相关继续教育培训170人次。

2014年举办京工集团新员工培训　　京工集团办公室　提供

2014年京工集团培训一览表

表11-6

序号	培训时间	参培人数（人）	培训内容	岗位
1	2014年1月31日至2月2日	1	微商模式与发展趋势	电商运营人员
2	2014年2月22日	2	高效时间管理与工作效率提升	中层以上管理人员

续表 11-6

序号	培训时间	参培人数（人）	培训内容	岗位
3	2014 年 2 月 27 日	2	技术到管理角色转换与技能提升	中层管理人员
4	2014 年 2 月 28 日	1	职场情绪与压力管理	人力资源部
5	2014 年 3 月 14 日	1	如何打造一支高绩效团队	人力资源部
6	2014 年 3 月 15 日	4	优秀员工个人职业化修炼	优秀员工
7	2014 年 3 月 22 日	4	跨部门协作与沟通	中层管理人员
8	2014 年 3 月 20 日至 22 日	2	品牌价值视觉实现步骤	电商运营人员
9	2014 年 3 月 27 日	1	招聘与面试技巧	中层管理人员
10	2014 年 3 月 28 日	2	领导者之剑——问题分析与解决	中层以上管理人员
11	2014 年 4 月 6 日	1	店铺运营诊断	电商运营人员
12	2014 年 4 月 12 日	2	PPT 工作汇报的设计与呈现	物业管理中心
13	2014 年 4 月 19 日	2	有效目标管理与执行力提升	中层管理人员
14	2014 年 4 月 24 日	2	企业运营中的法律风险防范	中层管理人员
15	2014 年 4 月 9 日至 24 日	3	档案工作者继续教育	中层管理人员
16	2014 年 5 月 22 日	1	员工职业生涯设计与开发	中层管理人员
17	2014 年 5 月 28 日至 29 日	1	网络营销理论与实践	中层以上管理人员
18	2014 年 6 月 14 日	1	商务礼仪、职场礼仪	一般管理人员
19	2014 年 6 月 13 日至 28 日	1	法务知识培训	法务相关人员
20	2014 年 6 月 18 日至 20 日	14	中层培训	中层以上管理人员
21	2014 年 6 月 25 日至 27 日	1	管理风格与领导艺术	中层以上管理人员
22	2014 年 6 月 27 日	1	采购成本削减与采购谈判技巧	中层以上管理人员
23	2014 年 9 月 12 日	2	Excel 人力资源应用案例	人力资源部
24	2014 年 9 月 10 日至 12 日	1	纺织行业全面提升高级研修班	中层以上管理人员
25	2014 年 10 月 17 日	2	NLP 卓越教练式管理者	中层以上管理人员

续表 11-6

序号	培训时间	参培人数（人）	培训内容	岗位
26	2014 年 10 月 18 日	2	高效能人士的七个习惯	中层以上管理人员
27	2014 年 11 月 21 日	1	新任经理工作技能	中层以上管理人员
28	2014 年 11 月 28 日	1	需求导向量化培训体系计划	人力资源部
29	2014 年 12 月 26 日	2	协调与统筹的项目管理	中层以上管理人员

2015 年，京工集团通过纺织控股公司、纺织党校及其他培训机构，共组织 76 名管理人员，11 名技术人员共参加相关继续教育培训 87 人次。

2015 年京工集团培训情况一览表

表 11-7

序号	培训时间	参培人数（人）	培训内容	岗位
1	2015 年 5 月 15 日	2	卓越的投资——高效执行力	中层以上管理人员
2	2015 年 5 月 16 日	1	双赢谈判策略与技巧	中层以上管理人员
3	2015 年 7 月 6 日至 10 日	2	疯狂流量	电商运营人员
4	2015 年 7 月 10 日至 11 日	5	中高层管理培训	中层以上管理人员
5	2015 年 7 月 23 日	1	供应商管理与采购谈判技巧	电商运营人员
6	2015 年 7 月 13 日至 17 日	2	运营特训营	电商运营人员
7	2015 年 7 月 28 日至 29 日	4	物业管理培训	物业管理人员
8	2015 年 7 月 31 日	8	新员工入职培训	新员工
9	2015 年 8 月 21 日	1	冲突管理技巧	中层以上管理人员
10	2015 年 8 月 25 日	2	培训者培训	人力资源管理人员
11	2015 年 9 月 25 日	2	云计算发展及应用	中层以上管理人员
12	2015 年 9 月 10 日	6	会计继续教育	财务管理人员
13	2015 年 10 月 15 日至 16 日	1	劳动关系培训	人力资源管理人员

续表 11-7

序号	培训时间	参培人数（人）	培训内容	岗位
14	2015 年 10 月 19 日至 20 日	1	统计者培训	中层以上管理人员
15	2015 年 10 月 21 日	38	有礼走天下——塑造魅力无限的职业形象	全体管理人员
16	2015 年 11 月 6 日	5	实用公文写作理论与技巧	党委、办公室
17	2015 年 11 月 19 日至 20 日	6	品牌直营店管理	导购人员

2016 年，为推动企业管理水平向更高目标发展，京工集团全年组织 23 项培训，其中党校培训 11 项、企业合作培训 10 项、内部培训 2 项，参加培训共计 111 人。培训课程主要集中为以下两类：一是针对性引进，心理学相关培训、OFFICE 软件应用培训、销售类培训、沟通类培训、管理技能类培训、心态及压力管理；二是专业技能类，财务管理培训、基础会计培训、物业管理培训、公文写作培训、人力资源事务管理培训、服装行业状况分析与职位研究、服装行业职位研究与职业生涯规划。

2016 年京工集团培训情况一览表

表 11-8

序号	培训时间	参培人数（人）	培训内容	岗位
1	2016 年 3 月 11 日	2	招聘面试中的望闻问切	人力资源管理人员
2	2016 年 4 月 22 日	2	顶尖谈判高手绝技	物业管理人员
3	2016 年 5 月 25 日至 6 月 23 日	1	人力资源管理人员专业岗位培训	人力资源管理人员
4	2016 年 5 月 27 日	1	企业全网营销	电商运营人员
5	2016 年 5 月 28 日	5	创造性问题分析与解决	党委、财务、经济技术
6	2016 年 6 月 3 日	2	FPA 性格领导力	中层以上管理人员
7	2016 年 6 月 17 日	1	人力资源管理培训	人力资源管理人员
8	2016 年 7 月 8 日	4	情绪与压力管理	经济技术、党委、办公室

续表 11-8

序号	培训时间	参培人数（人）	培训内容	岗位
9	2016 年 8 月 12 日	1	员工手册法律风险剖析与劳动争议预防	人力资源管理人员
10	2016 年 8 月 24 日至 26 日	4	青年训练营	新员工
11	2016 年 10 月 27 日至 28 日	3	物业管理培训	物业管理人员
12	2016 年 11 月 2 日至 4 日	7	时尚品牌发展建设与产业创新设计高级研修班	中层以上管理人员
13	2016 年 11 月 4 日	1	企业薪酬激励机制设计	人力资源管理人员
14	2016 年 11 月 18 日	2	团队协作的五大障碍	中层以上管理人员
15	2016 年 11 月 30 日至 12 月 2 日	1	人力资源部长高研班	人力资源管理人员
16	2016 年 12 月 16 日	2	病假、医疗期、“三期”员工管理技巧与风险控制	人力资源管理人员

2017 年，按照时尚控股公司“坚持时尚发展方向，加快战略转型，确保企业运行平稳”的战略部署，京工集团以“提高员工实际岗位技能和工作绩效为目标，建立全员培训机制，全面促进员工个人成长与发展和员工队伍整体素质提升”为方针，通过内外培训兼顾，继续加强人才培训相关工作。全年共组织培训 12 项，其中参加纺织党校培训 6 项，企业合作培训 2 项、内部培训 4 项，参加培训共计 81 人次。

2017 年京工集团培训情况一览表

表 11-9

序号	培训时间	参培人数（人）	培训内容	岗位
1	2017 年 1 月 19 日	1	金牌面试官－高效招聘与面试技巧	人力资源管理人员
2	2017 年 3 月 10 日	1	点石成金的薪酬激励体系	人力资源管理人员
3	2017 年 5 月 3 日至 5 日	2	会议活动摄影应用技术培训	办公室、经济技术
4	2017 年 5 月 8 日至 19 日	3	品牌时尚化高级研修班	中层以上管理人员

续表 11-9

序号	培训时间	参培人数（人）	培训内容	岗位
5	2017 年 5 月 11 日至 6 月 7 日	5	人力资源管理人员专业岗位培训班	人力资源管理人员
6	2017 年 5 月 25 日至 26 日	2	H5 设计制作及视频剪辑应用技术培训	办公室、经济技术
7	2017 年 9 月 6 日至 8 日	5	青年训练营	新员工
8	2017 年 10 月 19 日至 27 日	3	时尚产业园区与运营模式创新高级研修班	中层以上管理人员
9	2017 年 4 月 12 日	14	面试官技能培训及《劳动合同法》培训	人力资源管理人员
10	2017 年 6 月	10	绩效考核培训	人力资源管理人员
11	2017 年 8 月 18 日	13	新员工入职培训	新员工
12	2017 年 11 月 10 日	22	新员工入职培训	新员工
合计		81 人		

2018 年，京工集团以“十三五”规划蓝图为导向，坚定“打造时尚企业集团”目标不动摇，坚决推进企业各项工作不放松、不懈怠，努力为企业时尚转型提供人才支撑与智力支持。全年举行物业管理、人力资源管理、新媒体运营、青年训练营、人事档案、内审员等共 7 项目的培训，其中参加纺织党校培训 4 项，外部培训 2 项，内部培训 1 项，参加培训共计 36 人次。

2018 年京工集团培训情况一览表

表 11-10

序号	类别	培训日期	课程名称	参培人数（人）	岗位
1	纺织党校	2018 年 4 月 11 日至 12 日	物业管理培训	3	物业管理人员
2		2018 年 5 月 22 日至 6 月 29 日	人力资源培训	4	人力资源管理人员
3		2018 年 7 月 16 日至 18 日	新媒体运营研修班	2	办公室
4	纺织党校	2018 年 10 月 29 日至 30 日	人事档案培训	1	人力资源管理人员

续表 11-10

序号	类别	培训日期	课程名称	参培人数（人）	岗位
5	外培	2018 年 5 月 25 日至 27 日	内审员培训	2	经济技术管理人员
6		2018 年 8 月 22 日至 24 日	青年训练营	2	新员工
7	内部组织	2018 年 9 月 26 日	新员工入职培训	20	新员工

2019 年是落实“十三五”规划的关键年，京工集团根据企业转型发展的需要，抓住引进、培养、使用三个环节，持续强化人才队伍建设。在培训方面根据新人多、年轻人多的特点，继续加大对员工的教育培养力度。抓住各种学习、培训的机会，组织员工参加不同层面、不同内容的教育培训活动，使员工补充了知识，拓宽了视野，提高了专业知识水平和综合能力。全年包括纺织党校、内外部培训共组织 3 次，其中党校培训 1 项，外部培训 1 项，内部培训 1 项，参加培训共计 31 人次。

2019 年京工集团培训情况一览表

表 11-11

序号	类别	培训日期	课程名称	参培人数（人）	岗位
1	纺织党校	2019 年 5 月 30 日至 7 月 4 日	人力资源培训	1	人力资源管理人员
2	内部组织	2019 年 6 月 5 日	新员工入职培训	27	新员工
3	外培	2019 年 10 月 16 日至 18 日	青年训练营	3	新员工

2020 年，根据《关于推进职业技能提升行动“互联网 + 职业技能培训”工作的通知》文件精神和新冠肺炎疫情防控要求，京工集团积极开展线上培训，采取各部门自主学习的方式，课程包含了“职业礼仪”“心理应激干预”“应急安全与应急逃生”“人力资源管理”“视频剪辑”等内容，加强通用技术的培训，使每位员工都在不同程度上有所收获，年度内共有 254 名员工完成了线上学习。为进一步加强党管人才工作的落实情况，积极创新优秀青年人才培养机制，为优秀青年人才提供了理论学习和实践锻

京工集团举行“服装技艺传承拜师仪式”　　京工集团党委宣传部（新闻中心）提供

炼的平台，组织员工参加“2020 年时尚调训营”的培训活动。为加速京工集团时尚转型，有效传承老字号优秀的文化和弘扬工匠精神，加快专业技术人才的培养，通过建立师徒结对制度、确立传承人培养模式，制定了拜师管理办法，并举行隆重的拜师仪式，使越来越多的青年员工能够成为爱岗敬业的技术能手。为响应控股公司号召，贯彻落实北京市职业技能提升行动，更好地促进企业高技能人才队伍发展的需要，开展了服装制版师技师考评的工作，公司技术人员踊跃报名，为企业高技能人才队伍的发展积极工作。

2020 年京工集团培训情况一览表

表 11-12

序号	类别	培训日期	课程名称	参培人数（人）	岗位
1	线上培训	2020 年 7 月 1 日至 8 月 1 日	互联网＋职业技能培训	189	全体职工
2	外培	2020 年 8 月 10 日至 9 月 25 日	时尚调训营	1	优秀学员

六、离退休职工管理

1961年4月，北京市服装鞋帽工业公司成立以来，严格执行1953年1月2日政务院修正公布的《中华人民共和国劳动保险条例》，按照男工人与男职员年满60岁，一般工龄满25年，本企业工龄满5年者，可退职养老；女工人与女职员年满50岁，一般工龄满20年，本企业工龄满5年者，享受养老补助费待遇。公司按月付给退职员工养老补助费，付至其死亡时止。北京市服装鞋帽工业公司及所属企业设专人负责。

1978年，全国人民代表大会常务委员会第五届第二次会员批准《关于工人退休、退职的暂行办法》，文件规定"对老年工人和因工、因病丧失劳动能力的工人，对社会主义革命和建设做出了应有的贡献，妥善安置他们的生活"，工业公司及所属企业设专人负责。

1986年9月，联合公司所属企业相关领导与办理退休职工留影纪念　　京工集团办公室　提供

1995年，北京市出台《北京市城镇企业职工和退休人员大病医疗保险费用统筹》规定及《北京市企业城镇劳动者养老保险规定》，社会保险政策使城镇企业的离退休职工

依法享受养老、医疗待遇。集团公司及所属企业设专人负责。

2000 年，集团公司根据纺织控股（集团）有限责任公司职能调整和关于公司机构设置及定编定员的调整意见，确立由管理型向经营型转变发展的指导方针，为适应公司转轨变型的要求，经集团公司领导班子研究决定，对原设立的机构及定编定员进行相应的调整，同时设立了离退休管理部。

2001 年，随着京工集团的调整改制，离退休人员由 2000 年的 339 人增加到 2007 年的 2880 人，前后收编退休职工 2541 人。从此，离退休管理部承担起京工集团 2880 多名离退休职工的生病探望及医药费收集上报等工作，保证了离退休职工队伍的稳定。

2009 年，京工集团根据北京市政府对退休职工医保工作新办法的实施，鉴于离退休管理部已完成企业整体改制中离退休人员管理工作的实际，经京工集团党委会、经理办公室研究决定，撤销离退休管理部编制，将离休干部管理工作划归办公室（组织部）管理；退休职工划归劳动人事部管理。

2010 年，京工集团离退休职工 2899 名正式由劳动人事部接管，由专人负责。年度内正值北京市全面推行的“持卡就医，实时结算”的第一年，部室人员共同承担起社保卡的清点、分类、造册及通知、发放工作。2010 年退休职工实行了持卡就医、实时结算，对于在医保卡衔接过程中及急诊和计划生育等出现的费用还是需要由专职人员输机报送到社保中心，年底共计完成 2268 人次、1852 万元的药费单据报销的工作，更改医院信息共计 850 人次，更改本人信息共计 500 人次。两节期间共走访特困退休职工 59 人。帮助 83 名职工病故家属做好善后事情。

随着北京市人力资源和社会保障局对退休职工养老金发放和医疗保险政策的不断完善，企业退休专职工作人员从繁忙的接收药费单据解脱出来，从此转向到对退休职工的急诊、特殊病例、异地药费报销少数人群中和对退休职工人文关怀等方面，做细对特困退休职工的“两节”期间慰问工作、统计发放 60 年代精简退职老职工生活费的工作和退休职工取暖费的工作等。

2019 年，根据时尚控股召开的关于国有企业退休人员社会化工作会议要求，按照《北京市剥离国有企业办社会职能和解决历史遗留问题实施方案》《北京市推进国有企业退休人员社会化管理工作实施方案》等文件精神，京工集团全面落实退休人员社会化工作，以保证退休人员的权益不受影响、保证退休人员和谐与稳定为前提，积极、有序地开展工作。分解工作内容、明确责任、细化工作方案，及时对退休人员基础信息进行采集和档案整理；针对退休职工居住地点相对集中的特点，分别在右安门宿舍区、西单办公区、京工集团本部建立 3 个登记工作站，方便退休人员在工作站办理社会化手续；对于联系不上的退休职工，通过查阅退休人员地址发送挂号信，通过退休人员登记的地址、身份证号搜寻对应的居委会，以及根据登记地址走访对应的派出所，经过查询电话寻找到退休职工本人或亲属。截止到 2020 年 12 月，完成 2588 人信息表填报和资料收集工作，送至档案电子化加工人事档案份数 2581 份，取得复函中社保关系已完成转移人数 2563 人。京工集团退休人员社会化工作整体进度完成率达 96.6%。

第十二章 党群工作

公司自成立以来，坚持党的全面领导，坚决贯彻落实党的各项路线方针政策。通过组织开展党委理论学习中心组学习、党员学习教育和党员轮训等活动，不断增强领导干部职工的理论水平与政治素养。通过做好意识形态和舆情监控工作，确保京工集团意识形态领域安全。通过开展党的群众路线教育实践活动、“两学一做”学习教育、“不忘初心、牢记使命”主题教育等主题活动，进一步增强京工集团全体党员的理想信念和素质水平。公司认真贯彻落实国家、北京市及上级主管单位的各项政策及工作部署，落实老干部的政治待遇和生活待遇；京工集团工会在上级工会和集团党委的领导下，坚持以中共十九大精神为统领，全面贯彻落实中国工会十七大和北京市工会十四大精神，维护好职工合法权益，竭诚服务职工群众，加强对职工的思想引导，紧紧围绕企业发展目标，结合集团实际，全面履行工会职责，积极开展工会各项活动，切实发挥工会的桥梁纽带作用，展现新时代工会组织的新作为。京工集团团委在控股公司团委和京工集团党委的领导下，深入学习贯彻中共十九大和团的十八大精神，结合企业实际和团组织特色开展各种活动，转变思想观念，调整工作思路，推进各项工作深入开展，充分发挥党的助手和后备军作用，党联系青年的桥梁纽带作用和团员青年的生力军作用，团结带领广大团员青年为京工集团企业发展贡献力量。

第一节　党建工作

公司自成立以来，坚持党的全面领导，坚决贯彻落实党的各项路线方针政策。通过组织开展党委理论学习中心组学习、党员学习教育和党员轮训等活动，不断增强领导干部职工的理论水平与政治素养。通过做好意识形态和舆情监控工作，确保京工集团意识形态领域安全。通过开展党的群众路线教育实践活动、“两学一做”学习教育、“不忘初心、牢记使命”主题教育等主题活动，进一步增强京工集团全体党员的理想信念和素质水平。

一、组织建设

（一）党代会及党员大会

1972 年 12 月 5 日，工业公司临时党委向上级党委，即中共北京市第一商业局委员会提交《中共北京市服装工业公司临时党委关于召开第一届党代会建立党委会的请示报告》，就拟召开的党代会的规模、代表的条件及产生办法、党委会的委员名额及候选人名单等进行请示报告。12 月 20 日，工业公司召开党的第一次代表大会。

会议期间，代表们认真学习毛泽东有关党的建设的指示，学习中央有关文件，提高认识，总结经验，明确方向。大会按照党章规定和民主程序，无记名投票选举产生中共北京市服装工业公司第一届委员会。

第一届党委会委员 21 名：王金顶、关在山、刘萍、刘淑香、李国山、李淑芝、杜立勋、杜金堂、吴惠祥、许洪儒、宋岳、马东友、尚兴志、徐征、季绍福、高廷立、贾双臣、陈芳森、姚品柯、郭玉博、靳辛国。在第一届党委会第一次全体委员会上，选举产生 5 名常委：李国山、刘萍、尚兴志、许洪儒、季绍福。

1976 年 11 月 2 日，工业公司召开党的第二次代表大会。

会议期间，代表们学习了中央有关文件、领导有关讲话和报刊社论。大会按照民主集中制原则，选举产生中共北京市服装工业公司第二届委员会。

第二届党委会委员 29 名：马花兰、王金鼎、王士荔、马东友、傅义山、李尚文、李颖、李淑芝、李振兰、刘森、刘奎申、刘惠芳、刘淑香、关在山、宋岳、杜立勋、许洪儒、杨德兴、杨素忍、辛宝才、陈吉庆、季绍福、张旭生、张京华、尚兴志、郑同和、韩宝清、高廷立、曹淑兰。在第二届第一次党委会委员会议上，无记名投票选举产生公司党委常委、书记、副书记。党委常委 11 名：李尚文、许洪儒、张旭生、陈吉庆、杨德兴、季绍福、傅义山、李颖、韩宝清、尚兴志、刘惠芳。李尚文当选党委书记、许洪儒、张旭生、陈吉庆当选党委副书记。

1982 年 10 月 5 日至 7 日，工业公司召开党的第三次代表大会。

会议期间，代表们学习了中共十二大文件，审议并通过了工业公司第二届党委工作报告和纪委工作报告。采用无记名投票方式选举产生中共北京市服装工业公司第三届委员会和第二届纪律检查委员会。

第三届党委会委员 22 名：于宗尧、尤宝成、邓青、冯卫国、付义山、刘奎申、许洪儒、吉思玉、关再山、尚兴志、李淑芝、宋岳、张洁世、陈吉庆、陈芳森、赵凤阁、胡长海、高廷立、郭玉博、曹振昌、韩宝清、程文研。在第三届第一次党委委员会议上，无记名投票选举产生工业公司党委常委、书记、副书记。党委常委 7 名：于宗尧、邓青、付义山、许洪儒、尚兴志、陈吉庆、陈芳森。许洪儒当选党委书记、陈吉庆当选党委副书记。

第二届纪律检查委员会委员 5 名：尤宝成、孙德厚、陈光村、陈吉庆、赵邦贵。在第二届第一次纪委委员会议上，无记名投票选举产生纪委书记陈吉庆、纪委副书记尤宝成。

2002 年 5 月 13 日至 14 日，京工集团召开第一次党员代表大会。大会按规定的民主程序，以无记名投票的方式，采取直接差额选举办法。

选举产生中共北京京工服装集团有限公司第一届委员会。中共北京京工服装集团有限公司第一届委员会委员 5 名：马国红、王木恩、李耀东、张汝和、康秀玲。中共北京京工服装集团有限公司第一届委员会召开了第一次全体会议，康秀玲当选为党委书记，王木恩、马国红当选为副书记。

选举产生中共北京京工服装集团有限公司第一届纪律检查委员会。中共北京京工服装集团有限公司纪律检查委员会委员 5 名：马国红、王哲云、王慧芳、汪丹、曹治安。中共北京京工服装集团有限公司纪律检查委员会召开了第一次全体会议，选举产生纪委书记马国红。

会议总结回顾了京工集团改制以来的工作，并明确了2003—2005年的工作目标与工作任务，即深化体制改革，完成产业结构调整；发展品牌产品，利用品牌扩张；制定主业发展战略，完善市场定位；加强人力资源的开发与管理，为服装行业做大做强提供保障。2003—2005年的工作任务是：按照“三个代表”重要思想的要求，进一步解放思想，深化改革，努力完成各项工作指标；加强领导班子建设，培养高素质的人才队伍；适应形势，把握大局，积极推进企业党的建设；加强对工会、共青团组织领导，不断发挥工会共青团组织的作用。在“团结、创新、开拓、发展”的企业精神指导下，为服装行业做大做强，为实现北京纺织新格局而努力奋斗。

2006年6月21日至22日，京工集团召开第二次党员代表大会。大会按规定的民主程序，以无记名投票的方式，采取直接差额选举办法。

2006年6月22日，选举产生的中共北京京工服装集团有限公司第二届委员会成员　　京工集团办公室　提供

大会选举产生中共北京京工服装集团有限公司第二届委员会。中共北京京工服装集团有限公司第二届委员会委员7名：马国红、王木恩、李耀东、汪丹、张汝和、康秀玲、董晶。中共北京京工服装集团有限公司第二届委员会召开了第一次全体会议，选举产生书记、副书记。书记康秀玲，副书记王木恩、董晶。

2006年6月22日，选举产生的中共北京京工服装集团有限公司第二届纪律检查委员会成员　　京工集团办公室　提供

大会选举产生中共北京京工服装集团有限公司第二届纪律检查委员会。中共北京京工服装集团有限公司第

二届纪律检查委员会委员5名：马国红、王秀荣、王哲云、任爱贤、许青林。中共北京京工服装集团有限公司第二届纪律检查委员会召开了第一次全体会议，选举产生纪委书记马国红。

会议总结自第一次党员代表大会召开以来三年的工作，并明确2007—2012年京工集团工作目标和主要任务，即要加快发展，全面落实“十一五”规划。一是进一步健全和完善公司法人治理结构；二是进一步深化体制改革，整合优势资产，发展优势企业，使优良资源向品牌经营和经济效益好的企业集中；三是大力扶持出口贸易，拉动主业发展；四是提高品牌产品的竞争力，规范品牌的管理；五是完善资产监控体系，全面维护京工集团投资利益。要全面提高领导干部的素质，增强执政能力和驾驭能力；要与时俱进，积极创新党建工作，发挥党组织的政治核心作用；要永葆先进性，全面推进各项工作。一是巩固先进性教育活动成果，加强党的思想、组织和作风建设；二是加强党风廉政建设，拒腐防变；三是发挥工会、共青团优势，不断强化服务职能。在科学发展观的指引下，发扬京工人的顽强拼搏和坚忍不拔的精神，发挥两个作用，以实际行动庆祝伟大的中国共产党成立85周年，为实现京工集团“十一五”规划而继续努力奋斗，争取更大的胜利。

2012年8月15—16日，京工集团召开第三次党员代表大会。大会按规定的民主程序，以无记名投票的方式，采取直接差额选举办法。

大会选举产生中共北京京工服装集团有限公司第三届委员会。中共北京京工服装集团有限公司第三届委员会委员5名：李耀东、侯永利、客振家、董晶、魏丽。中共北京京工服装集团有限公司第三届委员会召开了第一次全体会议，会议以无记名投票的方式，采取等额选举办法，选举产生书记、副书记。书记魏丽，副书记李耀东、董晶。

大会选举产生中共北京京工服装集团有限公司第三届纪律检查委员会。中共北京京工服装集团有限公司第三届纪律检查委员会委员5名：马丽君、王辉、许青林、陈春梅、董晶。中共北京京工服装集团有限公司第三届纪律检查委员会召开了第一次全体会议，会议以无记名投票的方式，采取等额选举办法，选举产生书记、副书记。书记董晶，副书记陈春梅。

会议总结自第二次党员代表大会召开以来六年的工作，并明确2013—2015年京工集团发展的指导思想、工作目标和工作任务，即以邓小平理论和“三个代表”重要思想为指导，坚定不移地走中国特色社会主义道路，坚定发展信心，坚持发展方向。深入贯彻落实科学发展观，以科学发展为主题，以加快转变经济发展方式为主线，加快结构调整，加快品牌发展，提高企业经济效益和综合竞争力。充分发挥党组织的政治核心作用，团结带领广大共产党员和干部职工全面落实“十二五”规划，为实现集团又好又快发展而努力奋斗。2013—2015年的工作目标是：以实现京工集团又好又快发展为核心，以加快京工集团主业发展为重点，以提升设计研发水平和品牌竞争力为依托，以加强人才队伍建设为保证，提高京工集团整体实力和综合竞争力。2013—2015年的主要工作任务是：坚定实现发展目标的决心和信心，以开拓创新的精神，坚持走科学发展之路；加快结构调整，加快品牌发展，以更加坚实稳健的步伐，实现京工集团主业发展新突破；发挥技术创新在主业发展中的支撑作用，使京工集团研发体系建设取得显著成效；加强人才队伍建设，增强企业发展后劲，为实现京工集团发展目标提供人才保障；以完善的制度化建设和科学化管理，提高京工集团整体实力和综合竞争力；创新党建工作，提高党建工作科学化管理水平。

2016年10月26—27日，京工集团召开第四次党员代表大会。大会按规定的民主程序，以无记名投票的方式，采取直接差额选举办法。

大会选举产生中共北京京工服装集团有限公司第四届委员会。中共北京京工服装集团有限公司第四届委员会委员5名：朱华诚、李涛、李耀东、侯永利、董晶。中共北京京工服装集团有限公司第四届委员会召开了第一次全体会议，会议以无记名投票的方式，采取等额选举办法，选举产生书记、副书记。书记李耀东，副书记侯永利、董晶。

大会选举产生中共北京京工服装集团有限公司第四届纪律检查委员会。中共北京京工服装集团有限公司第四届纪律检查委员会委员3名：朱华诚、许青林、岳玉林。中共北京京工服装集团有限公司第四届纪律检查委员会召开了第一次全体会议，会议以无记名投票的方式，采取等额选举办法，选举产生书记、副书记。书记朱华诚，副书记许青林。

会议总结自第三次党员代表大会召开以来三年的工作，并明确2017—2019年京工集团发展的指导思想、工作目标和工作任务，即深入学习贯彻中共十八大、十八届三中、四中、五中全会及习近平总书记系列重要讲话精神，以中国特色社会主义理论体系为指导，聚焦首都战略定位，牢固树立“创新、协调、绿色、开放、共享”的五大发展理念，紧紧围绕落实“十三五”发展目标，发挥党组织的政治引领和凝聚推动作用，以加强党组织建设为核心，以加强党员思想教育为抓手，以开展主题教育为载体，以加强党风廉政建设为保障，团结带领广大党员、干部职工，持之以恒抓党建，凝心聚力促发展，为打造多元化时尚企业集团而努力奋斗。2017—2019 年的工作目标是：党的建设要更加坚强有力；改革创新要更加务实高效；队伍建设要更加符合需要；企业发展要更加和谐稳定。2017—2019 年的主要工作任务是：发挥党组织的思想引领作用，以改革发展的新理念引领企业转型发展；发挥党建工作优势，以党建工作创新的新成果推动企业创新发展；落实全面从严治党责任，以作风建设的新成效保障企业健康发展；落实人才队伍建设目标，以人才队伍建设的新成绩支撑企业持续发展；发挥群团组织优势，以创新企业文化建设的新举措助力企业和谐发展。

2019 年 11 月 26—27 日，京工集团召开党员大会，大会按规定的民主程序，以无记名投票的方式，采取直接差额选举办法。

2019 年 11 月 26 日，召开中国共产党北京京工服装集团有限公司党员大会

京工集团党委宣传部（新闻中心） 提供

大会选举产生中共北京京工服装集团有限公司新一届委员会。中共北京京工服装集团有限公司新一届委员会委员 5 名：朱华诚、李涛、李耀东、金娜、顾巍。中共北京京工服装集团有限公司新一届委员会召开了第一次全体会议，会议以无记名投票的方式，采取等额选举办法，选举产生书记、副书记。书记李耀东，副书记朱华诚。

大会选举产生中共北京京工服装集团有限公司新一届纪律检查委员会。中共北京京工服装集团有限公司新一届纪律检查委员会委员 3 名：岳玉林、金娜、谢凡。中共北京京工服装集团有限公司新一届纪律检查委员会召开了第一次全体会议，会议以无记名投票的方式，采取等额选举办法，选举产生书记。书记金娜。

会议总结自第四次党员代表大会召开以来三年的工作，并明确 2020—2024 年京工集团发展的指导思想和工作目标，即以习近平新时代中国特色社会主义思想为指导，深入贯彻中共十九大精神和时尚控股第一次党代会精神，增强“四个意识”，坚定“四个自信”，做到“两个维护”。加强党的领导、党的建设，推进全面从严治党。加速推进时尚转型步伐，努力实现高质量发展，为打造以品牌为核心，时尚与文化相融合，品牌、文化、服务互动互联的多元化时尚企业集团而奋斗。2020—2024 年的发展目标是：以提升产业核心竞争力和可持续发展能力为动能，品牌运营取得新进展，时尚与文化融合达到新高度，品牌影响力、竞争力占领新高地；以创新机制，激发企业发展活力为路径，坚持稳中求进，提质增效，全面防控经营风险；以加强人才队伍建设为保障，推动领导班子队伍、专业人才队伍、后备干部队伍建设取得更大成效，全面完成“十三五”规划目标任务，科学谋划“十四五”发展战略规划，职工收入有增长，让更多的转型发展成果惠及广大职工。

（二）党员发展

2002 年，京工集团党员 393 名，其中正式党员 379 人，预备党员 14 名，发展党员 14 名；北京高久雷蒙时装有限公司党员 39 名，其中正式党员 36 人，预备党员 3 名，发展党员 3 名。

2003 年，北京伊里兰服装有限公司党员 63 名，其中正式党员 61 人，预备党员 2 名，发展党员 2 名；北京长城风雨衣公司党员 59 名，其中正式党员 57 人，预备党员 2 名；北京京工红旗厂有限公司党员 25 名，其中正式党员 23 人，预备党员 2 名，发展党员 2 名；北京雷蒙服装有限公司党员 28 名，正式党员 28 人；北京高久雷蒙时装有限公司党员 34 名，其中正式党员 32 人，预备党员 2 名，发展党员 2 名；北京佐田雷蒙服装有限公司党员 5 名，正式党员 5 人。

2004 年，京工集团机关党总支党员 197 名，其中正式党员 192 人，预备党员 5 名，发展党员 8 名；北京伊里兰服装有限公司党员 61 名，正式党员 61 人，发展党员 0 名；北京长城风雨衣公司党员 56 名，其中正式党员 54 人，预备党员 2 名，发展党员 2 名；北京京工红旗厂有限公司党员 24 名，正式党员 24 人；北京佐田雷蒙服装有限公司党员

5名，正式党员5人。

2005年，京工集团党员256名，其中正式党员254人，预备党员2名，发展党员2名；北京京工红旗厂有限公司党员11名，其中正式党员10人，预备党员1名，发展党员，1名；北京佐田雷蒙服装有限公司党员5名，正式党员5人，发展党员0名；北京长城汉唐国际贸易有限公司党员43名，正式党员43人。

2006年，京工集团党员239名，其中正式党员237人，预备党员2名，发展党员1名；京工集团党总支党员185名，其中正式党员183人，预备党员2名，发展党员1名；北京京工红旗厂有限公司党员11名，正式党员11人；北京佐田雷蒙服装有限公司党员5名，正式党员5人；北京长城汉唐国际贸易有限公司党员38名，正式党员38人。

2007年，京工集团党员222名，其中正式党员214人，预备党员8名，发展党员7名；北京京工红旗厂有限公司党员12名，正式党员12人；北京佐田雷蒙服装有限公司党员5名，其中正式党员3人，预备党员2名，发展党员2名；北京长城汉唐国际贸易有限公司党员34名，其中正式党员33人，预备党员1名，发展党员1名。

2008年，京工集团党员187名，其中正式党员180人，预备党员7名，发展党员7名；京工集团机关总支党员174名，其中正式党员168人，预备党员6名，发展党员6名；北京京工红旗厂有限公司党员13名，其中正式党员12人，预备党员1名，发展党员1名；北京佐田雷蒙服装有限公司党员5名，正式党员5人。

2009年，京工集团党员181名，其中正式党员173人，预备党员8名，发展党员8名；北京京工红旗厂有限公司党员14名，其中正式党员12人，预备党员2名，发展党员2名。

2010年，京工集团党员176名，其中正式党员170人，预备党员6名，发展党员6名；北京京工红旗厂有限公司党员19名，其中正式党员13人，预备党员6名，发展党员6名。

2011年，京工集团党员171名，其中正式党员163人，预备党员8名，发展党员8名。

2012年，京工集团党员161名，其中正式党员158人，预备党员3名，发展党员3名。

2013年，京工集团党员146名，其中正式党员142人，预备党员4名，发展党员4名。

2014年，京工集团党员139名，其中正式党员139人。

2015年，京工集团党员137名，其中正式党员133人，预备党员4名，发展党员4名。

2016年，京工集团党员126名，其中正式党员124人，预备党员2名，发展党员2名。

2017年，京工集团党员117名，其中正式党员113人，预备党员4名，发展党员4名。

2018年，京工集团党员111名，其中正式党员108人，预备党员3名，发展党员3名。

2019年，京工集团党员92名，其中正式党员92人，发展党员2名。

2020年，京工集团党员75名，其中正式党员70人，预备党员5名，发展党员3名。

2021年，京工集团党员82名，其中正式党员74人，预备党员8名，发展党员5名。

二、思想政治建设

（一）党员学习教育

1961—1966年，按照上级党委部署，组织党员、干部和职工学习毛泽东的重要讲话、中央有关文件精神、《人民日报》社论，执行以农业为基础、以工业为主导的发展国民经济的总方针，进行社会主义教育。

1966—1976年，组织党员、干部和群众学习毛泽东著作和最新指示、“文化大革命”的文件。1970年后，学习毛泽东建党思想，直至1972年底，工业公司16个基层单位都已建立了党的基层组织。开展“工业学大庆”运动，组织开展多场社会主义劳动竞赛。1974年，建立定期评论党员制度，接受群众监督，加强党群联系。1974—1976年，举办29期学习班，轮训1712人；建立4所“七二一”工人大学，18所职工政治夜校，302个业余学习马列和毛泽东著作小组及600多人的工人理论队伍。

1976年11月2日，工业公司召开党的第二次代表大会，学习中央重要文件精神。1977年，为进一步贯彻落实全国工业学大庆的会议精神，公司于6月12日至15日召开党委（扩大）会议，传达学习全国工业学大庆会议精神。7月23日至27日，公司召开首届政治工作会议，学习中共十届三中全会的公报和中央文件精神。

1979年，工业公司组织党员、干部和群众学习贯彻中共十一届三中全会精神，把工作重点转移到经济建设上来。1980年至1988年期间，工业公司认真学习贯彻邓小平讲话精神，以增强四化信心、加强安定团结和坚持四项基本原则为宗旨，把广大党员和职工群众的思想统一到三中全会和五中全会的精神上。组织党员学习《关于党内政治生活的若干准则》，除了做到厂级党总支、支部书记进行轮训，各车间、科室的支部书记和党员领导干部在公司内进行轮训外，工业公司还先后组织大型党课宣讲活动共3次。

1989年，认真学习贯彻中共十三届三中全会精神，紧紧围绕工业公司提出的“以深化改革为动力，以经营承包为手段，以品质质量为重点，以提高经济效益为目的”的工作方针，对党员进行形势教育和合格党员的教育。

2001 年 6 月 26 日，根据集团公司党委“七一”系列活动安排，为纪念中国共产党成立 80 周年，更好地展示“新世纪让我们更靓丽风采”服装设计制作表演大赛主题活动成果，集团公司党委召开庆祝中国共产党诞辰 80 周年暨“争先创优”表彰大会。

2001—2002 年，公司党委及企业党组织注重围绕企业的中心工作和任务，开展多种形式的活动：以提高党员素质为内容的“党员责任制考核”“一个党员一面旗帜”“共产党员挂牌上岗”活动；以不断扩大积极分子队伍为主要内容的“一帮一、一带一”“126 我为企业做贡献”活动；以适应市场经济要求，不断提高基层党支部建设为内容的“支部达标上等级”和“支部特色”活动；以企业调整、改革、稳定和发展为内容的“三·一”党建活动,“敬业爱岗”“送温暖工程”“厂务公开”活动；以庆祝建党 80 周年为契机，开展形式多样的系列活动，并在广大干部职工中开展以“新世纪、新发展、新纺织”为主题的“三新”教育活动；在广大党员、积极分子中开展党员先进性教育；在企业领导干部中，开展“树形象、讲团结、顾大局”的主题教育。

京工集团党委每年举办入党积极分子培训班，对要求入党的职工尤其是年轻人加强思想教育和组织培养，使他们进一步提高对党的认识，坚定理想信念，端正入党动机，鼓励他们立足岗位、开拓进取，积极向党组织靠拢。

2006 年 9 月，北京京工服装集团有限公司举办入党积极分子培训班　　京工集团办公室　提供

京工集团党委每年均举办基层党支部书记、支部委员培训班，使党支部书记、委员不断提高政治理论学习水平和工作能力，不断提高自身综合素质，为进一步加强支部建设，发挥基层党支部的战斗堡垒作用奠定良好基础。

为了加强对党员及干部职工的教育，发挥榜样的力量，京工集团每年进行优秀共产党员和先进党支部的评选工作，树立先进榜样，带动身边的广大干部职工团结奋斗，为京工集团的发展努力工作。京工集团于每年“七一”前均召开庆祝建党暨“七一”表彰大会，表彰先进并号召全体职工向他们学习。京工集团党委每年结合主题教育在集团内部开展主题征文活动，并在“七一”表彰大会上进行交流活动。

2011 年，在纪念中国共产党成立 90 周年之际，迎来了京工集团成立十周年庆典。十年来，京工集团坚

2007 年 4 月，举办党支部书记支部委员培训班

京工集团办公室　提供

2007 年 11 月，召开党支部书记、委员培训及交流会

京工集团办公室　提供

2006 年 6 月 23 日，召开党群工作会暨“七一”表彰大会

京工集团办公室　提供

2007 年 9 月 19—21 日，京工集团政工工作总结会召开

京工集团办公室　提供

持党的领导，坚持改革开放，坚持坚定不移地走中国特色社会主义道路，坚持发展是硬道理的信心，自强不息，勇于拼搏，按照公司法和现代企业制度的要求，建立起了法人治理结构的新型集团公司，开创出京工模式的发展之路，磨砺出不屈不挠的京工精神，京工再创辉煌。十年来，锤炼出一大批优秀的京工人代表，他们能够认真贯彻执行党的路线、方针和政策，不断加强领导班子的建设，充分发挥政治思想工作的优势，积极维护国家利益，维护企业和职工的利益，积极推进和坚持党的改革开放政策，审时度势，锐意进取，在企业的调整、改制、资产重组中，勇于开拓、不断探索、大胆创新。在推进品牌和主业发展中，不断提升产品的研发力度，市场开发具有较大的突破，为京工集团实施品牌发展战略做出突出贡献，企业经济效益逐年增长，资产保值增值，职工收入年年有所提高，使企业改制后连续十年无亏损，在推进京工集团的改革进程中，优秀的京工人做出了重大的、突出的贡献。

在京工集团成立十周年之际，为表彰十年来为京工集团的发展做出突出贡献的京工人，弘扬京工精神，在行业内经广泛推荐，自下而上，层层推选，评审领导小组依据条件、事迹、贡献最终审议和公示后，经提交党委审查并批准，评选出为京工集团发展做出突出贡献的“十大京工人”（按姓氏笔画排列）：

王木恩，曾任京工集团总经理、党委副书记；

王哲云，曾任京工集团总会计师；

尹玉茹，曾任京工集团辅料分公司经理；

白志跃，曾任北京市京工红旗厂有限公司总经理；

李万全，曾任北京京工伊里兰服装服饰有限公司总经理；

李耀东，曾任京工集团董事长、总经理；

张汝和，曾任京工集团副总经理；

武保宗，曾任北京市京工服装进出口有限公司总经理；

桂文生，曾任北京京工枫叶服装服饰有限公司总经理；

康秀玲，曾任京工集团董事长、党委书记。

6 月 27 日，京工集团党政联合发布《庆祝北京京工服装集团有限公司成立十周年“十大京工人”表彰决定》，表彰他们的先进事迹。京工集团党委号召全体干部职工向“十大京工人”学习，学习他们对党、对广大职工的忠诚，坚持和拥护党的领导，用较高的政治素质，极大地维护国家、企业和职工的利益，坚持改革开放，不断开拓进取，以推进企业的发展、取得效益最大化、职工生活水平不断提高为已任；学习他们对企业的热爱和无私奉献的精神；学习他们恪尽职守，廉洁自律的风范。各级党组织认真学习和宣传“十大京工人”的先进事迹和做出的突出贡献，调动广大干部职工为京工集团“十二五”无私奉献的精神，鼓舞起广大干部职工为企业和品牌发展努力奋斗的士气，为京工集团打造更辉煌和美好的明天而奋斗。

2011 年 6 月 27 日，纪念中国共产党成立 90 周年　庆祝京工集团成立 10 周年大会上，京工集团表彰“十大京工人”

京工集团办公室　提供

2018 年 8 月至 10 月底，根据《北京时尚控股公司党委关于开展学习习近平新时代中国特色社会主义思想专题读书活动的通知》精神，为教育引导广大党员真正学懂弄通习近平新时代中国特色社会主义思想，进一步武装头脑、指导实践、推动工作，京工集团党委在全体党员中开展学习习近平新时代中国特色社会主义思想专题读书活动。京工集团党委理论学习中心组（扩大到三级企业负责人）采取集中自学的方式，于8月23日、9月27日、10月26日进行了集中学习，学习了《习近平谈治国理政》第一卷、第二卷以及《习近平新时代中国特色社会主义思想三十讲》，并在学习后相互交流学习内容及体会，做到了静下心来读原文、悟原理；各基层党支部按照活动实施方案，结合讲党课、“三会一课”组织支部党员进行了每月一次的集中学习；离退休党员们通过送学上门的形式，认真自学了下发的学习材料。

（二）意识形态工作

2017年12月，为做好意识形态工作，京工集团按照时尚控股《北京时尚控股公司党委关于落实党委意识形态工作责任制的通知》精神，确保意识形态工作责任制落实到位，结合京工集团实际，制定了京工集团落实意识形态工作责任制的相关要求。通过建立健全组织领导体系、责任分工体系、分析研判体系、监督考核体系和责任追究体系，切实增强“四个意识”、坚定“四个自信”、做到“两个维护”，不断提高政治站位，坚持首善标准，充分认识做好首都意识形态工作的极端重要性，按照党管意识形态的要求，牢牢把握正确政治方向，始终在思想上政治上行动上同以习近平同志为核心的党中央保持高度一致。

2018年12月28日，为深入贯彻落实党管意识形态、党管宣传工作原则，以习近平新时代中国特色社会主义思想为指导，增强“四个意识”、坚定“四个自信”、做到“两个维护”，进一步规范新闻发布工作，讲好品牌故事，弘扬企业精神，转播企业发展声音，京工集团建立《北京京工服装集团有限公司新闻发言人制度》，不断提升新闻宣传传播力、引导力和影响力，为建设多元化时尚企业集团争取广泛支持，有效维护和提升企业形象。

2019年，根据时尚控股《2019年宣传思想文化工作要点》，强化意识形态工作认识、落实责任，京工集团在第四届第三次职工代表大会和领导班子与职工代表联席会上，京工集团党委书记、董事长，总经理李耀东对意识形态工作进行部署，强调在党建与宣传工作中，要强化意识形态工作责任制，强化意识形态阵地管理，强化思想舆论引导，有关信息发布工作要严格审批手续。2019年5月22日，为加强对意识形态工作的领导，统筹协调单位在生产、经营、管理中体现意识形态工作要求，切实形成党组织统一领导、党政齐抓共管、宣传部门组织协调、有关部门分工负责的工作机制。京工集团党委成立了以党委书记为组长的意识形态分析研判小组，定期研判、通报意识形态领域的各类情况。同时，重新修订并下发《北京京工服装集团有限公司党委关于落实党委意识形态工作责任制的实施办法》，实施办法中明确了意识形态工作的基本原则，使部室责任更加细化。在修订实施办法的基础上，又制定《北京京工服装集团有限公司互联网平台信息发布管理暂行办法》，明确互联网平台信息发布与非互联网平台信息发布制度的审批流程，进一步把控舆情风险，提高发布信息质量。在2019年开展的“不忘初心、牢记使命”主题教育党课活动中，京工集团党委书记李耀东特别强调，面对多种视角错综复杂的舆论，要做到理智面对、客观剖析、谨言慎行、不动不摇，始终与党中央保持高度一致。在2019年全年工作中，结合京工集团实际情况和不同阶段要求，开展形势任务教育，加强对思想政治工作的领导，加强对报刊、网站、通讯员的管理，把握正确舆论导向，同党中央保持一致，担负起意识形态工作的政治责任和领导责任。

2020年开始，京工集团党委在年初工作会中，与京工集团各党支部书记签订《意识形态工作责任书》，进一步强化党对意识形态工作的领导，牢牢把握正确的政治方向，严格落实党管意识形态责任制，坚决保证企业意识形态安全。其次，通过召开京工集团意识形态工作部署会，对意识形态工作作出部署，并提出明确要求：一是在企业宣传工作中，要牢固树立“四个意识”、坚定“四个自信”、坚决做到“两个维护”，对于发布的信息要保质保量、合法合规；二是面对国内国际多种视角错综复杂的舆论，要做到理智面对、客观剖析、谨言慎行、不动不摇，把符合社会主义核心价值观，内涵正能量的信息发布给大众；三是要切实遵守发布程序，严格审批手续，发布的内容要保证时效性、真实性、统一性。2020年1月15日，京工集团制定《北京京工服装集团有限公司舆情应对管理实施办法》，切实维护企业舆情安全和意识形态安全。2020年12月30日，结合京工集团实际工作情况，为进一步加强意识形态工作，牢牢掌握意识形态的领导权和主导权，加强国有企业有关互联网平台信息发布与管理，重新修订《北京京工服装集团有限公司党委关于落实党委意识形态工作责任制的实施办法》及《北京京工服装集团有限公司互联网平台信息发布管理办法》。

在疫情期间，京工集团党委为开展习近平总书记关于疫情防控重大部署的重要讲话精神等学习，加强疫情防控工作，减少人员集中，集团党委为领导班子、各党支部、习近平新时代中国特色社会主义青年学习小组等提供学习材料，供企业干部职工进行自学。同时，京工集团党委发布对全体职工的一封信，利用宣传栏、微信群等方式，制作防疫宣传海报、防疫工作PPT等，发布权威媒体的防疫防控宣传材料，宣传京工集团在防疫工作一线党员、职工的工作动态，全体党员干部职工紧抓防疫，维护舆论安全，不信谣、不传谣，确保意识形态领域工作安全。

（三）党委理论学习中心组学习

2001年是集团公司改制与发展的关键一年，提高领导干部的政治业务素质，保证公司整体改制发展是党委理论学习中心组学习的主要目的。党委理论学习中心组成员坚持集中学习与个人自学相结合的方式，第一季度学习2000年12月30日发表在各报的江泽民《关于改进党的作风》、江泽民总书记在中央纪委五次全会发表的重要讲话、江泽民总书记视察北京清河毛纺厂的重要讲话、纺织控股工作会议的报告及京工服装工业集团公司党群工作会的报告和行业工作会议的报告。明确形势和2001年集团公司改制与发展的工作任务，改进工作作风，加强廉政建设。第二季度，学习《关于北京市国民经济和社会发展第十个五年计划纲要的报告》，学习纺织控股《宣传工作》2001年第1—10期，以及中纪委第四次、第五次全会精神，特别是中纪委四次全会提出的国有企业领导人员廉洁自律五项规定。第三季度，学习《前线》2001年第5期的文章《中国共产党八十年；三条道路是怎样开辟出来的》。学习《求是》2001年第9期的文章《理论建设是思想建设的根本——写在中国共产党成立八十周年前夕》。江泽民“在庆祝中国共产党成立八十周年大会上的讲话”（2001年7月2日《北京日报》）；纺织控股《宣传工作》（三季度下发材料）。集中听录音学习中央党校理论部教授主讲的“三个代表——新思路、新旗帜”。第四季度，重点学习《中共中央关于加强和改进党的作风建设的决定》（2001年10月8日《北京日报》）及纺织控股《宣传工作》三季度的材料，及《前线》2001年第9期的文章《与时俱进，理论创新的光辉典范》。

2005年是京工集团走实、壮大、加快发展的重要一年，京工集团认真学习和贯彻中共十六届四中全会《关于加强党的执政能力建设的决定》，不断提高领导干部的理论水平，增强开拓创新、驾驭企业的能力。第一季度，党委理论学习中心组学习《前线》上的文章《执政意识与执政能力》（2004年第12期）、《关于提高驾驭社会主义市场经济能力的几个问题》（2005年第1期）、《与领导干部谈读书学习》（2005年第1期）及纺织控股纪委2004年案例通报。第三季度，党委理论学习中心组学习《求是》《前线》杂志上的理论文章，《筑牢党员干部保持先进性的思想政治基础》（《求是》2005年第11期）、《保持共产党员先进性与提高党的执政能力》（《前线》2005年第6期）、《践行科学发展观，努力建设一流企业》（《前线》2005年第6期）。第四季度，党委理论学习中心组学习中共十六届五中全会通过的《中共中央关于制定国民经济和社会发展第十一个五年计划的建议》(《北京日报》《人民日报》2005 年 10 月 19 日),《加强党的制度建设，提高党的执政能力》(《前线》2005 年第 7 期)、《关于纪委协助党委组织协调反腐败工作的规定（试行)》(《中国纪检监察报》2005 年 9 月 26 日)、《中共北京市委关于贯彻落实〈建立健全教育、制度、监督并重的惩治和预防腐败体系实施纲要〉的意见》(《是与非》2005 年第 9 期)。通过学习，党委理论学习中心组成员进一步明确了党的制度建设在党的执政能力建设中的重要作用，用理论知识指导实际工作，推动企业各项工作的开展。

2010 年，京工集团党委以学习实践科学发展观为统领，全面贯彻落实中共十七届四中全会精神，坚持党委理论学习中心组学习制度，围绕京工集团经济工作，不断提高领导班子理论水平和工作能力。第一季度，学习 2010 年中央经济工作会议精神及胡锦涛、温家宝在会上的重要讲话;《中共中央关于加强和改进新形势下党的建设若干重大问题的决定》等。第二季度，学习《中国共产党党员领导干部廉洁从政若干准则》;《关于推进学习型党组织建设的意见》(《党建》2010 年第 3 期);《全面贯彻党的十七届四中全会精神，深入推进党风廉政建设和反腐败斗争——在中国共产党第十七届中央纪律检查委员会第五次全体会议上的工作报告》(《党风廉政建设》2010 年第 2 期);《让学习成为党员干部的一种工作方式》(《支部生活》2010 年第 4 期)。第三季度，学习《认真总结推广基层实践成果和经验，以改革创新精神推进反腐倡廉建设》(《求是》2010 年第 13 期)、《以党风廉政建设和反腐败斗争新成效取信于民》(《党风廉政建设》2010 年第 4 期)、《王佐镇：从改变环境中找到出路》(《北京日报》2010 年 7 月 12 日）及《北京京工服装集团有限公司争创“四强”党组织、争做“四优”共产党员活动实施方案》和京工集团 2010 年上半年经济工作报告。第四季度，学习《在创先争优中弘扬沈浩精神》(《北京支部生活》2010 年第 10 期)、《进一步推进国有经济结构战略性调整》(《中心组学习参阅》2010 年第 8 期)，集中观看《经济发展方式转变》教学光盘。参加纺织控股组织的党风廉政建设知识测试，通过测试，进一步理解《中国共产党党员领导干部廉洁从政若干准则》的深刻内涵，筑牢思想防线。

2015 年，共组织党委理论学习中心组学习 22 次。1 月 20 日，研究讨论京工集团经济工作工作会报告《提升管理水平 巩固改革成果 为打造“时尚、科技、服务”新纺织做出贡献》。3 月 26 日，研究确定“十三五”时期企业定位及主业范围。4 月 2 日，在纺织党校，听取《深入学习习近平总书记关于“四个全面”的论述》的报告。4 月 24 日，在北京京棉纺织集团有限责任公司，学习《国有企业在新常态下混合所有制改革中应关注的问题》。4月28日，在纺织党校，学习《新常态下的首都经济》。6月18日，参加“纪律与规矩”专题教育培训。5月20日，考察无锡物联网产业研究院，学习物联网相关知识。6月5日，学习《坚持严字当头　努力干在实处》。6月18日，参加“纪律与规矩”专题教育培训。6月23日，组织召开“三严三实”专题教育党课。6月24日，参观廉洁奥运主题文化园，观看市纪委书记叶青纯专题党课，案件检查工作培训。7月2日，学习《践行三严三实 从正德修身开始》。7月9日，在纺织党校，学习《践行“三严三实”大力推进全面从严治党》。8月28日，参加纺织控股2015年第三季度纪检监察干部培训会。9月18日，参加“京津冀协同发展”专题学习培训。9月24、25日，在光华集团，学习《浅谈新常态下的纺织纪检监察工作》。11月18日，学习《中国共产党廉洁自律准则》和《中国共产党纪律处分条例》。12月4日，参加纺织控股四季度纪检监察干部培训。

2016年，共组织党委理论学习中心组学习19次。1月7日，研究讨论京工集团2016年工作报告。1月21日，在京工集团经济工作会上学习专题报告《把纪律挺在法律前面，做忠诚干净担当的好干部》。1月28日，学习专题报告《贯彻十八届五中全会精神专题报告会》。3月4日，学习讨论《贯彻十八届五中全会精神专题报告会》。3月31日研究讨论京工集团管理制度。4月21日学习专题讲座“时尚产业，推动转型升级的思路”。6月17日，学习专题报告《唤醒党章党规意识专题报告会》。6月21日，讨论京工集团第四次党代会党委工作报告。7月20日，专题讲座党代会工作培训。7月28日，讨论京工集团第四次党员代表大会纪委报告，参观贝壳菁汇并洽谈合作。8月5日，在京工集团落实“十三五”规划大会上解读“十三五”规划，宣贯京工集团制度汇编。8月9日，学习服装行业状况分析与职位研究。8月18日，学习研究讨论党代会报告，确定2017—2019年的工作任务。在国科大学习讨论“两学一做”学习教育领导人员培训。10月10日，讨论京工集团第四次党代会纪委报告。11月15日，在控股公司学习贯彻全国国有企业党的建设工作会议精神。12月21日，学习专题报告《十八届六中全会精神》。12月29日，学习讨论传达时尚控股工作会精神。

2017年，共组织党委理论学习中心组学习10次。1月6日，学习习近平总书记在企业党的建设工作会议上讲话。3月2日，学习习近平总书记系列重要讲话精神专题讲座。3月10日，学习《论共产党员的修养》、传达时尚控股有关“四个意识”的中心组学习内容。5月2日，学习“为官不为、为官乱为”和严肃查处群众身边的不正之风和腐败问题专项治理工作方案、学习《党风廉政建设责任制考核办法》和党支部书记、纪检委员的职责。7月4日，学习北京市第十二次党代会报告、习近平总书记2017年2月视察北京时的重要讲话。8月21日，学习《北京时尚控股公司党委关于转发〈中共北京市委组织部关于认真贯彻落实《党委（党组）讨论决定干部任免事项守则》的通知〉的通知》《北京时尚控股公司党委关于印发〈北京市贯彻《中国共产党党委（党组）理论学习中心组学习规则》的实施办法〉的通知》。9月8日，学习首都职工素质建设工程公益大讲堂、时尚控股素质工程公益大讲堂。10月27日，学习十九大报告速览、专家解读十九大报告的十个关键词、十九大对党章的修改。11月15日，学习北京时尚大讲坛：不忘初心、牢记使命——党的十九大精神解读。11月19日，讨论报告，学习贯彻中共十九大精神专题会议。

2018年，共组织党委理论学习中心组学习7次。1月5日，学习《控股公司企事业单位领导人员管理暂行办法》，1月31日，集中学习中共十九届一中全会习近平讲话，学习中共十九大以来习近平对党建工作的要求。7月6日，集中学习习近平在6月29日政治局会议上的讲话新闻稿，学习朱勇的文章，讨论青年干部的标准、要求、追求及青年干部要怎么做。8月9日，参加时尚控股组织的在光华集团召开的党委理论学习中心组（扩大）学习报告会。8月23日、9月27日，京工集团党委理论学习中心组（扩大）分别开展专题读书活动，学习《习近平谈治国理政》第一卷、二卷中的内容及《习近平新时代中国特色社会主义思想三十讲》，会后各成员进行自学。10月26日，继续开展专题读书活动。

2019年，共组织党委理论学习中心组学习14次。1月2日集中学习研讨《习近平2019年新年贺词》、时尚控股纪委关于转发《违反中央八项规定精神问题月报数据填报说明》的通知。3月19日，集中学习《跋山涉水再出发——准确把握庆祝新中国70周年2019年全国两会的精神内涵》。4月24日，集中学习研讨《中共中央关于加强党的政治建设的意见》。5月22日，集中学习研讨《中国共产党重大事项请示报告条例》《党政领导干部考核工作条例》。6月5日，集中学习研讨《习近平在“不忘初心、牢记使命”主题教育工作会议上强调 守初心、担使命、找差距、抓落实 确保主题教育取得扎扎实实的成效》。6月17日，专题研讨“围绕初心和使命 基层党员领导干部如何做到知行统一”。7月15日，领导班子与青年学习小组共同学习《习近平组书记在中央政治局第十五次集体学习时的重要讲话精神》《中国共产党纪律处分条例》。7月16日，集中学习《坚守初心、担好使命 加快打造国内领先、具有卓越竞争力的时尚产业集团》。8月16日，集中学习、个人自学《从党史新中国史中汲取营养和力量》《中国共产党的90年》。9月4日，集中学习《习近平在中央党校（国家行政学院）中青年干部培训班开班仪式上发表重要讲话强调 发扬斗争精神增强斗争本领 为实现“两个一百年”奋斗目标而顽强奋斗》。9月24日，集中学习《时尚控股第一次党代会报告》。12月2日，集中学习研讨《中国共产党第十九届中央委员会第四次全体会议公报》《中共中央关于坚持和完善中国特色社会主义制度推进国家治理体系和治理能力现代化若干重大问题的决定》。12月10日，集中学习《深入学习党的十九届四中全会精神》。12月30日，集中学习时尚控股工作会精神、宣传工作条例。京工集团党委制定了《北京京工服装集团有限公司党委2019年度党委理论学习中心组专题计划》，做到年初有计划，季度有学习提示，坚持将学习学深学实，学习之后有反思，主动运用到实践中去，明确学习目标重点，提高学习质量。

2020年，共组织党委理论学习中心组学习13次。京工集团党委在疫情期间，开展专题学习习近平总书记关于疫情防控重大部署的重要讲话。1月9日，参加时尚控股组织的在光华集团学习《十九届四中全会解析〈开辟“中国之治”的新境界〉》。1月22日，集体研讨交流习近平主席二〇二〇年新年贺词；2月12日，集体学习习近平在北京市调研指导新型冠状病毒感染肺炎疫情防控工作时强调“以更坚定的信心 更顽强的意志 更果断的措施 坚决打赢疫情防控的人民战争总体战阻击战”；3月16日，集中学习、专题研讨《在统筹推进新冠肺炎疫情防控和经济社会发展工作部署会议上的讲话》。理论中心组成员坚持从工作实际出发，结合自己所分管的具体工作，结合多元化时尚企业集团建设，不断提高学习效率和效果。4月16日，集中学习时尚控股相关文件精神。5月19日，集体研讨交流李宁商业模式及企业文化学习交流。6月18日，集中学习、专题研讨《中国共产党国有企业基层组织工作条例（试行）》《党委（党组）落实全面从严治党主体责任规定》。7月27日，集体开展“坚持党建引领 打造社区生态”专题研讨交流、各成员重点发言。8月26日，京工集团党委理论学习中心组参加时尚控股举办党的十九届四中全会精神专题培训班集中研讨发言。9月7日，集中学习、收看视频《传统商场转型升级换新颜》，各成员重点发言。10月23日，集体收看“纪念中国人民志愿军抗美援朝出国作战70周年大会”直播。12月16日，集体研讨交流学习中共十九届五中全会精神的体会。

（四）党员轮训

2017年起，京工集团党委开始开展党员轮训活动，也为进一步提高党员的整体素质，增强党员的责任心和使命感，进一步锤炼党性，保持党组织的先进性和纯洁性，发挥基层党组织的战斗堡垒作用。

2017年6月20—22日，京工集团党委在全体在岗党员中举办了2期轮训班，轮训班由京工集团党委副书记、工会主席董晶主持，共70名党员参加了此次轮训。在开班仪式上，董晶带领大家重温了入党誓词。党委书记、董事长李耀东为党员讲了一堂生动的党课，全面解读了党章的历次修改，着重讲解了十八大新党章和“四个意识”，并结合实际强调了增强“四个意识”的重要性。同时，培训班邀请了北京市机械局党校的安立老师为党员解读《关于新形势下党内政治生活的若干准则》和《中国共产党党内监督条例》的相关内容，重点强调了践行《准则》和《条例》的四个着力点。组织观看中央党校唐建副教授“学习贯彻党的十八届六中全会精神”的视频讲座。全体党员就学习内容分组进行讨论，畅谈、交流自己的学习收获与体会，同时进行党章党规知识的答题活动。各组推荐的代表在总结会上做交流发言，总结学习的收获和体会，提出今后的努力方向。此次党员轮训班是京工集团党委多年来第一次开展的全体在岗党员轮训，通过

2017年6月20—22日，京工服装集团有限公司举办京工服装集团有限公司2017年党员轮训班

京工集团办公室　提供

学习交流，全体党员接受了一次全面、深入的思想教育，进一步提高党员党性修养，参与轮训的党员纷纷表示要在工作生活中更好的发挥先锋模范作用，以实际行动迎接中共十九大胜利召开。

2018年，为推动京工集团“两学一做”学习教育更加深入、扎实、有效地开展，进一步增强党员的“四个意识”，让全体党员感悟红旗渠“自力更生、艰苦创业、团结协作、无私奉献”的精神，切实做到不忘初心、牢记使命、永远奋斗，增强工作的责任心和事业心，京工集团党委定于6月中旬分2期对在职党员进行轮训。此次轮训是在全党上下以习近平新时代中国特色社会主义为思想指导，认真学习贯彻中共十九大精神，将“两学一做”学习教育常态化制度化不断推向纵深之际举办的。6月11—13日，在红旗渠文化培训中心举办2018年党员轮训第一期，共有34名党员参加了此次轮训。第一期开班仪式由京工集团党委副书记、工会主席董晶主持，红旗渠文化培训中心李林会主任致欢迎词，党委工作部部长许青林代表第一期党员接过了班旗。京工集团党委书记、董事长、总经理李耀东在开班仪式上做了动员讲话，要求要将红旗渠精神与“自强不息、顽强拼搏、无私奉献”的京工精神结合起来，真正把学习培训成果转化为党员干部的新面貌、谋划工作的新思路、推动发展的新能力，转化为打造多元化时尚企业集团的新动力，为实现“十三五”战略目标贡献力量。6月19日—21日，举办了2018年党员轮训第二期，共有28名党员参加了此次轮训。开班仪式由京工集团纪委书记朱华诚主持并代表京工集团党委做动员讲话，提出了希望和要求，希望党员将红旗渠精神与京工精神结合起来，真正把学习培训成果转化为党员干部的新面貌、谋划工作的新思路、推动发展的新能力，要在灵魂上有触动、思想上有提升，要做到学以致用，将红旗渠精神融入工作，为打造多元化时尚企业集团贡献力量。开班仪式后，参与轮训的党员观看了话剧《红旗渠》，坚定了京工集团开展“发挥主观，不找客观，做好自己，提升自我”的企业文化建设的自信。在走进林州人民用智慧和血汗创造的世界瞩目的人工天河红旗渠的堤坝上，看着绵绵流淌的渠水，感受着红旗渠的宏伟壮丽，惊叹和敬仰着红旗渠的建设者们。在走过红飘带、水长城，到达红旗渠的咽喉工程——青年洞时，党员们对红旗渠精神有了更深的感悟。全体党员在青年洞前举起右手，面向党旗，庄严宣誓。在参观红旗渠，深刻领悟红旗渠艰苦卓绝的精神后，全体党员更加坚定了理想信念，激发了对工作的热情，更加热爱本职工作。

2018 年 6 月 11—13 日，北京京工服装集团有限公司举办 2018 年党员轮训（第一期）

京工集团办公室　提供

2018 年 6 月 19—21 日，北京京工服装集团有限公司举办 2018 年党员轮训（第二期）

京工集团办公室　提供

2019年5月14日，京工集团党委在全体在岗党员中举办2019年党员轮训，轮训班由京工集团党委副书记、工会主席董晶主持，共有55名在岗党员参加了轮训。集团党委书记、董事长、总经理李耀东在轮训开班仪式上做动员讲话，北京纺织党校的石鑫老师为党员们做“中国共产党党史——不忘初心、砥砺前行”的课程培训，从革命、建设、改革、引领四个方面介绍中国共产党的发展历程，深入阐述中国化马克思主义在曲折中初步形成的过程，使党员们更加坚定共产主义信念，不忘初心、砥砺前行。北京市机械工业管理局党校的李淑静老师为党员们进行“坚定不移全面从严治党——加强新时期党内纪律建设”的专题培训，从全面从严治党的重大成就、新时代全面从严治党新部署、贯彻落实全面从严治党新部署三个方面，解读全面从严治党的要求和新时期党的纪律，加深党员对全面从严治党的要求和新时期党内的纪律、规矩的理解。通过此次轮训，全体在岗党员接受了一次全面深入的思想教育，进一步增强“四个意识”，坚定“四个自信”，坚决做到“两个维护”，不忘初心，牢记使命，不断增强党性观念、党员意识和带动职工推进集团稳步发展的本领，在打造多元化时尚企业集团进程中发挥先锋模范作用。

2019年5月14日，北京京工服装集团有限公司举办2019年党员轮训

京工集团党委宣传部（新闻中心）提供

三、主题教育活动

（一）“三讲”学习教育活动

为深入贯彻江泽民同志“七一”讲话精神，不断推进集团公司调整、改革和发展工作的顺利进行，根据《中共中央办公厅关于在国有大中型企业领导班子及成员中开展以“讲学习、讲政治、讲正气”为主要内容的学习教育活动的意见》和纺织控股党委《关于在部分国有中大型企业领导班子成员中开展“三讲”学习教育活动的实施意见》，并充分结合集团公司工作实际，2001年开展“三讲”学习教育活动。为此，集团公司成立了“三讲”学习教育活动领导组织小组，并制定了活动教育方案，共分为三个阶段。

2001年7月19日至8月1日为第一阶段，学习理论，提高思想认识。7月25日，集团公司召开“三讲”学习教育动员大会，纺织控股指导组组长、企业领导干部、集团公司中层干部、职工代表和离退休老同志代表参加此次会议。党委书记康秀玲在会上作动员讲话，全面部署此项活动。在此阶段，领导班子通过分散与集中相结合的方法，认真学习中央及市委和纺织控股党委关于“三讲”活动的意见与要求，自学江泽民“七一”讲话、国有企业“三讲”学习教育活动必读材料，深刻理解“三个代表”重要思想，提高对“三讲”活动的认识。同时，通过召开企业领导干部、中层干部、离退休老同志和职工代表座谈会，开展集中专题讨论、交流，广泛征集团公司党员干部职工群众对领导班子及成员的意见，对照个人意见情况，进行自查自纠。

8月2—15日为第二阶段，找准问题。集团公司召开党委会征求领导班子对照检查总结材料的意见，并进行修改和完善。同时，开展班子之间谈心活动，结合工作实际，指出存在问题，相互帮助分析原因，提出整改意见。8月6日，召开民主评议动员大会，进行分组评议。8月14日，集团公司召开领导班子民主生活会，对领导班子及个人检查情况开展批评与自我批评，从而更好地增强领导班子和干部的党性，加强思想作风建设。

8月16—23日为第三阶段，制定整改方案，落实整改措施。8月18日，召开集团公司党委会，对领导班子整改方案进行讨论并完善。8月22日，听取纺织控股指导组对班子整改方案修改意见，领导班子集体讨论确定整改方案，落实责任制。8月23日，集团公司召开“三讲”学习教育活动总结大会，集团公司党委书记康秀玲作“三讲”学习教育活动总结报告，并宣读整改方案，纺织控股指导检查组对此次活动也给予肯定，至此，集团公司圆满完成了“三讲”学习教育活动的工作任务。

（二）保持共产党员先进性教育活动

按照《中共中央关于在全党开展以实践“三个代表”重要思想为主要内容的保持共产党员先进性教育活动的意见》的要求，按照纺织控股的安排，京工集团从 2005 年 8 月初开始全面开展保持共产党员先进性教育活动。2005 年 7 月 29 日，京工集团党委召开党委会传达了纺织控股开展教育活动的精神和部署，进一步增强了关于开展保持共产党员先进性教育活动的重要性和必要性的认识，明确了教育活动的指导思想、目标要求及活动安排。教育活动分为学习动员、分析评议、整改提高三个阶段。

8 月初至 8 月 31 日为学习动员阶段。8 月 1 日，京工集团党委成立保持共产党员先进性教育活动领导小组及工作小组，并明确工作职责。同时，制定并下发《北京京工服装集团有限公司关于开展保持共产党员先进性教育活动的实施方案》及领导责任制等 6 项工作制度，京工集团领导班子成员确立了各联系点，深入基层指导工作。同月，举办骨干培训班，对所属单位的书记、骨干、办公室工作人员进行培训。8 月 12 日，京工集团党委召开保持共产党员先进性教育活动动员大会，党委书记康秀玲对全体党员进行动员，从先进性教育活动的意义到京工集团开展先进性教育活动的阶段安排及具体要求都详细进行了宣讲和安排，纺织控股督导组参加动员大会，大会标志着京工集团保持共产党员先进性教育活动正式启动。8 月 19 日，京工集团党委书记康秀玲、总经理王木恩分别为京工集团全体在职党员及部分离休党员进行党课和形式教育，使广大共产党员深刻理解了努力实践“三个代表”的重要思想，进一步明确保持先进性教育的基本要求。在此阶段，集团公司党委通过组织全体党员收看电视教育片《与时俱进新党章》、参观北京档案馆举办的“保持共产党员先进性，永远走在时代前列”图片展、学习党章，增强党员的意识，使全体党员更加明确新时期开展先进性教育活动的必要性和重要性，为确保先进性教育活动的质量打下良好的基础。8 月 30 日，在纪念抗战胜利 60 周年之际，恰逢京工集团开展保持共产党员先进性教育活动，京工集团党委召开纪念抗日战争胜利 60 周年座谈会，康秀玲代表集团公司向 4000 多名职工向抗战老战士表示诚挚的问候和崇高的敬意，同时，领导班子成员和二级联系人为每一位到会的老战士佩戴上由中共中央、中央军委、国务院颁发的纪念章。

在此基础上，9 月 1—23 日转为学习阶段。9 月 6—8 日，京工集团分别召开中层干部、所属企业、分公司、子公司负责人及党员代表座谈会，就加强领导班子建设、加快行业发展以及党组织建设、党员队伍管理问题进行交流，并对京工集团今后发展提出建议。9月12日，京工集团机关党总支在学习、撰写心得体会及支部交流研讨活动的基础上，组织保持共产党员先进性教育活动学习交流会，来自机关各支部的12名党员对增强党员意识，树立党员形象，发挥模范作用畅谈学习体会。9月16日，北京京工伊里兰服装服饰有限公司揭牌仪式在北京京工服装集团有限公司举行，揭牌仪式由京工集团副总经理张汝和主持，北京京工伊里兰服装服饰有限公司董事长王木恩致祝词，纺织控股总经理龙云泽、京工集团董事长康秀玲为北京京工伊里兰服装服饰有限公司揭牌。这是京工集团在保持共产党员先进性教育活动中，发展品牌、做强主业的又一重大举措。

9月23日至10月25日为分析评议阶段。9月23日，京工集团召开保持共产党员先进性教育活动学习阶段总结暨分析评议阶段动员大会，此次会议标志着教育活动分析评议阶段正式开始，京工集团全体党员、纺织控股督导组参与大会。党委副书记、总经理王木恩，代表领导班子向大会进行学习阶段心得体会交流，党委副书记董晶作学习阶段总结暨分析评议阶段动员。在分析评议阶段，围绕不同层次查找问题的不同重点方面。9月23—26日，按照教育活动征求意见内容，分别召开基层领导干部、机关中层、职工代表、离退休人员座谈会，设立征求意见箱、专线电话、网上邮箱，保证征求意见到位；9月27—30日，京工集团党委开展多方位谈心活动，结合工作实际，针对本人思想、工作作风、廉政建设等方面相互交换思想、指出存在问题，相互帮助分析原因，提出整改意见；10月1—9日，各级领导班子成员和广大共产党员紧密联系个人实际，结合征求意见，撰写党性分析材料，做到查摆问题准确、分析问题深刻、努力方向明确；10月10—13日，各支部组织召开专题民主生活会，开展批评与自我批评，进一步提高思想认识，增强进一步做好工作的信心和决心；10月14—25日，通过提出批评意见、反馈评议意见、通报评议情况方式，党员们认识到自己不足，明确努力方向，进一步调动了广大党员的积极性和创造性。

10月25日至11月11日为整改提高阶段。10月25日，京工集团召开保持党员先进性教育活动第二阶段总结暨整改提高阶段动员大会，京工集团党委书记康秀玲对分析评议阶段的工作进行全面总结，通报集团公司领导班子召开民主生活会的情况，布置整改提高阶段的工作。针对前期征求意见、自我剖析中查找出的问题和民主评议中反映的问题，京工集团党委认真制定整改措施，明确整改重点，落实整改责任，并按照党章的要求切实进行整改。同时，通过建立教育培训机制、党建督导机制、廉洁自律机制、服务群众机制和考核激励机制，进一步落实党要管党、从严治党的方针，增强各级党组织的创造力、凝聚力和战斗力。11 月 10 日，京工集团党委召开了保持共产党员先进性教育活动总结大会。京工集团总经理王木恩向全体党员公布《保持共产党员先进性教育活动领导班子整改方案》；工会主席、纪委书记马国红宣布《集团公司保持共产党员先进性长效机制》；党委书记康秀玲作《保持共产党员先进性教育活动工作总结》。至此，京工集团圆满完成保持共产党员先进性教育活动的各个阶段工作任务，教育活动取得初步成效。

（三）“做党的忠诚卫士、当群众的贴心人”主题实践活动

根据《关于北京纺织控股公司纪检监察系统开展“做党的忠诚卫士、当群众的贴心人”主题实践活动的通知》精神，京工集团纪委结合 2008 年纪检监察工作要点和反腐倡廉建设主要工作，在全体党员干部中开展“做党的忠诚卫士、当群众的贴心人”主题实践活动，按照京工集团的统一安排，主题实践活动从 2008 年 7 月开始，至 9 月中旬结束。分为学习动员、提高认识，联系实际、深刻剖析、强化教育，总结经验、整改提高三个阶段。

7 月为学习动员，提高认识阶段。在此阶段，京工集团紧密围绕经济中心工作和 2008 年纪检监察各项重点工作的推进，对开展主题实践活动做出安排。组织全体党员干部深入学习十七大文件精神、中国特色社会主义理论体系特别是科学发展观、学习胡锦涛同志在中央纪委十七届二次全会上的重要讲话和贺国强同志所作的工作报告、学习市委十届三次全会和市纪委十届三次全会精神等重要讲话。在学习和培训过程中，京工集团注重结合思想和工作实际的研讨与交流，采取导读文件、专题研讨、交流学习心得等多种形式，提高学习效果，促进党员干部在思想上的统一和认识上的提高。

8 月为联系实际，深刻剖析，强化教育阶段。京工集团对照十七大和中央纪委十七届二次全会精神，紧密结合企业反腐倡廉建设面临的新形势和新挑战，认真查找工作中存在的差距和不足。组织党员干部严格对照党章规定的党员义务，围绕“四个对”，即“对党和国家无限忠诚，对腐败分子和消极腐败现象坚决斗争，对广大干部和群众关心爱护，对自己和亲属严格要求”的基本要求，认真总结近年来思想、工作、纪律和作风方面的情况，深入查找在理想信念、宗旨意识、工作能力、工作作风、廉洁自律等方面存在的不足和问题，深刻剖析原因。同时，开展党员谈心活动，做到坦诚相见，沟通思想，找准问题，形成共识，做好自查自纠和征求意见的工作。在此基础上召开专题民主生活会，积极开展批评与自我批评，并制定具有针对性、操作性、实效性的初步整改方

案，为京工集团加强规范化管理，进一步健全完善工作体制、机制、制度奠定了基础。

9 月为总结经验，整改提高阶段。在找准问题和原因的基础上，制定京工集团“做党的忠诚卫士、当群众的贴心人”主题实践活动整改方案和整改措施，做到边查边改，在主题教育活动中解决一些不足和问题，积极创造行之有效的好做法。

通过开展主题实践活动，在京工集团广大党员干部中树立解放思想、创新求实、与时俱进的思想作风；勤奋学习、深入调研、学以致用的良好学风；求真务实、真抓实干、遵守纪律的工作作风；服务大局、民主和谐、团结协作的领导作风；艰苦奋斗、清正廉洁、健康向上的生活作风，切实达到提高素质、改进作风、严格要求、树立形象的目的。

（四）党的群众路线教育实践活动

根据北京市委、北京市国资委和纺织控股关于深入开展党的群众路线教育实践活动的要求，京工集团于 2013 年 7 月召开党委会议，研究部署开展党的群众路线教育实践活动工作，同月，制定《北京京工服装集团有限公司党的群众路线教育实践活动安排》，成立党的群众路线教育实践活动领导小组及办公室，明确工作职责与任务。教育实践活动从 2013 年 8 月中旬开始，共分为学习教育、听取意见；查摆问题、开展批评；整改落实、建章立制三个环节。

2013 年 8 月中旬至 2013 年 9 月上旬为第一环节，是学习教育、听取意见阶段。2013 年 8 月 12 日，京工集团召开党的群众路线教育实践活动动员大会，党委书记、副总经理魏丽对开展教育实践活动进行动员部署，此项实践活动正式启动，纺织控股第一督导组组长对京工集团党的群众路线教育实践活动做出指导并提出要求。2013 年 9 月 6 日京工集团党委书记、副总经理魏丽就“‘党的群众路线’的产生与发展，以及如何坚持党的群众路线”向总支（支部）委员及机关各支部党员讲党课，通过集体学习，重温党的历史，对党的群众路线有更加深刻的理解和认识。在党的群众路线教育实践活动中，通过自学《论群众路线》《习近平总书记重要讲话选编》等教育实践活动学习材料，观看《四风警示录》《贾立群先进事迹报告会》等宣传教育片、参观《复兴之路》展览和反腐倡廉教育基地等开展学习教育活动。同时，对领导班子“四风”方面及工作中存在的问题进行了广泛征求意见，通过开展民主测评、座谈会、个别访谈、填写问卷等多种形式及在各个层面征求意见、查找问题，先后组织企业负责人、中层管理干部共 36 人对领导班子进行民主测评。分别召开了企业负责人、机关中层干部、职工代表参加的专题座谈会，共 55 人参加。在全系统党员、干部中进行问卷调查，组织京工集团各职能部室分别召开会议，征集对领导班子成员在四风方面和工作方面的意见，为对照检查、开展批评和解决问题打好基础。

2013 年 9 月中旬至 12 月底为第二环节，是查摆问题、开展批评阶段。围绕为民、务实、清廉要求，通过群众提、自己找、上级点、互相帮，认真查摆“四风”方面存在的问题，进行党性分析和自我剖析，开展批评和自我批评。京工集团领导班子全体成员认真学习党的群众路线教育实践活动相关文件和材料、采取多种形式虚心听取群众意见、开展广泛深入的谈心活动、认真撰写对照检查材料，发扬不等不靠的精神，厉行整改，为专题民主生活会召开奠定良好的思想基础。10 月，京工集团召开专题民主生活会，领导班子成员认真按照“照镜子、正衣冠、洗洗澡、治治病”的总要求，以为民务实清廉为主题，实事求是，严肃认真，紧扣群众反映的意见，结合个人思想实际、岗位职责和工作经历，从党性修养、宗旨意识、担当精神、责任意识等方面作诚恳、深刻的自我批评。班子成员之间开展积极健康的相互批评，在“红红脸”“出出汗”的同时，也起到“鼓鼓劲”“加加油”的作用，取得好的成效。2013 年 12 月 26 日，京工集团党委召开党的群众路线教育实践活动专题民主生活会通报会，纺织控股第一督导组组长、副组长参加此次会议。党委书记魏丽做专题民主生活会情况通报，介绍专题民主生活会召开的前期准备情况，班子成员在民主生活会上坦诚进行批评和自我批评、深刻剖析思想根源，针对查找出的问题形成整改思路并积极整改的情况。通报会后，根据纺织控股党委关于对教育实践活动开展情况进行“回头看”的具体要求，领导班子召开教育实践活动“回头看”交流会。党委书记魏丽首先代表班子作教育实践活动“回头看”自查报告，之后，班子各位成员从学习教育、查摆问题、自我剖析、谈心交心、开展批评、边查边改六个方面对活动前两个环节的情况进行回顾和总结，交流心得体会，提出工作设想，明确新的努力方向。督导组两位组长对京工集团开展教育活动第一、二环节的工作给予充分肯定，并要求领导班子要巩固前两个环节的活动成果，继续认真做好第三环节的工作，建章立制，把整改措施落到实处，以教育实践活动推动京工集团各项工作的开展。

2013 年 12 月底至 2014 年 2 月上旬为第三环节，是整改落实、建章立制阶段。京工集团党委针对领导班子查摆出“四风”方面的突出问题，制定《领导班子整改落实方案》。整改落实方案从班子建设、转变工作作风、宗旨意识、开拓创新、加强制度建设、执行中央八项规定等 6 个方面制定 27 项整改目标任务，逐项明确责任领导、责任部门和整改时限。在制定整改落实方案中，领导班子以对照检查出来的问题为重点，紧密结合京工集团工作实际制定具体、可操作的整改措施。2014 年 2 月 12 日，经京工集团党委研究并报纺织控股第一督导组批准，召开京工集团党的群众路线教育实践活动总结会，对开展活动的情况进行全面总结。纺织控股第一督导组组长、副组长参加了此次总结会。会上，党委书记魏丽对京工集团开展党的群众路线教育实践活动进行全面总结，提出今后的努力方向。控股公司督导组组长对京工集团教育活动给予充分的肯定。

（五）“三严三实”专题教育

为深入学习贯彻中共十八大及十八届三中、四中全会精神，深入学习贯彻习近平总书记系列重要讲话精神，对照“严以修身、严以用权、严以律己，谋事要实、创业要实、做人要实”的要求，贯彻落实纺织控股党委《关于开展“三严三实”专题教育实施方案》的精神，2015 年 6 月，京工集团开展“三严三实”专题教育。2015 年 5 月 26 日，京工集团党委制定《北京京工服装集团有限公司关于开展“三严三实”专题教育的实施方案》，此次专题教育的对象为京工集团领导班子成员。

2015 年 6 月 18 日，京工集团党委理论学习中心组成员、纪委书记参与纺织控股党委举办的“纪律与规矩”专题教育培训。6 月 23 日，京工集团党委书记魏丽向京工集团中层以上干部和三级企业领导，以《树立严的观念 培养实的作风以自觉践行“三严三实”要求 扎实推动各项工作落实》为题，就开展“三严三实”专题教育进行动员。通过对“三严三实”的基本要求和内涵进行学习，向与会党员阐述“三严三实”六个方面内容的理解和认识，并号召京工集团党组织要扎实开展好专题教育，要切实增强党员领导干部践行“三严三实”要求的思想自觉和行动自觉，努力在深化“四风”整治、巩固和拓展党的群众路线教育实践活动成果上见实效；在守纪律、讲规矩、营造良好政治生态上见实效；在真抓实干、推动改革发展稳定上见实效。

2015 年 7 月至 10 月，在专题学习研讨过程中，通过参加“践行三严三实 从正德修身开始”讲座学习，观看录像《永远的焦裕禄》《作风建设永远在路上》《学习“三严三实”好榜样》，参与纺织控股专题讲座等形式，将自学与专题学习研讨相结合，在深入学习的基础上，联系企业实际，进一步细化研讨题目，紧扣问题，交流互动，达成共识。同时，为做好京工集团“三严三实”专题民主生活会，京工集团党委组织领导班子成员开展多种形式的学习活动。一是学习《中国共产党廉洁自律准则》、《中国共产党纪律处分条例》以及习近平总书记系列重要讲话精神，联系实际学、带着问题学、深入思考学，增强领导班子成员的宗旨意识和群众观点。二是采取多种形式虚心听取群众意见。京工集团党委在组织学习教育的基础上，组织三级企业负责人、机关中层干部、各职能部室干部、职工代表，召开2个专题座谈会，进行问卷调查，对京工集团领导班子及班子成员“三严三实”方面存在的问题进行广泛征求意见，为领导班子及班子成员找准问题奠定良好的基础。三是开展广泛的谈心活动。通过谈心活动，领导班子成员之间主动开展批评和自我批评，沟通思想、交换意见，相互帮助、增进共识。四是领导班子成员结合征求到的意见，对照“三严三实”要求和《中国共产党廉洁自律准则》，认真回顾自己的思想、工作情况，找出存在的问题以及产生的原因，提出改进的措施。

2016年1月18日，京工集团党委召开2015年度“三严三实”专题民主生活会。京工集团党委书记魏丽首先代表领导班子作对照检查报告，领导班子成员紧密联系自己思想和工作实际，逐一做对照检查，进行自我批评，深入查摆问题，充分谈心交心，开展相互批评。

通过此次主题教育，京工集团领导班子的全体同志受到深刻的党性教育和考验，经历了一次积极健康的党内政治生活洗礼，进一步明确自我净化、自我提高的努力方向。

（六）“两学一做”学习教育

为贯彻落实北京市委、北京市国资委、纺织控股党委关于在全体党员中开展“学党章党规、学系列讲话，做合格党员”学习教育的总体部署，2016年，京工集团党委全力推进“两学一做”学习教育扎实有序开展，不分批次、不划阶段、不设环节，按照思想建党和制度治党相结合的要求，突出正常教育。

2016年5月18日，京工集团党委召开全体在岗党员参加的“两学一做”学习教育动员部署大会，大会由京工集团党委副书记、董事长、总经理李耀东主持。党委副书记董晶部署京工集团“学党章党规、学系列讲话，做合格党员”学习教育实施方案，宣布“两学一做”领导小组和工作小组名单。党委书记魏丽代表京工集团党委对开展“两学一做”学习教育提出具体要求，各级党组织和广大党员要以高度的政治责任感和扎实的工作作风，按照京工集团党委的统一部署，认真落实好学习教育各项任务要求。确保尽好责、抓到位、见实效，把学习教育落实到每个支部，落实到每个党员。

2016年5月24日，京工集团党委在全体党员中开展“对党忠诚、做合格党员”主题征文活动。通过参加征文活动，展现广大党员对开展“两学一做”学习教育的思想认识、实践感悟和创新做法，引导党员坚定理想信念，牢记誓词，不忘初心，充分发挥党组织的战斗堡垒作用和党员的先锋模范作用。

2016年5月26日，按照京工集团“两学一做”学习教育实施方案的具体要求，举办了由支部书记、支部委员和“两学一做”学习教育工作小组成员参加的“两学一做”学习教育支部委员培训。京工集团党委书记魏丽在会上传达习近平总书记和中共中央、北京市委、北京市国资委党委分别召开的“两学一做”学习教育工作座谈会的有关精神。同时，对各支部如何落实好“两学一做”学习教育实施方案的内容进行培训并提出具体工作要求和部署。

2016年6月起，京工集团各党支部按照京工集团“两学一做”学习教育实施方案开展多种形式主题党课活动，通过重温入党誓词，读党章党规，学习习近平总书记系列重要讲话、《中国共产党问责条例》、全国国有企业党的建设工作会议和中共十八届六中全会精神，观看各类警示片，以自学、集中学习和专题学习交流的方式进行学习，使全体党员进一步坚定理性信念，提高了党性觉悟。同时，领导班子成员与各党支部书记在所在支部围绕不同主题向党员们进行党课宣讲，通过运用身边事例现身说法、答疑释惑，运用微信等多媒体手段，强化互动交流，提升党课效果，进一步增进和党员群众的沟通与交流。

2016年11月7日，京工集团党委开展合格党员行为规范大讨论活动。各党支部针对党员中存在的理想信念模糊动摇、党员意识淡化、宗旨观念淡薄、精神不振等问题组织讨论，充分结合党员所在的岗位特点和要求，进一步细化合格党员“四讲四有”的标准要求。各党支部总结提炼具有自身特色的合格党支部建设规范和合格党员行为规范，“两个规范”将作为京工集团“两学一做”学习教育的重要成果，同时也为民主评议党支部和党员提供对照标准。

2016年12月，京工集团党支部召开专题组织生活会。组织全体党员对支部班子的工作、作风等进行评议。领导人员参加双重组织生活，既以普通党员身份参加所在党支部的专题组织生活会，又参加领导班子年度民主生活会。通过广泛征求意见，进行党性分析，领导班子和班子成员把自己摆进去，查找存在的问题，开展批评和自我批评，查摆在思想、组织、作风、纪律等方面存在的问题，针对突出问题和薄弱环节提出整改措施。

通过开展“两学一做”学习教育，深刻认识学习教育的重要性和紧迫性，不断增强京工集团党的思想政治建设，提高全体党员的学习教育思想自觉和行动自觉，为京工集团进一步严密党的组织体系、严肃党的组织生活、严格党员教育管理、严明党建工作责任指明正确方向、提供根本遵循。

（七）“不忘初心、牢记使命”主题教育

为深入贯彻落实中央关于在全党开展“不忘初心、牢记使命”主题教育和习近平总书记在主题教育工作会议上的重要讲话精神，根据北京市委、时尚控股党委的工作部署安排，京工集团从2019年6月开始开展“不忘初心、牢记使命”主题教育。此次主题教育以京工集团党员领导干部为重点，不划阶段、不分环节，要把学习教育、调查研究、检视问题、整改落实贯彻主题教育全过程。

6月10日，京工集团召开党委会，传达时尚控股“不忘初心、牢记使命”主题教育动员会精神。同月，制定了《关于在北京京工服装集团有限公司开展“不忘初心、牢记使命”主题教育的实施方案》，并就召开京工集团“不忘初心、牢记使命”主题教育动员会，进行部署，组织实施。

6月12—18日，京工集团领导班子进行为期一周的集中封闭学习。在学习京工集团党委书记、董事长、总经理李耀东进行领读，班子成员进行轮读。重点学习《习近平关于“不忘初心、牢记使命”论述选编》、《习近平新时代中国特色社会主义思想学习纲要》和习近平总书记5次对北京工作的重要讲话精神，为扎实开展好“不忘初心、牢记使命”主题教育奠定坚实的理论基础。

6月17日，京工集团领导班子开展“不忘初心、牢记使命”主题教育集中学习研讨。班子成员按照“围绕初心和使命，基层党员领导干部如何做到知信行统一”这一主题进行发言交流研讨。时尚控股新闻中心副主任李向军参加研讨。此次交流研讨做到“三个紧扣”，即紧扣初心使命，理论学习有了初步收获；紧扣研讨主题，激发干事创业的担当精神；紧扣宗旨意识，树立以人民为中心的理念。

6月18日，京工集团召开党委会，在领导班子成员集中封闭学习的基础上，京工集团党委认真梳理集团发展中的重要工作和难点问题，要求班子成员于6月24日至7月14日围绕京工集团党建工作，京工时尚创新园，品牌运营、贸易，社区店运营，物业运营五方面重点工作和难点问题分别调研，通过座谈、实地考察、谈话、走访等形式深入实际，深入基层，真正将集团重点情况摸清楚，将调研工作落实到位。党员领导干部按照“四个讲清”的要求，完成专题党课。同时，为深入贯彻落实中央关于在全党开展“不忘初心、牢记使命”主题教育和习近平总书记在中央主题教育工作会议上的重要讲话精神，京工集团于6月18日成立“学习习近平新时代中国特色社会主义思想青年学习小组”，以此带动全体青年共同学习，自觉用习近平新时代中国特色社会主义思想武装头脑，指导实践。

7月2日，在庆祝建党98周年之际，京工集团全体在岗党员在怀柔响水湖“长城红馆”红色体验基地，开展“不忘初心、牢记使命”主题党日活动，通过参观“长城红馆”、重温入党誓词，带领全体党员接受深刻的爱国主义和革命传统教育。与此同时，召开庆祝建党98周年暨“七一”表彰大会，表彰先进党支部和优秀共产党员、交流党员轮训体会、进行“共产党员献爱心”捐款、举行青年学习小组授书仪式，使广大党员在政治思想上受到洗礼，深化了“不忘初心、牢记使命”主题教育。

7月19日，按照“不忘初心、牢记使命”主题教育领导干部讲党课的要求，京工集团党委书记、董事长、总经理李耀东，带领全体党员回顾98年党的光辉历史，在个人自学、集中学习研讨、专题调研的基础上，结合自己在主题教育中的学习体会、深刻思考和实践总结，以“不忘初心、牢记使命”为主题，为全体党员上了一堂生动的专题党课。同时，要求党员干部，要铭记党史，矢志不渝坚守共产主义理想信念；要铭记党史、永不懈怠、敢于担当、砥砺前行；要铭记党史，始终秉持全心全意为人民服务的根本宗旨。

7月底，京工集团领导班子和班子成员对照学习研讨中查摆的问题、对照党章党规找出的问题、调研发现的问题、群众反映的问题、谈心谈话指出的问题等，形成客观清晰的问题清单，直奔问题，剖析自己，并召开对照党章党规找差距专题会议。

8月，通过持续跟进学习中共十九届四中全会精神、习近平总书记在中央党校中青年干部培训班开班式上的重要讲话、《中国共产党的九十年——新民主主义革命时期》、《习近平在视察北京香山革命纪念地时的重要讲话》，学习党史、新中国史，组织观看《榜样4》和大型成就展，提高政治能力，坚定政治定力，切实用习近平新时代中国特色社会主义思想指导工作实践。同时，针对对照检视问题情况，召开专题民主生活会，认真开展批评和自我批评，制定了“不忘初心、牢记使命”主题教育整改工作方案，明确了指导思想、基本原则、整改内容和措施，保障措施逐项进行并完成整改。

通过开展“不忘初心、牢记使命”主题教育，京工集团上下统一思想、凝心聚力，用党的创新理论武装头脑，深入贯彻习近平新时代中国特色社会主义思想，不断推动京工集团全面从严治党向纵深发展，使京工集团全体党员干部以高度的政治自觉、强烈的责任担当更好地为京工集团打造时尚企业集团不懈奋斗。

（八）“我为群众办实事”国企党员进社区党建共建活动

“学党史、悟思想、办实事、开新局”，京工集团党委按照各级有关党史学习教育的工作安排，深入开展党史学习教育的各项活动，学习与实践“两手抓”，主业发展与为民服务“两不误”。依托“京工 1961”这个社区服务品牌，开展“我为群众办实事”国企党员进社区党建共建活动。

截至 2021 年 5 月底，京工集团党委与“京工 1961”社区店所在的时雨园社区党委、顺源里社区党委、安慧北里安园社区党委、松榆西里北社区党委 4 个社区签订了党建共建协议书。

5 月 12 日，京工集团党委所属第四党支部与时雨园社区党委共同参观了香山革命纪念馆、“一二·九”运动纪念亭，唱红歌，重温入党誓词，缅怀革命先烈，牢记初心使命。

5 月 18 日，京工集团党委所属第二党支部与社区事业部参与安慧北里安园社区党委的“学党史、办实事便民服务日”活动，把专业的修衣改衣服务带到了百姓家门口，为群众进行修衣改衣的志愿服务。

5 月 30 日，京工集团党委所属第一党支部、雷蒙支部，联合集团社区事业部、贸易事业部、北京市京工服装进出口有限公司、北京市京工雷蒙服装服饰有限公司、北京京工伊里兰服装服饰有限公司等有关部室和子公司，走进“家门口”的社区——松榆西里北社区，为百姓带去修衣改衣的志愿服务及物美价廉的服装及日化产品，让大家“足不出户”，享受到优质的服务和商品。

“我为群众办实事”，京工集团依托“京工 1961”这个社区服务品牌，以党建为引领，用党建共建的形式，牢记初心使命，履行国企责任，努力做群众的“贴心人”“知心人”“暖心人”，掌握社情民意，做好各项志愿服务工作。

四、纪检监察工作

（一）党风廉政教育

京工集团纪委在每年年初工作会上，由纪委书记宣讲《党风廉政建设第一课》，传达中央纪委及时尚控股纪委相关精神，并对重点问题工作进行提示提醒。与京工集团中层及以上党员领导干部和有业务处置权的管理人员签订《党风廉政建设责任书》，把党风廉政建设责任落实到人，加强检查考核，着重抓好党风廉政建设责任制的有效落实。

在日常工作中，京工集团纪委组织领导干部认真学习领会上级党风廉政建设和反腐败决策部署要求及精神。在党委会、纪委会、党支部纪检委员会上传达控股公司党风廉政建设工作会议精神，并根据上级党风廉政建设的工作要求每年制定京工集团纪委全年工作要点。坚持以聘任干部任前廉洁谈话为载体，根据干部岗位职责进行廉洁谈话，针对岗位可能出现的问题进行廉洁提醒。以《违反中央八项规定精神典型案件摘录》、组织观看警示教育片等为依托开展警示教育。

2017 年按照上级要求，设立党支部纪检委员。在年中及年底召开党支部纪检委员工作总结会，听取纪检委员工作情况汇报并布置下一阶段工作重点及任务。2019 年 6 月开始在青年学习小组中组织学习纪委相关文件精神。2020 年开始京工集团纪委组织并要求各党支部纪检委员年底前在本支部内开展一次纪检方面专题培训，京工集团纪委参与各党支部的培训全过程，并就各党支部学习情况对纪检干部进行有针对性的培训。

在领导班子中坚持以中心组学习为载体，组织学习党的方针、政策和有关党风廉政建设的重要文件、资料，组织党员干部开展示范教育，学习廉政勤政模范的先进典型事例，学习党纪和国家法律法规知识，利用典型案例开展警示教育，以案说纪，就案明法，增强遵纪守法意识。

京工集团按照上级工作部署及要求，积极开展主题实践活动。2008 年 7 月，根据《关于北京纺织控股公司纪检监察系统开展“做党的忠诚卫士、当群众的贴心人”主题实践活动的通知》精神，京工集团纪委结合 2008 年纪检监察工作要点和反腐倡廉建设主要工作，在全体党员干部中开展“做党的忠诚卫士、当群众的贴心人”主题实践活动。活动共分 3 个阶段，第一阶段（7 月份）为学习动员，提高认识。重点学习贯彻中共十七大精神，学习中国特色社会主义理论体系特别是科学发展观，学习胡锦涛总书记在中央纪委十七届二次全会上的重要讲话，学习党中央关于加强党风和反腐倡廉建设重要论述及中央领导同志关于加强干部队伍自身建设的一系列重要文件。第二阶段（8 月份）为联系实际，深刻剖析，强化教育。重点学习领会“四个对”，即“对党和国家无限忠诚，对腐败分子和消极腐败现象坚决斗争，对广大干部和群众关心爱护，对自己和亲属严格要求”的基本要求的深刻内涵。学习党章，学习胡锦涛同志关于“八个坚持、八个反对”和“社会主义荣辱观”等重要思想。学习和大力宣传党员干部群众在抗震救灾工作中的先进典型事迹。第三阶段（9 月份）为总结经验，整改提高。在找准问题和原因的基础上，制定整改方案和整改措施，边查边改，在主题教育活动中解决一些不足和问题，积极创造行之有效的好做法。通过开展主题实践活动，在广大党员干部中树立解放思想、创新求实、与时俱进的思想作风；勤奋学习、深入调研、学以致用的良好学风；求真务实、真抓实干、遵守纪律的工作作风；服务大局、民主和谐、团结协作的领导作风；艰苦奋斗、清正廉洁、健康向上的生活作风，切实达到提高素质、改进作风、严格要求、树立形象的目的。

2018 年 3 月 12 日至 4 月底，为深入贯彻落实习近平总书记在十九届中央纪委三次全会上的重要讲话精神，全面落实从严治党要求，京工集团党委、纪委在全体党员中开展“守纪律、守规矩”专题学习教育活动。以习近平新时代中国特色社会主义思想为指导，增强“四个意识”、坚定“四个自信”、做到“两个维护”。以支部为单位，组织全体党员认真学习党规党纪、学习习近平总书记在十九届中央纪委三次全会上的重要讲话精神等，做到懂法纪、明规矩、知敬畏、存戒惧。

通过一系列学习教育活动，使各级领导干部和全体党员党性观念、纪律观念和廉洁自律意识进一步增强，拒腐防变思想道德防线得到进一步夯实。

（二）执纪监督

2002 年 3 月，根据京工集团党风廉政建设和反腐败工作的总体部署，纪委邀请朝阳区检察院职务犯罪预防处处长刘宝银围绕加强预防职务犯罪工作的重要意义、关于职务犯罪的法律知识及定罪立案标准、从国有企业职务犯罪案例的特点三个方面做专题报告。会后京工集团纪委书记就各级班子成员加强党风廉政建设、预防职务犯罪工作提出具体要求。

2005 年，京工集团召开治理商业贿赂专项工作会议，纪委、审计、劳动、组织、行政部门及机关党总支负责人参会。提出具体要求，一是要进一步提高对治理商业贿赂专项工作的认识；二是京工集团及各子公司、分公司要继续加大宣传教育力度，组织学习，提高自律意识和法纪观念；三是京工集团及子公司、分公司要积极进行自查、自纠工作，对违法、违纪问题要坚决查处；四是认真执行财经纪律、会计制度，杜绝账外账、“小金库”；五是要进一步完善内控制度，加强对财务工作的管理。经查，未发现有商业贿赂问题；财务管理规范，各项制度落实到位。

2006 年 10 月，经董事会讨论修通过《北京京工服装集团有限公司派出董事职责及管理办法》《北京京工服装集团有限公司派出监事职责及管理办法》，并组织专题培训，公司领导和派出董事监事及有关人员共 27 人参加了培训学习，使京工集团派出董事、监事进一步明确工作职责、工作方法。强化京工集团对资产的监管，提高派出董事、监事的责任心，完善法人治理结构，推进京工集团发展。

2007年，根据纺织控股下发的《转发北京市财政局〈关于转发《北京市治理商业贿赂领导小组办公室关于对不正当交易行为自查自纠进行评估验收的工作意见》的通知〉的通知》要求，对不正当交易行为自查自纠进行评估验收的工作进行统筹安排，一是认真学习《关于转发〈北京市治理商业贿赂领导小组办公室关于对不正当交易行为自查自纠进行评估验收工作的意见〉的通知》，明确工作重点；二是及时向北京市京工红旗厂有限公司、北京佐田雷蒙服装有限公司、北京长城汉唐国际贸易有限公司转发相关文件，要求各企业认真落实；三是纪检监察部门和审计部门认真分析前一阶段开展商业贿赂专业治理工作的全过程，有针对性地在各级领导干部和管钱、管物、有业务处置权的经营部门及关键岗位的管理人员中，进行一次增强依法合规经营意识的再教育。由于各级领导高度重视商业贿赂专项治理工作，重视对不正当交易行为自查自纠进行评估验收的宣传工作，使各企业的内控制度得到进一步的完善和落实。

2008年，京工集团纪委根据纺织控股下发的相关文件精神，为提升企业现代化管理，加强出资者对国有资产监管，进一步推进控股公司27项重要管理制度贯彻落实，开展制度建设和落实情况自查工作。按照现代企业制度要求，不断强化制度建设，进一步建立和完善各项管理制度，狠抓制度落实，把落实各项制度建设贯穿企业监管的各个环节，做到宣传教育紧跟形势。

2010年年初，在控股公司纪委的总体要求下并结合自身实际，成立由党政两位主要领导担任组长的廉洁风险防范管理工作领导小组，制定《北京京工服装集团有限公司关于开展廉洁风险防范管理工作的实施方案》，并下发至各子公司、分公司、所属企业及集团各部室，于3月初分三个层次召开动员部署会，并组织学习培训，使廉洁风险防范管理工作在京工集团全面铺开。动员部署及学习培训以后，各单位、各部门认真落实《实施方案》，并按时间进度完成工作，及时上报各种材料，圆满完成岗位流程图制作与风险点查找工作。

京工集团物业管理中心作为控股公司试点单位现进入第二阶段，按照控股公司纪委的要求，对风险点进行等级确认，并制定防范措施。

2011年，京工集团纪委、财务管理部按照《北京纺织控股公司2011年“小金库”专项治理工作方案》中各阶段的工作要求，对京工集团及各子公司、分公司、所属单位进行了全面的复查。在此期间，京工集团及各子公司，分公司、所属单位对“小金库”专项治理工作进行公示，并逐级进行“小金库”专项治理工作的承诺。在全面复查的基础上，对所属的北京市京工红旗厂有限公司、北京市服装质量监督检验一站进行抽查。经过全面复查，京工集团及所属各单位均未发现“小金库”。

通过“小金库”专项治理工作的开展，提高各级领导干部和管理人员廉洁从业的意识，进一步规范企业领导人员的从业行为，促进了企业内部管理，确保企业健康稳定发展。

2012 年，京工集团纪委召开廉洁风险防控管理及效能监察工作第三阶段推进会，总结京工集团廉洁风险防控管理第一、二阶段的工作情况，对第三阶段的工作进行部署，推广北京市京工红旗厂有限公司和京工集团物业管理中心效能监察获奖项目的经验，把廉洁风险防控管理工作和效能监察工作有机结合，为更好地发挥纪检监察的监督职能打下基础。针对廉洁风险防控管理工作中查找的问题及时进行整改，并按照党委的要求，京工集团纪委、审计部门参与企业重大合作谈判的全过程，进一步加强源头预防和党内监督力度。

2016 年，京工集团注重健全完善惩治和预防腐败体系，重新修订“三重一大”事项决策制度，制定《京工集团领导干部出国（境）管理办法》，加强对企业领导干部出国（境）管理。对涉及重大决策、财务管理、法律审核、人力资源、安全生产等 21 项重要管理制度进行修订和完善，形成《北京京工服装集团有限公司管理制度汇编》，并进行集中宣贯，为规范企业管理、权力运行制约和监督提供制度保障。

2017 年，根据时尚控股纪委关于转发《关于开展违规公款购买消费高档白酒问题集中排查整治的工作方案》的通知要求，按照京工集团党委的指示精神，京工集团纪委召开纪委委员会，传达文件精神，研究部署专项检查工作，对各子公司、分公司、所属单位和京工集团财务管理中心下发《关于开展违规公款购买消费高档白酒专项检查的通知》，按照要求，各企业迅速开展自查，并以书面形式将自查结果上报到京工集团纪委，在自查和检查中均未发现违规公款购买消费高档白酒问题。

在国庆节前夕，根据时尚控股纪委关于转发驻市国资委纪检组《关于做好 2017 年国庆和中秋节期间落实中央八项规定精神加强监督检查的通知》的通知精神，京工集团立即对此项工作进行部署，党委书记分别在党委会和经理办公会上传达《通知》精神并提出具体要求，在全体领导干部中进行传阅并下发至各子公司和所属单位。集团纪委召开支部纪检委员会议，传达《通知》精神，并要求纪检委员加强监督和提示，注重抓早抓小，发现有苗头性、倾向性问题及时提醒，发现违纪问题及时上报集团纪委，经查实后严肃处理。按照《北京京工服装集团有限公司公务用车使用管理规定》，“两节”期间京工集团封停全部公务用车。“两节”期间未发现违反中央八项规定精神情况，未接到问题线索举报和上级批转的举报信息。

京工集团结合企业实际，确定《建立全新绩效考核体系，完善企业激励机制》效能监察项目，并成立效能监察项目工作小组。纪委对项目的落实情况进行中期检查，使绩效考核进一步发挥激励作用。

2018 年，根据控股公司纪委《关于 2018 年“五一”、端午节期间开展“四风”问题监督检查的通知》《关于 2018 年国庆和中秋节期间落实中央八项规定精神加强监督检查的通知》的精神，集团纪委对监督检查工作进行部署，党委书记在领导干部中传达《通知》精神，提出具体要求，并在领导干部微信群中进行廉洁提醒，《通知》在全体领导干部中进行传阅并下发至各子公司和所属单位，集团纪委在节前给各子公司、所属企业领导发送廉洁提醒信息，并召开支部纪检委员会议，传达《通知》精神，要求纪检委员加强监督和提示，注重抓早抓小，发现有苗头性、倾向性问题及时提醒，发现违纪问题及时上报集团纪委，经查实后严肃处理。对京工集团关键岗位领导成员分别进行了约谈提醒。京工集团“五一”“十一”期间未发现违反中央八项规定精神情况，未接到问题线索举报和上级批转的举报信息。

2019 年 8 月起，根据控股公司纪委《关于做好四个方面专项排查清理工作的通知》要求，京工集团纪委迅速开展工作，对党员组织关系与工作岗位不符合、京外境外等单位落实中央八项规定精神情况、重大活动服务保障的专项监督检查及加强贸易类企业经营活动管理风险防范等 4 个方面进行详细的排查。

2019 年，根据控股公司《关于开展“私车公养”专项检查工作的通知》要求，集团纪委迅速开展相关工作，在 8 月 21 日，集团纪委召集各子公司主要负责人、车管部门相关人员召开了“私车公养”专项检查工作部署会。京工集团本部及子公司、分公司、单位开展自查工作，针对车辆及油卡使用情况、公务用车管理台账等均进行了详细的检查，京工集团纪委根据自查情况，形成了京工集团关于开展“私车公养”专项检查工作自查的书面报告，于 2019 年 10 月 8 日上报控股公司纪委。

在“五一”“十一”前夕，根据控股公司纪委《关于 2019 年“五一”、端午节期间开展“四风”问题监督检查的通知》《关于 2019 年中秋节、国庆期间开展“四风”问题监督检查的通知》精神，京工集团对监督检查工作进行部署，在领导干部中传达《通知》精神，提出具体要求，并在领导干部微信群中进行廉洁提醒,《通知》在全体领导干部中进行传阅并下发至各子公司和所属单位，集团纪委在节前给各子公司、所属企业领导发送廉洁提醒信息，并召开支部纪检委员会议，传达《通知》精神，要求纪检委员加强监督和提示，注重抓早抓小，发现有苗头性、倾向性问题及时提醒，发现违纪问题及时上报集团纪委，经查实后严肃处理。对京工集团关键岗位领导成员分别进行约谈提醒。京工集团未发现违反中央八项规定精神的情况，未接到问题线索举报和上级批转的举报信息。

2020 年，集团纪委在信访举报方面，不断畅通来电来信来访和网络举报渠道，设立信访举报箱，并制定《北京京工服装集团有限公司信访举报箱管理办法》。

按照控股公司纪委要求，京工集团于 2020 年 10 月 20 日经党委会审议通过，成立京工集团党风廉政建设和反腐败工作协调小组，制定相关工作实施办法。随后召开京工集团党风廉政建设和反腐败工作协调小组第一次专题会议。同时，对落实全面从严治党和反腐败工作情况进行监督检查并形成书面报告。

根据控股纪委下发的文件要求开始对疫情防控、垃圾分类、粮食浪费等工作开展日常监督；对抗疫表彰激励工作情况、2020 年上半年集团业务招待费使用情况、疫情防控期间房租减免政策落实情况、为疫情期间坚守在一线的职工发放慰问金、对 2020 年上半年集团业务招待费使用情况监督检查、对疫情防控期间房租减免政策落实情况监督检查等进行专项监督工作情况监督检查。

（三）效能监察工作

效能监察是企业管理中的再管理、监督中再监督。京工集团纪委效能监察工作紧紧围绕企业发展战略目标和经济工作选题立项，将效能监察工作融入企业管理，是推进企业强化管理、实现国有资产保值增值的有效途径。在抓落实、抓成效上下功夫，实现效能监察与企业管理相融合，促进企业改善管理方式、堵塞管理漏洞，切实提高企业经济效益。效能监察工作是加强企业管理，服从服务于经济工作的有效切入点，始终得到京工集团党委的高度重视，从选题立项到项目实施的全过程都给予了具体指导。

2003 年，随着京工集团调整改制工作的不断深入，以资产为纽带的各子公司、分公司在不断完善现代企业制度中，逐步步入市场经济的发展轨道。为保证京工集团在对外投资上实现保值增值，京工集团加大对资产的监控力度，并以“加强财务监控，确保企业资产保值增值”为目标，在各子公司、分公司开展一级效能监察。京工集团纪委配合项目责任部门，通过对投资企业、独立实体拨离调整后实际情况的分析，财务管理部按计划对财务状况及经营情况认真进行审计，并对出现的苗头性问题及时进行遏制，建立和完善相关财务管理制度。在实施一级效能监察的过程中，企业二级效能监察也取得较好的成绩。通过开展效能监察，各级领导班子及职能部门自觉接受监督，法规意识不断增强，企业管理得到有效推进。

2005 年，为了全面贯彻《中华人民共和国公司法》，保证《北京京工服装集团有限公司重要管理制度》中的“投资管理办法”落到实处，京工集团纪委确定的一级效能监察项目是“依法加强对投资项目的监督，稳步提高投资回报率”。确立这个项目的目的是通过效能监察，进一步贯彻落实京工集团“投资管理办法”，加强对投资项目的管理和监督，稳步提高投资收益，保证企业资产的保值增值，促进企业的整体发展。集团纪委与项目负责人、实施人、项目实施部门进行了认真的研究，把握投资方向，加强可行性研究，控制投资风险。在确定并实施一级效能监察项目的同时，积极推进二级效能监察工作，北京长城风雨衣公司、北京市京工红旗厂有限公司（简称京工红旗厂）都开展了二级效能监察工作。北京长城风雨衣公司的二级效能监察项目是“长城大厦暖气、空调维修工作”，京工红旗厂的二级效能监察项目是“设备更新”。两个企业根据自身的实际情况选题立项，并在全年积极实施，收到一定效果。

2006 年，京工集团及各企业的效能监察工作紧密围绕企业经济中心选题立项，有序地开展项目实施工作，取得良好成果。一级立项 1 个，项目名称是“完善法人治理结构，建立健全派出董事、监事管理制度”。年初，在京工集团经济工作会上，总经理的工作报告明确指出，要继续依法加强对被投资企业的监督和管理，完善资产监控体系，健全工作制度，全面维护京工集团的投资利益；要进一步完善法人治理结构，建立派出董事、监事制度。京工集团领导高度重视项目实施的全过程。党委书记在京工集团第二次党员代表大会的工作报告中指出要认真贯彻《建立健全教育、制度、监督并重的惩治和预防腐败体系实施纲要》，进一步加强党风廉政建设。通过开展审计监督、效能监察、经济责任制、一岗双责和“三重一大”制度的落实等有效手段，加强对权力运行的制约和监督。10 月份，《北京京工服装集团有限公司派出董事职责及管理办法》《北京京工服装集团有限公司派出监事职责及管理办法》经董事会讨论修改后定稿，并开始正式执行。两个《办法》分别明确了董事和监事的权力、责任、主要工作以及对其工作的考核办法，有很强的可操作性，使京工集团派出的各位董事、监事进一步明确了工作职责、工作方法。两个《办法》的实行，有利于强化京工集团对资产的监管，有利于提高派出董事、监事的责任心，对完善法人治理结构，推进京工集团发展十分必要。二级效能监察项目有2个，也都取得很好的成效。京工红旗厂深刻认识到客户资源是企业非常宝贵的资产，没有客户，企业就无法进行正常的生产经营工作。因此，他们通过“客户信息化管理”的效能监察，开展大量的具体工作，在业务销售部门进行广泛的宣传教育；制定相应的管理制度；引进客户关系管理软件；做好客户信息导入工作等等，进一步完善对企业客户资源的维护、利用和开发，保证企业的客户资源不流失，进一步规范企业的客户资源管理工作，提升销售人员的工作能力和客户的满意度，更好地维护企业的客户资源；北京长城汉唐国际贸易有限公司针对企业改制后由生产服装转为贸易购销活动的实际情况，确定“对公司经营活动合规性监察”作为效能监察的立项项目。在实施过程中，面临新的情况、新的课题，公司各部门互相配合，努力工作、学习，适应新的经济运营体制，在实践中逐渐摸索出一套适应市场贸易经营的工作方式，管理水平得到普遍提高。京工集团纪委被上级纪委评为2006年度“北京纺织系统效能监察工作先进单位”。

2007年，京工集团一级效能监察项目是依据年初经济工作会提出的工作重点确定的。为了加强资产监控，确保投资的有效性、安全性，使投资取得高回报率，实现发展中再调整的战略要求，确定一级立项1个，项目名称是“追踪投资企业运行，确保资产保值增值，实现发展中调整战略”。项目确定后，京工集团加强对派出董事、监事的管理，不断提高派出董事、监事的履职能力。在专题会议上，对派出董事、监事进行培训并听取履职情况汇报，同时按照《北京京工服装集团有限公司派出董事职责及管理办法》《北京京工服装集团有限公司派出监事职责及管理办法》的要求进行全面检查。根据国家法律、法规、财务会计制度和企业的有关规定，坚持一年两次开展内审工作。在内审中坚持客观、公正、实事求是的原则，对投资企业的经济工作进行有效的检查、监督、评价，发现不合规问题及时提出整改意见，确保企业守法经营。全年对投资企业进行审计共12次。同时，加大应收款的回收力度，往来款项较大的企业，采取措施加大应收账款的回收力度，截止到年底，应收账款余额明显下降。通过上述措施，有效加强了资产监控。二级效能监察项目有2项，其中，京工红旗厂“劳动人事（人员）管理”取得较好效果，北京长城汉唐国际贸易有限公司因改制未实施立项项目。

2008年，京工集团完成一级立项1个，年初经济工作会提出京工集团工作重心从对资产监管，确保资产保值增值转向提升品牌，拉动主业发展，争取效益最大化，使品牌做大做强的战略要求。根据京工集团的实际，结合实施品牌发展战略目标，把一级效能监察立项确定为“在提升品牌，拉动主业发展工作中进一步落实《商标管理办法及实施细则》，监护自主知识产权的权益”，进一步加强对自主知识产权保护的力度，以维护“雷蒙”“伊里兰”品牌的合法权益及京工集团的利益不受侵害。实施部门为技术开发中心。效能监察项目确立后，京工集团为进一步加强商标的管理工作，对《北京京工服装集团有限公司商标管理办法》及《商标管理实施细则》进行完善和修订，严格商标授权的审批程序，加大商标管理与监督的力度，进一步规范商标管理。加强对品牌的保护力度，对多起商标侵权行为进行调查、处理，并利用法律手段进行维权。通过引进专业化商标代理公司参与企业涉及商标事务的系统化管理，对商标进行适时的监控与跟踪，实施商标防御性保护措施，对预防商标侵害起到重要的作用。二级效能监察立项1个，实施单位北京市京工红旗厂有限公司，项目名称为奥运工程（旗帜生产）。北京市京工红旗厂有限公司作为2008年奥运场馆旗帜的独家供应商和奥运旗帜特许生产商，圆满完成约5万面各国国旗的生产任务，获得世界各国的认可和奥组委的好评。年初，公司召开全体职工动员大会，提出一切工作都要紧紧围绕奥运，确保任务落实、确保产品质量。围绕“两个确保”，京工红旗厂纪委结合纺织控股和京工集团纪委《企业效能监察工作暂行办法》的精神，把奥运会的旗帜生产工程列为2008年的效能监察项目。把效能监察作为企业管理中的重中之重，为提升、预防、监督、确保公司奥运生产任务的圆满完成发挥重要作用。根据年初效能监察项目的确立，企业主管领导、项目负责人和项目责任人组织相关人员进一步强化完善奥运旗帜生产流程、产品质量、库房监督管理、旗帜送达比赛场馆的安全保障任务。在征得印染车间各环节意见后，制定出详细的生产计划并全程进行跟踪监督，以保障计划的顺利实施。为此，企业组织每个环节负责人签订了“保奥运生产、保奥运平安”责任书。奥运场馆志愿者对旗帜的验收很严格，对质量要求高，为此京工红旗厂启动了效能监察中旗帜检验的预案。在检验过程中安排3道检验程序，在最后一道检验中还安排了具有几十年质检经验的老师傅和此次效能监察立项中被授予“一票否决权”的终端监督员严格把关，绝不让有一点瑕疵的旗帜流向场馆。在如此细心的筛选下，5万面场馆用旗，没有1面被退回，为企业创造经济效益30万元。奥运会的召开，给京工红旗厂带来新的契机。通过效能监察，京工红旗厂旗帜质量明显提高。在效能监察的作用下，企业各个环节的生产都严格把关，使得能源消耗也有所降低，并且在规定的时间内，保证旗帜按时交付，保障场馆用旗，完成第29届北京奥林匹克运动会的制旗任务。

2009年，京工集团效能监察工作在纺织控股纪委的总体部署下，围绕实施品牌发展战略目标，以生产经营为中心，从加强企业管理入手，扎实有效地开展工作，为强化内部管理，推进节能减排，提高经济效益发挥积极作用。在推进一级、二级效能监察工作中，有针对性地进行选题立项，认真组织实施项目，取得了较好的效果。其中，完成一级立项2个，项目分别为京工集团物业管理中心“加强用电管理，合理收取费用”项目、北京市京工雷蒙服装服饰有限公司“国庆60周年群众游行服装制作”项目；完成二级立项2个，实施单位是北京市京工红旗厂有限公司，项目名称分别为“国庆60周年道具制作”项目和“成本管理”项目。

按照京工集团发展战略目标和总体工作部署要求，实现“保增长、保民生、保稳定”的工作目标，京工集团结合全年工作实际，将物业管理中心的“加强用电管理，合理收取费用”作为2009年的一项重点工作，并进行效能监察立项。京工集团紧紧围绕效能监察各个阶段的工作重点深入开展工作，形成领导班子合力抓，职能部门共同抓，专职人员具体抓，层层抓落实的工作局面，保证京工集团效能监察工作健康有序开展。通过这次效能监察，纠正用电中的违规行为，彻底解决电量流失的问题，达到加强管理，堵塞漏洞，为企业挽回和避免经济损失20余万元。

北京市京工红旗厂有限公司围绕年初的社会经济环境和总体经营策略，按照纺织控股和京工集团纪委关于《企业效能监察工作暂行办法》的精神，把企业生产经营中成本管理列为2009年的效能监察项目。项目确立后，纪委首先组织管理干部、车间班组长和重点岗位人员宣传贯彻效能监察的目的、意义和管理中应注意把握的细节，培养全员成本意识，将成本管理贯穿于生产经营的各个环节，力求以最少的生产消耗取得最大的生产成果，为企业增加效益。

实施效能监察工作中，在主管领导的组织下，小组成员深入各工作环节，做到全程跟踪监督、检查，对出现的一些浪费情况进行重点监督、检查。通过跟踪巡视，发现行政部门直管的锅炉房在使用燃煤时，无吨耗使用定量记录，随用随取，定量使用不规范。效能监察小组成员及时将整改意见反馈到主管经理，并会同相关部门制定《锅炉房用煤管理制度》，从源头上把关，设置定量吨煤产气标准。自5月份以来，采用新的管理制度，共节约资金5000余元，从根本上杜绝浪费现象，使成本效益显现出来，职工在生产工作中的成本意识也得到加强。另外，加强对生产质量环节的监督和检查，对各工序中操作不细致和凭借老经验、老习惯的做法，监察小组成员与总经理、质检人员对检查中发现的问题进行共同研究、出谋划策，及时解决问题，为车间生产开绿灯，保证了产品质量，有效节约成本消耗。

在坚持传统的工作生产方法工艺流程的同时，注重创新、以严谨的态度、科学的方法，扎实做好各种旗帜。年初，出色完成世界大学生运动会100多万元的制旗任务，4月份以来又开始了大批国旗生产工作，7月承接庆祝中华人民共和国成立60周年群众游行、阅兵方阵的用旗任务，经过全体人员的共同努力，出色完成任务，受到国庆指挥部的表扬。效能监察成本管理在企业管理中发挥了其自身作用，与上年同期产量相比企业投入资金降低1.5%，为企业节约资金10余万元。

2009年7月，京工集团承接国庆60周年群众游行“国旗方阵、能源发展、科技发展、教育发展、同一个世界”5个方阵的国旗、服装、道具制作的生产任务，面对时间紧、任务重的情况，京工集团纪委对承接生产任务的北京市京工红旗厂有限公司、北京市京工雷蒙服装服饰有限公司进行效能监察立项工作，使纪委全程参与、监督生产过程，以高效率的工作、高质量的产品出色地完成了生产任务，并被授予首都国庆60周年群众游行队伍“优秀样衣设计制作单位”“优秀服装制作单位”“支持贡献单位”称号。北京市京工雷蒙服装服饰有限公司在接到国庆60周年游行队伍服装生产任务后，京工集团高度重视、精心部署，立即成立效能监察领导小组，并召开专题会议，制定详细的生产、储运、安全预案。各部门和生产分厂之间积极配合，合理分配采购、量体、生产时间，并落实专人负责，做到责任到位，管理到位。公司领导多次下厂协调、督导、慰问职工，全体干部职工加班加点工作。在全体人员的共同努力下，北京市京工雷蒙服装服饰有限公司保质保量完成了生产任务，并做到了提前交货，为后期的国庆演练、调整赢得了宝贵的时间，为国庆60周年献上了一份厚礼，也为公司增加和创造经济效益30余万元。北京市京工红旗厂有限公司在接到国庆60周年国旗、花环和花束的生产任务后，在交期紧、任务重、标准高的情况下，为确保任务的完成，于2009年8月初进行了保国庆制旗的效能监察立项，京工红旗厂领导给予了高度的重视和支持，为了保证国庆制旗效能监察质量，做到组织到位，立即成立了党政领导任组长、专业主管领导任副组长、有关部门负责人为成员的效能监察工作领导小组，重点讨论研究实施方案。为确保圆满完成国庆制旗及花束、花环道具制作等任务，京工红旗厂根据项目实施方案，正确履行监督职能，召开各层次的座谈会，了解项目的进展情况，及时向主管领导汇报情况。通过组织协调和与各部门密切配合，效能监察工作健康运行，保证了产品质量。在全体职工的共同努力下，圆满地完成了国庆60周年国庆制旗任务。

2010年，京工集团效能监察工作在纺织控股纪委的总体部署下，围绕京工集团年初工作会确定的“两个加快、两个转变”的战略目标，以增加企业经济效益、加强人才队伍建设为中心，确定一级立项1项、二级立项1项。一级立项项目名称是“低碳运行，为绿色北京做贡献”，实施单位为京工集团物业管理中心。2010年6月，京工集团结合自身实际，根据北京市政府第216号令《北京市供热采暖管理办法》的要求及有关规定，将锅炉房托管给北苑热力公司，从2010年6月9日起，由北苑热力公司负责锅炉房的供热运行管理工作，一级立项项目自行终止。托管项目为公司降低了能源消耗指标，节约了成本，在节能降耗的同时，增加了企业效益。二级立项项目名称是“业务、销售队伍建设”，实施单位为北京市京工红旗厂有限公司。北京京工红旗厂有限公司按照纺织控股和京工集团纪委关于《企业效能监察工作暂行办法》的精神，从企业实际出发，结合分析企业发展的重点、难点问题，认真做好效能监察的立项工作。在项目实施过程中，第一，企业从管理入手，进一步完善涉及业务、销售方面的管理规定，坚持业务、销售部门的班前布置和班后总结的两个小会制度；第二，在效能监察小组的监督、指导下，以培训为抓手，认真做好对业务、销售人员的业务技能培训；第三，重视青年人才的培养，组织年轻的业务、销售人员轮流到生产一线各岗位实习工作，通过亲身体验了解产品生产的全过程，从而更好地开展业务。通过加强业务、销售队伍建设，使业务、销售人员的整体素质和业务水平逐步提高，增强了职工的责任感和荣誉感。全年企业的大订单有上升趋势，为企业增加了效益，效能监察工作取得良好的效果。

2011年，京工集团确定一级立项1项，二级立项1项。一级立项项目名称是“加强用水、用电管理，节能降耗”，实施单位为京工集团物业管理中心。物业管理中心紧紧围绕效能监察各个阶段的工作重点，深入细致地开展工作，领导高度重视，带头想办法，多次开会研究，综合各方面因素，对具体问题进行具体分析。通过不断完善、落实效能监察项目管理措施，纠正用水、用电中的违规或不合理行为，彻底解决水电的不必要浪费和不合理使用等问题，达到加强管理，堵塞漏洞，促进发展的目的，为企业降低了费用，提升了企业规范化、标准化的管理水平，效能监察工作取得实效。此项目被纺织控股评为效能监察优秀项目三等奖。二级立项项目名称是“加快全员（8小时）工作节奏”，实施单位为北京市京工红旗厂有限公司。在项目的实施过程中，京工红旗厂领导高度重视，实施部门积极采取措施，围绕项目做了大量的工作。分层次召开会议进行动员，层层分解责任，并结合企业生产实际修改完善了定额管理制度，开展了技能培训，积极研究新的操作技术以提高产品质量。通过效能监察项目的实施，充分调动广大职工的工作积极性，加快工作节奏，提高职工的工作效率和岗位技能，保质保量完成生产任务，每一名职工都为提高企业经济效益做出积极贡献，确保效能监察工作在企业管理中最大限度地发挥作用。

2012年，京工集团效能监察工作紧紧围绕企业的中心工作，从加强企业管理、加强制度建设、节能降耗入手，有针对性地选题立项并认真组织实施。年初在广泛开展调研的基础上，完成了2012年效能监察立项工作，确定一级立项1项，二级立项1项。一级立项项目名称是“加强供暖费管理，降低费用”，实施单位为京工集团物业管理中心。通过项目的实施，理顺职工供暖费报销的程序，规范了在供暖费支付与报销过程中的不合理行为，达到加强管理、降低费用、促进发展的目的。针对在调研中发现的问题，物业管理中心对供暖费拖欠情况、支付情况以及分布情况进行细致的分析，特别是对右安门、松榆2个宿舍的职工居住情况多次进行有针对性地调查摸底和分析，采取有效措施，做好了职工供暖费管理工作。通过此次效能监察工作，使企业在供暖费管理上进一步规范化、制度化，使供暖费的支付和收缴更加的合理规范，也使物业管理中心的管理水平和经济效益取得了明显成效，为京工集团节约了资金。二级立项项目名称是“盘家底、清库存、挖潜增效”，实施单位为北京市京工红旗厂有限公司。为了使效能监察项目顺利实施，京工红旗厂专门成立效能监察领导小组，明确效能监察工作的职责。在项目实施过程中，召开专题会议，采取各种行之有效的管理措施开展效能监察立项工作，统一各级管理人员的思想，提高了大家对效能监察工作重要性的认识，为效能监察项目的顺利完成打下了坚实的基础。同时，在项目实施过程中，京工集团纪委纪检监察部门认真指导监督，及时解决实施中出现的问题。通过效能监察项目的实施，使京工红旗厂的管理更加制度化，建立了挖潜增效的长效机制，进一步提高广大员工的节约意识，为企业增加了效益。

2016年，围绕京工集团重点工作，京工集团纪委分别在办公室和物业管理中心进行

“推进制度落实，提升管理水平”和“争取政府资金支持，改造职工宿舍管道设施”的效能监察立项。立项后，京工集团纪委及时指导，跟踪检查，发现问题及时沟通，确保效能监察项目落到实处。通过效能监察项目的实施，一方面，完善企业制度，并向干部职工进行宣贯，使制度有效落实，规范企业管理、提升管理水平；另一方面，在保证稳定的前提下，完成右安门宿舍上下水改造入户调查工作。

2017 年，京工集团纪委结合企业实际，确定“建立全新绩效考核体系，完善企业激励机制”的效能监察项目，并成立效能监察项目工作小组。京工集团纪委在第二季度对项目的落实情况进行中期检查，对于在二季度考核中发现的考核办法中未涉及的问题，向相关部门下达整改建议书，建议相关部门制定补充条款，并在职代会上票决通过，在 7 月召开的职工代表联席会上，相关主管领导就二季度绩效考核工作情况和出现的问题以及下一步改进措施向职工代表做了汇报，并在第三季度的绩效考核中进行改进，使绩效考核进一步发挥激励作用。

第二节　老干部工作

广大老干部为中国的革命、建设和改革事业做出了重要贡献，是党和国家的宝贵财富，京工集团始终重视老干部工作，积极贯彻落实党和国家、北京市相关方针、政策及部署，按照上级要求落实老干部的政治待遇和生活待遇，体现党和国家对老干部的关心和爱护。京工集团通过邀请老干部参加京工集团党代会，组织政治理论、文件精神的学习，为离休干部授中国人民志愿军抗美援朝出国作战 70 周年纪念章及订阅杂志，邮寄企业内刊等措施，落实老干部的政治待遇；通过“重阳节”组织参观活动、节前走访慰问、为 80 岁以上老同志过生日并做好老干部疫情防控工作等认真落实老干部的生活待遇，使老干部真正感受到组织的关怀和温暖。

一、政治待遇

1984 年 4 月 16 日、17 日分别组织系统离休干部、退休厂处级领导干部春游，有 148 人参加活动，讲述老北京的变迁、历史和文化。

1991 年，组织老同志学习马克思列宁主义、毛泽东思想，学习党的路线、方针、政策，学习党史和党建理论，学习时事政治。重点学好江泽民同志在庆祝建党 70 周年大会上的讲话和《毛泽东选集》一至四卷（第二版）。

1994 年，组织老干部深入学习邓小平同志建设有中国特色社会主义理论和十四届四中全会《决定》，学习党的有关方针政策，向老干部通报国内外形势及单位改革和生产经营形势。老干部党支部进一步健全每月一次的组织生活会制度，抓好政治学习，做好思想工作。11 月 29 日召开老干部工作会议，会议由集团公司党委书记康秀玲主持，总经理陈吉庆、党委副书记马国红、副总经理张汝和与纺织工业总公司老干部处领导、各厂书记和负责老干部工作的人员及 50 多位老干部参加会议。会议传达了北京市第八次老干部座谈会和纺织工业总公司老干部工作会议精神，马国红作总结工作报告，陈吉庆就服装工发展形势作报告。纺织工业总公司老干部处领导讲话，对集团公司各级党委对老干部工作的重视，克服困难全面落实老干部政策作了充分的肯定，最后康秀玲作了总结发言。离休干部组建的 3 个支部，坚持定期学习制度，及时传达有关文件并认真组织学习十四届三中全会和四中全会文件，参加报告会，发放必要的学习材料，老干部们自觉进行学习，达到头脑清醒，眼界开阔，充分发挥余热，为社会的稳定发展默默地工作。

1995 年 1 月 20 日召开全体离休干部“迎新春茶话会”，23 日部分退休厂级领导干部举行了座谈会。三八国际劳动妇女节期间开展了“巧巧手”作品征集活动，收到 14 件作品，全部参展。8 月 25 日，召开第一次退休厂处级领导大会。9 月 28 日，组织退休厂处级领导干部参观 95NGO 论坛怀柔场地。10 月 20 日，在北京八大处公园举办公司系统离休老干部和直属单位党委书记、老干部工作者等参加的九九重阳登山联谊活动。通过活动，使老干部看到祖国的大好河山，对祖国的建设更加充满信心。10 月 24 日，组织离退休厂处级领导干部游八大处活动。

1996 年 2 月 12 日召开老干部工作会，2 月 13 日召开退休厂处级领导干部迎新春茶话会。第二季度组织“发扬革命传统，争取更大光荣”学习讨论活动，组织开展“建党 75 周年和红军长征胜利 60 周年”纪念活动。6 月 14 日组织公司系统的离休干部和老干部工作人员共计 48 人参观了顺义县焦庄户地道战遗址纪念馆。9 月 25 日召开离休干部迎国庆、贺中秋联欢会，9 月 26 日召开系统退休厂处级领导干部联欢会。10 月 15 日、17 日组织系统离休干部、退休厂处级领导干部到北普陀影视城和圆明园遗址游览参观。

1998 年 10 月 20 日、21 日组织系统离休干部和退休厂处级领导干部参观游览怀柔红螺寺，各位主管老干部工作的书记和工作人员共计 150 多人参加。

1999 年，离休干部参观了社会主义新农村韩村河，游览了青龙湖，感受了韩村河和王佐乡的巨变。参观了平津战役纪念馆，游览居庸关长城等，在缅怀革命先烈的同时，感受了祖国日新月异的巨大变化，社会主义建设事业的飞速发展。这些活动的开展使离休干部政治上更加坚定，思想常新，理想永存。

2000 年，为了加强离休干部党员的管理，集团公司所属企业离休干部中党员的组织关系一律转到集团公司离退休管理部，建立了两个党支部，选配了 2 名理论水平较高、有一定工作能力并热心为老干部服务的离休干部担任书记，组成了 2 个党支部委员会，使开展支部工作有了组织保证。为提高党支部书记的工作水平，集团公司经常派送离休干部党支部书记或委员参加各种学习和培训，为党支部更好地开展工作提供了有利条件。2 位党支部书记紧跟形势，按照集团公司党委的安排，努力开展支部活动，同时经常进行家访，慰问生病老干部，做了大量的思想政治工作，在离休干部中有较高的威信，均评为公司级优秀共产党员，吉思玉被评为北京市先进老干部个人。为了保证党支部活动的正常开展，离退休管理部根据形势、任务及季节制定活动计划，下发到每名党员。计划安排每月一次活动，活动内容形式多样，有理论学习、参加游览和专题活动等。

2001 年，在“三讲”教育活动中，广大离休干部克服困难积极参加学习，在理论水平上有较大的提高，深深地感到“老革命”也有学习的任务，否则就跟不上形势的飞速发展，就不能发挥离休干部的应有作用。

2002 年，集团公司改制后，召开了京工集团第一次党代会，离休党支部积极推选党代会代表，出席了京工服装集团有限公司第一次党代会，离休支部的代表们认真听取了党代会的报告，积极参加讨论，选出了新一届两委委员。京工集团召开系统党群工作会，老干部以离休支部身份第一次参加党群工作会。作为 2001 年度先进党支部，老干部党支部在会上作了题为《以抓支部建设为重点，充分发挥老干部党支部战斗堡垒作用》的专题发言，在支部建设上，为机关各党支部提供了良好的经验。为了迎接中共十六大，在老干部中开展了认真学习江泽民总书记“5·31”重要讲话的系列活动，以自学为主，在自学的基础上组织了一次知识答卷，34人参加了京工集团的知识答卷，10人参加了《北京日报》社举办的“首钢杯”知识竞赛，10人参加《老同志之友》杂志社举办知识答卷。召开了一次座谈会，许多老干部在会上发言。举办了以“重温革命史，发扬革命精神，支持调整改革，以实际行动迎接中共十六大召开”为主题的征文活动。4月组织参观了国有龙头企业燕京啤酒集团公司。重阳节，京工集团还组织老干部到位于丰台区王佐镇南宫村世界地热博览园参观了南宫村利用自然资源——地热温泉开发的温泉特种水产养殖中心、温泉垂钓中心、温泉种植采摘基地。对于80岁以上参加老干部统一活动有困难的老干部，组织他们单独活动，离退休管理部人员根据老干部的实际情况，选择活动地点专车、专人接送，对行动不便的老干部，工作人员提供轮椅帮助参加活动，组织参观游览东城区菖蒲河公园。“七一”前，老干部参加了控股公司组织的庆祝建党八十一周年演唱会和棋牌比赛；“十一”前，右安门活动站组织了棋牌比赛，有20位老干部积极参加。京工集团开展了“扶贫济困春风行动”活动。老干部得知京工集团正在组织捐款活动时，纷纷来到公司参加捐款，37名老干部共捐款3150元。

2004年，坚持学习及时传达阅读文件制度；坚持定期通报听取意见制度；坚持邀请老干部参加市老干部局和纺织控股的培训及重大活动；坚持平时和重大节日的走访慰问制度等行之有效的好方法。5月份举办了书法绘画展，共收作品31幅。在原有每人一本《老同志之友》《北京老干部》的基础上，公司党委决定再为每位老干部每人增订《中老年保健》一书。开展了“七个一”活动。上半年组织老干部听副市长陆昊学习十六大体会的报告一次；组织老干部撰写一篇自己参加革命、受党培养教育文章，共12篇；组织老干部进行了一次书法、绘画、艺术作品展，参展作品31件；组织老干部讨论如何发挥离休党支部先进性一次，专题进行了安全生产月和新交通道路法宣传教育，并进行了不同内容的知识答卷。

2007年4月18—20日分别组织离休干部、退休厂处级领导干部、机关退休中层干部参观游览了雍和宫。在中共十七大、控股公司第二届党代会的胜利召开及建党86周年期间，京工集团党委组织了系列活动，其中党委组织部、离退休管理部计划在6月中旬组织部分老干部参加“构建和谐社会、和谐企业”学习班。印制胡锦涛总书记在中央党校上的重要讲话内容，发给老干部人手一份。为迎接中共十七大召开，在老干部中开展党建党史知识答卷活动。走访慰问老干部，送学习材料、答卷上门。在中国人民解放军建军80周年纪念日到来之际，7月27日组织系统离休干部中退伍老战士参观了军事博物馆举办的《我们的队伍向太阳》——新中国成立以来国防和军队建设成就展。9月14日召开了运动会，19名老干部参加了乒乓球、托球、飞镖、太极拳和十巧运动等比赛。

2008年，根据中组部《关于在离退休干部中和全国老干部工作部门认真学习贯彻党的十七大精神的通知》精神，学习重点放在了胡锦涛在中共十七大上的报告和新党章上。学习形式采取以自学为主，知识答卷、听辅导报告、参观等形式为辅。为方便老干部学习，2008年，北京市委组织部、北京市老干部局每季度印发《老干部学习读本》，老干部人手一册。离休党支部每季度组织活动一次。京工集团党委积极响应北京市委组织部、北京市老干部局关于在全市老干部中开展“高举旗帜促和谐，携手奥运乐晚年”主题活动。组织老干部参加2次知识答卷、《北京老干部》第三期刊登的“迎奥运、讲文明、树新风——我参与、我奉献、我快乐”知识竞赛、京工集团党委组织部组织的学习“新党章”知识答卷。开展“纪念改革开放30周年老干部征文”活动，有11位老干部积极撰写文章。京工集团党委组织老干部乘坐北京观光1号、2号车，游览古都北京和奥运场馆。

2009年，组织老干部开展深入学习实践科学发展观的理论，将学习材料《毛泽东、邓小平、江泽民论科学发展观》、《科学发展观读本》、《深入学习实践科学发展观活动领导干部学习文件选编》、《改革开放话北京》以及学习计划、知识答卷等发到老干部手中。对于行动不方便、不能参加活动的老干部采取送学到家，向老干部宣传开展学习实践科学发展观活动的目的、意义。3月24日，老干部党支部参加了京工集团党委开展学习实践科学发展观活动的动员大会。开展“我与新中国同行”征文活动，活动中共收到14名老干部撰写的文章。4月组织老干部游览中山公园，参观孙中山同志的塑像。6月2日，离休党支部以“我和我的祖国”为主题召开座谈会。组织“我看新北京”离退休干部参观活动。9月4日，开展“祖国繁荣昌盛，京工壮大发展”——老干部红歌演唱会。10月，组织老干部参观刚刚举行完中华人民共和国成立60周年大阅兵的天安门广场和天安门城楼。老干部马永胜积极参加控股公司举办的书画展，共展览其3幅新作。

2010年4月，京工集团党委在全系统开展争创“四强”党组织，争做“四优”共产党员活动。在老干部中开展学习十七届四中全会精神知识答卷和老干部书画展，老干部征文有8人积极投稿。开展“双争当”活动，有4名老干部被评为优秀党员，老干部党支部被评为先进党支部，“七一”前受到了党委的表彰。2010年京工集团党委在组织为玉树灾区捐款和爱心捐款活动中，35名老干部共捐款4410元。

2011年，结合中国共产党成立90周年，京工集团有限公司成立10周年，为老干部送去《中国共产党党史》第二卷，党委给老干部送去慰问品，让老干部享受集团改制的成果。收看胡锦涛总书记在“七一”纪念大会上发表的重要讲话，为使老干部系统学习好“讲话”精神，党委及时购买了学习读本送到老干部家中。开展了学党史老干部知识答题活动和老干部征文活动，有7位老干部撰写了文章，报送控股公司。有一位老干部参加了控股公司举办的书画展。老干部在社区积极参加共产党员献爱心捐款活动，积极参加社区组织的各项活动。

2012年，离休干部开展“北京精神我践行　创先争优乐晚年”主题活动。开展了老干部征文活动，有4位老干部撰写了文章，报送控股公司。有1位老干部参加了控股公司举办的书画展，获得了控股公司和国资委的奖励。有的老干部在社区帮助组建老年模特队，把在京工集团模特队学习到的表演知识传播到社区。

2013年，在学习中共十八大精神的基础上，组织老干部参加学习十八大100题知识答卷活动。4月京工集团党委组织老干部参观游览大兴区念坛公园；组织老干部踏青活动，九九重阳节组织老干部参观游览工农业建设成果。8月初，按照控股公司关于开展党的群众路线教育实践活动的实施方案，京工集团于8月12日召开动员大会。按照京工集团党委和市老干部局的要求，制定离退休党员开展党的群众教育路线活动计划，将学习计划与学习用书《论群众路线》《厉行节约 反对浪费》通过快递的形式发给离退休老干部，让他们在家中进行自学，离休支部不组织任何集中活动，统管支部按照市老干部局的要求，按照计划安排组织相应的学习和活动。有1名老干部参加控股公司老干部部组织的书画展，有3名老干部参加征文活动。

2014年，根据形势和任务的要求组织老同志学习政治理论，京工集团党委为老干部们分别购买了《中共中央关于全面深化改革若干重大问题的决定》《习近平总书记系列重要讲话读本》，刻录了有关学习光盘，为纪念中国共产党建党93周年，组织老干部学习知识答卷，并将答卷邮寄到家，要求老干部们利用电视、报刊等形式进行自学，通过答卷检测学习成果，老干部们认真答题，相互间进行交流，收到了很好的效果。京工集团党委继续贯彻两级联系人制度，并随着领导干部的人员变化进行调整，更好地服务于老干部。在加强离休支部建设和管理的同时，京工集团党委也加大对统管支部建设的力度，年初将全年学习计划、活动安排制定出来，在政治理论学习与离休支部同步的同时，还先后组织多人参加了控股公司老干部活动站组织的学习活动，组织统管支部老干部参观游览北京园博园和中山公园，确保统管支部活动的质量。有2名离休老干部分别参加控股公司老干部部组织的书画展和征文活动。

2015年，京工集团党委定期向老干部通报公司的发展情况和当前的重点工作，使他们及时了解京工集团发展的整体工作情况，将2015年新出版的《京工风尚》报刊，按期邮寄到每位老干部家中。根据形势和任务的要求，组织老干部学习政治理论，为他们购买了“新党章”，要求他们利用电视、报刊等形式进行自学。中共十八届四中全会胜利闭幕，会议明确提出了全面推进依法治国的总目标、重大任务，作出了一系列关于全面推进依法治国的新论断、新部署。老干部们认真学习会议文件，深刻领会会议精神，吉恩玉、朱玉萍2位老干部还写了学习体会。京工集团党委继续贯彻两级联系人制度，并随着领导干部的人员变化进行调整，每到节假日，联系人都主动打电话联系、问候。2015年是中国人民抗日战争暨世界反法西斯战争胜利70周年，中共中央决定为健在的抗战老战士、抗战老同志、抗战将领或其遗属颁发纪念章。按照要求，京工集团党委书记、总经理分别带队，到8位老干部家中看望慰问，为他们佩戴纪念章、送上慰问金，代表组织向抗战老同志表达了关爱和敬意。在加强离休支部建设和管理的同时，京工集团党委不忘对统管支部的建设，年初将全年学习计划、活动安排制定出来，在政治理论学习与离休支部同步的同时，还先后组织多人次参加了控股公司老干部活动站组织的学习活动，组织统管支部老干部分别游览北京香山公园、颐和园，参观了香山公园内的“双清别墅”。

2016年，京工集团党委开展“创四强党组织、促十三五发展、迎党代会召开”的主题教育，要求各支部全体党员结合“两学一做”学习教育，开展好特色支部、党员承诺、做合格党员活动，以实际行动迎接京工集团第四次党代会的召开。针对离退休支部的实际情况，京工集团党委领导和工作人员登门到老干部家，将这些重点工作及时传达到离退休支部，让老干部了解情况。10月，京工集团成功召开了第四次党代会，离退休支部的全体老党员积极配合，推选出3名党员代表，他们分别是离休支部党员代表吉恩玉及统管支部党员代表张汝和、汪丹。由于身体原因，老干部吉恩玉未能到会参加。会议结束后，京工集团党委派专人到家，传达会议精神，将两委工作报告及时送达到老干部手中。先后组织多人次参加控股公司老干部活动站组织的学习活动，组织统管支部老干部分别参观游览世界公园、北京植物园。为纪念中国共产党成立95周年和纪念红军长征胜利80周年，离休干部马永胜和吉恩玉2位老干部分别参加了老干部书画展和征文活动。马永胜的书画作品《坐看云起图》，吉恩玉的征文《我的美好晚年》参展。

2017年，中共十九大成功召开后，按照集团党委的部署，采取送学上门的方式，将中国共产党第十九次全国代表大会修改过的《中国共产党章程》和习近平总书记在中国共产党第十九次全国代表大会上的报告《决胜全面建成小康社会 夺取新时代中国特色社会主义伟大胜利》送到老干部家中，让老干部与在职党员同步开展学习中共十九大精神。离休干部马永胜为中共十九大献礼《山清水秀家乡美》和《又一个大丰收》2幅画作。离休党支部有老党员21名，由于年事已高，大部分不能自理，无法组织集中活动，根据市老干部局《关于组织离退休干部收听收看党的十九大实况的通知》的要求，京工集团及时与离休党支部委员吉恩玉、统管党支部书记张汝和取得联系，传达了通知精神。2位老干部在第一时间与支部全体党员取得联系，通知大家在2017年10月18日上午9点准时通过电视直播等方式收看中国共产党第十九代表大会的开幕式。在6月27日，统管支部开展了“畅谈新变化、做出新贡献、喜迎十九大”主题党日活动。老党员们一起学习党的知识、重温党的光辉历程，回顾中共十八大以来党和国家取得的辉煌成就。

2018年，集团党委坚持采取送学上门的方式发放学习资料，组织离退休干部学习中共十九大精神和习近平新时代中国特色社会主义思想，学习党的路线、方针、政策，使离退休干部在政治上、思想上和行动上与以习近平同志为核心的党中央保持高度一致。集团党委为每一位老干部分别订阅了《北京老干部》《中国老年》《长寿》杂志，使他们在学习政治理论的同时，增强养生知识，强身健体。集团党委坚持将《京工风尚》报刊，按期邮寄到每位老干部家中。坚持落实两级联系人制度，及时与老干部们沟通，及时了解老干部的情况，以便更好地服务老干部。

2019年，集团党委定期向老干部通报集团的发展情况和重点工作，使他们及时了解集团发展的整体工作情况。在控股公司的组织下，集团老干部工作者作为控股公司老干部先锋队的一名成员在十里堡地铁站为地铁乘客服务，用感激之情回馈社会。

2020年春节前夕，按照集团党委统一安排，集团领导班子成员分别以不同形式走访慰问离退休老干部。集团党委书记、董事长李耀东，总经理朱华诚向居住在右安门宿舍的老干部进行慰问。详细询问老干部们的身体状况和生活情况，通报集团召开党员大会情况和新一届“两委”委员的组成情况。介绍了“不忘初心、牢记使命”主题教育、青年学习小组，纪委改革和满足百姓日常生活需求等方面所做的工作。介绍了集团2019年在品牌、贸易、人才、服务、安全、园区等方面所做的主要工作和2020年的重点任务。领导班子成员集体或分别带队走访慰问分散居住的离退休老干部，给他们送去组织的关怀和温暖。走访慰问活动共走访离休干部16人次、统管干部14人次。有关领导还慰问了其他退休老干部。在纪念中国人民志愿军抗美援朝出国作战70周年前夕，1名离休干部获中国人民志愿军抗美援朝出国作战70周年纪念章。

二、生活待遇

1987年，贯彻落实《国务院关于发布老干部离职休养制度的几项规定的通知》关于老干部离职休养制度的几项规定“老干部离休后基本政治待遇不变，生活待遇略为从优”政策原则，给予部分离休干部定期生活困难补助。抗日战争时期参加革命工作，现月基本工资额在78元以下生活困难的一般可以补助到78元，解放战争时期参加革命工作现月基本工资在62元以下生活困难的一般可以补助到62元。

1988年，组织离休干部健康休养和参观工农业生产建设项目。

1990年，给第一、二次国内革命战争时期参加革命工作的离休干部发护理费。

1991年，对抗日战争时期参加革命工作、1982年底前行政15级、离休前担任正副处级职务的干部，离休后在医疗、交通方面给予照顾，发放优诊医疗证。对1937年7月7日至1942年底期间参加革命工作的离休干部和1943年1月1日至1945年9月2日期间参加革命工作年满70周岁（含）以上的离休干部发给护理费。从7月1日起，每人每月发给生活补助费30元。提高粮油统销价格后适当增加职工工资。

1992年7月对部分离休干部在医疗、交通方面给予照顾。部分离休干部在医疗、交通方面给予照顾。

1993年，认真贯彻落实执行在市第七次老干部座谈会上提出的为老同志办几件实事的决定，1月起，离休干部特需经费每人每年增加150元。7月起为离休干部每人每月增加30元生活补贴，为解放战争时期参加革命工作年满70周岁的离休干部每人每月发给51元护理费，为已去世离休干部的配偶无工资收入有子女的每人每月发给80元生活困难补助费、无工资收入无子女的每人每月发给120元生活困难补助费。年底前，解决人均住房面积在3平方米以下离休干部的住房困难。

1994年，给抗日战争后期参加革命工作未享受护理费的离休干部发放护理费，提高已故离休干部无工作配偶生活困难补助费标准，给第一、二次国内革命战争时期参加工作的离休干部增发生活补助费。对医疗保健干部进行干部医疗保健登记注册，调整基本养老金。坚持做到离休干部与企业职工共享改革成果，“共享费”每年要结合企业经济情况有所提高。解决了5户离休干部的住房问题，保证离休干部安度晚年。组织青年志愿服务队，进入离休干部家庭，为离休干部热情服务，解决了生活之所需。

1995年，调整书报费和洗理费，调整基本养老金，发给归国华侨退休人员临时生活补贴，在纪念抗日战争胜利50周年期间开展走访慰问老干部、老党员活动。

1996年，为生活不能自理的离休干部增发护理补助费，为去世离休干部无工作配偶提高生活困难补助费标准。

1997年，坚持让老干部分享改革成果。为解决老干部每年在医院上下楼各科体检难的困难，将医院各科大夫请到公司集中为老干部体检。特事特办解决老干部住房困难。为去世离休干部无工作配偶提高生活困难补助费。

1998年，调整基本养老金，为去世离休干部无工作配偶提高生活困难补助费标准，向未享受医疗照顾的离休干部发放医疗优诊卡，为退休干部办理公园年票。开展了为80岁以上离休干部年年祝寿活动。80岁以上的老人行动不便，很少参加，但他们更渴望有外出活动的实际情况，党委决定每年春、秋两季，为这部分老干部单独组织外出活动，派专车，由专人陪护游览恭王府、欣赏中山公园的郁金香、逛北京城、参观朝阳公园的风筝节等。

1999年，调整离退休干部基本养老金，给部分离退休专家发放生活补贴。根据老干部进入高龄期的实际情况，依据《中华人民共和国老年人权益保障法》，在对老干部队伍现状进行了认真分析的基础上，制定《关于推进离休干部家庭养老服务管理办法》。《管理办法》首先在80岁以上及生活不能自理的离休干部中推行。这个《管理办法》在企业和离休干部家庭之间架起一座联系的桥梁，达到了全方位服务的目的。这项工作的开展得到了离休干部由衷的欢迎和上级领导的充分肯定。为了便于离休干部参加群体活动，扩建右安门宿舍的老干部活动站，建立棋牌游艺室、健身室、麻将室，增添了一批新设备，使离休干部的健身和娱乐场所更加宽敞适用。

2002年，北京市服装一厂和雷蒙西服分公司改制后，公司的2名去世离休干部的配偶因无工作，按照《关于调整去世离休干部无工作配偶生活困难补助费标准的通知》精神，及时调整了他们的困难补助费。《关于调整离休干部特需经费标准的通知》于2002

年 9 月份下发，离休干部特需经费标准由每人每年 400 元提高到每人每年 500 元，公司及时将经费补齐。领导干部和工作人员普遍走访老干部 136 人次，为老干部报销药费 30 多万元，全年发共享费 38700 元、节日慰问品及过节费等合计 19293 元，支委补贴 3200 元，健康疗养费节余 5460 元，防暑降温费 12300 元，老干部困难补助金 4000 元，遗属困难补助金 3860 元，在 5 月份为老干部进行体检的时候，离退休管理部还专门印发了洪昭光教授讲的《生活方式与健康老龄化心血管病》的宣传册，分发给老同志。

2004 年 5 月 22 日为老干部体检，坚持每月到家中为老干部报销药费，1—5 月份报销药费金额 20 余万元，151 人次。送去学习材料，传达文件精神，对老干部反映的困难和问题，坚持做到件件有回音，事事有着落。

2007 年 5 月 12 日，京工集团组织老干部及退休领导干部在普华体检中心进行体检。

2008 年，根据北京市《关于调整我市因瘫痪等原因生活长期完全不能自理的离休干部护理费标准的通知》精神，为京工集团符合条件离休干部及时调整了护理费，由原每人每月 300 元调整到 600 元，从 2008 年 1 月起执行。根据《关于中国共产党党费收缴、使用和管理的规定的通知》和《关于离休干部党员每月实际领取的离休费总额中不列入交纳党费计算基数的电话通知》精神，及时对离休干部党员党费进行调整，并按照调整后的党费标准及时收缴了党费。

2009 年，“三八”妇女节前夕，召开茶话会，每位女干部均收到了党委为她们精心选购的纪念品。“十一”前夕，京工集团党委副书记侯永利和老干部工作人员对老干部、老党员、老工人进行走访慰问，共走访 52 人，送去中华人民共和国成立 60 周年纪念章、慰问信、慰问品。

2011 年，北京市多次调整补发老干部养老补贴，为确保老干部及时了解政策，工作人员在走访慰问老干部时，及时向老干部宣传有关政策，并让老干部掌握养老金变化情况，遇到老干部不懂或看不明白的，耐心细致进行解释，帮助老干部了解政策。按照北京市委组织部等有关部门下发的《关于本市去世离休干部无工作配偶参加城镇居民基本医疗保险或新型农村合作医疗个人缴费有关事宜的通知》的精神，为京工集团 2 位去世离休干部无工作配偶办理了基本医疗保险手续；根据《关于为本市离休干部配备使用“小帮手”电子服务器的通知》要求，为 31 位离休干部及时办理了“小帮手”入网手续，并及时送到老干部家中；按照有关文件精神，为 2 名去世离休干部无工作配偶增加了生活困难补助费标准；老干部特需经费、健康休养费能够按期足额提取，并全部用于老干部；始终坚持每年组织一次老干部体检，从老干部的安全考虑，体检安排在周六，在家属陪同、工作人员的帮助下，每次体检工作都能够顺利完成。

2012年按上级照文件精神，及时调整去世离休干部无工作配偶生活困难补助费。“五一”前，京工集团党委与老干部工作人员共同对31名离休干部进行走访慰问，既给老干部送去了精神食粮——光盘和书籍，又给老干部送去了生活用品——电水壶和保温提锅。上半年为80岁以上的老干部过生日共计16人，给他们送去生日蛋糕、寿桃，为他们拍摄生日照片。北京市调整补发老干部养老补贴，工作人员在走访慰问老干部时，及时向老干部宣传有关政策，并让老干部掌握养老金变化情况。老干部特需经费、健康休养费能够按期足额提取，并全部用于老干部。5月组织了一年一次的老干部体检。

2013年5月18日，京工集团组织老干部进行了一年一次的体检，体检共有66名老干部参加。在老干部生病期间，多次看望，去世后的一次性补贴全部落实。“两节”和“五一”前夕，京工集团党委对全体老干部进行走访慰问，送去慰问品和对老干部的祝福，对生病住院的老干部到医院看望。为老干部安装了无障碍设施。

2014年“两节”期间，集团党委、组织部对全体老干部进行了走访慰问，并向老干部介绍了京工集团的发展情况以及宣讲市老干部局关于落实离休干部待遇的相关政策。“两节”共走访慰问36人次。其中离休干部25人、统管老领导11人，为他们送去慰问品、控股公司慰问老干部的“伊里兰”牌羽绒背心、国资委慰问信、老干部征文纪念品等。其中京工集团领导带队走访慰问老干部13人（包括生病住院的2人）。按照《关于进一步做好我市离休干部医疗服务工作的通知》的精神，京工集团党委高度重视、认真落实，派专人为16位老干部分别办理了优诊医疗，并逐一送到家中。“三八”妇女节来临之际，京工集团党委给每位离休女干部发放了纪念品，并致以节日的问候。“五一”前，京工集团党委与老干部工作人员对25名离休老干部进行走访慰问，到医院看望4名生病住院的老干部，为他们送去慰问品。5月份京工集团组织离休和统管的老干部进行一年一次的体检。

2015年“两节”期间，集团党委、组织部对全体老干部进行走访慰问，共走访慰问35人次，其中离休干部24人、统管干部11人，为他们送去春节慰问品及控股公司慰问老干部的背包等。京工集团领导带队走访慰问老干部13人。党委书记魏丽与老干部工作人员一同看望了生病致困的离休干部刘福春，送去慰问品和市老干部局帮扶解困金并祝老干部早日康复。节前为去世离休干部家属办理一次性补助金和丧葬费的发放，得知其因长期生病，造成家庭生活困难，京工集团协同控股公司为其办理了市老干部局帮扶解困补助申请。“三八”妇女节来临之际，京工集团党委给每位离休女干部发放了纪念品，并致以节日的问候。“五一”前夕，京工集团党委与老干部工作人员对24名离休老干部进行走访慰问，为他们送去节日慰问品。5月9日组织离休和统管的老干部进行了一年一次的体检，共有15人参加。2018年有2名离休老干部分别参加了控股公司老干部部组织的书画展和征文活动。

2016年，京工集团党委继续贯彻两级联系人制度，并随着领导干部的人员变化进行调整，以便更好地服务老干部。每到节假日，联系人都打电话联系、问候。京工集团党委经常检查老干部待遇落实情况，发现问题及时解决，重大节日领导带队走访慰问。2016年“两节”期间京工集团党委、组织部对35位老干部进行走访慰问，其中离休干部24人、统管老领导11人，京工集团领导带队走访慰问老干部13人，发放慰问金额共计14164元。总经理李耀东和老干部工作人员一同看望了生病至困的离休老干部曹振昌，送去慰问品和市老干部局帮扶解困金10600元，并祝老干部早日康复。“三八”妇女节来临之际，京工集团党委给每位离休女干部发放了纪念品，并致以节日的问候，感谢她们对京工集团的关心、理解，希望她们一如既往地关心和支持京工集团的发展。“五一”国际劳动节前夕，京工集团党委与老干部工作人员对24名离休老干部进行了走访慰问，给他们送去了节日慰问品。5月14日，党委组织离休和统管的老干部进行一年一次的体检，共有13人参加。“中秋”“十一”前，京工集团老干部工作人员对23名离休老干部和11名统管干部进行了走访，给他们送去节日的祝福和慰问品。全年共为23位老干部过生日，工作人员将生日礼物和祝福逐一送到家中，并合影留念；有5名老干部生病住院，老干部工作人员第一时间赶到医院看望；协助家属为1名去世离休老干部、1名去世机关中层老干部料理了后事。根据《关于为本市地方离休干部安装急救呼叫器有关问题的通知》精神，2016年对北京市离休干部急救呼叫系统进行升级改造，更新老干部现使用的急救呼叫器。为做好此项工作，京工集团党委高度重视、安排部署、填表登记、上门安装。

2017年春节前夕，京工集团党委、组织部对35位老干部进行走访慰问，其中离休干部23人、统管老领导12人，京工集团领导带队走访慰问老干部。“三八”妇女节来临之际，京工集团党委给每位离休女干部发放了慰问品，并致以节日的问候。“五一”前夕，京工集团党委与老干部工作人员对23名离休老干部进行走访慰问，给他们送去了节日慰问品。5 月 13 日，党委组织离休和统管的老干部进行了一年一次的体检。“中秋”“十一”前，京工集团老干部工作人员对 22 名离休老干部和 12 名统管干部进行了走访，给他们送去节日的祝福和慰问。全年共为 23 位老干部过生日，工作人员将祝福和生日礼物逐一送到家中，并拍照留念；有 5 名老干部生病住院，第一时间赶到医院看望；协助家属为 2 名去世离休老干部、1 名去世机关中层老干部料理了后事。6 月 2 日，党委副书记董晶、党委工作部部长许青林、老干部工作人员一同看望因病住院的离休老干部。10 月 22 日，党委副书记带领老干部工作人员看望百岁老人索凤翔，为他送去生日祝福。10 月 30 日，党委工作部部长和老干部工作人员到医院看望因病住院离休干部。根据《关于调整本市离休干部特需经费标准的通知》，将离休干部特需经费标准由原来的每人每年 1000 元调整为每人每年 1500 元。根据《关于本市企业和经费自理事业单位离休干部发放采暖补贴的通知》和《关于本市企业和经费自理事业单位离休干部发放住房物业服务补贴的通知》精神，每月按时向离休干部发放住房物业费服务补贴，并在采暖季到来之前，将采暖补贴发放到位。

2018 年，集团党委对老干部生活上给予经常性的关心，全面落实老干部的各项生活待遇，重大节日党委书记带队走访慰问；平日坚持为离休老干部过生日，将生日礼物和祝福逐一送到家中；老干部生病住院，第一时间赶到医院看望；老干部去世，协助家属料理后事。集团党委拨付专款按时发放供暖费和物业补贴。“三八”妇女节前夕，给每位离退休女干部发放了纪念品。“五一”前夕，给离退休干部发放了节日慰问品。5 月份组织离退休干部进行了一年一次的健康体检。

2019 年，集团党委对老干部生活上给予经常性的关心，全面落实老干部的各项生活待遇，重大节日党委书记带队走访慰问；平日坚持为离休老干部过生日，将生日礼物和祝福逐一送到家中；老干部生病住院，第一时间赶到医院看望；老干部去世，协助家属料理后事。集团党委拨付专款按时发放供暖费和物业补贴。

2020 年新冠疫情发生以来，集团党委始终牵挂着老干部的身体状况，在战“疫”中加强对离退休干部工作的组织领导和工作指导，让每一位老干部都感受到了组织的关心关爱。集团党委发挥离退休党支部的作用，通过支部及时将习近平总书记系列重要指示精神和集团党委决策部署传达到每一位老干部，支部按照集团党委的要求，认真贯彻、严格落实，以微信、电话等形式迅速传达，在战“疫”中发挥了战斗堡垒作用。集团党委发挥职能部门的作用，以电话慰问形式关心了解离退休老干部的身体状况，嘱咐老干部做好个人防护，外出全程佩戴口罩，减少人员聚集，身体不适主动报告、主动隔离、主动就诊。尽量减少乘坐公共交通工具，途中尽量避免用手触摸车上物品。保持勤洗手、多饮水，有事情及时与集团联系。为全力做好老干部的疫情防控工作，让老干部有更多的防护物品做好个人防护，集团党委及时协调落实300个KF94防护口罩和150瓶消毒洗手液，并迅速安排工作人员为30名老干部逐一寄送。要求老干部时刻增强自我防护意识，严格落实各项防护措施，遵守各项防控要求，确保安全健康。老干部心系疫情，踊跃捐款，共捐款1830元。

第三节　工会工作

公司工会加强工会组织自身建设，巩固职代会制度，提高企业民主管理水平，维护职工合法利益，注重对职工的教育。发动职工群众大力开展群众性的技术练兵、技术革新和合理化建议活动，群策群力解决好企业管理、生产技术等方面的关键问题，推进工会工作创新发展。

京工集团工会在上级工会和集团党委的领导下，坚持以中共十九大精神为统领，全面贯彻落实中国工会十七大和北京市工会十四大精神，维护好职工合法权益，竭诚服务职工群众。加强对职工的思想引导，宣传先进、表彰先进、树立先进，紧紧围绕企业发展目标，结合集团实际，全面履行工会职责，积极开展工会各项活动，切实发挥工会的桥梁纽带作用，展现新时代工会组织的新作为。

一、工会代表大会

（一）集团公司工会第一次代表大会

1973年4月25日服装工业公司工会第一次代表大会召开，通过选举，经公司党委同意，公司第一届工会委员会由尚兴志、李树芳、曹清扬、金美兰、许保国、李文清、杨玉修、郭根荣、石玉芳、张秀琴、沙佩珍、李惠山、张长茹、张学芳、张春久、郑立胜、李桂兰、王瑞芝、戎芳义、方震耀、白荣凤21人组成。

常委由尚兴志、李树芳、曹清扬、金美兰、许保国、李文清、杨玉修、郭根荣、石玉芳9人组成。

尚兴志任主任。李树芳、曹清扬任副主任。

（二）集团公司工会第二次代表大会

1983年3月14日服装工业公司工会第二次代表大会召开，通过选举，经公司党委同意，公司第二届工会委员会由尚兴志、李树芳、王瑞芝、王德喜、邓淑英、刘秀云、刘秀英、刘俊英、田福顺、孙永利、闫润清、吴玉民、芦源、杨文璞、张庆彪、张秀芹、张跃中、张常茹、张燕堃、陈克汶、寇文莲21人组成。

常委由尚兴志、李树芳、刘秀云、孙永利、芦源、杨文璞、张秀芹7人组成。

尚兴志任公司工会主席，李树芳任公司工会副主席。

会上，党委书记许洪儒对今后的工会工作提出了三点要求：一是，加强工会自身建设，真正负担起开创新局面的重任；二是，加强职工队伍建设，特别是重视做好青年职工的工作；三是，加强党对工会工作的领导，使工会更好地发挥联结党和工人群众的强大纽带作用。

（三）京工集团第一次工代会

2003年1月14日，京工集团召开了工会第一次代表大会。大会听取了以“团结进取、扎实工作、努力开创工会工作新局面”为主题的工会工作报告、财务工作报告和经费审查工作报告。与会代表认真听取并审议了3个报告。代表大会按照《中国工会章程》的有关规定和民主程序选举产生了工会第一届工会委员会和经费审查委员会。大会认真总结了过去的各项工作，明确了今后的方向、任务和目标。

（四）京工集团第二次工代会

2006年7月，京工集团成功召开了工会第二次代表大会。代表大会认真总结了2003年至2005年的各项工会工作，充分肯定在党委的领导下围绕大局和企业的中心工作，在行使工会职能、开创工会工作新局面方面所取得的成绩，同时对之后一个时期工会工作任务和奋斗目标提出了具体要求。根据《中国工会章程》的有关规定选举产生工会第二届工会委员会和经费审查委员会。

（五）机关工会第一次工代会

为贯彻落实党的全心全意依靠工人阶级的根本方针，依据《中国工会章程》和《中华人民共和国工会法》的有关规定，进一步建立京工集团机关工会组织机构，经机关党总支委员会研究决定，机关公司本部组建工会组织。2009 年 6 月 19 日，召开京工集团机关工会第一次代表大会，审议通过了工会工作报告和工会财务报告，大会选举产生集团公司机关工会第一届委员会委员和经费审查委员会委员。京工集团机关工会委员会的产生给机关工会各项工作带来新的活力，对下一步建立京工集团机关职代会制度、履行各种民主程序、落实依靠方针、全面履行工会基本职能提供了组织保障。

（六）京工集团第三次工代会

2012 年 9 月 4 日，京工集团成功召开了工会第三次代表大会。大会认真总结了第二次工代会召开六年来的工会工作，提出了 2013 年至 2015 年工会工作的主要目标和任务，选举产生了新一届工会委员会和经费审查委员会。

（七）京工集团第四次工代会

根据《中华人民共和国工会法》和《中国工会章程》的有关规定，京工集团于 2017 年 4 月 24 日至 25 日成功召开了第四次工代会，会议审议通过了工会工作报告，报告中对 2013 年至 2016 年工会工作进行全面总结，并提出未来三年的工作目标任务。大会选举产生新一届工会委员会、工会经费审查委员会和工会女工委员会。

2017 年 4 月 24 日，召开北京京工服装集团有限公司工会第四次代表大会　　京工集团办公室　提供

二、基层组织建设

（一）历任工会主席

尚兴志，1973 年 5 月至 1977 年 1 月，1979 年 5 月至 1994 年 9 月；

马国红，1994 年 9 月至 2006 年 12 月；

李耀东，2006 年 12 月至 2008 年 6 月；

董　晶，2009 年 11 月至 2019 年 8 月；

顾　巍，2019 年 10 月至今。

（二）历任工会副主席

李树芳，1973 年 4 月至 1986 年 10 月；

曹清扬，1973 年 4 月起；

朱华诚，2012 年 10 月至 2016 年 8 月；

金　娜，2016 年 10 月至 2019 年 8 月；

刘梦雅，2021 年 5 月至今。

三、京工集团工会主要工作及活动

（一）民主管理

1. 职代会

（1）第一届职代会（2010 年 7 月至 2012 年 1 月）

2010 年 7 月，京工集团成功召开了第一届第一次职工代表大会，全体职工代表以无记名投票的方式通过《北京京工服装集团有限公司职工代表大会制度》，京工集团职工代表大会制度成功搭建起了职工与企业沟通的平台和职工参与民主管理工作的渠道。

2010 年 7 月 28 日，召开北京京工服装集团有限公司第一届第一次职工代表大会　　京工集团办公室　提供

第一届职工代表大会三年间共召开六次会议，按年度审议总经理年度工作报告；进行职工代表提案工作；每年对中层以上干部进行民主评议；修改并签订集体合同；全体职工代表以无记名投票的方式，一致通过《北京京

工服装集团有限公司部室职责》和《关于加强专业技术人员和高技能人才工作的管理办法修改补充意见》。

（2）第二届职代会（2013 年 1 月至 2015 年 12 月）

2013 年，第二届第一次职工代表大会根据有关法律、法规，结合京工集团实际，对职工代表大会制度进行修订，全体职工代表以无记名投票的方式，一致通过关于修改《北京京工服装集团有限公司职工代表大会制度》的意见，将《北京京工服装集团有限公司职工代表大会制度》修改确定为《北京京工服装集团有限公司职工代表大会实施办法（细则）》。

2013 年 1 月 7 日，京工集团工会对新选举产生的第二届职工代表大会代表进行了业务培训。会上，党委副书记、工会主席从职代会的概念、性质、特点、职权和职工代表的条件、权利、义务、职责等方面进行了全面的业务培训。

第二届职工代表大会三年间共召开 5 次会议，按年度审议总经理年度工作报告；进行职工代表提案工作；每年对中层以上干部进行民主评议；以无记名投票的方式，通过了《关于调整个人住房公积金月缴存额的意见》、《北京京工服装集团有限公司〈职工考勤与请假制度〉的修改意见》以及《关于完善〈北京京工服装集团有限公司集体合同〉有关条款的意见》，并续签集体合同。

2015 年 6 月 15 日，召开北京京工服装集团有限公司第二届第五次职工代表大会

京工集团办公室　提供

2016 年 1 月 14 日，召开北京京工服装集团有限公司第三届第一次职工代表大会

京工集团办公室　提供

（3）第三届职代会（2016 年 1 月至 2018 年 12 月）

第三届职工代表大会三年间共召开 9 次会议，按年度审议总经理年度工作报告；进行职工代表提案工作；每年对中层以上干部进行民主评议；以无记名投票的方式，通过了《北京京工服装集团有限公司 2016 年薪酬改革方案》、《北京京工服装集团有限公司企业补充医疗保险暂行办法》、《北京京工服装集团有限公司绩效考核管理办法》、《北京京工服装集团有限公司职工晋、降级（档）规定》、《北京京工服装集团有限公司薪酬改革方案及绩效考核管理办法补充条款》、《北京京工服装集团有限公司关于增加在岗工会会员相关福利支出的办法》、《关于完善〈北京京工服装集团有限公司集体合同〉有关条款的意见》并续签集体合同；选举职工董事、职工监事和北京时尚控股有限责任公司第一届职工代表大会代表。

根据职工代表的需求和代表履职过程中发现的问题，工会组织全体代表观看了视频《职工代表如何做好提案工作》，工会主席做了题为《加强制度建设　提升管理水平》的专题培训，并以分组讨论的形式，让职工代表交流学习体会。

（4）第四届职代会（2019 年 1 月至 2021 年 12 月）

2019 年 2 月 25 日，召开京工集团第四届第二次职工代表大会　京工集团办公室　提供

第四届职工代表大会三年间共召开八次会议，每年对中层以上干部进行民主评议；选举产生了新一届职工董事、职工监事；表决通过了《关于调整部分退休职工洗理费发放周期的意见》、《2021 年首度劳动奖章推荐人选》和《北京京工服装集团有限公司“十四五”发展规划》；以无记名投票的方式通过了《关于完善〈北京京工服装集团有限公司集体合同〉有关条款的意见》，并续签集体合同。

2014 年 7 月 17 日，召开北京京工服装集团有限公司职工代表培训暨联席会

京工集团办公室　提供

2015 年 6 月 15 日，召开领导班子与职工代表联席会　京工集团办公室　提供

2. 领导班子与职工代表联席会

2013年，党的群众路线教育实践活动中，京工集团党委建立了领导班子与职工代表的联系制度。职工代表参加每年集团公司的半年工作会和全年工作会，企业相关领导在会上介绍集团公司整体工作情况和调整工作的重点，使职工代表更多地了解企业情况，参与企业管理，真正做到彼此尊重，共同努力做好企业民主管理工作。

2016年4月6日，召开领导班子与职工代表联席会

京工集团办公室　提供

2017年7月20日，召开北京京工服装集团有限公司领导班子与职工代表联席会

京工集团办公室　提供

在2016年4月7日召开的领导班子与职工代表联席会上，相关领导做了“十三五”规划宣贯，向职工代表详细介绍了京工集团“十三五”发展规划，使职工代表全方面了解企业发展现状和发展愿景，团结广大职工积极投身企业创新发展。

在2017年7月20日召开的领导班子与职工代表联席会上，人力资源主管领导就京工集团二季度绩效考核实施情况向全体职工代表做了说明；社区事业部及技术开发中心相关人员就社区服务及品牌高级定制等重点项目的筹备、进程、发展目标等情况向全体职工代表做了较为翔实的汇报，使全体职工代表进一步了解集团公司最新发展动态，为京工集团提升民主管理水平，构建和谐企业氛围起到促进作用。

在2019年4月22日至23日召开的领导班子与职工代表联席会上，北京贝壳京工时尚创新科技有限公司总经理杨娟介绍了京工创新园的建设情况，从创新园的核心价值到园区功能、目前进展以及未来的运营规划。社区事业部经理于辉同志介绍了社区店的销售情况和未来计划、伊里兰工作室首席设计师赵爽介绍了伊里兰品牌工作室建设情况、贸易部副经理侯加军同志介绍了RTW品牌、产品和营销推广活动。与会人员就如何在企业转型发展、企业文化建设和品牌建设方面发挥作用，进行了热烈的讨论，为企业发展提出了很多建设性的意见。

3. 工会干部培训

1992年5月，为了提高工会干部的思想认识和业务能力，工会围绕转换企业经营机制促进企业经济效益这一中心工作，组织各直属单位工会主席参加的新《中华人民共和国工会法》学习班。为配合学习，工会组织大家观看中华全国总工会主席团成员关怀教授辅导报告的录像。大家结合服装行业面临的困难形势，就如何搞好企业工会工作进行讨论。在讨论过程中，同志们畅所欲言，互相通报各厂情况，交流信息，开阔视野，为下一步做好工会工作起到了很好的促进作用。

1992年6月，根据北京市相关文件精神以及北京纺织工业总公司工会工作会议精神，为了更好地在全公司系统宣传、贯彻新《中华人民共和国工会法》和《中华人民共和国妇女权益保障法》推动各级工会组织在当前深化改革和经济建设中更好地发挥作用，公司工会于6月10日至13日举办全系统直属厂工会主席、副主席参加的学习贯彻“两法”培训班。这次培训班以中央政治局会议精神和邓小平重要谈话为指导，认真组织工会干部学习了中华全国总工会领导的重要讲话以及有关的辅导报告。

1992年7月，为了进一步把学习贯彻邓小平“南方重要谈话”精神落到实处，不断探索深化改革中的工会工作，公司工会于7月18日召开各直属厂工会主席参加的专题研讨会。研讨会以邓小平南方重要谈话精神为指导，突出以经济建设为中心，研讨在企业走向市场转换经营机制中工会组织如何进一步依照《中华人民共和国工会法》规定的权利和义务，加强自身建设，转变工作方式等诸多问题。研讨会起到互相学习、互相促进的目的。

1992年9月，为适应当前形势的发展和变化，转变旧的思想观念和工作模式，探索在新形势下工会所面临的新特点、新问题，使工会工作尽快上新台阶，公司工会于9月5日召开各直属厂工会主席参加的专题研讨会。北京纺织工业总公司工会相关领导到会并讲话。这次研讨会的特点是主题突出，针对性强。一些与会人员根据各厂的实际情况就当前工会工作的热点及难点问题进行了深入的探讨。

1994年3月14日，公司工会在北京市服装一厂召开现场交流会，各厂工会主席参加并介绍各厂的工会工作。北京市服装一厂工会被北京市纺织工业总公司工会评为“十佳”工会。

1994年11月，为推进《中华人民共和国劳动法》(以下简称《劳动法》)的贯彻落实，根据市总工会、总公司工会要求，公司工会组织全系统职工参加了“《中华人民共和国劳动法》知识竞赛”，活动的开展促进各厂广大职工学习宣传《劳动法》的深入，增强干部与职工知法、懂法、守法的自觉性，提高工会干部的自身素质，为1995年《劳动法》的施行打下了良好的基础。

1994年，为了切实加强企业民主管理工作，提高领导干部的民主意识，推广全心全意依靠广大职工办好企业的经验，加快企业深化改革的步伐，集团公司党委与工会于7月30日在北京衬衫厂联合召开以民主管理为主题的现场会。系统所属单位长(经理)、工会主席以及公司主要领导等40余人出席会议。

1995年，为深入贯彻实施《中华人民共和国劳动法》，进一步促进劳动合同制工作的顺利开展，集团公司劳动人事部、工会于8月29日联合举办了一期劳动争议培训班，来自系统各企业工会、劳动部门的干部以及集团公司劳动争议调解委员会成员40余人参加了培训。

2003年3月17日，按照公司工会全年工作安排和2003年工会培训计划，工会委员会委员、经审委员会委员及各子公司、分公司、各企业工会主席、劳动法律监督委员会成员、劳动争议调解委员会成员，参加了2003年第一期工会干部培训班。培训班上，公司工会主席马国红针对企业调整力度大、工会新干部多的实际情况，以“在党组织领导下，全面做好工会工作”为主题宣讲了第一课。公司工会委员会委员、雷蒙西服公司工会主席刘光

2018年5月14日，开展京工集团工会干部培训

京工集团办公室　提供

来围绕中国工人阶级的地位、作用以及在新形势下做好工会工作的必要性做重点发言。

2018 年 5 月 14 至 15 日京工集团工会开展工会干部培训。时尚控股公司党委副书记、工会主席顾伟达为全体工会干部作题为《深入学习贯彻十九大精神，凝心聚力转型时尚》的授课。5 月 15 日，京工集团工会组织全体工会干部参观钱学森同志生平事迹展览。工会干部学习了民主管理工作和基层工会财务管理规定相关知识。

（二）宣教文体

1. 劳动竞赛

1992 年 10 月 5 日，工会召开全系统的劳动竞赛成果发布会，来自 8 个单位的十名代表在会上进行成果发布。这次成果发布，是在服装行业面临严峻形势下召开的。举行发布会的目的是推动劳动竞赛工作在企业转换经营机制的新形势下进一步发展，促进企业经济效益发展，同时也是为了总结 1992 年以来劳动竞赛在实践中取得的成绩，探讨在新形势下劳动竞赛存在的问题和努力方向，推动工会群众生产工作的发展。

1994 年，为进一步做好促销压库工作，促使企业经济效益的提高，实现公司党委提出的 1994 年各项工作超过 1993 年、扭亏增盈的奋斗目标。年初，公司工会在全系统开展了“立功竞赛”活动，工会承担 500 万元指标。竞赛内容有三项：一是促销金额全年要达到 200 万元；二是劳动竞赛、双增双节创效要达到 150 万元；三是技术革新、合理化建议要创效 150 万元。各工会纷纷联系各厂实际，紧紧围绕生产经营这个中心，大胆解放思想，主动参与生产经营活动，真抓实干，做出了一定成绩。

为落实北京市纺织工业总公司工会提出的“四个贴紧”和降低成本、增效益、提前三年进小康“立功竞赛”目标，实现公司党委提出的 1994 年各项工作超过 1993 年、扭亏增盈的具体要求，在各厂工会干部和广大职工的共同努力下，截止到 6 月底，工会系统所进行的三项指标立功竞赛，实现金额突破了 300 万元成绩，其中群销、直销工会累计回款 1350882 元，劳动竞赛、双增双节创效 101050 元，技术革新、合理化建议创效 660817 元，合计金额为 3012750 元，完成了总公司下达给公司全年指标的 86.1%，超额完成上半年工会竞赛的计划指标。

1994 年，在公司党委和上级工会的领导下，公司工会紧紧围绕生产经营这个中心，为落实总公司工会提出的“四个贴紧”和降低成本、增效益，提前三年进小康立功竞赛目标，实现公司党委提出的 1994 年各项工作超过 1993 年，阻亏增盈的具体要求，在各厂工会干部和广大职工的共同努力下，工会三项指标竞赛合计实现金额突破了 600 万元，其中，群销、直销一项全年累计回款 286 万余元，劳动竞赛、双增双节创效 219 万元，技术革新、合理化建议创效 109 万元，合计金额为 615 万余元，大大超过总公司工会下达给公司的 310 万元的竞赛指标。

1994 年北京市京工服装工业集团公司各厂工会指标完成情况一览表

表 12-1

企业名称	年计划（万元）	实际完成（万元）	促销（万元）	双增双节（万元）	技术革新合理化建议（万元）
北京衬衫厂	91	208.97	90.05	42.45	76.47
北京大华衬衫厂	91	161.19	54.54	78.5	28.15
北京友谊时装厂	15	8.07	3.1	4.97	—
北京长城风雨衣公司	39	40.17	24.7	15.47	—
北京市服装一厂	39	51.13	21.63	29.5	—
北京市服装二厂	49	38.36	25.36	13	—
北京市童装厂	39	19.56	15.1	4.46	—
北京市童装二厂	40	8.13	8.13	—	—
北京雷蒙西服公司	20	31	21	5	5
北京市红旗室内装饰品工业公司	9	6.98	—	6.98	—
北京凤凰时装装饰品公司	8	11.6	7.8	3.8	—
北京羽绒制品厂	45	30.51	15.37	15.13	—
北京市服装五厂	15	—	—	—	—
合计	500	615	286.77	219.28	109.62

1995 年上半年，工会群众生产工作成效显著，公司工会围绕企业生产经营、结合系统实际情况，继续开展旨在提高效益、降低消耗的“创效立功、三项指标”竞赛活动。在各厂工会的共同努力下，截至 6 月底，群众促销实现回款 198.6 万元，完成了总公司工会下达全年指标的 132.4%；双增双节创效 129 万元，为总公司工会计划指标的 64.5%；技术革新、合理化建议实现了 56.81 万元，为总公司工会计划指标的 94.7%；三项指标竞赛累计金额 384.41 万元，完成总公司工会下达全年指标的 93.8%，超额完成半年的计划指标。

2010 年，在研发中心开展“大干三十天，团结一心保质保量促生产”劳动竞赛。竞赛月共完成了女裤100条、男裤36条、女装50件。经过评比，有6人获得一等奖、9人获得二等奖。京工红旗厂围绕完成广州亚运会旗帜生产任务开展了“团结一心，保质保量保工期”劳动竞赛，有8名职工被评为此次劳动竞赛标兵。

2013年3月20日，京工辅料开展生产劳动竞赛活动
京工集团办公室　提供

2011年，围绕品牌发展，7月份工会组织技术开发中心的全体职工，结合承接的第九届国际园林博览会工装任务开展劳动竞赛，按期保质保量完成69件工装任务。

2013年，工会在辅料分公司、培训学校和物业管理中心分别开展劳动竞赛。

2015年，在京工进出口公司开展劳动竞赛，给卖场货品安装磁扣，积极配合卖场销售；在组织本部青年到京工科贸公司农产品种植基地，开展义务劳动，帮助企业收菜。

2018年，在“当好主力军 建功‘十三五’构建时尚产业集团再立新功”劳动竞赛中，京工集团工会获“优秀组织单位”奖，雷蒙公司获“优秀团队”奖，技术开发中心职工李传均当选北京时尚控股“时尚工匠”。

2020年5月开展“战疫情 促发展 当好主人翁”系列劳动竞赛活动，421人次参与了劳动竞赛。劳动竞赛涵盖“金点子”征集、助力品牌销售、社区店“四比一创”、技术开发中心时装周竞赛、微视频大赛等。

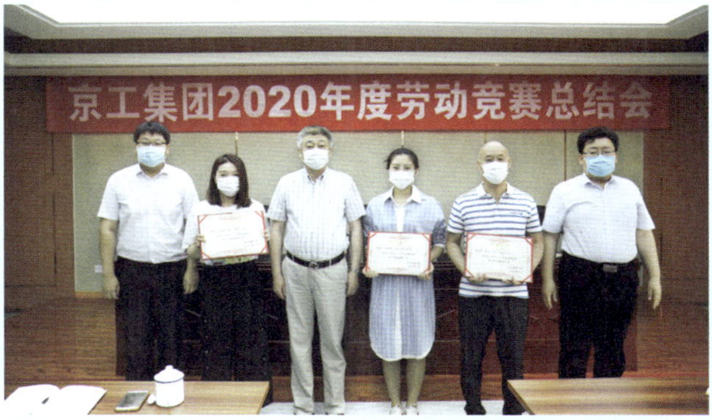

2020年6月24日，召开京工集团2020年度劳动竞赛总结会
京工集团党委宣传部（新闻中心）　提供

2021年5月至6月，工会开展“匠心筑梦 技艺传承”主题技能竞赛，通过量体、制版、制衣等技能比拼，提升专业技术人才职业素养，展现筑梦新

时代匠人风采，凝聚奋进新征程强大力量，为集团公司品牌发展注入新的活力。在“京工 1961”社区店开展“争当金牌店长、服务之星、优秀技师”活动，通过评选先进，进一步激发“京工 1961”一线员工的积极性，释放创新和创造潜能，推动“京工 1961”平台建设，提升社区服务潜力，助力集团公司“十四五”发展。

2. 知识答卷、职工培训

1995 年，为迎接九五世界妇女大会的召开，集团公司工会女职工委员会于 1995 年 8 月 28 日下午举办“迎九五世妇会”知识竞赛。参加比赛的单位有北京衬衫厂、北京大华衬衫厂、北京长城风雨衣公司、北京市服装一厂、北京市童装厂、北京市红旗室内装饰品工业公司、北京凤凰时装装饰品公司、北京雷蒙西服公司、北京伊里兰羽绒制品厂、北京高久雷蒙时装有限公司。参加比赛的 10 个单位的 30 名队员，分 3 轮进行了比赛。经过激烈的角逐，北京长城风雨衣公司代表队以 210 分的总成绩获得第一名，北京衬衫厂代表队、北京雷蒙西服公司代表队总分均为 200 分，获得并列第二名。

2003 年，集团公司工会举办“安全生产培训班”，6 月份的安全生产月，工会与技安保卫部联合在司机班开展了“安全伴我行”活动。

2006 年，工会开展“荣辱观知识教育问答卷”活动，公司 240 名职工参加活动。集团公司工会与保卫部门联手组织全系统 390 名在岗职工参加了安全生产知识竞赛答卷活动；在司机班中开展“安康杯”竞赛活动，有效提高驾驶员的交通安全意识。

2007 年，工会与劳动部门联合对各企业、子公司、分公司的工会负责人员和劳动干部进行了培训。在劳动部门积极配合下，对签订集体合同的单位要求各企业对照集体合同条款在劳动用工、劳动报酬、工作时间、休息休假、保险福利、劳动安全、女工保护等方面认真地进行自查。工会组织全体员工参加了答卷活动，“喜迎奥运，放飞梦想、奥运知识竞赛”和《劳动午报》主办的“迎奥运、讲文明、树新风首都职工奥运知识竞赛”。集团公司工会与保卫部门联手组织全体员工参加了“北京京工服装集团有限公司安全质量标准”答题活动。在司机班开展“和谐交通，平安奥运，安全驾驶”交通安全竞赛活动。

2008 年安全生产月，工会与保卫部门密切配合在司机班开展“平安奥运，安全驾驶”的竞赛活动。在安全生产月，工会积极参加纺织总公司开展的“迎奥运、保平安”板报评比工作。在全体职工中开展安全知识答卷活动。

2009 年，围绕纺织总公司开展的“坚定信心，同舟共济保增长，团结职工，稳定和

2008 年 6 月 3 日，举行“平安奥运，安全驾驶”竞赛
京工集团办公室　提供

谐促发展”主题竞赛活动。组织司机班的全体职工开展“喜迎新中国成立 60 周年，平安驾驶 90 天”竞赛活动。

2010 年，为配合“安全生产月”的活动，工会积极开展“安康杯”竞赛活动，同时工会与保卫部门联合在司机班开展安全驾驶竞赛活动。在全体职工中，开展增强安全意识安全知识答卷活动。

2011 年，为配合安全生产月活动，工会在司机班开展“安康杯”竞赛活动。司机班全体职工在竞赛活动中未出现一例违法违规事件，取得优异成绩。为增强全体职工安全生产意识，工会组织全体职工开展安全知识答卷活动，受教育面 100%。

2012 年，为了配合安全月活动，工会在全体职工中开展“安康杯”安全知识答题活动，工会会同行政安保部、办公室在司机班开展“迎十八大、迎党代会、安全驾驶无违章”竞赛活动，迎接中共十八大和集团公司党代会的召开。

2013 年，为了配合安全月活动，工会在全体职工中，开展“安康杯”安全知识答卷活动，并协助行政安保部做好安全生产合理化建议征集、安全知识竞赛等活动。

2016 年，京工集团工会于 12 月在全员范围内开展了关于“十三五”发展规划的知识问答。京工集团工会围绕“安康杯”活动要求，联合行政安保部门一同组织开展“2016 年京工集团安全知识竞赛”。

2017年，京工集团工会围绕“安康杯”活动要求，联合行政安保部门一同组织开展安全知识答卷活动，结合企业安全工作实际，对工会组长进行安全管理知识培训。京工集团工会开展安全知识问答、女职工保护相关知识问答以及“党的十九大精神”知识问答等活动。

2018年，京工集团工会围绕“安康杯”活动要求，联合行政安保部门一同组织开展安全知识竞赛、组织全体职工进行安全知识答卷活动。2018年，京工集团工会开展安全知识问答、女职工保护相关知识问，以及“五一”劳动节知识问答活动。

2019年，京工集团工会围绕“安康杯”活动要求，联合行政安保部门一同组织职工参观朝阳区公共安全馆、组织全体职工进行安全知识答卷活动。

2020年，京工集团工会围绕“安康杯”活动要求，联合物业安保中心组织全体职工进行安全知识答卷活动，同时配合物业安保中心做好对分公司、子公司、所属企业的安全生产检查工作。工会组织全体会员参加垃圾分类知识答卷，共有238名职工参加知识答卷活动，让职工认识到垃圾分类的重要性，进一步了解垃圾分类知识。

3. 经济技术创新活动、合理化建议

1992年，在深化改革，转换企业经营机制中，为进一步贯彻中央全心全意依靠工人阶级的指导方针，确立依靠职工群众办好社会主义企业的基本思想，公司工会于1992年11月7日召开了公司系统工会主席参加的群众性合理化建议工作总结、汇报会。与会各厂工会主席认真总结、交流了经验，在此基础上民主评选北京衬衫厂、北京市服装一厂两个单位为开展群众性合理化建议活动的先进集体，公司工会给予了表彰、奖励。以各厂工会更好地围绕企业经济效益为中心，抓住重点、难点，扎实地、有效地把群众性的合理化建议活动，再向前推进。

2008年，工会组织全体职工开展经济技术创新活动，评出岗位标兵20名、节约标兵20名、优秀司机3名、生产技术标兵4名。在开展经济技术创新活动中，组织广大职工开展征集合理化建议活动，参加此项活动的共有45人，提出107条合理化建议。

2009年，集团公司工会结合各单位实际，开展经济技术创新活动，评出岗位标兵14名、节约标兵28名、工会积极分子29名。合理化建议征集活动共有89名职工提出126条合理化建议，有30名职工获得优秀合理化建议奖。

2010年，集团公司工会开展经济技术创新活动，评选出岗位标兵26名、节约标兵

2008 年 12 月 22 日，召开北京京工服装集团有限公司经济技术创新活动表彰交流大会

京工集团办公室　提供

25 名、工会积极分子 34 名。合理化建议征集活动共有 70 名职工积极参与，提出 83 条合理化建议。经过评比，有 44 名职工获得优秀合理化建议奖。

2011 年，根据年度工作计划，在全体会员中开展经济技术创新活动。按照评比条件共评选出岗位标兵 33 名、节约标兵 29 名、工会积极分子 39 名。开展了有 71 人参加的合理化建议活动，广大会员提出关于品牌发展、加强管理、节能降耗等方面的合理化建议 90 条。经过认真评选有 23 名会员获得一等奖。

2012 年，在全体干部职工中开展经济技术创新活动，按照评比条件共评选出岗位标兵 34 名、节约标兵 24 名、工会积极分子 56 名。开展合理化建议征集活动，共有 93 名职工参加，提出 117 条合理化建议。

2013 年，在全体干部职工中开展经济技术创新活动。年底共评出岗位标兵 29 名、节约标兵 20 名、工会积极分子 49 名以及 8 名优秀工会小组长和 1 个优秀工会小组。工会组织广大职工开展合理化建议征集活动，共有 140 人参加，提出建议 500 条。

2014 年，开展创新标兵、岗位标兵、节约标兵和工会积极分子评比活动。开展合理化建议征集活动共收到建议 190 份，提出建议 932 条。

2015 年，紧紧围绕“十二五”规划目标，工会在全体干部职工中开展经济技术创新活动及合理化建议征集活动，11 月进行评比，已评选出各类标兵和积极分子 57 名。合理化建议共收到建议 180 份，439 条。

2016年，紧紧围绕“十三五”规划目标这一中心，工会组织广大职工开展合理化建议征集活动。

2017年，工会在全体干部职工中开展经济技术创新活动及合理化建议征集活动，共收到建议144份。

2018年，工会在全体干部职工中开展经济技术创新活动，年初对此项工作进行布置，开展合理化建议征集活动，共收到建议146份；对优秀工会会员、优秀工会组长和优秀工会小组进行评比、表彰。

2019年，工会在全体干部职工中开展经济技术创新活动及合理化建议征集活动，共收到建议152份。在经济技术创新活动中，对优秀工会会员、优秀工会组长和优秀工会小组进行评比、表彰。

2020年，在经济技术创新活动中，对优秀工会会员、优秀工会组长进行评比、表彰。

4．文体活动

1992年11月，为适应当前改革形势的发展，企业面对市场，参与社会竞争，急待转换企业内部经营机制，在这改革大潮形势下，为了进一步加强企业民主管理工作的探索，为此，公司工会于1992年11月20日举办了直属企业参加的专题演讲会，市纺织总公司工会主席宋来福、孟庆丽出席会议并做了重要讲话。公司工会举办这次专题演讲会，共8个单位十多名人员参加演讲，其特点是联系实际，针对性强，主题突出。经过民主评选，一等奖：北衬厂刘秀英；二等奖：羽绒厂羽绒车间于佐林、长城公司李春艳；三等奖：红旗公司董京、大华厂刘景芳、长城公司彭新华；其他人员为纪念奖。公司工会对以上获奖者给予了表彰奖励。

2006年开展“庆祝工会第二次代表大会召开乒乓球友谊赛”“庆祝工会第二次代表大会召开摄影比赛”以及节假日前的联欢活动等。

2007年为迎接纺织控股公司第二次党代会的召开，工会与市场技术开发部密切配合，积极协作，组织模特训练。

2010年工会开展飞镖比赛、扑克牌比赛、交谊舞培训、交谊舞比赛、节日联欢等活动。

2012年，京工集团成功地召开第三次党代会、工代会、团员大会。为了活跃职工文化生活，迎接中共十八大召开，工会组织有60人参加的扑克牌比赛，组织开展了“十个一”活动，9月份开展了有100多人参加的竞走活动。

2007 年 8 月 28 日，举办时装表演
京工集团办公室　提供

2007 年 8 月 28 日，举办时装表演
京工集团办公室　提供

2010 年 2 月 11 日，2010 年迎新春联欢会
京工集团办公室　提供

2014 年 4 月 12 日，举办“走过四季、走出健康”——大观园长走活动　京工集团办公室　提供

2013 年，为丰富职工的文化生活，组织职工参加“雪莲杯”扑克牌比赛、“铜牛杯”长走比赛、“光华杯”乒乓球比赛和“京棉杯”羽毛球比赛，并在春节前夕举办春节联欢会。

2014 年，为丰富职工的文化生活，工会积极组织职工参加控股公司工会组织的各项活动，并充分利用职工之家活动室组织职工开展乒乓球、踢毽、棋牌等活动，工会为每名会员购买公园年票，并组织开展“走过四季，走出健康”长走活动。

2015 年，为丰富职工的文化生活，工会积极组织职工参加控股公司工会组织的各项活动，在“纺织好声音”比赛中获得二等奖、在首届“毛纺杯”篮球比赛中获得第三名。工会 2015 年继续为每名会员购买公园年票，在天坛公园组织开展“走过四季，走出健康”长走活动。

2016 年京工集团工会组织职工开展“走过四季、走出健康”长走活动。组织职工参加控股公司工会组织的“雪莲杯”扑克牌比赛、方恒运动会与“铜牛杯”长走活动和

“京棉杯”羽毛球比赛。

2017 年，工会组织广大职工开展社区店店名征集活动，广大会员积极参与，大家从企业历史、工艺内涵和品牌文化等方面提交征名 111 份，其中获入围奖 15 名，一等奖 1 名。

2018 年，京工集团工会共向北京市总工会素质办申请了 3 期首都职工素质建设工程技术工人职业培训班，内容涵盖旗袍制作、女士衬衫制作和马甲裙制作。京工集团工会组织职工参加控股公司“雪莲杯”扑克牌比赛、“方恒杯”趣味运动会、“铜牛杯”长走比赛、“京棉杯”羽毛球比赛、“快乐相‘缝’”北京市职业女性缝艺大赛。工会在春节前举办了“迎新春”联欢会，组织职工进行文艺演出。

2018 年 8 月 16 日，举办首都职工素质建设工程技术工人职业培训　　京工集团办公室　提供

2019 年 10 月 15 日，举办首都职工素质建设工程技术工人职业培训　　京工集团办公室　提供

2019 年初，京工集团党政工联合发文，评选 2018 年度优秀员工。京工集团工会向北京市总工会素质办申请了两期首都职工素质建设工程技术工人职业培训，服装时尚创意 DIY——服装改造项目和创意设计、时尚构图实用课程。2019 年 9 月京工集团工会组织工会会员观看《决胜时刻》爱国主义电影，2019 年年底，京工集团工会组织全体工会会员进行十九届四中全会知识答卷活动。组织职工参加控股公司“党校杯”棋类比赛、“铜牛杯”长走比赛、“毛纺杯”合唱比赛、“光华杯”乒乓球比赛，以及职工素质大讲堂。在春节前举办了迎新春联欢会，组织职工进行文艺演出。

2020 年 9 月 4 日，京工集团工会向全体职工发出“垃圾分类 你我同行”倡议书，号召广大职工迅速行动起来，用自己的实际行动积极开展垃圾分类，共同创建美好家园。时尚工匠和工会干部共同拍摄垃圾分类宣传片，积极倡导“垃圾分类，人人有责”的绿色生活理念。

5. 职工之家、暖心驿站

2013 年，在控股公司工会的指导下设立职工活动室、职工减压室和劳动争议调解室，制定“职工之家管理制度”，并将制度和“京卡互助服务卡”的功能以及在职职工住院险和女工险的申报流程做成展板，向广大职工明示。

2018 年，建立包括 4 家社区店、2 家伊里兰门店和 1 家雷蒙门店在内的 7 家“暖心驿站”，工会工作人员为“暖心驿站”送去了擦鞋机、体脂称、矿泉水、雨伞、小药箱等物品。8 月，集团公司工会筹办职工书廊项目，得到职工和领导的广泛支持，职工书廊共收到图书 948 本。

2019 年，工会派专人负责调研为暖心驿站采购了手机充电站、针线盒、血压仪、书籍及饮用水等。京工集团工会选购“不忘初心、牢记使命”主题教育相关书籍和当下畅销书籍补充到职二书廊中。

2019 年年底，成功申请了中华全国总工会“便利型职工阅读站点”；时尚控股公司党委宣传部组织京工集团参加国资委“书香国企・国企书架”活动，获赠图书 500 余本，职工书廊共有图书 1745 本。为京工集团 7 家暖心驿站送去矿泉水和送清凉慰问品。

2020 年 8 月，新申请 7 家暖心驿站，并于 11 月底完成暖心驿站验收工作，为 7 家新增暖心驿站配备了雨伞、体脂称、医药箱、充电器、针线盒等便民服务物品。通过开展一系列满足广大职工需求的工作，提高了建家水平，加快了基层工会组织建设的步伐。

6. 疫情防控

为深入贯彻党中央、国务院关于新型冠状病毒感染的肺炎疫情防控工作部署，落实市委、市政府、全国总工会和时尚控股公司工会相关工作要求，充分发挥工会组织作用，做好集团公司复产复工防疫服务保障工作，坚决做好疫情防控工作，2020 年 2 月 7 日，集团公司工会发出倡议书，号召全体工会干部和广大职工响应党中央号召，为做好疫情防控工作贡献智慧和力量。

2020 年 11 月 2 日，面对严峻新冠疫情形势，工会向全体职工发出倡议书，号召全体职工仍要保持警惕，做好个人防护，严格执行公司请假、销假制度，自觉维护社会大局稳定，传播正能量。

2020 年 12 月 31 日，向广大职工发出倡议书，做好节前疫情防控工作。

按照市总工会、时尚控股公司工会的要求，集团公司工会设立疫情防控专项资金四万元。2020 年 2 月 11 日，工会购买慰问品（方便面、矿泉水、牛奶），对雷蒙、伊里兰公司商场专柜、集团公司社区店坚守在一线的员工进行慰问。同时，为做口罩的志愿者购买慰问品，为一线职工购买口罩和消毒洗手液等防护用品。通过工会组长对全体职工家庭情况进行排查，对因疫情造成困难的一位职工进行一次性帮扶。

根据《中华全国总工会办公厅关于加强新型冠状病毒感染肺炎防控工作专项资金使用管理的通知》及《北京市总工会办公室关于进一步发挥新冠肺炎防控工作专项资金保证作用的通知》文件精神，结合京工集团疫情防控期间一线员工工作情况及京工集团疫情期间薪酬调整的实际情况，按照京工集团疫情防控专项资金使用管理意见的相关规定，经京工集团工会委员会研究决定，从疫情防控专项资金中使用 28880 元用于慰问一线员工，慰问“京工 1961”社区店、京工雷蒙公司、京工伊里兰公司在疫情期间坚持工作的一线导购人员、“裁缝铺”师傅共 76 人，按照每人慰问金 300 元的标准发放，共计 22800 元。慰问集团公司右安门宿舍区、松榆宿舍区疫情期间在岗位值守的物业管理中心工作人员、集团公司保安及巡视检查宿舍区疫情防控工作的物业管理中心工作人员等 20 名一线工作人员，按照每名员工慰问金 300 元的标准发放，共计 6000 元。

（三）劳模工作

2007 年“两节”期间，工会对在册 17 名退休劳模进行入户走访，发放劳模慰问金 7040 元。组织劳模体检，为 13 名退休劳模免费办理公园年票。

2008 年，工会组织坚持每年组织劳模体检一次，为 16 名退休困难劳模争取帮扶金 25700 元；为 15 名原雷蒙公司、服装一厂和伊里兰的劳模争取到一笔破产企业劳模荣誉津贴一次性补偿金，共计 154800 元。

2013 年年初，工会对劳模进行走访慰问，并将慰问金发到 14 名劳模手中，5 月份组织劳模进行健康体检。 11 月份，按照《关于开展 2013 年“面对面、心贴心、实打实关爱劳模”温暖服务项目的通知》要求，集团公司工会积极为符合条件的劳模争取低收入劳模补贴和特殊困难帮扶金，以减轻劳模的生活负担。

2014 年年初，工会对劳模进行走访慰问，并将慰问金发到 14 名劳模手中，在 5 月份组织劳模进行健康体检，在国庆节前夕，公司工会陪同上级工会领导到困难劳模家中进行了慰问。

2015 年“两节”期间，对 8 名特困、困难职工和 13 名劳模进行慰问，给他们送去慰问金和慰问品共计价值 1.95 万元。5 月份，组织劳模进行健康体检，12 月，为 10 名劳模申请帮扶金。

2016 年年初，京工集团工会对劳模进行走访慰问，向他们致以诚挚的问候，将慰问金发到 14 名劳模手中，并于 9 月份组织劳模进行健康体检。

2017 年年初，京工集团工会对劳模进行走访慰问，将慰问金发到 14 名劳模手中，并于 5 月份组织劳模进行健康体检，7 月份向去世劳模的家属发放 3000 元抚恤金。

2018 年年初，京工集团工会对劳模进行走访慰问，购买慰问品前往医院看望住院劳模，并于 5 月份组织劳模进行健康体检。

2019 年年初，京工集团工会对劳模进行走访慰问，5 月份联系去世劳模家属领取慰问金，安排好劳模健康体检相关事宜，12 月份帮助 1 名劳模申请生活困难补助金，帮助 9 名劳模申请特殊困难帮扶金。

2020 年初，京工集团工会对劳模进行了走访慰问，组织好劳模体检工作，看望两名因病住院劳模，帮助困难劳模申请帮扶金。

（四）女工工作

1992 年，工会为了充分发挥广大女职工在企业深化改革，转换经营机制中的作用，于 5 月 23 日下午，举办“为企业做贡献”的女职工演讲比赛，公司直属单位有 10 名女职工代表参加演讲。

1994 年，为庆祝“三八”国际劳动妇女节，集团公司党委和工会于 3 月 5 日在劳动人民文化宫联合召开公司系统女先进人物代表、女职工代表和女领导代表参加的纪念三八国际劳动妇女节座谈会，来自基层单位的 70 余名代表参加了座谈会。公司党委书记康秀玲、公司工会主席尚兴志、公司总会计师刘淑敏等公司领导出席会议，北京市纺织工业总公司工会副主席徐今城应邀到会并作讲话。座谈会由公司工会主席尚兴志主持。座谈会上，北京衬衫厂普通女工、全国“五一”劳动奖章获得者董红等 9 人相继发言。

1995 年，为庆祝“三八”国际劳动妇女节，集团公司党委和工会于 3 月 6 日在劳动人民文化宫联合召开公司系统庆祝“三八”国际劳动妇女节座谈会。参加会议的有纺织总公司工会主席宋来福、公司党委书记康秀玲、副书记马国红，工会主席尚兴志以及来自基层 15 个单位的厂级女干部、女职工代表和部分离退休的原厂级女干部代表，共计 60 余人。

2007 年，组织全体在岗女工进行健康体检，金额共计 11000 元。

2008 年上半年，工会利用三八节组织女劳模、女标兵、女领导开展三八联谊活动。在对各企业工会女职工委员会的组织建设调查了解的基础上，完成北京京工服装集团有限公司女职工委员会组织建设自查报告。

2011 年，组织广大女工开展“迎三八国际妇女节知识答卷”活动。工会组织 10 名女工参加纺织控股公司举办的庆三八广播操比赛，取得第三名的好成绩。

2012 年工会组织召开女领导、女干部联谊会，开展形式多样的游艺活动。

2013 年开展“庆三八国际劳动妇女节知识问答”活动，组织女职工观看《颈椎病防治和头痛的自我保健按摩》视频讲座。工会与组织部共同组织行业女标兵、女干部到故宫博物院参观游览。按控股公司工会的要求，评选控股公司“三八红旗手”。

2014 年，开展“2014 年迎三八国际妇女节女职工知识答题”活动。工会组织女职工观看题为《从医学视角看女性健康》的光盘讲座和长走活动。

2015 年，在“三八”妇女节，开展女职工知识答题活动，使他们深入了解自身权益，进一步增强女职工维护自身权益的意识。

2016 年，在全体女职工中开展“迎三八国际妇女节女职工知识答题”活动，组织女职工到天坛公园进行健步走活动，并参加职工素质大讲堂。

2017 年，在全体女职工中开展“2017 年迎三八国际妇女节女职工知识答题”活动，组织女职工到北海公园进行长走活动。

2018 年，开展“2018 年迎三八国际妇女节女职工知识答题”活动，组织女职工到玉渊潭公园进行长走活动。

2018 年 3 月 6 日，开展女职工迎“三八”健步走活动　　京工集团办公室　提供

2019 年，京工集团工会开展“2019 年迎三八国际妇女节女职工知识答题”活动和组织女职工到景泰蓝博物馆进行参观的活动。

2020 年，京工集团工会在全体女职工中开展女职工知识答题活动。通过答题活动，一方面普及女职工权益保护等法律知识，另一方面使广大女职工进一步提高自我保护意识。积极参加控股公司工会组织的“凝聚时尚展女工风采，助力打赢疫情防控阻击战”主题系列活动，在“抗击疫情展一线时尚女职工风采”微视频比赛活动中，将“京工 1961”社区店女员工坚守工作一线和女党员积极参加社区活动事迹制作成微视频，并推选到控股公司工会，其中 1 部作品获得优秀奖。

第四节　共青团工作

团委在集团党委的领导下，结合企业实际和团组织特色开展各种活动，充分发挥党的助手和后备军作用、党联系青年的桥梁纽带作用和团员青年的生力军作用，团结带领广大团员青年为企业发展贡献力量。

一、团代会及团员大会

1984 年 3 月 25 日至 26 日，集团公司召开团代会。大会以民主选举的方法产生委员，由王久瑜、王连菊、何曼、张福山、周建生、周迅扬、寇文连、翟小纯、薛彦培、薛宾、霍德勇 11 人组成委员会。并于 3 月 29 日召开第一次会议，以投票选举产生书记王久瑜，副书记薛宾。

2000 年 4 月 27 日，集团公司召开团代会。团委书记董晶作题为《抓住机遇、锐意进取、开创新局面、迎接新世纪》的工作报告，报告全面地总结近年来集团公司共青团工作，并提出今后的工作任务，与会代表认真听取、审议工作报告及团费经费使用情况的报告，按照民主程序选举产生共青团委员会。共青团北京市京工服装工业集团公司第四届委员会由董晶、田雪艳、彭孜明、范文洁、张金江 5 人组成。经第一次委员会会议决定董晶任团委书记。

2002年12月12日，京工集团召开共青团第一次代表大会。团委书记作题为《积极发挥党的助手和后备军作用 努力开创共青团工作的新局面》的工作报告。大会听取、审议、通过工作报告并按照《中国共产主义青年团章程》规定，选举产生共青团北京京工服装集团有限公司第一届委员会。

2006年8月10日，京工集团召开共青团第二次代表大会。团委书记代表中国共产主义青年团第一届委员会作题为《努力做好新时期共青团工作，在企业发展中充分发挥团员青年的生力军作用》的工作报告。报告全面总结第一次团代会以来共青团的工作，分析共青团工作面临的形势，提出今后工作的指导思想和主要任务。大会选举产生共青团北京京工服装集团有限公司第二届委员会。

2012年9月6日，京工集团召开共青团第三次代表大会。集团公司团委书记许青林代表中国共产主义青年团北京京工服装集团有限公司第二届委员会作题为《将广大团员和青年紧紧围绕在党旗下，为实现集团公司第三次党代会的目标任务而努力奋斗》的工作报告。报告全面地总结第二次团员大会以来共青团的工作，提出2013—2015年的工作任务和指导思想。大会选举产生共青团北京京工服装集团有限公司第三届委员会。

2017年7月10日至11日，京工集团召开共青团第四次代表大会。集团公司团委书记金娜代表中国共产主义青年团北京京工服装集团有限公司第三届委员会作题为《坚定理想信念 奉献青春力量 为全面完成集团公司第四次党代会目标任务而努力奋斗》的工作报告。报告全面回顾第三次团员大会暨青年工作会召开的四年来集团公司团委的工作，提出了2018年至2000年的工作目标和任务。此次大会邀请北京市纺织党校党委书记、常务副校长王晓鸣对全体团员青年进行“一学一做”专题教育，为团员青年讲授《中国梦与中国战略》。大会选举产生中国共产主义青年团北京京工服装集团有限公司第四届委员会，金娜当选为团委书记、来静仪当选为团委副书记。

二、基层组织建设

（一）历任团委书记

王久瑜，1984年3月至 不详；

董　晶，1994年7月至2001年11月（北京市京工服装工业集团公司），

2001年11月至2002年9月；

许青林，2002年11月至2012年10月；

朱华诚，2013 年 5 月至 2016 年 8 月；

金　娜，2016 年 10 月至 2019 年 4 月；

刘梦雅，2019 年 4 月至 2021 年 5 月。

（二）历任团委副书记

薛　宾，1984 年 3 月至 不详；

朱华诚，2012 年 10 月至 2013 年 5 月；

田　蕊，2013 年 5 月至 2016 年 5 月；

来静仪，2017 年 7 月至 2019 年 4 月；

张雨馨，2021 年 5 月至今。

三、主要工作及活动

（一）思想教育

1994 年，为了较真实地了解广大团员、青年的思想状况，使共青团工作更加切合实际，贴近青年，公司团委于 8 月 15 日至 31 日在部分团员、青年中进行了调查。调查采取问卷形式，调查对象来自系统 13 家单位（北京衬衫厂、北京大华衬衫厂、北京长城风雨衣公司、北京市服装一厂、北京市服装二厂、北京市服装五厂、北京市童装厂、北京市童装二厂、北京友谊时装厂、北京红旗室内装饰品工业公司、北京羽绒制品厂、北京凤凰时装装饰品公司、北京市京工服装工业集团公司机关）发出调查问卷 400 份，收回 368 份，回收率为 92%。通过调查证实，服装系统广大团员、青年能正确看待当前国内形势，正确看待企业的经济形势，热爱本职工作，对改革进程中出现的一些问题能正确理解，并愿意为企业分忧。大多数团员表示愿意参加团组织活动，并希望团组织抓好推优入党工作，建立人才库，重视人才的培养。同时，也感到服装行业青年的思想仍比较活跃，也存在着许多模糊认识，使命感和责任感有待加强。青年们关注的焦点更加明显地转移到涉及切身利益的系列问题上。团组织光凭简单的文娱活动，已难以维系青年的群体意识了。这就要求针对青年思想情况，在青年人中深入开展理想信念、形势任务、团员意识等教育，使青年在逐渐全面了解形势任务的基础上，树立正确的人生观、价值观，增强责任感和使命感，同时本着关心青年，对青年负责的原则，做好推优入党，推荐人才、推优上岗工作，积极为青年办实事，使青年感到利益所在，感到有奔头儿。

1994 年，正当中国改革开放和社会主义现代化发展的关键时刻，党中央召开了十四届四中全会，讨论并通过《中共中央关于加强党的建设的几个重大问题的决定》。为使全体党团员认真学习《决定》，深刻领会《决定》，坚决贯彻《决定》，扎扎实实地落实《决定》提出的各项任务，公司机关党总支、团委于11月2日至5日分期对机关党团员进行培训。机关75名党团员参加培训，占党团员总数的87%。

1994年为了使共青团工作更好地适应经济建设的需要，加强基层团干部对团务知识的了解和相互间的交流，使新上岗的团干部较快地进入角色，为团组织在企业中发挥作用提供干部保证，公司团委于11月17日至19日举办1994年团干部培训班，系统12家单位的35名基层团干部参加了培训。

1995年，为进一步落实总公司第二届青年工作会议精神，加强基层党支部达标上等级工作，深化共青团组织推优入党工作，4月21日下午，来自北京市京工服装工业集团公司系统14家单位的22名党办组织干部和团委负责人参加集团公司党办、团委联合召开的“达标、推优工作会议”。

1995年4月26日，在“五四”青年节即将来临之际，北京市京工服装工业集团公司团委召开“迎五四、基层团干部座谈会”。这次会议的目的在于表彰先进，并通过经验交流促进集团公司共青团工作的开展。集团公司所属各企业的30余名基层团干部参加座谈会。座谈会由集团公司团委书记董晶主持。会上，首先对获得1994年纺织总公司共青团各类先进称号的先进集体、优秀个人进行表彰和奖励，座谈会进行了工作经验交流。

2004年及2005年，各单位团组织在党组织的统一部署下，认真学习“三个代表”重要思想，引导广大团员青年在参与企业经营中、在实际工作中加深对“三个代表”重要思想的理解，并为企业的发展贡献青春、智慧和力量。

2006年，各单位团组织在党组织的统一部署下，认真落实集团公司第二次党代会和第二次团员大会精神，引导广大团员青年在参与企业经营中、在实际工作中加深对“三个代表”重要思想的理解，并为企业的发展贡献青春、智慧和力量。

2008年，发挥青年工作委员会的作用，继续推动青年人才队伍建设，通过开展大学生迎新春座谈会、纪念“改革开放30年”座谈会等活动，倾听他们的心声，了解他们的思想动态，使他们对集团公司有了更加深入的了解，信心百倍地投入集团公司的各项工作中去。

2009年，团委以科学发展观为统领，引导团员青年牢固树立崇高理想和正确的世界观、人生观和价值观，着眼于企业的长远发展，着力提高团员青年的整体素质，培养造就一支高素质的青年职工队伍。

按照“立足支部，面向团员，主题鲜明，务求实效”的原则，结合重大纪念日和重要事件，在广大青年中深入开展国情教育、形势政策教育，用新风正气陶冶广大团员青年，用健康向上的活动激励广大团员青年。

在庆祝中华人民共和国成立60周年前夕，团委与离退休管理部共同召开“老干部与青年座谈会”，邀请集团公司老干部为青年职工讲京工的发展史，讲京工的老传统，给青年希望。通过老干部与青年的交流，提高青年为担起京工发展的重任而努力工作的责任意识。

发挥青年工作委员会的作用，继续推动青年人才队伍建设，通过召开大学生迎新春座谈会、青年干部座谈会等活动，倾听他们对集团公司发展的建议和想法，了解他们的思想动态，也使他们对集团公司有了更加深入的了解，信心百倍地投入集团公司的各项工作中去。同时为了解和考察青年干部搭建了又一平台。

2010年，“五四”青年节期间，全体团员青年参观1949年中华人民共和国成立前党中央和毛主席曾经工作过的双清别墅。大家看到屋内的墙壁上挂着一张巨大的军事地图，毛主席的卧室床的半边整齐地摆满了书，伟大领袖时刻在为带领建立人民当家做主的社会主义新中国而操劳，坚定全体团员青年为祖国现代化建设贡献全部力量的决心。

为使青年干部坚定理想信念、树立远大理想和奋斗目标，并在实践中积累才干、锻炼成长，青年工作委员会举办2010年青年干部培训班。党委书记、副书记出席培训班并担任授课教师。他们通过大量历史资料及发生在青年干部身边的事例，使青年干部生动形象地理解培训内容，从不同的角度受到启发。全体青年干部分别从“对理想和信念的认识，应树立怎样的理想”、“入党以后，在人生观上有什么变化，在岗位上如何发挥作用”和“怎样在实际工作中锻炼自己，更好地发挥作用”三个方面进行分组讨论，与会青年干部围绕主题踊跃发言，对如何坚定理想信念、在实践中成长、为京工集团的发展做贡献进行热烈的讨论，青年干部纷纷表示要充分发挥青年人朝气蓬勃、奋发向上的优势，牢固树立正确的理想信念和奋斗目标，在工作中勤思考，不断磨练自己，不断提升自己，肩负起京工发展的重任。

2011年，为纪念五四运动92周年、建党90周年，继承和弘扬五四精神，激发广大团员青年的积极性和创造性，集团公司组织团员青年参观中国科学技术馆，让团员青年通过参观与动手实践，学习科技知识，了解祖国日新月异的科技发展，激发团员青年的爱国热情和为企业发展多做贡献的激情。

在团员中开展向北京纺织第二届“十佳青年”学习的活动，通过先进事迹巡展的形式，号召广大团员青年向“十佳青年”学习，学习他们对待工作兢兢业业的态度，学习他们在自己的工作岗位上无私的奉献，学习他们把自己融入企业，为企业的发展默默贡献的精神。

2012 年，为纪念建团 90 周年暨五四运动 93 周年，弘扬五四精神，服务青年自我成长、激励青年岗位建功开展系列活动。结合公司 2012 年主题教育活动，团委在团员青年中开展“永远跟党走 青春献京工”征文活动，激发广大团员青年立足本职岗位、奉献“十二五”的热情和动力，各单位团员青年积极投稿，共收到征文 14 篇。

在青年工作委员会的指导下，举办青年培训班，深入学习中国共产党第十八次全国代表大会报告精神，组织青年参观“科学发展 成就辉煌”大型图片展，学习科学发展的成功实践，感受科学发展给人民生活带来的巨大变化，引导青年深刻领会科学发展观的内涵和重要意义，自觉树立坚定不移跟党走的信心和决心。

为提高青年干部自身素质，立足本职、着眼大局，在实践中成长，为企业发展做贡献，春节前夕召开青年大学生迎新春茶话会，围绕公司的重点工作展开讨论，并向青年干部发放关于如何提升自身素质的教育书籍，引导青年干部树立自觉学习，努力实践，岗位成才，服务企业发展的意识。

2013 年 5 月 6 日，团员青年到西柏坡参观

京工集团办公室　提供

团员青年参观首都博物馆，通过参观学习，使青年更加深刻地感悟到“北京精神”的真谛，激发广大团员青年服务企业发展的积极性，增强为企业和北京的建设发展贡献力量的责任心和使命感。

2013 年，组织行业部分团员青年和各类先进的代表到西柏坡进行参观学习。通过表彰先进、进行革命传统教育，使广大青年受到教育和鼓舞，为更好地发挥青年生力军和突击队作用、推动企业“十二五”发展起到积极的促进作用。

为大力推进现代化经营管理知识在企业的应用，切实提高青年管理人员的素质，开展青年科技管理论文征集活动。各单位团员青年积极投稿，共收到征文 10 篇，并从中选出 2 篇优秀论文，推荐参加北京纺织青年科技、管理论文征集活动，有 1 篇论文进入初赛。

积极组织团干部和优秀青年参加青年素质大讲堂的学习，通过学习，使团干部和青年深入领会了中共十八大精神的内涵、更加全面地了解了纺织行业面临的经济形势和今后的发展方向。

在京工集团所属北京纺织服装职业技能培训学校举办 2013 年青年培训班，通过培训，使青年们了解企业和品牌的发展历程，学习服装基础知识，使大家在今后的工作中能够更好地服务企业。

2014 年，以纪念“五四”青年节为契机，组织机关全体团员、青年和行业先进青年代表，赴歌曲《没有共产党就没有新中国》诞生地进行参观学习，并组织大家进行座谈交流和小型团队拓展训练，通过内容丰富的培训，使青年树立目标意识、团队意识，学习和发扬艰苦奋斗的精神，在本职岗位上发挥出生力军和突击队作用，并激励广大青年

2014 年 5 月 10 日，团员青年到没有共产党就没有新中国纪念馆参观　　京工集团办公室　提供

2016年5月6日，团员青年到香山红色大本营参观、拓展
京工集团办公室　提供

结合集团未来发展，努力实现自身价值。这种形式的培训受到广大青年的欢迎。

2016年，为教育引导广大团员青年深刻领会老一辈无产阶级革命家艰苦奋斗的革命精神，进一步激发青年活力，增强团队凝聚力，为公司发展贡献青春力量。2016年5月，团员青年到位于北京香山的红色大本营参观、拓展。通过此次活动，团员青年们了解了佟麟阁将军的英雄事迹和抗战历史，同时更感受到佟麟阁将军爱国精神的伟大光芒。拓展活动使团员青年们增强了团队意识，增进对彼此的了解和信任。

2017年，按照控股公司团委有关部署，团委认真贯彻落实“学习总书记讲话 做合格共青团员”教育实践工作，加强和改进思想政治工作，切实发挥团支部的先导作用。2017年组织开展多项教育活动。在布置“一学一做”专题学习教育活动安排的会议上，组织全体团员学习“习总书记在同各界优秀青年代表座谈时的讲话”，让青年人懂得要以正确的世界观、人生观、价值观指导自己的选择。

在“五四”青年节到来之际，组织全体团员青年观看影片《入团第一课》，并进行题为《修身律己凝青年志，不忘初心圆青春梦》主题座谈。团委组织全体团员学习“习总书记在政法大学考察期间讲话”和《之江新语》选篇，旨在树立团员爱岗敬业的实干精神。京工集团召开第四次团员大会暨青年工作会，会议期间邀请北京市纺织党校党委书记、常务副校长王晓鸣讲授《中国梦与中国战略》，并在会议期间开展“一学一做”专题知识问答活动。团委要求每名团员撰写“一学一做”学习体会，把全年自学和集中学习的成果进行总结。旨在把深入学习习近平系列重要讲话精神和治国理政新理念新思想新战略贯穿始终，教育团员青年学而信、学而用、学而行，树立远大志向、坚定理想信念。

中共十九大对群团工作提出了新使命和新要求。集团公司团委认真学习，深入贯彻，向各支部下发红头文件，要求各支部组织团员认真学习，带领团员听党话、跟党走，提高政治站位，强化首善意识，并要求各支部坚持以团员为中心，深化联系服务团员的体制机制，提高团组织的凝聚力。

2018 年，京工集团团委响应控股公司团委号召，扩大团组织活动的有效覆盖面，增强政治性、先进性、群众性，积极参与“结对共建”活动，与北京清河三羊毛纺织集团有限公司团委组成共建团组织，开展丰富多彩的结对共建活动。7 月，与北京清河三羊毛纺织集团有限公司团委开展主题团日活动，共同到国家博物馆参观“真理的力量——纪念马克思诞辰 200 周年主题展览”。团员青年们全面学习马克思伟大光辉的人生，进一步了解马克思的革命实践、理论贡献和精神境界，深刻理解马克思主义的重大意义、世界影响和当代价值，以及中国共产党坚持和发展马克思主义的历史性贡献。第四季度，与北京清河三羊毛纺织集团有限公司团委开展主题团课活动，一同观看《榜样 3》，每位团员青年都深受感动，并对今后的工作、学习展开激烈的讨论与交流。为了建设学习型组织，积极引导团员青年增长阅历，陶冶情操，共同组织了读书分享活动。参与活动的团员将自己最近阅读的书籍和书单进行推荐，包含历史、文学、艺术、社会等方面。通过结对共建的平台，让广大团员青年有了企业间的对话与交流。

2019 年，团委开展纪念五四运动一百周年主题团日活动，组织团员青年观看纪念五四运动一百周年大会的视频，开展“弘扬五四精神 做新时代有为青年”主题团课学习活动。通过团课学习，让团员们对五四运动的历史背景、意义与时代内涵有了更多

2019 年 5 月 6 日，开展纪念五四运动一百周年主题团日活动

京工集团党委宣传部（新闻中心） 提供

的认识和了解。团员青年们一起观看电影《我的1919》，电影中顾维钧在巴黎和会上维护国家尊严、保卫国家权益的壮举深深震撼着每一位团员青年，使大家接受了一次生动的爱国主义教育。组织青年沙龙成员开展知识竞赛，通过此次知识竞赛进一步增强了团员青年的凝聚力，并使团员青年们在知识竞赛过程中学习掌握五四运动、党史、团史、诗歌以及其他相关知识。

按照《关于在北京京工服装集团有限公司开展“不忘初心、牢记使命”主题教育的实施方案》的有关要求，京工集团党委研究决定，由党委宣传部（新闻中心）、团委牵头成立习近平新时代中国特色社会主义思想青年学习小组，北京时尚控股公司党委宣传部专门为青年学习小组购买了书籍。党委书记、董事长李耀东在“七一”表彰大会上代表时尚控股公司党委宣传部为青年学习小组授书。青年学习小组的日常学习以个人自学为主，同时定期组织开展集中学习、研讨。青年学习小组已组织集中学习5次，参观、研讨各1次。通过小组学，拓展到全体团员青年学，带动广大青年职工学，形成了良好的学习氛围。

为让广大团员青年更好地了解企业，副总经理向青年沙龙成员们传达集团公司

2019年7月2日，召开京工集团庆祝建党九十八周年暨“七一”表彰大会，图为党委书记向青年学习小组授书

京工集团党委宣传部（新闻中心） 提供

2019年7月15日，组织领导班子与青年学习小组成员共同学习

京工集团党委宣传部（新闻中心） 提供

2019年8月15日，组织团支部团员学习《时代楷模》

京工集团党委宣传部（新闻中心） 提供

党员大会精神，详细讲解党委工作报告，让他们了解企业三年来的主要工作和今后五年的工作目标，让青年们了解企业发展情况，充分参与到企业发展中去，提高青年们的主人翁意识。

习近平总书记在“不忘初心、牢记使命”主题教育工作会议上强调“找差距”，就是对照习近平新时代中国特色社会主义思想和党中央的决策部署，对照党章党规，对照人民群众新期待，对照先进典型、身边榜样，坚持高标准、严要求，有的放矢地进行整改。团支部组织团员学习时代楷模——杜富国、北京榜样先进事迹，各位团员认真观看、积极思考，对照先进典型、身边榜样，找差距、及时反思，弥补不足，在工作中以榜样为目标，认真学习，踏实工作，做好自己。参会团员上交观后感，谈自己的学习感受，抒发对时代楷模的敬佩之情。

2020 年，京工集团团委组织开展“月”读活动，利用微信公众号每月向大家推荐一本好书。截至年底，已推荐《孤独的崇祯》《红岩》《做最好的自己》等 7 本图书。通过“月”读活动，努力营造热爱读书、勤于学习、善于思考的良好氛围，让每一位读者能够拓展知识、活跃思维、提高综合素质。

开展庆祝建党 99 周年主题教育活动，京工集团的团员们将心中的对党和祖国的美好祝福绘成一幅幅精美的手抄报，描绘出建党以来祖国的发展变化和取得的辉煌成就，抒发对祖国、对党的深厚感情。2020 年 7 月至 9 月，庆祝建党 99 周年主题活动展在五层宣传栏展出。

京工集团团委邀请青年学习小组成员为团员们讲主题团课。团课以新民主主义革命时期为主线，讲述中国共产党从 1921 建党以来艰苦卓绝的革命历程。精彩生动的团课激发了团员们的爱党、爱国热情，使他们接受一次深刻的

2020 年 9 月 11 日，青年学习小组成员为团员上主题团课

京工集团党委宣传部（新闻中心） 提供

爱国主义教育，进一步坚定京工集团团员们“不忘初心、牢记使命”的信念和永远跟党走的决心。

（二）特色文体活动

1980年6月，创建先进团支部半年检查初评工作。

1980年7月，开展落实中央四条指示创第一流水平，争立第一功活动。

1980年9月，检查《北京市青年职工守则》贯彻情况。

1990年，学雷锋，迎亚运义务宣传周活动。

1991年4月，北京市童装二厂团支部在青年中开展《焦裕禄》电影观后感征集活动；华丽衬衫厂五车间团支部发挥助手作用，为企业排忧解难，夜间加班帮助包装组完成工作；北京衬衫厂号召全体职工向三车间团干部杨云学习她热心帮助他人的先进事迹。3月5日，学习雷锋精神，开展为西厢工程建设义务劳动活动，学习雷锋，让青春在岗位上闪光。4月，团支部书记岗位培训班，17个单位的78名专兼职干部参加培训。4月2日，友谊时装厂团委在青年中大力提倡学雷锋精神，立足本职做贡献，在各生产车间团支部成立了青年突击队。4月，北京市服装五厂团员青年为推销积压产品，成立销售小组，不到一个月销售了2000元，为企业回收资金作出积极贡献。

1991年4月9日，北京市服装二厂团总支组织团员参加“牢记中华历史上的耻辱，重新振兴我中华”主题团日活动，参观圆明园公园。4月，绿化美化周系列活动。华丽厂团员清理厂前渣土，保障道路畅通，环境整洁，受到广大职工的一致好评；服装二厂各车间团支部分别组织团员在本车间、本部门进行楼道卫生、机器、地面的清扫洗刷义务劳动；童装二厂全体团员、部分青年和车间领导共44人利用业余时间，清扫一楼至四楼的地面、墙壁和卫生死角。

1994年9月16日下午，来自系统12家单位的近40名厂级和基层团干部欢聚一堂，举办“服装公司团干部中秋联谊会”，公司党委副书记王雅琴参加联谊会并作讲话。作为公司团委第一届团委委员，她衷心希望团干部珍惜共青团工作岗位，努力锻炼自己，尽快成才。并要求团干部带领广大团员青年积极投身企业改革的实践，让青春在岗位上闪光。党委办公室主任马国红和党办的其他人员也参加联谊会。在联谊会上，团干部即兴表演了精彩的文艺节目，开展有趣的游戏。在歌声、笑声、喝彩声里，在思想和心灵的交流中，加深了友谊和理解。

2008年，组织开展“五四”青年节登山活动，参加控股公司团委举办的“活力青春”趣味运动会。

2009年，“五四”青年节期间组织团员青年参观抗日战争纪念馆，组织团员青年参加控股公司团委举办的“我与祖国共奋进 我与纺织共成长”主题征文活动，这些活动的开展受到团员青年的欢迎。

2011年，组织团干部参加北京纺织团干部计算机技能培训，通过培训，提升了团干部对Windows 7系统下办公软件的认识，加强团干部对各类办公软件的了解及应用，进一步提升团干部的综合素质。组织团干部参加北京纺织团干部ERP沙盘模拟培训班，培养团干部的企业经营管理能力，进一步提升团干部统观全局和系统思考能力。

为纪念建党90周年、五四运动92周年，激发广大纺织团员青年立足本职岗位、奉献“十二五”的热情和动力，团委选派一名选手参加了控股公司团委举办的“红歌嘹亮 青春飞扬”纺织青年红歌赛。

为使团干部进一步了解党的奋斗历史，坚定理想信念，增强使命意识，激发工作热情。2011年5月，由集团公司团委选派一名志愿者参加毛主席纪念堂志愿服务项目，团干部热情周到的服务受到各方的好评。

为发现和培养具有服饰文化底蕴的青年设计人才，团委协同技术开发中心，认真了解青年设计人才的信息，选派2组选手参加了北京市共青团服装设计大赛。

2012年，参加纺织控股公司团委举办的庆祝建团90周年“五四”表彰大会暨文艺会演，京工集团2名团员青年，以配乐诗朗诵《党啊，我们跟你走》，表达京工青年继承革命传统，发扬“京工精神”，高举团旗跟党走的理想信念和立足岗位、奋勇向前、成才建功的坚定信心。

京工集团团委在青年工作委员会的领导下，在公司本部发放青年员工满意度调查问卷，从工作环境、物质回报、成长与发展等6个方面进行满意度调查并征求意见，准确掌握团员青年的思想动态，了解他们的意愿，为进一步做好青年工作、服务青年成长提供参考。

2013年，为使广大青年深入了解集团品牌发展，感受“雷蒙”“伊里兰”两个品牌的文化与魅力，更好地为集团品牌发展做贡献，组织机关全体青年参观第21届中国国际服装服饰博览会。使广大青年不仅了解了企业的品牌，而且也使大家开阔了眼界，看到同行业其他品牌的发展，同时，激励广大青年在岗位上更加努力工作，为集团公司的发展做出更大的贡献。

按照控股公司团委的要求派出1名团干部参加毛主席纪念堂志愿服务项目，并在项目中承担组织工作。

京工集团成立电子商务部后，为广泛听取青年对电子商务工作的建议，团委举办网络营销座谈会，在会上青年们畅谈自己的网购经历，并积极对公司开展网络营销提供建议，努力为公司创新发展做贡献，极大地调动了青年参与企业发展的积极性。

2014年，团委组织召开青年迎新春茶话会，会上青年们结合自己的工作实际畅谈在工作中的感受。集团公司总经理代表领导班子为青年送上新春祝福，并希望青年们融入企业，在工作中具有恒心、耐心和爱心，通过这次交流，使青年们感受到企业大家庭的温暖。团委还向青年们发放提高执行力和工作效率方面的书籍，号召广大青年在本职工作岗位上高效工作，努力发挥自身聪明才智为企业发展做贡献，真正发挥青年主力军和先锋队作用。

2016年，企业内刊是企业文化的重要载体，承载着传播企业文化的喉舌、桥梁、渠道、平台重任，对于强化广大职工和读者对企业的了解、理解、认同、喜爱、信赖与忠诚意义深远。2016年，集团公司团委继续做好企业内刊——《京工风尚》的编辑发行工作，全年共发行正刊5期、专刊2期，涵盖企业动态、政工园地、行业观察、品牌发展、安全论坛、职工风采、知识广角、京工沙龙等几大板块，反映并传播优秀企业文化，内聚人心，外塑形象；企业各部门之间的交流互动，成为职工之间、职工与公司管理团队之间交流渠道之一；传播企业经营理念，引导职工健康生活。

集团公司团委响应控股公司团委号召，扩大团组织活动的有效覆盖面，增强政治性、先进性、群众性，积极参与“结对共建”活动，与雪莲集团团委组成共建团组织，开展丰富多彩的结对共建活动。一是推选团员参与微团课评选活动，以“传承雷锋精神，践行社会主义核心价值观”为中心的微团课，让团员青年们向雷锋学习，从自己做起，从身边做起，从日常小事做起，立足本职，奋发有为，用青春的汗水，为企业发展贡献力量。二是青年楼宇计划的开展，通过青年楼宇计划培训师的引导，集团公司与雪莲集团的团员青年们意识到沟通与协作的重要性，同时也让两个集团的团员青年们拥有了一个互动交流的平台。三是参与读书分享活动，激发学习热情，提升思想活力，在阅读和分享活动中启迪智慧、交流体会、开拓视野，努力营造良好的学习氛围，推动建设学习型团组织。

为丰富团员青年的业余生活，增进相互交流沟通，2016年12月组织开展“充实业余生活，远离下班沉默族”的青年业余生活分享沙龙活动。活动按照团员青年们的兴趣爱好进行分组交流，各组推选代表进行全员分享。通过此次活动激发团员青年们的学习热情，提升思想活力，在分享活动中启迪智慧、交流体会、开拓视野。

为使广大青年进一步了解集团品牌发展，熟悉“雷蒙”“伊里兰”“Haoxuesheng”三个品牌的服装，组织团员青年 3 次参与青年商店热卖活动。活动中，团员青年为了能够更好地向消费者介绍这些品牌的服装，抽出时间和精力学习品牌历史和相关知识，不仅丰富自身的知识储备，同时为集团公司品牌发展贡献力量。

2017 年，京工集团党委决定由党委主办、团委协办，创建青年沙龙。旨在引导和激励广大青年员工弘扬“敬业、协作、创优、奉献”的职业精神，给广大团员青年搭建一个相互教育、相互学习的平台，促进团员青年互教互学、共同成长，在推动科学发展、促进企业和谐的实践中成长成才、建功立业。团委组织团员青年表演微话剧《青春，再出发》并在青年沙龙的启动仪式上演出，剧情展现了青年在平凡岗位上重拾初心，脚踏实地重新启程，引导团员青年深入学习十九大报告精神，进一步激发出团员青年的工作热情与春春激情。

在京工集团倾力打造的“海派经典　精华锦绣　重耀　雷蒙·1940 宫蕓高级定制发布会”上，集团公司团委组织团员青年积极投身其中，主要承担发布会接待、服务任务。从嘉宾入场开始至发布会结束，团员青年们恪尽职守，及时应对各类突发情况。这次活动不仅锻炼了团员青年队伍，更让团员青年对企业的发展有了更加直观和深入的了解。

2017 年 12 月 28 日，举办青年沙龙启动仪式　　京工集团办公室　提供

在春节来临之际，集团公司团委组织全体团员青年以感恩为主题，为师傅们准备感恩饺子，感谢他们在工作和生活上对年轻人的教诲和关怀。活动中，从布置场地、食材采购到现场制作，团员青年积极主动承担工作，所有工具基本都是团员青年们从家中带来的，大家都十分珍惜能有这样一个用实际行动感恩师傅的机会，表达平时没有说出口的谢意。

2018 年，京工集团团委组织开展“五四”青年节活动，带领团员青年到北京黄花城水长城及水泉沟进行拓展训练。在活动中，每位团员青年面对困难，挑战自我、互帮互助、相互鼓励，展示京工人的活力与风采。京工集团团委通过创新活动形式，为每位团员青年搭建相互了解、交流、展示的平台，磨炼团员青年的意志品质，增强团组织的凝聚力和青年员工们的友谊。

2018 年 5 月 7 日，举办“凝聚青春力量，放飞青春梦想”京工集团“五四”青年节拓展活动　　京工集团办公室　提供

2019 年，组织青年沙龙聚心空间和聚力空间成员参观“新华 1949”文化金融创新产业园和北京文化创意产业展示中心。团员青年们在产业综合体验区、文化创意体验区和文化创意产业融合发展馆体验文化与科技、金融、体育、旅游等领域的多元融合和创新服务。通过组织青年沙龙成员参观“新华 1949”文创园，让集团公司的年轻人亲身体验文化科技相融合的现代生活，展示中心的展项充分利用声、影、光、电、机械等当今前沿的科技手段，使大家深入了解北京文化创

2019 年 9 月 17 日，组织青年沙龙成员参观新华 1949 文创园
京工集团党委宣传部（新闻中心）提供

意产业发展成果及未来规划，开阔视野，增长见识。

选派一名团员代表京工集团参加松榆西里社区“五四青年节”“青春心向党”演讲活动。组织团员青年参加社区庆祝中华人民共和国成立70周年升国旗仪式。团委书记代表京工集团青年在国旗下讲话。选派1名青年代表京工集团参加松榆西里社区“不忘初心、牢记使命”主题教育宣讲活动，积极向社会和广大松西社区居民展示京工集团青年职工良好的精神风貌。

2020年，京工集团团委召开2018年至2019年度优秀团员、优秀青年表彰会。广大团员、青年紧紧围绕京工集团重点工作目标任务，在本职岗位上努力工作，发挥生力军和突击队作用。京工集团团委对在各项工作中表现突出的4名优秀团员和6名优秀青年予以表彰。希望受表彰的团员青年能够珍惜岗位，加强学习，提高政治意识；在工作和生活中守纪律、讲规矩；勇于创新，不断提高业务能力和综合素质，在团员青年中发挥模范带头有作用。

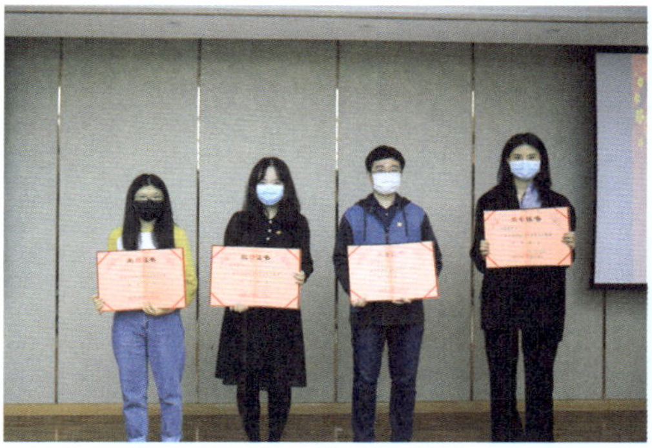

2020年5月8日，召开优秀团员、优秀青年表彰大会　京工集团党委宣传部（新闻中心）提供

2020年5月8日，组织优秀团员、优秀青年学习《战疫故事》

京工集团党委宣传部（新闻中心）提供

2020年5月，团委开展以学习战“疫”故事为主题的青年沙龙活动。疫情期间，为了保障团员青年的健康，避免人员聚集，此次青年沙龙活动采用分散学习、观看的形式，青年们在各自部门自主网上观看战“疫”故事视频。鼓励团员积极思考，在工作中以先进为目标，踏实工作，做好自己。

2020年9月，京工集团团委开展垃圾分类系列活动。成员们共同绘制青年沙龙垃圾分类主题环保树。全体参赛人员观看“垃圾分类，从我做起”主题纪录片，了解北京社区工作者、志愿者、餐饮从业者等各界市民响应号召，为北京的垃圾分类作出贡献。垃圾分类趣味竞赛采取小组对抗的形式，通过对物品进行正确的垃圾分类，让青年们初步了解垃圾分类知识；你划我猜环节不仅培养青年职工间的默契度，也让他们更加熟悉垃圾的分类；同时，也学习了《北京市生活垃圾管理条例》的相关知识。通过此次活动，让广大团员青年牢固树立“垃圾分类，从我做起”的理念，以实际行动从自身做起，从现在做起，为推进垃圾分类贡献青春力量。

2020 年 12 月 31 日，京工集团开展《“雷蒙”西服 80 年的传承》主题宣讲活动，邀请北京市京工雷蒙服装服饰有限公司叶建平师傅为青年沙龙成员讲述“雷蒙”品牌 80 年的历史和西服相关知识。叶师傅向大家详细讲述“红帮裁缝”和“雷蒙”的历史，讲解服装基本知识和日常穿衣搭配技巧等，内容丰富，气氛活跃，趣味互动充分调动青年们的积极性，得到大家的一致好评。此次活动让更多的青年职工了解“雷蒙”品牌历史，更加关注“雷蒙”品牌在创新中发展，为这个北京老字号注入新的青春活力。

2020 年 12 月 31 日，举办青年沙龙《“雷蒙”西服 80 年的传承》主题宣讲

京工集团党委宣传部（新闻中心） 提供

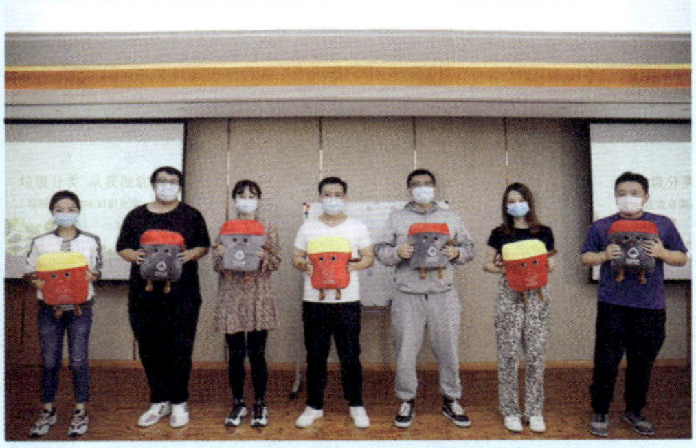

2020 年 9 月 16 日，“750 分”小组获垃圾分类趣味知识竞赛第一名

京工集团党委宣传部（新闻中心） 提供

第十三章 人 物

北京京工服装集团有限公司及其前身自1961年成立以来，60年发展历程中，职工人数最多时曾多达13645人。在人数众多的职工中，有很多为企业发展做出巨大贡献的人物出现。在不同的社会时期背景下，他们用不同的方式为企业发展贡献自己的力量，成为模范人物。这些模范人物在当时有的被全国表彰，有的成为集团公司品牌的标志。

第一节　人物传

一、张洁世

张洁世（1930—1986），山东省掖县人。14岁到北京学徒，1952年参加革命工作，1956年加入中国共产主义青年团，1973年8月加入中国共产党，历任北京市第24缝纫生产合作社、第65缝纫生产合作社、第一服装生产合作社主任；服装制品厂、服装三厂生产科科长、副厂长、厂长；北京长城风雨衣公司经理等职。1980年以来，两次被评为北京市服装工业公司的优秀共产党员，四次被评为北京市二轻总公司优秀共产党员；从1981年起，两次被评为北京市劳动模范；1985年被评为北京市特等劳动模范，并获得全国总工会颁发的“五一”劳动奖章。1986年2月，北京市委授予他优秀共产党员称号。

1981年，张洁世被全厂职工选为服装三厂厂长的时候，工厂正面临着困境，生产了16年的老产品棉服严重滞销、订货锐减，生产难以为继。当时，风雨衣在国外已成为一种理想的高档外装，出世后70余年未衰，中国十亿人口，只有上海“大地”一家生产风雨衣。他在做了调查研究的基础上作出了更新产品、改产适合市场需要的风雨衣的决策，还特意取名为“长城”。他深知单一产品具有危险性，带领技术人员又开发了防寒服和夹克衫。就这样，当又一个暮秋来临时，服装三厂彻底甩掉了老棉服，打出了3个新产品，全年创利比上年增长23%。最终，服装三厂创制的“长城”牌风雨衣、防寒服、夹克衫等产品，不但在国内声誉日高，而且迅速进入国际市场。他不断提出要研制开发新产品，直到他临终前仍在嘱咐“要设计新款式”的“长城”牌风雨衣。同时，他在服装三厂相继进行企业经营管理、分配制度、发展横向经济联合等一系列的改革，上任5年，使工厂给国家上交的利税每年以20%以上的速度递增。在企业建设中，他提议拿出大笔资金更新设备、引进技术、兴建新的厂房，并先后拿出110万元兴建宿舍，用

5 万元改建职工浴室，扩建托儿所，还为 36 名家不在北京的单身职工兴建了每人 9 平方米的单人宿舍。他推行的改革工作使服装三厂效益提高，职工的生活也得到了改善。

1984 年 8 月，张洁世被确诊为肝癌。病中，他仍时刻惦记北京长城风雨衣公司的改革进程。离开岗位前夕，他提出公司面临竞争形势的 17 个不适应和党内不正之风的 11 种表现，希望公司党委加以解决。在病床上，他几次写信给主持工作的副经理，提醒应注意的问题。1985 年，他在病中坚持观摩 16 个省市的服装展销会，写出了对各地服装的分析和进一步搞好产品开发的意见。1986 年 3 月 22 日下午，他因病去世，享年 55 岁。

二、楼景康

楼景康（1922—2013），出生于鄞县甲村，1928 年 8 月至 1934 年 7 月就读于宁波市甲村镇甲南学校。毕业后，到上海学裁缝，学习中西服装文化，先后在任万兴胶木厂、帽子店、友联服装店打工学徒。1934 年 10 月到上海南京西路友联西服店学习西服制作，友联西服店老板、鄞县人陈顺耀对楼景康非常满意，不到两年，楼景康就从店内学徒擢升为职员，楼景康开始白天在店内工作，晚上到中国职业学校学习的生活。1939 年，他拜师于第四代红帮师傅张肇杨，学习红帮裁缝技艺。他一边跟师傅张肇杨学习，一边帮师傅制作衣服。6 年后，他学会了制作中山装、旗袍和西服等工艺，并全面掌握了以“四功”（刀功，具有先决条件的工艺；手功，最复杂、最见功底的工艺；烫功，最见成效的工艺；车功，与手功完美结合的工艺）为代表的红帮裁缝技艺。1941 年 1 月，他的师兄周旦余、鲁金林两人合股接手低价转让雷蒙西服店时与他商量，邀请楼景康以技术入股，开始共同参与经营雷蒙西服店。1950 年 12 月，楼景康在上海西服商业同业公会改组中，担任静安区、普陀区、长宁区、江宁区负责人，肩负着 74 家大大小小西服店的联络工作，负责了解各门户情况、统计营业数据，并为同业公会的组建开展各种活动。之后，伴随一系列改造、合营运动，西服业中有的改行、有的迁往港澳等地。1956 年，“雷蒙”等众多上海西服品牌响应祖国号召，迁址北京，“雷蒙西服店”落户王府井八面槽 31 号，他任私方经理，承接大量党和国家领导人的制装业务。1967 年 7 月，楼景康在北京人民服装厂车间劳动。1978 年 10 月，北京市相关领导提名他出任红都服装店分店经理。1980 年 3 月，北京市决定恢复老字号“雷蒙西服店”，在东华门增设分店。年近 40 岁的他（原雷蒙私方代表、北京人民服装厂供销负责人）调到北京市服装八厂雷蒙西服店工作，任职经理。1984 年任雷蒙西服公司经理。10 余年间，他抓生产、抓管理、抓传统、传业务、传技术，为北京市的一些机关单位、企事业团体服务和出国人员提供服装，后接受聘请，任职于中国服装协会。不久，他又当选北京市服装协会理事。1990 年，他在家乡“宁波鄞州红帮服装技术协会”上受推选为红帮第五代传人。1991 年秋，他应邀参加鄞县第一届“商之乡贸易节”，并被宁波红帮鄞县服装技术协会聘为顾问。他退休之后，仍多次亲临宁波参加各类活动，并对宁波服装服饰博物馆的建设提供了一些馆藏历史资料。在 2009 年 10 月被浙江省文化厅评为省级非物质文化遗产服装项目代表性传承人。2013 年 10 月，他因病在北京健宫医院去世，享年 91 岁。

第二节 先进人物

京工集团先进人物一览表

表 13-1

姓 名	性别	民族	政治面貌	授 予	
				荣誉称号	时间
刘金香	男	汉	中共党员	北京市劳模	1953
				北京市劳模	1954
牛令其	男	汉	中共党员	北京市劳模	1956
王传永	男	汉	中共党员	北京市先进生产者	1959
贾志芹	女	汉	中共党员	北京市先进生产者	1959
于淑芬	女	汉	中共党员	北京市先进生产者	1959
张珍瑞	男	汉	中共党员	北京市先进生产者	1959
张文柱	男	汉	中共党员	北京市先进生产者	1959
朱桂珍	女	汉	群众	北京市先进工作者	1959
范静一	女	汉	中共党员	北京市先进生产者	1959

续表 13-1

姓 名	性别	民族	政治面貌	授　予	
				荣誉称号	时间
方秋英	女	汉	中共党员	北京市劳模	1960
何瑞清	女	汉	中共党员	北京市劳模	1960
孙振谦	男	汉	中共党员	北京市劳模	1960
张洁世	男	汉	中共党员	全国五一劳动奖章	1985
陈富美	女	汉	中共党员	全国纺织工业劳动模范	1987
康秀玲	女	汉	中共党员	北京市劳模	2000
胡燕燕	女	回	群众	全国纺织系统劳动模范	2000
白志跃	男	汉	中共党员	全国五一劳动奖章	2009
李耀东	男	汉	中共党员	全国纺织工业劳动模范	2016
李春艳	女	汉	中共党员	首都劳动奖章	2021
李耀东	男	汉	中共党员	北京市优秀共产党员	2021

专 记

“雷蒙西服店”专记

1940 年 10 月，“雷蒙西服店”诞生于上海南京西路 960 号，占地面积 160 平方米。1941 年太平洋战争爆发，创办方见西服业大势已去，以低价转卖给鲁金林和周旦余，2 人又邀请楼景康入股，成为雷蒙西服店的合伙人。楼景康、鲁金林、周旦余 3 人是师兄弟，其中楼景康懂英语和俄语，主要负责上门量体，鲁金林在“红帮”人脉广，主要负责外联，周旦余主要负责裁剪及技术，当时手工行业分工很细，一般的师傅是会裁的不会做、会做的不会裁，上、下衣是分开做的，而周旦余是“全活儿”，既会裁又会做。当时上海也有几家高级服装定制店，如造寸、鸿霞、万国等，大多是做女装的，只有雷蒙西服店是专做男装西服的。由于手艺精湛、服务周到，雷蒙西服店的声誉在外、生意红火，1947 年在南京西路 465 号开了一家分店，店名为“凯罗西服店”，由鲁金林主要负责（几年后，凯罗西服店生意不好，后来归鲁金林个人所有，与雷蒙西服店脱离关系了）。

刚接手雷蒙西服店时，师兄弟3人面临困境，达成共识，明确第一步要通过重质量、重信誉、建立稳固的店铺形象。首先，雷蒙西服店把自己的形象定位在中上层消费群体。面料，全是英国进口；工序，道道把关检验；服务，乐意做的，好好伺候，做不起的，欢迎下次再来。恭恭敬敬，客客气气，使社会不同层次的顾客高兴而来，满意而归。这样，一传十，十传百，影响不断扩大，买主络绎上门，生意逐步红火。当时有许多电影明星及社会名人如石挥、张伐、韩非、白穆等都曾到雷蒙西服店定制服装。京剧大师梅兰芳是雷蒙高档消费群体中的一员。每逢他做西服，总是差人打电话约请。楼景康应邀登梅府时，提供认真、勤恳、热情的上门服务，梅兰芳西服做了一套又一套，楼景康去梅府一趟又一趟，梅兰芳赞不绝口。事实上，当时上海的西服市场，南京西路的头块牌子，“皇家”与“培罗蒙”是大阿哥，一分钱一分货，十分钱买不错。不偷工、不减料，洗十次八次不变动样子。而雷蒙西服店制作的西服，高人一筹，与众不同。他们制作高档西服，每件均进行定量分析，用的是“七工制”生产流程，精工细作颇具分量感和质地感，技术达到了炉火纯青的地步。

雷蒙西服店重回市场的第二个回合是求变出新，也就是在同类中求变化，陈规中出新招。作为国际大都市的上海，也是服装的大都会，汇集五湖四海客商和闯过三关六码头的社会名流。“只看衣衫不看人”的口头禅一语道破人们注重衣着打扮的心理状态。风靡一时的西装，争妍斗艳的流派，雷蒙这个弄潮儿以“海派”西服不拘一格、别致新颖而独领风骚。雷蒙西服店设计制作的西服不拘泥世界几大正统流派的束缚，在西服款式上形成灵活多变、独特新颖的风格。西服外观造型上宽下窄、肩平挺、胸丰满，穿起来线条突出、富有朝气。为了使毛料西服更加合体，在驳头、袖口、袋口上都暗敷纤条，确保每个细部的外观都持久牢固，不失原型。又具有独特的暗针缝纫技巧，如在止口、驳头、兜盖等处都用暗针将面料钉牢，表面看不见针脚，一件挺括、平整的西服，正、反面都找不到针脚的痕迹。这种出类拔萃的工艺博得了同行的赞叹和顾客的夸奖，也成为雷蒙一举成名的内在原因。“海派”不断扩散，她以善于把握市场和敢于竞争著称上海，而后又融入港派风格。

1956年，随着新中国外交事业的发展，为满足国家领导人、出国团队、外国驻华大使馆和领事馆人员的制装需要，雷蒙西服店与波纬、造寸、蓝天、鸿霞等一批名牌服装店迁入北京。4月20日是值得雷蒙和楼景康终身怀念的日子，因为那一天上海有21家服装店208名职工分2批迁京。这其中有雷蒙的楼景康、周旦余等13名人员。8月1日，雷蒙西服店在王府井八面槽大街31号开业，是当时上海迁京的7家地方国营服装店之一，第一任公方经理为王子清，私方经理为楼景康，副经理为周旦余。同年秋天，中央办公厅从上海招收的服装技工12人到达北京，成立中央办公厅特别会计室服装加工部，当时北京的组织者是王子清，该加工部于1957年11月移交给雷蒙西服店。至此，雷蒙阵容壮大，技艺荟萃，日见兴旺。

国家领导人、社会名流等也多次到店制装。经常到雷蒙西服店制装的还有首都各大宾馆饭店、国家各大机关等单位。

雷蒙西服店的经营生产形式是前店后厂、自负盈亏，除特定的制装任务外，也在市场上接“零活儿”加工，为普通市民服务。由于生产经营的服装样式新颖，具有“海派”风格，很受北京市民的喜爱和欢迎，丰富了首都人民生活。

1967年初，雷蒙西服店在“文化大革命”中被迫关门停业，全部职工均并入北京人民服装厂。1981年，北京市服装工业公司所属北京市服装八厂，根据北京市政府相关指示精神，雷蒙西服店恢复开设，位于王府井大街249号。

附 录

北京京工服装集团有限公司重要制度

中共北京京工服装集团有限公司委员会议事规则
（2016 年 5 月《京工集团制度汇编》）

第一条 为适应建立现代企业制度要求，充分发挥党组织政治核心作用，进一步完善法人治理结构，规范党委会的议事决策程序，根据《中国共产党章程》、《中华人民共和国公司法》及上级党组织的有关规定，制定《中共北京京工服装集团有限公司委员会议事规则》。

第二条 基本职责

（一）认真贯彻党的路线、方针、政策，保证党和国家的方针政策、法律法规及上级的指示精神得到贯彻执行。

（二）领导集团公司党的建设、思想政治工作和企业文明建设，构建和谐企业。

（三）参与集团公司重大问题的决策。支持董事会、监事会、总经理依法行使职权，保证重大决策的落实。

（四）领导和支持工会、共青团组织依照法律和各自的章程，独立负责地开展工作。

（五）加强党组织自身建设，加强党风廉政建设，对党风廉政建设负有主体责任。充分发挥基层党组织的政治核心作用，党支部的战斗堡垒作用和党员的先锋模范作用，保证集团公司生产经营和各项目标任务的完成，实现资产保值增值。

（六）认真贯彻执行党的民主集中制，严守党的纪律，维护集团公司的合法权益。

第三条 议事范围

（一）研究贯彻落实党的路线、方针、政策和上级党组织的有关指示精神，结合集团公司实际提出贯彻落实的具体意见和措施。

（二）研究和决定党组织思想建设、组织建设、作风建设、制度建设、党风廉政建设中的重大问题。

（三）研究和决定企业思想政治工作、精神文明建设和企业文化建设等方面的问题。

（四）讨论研究集团公司党委年度工作计划、工作总结。听取和审议党委会、纪委会工作报告。审议党委职责范围内的请示、报告及重要工作安排。

（五）听取并审议集团公司发展战略、规划和涉及集团公司发展的重大决策和改革方案，并提出意见和建议。

（六）听取集团公司年度工作报告、年度计划，对重要问题提出意见和建议。

（七）讨论决定管理权限内各级领导干部的任免。向集团公司所属子公司董事会提出企业领导人员建议人选。

（八）对董事会拟决策涉及企业领导人员和职工利益方案等重大事项，提出意见和建议。

（九）其它应由党委会会议讨论决定的事项。

第四条 议事原则

（一）坚持党的民主集中制，党委会按照“集体领导、民主集中、个别酝酿、会议决定”的原则，实行集体领导和个人分工负责相结合的制度，凡属重大问题必须提交党委会集体讨论决定，不得由个人做出决定。

（二）党委会必须有 2/3 以上委员到会方能举行，委员不能出席会议时，必须事前请假。

（三）对党委会讨论决定的事项，各位委员应认真进行讨论，充分发表意见。对讨论决定的问题进行表决时，按照少数服从多数的原则做出决定。如遇意见分歧较大，除紧急情况下进行表决外，一般应暂缓做出决定，在充分交换意见后，提交下次会议讨论决定。

（四）会议一经做出决定，党委委员要坚决贯彻执行，个人的意见未被采纳，可以保留，但必须执行集体的决定，不得在公开场合表示与集体决定或决议相悖的意见。

（五）未经会议决定传达或公布的会议内容，与会人员必须做好保密工作，不得对外泄露。

第五条　议事程序

（一）党委会每月召开 1~2 次会议，会议由党委书记召集并主持。根据会议内容需要，也可召开党委扩大会议或临时会议。

（二）会议安排、会议议题及有关会议文件，除临时召集的会议以外，一般应在会前由党委工作部通知或送达各与会人员。

（三）党委会会议决定重大问题或做出决议时，应按照少数服从多数的原则进行表决，表决可采取口头、举手表决、无记名投票方式进行。

（四）党委会会议通过的决定或决议应形成规范性文件，需要传达或对外公布的，需经党委书记或主管副书记签发。党委工作部负责会议的记录、文件的起草及文件的下发、归档工作。

（五）党委会会议决定的事项由党委工作部负责检查和督办，并将落实情况定期向党委委员进行反馈或通报。

第六条　对党委会做出的决定，提出的决策意见和建议，党委委员应按照职责范围认真组织实施，使党委会做出的各项决议得到贯彻落实。

第七条　本规则经集团公司党委会审议通过。

第八条　本规则由集团公司党委工作部负责解释。

第九条　本规则自下发之日起施行。

北京京工服装集团有限公司董事会工作规则
（2016 年 5 月《京工集团制度汇编》）

第一章　总　则

第一条　为明确北京京工服装集团有限公司董事会职责与权限，规范董事会工作程序和议事规则，根据《中华人民共和国公司法》、《北京京工服装集团有限公司章程》（以下简称《京工集团章程》）及北京纺织控股有限责任公司有关要求，特制定本工作规则。

第二条　北京京工服装集团有限公司（以下简称集团公司）由北京京工服装集团有限公司集体资产管理协会和北京纺织控股有限责任公司共同出资设立。

集团公司设股东会，股东会为集团公司的权力机构。

第三条 集团公司设董事会，董事会为集团公司的经营管理决策机构，对股东会负责，行使《京工集团章程》授予的职权。

集团公司董事会由 5 人组成。

董事会设董事长 1 人，由董事会选举产生。

董事长为集团公司法定代表人。

本规则对集团公司全体董事、董事会秘书、列席董事会会议的监事、财务负责人和其他有关人员均具有约束力。

第二章 董事会职责

第四条 董事会是股东会决议的执行机构，在法律和集团公司章程规定的职权范围内对集团公司的运营实行全面的决策、管理、控制。其职责：

（一）董事会在行使职权时，应当确保遵守法律、法规和《京工集团章程》；

（二）执行股东会决议，负责召集股东会，并向股东会报告工作；

（三）决定集团公司的经营方针和年度经营计划，制订集团公司发展战略、规划；

（四）决定集团公司内部管理机构的设置，制定集团公司的基本管理办法；

（五）聘任或解聘集团公司总经理、董事会秘书。根据总经理的提名聘任或解聘副总经理、财务负责人，决定其报酬事项；

（六）决定集团公司工资总量预算与决算等收入分配方案，审定集团公司职工的工资水平和分配方案；

（七）制定集团公司风险管理体系，包括风险评估、财务控制、内部审计、法律风险控制，并对其实施监控；

（八）制订集团公司年度财务预、决算方案，集团公司利润分配和弥补亏损方案。决定属于董事会批准权限的预算外支出和资金运用；

（九）决定集团公司投资、融资、对外担保、合资合作项目；

（十）决定集团公司体制改革，制订股权（产权）变更及增加或者减少注册资本方案；

（十一）检查总经理和其他高级管理人员对董事会决议的执行情况，并听取总经理工作报告；

（十二）制订集团公司合并、分立、变更、解散和股权（产权）转让方案；

（十三）拟订集团公司董事会报告；

（十四）董事会认为必要时可以设立专门委员会等专门工作机构，为董事会重大决策提供咨询、建议；

（十五）法律、法规、《京工集团章程》规定的其它董事会所负职责。

第五条 董事会决定或批准子公司的以下事项：

（一）决定或批准设立新的子公司；

（二）制定和修改全资子公司章程，决定子公司的经营方针和投资计划；

（三）委派、管理作为集团公司股权代表的董事、监事，指定或建议全资子公司的董事长；

（四）决定或批准全资子公司和控股子公司的主营业务变更、重大投资（含现有投资项目的变更）、资本性支出、重要资产处置、股权（产权）变动、举债、担保、收益分配等事项；

（五）审议批准子公司的年度财务预、决算方案和税后利润分配方案、弥补亏损方案；

（六）审议批准子公司的董事会（执行董事）报告、监事（会）报告；

（七）决定向子公司注入资本金的方案；

（八）决定或批准全资子公司和控股子公司资产重组和股权（产权）转让；

（九）决定或批准全资子公司和控股子公司的分立、合并、改制、改组、变更、解散、清算、增减注册资本；

（十）批准全资和控股子公司的破产申请；

（十一）其他属于董事会决定或批准的事项。

第三章 董事职责

第六条 董事行使下列职权：

（一）获得履行董事职责所需的集团公司信息；

（二）出席董事会会议，行使表决权；

（三）提议召开董事会临时会议、缓开董事会会议；

（四）对董事会决议事项发表意见，提议对董事会会议材料加以完善和补充；

（五）根据董事会或者董事长的委托，检查董事会决议的执行情况；

（六）根据董事会授予的权限，对外代表集团公司行使权利；

（七）经相关程序，可兼任集团公司高级管理人员；

（八）法律、法规和《京工集团章程》规定的其他职权。

第七条 董事负有下列忠实义务：

（一）遵守法律、法规、《京工集团章程》、北京纺织控股有限责任公司有关规定和要求；

（二）保护集团公司资产安全，维护股东权益；

（三）保守集团公司商业秘密；

（四）未经股东会同意，不得兼任集团公司以外的公司或其他组织的负责人；

（五）不得利用职权收受贿赂或其他非法收入，不得侵占集团公司财产；

（六）不得利用职权为自己或他人谋取利益；

（七）不得挪用集团公司资金或将集团公司资金借贷他人；

（八）不得以集团公司资产为个人或其他个人债务提供担保；

（九）不得将集团公司资金以个人或其他个人名义开立账户存储；

（十）法律、法规和《京工集团章程》规定的其他忠实义务。

第八条 董事负有下列勤勉义务：

（一）投入足够的时间和精力履行董事职责；

（二）出席董事会会议，参加董事会的其他活动；

（三）在了解和充分掌握信息的基础上，独立、客观、认真、谨慎地就董事会会议审议的事项发表明确意见；

（四）熟悉和持续关注集团公司生产经营和管理情况，认真阅读财务报告和其他文件，及时向董事会报告所发现的问题，特别是涉及集团公司重大损失和重大经营危机事件；

（五）自觉学习有关知识，积极参加相关培训，不断提高履职能力；

（六）向股东会和董事会汇报有关情况和资料，保证所提供信息的客观性、真实性、完整性；

（七）接受监事会对自身履行职责的合法监督和合理建议；

（八）法律、法规和《京工集团章程》规定的其他勤勉义务。

第九条 董事承担下列责任：

（一）对因决策失误造成集团公司资产流失或重大损失及影响的，负有终身相应责任；

（二）对侵犯出资者权益的行为负有相应责任；

（三）对集团公司的违法行为承担相应法律责任；

（四）违反法律、法规和《京工集团章程》、泄露集团公司秘密，给集团公司造成损害的，承担相应的责任。

第十条 职工董事除与其他董事享有同等权利、承担同等义务外，还应履行关注和反映职工正当诉求、代表和维护职工合法权益的义务。

第十一条 外部董事按照有关规定向股东会书面报告履职情况。

第四章 董事长职责

第十二条 董事长行使下列职权：

（一）召集和主持股东会会议；

（二）召集和主持董事会会议，主持表决；

（三）行使集团公司法定代表人的职权；

（四）签署董事会文件和应由集团公司法定代表人签署的文件；

（五）督促、检查董事会决议的实施情况，对检查发现的问题，及时提出整改要求。对检查的结果及发现的重大问题在下一次董事会会议上报告；

（六）代表董事会向股东会、上级主管领导部门汇报有关工作；

（七）在发生战争、特大自然灾害等不可抗力的紧急情况下，对集团公司事务行使符合法律、法规、《京工集团章程》规定和集团公司利益的特别裁决权和处置权，并在事后向董事会和股东会报告；

（八）法律、法规和《京工集团章程》规定的其他职权。

第十三条 董事长因故不能履行职务时，由董事长以书面形式授权指定的董事履行职务。

第五章　董事会秘书的设立及职责

第十四条　集团公司设董事会秘书 1 名。

董事会秘书由董事会聘任和解聘，对董事会负责，是集团公司高级管理人员。

集团公司设立董事会办公室，作为董事会办事机构，由董事会秘书领导。

第十五条　董事会秘书负责董事会与股东会及集团公司经理层之间的沟通，组织董事会日常工作，履行下列职责：

（一）筹备董事会会议。及时提交并确保会议材料在规定时间内送达董事、监事及董事会会议其他列席人员；

（二）初步审核拟提交董事会讨论的议题，确保议题材料完整且前期论证程序符合相关规定；

（三）按照董事会的要求，参与组织董事会决策的咨询、分析、论证，提出相应的建议和意见，确保董事会重大事项决策程序符合有关规定；

（四）列席董事会会议，负责会议记录和相关的记录整理，制作董事会会议记录、决议、纪要等相关文件，确保董事会会议相关材料准确、完整。及时传达会议决议，主动掌握、督促决议执行情况，向董事会报告并提出建议；

（五）起草董事会年度工作报告，按照董事会或董事长的委托起草有关文件，拟订董事会运作的各项规章办法；

（六）保持与股东、董事、监事、董事会相关人员的日常联络，按要求报送董事会决议等相关信息和文件，为董事、监事履职提供必要的帮助；

（七）管理董事会日常工作机构，编制董事会年度工作经费计划；

（八）董事会授予的其他职责。

第六章　董事会会议

第十六条　董事会会议每年应至少召开三次。董事会会议由董事长召集和主持，于会议召开 10 日前通知全体董事及相关列席人员。董事长因特殊原因不能履行职务时，由董事长指定一名董事召集和主持会议。

第十七条　有下列情形之一的，董事长应在 10 日内召集临时董事会会议：

（一）董事长认为有必要时；

（二）三分之一以上董事联名提议时；

（三）监事会提议时；

（四）总经理提议时。

董事会召开临时董事会会议，应于会议召开3日以前通知全体董事及相关列席人员。

第十八条 董事会会议通知包括下列内容：会议日期和地点、会议期限、会议议题、参加会议人员、发出通知的时间等。

第十九条 董事会讨论重大议题，应在发出会议通知的同时，向全体董事发送相关文件资料。当三分之一以上的董事认为资料不充分或者论证不明确时，可以书面形式联名提出缓开董事会会议或者缓议个别议题的建议，董事会应当予以采纳。

第二十条 董事会会议由二分之一以上的董事参加方可举行。

第二十一条 董事会实行一人一票制。每名董事有一票表决权，可表示同意、反对、弃权。表示反对、弃权的董事，应当说明具体理由并记载于会议记录。

第二十二条 董事会会议做出决议，须由全体董事三分之二以上通过方为有效。

第二十三条 董事会决议实行记名式表决，应当逐项形成决议。

第二十四条 董事会会议应当由董事本人出席，因故不能出席的，可以书面委托其他董事代为出席。委托书应当载明受托人的姓名、受托事项、权限和有效期限，并由委托人签名。受托人应当在授权范围内行使董事的权利。董事未出席董事会会议，亦未委托受托人出席的，视为放弃在该次会议上的表决权。

第二十五条 董事会会议记录包括下列内容：

（一）会议召开的日期、地点和主持人姓名；

（二）出席会议董事的姓名以及受托出席会议的董事姓名（注明委托人）；

（三）列席人和记录人姓名；

（四）会议议程；

（五）董事发言要点；

（六）每一项决议事项的表决方式和结果（表决结果应当载明同意、反对或弃权的票数及投票人姓名）。

第二十六条 董事会会议记录经必要的整理形成会议纪要、决议，出席会议董事应在会议记录、纪要、决议上签名并对董事会会议决议承担相应责任。经证明在表决时曾表明异议并记载于会议记录的，该董事可以免除责任。

第二十七条 董事会会议记录、纪要、决议应按规定存档。

第二十八条 董事会会议决定的事项，由董事长责成总经理或其他人员组织实施。董事长或董事长委托其他人员对实施情况进行督促、检查。

第二十九条 监事会成员列席董事会会议。

第七章 董事会工作程序

第三十条 发展战略规划和投资决策程序

董事会认为必要时，成立专门机构或委托总经理组织有关人员拟订集团公司中长期发展战略规划、年度投资计划、重大改制重组、重大项目的投资方案，提交董事会。董事会会议经过研究讨论形成决议。决议由总经理组织实施。需向股东会审议批准的事项，由董事长签发文件上报。

第三十一条 人事任免程序

（一）总经理：根据董事长提名，经组织考察后，党委会讨论提出建议人选，董事会做出决议，由董事长签发聘任或解聘文件；

（二）副总经理和财务负责人：根据总经理提名，经组织考察后，党委会讨论提出建议人选，董事会会议做出决议，由董事长签发聘任或解聘文件；

（三）其他高级管理人员：根据董事长和总经理提名，经组织部门考察后，党委会讨论提出建议人选，董事会做出决议，由董事长签发聘任或解聘文件；

（四）子公司股权代表：由集团公司董事长提名或组织部门提名、考察，集团公司党委会讨论后，董事会做出决议，由董事长签发委派文件；

（五）子公司经理：由集团公司总经理提名或组织部门提名、考察，集团公司党委会讨论后，向子公司董事会提出建议人选，子公司董事会做出决议，由子公司董事长签发聘任或解聘文件。

第三十二条 财务预决算等工作程序

（一）年度财务预决算、盈余分配和弥补亏损等方案，由集团公司财务管理部门提出初步方案，经总经理办公会讨论后提交董事会。董事会经过研究讨论后做出决议；

（二）预算外支出。遇有特殊情况确需董事会批准预算外支出时，由集团公司主管部门提出申请，集团公司总经理组织财务管理部门审查，平衡资金，拟出方案，提请董事会决定。

第三十三条 检查工作程序

董事会决议实施过程中，董事长或董事长委托的其他人员应就决议的实施情况进行跟踪检查。在检查中发现有违反决议的事项时，可要求和督促责任部门和责任人予以纠正，责任部门和责任人若不采纳其意见，董事长可提议召开临时董事会，做出决议要求予以纠正。

第八章 附 则

第三十四条 如本规则与《京工集团章程》及其修正案有悖之处，以《京工集团章程》及其修正案为准。如本规则未予规定的，则以《京工集团章程》及其修正案的规定为准。

第三十五条 本规则经北京京工服装集团有限公司董事会审议通过。

第三十六条 本规则由集团公司董事会办公室负责解释。

第三十七条 本规则自下发之日起施行。

北京京工服装集团有限公司总经理办公会议事规则
（2016 年 5 月《京工集团制度汇编》）

第一章 总 则

第一条 北京京工服装集团有限公司（以下简称集团公司）为进一步完善法人治理结构，确保董事会决议的执行，规范总经理办公会议事行为，保证决策的科学性和程序的规范性，依据《中华人民共和国公司法》和《北京京工服装集团有限公司章程》，特制定本议事规则。

第二条 总经理办公会是负责组织集团公司日常经营管理活动的常设执行机构，在公司章程规定和董事会授权范围内行使职权，对董事会负责。

总经理办公会实行总经理负责制，会议研究的事项由总经理根据职权、职责范围做出决定。

第二章　总经理办公会议事范围

第三条　总经理办公会主要议题：

（一）研究落实董事会决议的具体实施办法；

（二）决定集团公司各项日常经营管理工作，制定集团公司具体管理规章；

（三）组织实施集团公司长期发展规划、品牌发展规划、年度经营计划、资产经营计划和投融资方案；

（四）制订集团公司内部组织机构设置、人员配置方案；

（五）制订集团公司各项基本管理办法，制定和落实集团公司风险管理体系具体实施办法，包括风险评估、财务控制、内部审计、法律风险控制；

（六）制订集团公司薪酬考核体系，制订职工工资水平和分配方案。研究落实各子公司经营者年度业绩奖惩考核；

（七）制订集团公司年度财务预、决算方案，全面落实集团公司资金活动内部控制体系；

（八）制订集团公司各子、分公司改制、分立、重组、解散等改革调整的具体方案；

（九）研究为各子公司银行贷款提供担保等事宜并报董事会审批，研究向子公司注入资本金方案；

（十）研究重要决策的具体执行方案并实施；

（十一）检查总经理办公会决定事项的落实情况；

（十二）其他由董事会授权或需总经理办公会研究决定的事项。

第三章　总经理办公会主持人和参加人

第四条　总经理办公会议由总经理主持，总经理因故不能主持时，可指定副总经理或其他参会人员主持。

第五条　参加总经理办公会议的人员为：总经理、副总经理、总会计师、总经理助理。根据会议内容，由总经理确定列席参会人员。

第六条　与会人员因故不能出席时，须事先向总经理请假。

第七条　出席会议人员及列席人员要严格遵守保密规定，不得对外泄露会议内容。

第四章 总经理办公会的召开

第八条 总经理办公会一般每周召开一次，遇有特殊情况，可临时召开会议。

第九条 总经理办公会议题由总经理提出。各主管副总经理提出上会议题，经总经理审核同意后上会。

第五章 总经理办公会议定事项的落实

第十条 总经理办公会会议记录由办公室负责，并按照相关要求做好会议记录的整理工作。总经理办公会通过的决议，由办公室负责拟文，并按照公文要求下发。

第十一条 总经理办公会决定的事项，按照分工，由主管领导负责组织有关部门和相关企业贯彻落实。

第十二条 议定事项的承办人和承办部门应抓紧落实总经理办公会的决议，并将执行进展和完成情况及时报告分管副总经理。

第六章 附 则

第十三条 本规则经集团公司董事会审议通过。

第十四条 本规则由集团公司办公室负责解释。

第十五条 本规则自下发之日起施行。

北京京工服装集团有限公司党风廉政建设责任制实施细则
（2016 年 5 月《京工集团制度汇编》）

第一章 总 则

第一条 为加强北京京工服装集团有限公司（以下简称集团公司）及各子公司、所属单位党风廉政建设，明确各级领导班子及成员在党风廉政建设中的责任，保持党组织和党员的先进性，推动企业科学发展，根据中共中央、国务院《关于实行党风廉政建设责任制的规定》和纺织控股《党风廉政建设责任制实施办法》，结合集团公司实际，制定本细则。

第二条 落实党风廉政建设责任制，要以邓小平理论和“三个代表”重要思想为指导，深入贯彻落实科学发展观，坚持标本兼治、综合治理、惩防并举、注重预防，扎实推进惩治和预防腐败体系建设，坚决贯彻落实中央和市委、市政府、纺织控股公司关于党风廉政建设的决策和部署。

第三条 落实党风廉政建设责任制，党委负主体责任，纪委负监督责任。要坚持“党委统一领导、党政齐抓共管、纪委组织协调、部门各负其责、依靠职工支持和参与”的领导体制和工作机制。要坚持集体领导与个人分工负责相结合，谁主管、谁负责，一级抓一级、层层抓落实。要把党风廉政建设作为党的建设和企业发展的重要内容，纳入领导干部岗位责任制中，与企业经济发展和文化建设紧密结合，同部署，同落实，同检查，同考核。

第四条 党风廉政建设责任制的实施主体为集团公司；党风廉政建设责任制的责任主体为集团公司领导班子及其成员。

集团公司党委成立党风廉政建设责任制工作领导小组。领导小组下设办公室，办公室设在集团公司纪委。领导小组的任务是：准确领会、把握上级关于党风廉政建设的决策和部署，深入推进集团公司党风廉政建设责任制的贯彻落实。

第五条 集团公司主要负责人是本单位党风廉政建设第一责任人，应当重要工作亲自部署、重大问题亲自过问、重点环节亲自协调、重要案件亲自督办。班子成员根据工作分工，对职责范围内的党风廉政建设负主要领导责任。

第二章 责任内容

第六条 领导班子对职责范围内的党风廉政建设负全面领导的集体责任，领导班子主要负责人是职责范围内的党风廉政建设第一责任人，领导班子其他成员根据工作分工，对职责范围内的党风廉政建设负主要领导责任：

（一）认真贯彻落实中央及市委、市政府关于党风廉政建设的部署和要求，结合集团公司党风廉政建设责任制实施细则，对本单位的党风廉政建设任务进行责任分解，明确领导班子及其成员在党风廉政建设中的职责和任务分工，并按照计划落实；

（二）定期召开领导班子党风廉政建设工作专题会议，具体安排党风廉政建设工作。建立健全党风廉政建设管理机制、监督机制，结合企业经营管理工作，强化权力制约和监督，加强作风建设，努力从源头上预防和治理腐败；

（三）定期召开领导班子民主生活会，检查领导班子成员廉政勤政情况和党风廉政建设责任制的落实情况，针对存在的问题督促整改，并自觉接受职工群众监督；

（四）定期开展党性党风党纪和廉洁从业教育，组织相关人员学习党风廉政建设理论和法规办法，推进廉洁文化建设；

（五）组织党风廉政建设的布置、检查、考核，督促党风廉政建设责任制的落实，监督检查相关人员廉洁从业情况；

（六）坚持民主集中制，严格按照有关规定和程序选拔任用干部，防止选人用人方面的不正之风，不断提升选人用人的公信度；

（七）积极支持纪检监察履行职责，及时听取工作汇报和排除工作中的阻力和干扰，加强组织协调，切实解决重大问题。认真处理群众来信来访，着重解决群众反映的热点、难点问题；

（八）严格遵守党风廉政规定，带头廉洁自律、勤政务实，严禁以权谋私。

第三章 检查考核与监督

第七条 集团公司党委负责领导党风廉政建设责任制执行情况的检查考核，集团公司纪委承担着对各级领导干部落实党风廉政建设责任制的监督责任，集团公司党风廉政建设领导小组办公室具体实施检查考核工作。

第八条 检查考核工作每年进行一次，与年度考核结合进行，必要时组织专门检查考核。

第九条 检查考核情况在适当范围内通报。对检查考核中发现的问题，及时研究解决，督促整改落实。

第十条 检查考核结果作为对领导班子总体评价和班子成员奖励惩处、选拔任用的重要依据。

第十一条 班子成员执行党风廉政建设责任制的情况，应当列为民主生活会、述职述廉和年终工作总结的重要内容，并在职代会上进行民主评议。

第十二条 集团公司将党风廉政建设责任制的落实情况纳入年度目标考核范围。

第四章 责任追究

第十三条 领导班子及成员违反或者未能正确履行本细则第二章第六条规定的职责，有下列情形之一的，应当追究责任：

（一）对党风廉政建设领导不力，以致职责范围内发生违反廉洁从业规定的行为，造成不良影响的；

（二）对上级部署的党风廉政建设责任范围内的事项不传达贯彻、不安排部署、不督促落实，或者拒不办理的；

（三）对严重违纪违法行为隐瞒不报、压案不查的；

（四）疏于监督管理，致使领导班子成员或者直接管辖的下属发生违纪违法问题的；

（五）违反规定选人用人，或者用人失察、失误造成恶劣影响的；

（六）放任、包庇、纵容下属人员违反财政、金融、税务、审计、统计等法律法规，弄虚作假的；

（七）有其他违反党风廉政建设责任制行为的。

实施党风廉政责任追究要严格按照干部管理权限及有关程序的规定进行，组织处理由组织、人事部门负责，给予纪律处分由纪检监察部门负责。

第十四条 领导班子有本规定第十三条所列情形，情节较轻的，责令作出书面检查；情节较重的，给予通报批评；情节严重的，进行组织调整。

第十五条 领导班子成员有本规定第十三条所列情形，情节较轻的，给予批评教育、诫勉谈话、责令作出书面检查；情节较重的，给予通报批评；情节严重的，给予党纪处分，或者采取调整职务、解聘等处理措施。涉嫌犯罪的，移送司法机关依法处理。

以上责任追究方式可以单独使用，也可以合并使用。

第十六条 领导班子及成员具有本规定第十三条所列情形，并具有下列情节之一的，应当从重追究责任：

（一）对职责范围内发生的问题进行掩盖、袒护的；

（二）干扰、阻碍责任追究调查处理的。

第十七条 领导班子及成员具有本规定第十三条所列情形，并具有下列情节之一的，可以从轻或者减轻追究责任：

（一）对职责范围内发生的问题及时如实报告并主动查处和纠正，有效避免损失或者挽回影响的；

（二）认真整改，成效明显的。

第十八条 领导班子及成员违反本规定，需要查明事实、追究责任的，由纪委和组织部门按照职责和权限调查处理。

第十九条 实施责任追究，要实事求是，分清集体责任和个人责任、主要领导责任和重要领导责任。

追究集体责任时，领导班子主要负责人和直接主管的领导班子成员承担主要领导责任，参与决策的班子其他成员承担重要领导责任。对错误决策提出明确反对意见而没有被采纳的，不承担领导责任。

错误决策由班子成员个人决定或者批准的，追究该班子成员个人的责任。

第二十条 实施责任追究不因班子成员工作岗位或者职务的变动而免予追究。已退休但按照本规定应当追究责任的，仍须进行相应的责任追究。

第二十一条 集团公司纪委应加强对实施责任追究情况的监督检查，发现有应当追究而未追究或者责任追究处理决定不落实等问题的，应及时督促予以纠正。

第五章 附 则

第二十二条 本细则适用于集团公司各级领导班子及成员。

第二十三条 本细则经集团公司党委会讨论通过。

第二十四条 本细则由集团公司党风廉政建设责任制工作领导小组办公室负责解释。

第二十五条 本细则自下发之日起施行。

北京京工服装集团有限公司纪委落实党风廉政建设责任制考核办法
（京服集纪〔2017〕2号　2017年5月19日）

第一条　为严格执行党风廉政建设责任制，保证责任制的有效落实，按照集团公司党委关于落实《北京时尚控股公司党风廉洁建设责任制检查考核指标》的具体办法的要求，根据《北京京工服装集团有限公司党风廉政建设责任制实施细则》制定本办法。

第二条　考核的对象、内容、周期与方式

（一）考核对象：各子公司、所属单位、各基层党组织及签订党风廉政建设责任书人员。

（二）考核内容

1.对各子公司、所属单位的考核内容

（1）贯彻落实上级党组织关于党风廉政建设的部署和要求的情况；

（2）主要负责人落实党风廉政建设“一岗双责”情况；

（3）企业制度建设情况；

（4）贯彻落实民主集中制和“三重一大”事项集体决策情况；

（5）执行财务管理制度及关键岗位人员廉洁从业情况；

（6）有无领导人员“在岗位上不作为”“在岗位上乱作为”情况。

2.对基层党组织的考核内容

（1）贯彻落实上级党组织关于党风廉政建设的部署和要求的情况；

（2）所含部门落实党风廉政建设责任制的情况；

（3）组织党员、干部学习党风廉政建设方面的理论，学习党的各项方针政策，进行党风廉政教育的情况；

（4）结合实际，贯彻落实党纪、政纪、法规和有关规定的情况；

（5）完成党风廉政建设和反腐败工作任务的情况；

（6）对党风廉政建设和廉洁从业情况进行监督、检查的情况；

（7）纪检委员履行职责的情况。

（三）对签订党风廉政建设责任书人员的考核内容

（1）集团公司中层以上干部述职述廉、民主评议情况；

（2）主持抓好本单位、本部门党风廉政建设和反腐败工作的情况；

（3）落实党风廉政建设责任书内容的情况；

（4）履行监督责任情况；

（5）遵守党纪、政纪、法规和廉洁自律各项规定的情况。

（6）有无“在岗位上不作为”“在岗位上乱作为”情况。

（四）考核周期与方式

1. 每年年初进行中层以上干部述职述廉和廉洁自律评议；

2. 每季度召开纪检委员例会，听取党风廉政建设及监督情况汇报，纪委将汇报情况进行汇总，向集团公司党委汇报；

3. 每年年中对集团本部、各子公司、所属单位进行财务内审。对履行“三重一大”决策等制度情况进行检查，发现问题及时整改。

4. 每年年终进行综合考核。

（1）对各子公司、所属单位进行内审，各子公司、所属单位填写上报落实党风廉政建设责任制考核表；

（2）各基层党组织纪检委员上报支部监督工作报告；

（3）各基层党组织组织党员相互开展包括廉洁从业内容的民主评议。

第三条 考核结果运用

落实党风廉政建设责任制考核结果与基层党组织考核、干部任免、年终奖励、先进评比挂钩。

第四条 本办法由集团公司纪委负责解释。

第五条 本办法自发文之日起施行。

北京京工服装集团有限公司党委
关于落实党委意识形态工作责任制的实施办法
（京服集党［2020］49号 2020年12月30日）

为进一步加强意识形态工作，落实党管意识形态原则，牢牢掌握意识形态的领导权和主导权，明确领导班子、领导干部的意识形态工作责任，明确相关工作职责，根据中央、市委、市国资委的相关文件制度要求，以及控股公司关于《北京时尚控股公司关于落实党委意识形态工作责任制的通知》（京时尚党发〔2017〕73号）、《关于落实党委意识形态工作责任制的实施意见》（京时尚党发〔2017〕89号）文件的规定，结合集团公司实际工作，对本办法内容进行修订、完善。

一、指导思想和总体要求

以习近平新时代中国特色社会主义思想，习近平关于意识形态工作系列重要讲话为指导，全面贯彻落实中共十九大精神、十九届二中、三中、四中、五中全会精神，紧紧围绕党中央、市委、市国资委、控股公司关于意识形态工作的部署精神，充分发挥意识形态领域工作的思想引领、舆论推动、文化支撑等作用，巩固加强马克思主义在意识形态领域的指导地位，增强“四个意识”、坚定“四个自信”、做到“两个维护”，担负起意识形态工作的政治责任和领导责任，切实把意识形态工作落实到实处。

按照“一岗双责”制度要求，集团公司党委要抓好意识形态工作，主动分析研判意识形态领域情况，加强意识形态阵地管理，加强网络信息管控，维护网络、新媒体平台等意识形态安全，做到防患于未然。妥善处置意识形态领域的重大问题，确保全局意识形态的安全。意识形态工作是党的一项极端重要的工作，关乎旗帜、关乎道路、关乎国家政治安全，关乎企业稳定。集团公司党委要把意识形态工作作为党建工作的重要一环，纳入日常议事日程，纳入党建工作责任制，纳入领导班子、干部的目标管理。

二、基本原则

1. 坚持党管意识形态工作。牢牢掌控对意识形态工作的主导权，巩固社会主义意识形态在集团公司的重要地位。

2. 坚持社会主义核心价值观的文化方向。进一步增强领导干部、党员的政治敏锐性和政治鉴别能力，加强意识形态工作的教育培训，引导企业的职工提高警惕性和辨别能力。

3. 坚持把控正面舆论导向。要把习近平新时代中国特色社会主义思想和社会主义核心价值观融入到企业文化的建设当中，弘扬奋斗精神的主旋律，传递正能量。

4. 坚持传统工作与创新相结合。遵循党关于意识形态工作的优良传统和丰富经验，结合“两学一做”学习教育常态化制度，融合“三会一课”制度，推进意识形态领域工作的方法创新。

三、组织领导

1. 集团公司党委对意识形态工作负主体责任，把握正确的政治方向，严守政治纪律和政治规矩，坚决维护党中央的权威，在思想上、政治上、行动上和党中央保持高度一致，定期在党内通报意识形态领域情况。

2. 党委书记是意识形态工作第一责任人，要旗帜鲜明的深入意识形态工作的第一线，带头抓工作、管阵地、把导向，严密关注、批评错误的观点和倾向，重要的工作亲自部署，重要的问题亲自过问，重大的事件亲自处置。

3. 党委副书记对意识形态工作负直接责任，必须协助党委书记抓好意识形态工作的统筹协调指导工作。领导班子其他成员根据工作分工，对职责范围内的意识形态工作负领导责任，抓好分管部室、子分公司的意识形态工作，对职责范围内的意识形态工作负领导责任。

四、责任分工体系

1. 党委组织部：将意识形态工作纳入干部考核，确保意识形态的工作领导权牢牢掌握在忠于党、忠于人民、忠于马克思主义的干部手里，确保宣传干部队伍坚强有力。

2. 党委宣传部（新闻中心）：主管意识形态工作的综合部室，在集团公司党委的统一领导下，指导、组织、协调意识形态的工作落实职责，加强对党员领导干部意识形态的工作教育培训，对不当言论、思想偏离等问题，敢抓敢管、敢于亮剑、有效发声，严防各个方面的意识形态渗透。

3. 各基层党支部：要加强本支部党员干部职工群众思想政治工作和意识形态日常教育培训，增强责任意识，提高鉴别能力。对有错误思想倾向的党员干部教育引导，定期开展谈心谈话，抓早抓小，把问题消灭在萌芽状态。

4. 党委办公室、纪委办公室：将落实党中央、市委、市国资委、控股公司、集团公司党委等意识形态工作的情况，纳入党的纪律尤其是政治纪律和政治规矩的监督检查范围，对发现的苗头性问题，及时提醒、纠正，对个人、部室中对于意识形态工作不重视、不落实甚至存在不当言论的，由党委办公室提出处理意见，纪委办公室依纪依规严肃处理。

五、建立分析研判体系

成立意识形态分析研判小组。集团公司意识形态分析研判小组要分析研判意识形态领域情况，要善于辨析思想文化领域的突出问题，对思想、理论、舆情的分析有较高的敏感度，重要时间节点要在意识形态的问题上具有前瞻性，把握好正确的政治方向。逐渐健全组织协调、基层调查、科学分析、工作保障等机制，推进意识形态工作的科学化、规范化。

六、宣传工作流程审核体系

（一）互联网平台信息

为加强网络信息管控，细化互联网平台信息发布要求，单独制定互联网平台信息发布规定，企业互联网平台信息发布按照《北京京工服装集团有限公司互联网平台信息发布管理办法》执行。

（二）非互联网平台信息

1. 关于“京工风尚”内部刊物制作、发行、出版：由党委宣传部（新闻中心）进行“京工风尚”内部刊物的制作、发行、出版。相关部室将撰写的有关于企业大事、党建工作、重要会议等信息简报上交党委宣传部（新闻中心），同时鼓励企业职工将时尚资讯、文化快讯、符合社会主义价值观的生活、娱乐资讯，上交党委宣传部（新闻中心）。对上交的资料，党委宣传部（新闻中心）进行筛选、审核、修改，并制定初版，上报主管领导、党委副书记进行审批，审批后进行印制、发行。

2. 关于党委宣传栏内容：党委宣传部（新闻中心）进行内容筛选、修改，形成初稿后，上报主管领导、党委副书记进行审批，审批完毕后进行打印制作，在宣传栏内发布。

3. 关于其他宣传栏内容：由相关部室进行内容筛选、修改，部室领导确认后，上交党委宣传部（新闻中心）进行审核，报主管领导、党委副书记审批，审批完毕后有关部室进行打印制作，在相关宣传栏内发布。

4. 关于报送控股公司信息：相关部室撰写的信息简报，由相关部室领导进行审核、修改后，上报党委宣传部（新闻中心），党委宣传部（新闻中心）进行审核、修改、校对后，主管领导、党委副书记进行审批，审批后把有关党的建设、创新发展、转型升级、重要会议、主要项目、领导调研等重要信息内容，上报控股公司党委宣传部（新闻中心）。

5. 关于新闻通稿、采访稿等信息内容：新闻通稿与采访稿由党委宣传部（新闻中心）主要撰写，相关部室、子分公司配合，主管领导、党委副书记进行审批，审批后在相关平台进行发布。

6. 关于横幅制作使用：对于集团公司重大活动、重大会议的横幅制作使用，有关部室在制作之前要把横幅内容上报党委宣传部（新闻中心），由党委宣传部（新闻中心）

与主管领导进行审核，审核完毕后进行制作使用。

以上信息由党委宣传部（新闻中心）统一备案，统一管理。

（三）网络直播工作

集团公司所有直播活动均需严格遵守由国家网信办发布的《互联网直播服务管理规定》、相关直播平台管理规定，切勿违规。进行直播等相关活动时，需发起部门提前5天向集团公司党委宣传部（新闻中心）报批。报批内容包括：外请人员或邀请、协助共同直播的单位的基本情况；涉及品牌介绍的内容；涉及集团公司抖音号的相关直播活动的流程、时间、地点、文字内容、上播人员、工作人员等信息，对于可能涉及到意识形态问题的参与直播活动的单位、个人，集团公司党委将有权决定其是否参与此次直播活动。

直播过程中不得透露任何涉及商业机密、个人隐私的信息，不得散布任何损害公司利益、诋毁公司品牌产品的信息。直播过程中涉及产品介绍等环节时，不得随意评价、诋毁其他企业、品牌，切勿结合主观思想、国家政治、国际问题、经济问题、当前社会形势、社会敏感话题等进行分析。

（四）其他宣传工作

在日常的有关宣传工作中，各部室、子分公司领导要加强审批把关，加强对所宣传的文字图片等内容的审核，对外发布的信息、图片上报至党委宣传部（新闻中心）进行审核，党委宣传部（新闻中心）主管领导、党委副书记审批后，由各部室、子分公司对外发布。各部室、子分公司要加强意识形态工作的把控，发现问题及时上报党委宣传部（新闻中心）。

（五）如遇重大事件，涉及意识形态领域的问题，经意识形态分析研判小组研究后，由党委书记进行对外发布信息的审批。

七、监督考察和责任追究

集团党委将意识形态工作作为年底考核的重要内容，接受监督和评议；将意识形态工作责任制落实情况纳入干部考核，作为评价使用和奖惩的重要依据；建立意识形态工作绩效考核制度，把落实意识形态工作责任制情况纳入各基层党支部、各部室、子分公司的考核指标体系。

各级党组织及领导班子对于意识形态工作安排部署任务开展不力的、在处置意识形态领域重点问题上没有带头与错误观点和错误倾向作斗争的，违背党章、党的决定决议和政策言论放任不管、处置不力等情形的，都予以责任追究。进行责任追究，可视情节轻重，予以提醒、批评教育，责令作出书面检查、进行通报批评，给予组织处理和纪律处分。责任追究应当实事求是，分清责任，按照干部管理权限，党委宣传部（新闻中心）可向实施问责的党委、纪委提出建议。

本实施办法由集团公司党委宣传部（新闻中心）负责解释。本实施办法自印发之日起施行，原《北京京工服装集团有限公司党委关于落实党委意识形态工作责任制的实施办法》同时废止。

京工集团获国家级荣誉

京工集团获国家级荣誉一览表

附表 1

序号	荣誉名称	授予年份	授予机构 / 组织
1	1994 年度中华人民共和国 500 家最大工业企业及行业企业评价排序中，北京市京工服装工业集团公司位于中国服装及其他纤维制品制造业最佳经济效益工业企业第 84 位	1994	国务院发展研究中心
2	1994 年度中国 500 家最大企业中位于北京市最大经营规模工业企业第 39 位	1994	国务院发展研究中心
3	一九九四年自营出口先进企业	1994	国家经贸委
4	自营出口先进企业	1995	国家经贸委
5	中国企业最佳形象“AAA”级	1995	中国企业形象认定委员会
6	荣获“中国服装名优企业”称号	1996	中国技术进步评价中心
7	1996 年度中国流行服装定点生产企业	1996	中国技术进步评价中心
8	在全国服装行业百强企业排序活动中，名列 1997 年全国服装行业销售收入第 24 名	1998	中国服装协会
9	在全国服装行业百强企业排序活动中，名列 1997 年全国服装行业利税总额第 77 名	1998	中国服装协会
10	荣获 2000 年全国服装行业百强企业称号，名列销售收入第 41 名	2001	中国服装协会
11	荣获 2000 年度服装行业自营出口优势企业称号	2001	中国服装协会
12	2001 年全国服装行业自营出口优势企业	2002	中国服装协会
13	荣获 2001 年全国服装行业百强企业称号，名列销售收入第 59 名	2002	中国服装协会

续附表 1

序号	荣誉名称	授予年份	授予机构 / 组织
14	荣获 2003 年全国服装行业百强企业称号，名列产品销售收入第 71 名	2004	中国服装协会
15	2006 年全国服装标准化技术委员会标准化工作优秀企业”	2006	全国标准化技术委员会
16	荣获 2008—2009 年度中国纺织服装企业竞争力 500 强	2009	中国纺织工业协会
17	2009 年全国服装标准化技术委员会标准化工作先进单位”	2010	全国标准化技术委员会
18	“企业信用等级证书”“企业信用评价 AAA 级信用企业”	2010	中国纺织工业协会
19	第二届全国服装标准化技术先进单位	2011	全国标准化委员会
20	中国纺织服装老字号“品牌文化传承奖”	2014	中国纺织工业联合会
21	2016 全国纺织劳动关系和谐企业	2016	中国纺织工业联合会、中国纺织职工思想政治工作研究会
22	全国纺织行业党建工作先进企业	2018	中国纺织工业联合会政研会
23	“金笔杯”2018 年度中国纺织服装企业传媒大赛“领军新媒体”	2019	中国纺织工业联合会传媒中心、中国纺织服装企业传媒联谊会
24	北京京工服装集团有限公司“深耕社区经济，开创服装企业转型新模式”获第九届全国纺织企业转型管理创新成果二等奖	2020	中国纺织工业联合会

编纂始末

为全面系统地回顾、记述北京京工服装集团有限公司（及其前身）自 1961 年 4 月成立以来的发展历程，总结凝练 60 年来服装行业职工的奋斗精神，为企业未来发展和企业文化建设奠定良好基础，集团公司决定编纂出版《北京京工服装集团有限公司志》，以此资治、存史。

2019 年 5 月集团公司制订《北京京工服装集团有限公司志》编纂方案，成立集团志编纂委员会、编辑部及相关机构，5 月 29 日召开集团志编纂动员暨培训大会，集团志编纂工作正式开始。编辑部采取多种方式进行了资料收集，即召集各子公司各部室召开座谈会，采访现任集团领导、走访离退休老干部 10 余人，分别到宁波服装服饰博物馆、上海博物馆、北京档案馆等查阅资料，多次召开编辑部会议讨论工作中遇到的问题，并邀请专家进行指导。2020 年以来编辑部克服新冠肺炎疫情造成的困难，坚持采访和资料收集工作。经过一年多的查找、搜集、整理，收集文字资料 200 余万字、图片 2000 余张，并于 2020 年 7 月形成资料长编。经过编辑部分工撰写、汇总合稿与修改，2021 年 4 月 6 日集团志初稿形成，并征求意见。5 月 18 日，形成复审稿，并征求复审稿意见。

方志出版社编辑对本志的成稿工作提出了宝贵的出版意见，为志稿送交出版社前达到“齐、清、定”的标准起到了很大的作用。功夫不负有心人，2021 年 8 月 11 日《北京京工服装集团有限公司志》的终审稿终于完成。

由于时间紧、任务重，加之经验不足，书中错误在所难免，请看志、用志的朋友批评指正。在编纂过程中，集团各部门、子公司认真负责，指定专人负责资料核实和解难答疑，提出了许多宝贵意见；集团相关领导多次审稿，并为编纂工作解决困难，创造条件；中国地方志学会学术委员王铁鹏给予了学术指导。在此，向所有为集团志编纂、出版付出辛苦的人们表示真诚的感谢。

编　者

2021 年 8 月